Abramson · Die Geschichte des

Der Autor

Albert Abramson wurde 1922 in Chicago geboren und wuchs in Los Angeles auf. Er diente während des 2. Weltkriegs in der U. S. Air Force, wo er eine Ausbildung in Elektronik erhielt. Nach seiner Abmusterung besuchte er die Film School an der University of Southern California und arbeitete nach seinem Studienabschluß 35 Jahre lang als Fernsehkameramann, Video-, Ton- und Studiotechniker für das CBS-Fernsehnetzwerk in Hollywood. 1952 begann er seine Arbeit zur Geschichte des Fernsehens.

Abramson war historischer Berater der Radio Corporation of America in Princeton, des Ampex Museum in Redwood City und der Academy of Television Arts and Sciences (University of California) in Los Angeles. Er beriet weiters zahlreiche Dokumentationen und andere Projekte zur Geschichte des Fernsehens. Er ist Mitglied auf Lebenszeit der Society of Motion Picture and Television Engineers (SMPTE) und anderer Ingenieursvereinigungen in den USA, Großbritannien und Frankreich. Albert Abramson lebt heute in Las Vegas, Nevada.

Weitere Arbeiten (Auswahl)

Electronic Motion Pictures (1955), A Short History of Television Recording (Part I 1955, Part II 1973), Zworykin – Pioneer of Television (1995), The History of Television, 1942 to 2000 (2002)

Albert Abramson

Die Geschichte
des Fernsehens

Mit einem Nachwort des Herausgebers
zur Geschichte des Fernsehens von
1942 bis heute

Übersetzt und herausgegeben von
Herwig Walitsch

Wilhelm Fink Verlag

Titel des amerikanischen Originals:
The History of Television, 1880 to 1941
© Mc Farland & Company, Inc., Jefferson, North Carolina

Umschlagabbildung:
Ikonoskop – Kameraröhre 1935
(mit freundlicher Genehmigung des Technischen Museums Wien)

Die Deutsche Bibliothek – CIP-Einheitsaufnahme

Ein Titeldatensatz für diese Publikation ist bei der
Deutschen Bibliothek erhältlich

ISBN 3-7705-3740-8
© 2002 Wilhelm Fink Verlag, München
Herstellung: Ferdinand Schöningh GmbH, Paderborn

Inhaltsverzeichnis

VI

Vorwort des Herausgebers

Als das Fernsehen nach dem Ende des 2. Weltkriegs sehr rasch überall in der westlichen Welt und mit einiger Verzögerung auch in den östlichen Industriestaaten und in der Dritten Welt eingeführt wurde, trat es in technischer Perfektion auf. Es erschien allenthalben als vollendete Tatsache – nichts unterschied Fernsehbilder von 1946 grundlegend von solchen, die wir auch heute noch sehen, außer allenfalls das Fehlen der Farbe, die freilich auch schon technische Realität, nur noch nicht Teil und Merkmal der Fernsehnorm war.

Das Fernsehen fiel also nach 1945 gleichsam vom Himmel.

Von der jahrzehntelangen Entwicklungsarbeit, die bis zu dieser technischen Perfektion geleistet werden mußte, trennte die Millionen der Fernsehzuschauer, die das »neue« Medium alsbald gewann, das schiere Faktum des Weltkriegs, der die Einführung des – technisch an sich ausgereiften – Fernsehens in allen entwickelten Staaten verzögert hatte. Sie begrüßten ein komfortabel zu bedienendes Empfangsgerät, gleich eine ganze Reihe von Sendern, die Programme nach jedem Geschmack zu jeder Tageszeit ausstrahlten, und vor allem ein qualitätvolles Bild, das den Vergleich mit dem, was man im Kino zu sehen bekam, nicht scheuen mußte. Sie wußten nichts mehr von den Mühen, ein mechanisches Empfangsgerät selbst zusammenzubauen und in Synchronisation mit dem Sender zu bringen, nichts von dem angestrengten nächtlichen Warten, bis die experimentelle Fernsehstation endlich auf Sendung ging (oft genug war es bloß ein Pfeifen und Rauschen im Radio, das dies anzeigte). Sie wußten nichts mehr von den flimmernden Bildern geringer Auflösung, die die Augen strapazierten, nichts mehr von den teuren Kinokarten, die gelöst werden mußten in einer Zeit, da der Fernsehempfänger ein unerschwinglicher Luxus war und »Fernsehnachrichten«, mit kompliziertesten Mitteln (etwa dem »Zwischenfilmverfahren«) hergestellt, als Großbildfernsehen in den Kinos ihr Publikum fanden. Die Millionen Fernsehzuschauer in aller Welt trafen ein technisch vollkommenes Medium an, und es wurde wie selbstverständlich sofort Teil ihres täglichen Lebens.

Und von der jahrzehntelangen Geistesgeschichte, in der sich das *Prinzip* Fernsehen herausbildete und Schritt für Schritt realisierte, trennte eine ganze Generation von Wissenschaftlern die traumatische Erfahrung des Mißbrauchs des »neuen« Mediums Radio durch die Nationalsozialisten. Man war ohnehin im Rückstand: Als B. Brecht 1929 seine Radiotheorie formulierte, hatte mit der Einführung der Kineskop-Bildröhre bereits das Zeitalter des elektronischen Fernsehens begonnen. Nach 1945 erwischte die vollendete Tatsache Fernsehen die Geisteswissenschaft erst recht am falschen Fuß. 20, 30 Jahre lang diskutierte man die Möglichkeiten der »Demokratisierung« der elektronischen Medien (immer noch unter dem Eindruck der Radiopraxis im Dritten Reich), anstatt sich den Kopf zu zerbrechen über bildtheoretische Aspekte und Probleme des Fernsehens, über das Phänomen der Technisierung des Bildes, über wahrnehmungsgeschichtliche Umbrüche im Gefolge des Fernsehens, über die veränderten Wort-Bild-Beziehungen, über die paradigmatische – und historische – Auseinandersetzung zwischen Fernsehbild und Filmbild. Nicht zuletzt die neuesten Techniken digitaler Simulation und Bildeffekte (sie sind alle Abkömmlinge der Fernsehtechnik), die sämtliche traditionellen Kategorien der Unterscheidung von Fiktion und Wirklichkeit über den Haufen werfen, lassen die Wissenschaft, die sich jahrzehntelang am »undemokratischen« Prinzip des *broadcasting* abgearbeitet hat (und wohl auch abarbeiten mußte), mehr oder weniger ratlos zurück.

Es ist also relativ leicht und plausibel nachvollziehbar, woher das Bild von der »Geschichtslosigkeit« des Fernsehens kommt. Für die einen – die Konsumenten – war es eben einfach »immer schon« da – es entstand und reifte nicht vor ihren Augen und im öffentlichen Bewußtsein, sondern es erschien nach 1945 voll entwickelt auf der Bildfläche und eroberte die Nachkriegsgesellschaften im Sturm. Und für die anderen – die Gesellschafts- und Kulturwissenschaftler – war es jahrzehntelang allzu leicht, das Fernsehen zu ignorieren – nicht seine Kraft, die Gesellschaft (um-)zustrukturieren, wohlgemerkt (das ist durch die quantitative Medienforschung hinreichend untersucht), sondern seine Eigenschaft und Wirkung, uns die Welt anders wahrnehmen zu lassen als zuvor. Ein solches »Zuvor« konnte es ja nicht geben, solange nicht erkannt und akzeptiert wurde, daß das Fernsehen eben doch eine Geschichte hat, eine technische Geschichte ebenso wie eine Ideen- und Geistesgeschichte.

Wir legen mit diesem Buch das weltweit anerkannteste Werk zur historischen Entwicklung dieses Mediums vor. Es stellt eben jene Phase seiner Geschichte dar, in der es sich von der bloßen Idee zur handfesten Apparatur materialisierte. Von den techniktrunkenen siebziger Jahren des 19. Jahrhunderts, in denen Phonograph und Telephon, eine technisch perfektionierte Photographie mit den ersten Schnappschußaufnahmen und die ersten photographischen Bewegungsbilder über die Zeitgenossen hereinbrechen, bis zu den frühen vierziger Jahren des 20. Jahrhunderts, in denen nur noch ein Weltkrieg den Siegeszug des Fernsehens aufhalten kann – in noch nie dagewesener Akribie und Vollständigkeit wird hier der Weg der elektrischen Übertragung von Laufbildern nachvollzogen.

Die vorliegende Geschichte des Fernsehens nimmt in der englischsprachigen Literatur längst den Rang eines Standardwerks ein. Albert Abramson hat 35 Jahre lang daran gearbeitet, diese Entwicklung zu rekonstruieren. Er studierte alle einschlägigen Patente in den Ländern, aus denen Beiträge zum Fernsehen gekommen waren, ebenso die Firmenarchive und Laboraufzeichnungen der beteiligten Unternehmen und Konzerne sowie die relevante historische Literatur zur Entwicklung des Fernsehens. Besonderes Augenmerk liegt auf der Presseberichterstattung, die den Aufstieg des Fernsehens von einer bloßen Idee zu handfester, funktionstüchtiger Apparatur begleitet – gerade an ihr läßt sich nachvollziehen, wie das Fernsehen seinen Platz in der Öffentlichkeit und im Bewußtsein der Zeitgenossen eroberte. Unschätzbaren historischen Wert haben schließlich die Gespräche und Interviews, die Abramson mit den noch lebenden Pionieren – von Manfred von Ardenne bis Vladimir K. Zworykin – führte.

Es sind zahlreiche Fragen, auf die Abramsons Geschichte des Fernsehens ein völlig neues Licht wirft. Dies sind zum einen Fragen der inneren Entwicklung des Mediums, etwa der »klassische« und vieldiskutierte Prioritätsstreit zwischen Zworykin und Farnsworth über die »erste« elektronische Kameraröhre oder auch die tatsächliche Rolle J. L. Bairds als Pionier des Fernsehens. Solche inneren Fragen, über die in der bestehenden Literatur nach wie vor viel Uneinigkeit herrscht, klären sich vor der exakten, nüchternen und unparteiischen Rekonstruktion durch Abramson gleichsam von selbst.

Es sind zum anderen – und wichtiger noch – aber auch Fragen der äußeren Entwicklung des Fernsehens, die sich vor dem Hintergrund von Abramsons Geschichte des Fernsehens neu stellen. Dies sind Fragen nach der Eingebettetheit des Fernsehens in eine bildzentrierte Moderne, Fragen nach seiner Rolle und Bedeutung für die »zweite Visualisierung« der Wahrnehmung (nach der ersten durch Photographie und Film), Fragen nach den Folgen der Technisierung des Bildes für das Bild selbst und für seinen Begriff, kurz: Fragen, die sich im Rahmen einer allgemeinen und historischen Bildtheorie systematisieren ließen.

Zur Übersetzung: Vom technischen Anspruch des Buchs wird in der Übersetzung nichts zurückgenommen. Erklärende Passagen finden sich folglich nur dort, wo sie auch die originale Vorlage liefert. Auch der taxierende, oftmals geradezu protokollarische Tonfall des Originals, der so charakteristisch für dieses Werk ist, wird in der Übersetzung beibehalten. Maßangaben (Längen-, Raum- und Gewichtmaße sowie Angaben über Lichtstärke, Lichtdichte und Beleuchtungswerte) wurden in europäische (metrische) Werte umgerechnet. Zitate aus deutschsprachigen Quellen sind im Originalwortlaut wiedergegeben. Die Zitierweise wurde behutsam an eine im deutschsprachigen wissenschaftlichen Diskurs geläufige Form angepaßt.

Abramson gibt nicht nur dem Fernsehen etwas zurück, das bisher viel zu wenig beachtet und in den Überlegungen vernachlässigt worden ist, sondern auch dem Bild und dem Sehen überhaupt: seine Geschichtlichkeit. Seine Rekonstruktion der Entwicklung des Fernsehens zerstört Selbstverständlichkeiten, vor allem eine: unsere geläufige Weise, Welt wahrzunehmen, sei ohne Verbindung zur Vergangenheit. Unser Blick auf die Welt hat sich an die spezifische Sprache und Grammatik der Bilder gewöhnt, die uns Fernsehschirme seit 50 Jahren ins Wohnzimmer liefern. Aber diese Fernsehbildsprache ist nicht naturgegeben, sondern sie ist entlang der technischen Gegebenheiten und Möglichkeiten entstanden – sie hat Geschichte. Nur aus dieser Geschichte heraus werden sich Verständnismodelle für künftige Entwicklungen auf dem Gebiet der elektronischen Bildbearbeitung erarbeiten lassen, das sich gerade heute so rasant und dramatisch verändert. Schon deshalb ist Abramsons Geschichte des Fernsehens lange überfällig.

Vorwort zur deutschen Ausgabe

Als ich meine Arbeit zur Geschichte des Fernsehens im Jahr 1952 begann, stand das Fernsehen in Deutschland kurz vor seiner Wiedereinführung. Deutschland hatte vor dem 2. Weltkrieg zu jenen Ländern gehört, in denen ein regelmäßiger Programmdienst gesendet wurde. Seit dem Frühjahr 1935 strahlte der Sender Berlin-Witzleben 180zeilige Bilder aus (wenngleich auch nur ein halbes Jahr lang), und die Olympischen Spiele in Berlin 1936 waren das erste sportliche Großereignis, von dem mit Fernsehkameras berichtet wurde.

Die deutschen Beiträge zum Fernsehen waren vielfältig. Max Dieckmann betrieb schon vor dem 1. Weltkrieg Bildröhren und beantragte im April 1925 gemeinsam mit Rudolf Hell ein Patent für die erste Kameraröhre des Bildzerlegertyps. August Karolus erfand ein spezielles Lichtventil, das General Electric in seiner frühen Forschung zum mechanischen Fernsehen verwendete. Manfred von Ardenne konstruierte eine Bildröhre außergewöhnlicher Helligkeit, die von den Briten bei ihrer frühen Radarforschung verwendet wurde. Außerdem konstruierte und betrieb er ein Fernsehsystem, das Prinzipien des mechanischen Fernsehens mit Methoden und Geräten des elektronischen verband (ein elektronisches Lichtpunktsystem). Arthur Korn baute ein Bildtelegraphiesystem. Fritz Schröter entwickelte eine Methode der Fernsehaufzeichnung und trug zur Verwirklichung des Zeilensprungverfahrens bei. Dietrich Prinz erfand eine wichtige Methode der Synchronisation der horizontalen und vertikalen Abtastfrequenzen, die Teil der Patentstruktur der Radio Corporation of America (RCA) wurde. Diese Aufzählung nennt nur einige wenige Namen von vielen; das Buch berichtet vollständig über die deutschen Beiträge zur Geschichte des Fernsehens.

Zwischen Deutschland und den Vereinigten Staaten gab es enge Kooperationen. So verfügte Telefunken über die Patentinformationen der RCA, von der die entscheidenden Beiträge zur Entwicklung der ersten modernen Bildröhre, des Kineskops, und der ersten elektronischen Kameraröhre, des Ikonoskops, gekommen waren. Die Fernseh AG wiederum arbeitete mit der fähigen Unterstützung von Philo T. Farnsworth. Erst der Krieg machte die beiden Länder zu Feinden.

Kein anderes Medium hat die Welt so dramatisch verändert wie das Fernsehen. Sternstunden der Menschheit wie der erste bemannte Mondflug wurden mit ihm ebenso für Milliarden von Menschen ansichtig wie die schlimmsten Bilder der vielen Kriege nach 1945. Nach wie vor kontrovers ist auch die Frage nach der Rolle und Funktion dieses Mediums für die kulturelle Entwicklung. Sehen die einen in ihm die Ursache für den Untergang der Schriftkultur, gewissermaßen den Übergang vom Langzeit- zum Kurzzeitgedächtnis der Zivilisation, so erblicken die anderen im Fernsehen die ersehnte Kraft, die endlich Menschenrechte und Demokratie weltweit durchsetzt.

Dieses Buch wird solche Fragen nicht entscheiden können. Aber es wird zukünftigen Historikern und Wissenschaftlern ermöglichen, zu sehen, wie dieses Medium entstanden ist. Ich habe die Fakten über die Geschichte des Fernsehens in Archiven, Patenten und anderen Aufzeichnungen über den Weg des Fernsehens gesucht und gefunden. Zu meinen Recherchen gehörten auch Interviews mit allen noch lebenden Fernsehpionieren, die in den zwanziger und dreißiger Jahren zu der Entwicklung beigetragen hatten. Dabei hatte ich auch Gelegenheit, persönliche Gespräche mit den beiden deutschen Pionieren Gerhart Goebel und Prof. Manfred von Ardenne zu führen. Es freut mich, daß ich nun auch dem deutschsprachigen Publikum über sie berichten kann.

Las Vegas, im März 2002
Albert Abramson

Die folgenden Fernsehpioniere haben mir großzügig erlaubt, in ihre Lebensgeschichten einzudringen, um über ihre Beiträge zur Geschichte des Fernsehens zu berichten:

Manfred von Ardenne · Alda Bedford · D. C. Birkinshaw · Tony Bridgewater · Arch Brolly · Mrs. Elma Farnsworth, Witwe nach Philo Farnsworth · Lesly E. Flory · Harley Iams · Ray Kell · Thomas M. C. Lance · Harry Lubcke · Hans G. Lubszynski · Joseph D. McGee · Robert Morris · George Morton · Albert F. Murray · Albert Rose · Solomon Sagall · Otto Schade · Kenjiro Takayanagi · Arthur Vance · E. C. L. White · W. D. Wright · Vladimir K. Zworykin

Ihnen ist dieses Buch in Dankbarkeit gewidmet.

Danksagung

Ich möchte den folgenden Personen und ihren Organisationen für ihre Kooperation danken. Ohne sie hätte dieses Buch nicht geschrieben werden können.

Al Pinsky, Öffentlichkeitsarbeit bei RCA, David-Sarnoff-Forschungslaboratorien, für die tatkräftige Unterstützung während meines Aufenthalts in Princeton, New Jersey. Ohne Rücksicht auf Verpflichtungen öffnete er mir jede Tür;

Birdy Rogers, Bibliotheksleiterin in der Patentabteilung der öffentlichen Bibliothek Los Angeles für ihre Geduld, mit der sie mir sieben Jahre lang bei der Suche nach Patenten geholfen hat;

Jerry Sears, Anwalt, US-Patentbehörde, Abteilung für Handelsverkehr, dafür, daß er mir Zugang zu Hunderten von Patenten und Streitakten gewährt hat;

Anita Newell, Archivarin, Westinghouse Electric, East Pittsburgh, dafür, daß sie mir Zugang zu den Westinghouse-Mikrofilmakten gewährt hat;

Brian Samain, Öffentlichkeitsarbeit, EMI (jetzt Thorne, EMI), London, dafür, daß er mir Zugang zu den EMI-Archiven gewährt hat. Besonderer Dank gilt Leonard Petts, Archivar in Hayes, Middlesex;

Dr. Marcy Goldstein, Archivar, Bell Telephone Laboratories, Short Hills, New Jersey, für den Zugriff auf die Notizbücher und Aufzeichnungen des Fernsehprojekts von Dr. Herbert E. Ives.

Mein Dank geht an die folgenden Fernsehhistoriker für ihre unschätzbaren Ratschläge und Anregungen: Tony Bridgewater, Gerhart Goebel und George Shiers.

Ich danke den folgenden Freunden, die viel Arbeit darauf verwendet haben, technische Artikel und Patentschriften in verständliches Englisch zu übersetzen: Günter Schmitt (Deutsch), Therese Weiderholt (Französisch), John Inonue (Japanisch), Sharon Behry (Russisch) und Joe Arvisu (Portugiesisch).

Mein Dank gilt auch den verschiedenen Quellen, die mir die Aufnahme urheberrechtlich geschützter Photographien und Abbildungen in das Buch gestatteten. Wo es nicht möglich war, die ursprünglichen Urheberrechtsbesitzer ausfindig zu machen, entschuldige ich mich für die fehlende Nennung ihrer Namen. Für die Abbildungen habe ich zu danken:

Scientific American: S. 13, 41, 44, 54. *Prometheus*: S. 34, 35. *Modern Electrics*: S. 36. *L'Illustration*: S. 37. P. K. Gorokhow, *B. L. Rosing*, Moskau 1964: S. 40. Radio Corporation of America (RCA): S. 88 (oben), 156 (oben), 158, 202 (oben). Tony

Bridgewater: S. 67. *Journal of the Röntgen-Society*: S. 43. *Electrical Experimenter*: S. 48. *Radio Broadcast*: S. 65. A. Dinsdale, *Television 1928*: S. 67, 75, 129 (oben). *Radio News*: S. 64, 100, 242. Gerhart Goebel: S. 78. C. F. Jenkins, *Radiomovies, Radiovision, Television*, 1929: S. 84, 126. G. Eichhorn: *Wetterfunk, Bildfunk, Television*, 1926: S. 89. *Television* (London): S. 96 (oben). General Electric Company: S. 102, 120, 138, 168. Westinghouse Electric Company: S. 88 (unten), 156 (unten). *Science and Invention*: S. 96 (unten), 101, 113. AT&T (abgedruckt mit Genehmigung der AT&T Corporate Archives): S. 110, 111, 128. Japanese Victor Corporation: S. 112, 195. Jay Faulkner: S. 116, 129 (unten), 244. *Revue Générale d'Electricité*: S. 108. Katalina Glass: S. 131. Les Flory: S. 152, 184, 201 (oben), 202 (unten). Manfred von Ardenne: S. 155, 172. *Radio Industries*: S. 176. Harley Iams: S. 202 (oben). Royal Television Society: S. 238. *Television Today 1935, Bd. I*: S. 216. *Television & Short-Wave World*: S. 252. *Electronics and Television & Short-Wave World*: S. 290.

Schließlich danke ich meiner geliebten Frau Arlene, die niemals den Glauben an mich in jenen schwierigen Zeiten verloren hat, in denen es schien, ich würde nie zum Ende kommen.

Albert Abramson, 17. Jänner 1987

Einführung

Während der Abfassung dieses Buchs über die Geschichte des Fernsehens war ich stets mit einem fundamentalen Problem konfrontiert: Wie kann ich eine große Masse von »offensichtlich« beziehungslos erscheinendem Datenmaterial in einer eingängigen und spannenden Weise präsentieren? Zumal ich die Fiktionen vermeiden wollte, mit denen zahlreiche Historiker ihre Tatsachen ausschmücken – jene mythischen Anekdoten, für die es nur geringe oder überhaupt keine faktische Grundlage gibt. Solche Erfindungen mögen einer interessanten Lektüre zuträglich sein; dem Leser erweisen sie einen Bärendienst.

Ich habe sehr viel Zeit dafür aufgewendet, den mächtigen Schatz an Literatur zu erforschen, der in den Bibliotheken und Archiven der großen Unternehmen vorzufinden ist, ebenso viel Zeit, die überlebenden Pioniere zu befragen. Ich spürte keine Notwendigkeit, Dramatik zu »veranstalten«, weil ich merkte, daß das wahre Drama in den Fakten selbst verborgen ist. Jedes Ereignis, ob ein einfacher Artikel oder ein kompliziertes Patent, bedeutete ein Abenteuer in Richtung Zukunft. Die beteiligten Pioniere betraten Boden, der nie zuvor beschritten worden war. Sie schufen eine neue Form von Kommunikation, die der Mensch intuitiv vielleicht über Jahrtausende herbeigesehnt hatte – über den Horizont hinauszugelangen und seinen Artgenossen zu sehen und zu hören, der tausende Meilen entfernt sein mag.

Es war nicht eine Einzelperson, die das Fernsehen erfand. Die meisten der Erfinder waren ihrer Zeit und ihren technischen Möglichkeiten voraus; manche waren müßige Träumer, andere dagegen Männer der Tat, denen es gelang, ihre Ideen in Gerätschaft umzusetzen. Die Ideen kamen nicht immer in logischer Folge. Deshalb beschloß ich, die tatsächlichen Fakten aus den Primärquellen, wie sie sich chronologisch ereignet hatten, zu präsentieren, und den Leser mitempfindend an dem Voranschreiten des Mediums teilnehmen zu lassen. Für den Leser und den zukünftigen Historiker habe ich eine Vielzahl an Belegen eingeschlossen, die auch zu einem späteren Zeitpunkt Nachprüfungen erlauben. Darüber hinaus sind in den Anmerkungen jene Kommentare und Ansichten zu finden, die zur Erklärung bestimmter Ereignisse beitragen und ihr Verständnis erleichtern.

Ich habe mich nach Kräften bemüht, objektiv, faktenbezogen und unparteiisch zu sein, indem ich nur meinem Gewissen und den Tatsachen, die ich zutage befördern konnte, erlaubt habe, mich zu leiten. Das benutzte Quellenmaterial besteht prinzipiell aus urkundlichen Zeugnissen wie:

(1) Patentanträge, Patentstreitakten und natürlich die Patentschriften selbst;

(2) technische Notizbücher und Aufzeichnungen ebenso wie Briefe und Korrespondenzen der verschiedenen Erfinder, die ich in verschiedenen Betriebsarchiven gefunden habe;

(3) die große Menge allgemeiner Information, die in technischen Zeitschriften zu finden ist;

(4) das umfangreiche Wissen aus den zeitgenössischen Zeitungs- und Magazinausgaben, und schließlich

(5) die ausführlichen Interviews, die ich mit den überlebenden Pionieren in den USA, in Großbritannien, Japan und Deutschland durchgeführt habe. Ich bedaure in diesem Zusammenhang sehr, daß ich meine Forschungen nicht zehn Jahre früher begonnen habe, um noch mehr der Fernsehpioniere kennenzulernen, die noch am Leben waren.

Ich habe bestimmte Annahmen gesetzt: Erstens die, daß jeder Pionier oder frühe Erfinder durch seine eigene Erforschung der bestehenden Patente und ähnlichem Material (a) über den gegebenen Stand der Technik und (b) über bestehende Literatur Bescheid wußte, zweitens die, daß urkundlich bezeugte Information zutrifft, daß also genannte Namen mit jenen der Erfinder übereinstimmen, und daß generell alle aufgezeichneten Daten mit den echten übereinstimmen. Allen Versuchen von Vor- und Rückdatierungen sowie allgemein von Veränderungen nach einem Ereignis wurde keine Beachtung geschenkt.

Alle Behauptungen und Berichte wurden in drei Kategorien geteilt:

(1) Ich gebe als Tatsachen alle Ideen und/oder Geräte sowie die Qualität ihres Funktionierens wieder, wenn dies voll bestätigt wird durch (a) datierte und bezeugte Labornotizen, (b) datierte und unterschriebene Patentanträge, (c) Photographien und Blaupausen von Gerätschaft und Geräteskizzen sowie (d) Vorführungen, öffentliche oder private, sofern sie von zuverlässigen und unparteiischen Zeugen berichtet werden.

(2) Ich gebe als Randbemerkungen Informationen wieder, deren Wahrheitsgehalt außer durch Zeugnisse aus zweiter Hand nicht erhärtet werden kann, wie undatierte Photographien und Aufzeichnungen oder Berichte von befangenen, weil an der betreffenden Entwicklung beteiligten Zeugen. Solche Informationen und Behauptungen werden nur dort präsentiert, wo das betreffende Thema wichtig genug ist, um in das vorliegende Buch aufgenommen zu werden; es bleibt dem Leser überlassen, für sich selbst zu entscheiden, ob er den zitierten Fakten im Rahmen der Gesamtdarstellung Wahrheitsgehalt zuerkennen kann.

(3) Kurzerhand zurückgewiesen habe ich alle Berichte, denen zufolge eine Idee, eine Erfindung oder ein Gerät mutmaßlich viele Jahre vor dem Bericht ausgedacht,

geplant oder konstruiert worden ist, wenn zugleich die Auskunftsperson nur auf ihr Gedächtnis als Informationsquelle zurückgreifen kann.

Alle diese Unterscheidungen dienten mir als Mittel der Prüfung und des gegenseitigen Abwägens von Berichten. Auf diese Weise wollte ich mich in die Lage versetzen, die Geschichte soweit als authentische und wahre historische Aufzeichnung zu präsentieren, wie es nach menschlichem Vermögen getan werden kann. Auf der Grundlage der mit diesen Mitteln gewonnen Tatsachen habe ich viele weitere Annahmen getroffen; sie alle beruhen auf den Fakten, die ich gesehen habe, und ausschließlich auf ihnen aufbauend habe ich Schlußfolgerungen gezogen, die mir als logisch erschienen sind. Nur die Zeit wird darüber befinden, wie zutreffend sie sind. In keinem Fall versuche ich, irgendeine Patentbehörde oder eine juristische Entscheidung zu rechtfertigen oder zu kritisieren.

Ich übernehme die volle Verantwortung für alle gemachten Angaben und für alle Fehler, die mir unterlaufen sein mögen. Für jede zusätzliche Information bin ich sehr dankbar.

Albert Abramson

Kapitel 1

Archäologie und Vorgeschichte des Fernsehens: 1671 – 1879

Seit mehr als hundert Jahren unterhalten sich Zuschauer in aller Welt am Betrachten von Filmen jeder Größe und Form. Dieses Filmpublikum hat über den Zeitraum der vergangenen fünfzig Jahre in der einen oder anderen Form auch ferngesehen. Doch während sich der Film innerhalb von nur etwa sechs Jahren von einem Laborexperiment zu einer voll entwickelten kommerziellen Unternehmung entwickelte, benötigte das Fernsehen nahezu ein halbes Jahrhundert, um jene Reife zu erlangen, die der Film gleichsam über Nacht erworben hatte. Der Grund ist leicht zu verstehen: Der Film als optisch-mechanisch-chemisches Medium war wesentlich einfacher zu verwirklichen als das Fernsehen, welches auf optisch-elektrischen Prinzipien beruht.

Und so bringt jede Filmgeschichte die technischen Leistungen (die Kamera, den Film, die Suchervorrichtungen) gewöhnlich auf den ersten paar Seiten des Buches unter. Sie kann dann fortsetzen mit den Werken der frühen Studioleiter, der Kameraleute, der Stars und Produzenten, die der Filmindustrie ihre heutige Position aufgebaut haben.

Die Geschichte des Fernsehens sieht völlig anders aus. Die Entwicklungszeit dieses Mediums dauerte sehr lange. Es wuchs mit dem Stand der Technik der Zeit; die Disziplinen, die an ihm beteiligt waren, entstammen einem breiten Spektrum von Techniken und Wissenschaften, die meistens miteinander gar nichts zu tun hatten.

C. W. Ceram verweist in seinem klassischen Buch *Archaeology of the Cinema* darauf, daß den Menschen »eine Vernarrtheit in mechanistische Theorien der Evolution« kennzeichne, die von einer »Tendenz, die Geschichte des zivilisierten Menschen als gleichförmig fortschreitenden Prozeß von fünftausendjähriger Dauer zu begreifen« herrühre.[1] Aber diese gleichmäßige Vorwärtsbewegung ist ein Mythos. Die frühe Geschichte des Fernsehens bilden Entdeckungen, die zu ihrer Zeit als absolut unverwandt miteinander erschienen. Sie auf irgendeine Weise in Beziehung zueinander zu setzen, war unmöglich. Erst mit der Zeit gelang es, diese singulären Erscheinungen in der Art eines Puzzles sinnvoll miteinander zu verbinden.

Die Frühgeschichte des Fernsehens ist aus den genannten Gründen bisher nicht ernsthaft erforscht worden. Die meisten Arbeiten zur Fernsehgeschichte halten bloß fest, daß es sich aus dem Radiobetrieb entwickelt habe und lassen den Leser so im Glauben, das Fernsehen sei der natürliche Nachkomme des Radios.

Es trifft zu, daß die großen Elektronikkonzerne das Fernsehen schließlich in ihren Labors entwickelten, ebenso, daß die Radiosender das Fernsehen als ihr eigenes Medium übernahmen. Mit dieser Aneignung aber mußten sie von einem auditiven auf ein visuelles Medium umstellen. Diese Umstellung indes war keine bloße Nachahmung des Films. Der Film hatte bereits eine beträchtliche Menge seiner eigenen Literatur entwickelt und seiner Formensprache eine einzigartige Grammatik und Syntax verliehen. Allerdings war er zu einem rein visuellen Medium ausgereift. Der Einzug des Tons in den Film wurde heftigst bekämpft. Kein Filmregisseur, der seine Sache verstand, benötigte Sprache, um seine Geschichte zu erzählen.

Und doch bestand eine symbiotische Beziehung zwischen dem neuen Medium Fernsehen und dem Film. Das Fernsehen übertrug die Bildsprache des Films auf die Programmgestaltung des Radios, indem es dessen Programmkategorien wie Nachrichten, Sport und besonders Spielhandlung oder »Drama« mit der größten Leichtigkeit in visuelle Form überführte.

Das Bedürfnis des Menschen nach direkter Kommunikation mit seinen Artgenossen hatte der Film, der kein unmittelbares Medium ist, nicht erfüllen können. Jedes auf Film gespeicherte Ereignis konnte nur mit Zeitverzögerung wieder zur Ansicht gebracht werden, im Gegensatz zu Telephon und Radio, die die Kommunikation zweier Partner in Echtzeit ermöglichten. Aus diesem Grunde entwickelte sich der Film zu einem Medium der Unterhaltung und der Bildung und nicht zu einem Medium des direkten Informationsaustausches. Wonach noch Bedarf bestand, war ein Mittel, einen Gesprächspartner im Augenblick des Gesprächs sichtbar zu machen. Darin bestand der ursprüngliche Zweck des Fernsehens. Doch so stark das Verlangen nach einem solchen Mittel war, so gering standen die Möglichkeiten der Technik, es bereitzustellen.

Deshalb tauchte der Film lange vor dem Fernsehen auf. Er erfüllte seine Funktion durchaus zufriedenstellend, ließ aber doch eine Lücke offen: Er war kein Echtzeitmedium, d. h. er ermöglichte keine synchrone Kommunikation. Dem stand der Filmstreifen, der immer erst entwickelt werden mußte, im Wege. Deshalb fragte man sich, wie es wohl sein müßte, über ein Instrument zu verfügen, das ein Bild im selben Augenblick, in dem es aufgenommen wird, zu einem Empfänger übertragen kann.

Eine Antwort auf diese Frage legte Henry D. Hubbard, der Sekretär des United States Bureau of Standards vor. Am 9. Mai 1921 schrieb Hubbard an die Society of Motion Picture Engineers. Zu dieser Zeit war der Film, der sich aus Edisons Erfindung von 1891 hergeleitet hatte, rund 30 Jahre alt. Hubbards Abhandlung über den »Film von Morgen« beinhaltete auch die folgende Vorhersage der Kamera von 1950, also etwa 30 Jahre in der Zukunft:

> Wagen wir es, eine Kamera zu erwarten, die automatisch scharfstellt, automatische Blendeneinstellung besitzt, eine Kamera, die in voller Farbe und mit bivisuellem stereoskopischem Effekt bei exakter Wirklichkeitstreue aufzeichnet, die die Aufnahmen verzeichnet und

augenblicklich ansichtig macht, eine Kamera mit automatisch lichtempfindlich werdenden Platten, auf denen nicht statische Einzelbilder, sondern ein ununterbrochen sich veränderndes Bild erzeugt wird, welches getilgt wird, nachdem es an einen Aufzeichnungsraum telegraphiert wurde, eine Kamera, die mit einem automatischen Mechanismus zur Reinigung der Glasoberflächen ausgerüstet ist, und die bei all dem die Größe der kleinsten Kodak von heute nicht überschreitet[?][2]

Um 1950 existierte in der Tat eine Kamera, die den Großteil der Vorhersagen Hubbards einlöste – aber nicht in der Filmindustrie. Denn die Filmkamera von 1950 war immer noch das gleiche Instrument, das Hubbard schon 1921 gekannt hatte. Natürlich waren in der Zwischenzeit Verfeinerungen der technischen Grundstruktur von Filmkameras vorgenommen worden; hauptsächlich bestanden sie in der Anbringung eines Motorantriebs im Inneren und im Aufsetzen von Tonaufzeichnungsgeräten auf dem Äußeren des Geräts. Auch gehörte die Aufzeichnung von Film in voller Farbe mittlerweile zur Routine des normalen Aufnahmevorgangs. Jedenfalls handelte es sich im wesentlichen um das gleiche Werkzeug wie 1921. Annehmlichkeiten wie automatische Scharfstellung, automatische Blendeneinstellung und bivisueller stereoskopischer Effekt waren schon lange vor 1950 im Labor gelungen, allerdings noch nicht zum Bestandteil des täglichen Produktionsbetriebs geworden. Stattdessen war eine ganze neue Industrie entstanden, um Hubbards Kamera der Zukunft zu schaffen.

Die visuellen Medientechniken – der Film und das Fernsehen – sind eigentlich zwei Seiten derselben Medaille. Doch sie haben unterschiedliche Wurzeln. Der Film ist als Kombination von photographischen Techniken und mechanischen Vorrichtungen zur schnellen Beförderung eines Streifens mit einer lichtempfindlichen Emulsion durch eine Kamera entstanden; nach einer sachgemäßen Entwicklung mußte der belichtete Film nur noch durch eine Projektionsanlage welcher Form immer geführt werden. Das Fernsehen hingegen entstammt dem Gebiet der elektrischen Kommunikation; es ist direkter Abkömmling des elektrischen Telegraphen, des Telephons und schließlich der Bildtelegraphie (der Übertragung von statischen Einzelbildern auf Papier).

Aus Hubbards Vorhersagen läßt sich heraushören, daß er radikale Veränderungen des Films, so wie er ihn kannte, erwartete. Er kündigte den Niedergang des Films als Speichermedium an; er sollte abgelöst werden durch »automatisch lichtempfindlich werdende Platten«, die aufgenommenen Bilder sollten bei exakter Wirklichkeitstreue zu einen Aufzeichnungsraum »telegraphiert« und augenblicklich ansichtig gemacht werden.

Film aber wird weder »telegraphiert« noch augenblicklich ansichtig gemacht. Filmbilder können weder »getilgt« noch »verzeichnet« werden; auch gibt es sie nicht als ununterbrochen sich verändernde Bilder. Nur ein Speichermedium auf der Grundlage magnetischer Aufzeichnungsprinzipien kann all dies leisten.

Die Kamera, die Hubbards Ahnungen einlöste, war die elektronische Fernsehkamera, die für einen ganz anderen Zweck als die Filmproduktion entwickelt worden war. Ihre Hauptfunktion bestand darin, Bilder je nach ihrem Verwendungszweck an einen Kontroll- oder Aufzeichnungsraum zu »telegraphieren« oder zu senden, und zwar Bilder mit zeitlicher Dimension, also keine Einzelbilder. Die Funktion der Aufzeichnung kann auch in Entfernung vom Ort der Aufnahme erfüllt werden, wobei die einzige Verbindung aus einem Kabel oder einer Funkstrecke besteht. Die »Emulsion« ist die Kameraröhre selbst, von der auch die Entscheidung zwischen Farb- oder Schwarzweißbildern abhängt. Das Speichermedium ist ein sehr passives Element, das nur exakt jene Bilder aufzeichnet, die ihm von der Kamera zugespielt werden.

Der Zauberkasten der Elektronik ermöglicht es, Bilder von mehreren Kameras zu verschmelzen, zu mischen oder in anderer Weise zusammenzufügen, sodaß jener Vorgang, der dem Schnitt beim Film entspricht, auf Knopfdruck erledigt werden kann, ohne daß das Band überhaupt berührt werden muß. Hubbards Vorhersage eines Geräts, das »bei all dem die Größe der kleinsten Kodak von heute nicht überschreitet«, erfüllte sich im Juli 1980 durch die Sony Corporation aus Japan. Damals führte Sony eine in sich abgeschlossene Kombination aus Videokamera und -rekorder ein, die rund 2,2 kg wiegen und, konzipiert für den privaten Heimgebrauch, im Jahr 1985 erhältlich sein sollte.[3]

Es zeichnet sich ab, daß der Film, wie er heute bekannt ist, künftig bedeutenden Veränderungen unterworfen werden wird. Der Trend vom Film zum Videoband ist viele Jahre lang vorhergesagt worden und beginnt endlich, sich auszubreiten.[4] Gegenwärtig ist die Videoaufzeichnung von Bildern dabei, die traditionellen Filmtechniken zu verdrängen. Bei der Aufnahme von Nachrichten beispielsweise liegt der Übergang von Film zu Videoband bei nahezu 100 Prozent. Viele der Studios in Hollywood gehen dazu über, Videoeinheiten einzurichten, um Spielfilme mit Videotechnik anstelle der altmodischen Filmmethoden aufzunehmen.

Es ist denkbar, daß das Laufbild auf der Grundlage der photographischen Techniken, wie wir es kennen, tatsächlich nicht mehr als eine Überbrückungshilfe war, die ein kurzes, aber nützliches Leben als Behelf geführt hat. In der Zwischenzeit wurde das wahre visuelle Medium, das auf elektronischen Prinzipien beruht, großgezogen und entwickelt. Dabei erlernte die elektronische Disziplin vom alten, auf photographischem Film beruhenden Medium jene visuellen Techniken, die das Bewegungsbild so einzigartig machen.

Außer Frage steht, daß die Technik der bewegten Bilder zunächst auf dem Film und der Filmbearbeitung beruht. Doch heute gibt es nichts mehr, was man mit Zelluloidfilm anstellen kann, was nicht wesentlich schneller und ökonomischer mit Videoband gemacht werden kann. Das elektronische Medium hat nicht nur die Rolle des Films übernommen, sondern läßt diesen völlig in Vergessenheit geraten. Heutzutage lautet die Frage nicht mehr: »Wird Videoband den Film ersetzen?«, sondern: »Wann?« Dies verdeutlicht die Tatsache, daß sogar Amerikas führender Erzeuger photographischen Films schon seit langem geheime Forschungen auf dem Gebiet der Videotechnologie betreibt und sich auf den unvermeidlichen Wechsel von lichtempfindlichen Emulsionen zu elektronischen Bildwandlersubstanzen vorbereitet.[5]

Die Geschichte des Films erklärt, weshalb er dem Fernsehen vorausgehen mußte. Es besteht allgemeine Einigkeit darüber, daß der Film auf drei Entdeckungen beruht: auf der Laterna magica, dem Stroboskop (oder Lebensrad) und der Photographie. Die Laterna magica wurde von dem Jesuitenpater Athanasius Kircher eingeführt, der 1671 ihr Prinzip beschrieb, demzufolge ein hell beleuchtetes und vor einer Linse plaziertes Objekt sein umgekehrtes Bild auf eine Fläche in einem abgedunkelten Zimmer wirft, wobei das Bild je nach Abstand zwischen Linse und Projektionsfläche sowie zwischen Objekt und Linse vergrößert wird. Am Ende des 17. Jahrhunderts war die Laterna magica in ganz Europa verbreitet. Üblicherweise wurden mit ihr auf Glas gemalte Bilder projiziert – bis die Photographie aufkam.

Deren Entwicklung begann 1727, als Johann H. Schulze den chemischen Effekt des Sonnenlichts auf Silbersalze entdeckte. 1802 gelang es Thomas Wedgwood, photographische Bilder auf Glas herzustellen. 1814 berichtete Sir Humphrey Davy über die Empfindlichkeit von Jodsilber gegen Licht. Sir John Herschel berichtete 1839, daß Natriumdithionat Silberchlorid fixieren könne. 1839 begann mit den Leistungen von Joseph Niépce und Louis Jaques Mandé Daguerre die echte Photographie. Ihnen gelang es, eine dauerhafte Wiedergabe eines Bildes aus einer Camera obscura herzustellen. Ebenfalls im Jahr 1839 konnte Henry Fox Talbot eine beliebige Anzahl von Positivabzügen auf Silberchloridpapier erzeugen. 1851 entwickelte Frederick Scott Archer den Naßplattenprozeß. Dabei wurde eine mit nassem Kollodium beschichtete Glasplatte verwendet. 1871 setzte R. L. Maddox Silberbromidplatten mit einer Gelatinebeschichtung als Bindemittel ein. Dies war der Trockenplattenprozeß, mit dem die Belichtungszeit auf etwa. eine Hundertstelsekunde verkürzt wurde.

1824/25 erschien eine Schrift von Peter M. Roget, in der er über Phänomene bei Rädern im Zusammenhang mit der »Nachbildwirkung« bei sich bewegenden Objekten handelte. (Weitere Arbeiten zum gleichen Thema verfaßten Joseph Plateau und Michael Faraday.) Um dieses Phänomen anschaulich darzustellen, erfand Plateau 1832 eine »Wunderscheibe«, die Phantaskop bzw. Phenakistiskop genannt wurde. Im selben Jahr erfand Simon Ritter von Stampfer sein »Stroboskop«, welches dem Gerät Plateaus ähnelte. An der Scheibe war eine Reihe von Zeichnungen angebracht, ihr Außenrand mit Schlitzen versehen. Beim Betrachten der Zeichnungen durch die Schlitze erhielt der Zuseher den Eindruck von ununterbrochener Bewegung. 1834 verbesserte William George Horner dieses Gerät und schuf das Zootrop oder Zoetrop. Dabei waren die Zeichnungen auf einem Band an der Innenseite einer Trommel angebracht, deren obere Hälte durch Schlitze einsehbar gemacht wurde. Der Betrachter verfolgte die Bilder durch die Schlitze, die den Bildern gegenüberlagen.

Es scheint, daß Plateau bereits 1849 den Gebrauch von Daguerrotypien für sein Phenakistiskop vorgeschlagen hatte. Franz von Uchatius hingegen kombinierte 1853 die Laterna magica mit dem Phenakistiskop. Er war der erste Mensch, dem es gelang, Laufbilder auf eine Projektionsfläche zu werfen und so einem mehrköpfigen Publikum ansichtig zu machen. Er montierte handgemalte Diapositive auf einer von Hand zu drehenden Scheibe. Eine zweite Scheibe mit Schlitzen (der Verschluß) wurde ebenfalls in Drehung versetzt. Rotierten die beiden Scheiben, wurden die Positive mittels einer Lichtquelle durch eine Linse auf eine große Leinwand projiziert.

In einem zweiten Modell war die Bildscheibe feststehend, und eine Scheibe mit Linsen wurde in ähnlicher Weise wie in der ersten Ausführung in Rotation versetzt.

1877 entwickelte Charles Emile Reynaud das Praxinoskop. In diesem Gerät brachte Reynaud im Zentrum der Trommel mit den Bildern eine drehbare polygonale Spiegeltrommel an. Das Licht von einer Lampe über der Konstruktion wurde reflektiert und produzierte einen hellen und klaren Eindruck von Bewegung.

1878 errichtete Eadweard Muybridge, unterstützt von John D. Isaacs, eine Verschaltung von mehreren Kameras, um eine Reihe von schnell aufeinanderfolgenden Bildern von bewegten Objekten anzufertigen. Dies war das berühmte Experiment, das Muybridge für Leland Stanford durchführte, um herauszufinden, ob sich im Galopp zu irgendeinem Zeitpunkt alle vier Hufe eines Pferdes gleichzeitig in der Luft befinden. (Die so entstandenen Photographien bewiesen ein für allemal, daß dies zutrifft.)[6]

Zeitgleich mit diesen Entwicklungen wurden wichtige Entdeckungen auf dem Gebiet der elektrischen Kommunikation gemacht. Der Wunsch des Menschen, über den Horizont hinauszublicken und sich über große Entfernungen zu verständigen, veranlaßte ihn, Mittel und Wege auszusinnen, die ihn an diese Ziele bringen würden. Die Erfindung des Teleskops erlaubte dem Menschen, Dinge genau zu betrachten, die physisch unerreichbar waren: den Mond, die Planeten, die Sonne und die Sterne. Die Entdeckung und Nutzbarmachung der Elektrizität gab ihm die ersten praktischen Vorrichtungen für die Kommunikation über seinen Gesichtskreis hinaus. 1837 führte Samuel B. Morse seinen neuen elektrischen Telegraphen vor, eine recht einfache Konstruktion mit einem einzigartigen Code, der sich aus Punkten und Strichen zusammensetzte. Der Morse-Code wurde zu einer internationalen Sprache. Er bildete eine gewaltige Leistung. Nur kurze Zeit später wurden Konstruktionen geschaffen, mit deren Hilfe die Punkte und Striche auf langen Papierstreifen aufgezeichnet werden konnten, was ein zeitverzögertes Lesen ermöglichte.[7]

1843 hatte Alexander Bain einen »automatischen Kopiertelegraphen« erfunden. Dieser bestand aus Pendeln, jeweils einem an der Sender- und an der Empfängerseite. Die Pendel wurden durch magnetische Halterungen im Gleichtakt gehalten, die das eine solange festhielten, bis das andere in die Startposition zurückgekehrt war. Mit jeder Pendelbewegung senkte sich das Schreibfeld ein kleines Stück, sodaß der Pendelbogen nebeneinanderliegende Linien beschrieb.

Auf der Senderseite trug das Pendel einen kleinen elektrischen Kontakt, der über metallische Drucklettern glitt und dabei die erforderlichen elektrischen Kontakte herstellte, die an den entfernten Empfänger übertragen wurden. Dort strich das Empfängerpendel über ein Stück chemisch behandelten Papiers. Da nun das Senderpendel die Lettern abtastete, trafen nur dann Signale ein, wenn es Kontakt mit deren Metalloberflächen schloß. Diese Signale wurden am Empfänger in eine Reihe von Linien übersetzt, die das Schriftbild der Originalbotschaft rekonstruieren sollten.[8]

Bain hatte mit diesem Gerät sehr wenig Erfolg, obwohl es alle Elemente aufwies, die zur Übertragung visueller Information erforderlich sind. 1846 konstru-

ierte er einen einfacheren »chemischen Telegraphen«, der das Erfordernis der Synchronisation zwischen Sender und Empfänger ausschloß, indem er die Wirkung
der Elektrizität auf Papier, welches mit bestimmten Chemikalien behandelt ist,
dazu nützte, Punkte und Striche zu zeichnen.[9]

1848 erfand Frederick C. Bakewell einen fortgeschritteneren »elektrischen Telegraphen« zur Übertragung von Kopien von Hand- oder Druckschriften, von anderen Darstellungen, Bildern oder Zeichnungen. Auch er plante den Einsatz von
Pendeln als Synchronisationsinstrument. Bakewells Apparat wies zwei synchron
rotierende Metallzylinder, einen auf Sender- und einen auf Empfängerseite, auf.
Beide Endgeräte besaßen einen Metallgriffel oder -stift, der mittels einer Leit-
spindel einen spiralförmigen Weg über den Zylinder beschrieb.

Am Sender wurde eine speziell gefertigte Nachricht hergestellt, indem sie mit
Firnis oder anderem isolierendem Material auf Zinnfolie aufgebracht wurde. Die
Zinnfolie mußte um den Zylinder gerollt und vom Griffel abgetastet werden, der
ein kontinuierliches Signal aussandte. Dieses Signal wurde nur unterbrochen,
wenn der Abtaster über die Isolierung glitt.

Am Empfänger wurde ein Blatt chemisch behandelten Papiers um die Trommel gewickelt und der Stift damit in Kontakt gebracht. Mit der Abtastbewegung
am Sender floß Strom, solange die Zinnfolie berührt wurde; das Signal wurde nur
durch die Linien der zu übertragenden Zeichnung unterbrochen. Dadurch kam es
zu einem ein- und ausgeschalteten Stromfluß in der Schaltung, der am Empfänger
die Reproduktion des Originalbildes erzeugte.[10]

Ein Gerät, das Bains Erfindung von 1843 sehr ähnlich war, ließ sich Giovanni
Caselli aus Florenz im Jahr 1855 patentieren.[11] Casellis Erfindung von 1861, Pan-
telegraph genannt, wurde in Frankreich gebaut und einige Jahre betrieben; da sie
die Hoffnungen ihrer Förderer aber nicht erfüllte, wurde sie aufgegeben.[12] L. d'Arlincourt ließ sich 1869 einen visuellen Telegraphen patentieren, der Stimmgabeln
als Synchronisationsmittel vorsah.[13] Erst 1876 erfand Alexander Graham Bell den
»sprechenden Telegraphen« – das Telephon.[14]

In die Zeit dieser historischen Entwicklungen auf den Gebieten der Photographie und der Elektrizität fallen auch wichtige Fortschritte in den verwandten Gebieten der Physik und der Chemie. 1817 isolierte Jons J. Berzelius das Element
Selen.[15] 1828 erfand William Nicol das nach ihm benannte spezielle polarisierende
Prisma.[16] 1839 beschrieb Edmond Becquerel den elektrochemischen Effekt des
Lichts. Diese Entdeckung wurde als Photovolteffekt oder Photoeffekt bekannt.[17]
1845 demonstrierte Michael Faraday, daß die Ebene eines polarisierten Lichtstrahls
durch die Kraft eines starken Magnetfeldes gedreht wird. Dies wurde als Faraday-
Effekt bekannt.[18]

1873 verwendete Willoughby Smith, Kabelingenieur und Chefelektriker der Telegraph Construction and Maintenance Company, Selenstäbe zur Überprüfung der
Leitungsbeständigkeit des Atlantikkabels. Diese Messungen erwiesen sich als äußerst
unzuverlässig, da sich weitgehende Abweichungen im Leitungswiderstand einstell-
ten. Ähnliche Beobachtungen der Widerstandsveränderungen kristalliner Selenstäbe
machte auch Joseph May. Er berichtete, daß ein Stück kristallinen Selens einem Bat-

teriestrom beträchtlich weniger Widerstand entgegensetzte, wenn es dem Licht ausgesetzt war, als wenn es im Dunkel gehalten wurde. Auch diese Phänomene wurden später als Photoeffekt oder Photoleitungseffekt bekannt. Dieser Bericht über die lichtabhängigen elektrischen Eigenschaften von Selen sollte sich schon sehr bald in den ersten Entwürfen einer »visuellen Telegraphie« niederschlagen.[19]

John Kerr entdeckte 1875, daß an bestimmte Dielektrika angelegte elektrische Spannungen die Drehung der Ebene polarisierten Lichts verursachten. Dies war der elektrooptische Effekt bei Flüssigkeiten.[20] 1877 arbeitete Kerr zu den magnetooptischen Wirkungen durch Reflexion. Dazu gehörte die Drehung der Ebene polarisierten Lichts, wenn es vom Polschuh eines Magneten reflektiert wird (magnetooptischer Kerr-Effekt).[21]

Andere Forscher begannen Experimente mit elektrischen Entladungen bei Niederdrucken. Den ersten Schritt setzten 1858 Julius Plücker und Heinrich Geißler. Plücker konstruierte eine hermetisch dichte Glasröhre, die auf Niederdruck mit Gas gefüllt wurde und an beiden Enden eine Elektrode aufwies. Wurde eine bestimmte Spannung an die Elektroden angelegt, ionisierte das Gas. Strom floß durch die Röhre, und sie glühte in einer gasspezifisch charakteristischen Farbe auf. Diese Konstruktion wurde als Geißlersche Röhre bekannt.[22]

Experimente von Wilhelm Hittorf mit ähnlichen Röhren führten 1869 zu der Beobachtung, daß ein Festkörper in der Röhre einen Schatten an deren Innenwände wirft.[23] 1876 folgerte E. Goldstein daraus, daß von der Kathode eine Strahlung ausgehen müsse, die er Kathodenstrahlung nannte.[24] Weitere Forschung zu dem Phänomen betrieb William Crooks, der 1879 behauptete, diese Strahlung bestehe eigentlich aus negativ geladenen Partikeln, die durch die an der Kathodenoberfläche herrschenden elektrischen Kräfte mit hoher Geschwindigkeit herausgeschleudert würden.[25]

Ein Gerät des Namens Telektroskop wurde erstmals 1877 als Apparat zur Fernübertragung von Zeichnungen oder Bildern erwähnt und beschrieben. Diese Darstellung erschien im Juni 1877 in einem Artikel in *L'Année Scientifique et Industrielle*, der vom Herausgeber dieser Zeitschrift, L. Figuier, verfaßt worden war. Er beschrieb darin ein für visuelle Übertragungen taugliches Gerät, das vermutlich von Alexander Graham Bell hergestellt worden war.

Der Apparat bestand aus zwei Kammern, die die Sende- und Empfangsstation bildeten. Sie waren durch ein Bündel feiner Drähte miteinander verbunden. Der Sender bestand aus einer Vielzahl von Drahtspitzen, die zusammen eine flache Oberfläche bildeten. Am Empfänger sollte eine Menge von »vibrations lumineuses« (Funkenstrecken?) stattfinden, die dem Licht und der Farbe des übertragenen Objekts entprechen sollten. Es wurde behauptet, Bell habe diese Konstruktion tatsächlich betrieben, doch Figuier zog dies aufgrund des Mangels an Detailangaben stark in Zweifel. Dies scheint die erste Beschreibung eines Mehrleiterapparats für die simultane Übertragung visueller Darstellungen zu sein. Angaben über das Material, mit dem das Licht in elektrische Signale konvertiert werden sollte, wurden nicht gemacht.[26]

Am 24. Dezember 1877 beantragte Thomas A. Edison sein Phonographen-patent. Der Phonograph war bereits am 17. November 1877 im *Scientific American* angekündigt und am 22. Dezember 1877 ebendort beschrieben worden. Er war das erste funktionierende Gerät zur Tonaufzeichnung und -reproduktion.[27]

Wordsworth Donisthorpe richtete am 12. Jänner 1878 ein Schreiben an *Nature*, in dem er einen Plan zur Verbindung des Phonographen mit einem »Kinesigraphen« entwarf. Dieses Schema wird als erster vollständiger Bauplan eines Tonfilmsystems angesehen. In seinem Entwurf beschrieb Donisthorpe Methoden zur Momentaufnahme von Photographien im Abstand von Achtelsekunden; nach dem Fixieren sollten die Abzüge auf einem langen Streifen oder Band befestigt und dasselbe von einer Rolle zu einer zweiten transportiert werden, wobei die Bilder dem betrachtenden Auge in demselben Zeitabstand dargebracht werden sollten, in dem sie aufgenommen wurden.

Für die Abspielung schlug er den Einsatz einer elektrischen Funkenbeleuchtung vor, die jedes Einzelbild im Augenblick seiner Vorführung schlaglichtartig erhellen sollte. Dieser Bildvorführanlage fügte er den Einsatz des Phonographen zur Wiedergabe der Schauspielerdialoge hinzu. Er merkte an, daß nur das Fehlen der Farbe die Wirklichkeitswiedergabe durch dieses System von der absoluten Vollkommenheit trenne.[28]

Nur ein Monat später, am 20. Februar 1878, veröffentlichte ein portugiesischer Professor, Adriano de Paiva, einen Artikel, in dem er ein elektrisches Teleskop oder Telektroskop beschrieb, dessen Konstruktion jener des zuvor von L. Figuier dargestellten Apparats sehr ähnlich war. Allerdings erwähnte er bereits den Einsatz einer selenbeschichteten Platte zur Konvertierung des Lichts der Bilder in Elektrizität.[29]

Später, im November 1878, stellte Constantin Senlecq aus Ardres, Frankreich, ein weiteres Telektroskop vor. Es unterschied sich freilich stark von den Konstruktionen Figuiers und de Paivas. Senlecq plante, ein Bild aus einer Camera obscura telegraphisch zu übertragen. Auf der Camera obscura sollte eine Platte aus ungeschliffenem Glas montiert werden, die von einem kleinen Stück Selen abgetastet wird; das Selen wird von zwei Federn gehalten, die zugleich als Kontaktzangen in einem elektrischen Stromkreis fungieren. Der Abtastpunkt sollte die Glasoberfläche überqueren und so ein variierendes elektrisches Signal an den Empfänger senden. Dieser sollte aus einem Zeichenstift aus Graphit bestehen, der an eine sehr dünne Platte aus Weicheisen angeschlossen ist. Diese Platte vibrierte unter der Spannung der eintreffenden Signale wie eine Membran im Telephon, wodurch eine feine Linie auf ein Blatt Papier gezeichnet wurde. Die Synchronisation der beiden Einheiten sollte durch »bestimmte Methoden autographischer telegraphischer Übertragung« erfolgen. Bei dieser Konstruktion handelte es sich natürlich um ein Gerät zur Bildtelegraphie (Faksimilereproduktion), nicht um ein Fernsehsystem.[30]

Zu Ende des Jahres 1878 brachte die Verbindung von Bells Telephon und Edisons Phonographen im Verein mit den Fortschritten, die in der Photographie erzielt worden waren, das Magazin *Punch* auf den Einfall, eine Karikatur einer neuen »Erfindung« Edisons abzudrucken, des »Telephonoskops«. Darauf war ein Zweiweg-Fernsehsystem mit großem Bildschirm abgebildet, mit dessen Hilfe sich Eltern in London mit ihrer Tochter in Ceylon mittels einer »elektrischen Camera obscura« und des Telephons unterhielten. (Andere Karikaturen stellten »Edisons Antischwerkraft-Unterwäsche« sowie einen »Edison-Wetteralmanach« dar.) Die Ironie dabei lag darin, daß *Punch* Edison das Fernsehen erfinden ließ, noch bevor er überhaupt den Film erfunden hatte![31]

Figuiers Idee des Telektroskops wurde rasch von anderen aufgegriffen. In einem Brief an den *English Mechanic* vom 7. Februar 1879 schrieb ein gewisser Denis Redmond über sein Ziel, mittels Elektrizität ein leuchtendes Bild zu übertragen. Er behauptete, eine Anzahl von Schaltkreisen, die jeweils Selen an einem und Platin am anderen Ende enthalten hätten, gebaut, sowie weiters, mit dieser Konstruktion tatsächlich zusammengesetzte leuchtende Bilder von sehr einfachen Objekten übertragen zu haben. Die Verwendung eines einzelnen Schaltkreises anstelle mehrerer scheiterte aufgrund der Trägheit des Selens und der erforderlichen Zeitspanne bis zur Wiederherstellung seines spezifischen Widerstandes.[32]

Carlo Perosino machte im März 1879 ähnliche Vorschläge zur Bildübertragung wie de Paiva. Er schlug vor, eine Camera obscura zur Projektion eines Bildes auf eine selenbeschichtete Metallplatte zu verwenden. Diese Platte sollte durch einen punktförmigen Metallkontakt abgetastet werden, der über eine Batterie an die Übertragungsleitung angeschlossen war. Am Empfänger sollte ein weiterer Kontakt aus Platin, der sich in Synchronisation mit dem Sender bewegt, das übertragene Bild mit elektrochemischen Mitteln reproduzieren.[33]

In der Maiausgabe 1879 von *Scientific American* erschien ein Artikel über das Telektroskop, in dem sowohl die Arbeit von C. Senlecq als auch jene von G. R. Carey aus Boston erwähnt wurde.[34]

Im Oktober 1879 präsentierte de Paiva einen weiteren Plan für ein Telektroskop, bei dem eine Selenoberfläche durch einen punktförmigen Metallkontakt abgetastet wurde. Am Empfänger befand sich eine einzelne Glühlampe. Das System sah einen einzelnen Stromkreis vor und erforderte einen Synchronisationsmechanismus. Möglicherweise war de Paiva auf die spezifischen Schwierigkeiten eines Mehrleitersystems gestoßen und hatte auf eine einfachere Einleitermethode umgestellt. Verglichen mit seinem System von 1878 erlangte dieser Entwurf jedenfalls wenig Beachtung.[35]

1879 entwickelte Reynaud ein Projektionsmodell seines Praxinoskops. Schließlich erfand Muybridge 1979 das Zoopraxiskop. Dieses Gerät besaß eine rotierende Blechscheibe, mit deren Hilfe Serienbilder auf Glas durch einen Projektionsapparat geführt wurden.[36]

Zu Ende des Jahres 1879 waren also die grundlegenden Ideen sowohl für den Film als auch für das Fernsehen bereits formuliert. Doch während bis zur Erfindung des Films nur noch etwa 12 Jahre vergehen sollten, lag das »elektrische Teleskop« noch in ferner Zukunft – seine Voraussetzungen gingen weit über die einfachen Technologien des späten 19. Jahrhunderts hinaus.

Kapitel 2

Frühe Entwürfe und Erfindungen: 1880 – 1899

Zu Beginn des Jahres 1880 versiegelte Alexander Graham Bell alle seine Aufzeichnungen über ein »Photophon« und hinterlegte sie bei der Smithsonian Institution. Dieser Akt ließ das Gerücht entstehen, seine Papiere enthielten eine Erfindung, die das Sehen durch Telegraphie ermögliche. Dies spornte viele Erfinder dazu an, ihre eigenen Systeme vorzustellen.[1]

Eines der ersten wurde von John Perry und W. E. Ayrton in einem Brief an *Nature* vom 21. April 1880 skizziert. Sie schlugen die Verwendung eines »Mosaiks« vor (dieses Wort wurde hier zum ersten Mal im Zusammenhang mit der Bildübertragung verwendet), d. h. einer großen Oberfläche, die aus winzigen separierten Flächen aus Selen zusammengesetzt war; sie bildete die Sendereinheit. Jede Zelle war mit einem isolierten Draht verbunden und Teil eines Stromkreises, der von einer galvanischen Batterie gespeist war. Ein Ende dieses Stromkreises führte zu einer entfernten Empfangsstation B, das andere war an Masse angeschlossen. Folglich handelte es sich hierbei um ein Mehrleitersystem.

Zwei Empfangsmöglichkeiten wurden beschrieben. Die erste sah vor, daß jeder Selenzelle am Sender eine Magnetnadel am Empfänger zugeordnet war, die von der jeweiligen Spannung im Stromkreis gesteuert wurde. Dabei öffnete jede Nadel eine Blende, die je nach dem jeweiligen Spannungswert mehr oder weniger Licht auf eine kleine Milchglasscheibe durchließ. Die Anzahl der Nadeln entsprach jener der Selenelemente. Die zweite Empfangsmöglichkeit beruhte auf dem Kerr-Effekt. Hier bestand jedes Bildelement aus Weicheisen. Die Empfängeroberfläche sollte von polarisiertem Licht bestrahlt werden, welches durch Reflexion von Glas gewonnen wurde. Da die Lichtintensität jedes Einzelelements von der Drehung der Polarisationsebene durch die Spannung auf den Elementen abhing, war klar, daß auch bei diesem System die Lichtmenge jedes Bestandteils des empfangenen Bildes der Intensität der übertragenen Signale korrespondierte. Es wurde ausdrücklich betont, daß dieser Plan nicht in die Tat umgesetzt worden sei, sondern lediglich Entwurfscharakter besitze.[2]

Ein weiterer Plan zur Bildübertragung wurde am 30. April 1880 von H. Middleton im *English Mechanic* präsentiert. Er schlug die Verwendung eines Auffangschirms vor; dieser sollte aus Thermosäulenelementen zusammengesetzt sein, die in eine weiche Oberfläche eingeschliffen waren. Deren Rückseite sollte über Verkabelung mit einer ähnlich konstruierten Platte verbunden werden. Die Erwärmung und andere Wirkungen des Bildes auf der ersten Platte erzeugen elektrische Ströme, die über das Kabelsystem an die zweite Thermosäulenplatte übertragen und dort in Hitze zurückverwandelt werden, wodurch ein dem übertragenen ähnliches Bild geschaffen wird. Middleton gab an, diese Bilder könnten direkt oder durch Lichtreflexion betrachtet werden.[3]

Ein weiterer Artikel erschien in *Scientific American* am 5. Juni 1880 über die Arbeit von George R. Carey aus Boston. Carey beschrieb darin drei Varianten seines Entwurfs. Die erste sah den Einsatz einer »Selenkamera« mit einer kreisförmigen, mit Selenzellen besetzten Scheibe vor; diese Elemente sind über Kabel mit einer ähnlichen Scheibe verbunden, deren Oberflächen die Drahtspitzen bilden sollten. Dieses System war nicht auf die unmittelbare visuelle Rezeption der Bilder angelegt, da zur Reproduktion ein Blatt chemisch behandelten Papiers zwischen die Drahtspitzenoberfläche des Empfängers und eine Metallplatte geschoben werden sollte. Wichtig an diesem Konzept ist, daß es erstmals die Form einer »Kamera« als Bildgeber vorstellte.

In einem weiteren System schlug Carey einen Lichtbildempfänger vor, bei dem sich eine Anzahl von Platin- oder Kohlespitzen (möglicherweise Leuchtdrähte?) in einer luftleer gepumpten Bildplatte oder -kapsel befindet; deren Glühen reproduziert ein leuchtendes Bild anstelle des gedruckten beim ersten Schema. Jeder Lichtpunkt sollte über einen eigenen Draht mit der Kamera verbunden sein. Der Gedanke einer Vakuumplatte oder -kapsel als Reproduktionsgerät stellte gewiß eine Antizipation des späteren Elektronenröhrenempfängers dar. Als Mehrleitersystem sah diese Konstruktion keinerlei Synchronisationsmechanismen vor.

Careys drittes Schema beschränkte sich ausschließlich auf Bildtelegraphie. Eine einzelne, an eine Drahtspitze angeschlossene Selenzelle sollte über Uhrwerkmechanismen Abtastbewegungen vollführen. Dies war ein Einleitersystem mit Erdrückleitung.[4]

Am 12. Juni 1880 erschien im *Scientific American* ein Artikel von William E. Sawyer mit einer Beschreibung seines Apparats. Dabei sollte eine Spirale aus feinem Selendraht in einem abgedunkelten Gehäuse montiert sein. Das Licht des Bildes wurde durch eine dünne Röhre auf den Selendraht geleitet, wobei diese Lichtröhre das Bild spiralförmig von außen nach innen abtastete. Am Empfänger beschrieb ein geschwärzter »Anzeiger« ähnlich der Lichtröhre am Sender einen spiralförmigen Weg. Dieser »Anzeiger« trug zwei isolierte Platinspitzen, die an die Sekundärwicklung eines »besonderen Funkeninduktors« angeschlossen waren. Die Funken zwischen diesen beiden Platinkontakten sollten das im Augenblick jeweils gegebene Helligkeitsniveau des übertragenen Bildes reproduzieren. Sawyer sah isochrone Bewegungsabläufe an den einzelnen Instrumenten vor, die sehr schwierig zu erzielen waren.[5]

Im August 1880 stellte Alexander Graham Bell sein »Photophon« der Öffentlichkeit vor, und es stellte sich heraus, daß es mit Sehen auf Entfernung oder

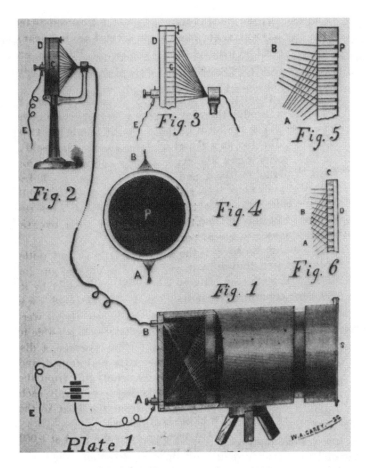

Die Selen-Kamera von Carey, 1880.

Bildübertragung gar nichts zu tun hatte, sondern vielmehr ein Gerät zur Sprach-übertragung mit Hilfe eines Lichtstrahls war. Sonnenlicht wurde von einem Re-flektor durch eine von Schallwellen in Vibration versetzte Linse geworfen, wodurch die Lichtintensität variiert wurde. Auf der Empfängerseite übersetzte eine Selenzelle die optischen Schwankungen in elektrische, welche ein normaler Telephonlautsprecher in das akustische (sprachliche) Ausgangssignal zurück-verwandelte.[6]

Der wichtigste Artikel des Jahres 1880 jedoch wurde von Maurice LeBlanc am 2. November in *La Lumière Electrique* veröffentlicht. Dieser Beitrag ist der erste, in dem von einer systematischen Abtastung eines Objekts oder einer Szene zum Zwecke der Übertragung von Bewegungsbildern die Rede ist. LeBlanc schlug die Verwendung eines Paares schwingender Spiegel zur Abtastung des Bildes vor, wobei sich einer mit höherer Geschwindigkeit bewegen sollte als der andere. Das von den Spiegeln reflektierte Licht sollte dann auf eine lichtempfindliche Zelle geworfen werden. LeBlanc schlug drei unterschiedliche Typen von Photozellen vor: eine Selenzelle, eine thermoelektrische Zelle des Becquerel-Typs und schließlich sogar eine Photozelle, die den »Druck« des Lichts in Auslenkungen eines elastischen Streifens umsetzen sollte. Der Empfänger sollte mit Spiegeln und mit einem Lichtventil (Modulator) ausgestattet sein, der aus zwei Platten aus versilbertem Glimmer mit jeweils einem schmalen durchsichtigen Streifen aufgebaut ist. Diese Streifen sollten einander überschneiden, wobei die obere Platte am Anker eines Elektromagneten befestigt ist, der mit den eintreffenden Signalen vibriert und auf diese Weise das Licht aus der Lichtquelle moduliert.

LeBlanc gab an, daß es aufgrund der Netzhautträgheit möglich sein müßte, ein Abbild der übertragenen Szene wiederaufzubauen. Er machte sogar auf die grundsätzliche Notwendigkeit der Synchronisation zwischen den abtastenden und den rekonstruierenden Spiegelanlagen aufmerksam. Weiters diskutierte er Farbfernsehen, bei dem bis zu sieben verschiedene Farben in die Bildrekonstruktion einbezogen werden sollten. LeBlancs Vorstellungen waren bemerkenswert, bedenkt man, daß es zu dieser Zeit noch überhaupt keine Möglichkeiten gab, die schwachen Spannungen, die bei einem solchen Verfahren entstehen, zu verstärken.

Sein Entwurf war zweifellos einer der wichtigsten Meilensteine auf dem Weg zum modernen Fernsehsystem. Er umfaßte die folgenden Elemente: (a) einen Übersetzer zur Konvertierung von Licht in Elektrizität, (b) eine Abtastvorrichtung, die das Bild systematisch in seine Grundelemente zerlegt, (c) eine Vorrichtung zur Synchronisation von Sender und Empfänger, (d) eine Lichtröhre oder einen Modulator im Empfänger, der die eintreffenden elektrischen Signale in sichtbares Licht rückübersetzt, und schließlich (e) eine Art Schirm, auf dem das rekonstruierte Bild sichtbar gemacht werden kann.[7]

Adriano de Paiva veröffentlichte 1880 die erste Broschüre, die je über elektrisches Fernsehen verfaßt wurde. Dies war die Schrift »La Téléscopie Electrique, Basée sur L'Emploi du Selenium«, herausgegeben von Antonio Jose da Silva in Porto, Portugal.[8]

Am 11. Februar 1881 erschien C. Senlecqs Entwurf einer neuen Version seines Telektroskops. Er beschrieb die Verwendung einer Vielzahl kleiner selengefüllter Bohrungen; das Selen war mit den Kontakten eines linearen Kommutators verbunden. Über einen zweiten Stromkreis sollten Signale an einen Elektromagneten am Empfänger geschickt werden. Dort wurde das Signal sequentiell an in Hartgummi eingebettete Drähte weitergegeben. Diese Drähte sollten auf präpariertem Papier das Bild reproduzieren. Senlecq schlug darüber hinaus vor, Platindrähte zu verwenden, die in Entsprechung zu den Bildsignalen aufglühen sollten, um auf diese Weise ein Lichtbild herzustellen. Er wies auch auf den Einsatz eines Ruhmkorffschen Funkeninduktors zur Erzeugung von Funken in Entsprechung zum Senderstrom hin.[9]

Shelford Bidwell soll 1881 der Physical Society in London die Übertragung und den Empfang eines Einzelbildes vorgeführt haben. Am Sender wurde ein Schattenbild auf die Vorderseite eines Gehäuses mit Nadellochöffnung, die eine Selenzelle enthielt, projiziert. Der Empfänger bestand aus einem platinierten Messingzylinder, der in horizontaler Lage an einer Spindel befestigt war. Das Bild einer Laterna magica wurde von einer Linse gebündelt und durch ein System aus Blechblenden und eine sehr kleine Lochblende auf den Zylinder geworfen. Die Bildgröße betrug dabei rund 25 cm². Mit der Drehung des Zylinders wurde jeder Teil des Bildes abgetastet. Ein Platinstift war an einem beweglichen Schreibarm angebracht und beschrieb zeilenweise ein Stück Papier mit jener Intensität, die dem jeweils von der Selenzelle weitergegebenen Stromfluß entsprach.[10]

Ein weiteres Schema wurde im April 1882 von William Lucas vorgestellt. Dieser Vorschlag befaßte sich in der Hauptsache mit einem Lichtbildempfänger. Als Sender hielt er Bidwells Zylindermodell für geeignet. Am Empfänger sollte das Licht durch die eintreffenden Signale mittels eines Paares von Nicolschen Polarisationsprismen moduliert werden, die von einem Elektromagneten gesteuert wurden. Der modulierte Lichtstrahl sollte danach durch vertikale und horizontale Prismen abgelenkt werden, sodaß ein sich bewegender Lichtpunkt auf einen Schirm geworfen wurde, wo er ein horizontales Muster beschrieb. Lucas legte nicht genau dar, wie diese beweglichen Prismen funktionieren sollten.[11]

Am 6. Jänner 1884 beantragte Paul Nipkow in Berlin das deutsche Patent Nr. 30105. Dieses Dokument ist das grundlegende Fernsehpatent schlechthin, denn es zeigte zum ersten Mal eine konkrete praktische Realisierung des Prinzips der systematischen Abtastung und Zergliederung eines Bildes in seine elementaren Bestandteile, und zwar mittels einer gelochten Scheibe.

Die Abtastscheibe weist 24 Löcher auf, die spiralförmig am Außenrand angeordnet sind. An der Station I (dem Sender) fällt Licht vom Bild durch die Scheibe und durch die Linsen G und K auf eine Selenzelle. Die Scheibe rotiert mit konstanter Drehzahl; die elektrischen Impulse aus der Selenzelle L werden über einen Stromkreis zum Empfänger bei Station II (dem »Rezeptor«, wie es in der Patentschrift heißt) geführt, wo eine zweite, ebenfalls mit konstanter Drehzahl rotierende Scheibe durch eine Quelle von polarisiertem Licht beleuchtet wird. P ist diese Lichtquelle; das Licht fällt durch die konvexe Linse Q und durch die Nicolschen Prismen R und S. Die Polarisationsebene des Lichts wird mittels der Spule N um den Kern O aus Flintglas entsprechend dem Faraday-Effekt (magnetooptische Drehung) gedreht. Diese Vorrichtung bildete das Lichtventil oder den Lichtmodulator. Das reproduzierte Bild sollte durch die Scheibe T und das Okular U betrachtet werden.

Nipkow erwähnte auch Möglichkeiten, die Selenzelle zu ersetzen: (a) durch eine Kohlezelle, wie sie von Sumner Tainter entwickelt worden war, (b) durch einen Kohlezylinder mit einem auf seiner Membran angebrachten Mikrophon oder einen Kohlezylinder, der durch eine Telephonmembran hermetisch verschlossen ist, oder (c) durch einen Thermophonempfänger oder eine Thermobatterie (d. i. ein beheizter Kern in einer abgedunkelten Röhre, der je nach der Beheizungs- oder Kühlungsintensität schwankende Ströme erzeugt).

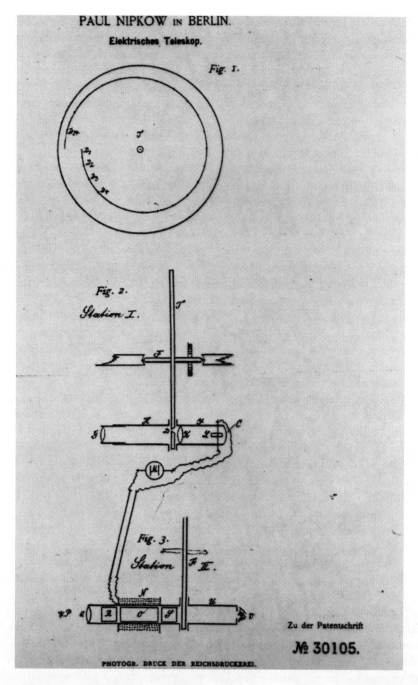

Paul Nipkows deutsches Patent Nr. 30.105 – Es zeigt das erste Gerät zur systematischen Abtastung und Zerlegung eines Bildes in Einzelpunkte mittels einer Lochscheibe.

Nipkow schlug weiters vor, anstelle der Abtastscheibe einen Kopiertelegraphen zu verwenden. Darüber hinaus dachte er auch daran, das Polarisationssystem zu ersetzen, und zwar entweder durch ein Telephon mit einem reflektierenden Bauteil oder durch ein Telephon mit Bauteilen, die sich mittels einer abgedunkelten Röhre öffnen und schließen, wodurch ein brennender Festkörper mit der nötigen Luft versorgt wird. Letzteres war eine Anwendung des manometrischen Prinzips ähnlich dem »sprechenden Bogen«.[12] Nipkow hat ein solches Gerät selbst nie gebaut. Das hinderte ihn aber nicht daran, sein schwerverdientes Geld für ein Patent auszugeben.

Am 8. Jänner 1885 erschien in *Elektrichestro* der Artikel »Der Neue Telephotograph« von P. I. Bakmetjew. Dies scheint der erste Beitrag in einer russischen Zeitschrift zu sein, der verschiedene Entwürfe zur Bildübertragung beschrieb. Der Autor legte eine Methode der Bildtelegraphie dar, die auf spiralförmiger Abtastung mit mehreren Sensoren in einer Mehrleiteranordnung beruhte. Er präsentierte auch eine Abwandlung des frühen Schemas von Senlecq, das einen einzelnen Selenwiderstand und einen Einzelkontakt zur Bildrekonstruktion vorsah.[13]

Gleichfalls im Jahr 1885 beschrieb Shelford Bidwell in *La Lumière Electrique* seine Version des Nipkowschen Lochscheiben-Patents. Er hatte dem Schema Vorrichtungen zur Synchronisation der beiden Scheiben hinzugefügt. Er sah keine Selenzelle vor, sondern beschrieb eine Art Mikrophon, das auf Licht reagieren und in einem Schaltkreis einen Stromfluß verursachen sollte. Am Empfänger war eine weitere Telephonspule geplant, die einen Spiegel in Vibration versetzen sollte. Von diesem wurde das Licht reflektiert und durch die Scheibe geworfen.[14]

Am 29. August 1885 beantragte Sumner Tainter ein Patent für ein Verfahren zur magnetischen Speicherung. Es beinhaltete Methoden, das Feld einer Magnetnadel durch die Aufnahmen zu verändern, sodaß umgekehrt diese elektrischen Signale bei der Wiedergabe in eine Spule, die sich im Feld des Magneten befindet, induziert werden und so in Töne umgewandelt werden konnten. Der Artikel sprach von einer Spule aus isoliertem Draht, die sich im Feld der Magnetnadel befindet; zugleich sollte sie Bestandteil eines Telephonschaltkreises sein.[15]

Im September 1888 verfaßte Oberlin Smith den ersten Artikel über Magnetaufzeichnung mit dem Titel »Some Possible Forms of Phonograph«. Der Aufsatz erwähnte mehrere unterschiedliche Arten der Magnetaufnahme, einschließlich der Idee eines aufzeichnenden Telephons unter Verwendung einer Schnur, eines Fadens, eines Garns, eines Bandes, einer Kette oder eines Drahtes, die beim Durchlaufen einer Spirale (Spule) magnetisiert würden, wobei der Transport von Hand, durch Uhrwerkmechanismen oder andere Instrumente erfolgen sollte. Die Aufnahme sollte auf ähnliche Weise abgespielt werden.[16]

Die Fernsehanlage von Lazare Weiller wurde im November 1889 beschrieben. Dieser Artikel stellte Weillers neues Gerät namens Phoroskop dar, den ersten Apparat mit einer Abtastvorrichtung in der Form einer rotierenden Trommel, auf der schräggestellte Spiegel angebracht waren. Da jedes Spiegelelement in einem etwas anderen Winkel eingestellt war als das jeweils vorhergehende, konnte diese Spiegeltrommel mit jeder Umdrehung das gesamte Bild erfassen. Das Licht der Szene fiel über die Spiegel auf eine Selenzelle; die so gewonnenen elektrischen Signale wurden durch einen Kommutator weitergeleitet.

Die Synchronisation erfolgte durch Konstanthalter nach Hughes und Baudot, wie sie in der Telegraphie verwendet wurden. Am Empfänger wurden die elektrischen Signale mittels einer manometrischen Flamme, die von einem Telephonempfänger angetriebenen wurde, in Licht zurückverwandelt. Das schwankende Licht der Flamme sollte auf die Spiegel der Empfängertrommel geleitet und so das Originalbild wiederhergestellt werden.[17]

Ein weiteres Fernsehgerät namens Telephan wurde im Dezember 1890 von dem Australier Henry Sutton dargestellt. Sutton beschrieb rotierende Nipkow-Scheiben, die durch Tonräder nach LaCour mit einem Delany-Regler (möglicherweise mit Stimmgabeln) miteinander synchronisiert waren.

Für die Modulation der Lichtquelle plante Sutton, den Kerr-Effekt zu nutzen, wobei zwei Nicolsche Prismen, die das Licht polarisieren, zum Einsatz kommen sollten. Zwischen den beiden Prismen sollte sich eine Art Röhre, die mit Kohlesulfat gefüllt war, befinden. Um diese Röhre sollte eine Drahtwicklung liegen, die die Polarisationsebene des Lichts drehte, wenn sie durch ein elektrostatisches Feld angeregt wurde.[18]

Große Fortschritte waren inzwischen bei der photographischen Aufnahme und Projektion bewegter Bilder erzielt worden. 1881 war Eadweard Muybridge nach Paris gereist, wo er Etienne Jules Marey kennengelernt hatte. Marey, ein französischer Physiker und Physiologe, war von dem neuen Projektionsgerät Muybridges begeistert. 1882 hatte Muybridge ein »Lichtbildmaschinengewehr« entwickelt, eine Kamera mit einer zylindrischen Kammer, in der eine Trockenplatte rotierte. Mit diesem Gerät konnte er Vögel im Fluge mit etwa 12 Bildern pro Sekunde photographieren. Durch die Montage dieser Serienbilder auf einer Scheibe gelang es, die aufgenommenen Objekte in Bewegung darzustellen.

Es wird berichtet, daß Marey großen Einfluß auf Muybridge ausübte, weil er ihm den Wert seiner Arbeit für physiologische Beobachtungsstudien und andere wissenschaftliche Zwecke vor Augen führte und ihn damit beeindruckte. Im Juli 1882 schlug Marey den Einsatz von lichtempfindlichem Papier in Muybridges Kamera vor. Doch dieses Papier erfüllte die gestellten Ansprüche aus vielfältigen Gründen nicht.[19]

1884 entwickelte Ottomar Anschütz, ein Berufsphotograph, eine raffinierte Kamera für Schnellaufnahmen, bei der ein Schlitzverschluß eingesetzt wurde. Ab 1885 spezialisierte er sich auf das Photographieren von Menschen und Tieren in Bewegung.

Anschütz erfand 1887 den »Elektrischen Schnellseher« oder das Tachyskop. Dieses Betrachtungsgerät arbeitete mit einer stroboskopischen Scheibe und mit einer elektrischen Entladungsröhre anstelle der üblichen Spaltblende.[20]

Anschütz hatte einen Apparat gebaut, in dem die optische Blende durch eine Geißlersche Röhre ersetzt war. 14 bis 24 Diapositive wurden entlang des Außenrandes der Scheibe montiert. Am Hochpunkt der Scheibe befand sich ein kreisrundes Stück Milchglas von 10 cm Durchmesser. Direkt dahinter war die Geißlersche

Röhre in Spiralform an einer Oberfläche desselben Durchmessers angebracht. Wenn die Scheibe in Drehung versetzt wurde, floß ein starker, im Abstand von Tausendstelsekunden unterbrochener Induktionsstrom durch die Röhre, und sie glühte auf, wenn sich jedes Dia in der richtigen Position befand. Durch die Drehung der Scheibe folgten die Bilder im Rhythmus einer Dreißigstelsekunde aufeinander; das Opalglas vor der Röhre funktionierte als kontinuierlich erscheinende Lichtquelle. Die Diaserie konnte nun als Bewegungsbild »von elegantem Maß und hervorragender Vollendung« betrachtet werden.

Dieses Gerät von Anschütz war zwar nicht der allererste optische Apparat, der mit einer elektrischen Blende arbeitete, doch er war von außerordentlicher Bedeutung für den Weg des Films. Er wurde im März 1887 in Berlin erstmals der Öffentlichkeit vorgeführt.[21]

Im Mai 1887 beantragte Reverend Hannibal Goodwin aus Newark, New Jersey, ein amerikanisches Patent für die Herstellung lichtempfindlicher Streifen.[22]

Im Jahr 1888 erzielte Etienne Marey beträchtlichen Erfolg mit seinem Chronophotographie genannten Verfahren. Dabei handelte es sich um einen Apparat, bei dem eine Rolle lichtempfindlichen Papierfilms über einen intermittierenden Mechanismus durch die Kamera geführt wurde. Dieses Gerät des Namens Chronophotograph erwies sich deshalb als sehr erfolgreich, weil es die erste Kamera war, die das Prinzip des intermittierenden Transports mit der Verwendung eines lichtempfindlichen Streifens als Bildträger verband.[23]

Eadweard Muybridge hatte Thomas Edison im Februar 1888 besucht und soll dabei über eine Methode der Kombination seines Zoopraxiskops mit Edisons Phonographen gesprochen haben.[24] Edison dürfte seinen Assistenten W. K. L. Dickson 1887 oder 1888 mit der Arbeit an diesem Projekt beauftragt haben.

Berichten zufolge hatte Edison Dickson angewiesen, entweder ein Tachyskop zu bauen oder aber ein Exemplar davon zu Experimentierzwecken anzuschaffen. Edison war von Anschützs Gerät fasziniert, und bei seinen ersten Bemühungen auf dem Gebiet des Films kam die Geißlersche Röhre in exakt derselben Weise zum Einsatz wie beim Tachyskop.

Dicksons erster Schritt bestand darin, einen Edisonschen Phonographen mit einem photographischen Gerät gleichzuschalten, welches Kleinbilder produzierte. Dabei kam Zelluloidfilm von Carbutt zum Einsatz, der mit einer Art Stop-Start-Mechanik transportiert wurde. Für die Abspielung verwendete Dickson eine Geißlersche Röhre als Lichtquelle für seine winzigen Bilder. Die Synchronisation zwischen Ton und Bild stellte kein Problem dar, weil der Phonograph und der Zylinder mit den Bildern von derselben Welle angetrieben wurden.[25]

Im Jahr 1889 besuchte Edison die Pariser Weltausstellung und traf Etienne Marey, der ihm die mit seiner neuen Kamera erzielten Ergebnisse zeigte. Marey führte Szenen vor, wobei er eine Scheibe nach Plateau in Verbindung mit einem Projektor mit einer Geißlerschen Röhre als Lichtquelle verwendete. Daß Marey Papierfilm verwendete, ließ Edison hellhörig werden. Im Jahr 1889 brachte er vier Patentankündigungen für ein Filmgerät ein; die vierte, eingereicht am 2. November 1889, betraf sowohl die Verwendung von Film in der Form eines langen Streifen als auch einen intermittierenden Mechanismus.[26]

Die theoretischen Überlegungen zum Problem des geeigneteren Bildträgers – Scheibe oder Streifen – wurden praktische Wirklichkeit, als Edison im September 1890 einige der neuen Filmrollen bestellte, die von George Eastman aus Rochester, New York, hergestellt wurden. W. K. L. Dickson (Edisons Assistent) setzte seine Arbeit an der Konstruktion einer Kamera (des Kinetographen), mit der Bilder auf diesem neuen Film aufgezeichnet werden konnten, sowie eines Vorführgeräts (des Kinetoskops) fort. Die Kamera besaß einen Mechanismus für intermittierenden Filmtransport und verarbeitete perforierten transparenten Film. Das Vorführgerät transportierte den Film kontinuierlich in einer Endlosschleife und verwendete eine Umlaufblende als Unterbrecher zwischen den Einzelbildern.[27]

Thomas A. Edison war nicht der einzige gewesen, der an der Entwicklung des Films gearbeitet hatte. Ein Franzose, Ducos du Hauron, hatte bereits 1864 ein Patent für einen Filmapparat beantragt. Wordsworth Donisthorpe hatte 1876 ein entsprechendes britisches Patent eingereicht. Augustin Le Prince hatte im November 1886 ein amerikanisches Patent für die Aufnahme und Vorführung von Bewegungsbildern beantragt.[28] William Friese-Greene meldete 1889 eine Kamera mit perforiertem Filmstreifen zum Patent an. Dieses Gerät benötigte nur an den Bildecken Perforationslöcher und trieb den Film über Walzen vorwärts. Eine Handkurbel sorgte sowohl für den Filmtransport als auch für den Betrieb der Blende.

Es gab also natürlich auch andere, die sich um Fortschritte bemühten. Aber es herrscht doch allgemeine Übereinstimmung darüber, daß Edison derjenige war, der den Film praktikabel gestaltete. Die Einführung des perforierten Films durch Edison löste eine Unzahl von Problemen.[29]

Die Premiere des Kinetoskops fand am 14. April 1894 statt. Seltsamerweise hatte Edison wenige bzw. keinerlei Pläne zur Verbesserung der Filmprojektion. Folglich kam es dazu, daß mehrere Erfinder unabhängig voneinander auf die Idee eines intermittierenden Mechanismus stießen, der es erlaubte, den Film bei der Abspielung für die erforderliche Zeit anzuhalten, um das Bild auf eine große Leinwand zu werfen. Unter diesen Erfindern waren Thomas Armat und Charles Francis Jenkins in Washington, Woodville Latham in New York, Robert W. Paul in London und die Brüder Louis und Auguste Lumière in Lyon, Frankreich.[30]

In diese Periode fallen zahlreiche wichtige Entdeckungen auf dem Gebiet der Elektrizität. Eine der bedeutendsten gelang Thomas A. Edison, der herausfand, daß in einer Glühlampe ein Stromfluß zu einem in der Lampe angebrachten Leiter auftrat. Während der Experimente mit seinem elektrischen Lampenkolben registrierte er die Schwärzung des Lampenkörpers durch dunkle Ablagerungen im Inneren des Glaskolbens. Auf der Suche nach der Ursache dieser Erscheinung entdeckte er, daß vom beheizten Element ein Strom zu einem beliebig im Kolben angebrachten Leiter floß. Edisons Terminplan hinderte ihn zwar an der Fortsetzung der Arbeit an diesem Projekt, doch seine Entdeckung dieses Phänomens wurde als Edison-Effekt (glühelektrischer Effekt) bekannt; es gilt als direkter Vorläufer der Zweipolvakuumröhre oder Diode.[31]

Heinrich Hertz entdeckte 1887, daß es über eine Funkenstrecke leichter zu einer Entladung kam, wenn sie mit ultraviolettem Licht bestrahlt wurde, als wenn sie sich im Dunkeln befand.[32] Weitere Forschung zu diesem Phänomen betrieb 1888 Wilhelm Hallwachs. In diesem Jahr konstruierte er den ersten Apparat zur Demonstration des sogenannten Photoeffekts. Damit beobachtete er, daß ein gut isolierter negativ geladener Körper unter Bestrahlung mit ultraviolettem Licht seine Ladung verlor.[33]

Im Jahr 1889 entdeckten Julius Elster und Hans Geitel, daß bestimmte elektropositive Metalle wie Natrium, Rubidium und Cäsium unter Beleuchtung mit gewöhnlichem Licht photoelektrische Aktivität aufwiesen. 1890 schlossen sie ein Alkaliamalgam in einem Vakuumkolben ein und erzeugten auf diese Weise das erste photometrische Gerät.[34]

Ebenfalls im Jahr 1890 konstruierte A. Stoletow die erste echte Photozelle. Sie wies eine Metallplatte, die mit einem empfindlichen und hochohmigen Galvanometer in Serie geschaltet war, sowie eine Batterie und einen Siebschirm auf. Fiel Licht auf die Platte, so registrierte das Galvanometer einen Stromfluß, wodurch angezeigt wurde, daß die Platte unter Lichteinfluß Elektronen emittierte.[35]

Professor E. Branley baute 1890/91 ein Isolierrohr mit Metallspänen im Inneren, dessen Leitfähigkeit stieg, wenn es einer elektrischen Entladung ausgesetzt wurde. Da sich dabei die Späne zusammenzogen, wurde dieses Gerät als »Kohärer« bzw. Fritter oder Frittröhre bekannt. Später wurde es zum Nachweis von Radiowellen verwendet.[36]

Noah Steiner Amstutz aus Cleveland, Ohio, beantragte am 17. März 1891 ein Patent für das erste Gerät zur Übertragung von Photographien in Halbton-Qualität über eine Einzelleitung. Der Sender dieses Apparats bestand aus einem Zylinder, um den eine Photographie mit erhabenem Bild (in Gelatine gearbeitet) gewickelt wurde. Ein Taststift glitt über die reliefierte Oberfläche und registrierte deren variierende Tiefe. An den Stift war eine Reihe von Widerstandsspulen angeschlossen, die mit dessen Abtastbewegung angesprochen wurden und auf diese Weise variierende Widerstandswerte im Stromkreis der Übertragungsverbindung erzeugten; so wurde das Bild in Stromschwankungen übersetzt.

Am Empfänger gravierte ein V-förmiges Tastschnittgerät eine Reihe von parallelen Zeilen in eine Art »Plastikmaterial«, welches als Druckplatte abhängig von der Stärke des pro Zeile jeweils empfangenen Signals hellere oder dunklere Linien wiedergab. Geeignete Methoden der Synchronisation wurden erwähnt. Dies scheint der erste Apparat zur Übertragung von Photofaksimiles in Halbtonqualität zu sein. Im Mai 1891 soll Amstutz die ersten Bilder erfolgreich in acht Minuten über eine Kabelverbindung von 40 Kilometern Länge gesendet haben.[37]

Ebenfalls im Jahr 1891 führte A. Blondel den ersten »Oszillographen« ein, ein Aufnahmegerät mit einem kleinen schwingenden Spiegel, der auf einem Leiterpaar montiert war. Da die Höhe der Vibrationsauslenkung von der Stärke des an das Gerät angelegten elektrischen Signals abhing, konnte sein Spiegel ein variierendes Bild auf ein Stück Film oder ähnliches reflektieren. Dieser Apparat wurde

1893 von W. Duddell verbessert und in eine Form gebracht, die der heute noch gebräuchlichen sehr ähnlich war.[38]

Ein weiteres Fernsehsystem schlug Louis Marcel Brillouin 1891 vor; bei diesem sollten zwei mit verschiedenen Geschwindigkeiten rotierende Scheiben mit optischen Linsen verwendet werden. Diese Konstruktion diente zur Abtastung und Auflösung des Bildes. Als Instrument zur Umwandlung des Lichts in elektrische Signale schlug Brillouin eine Selenzelle vor. Am Empfänger sollte eine ähnliche Konstruktion von Linsenscheiben das modulierte Licht eines »Spiegelgalvanometers« verarbeiten. Dieses Spiegelgalvanometer bestand aus einem schmalen keilförmigen Spiegel in vertikaler Position, der von einer Spule bewegt wurde; seine Vibrationen in Entsprechung zu den eintreffenden Signalen sollten die Lichtmodulation bewerkstelligen.[39]

Im Jahr 1893 beschrieb Leon Le Pontois sein »Telektroskop«. Diese Konstruktion beinhaltete Nipkow-Scheiben und stimmgabelgesteuerte Wechselstrommotoren zur Synchronisation von Sender und Empfänger. Der zu übertragende Gegenstand wurde mit »heißem Licht« überflutet; die Selenzelle befand sich in einem Gefäß mit Kühlflüssigkeit. Die Lichtmodulation sollte durch eine komplizierte manometrische Anordnung von Relais in Druckkammern, in die Wasserstoff und Sauerstoff geleitet wurde, erfolgen. Diese Konstruktion lieferte Licht für einen Zylinder aus Kalziumkarbonat in einer Projektionslampe, die mit einer Milchglasscheibe zur direkten Betrachtung versehen war.[40]

Im Jahr 1894 wurde der Entwurf eines Quierno Majorana erwähnt, dessen Gerät zur Bildübertragung rotierende Scheiben mit Kreuzschlitzen zur Bildzerlegung beinhaltete.[41]

Ebenfalls im Jahr 1894 erschien ein Artikel von Charles Francis Jenkins, in dem er seine Konstruktion zur elektrischen Bildübertragung, genannt Phantaskop, beschreibt. Es ähnelte stark dem Apparat, den Carey 1880 skizziert hatte: Wie dieser war es eine Mehrleiterkonstruktion, in der eine Vielzahl von Selen- oder Schwefeldrähten elektrisch mit einer Menge von Glühdrähten verbunden war; diese leuchteten je nach der auf den Sender einwirkenden Lichtintensität stärker oder schwächer auf. Zur gleichen Zeit arbeitete Jenkins gemeinsam mit Thomas Armat an der Konstruktion eines der ersten je gebauten Filmprojektoren. Auch diesen nannte er Phantaskop.[42]

Carl Nystrom beantragte am 11. Jänner 1895 ein Patent für sein Gerät namens Telephotograph. Dabei sollte sich eine Selenzelle zwischen den Rändern einer rotierenden Trommel hin- und herbewegen und auf diese Weise eine Szene abtasten. Die Ströme aus der Zelle sollten über einen Kommutator an den Empfänger geschickt werden. Dort sollte eine Glühlampe nicht näher bestimmter Art derselben Bewegung folgen wie die Senderzelle und so das Bild rekonstruieren. Das Patent enthält darüber hinaus mehrere Vorschläge zur Übertragung von Standbildern (Bildtelegraphie).[43]

Im Jahr 1896 beantragte Guglielmo Marconi, ein junger italienischer Erfinder, das erste Patent in der neuen Technik der drahtlosen Telegraphie auf der Grundlage elektrischer Funkwellen. Es umfaßte ein vollständiges System der Sendung und des Empfangs drahtloser Botschaften. Mitte Februar 1896 reiste Marconi mit einem Empfehlungsschreiben von Alan Archibald Campbell Swinton in der Tasche nach Großbritannien zu W. Preece, dem Chefingenieur des Government Telegraph Service.[44]

J. Ambrose Fleming gelang 1896 die Drehung eines Bildes auf einer Crooksschen Röhre durch die Variation eines Stromflusses in einer Spule, die um die Röhre gelegt wurde. 1897 lenkte Sir William Crooks das Bild in einer ähnlichen Röhre durch elektrostatische Mittel ab, und 1897 bewies J. J. Thomson, daß die Strahlung solcher Röhren eine negative Ladung trug.[45]

Ebenfalls im Jahr 1897 perfektionierte Ferdinand Braun die Elektronenröhre, die seinen Namen trägt. Sie besaß eine kalte Kathode, die durch eine hohe Potentialdifferenz Elektronen an eine Anode abgab. Diese Strahlung ging durch eine perforierte Zwischenwand und fiel auf einen Schirm aus Glimmer, der mit einer Substanz beschichtet war, die beim Auftreffen von Elektronen glühte. Der Strahl wurde nur in einer Ebene entweder durch magnetische oder elektrostatische Felder abgelenkt.

In der Form, in der Braun die Röhre ursprünglich verwendete, wurde der Bildschirm durch einen rotierenden Spiegel betrachtet und der Strahl magnetisch abgelenkt. Ihren unmittelbaren Verwendungszweck bildete die Erforschung elektrischer Wellenformen. Ihren Einsatz für solche Zwecke hatte H. Ebert im Laufe des Jahres 1897 vorgeschlagen.[46]

Am 24. Februar 1897 beantragten die Österreicher Jan Szczepanik und Ludwig Kleinberg ein Patent für ein Gerät zur elektrischen Übertragung von Bildern. (Dies war der erste britische Patentantrag für ein Fernsehsystem.) Dieses Gerät sollte zwei schwingende Spiegel aufweisen. Beide besaßen einen schmalen, geradlinigen reflektierenden Streifen; die restliche Oberfläche sollte matt sein. Diese Spiegel standen in rechtem Winkel zueinander und tasteten bei geeigneter Bewegung ein Bild in einem Zickzacklauf ab.

Dieses Bild sollte auf eine Selenzelle reflektiert werden, die zur Überwindung ihrer Trägheit in Rotation versetzt wurde. Das Signal aus dieser Zelle ging über Kabel zu einem mit einer Blende ausgestatteten Elektromagneten, der an eine ähnliche Spiegelanordnung angeschlossen war. Das Licht einer Glühlampe sollte durch ein Prisma fallen und dieses dabei jeweils nur jenen Teil des Spektrums weitergeben, den die rotierende Selenzelle registriert und übertragen hat.

Zur Synchronisation dieser Anlage sollten zwei Elektromagneten auf den Spiegelanlagen an irgendeine Form von Unterbrecher angeschlossen sein, d. h., laut Patentschrift, an »eine Induktionsvorrichtung, ein Mikrophon oder irgendein anderes Gerät M1 oder M2, mittels dessen der Strom gleichmäßig unterbrochen oder in seiner Stärke variiert wird«. Es war geplant, eine Bildfolge mit jeweils 0,1 bis 0,5 Sekunden Verweildauer pro Bild zu senden, um den »Eindruck eines bewegten Bildes auf der Retina zu erzeugen, genau wie beim Stroboskop, Kinematographen und dergleichen«.

Später wurde berichtet, daß dieser Apparat tatsächlich gebaut worden sei und auf der Pariser Weltausstellung von 1900 gezeigt werden sollte. Diese Vorführung fand freilich nie statt, wenngleich Berichte davon sprachen, Szczepanik sei für die Rechte an seiner Erfindung über eine Million Dollar bezahlt worden; er habe aber die Details seines Apparats vor dem Ende der Ausstellung nicht preisgeben wollen.[47]

Das »Dussaud-Teleoskop« wurde im Juli 1898 beschrieben. Der Sender besaß bewegliche Blenden in der Form von spiralförmig angeordneten Löchern am Rand einer Nipkow-Scheibe. Das Licht der Szene bildete sich auf der gegenüberliegenden Seite der Kamera ab, wo seine helleren und dunkleren Einzelteile nacheinander auf »ein spezielles System von Selenitplatten« trafen. Das Blendensystem wurde durch einen Hughesschen Uhrwerkmechanismus angetrieben.

Die Signale aus dem Selenit sollten zu einer Induktionsspule am Empfänger geschickt werden, die an die Membran eines Telephonlautsprechers angeschlossen war. Diese Membran bewegte eine Mattglasplatte mit transparenten Linien und verschob sie mehr oder weniger stark vor einer zweiten, identisch gestalteten, aber unbeweglichen Platte. Dadurch wurde die Stärke des Lichtstrahls aus einer Lampe (N) auf seinem Weg durch die beiden Mattglasplatten entsprechend dem jeweils eintreffenden Signal mehr oder weniger abgeschwächt. Da nun das Licht durch ein Blendensystem (eine Lochscheibe) ähnlich jenem am Sender fiel, das auch synchron mit diesem rotierte, sollte im Abstand von Zehntelsekunden am Empfänger ein Bild rekonstruiert werden, welches mit dem am Sender identisch war. Dies war der erste Entwurf eines Fernsehsystems, bei dem das reproduzierte Bild auf einen Bildschirm geworfen werden sollte, ähnlich der Projektion von Filmen auf eine Leinwand. Dieser Apparat sollte auf der Weltausstellung 1900 in Paris ausgestellt werden; tatsächlich wurde er aber nie gezeigt.[48]

Im Jahr 1898 beantragt M. Wolfke das erste russische Patent für ein Fernsehsystem. Es basierte auf Nipkow-Scheiben und sah eine Selenplatte vor, die eine Induktionsspule anregte. Die Sekundärwicklung der Spule beinhaltete einen Vibrator, der elektromagnetische Wellen ausstrahlte. Wolfkes Patent war folglich das erste, das ein Fernsehsystem mit Einsatz der neuen Technik der drahtlosen Telegraphie entwarf. Die Nipkow-Scheibe wies nicht die übliche Spirale auf, sondern einen geschlossenen Kreis von Löchern auf einer Exzenterscheibe, wodurch das Bild in einer schwingenden Bewegung abgetastet wurde. Als Lichtmodulator war eine Gasentladungsröhre (Geißlersche Röhre) vorgesehen, die als verzögerungsfreie Lichtquelle diente. Wie Wolfke diese Röhre modulieren wollte, wurde nicht beschrieben.[49]

Ein weiteres russisches Patent für ein Fernsehsystem beantragte im Dezember 1899 A. A. Polumordvinow. Es umfaßte Farb- und Monochromfernsehsysteme. Das Monochrom-Verfahren basierte auf den Kreuzschlitz-Scheiben Majoranas. Für das Farbfernsehsystem schlug Polumordvinow zur Abtastung zwei konzentrisch angeordnete Zylinder mit Schlitzen vor, die abwechselnd rote, grüne und violette Filter tragen sollen. Dies war der erste Vorschlag für ein Farbfernsehen mit »sequentieller« Farbaufnahme.[50]

Am 1. Dezember 1898 beantragte Valdemar Poulsen aus Kopenhagen ein Patent für ein Verfahren zur Aufnahme und Reproduktion von Tönen oder anderen elektrischen Signalen. Poulsen legte in der Patentschrift dar, daß es möglich sei,

Signale auf einem paramagnetischen Gegenstand aufzuzeichnen. Er gab weiters
an, daß ein Stahldraht oder -band, welches an einem mit einem elektrischen oder
magnetischen Signalgeber, wie beispielsweise einem Telephon, verbundenen Elektromagneten vorbeigeführt werde, über seine ganze Länge in exakter Entsprechung zu den Signalen des Senders magnetisiert würde. Dieser magnetisierte Draht
könne beim wiederholten Vorbeiführen an einem Elektromagneten dieselben Signale über einen an den Magneten angeschlossenen Lautsprecher reproduzieren.

Poulsen sagte voraus, daß »die gegenständliche Erfindung den bisher verwen-
deten Phonographen ersetzen und eine einfachere und besser funktionierende
Apparatur abgeben« werde. Er baute sein Gerät tatsächlich und zeigte es auf der
Pariser Weltausstellung von 1900, wo er damit den Grand Prix gewann.[51]

Am Ende des 19. Jahrhunderts waren also viele der für das Fernsehen grundlegenden Entdeckungen bereits gelungen. Doch die Voraussetzungen und Erforder-
nisse der in ihren Kinderschuhen steckenden Technik waren derart mannigfaltig,
daß noch viele Jahre vergehen mußten, bis die erforderlichen Werkzeuge auf der
Bildfläche erschienen.

Kapitel 3

Die ersten Geräte: 1900-1911

In Verbindung mit der Pariser Weltausstellung 1900 wurde ein internationaler Kongreß zur Elektrizität abgehalten. Am Freitag, dem 25 August 1900, hielt Constantin Persky auf dem Kongreß einen Vortrag über »Television«, in dem er einen Apparat auf der Grundlage der magnetischen Eigenschaften von Selen beschreibt. Damit wurde zum ersten Mal jenes Wort für die neue Technologie verwendet, das noch heute in Gebrauch ist; es begann rasch, die älteren Bezeichnungen (besonders »Telephot« oder »Telektroskop«) zu verdrängen.[1]

V. Poulsen beschrieb 1900 (erst 1901 in den USA) die Funktionsweise seines »Telegraphons«: Er wickelte ein Stück Klaviersaite um eine Trommel. Diese Saite wurde an einem Elektromagneten vorbeigeführt, welcher in Serie mit einer Batterie und einem Mikrophon geschaltet war. Poulsen behauptete, eine so hergestellte Sprach- oder Musikaufnahme könne ohne Qualitätsverlust beliebig oft abgespielt werden.[2]

Ernst Ruhmer beschrieb im Jahr 1901 seine Versuche, Schall auf Film aufzuzeichnen. Dieses Gerät nannte er Photographophon. Töne, durch ein Mikrophon mit einer Bogenlampe verbunden, variierten deren Lichtemission. Das Lichtschwankungen wurden auf photographischem Film aufgezeichnet und so in helle und dunkle Streifen übersetzt.

Zur Schallreproduktion wurde der Film an einer gewöhnlichen Projektionslampe sowie an einer mit batteriegespeisten Lautsprechern verbundenen Selenzelle vorbeigeführt Die Lichtschwankungen verursachten Stromschwankungen, die dem ursprünglichen akustischen Signal entsprachen. Die Filmgeschwindigkeit betrug 2 bis 3 Meter pro Sekunde, doch gute Ergebnisse wurden bei einer Aufnahmegeschwindigkeit von 20 cm pro Sekunde erzielt. Ruhmer hoffte, auf diese Weise Bild und Ton auf dem gleichen Filmstreifen aufnehmen zu können.[3]

Otto von Bronk beantragte am 12. Juni 1902 ein Patent für ein Fernsehsystem auf der Grundlage einer Spiegeltrommel und einer Selenzelle. Das Empfangsgerät war eine von einem rotierenden Kommutator gespeiste Mehrleiteranlage. Die Lichtquelle bestand aus reihenweise angeordneten Geißlerschen Röhren, die zusammen einen Schirm bildeten, wodurch sie das Bild sequentiell abtasten konnten. Drei Filter (blau, gelb und rot) sollten bei einer dreifachen Einzelbildabtastung Farbfernsehen ermöglichen.[4]

Ebenfalls im Jahr 1902 erschien die Beschreibung einer Anlage von M. J. H. Coblyn. Er verwendete eine Abwandlung der Spiegeltrommel mit einer Reihe von schrägwinklig angeordneten Schlitzen zur Bildabtastung; die Lichtimpulse gingen zu einer Selenzelle. Der Empfänger besaß eine kleine Lichtquelle, die mittels eines Blondelschen Oszillographen moduliert werden sollte. Das Licht wurde durch eine Trommel geworfen, die synchron und phasengleich mit der Sendertrommel rotierte.[5]

Im Jahr 1903 beantragten Edouard und Marcel Belin ein französisches Patent zur Übertragung »wirklicher« Bilder. Bei ihrer Erfindung sollte ein kompliziertes mechanisches Abtastsystem über eine Einleiterverbindung Signale an den Empfänger liefern, der die Bilder auf Film übertrug. Der so belichtete Film konnte laut Patentschrift mit der üblichen Bildrate von 16 Einzelbildern pro Sekunde abgespielt werden. Auch Standbilder sollten dem Patent zufolge auf diese Weise übertragen werden können. Diese Anlage wurde nie realisiert; gleichwohl bildete das Patent doch den Anfang der Bemühungen von Edouard Belin um eine praktische Lösung für die Übertragung von Einzelphotographien über Kabel.[6]

Ebenfalls im Jahr 1903 schrieb Harris J. Ryan über seine Erfahrungen mit der Braunschen Röhre als visuellem Indikator von Wechselstromwellenformen. Er ging besonders auf die Schwierigkeiten im Umgang mit der Röhre ein und wies auf die zahlreichen Sicherheitsmaßnahmen hin, die bei der Arbeit mit ihr getroffen werden mußten. In ihrer Form als Kaltkathodenröhre wurden Spannungen von 10.000 bis 50.000 Volt verwendet; dies machte die Röhre zu einem brisanten Gerät und umfangreiche Sicherheitsvorkehrungen notwendig.[7]

Im Oktober 1903 erschien eine Beschreibung des Fernsehsystems von Adriano Nisco. Es basierte auf einer Art Lichtkammer, die über ein Netzwerk aus feinen Drähten mit einer rotierenden selenbeschichteten Trommel verbunden war. Ein scharfkantiger Kontakt tastete die sich drehende Selentrommel ab, die das Licht in die zu übertragenden Stromimpulse verwandeln sollte. Am Empfänger sollten die modulierten Signale an eine zweite rotierende Trommel mit einer Oberfläche aus feinem Drahtgeflecht gesendet und auf diese Weise Lichtbilder reproduziert werden.[8]

Werner von Jaworski und A. Frankenstein beantragten im August 1904 ein Patent für ein Farbfernsehsystem. Ein rotierendes, in Farbfilter (rot, blau und gelb) segmentiertes Rad sollte zusammen mit zwei kleinen Spiegeln das Bild auflösen. Auf Empfängerseite bildeten ein schwingender Draht und eine Platinspitze als Funkenstrecke ein Lichtventil. Die modulierten Funken sollten als Lichtquelle dienen. Dies war ein weiterer Vorschlag für ein sequentielles Farbfernsehen.[9]

Der Berliner Paul Ribbe beantragte am 31. Dezember 1904 ein Patent für ein Endlosband mit einer Anzahl von Lochöffnungen, das über ein schnell rotierendes Laufrad durch eine Camera obscura geführt wurde, wobei sich immer nur jeweils ein Loch in der Kamera befinden konnte. Dies war eine Abwandlung der Nipkow-Scheibe. Ribbe plante, entweder eine Selenzelle oder gerüßte Drahtgaze mit Kohlekontakt als Lichtwandler im Sender einzusetzen. Am Empfänger sollten die modulierten Signale zu einem Elektromagneten geschickt werden; dieser bewegte eine Membran, die ihrerseits einen Spiegel auslenkte, von dem aus ein

Lichtstrahl durch die Lochöffnungen fiel. Diese sollten auf einem Endlosband-
werk wie jenem am Sender angebracht sein und das Lichtbild reproduzieren.
Ribbe merkte an, daß auch eine normale rotierende Lochscheibe für sein System
benutzt werden könne.[10]

Arthur Wehnelt beschrieb 1904/05 seine Bemühungen, eine Braunsche Röhre
mit Heizkathode herzustellen. Seit 1903 hatte Wehnelt den Effekt einer beheizten
Kathode, die mit Oxiden alkalischer Metalle, zunächst Barium und Kalzium, beschichtet war, studiert. Er stellte fest, daß eine starke Abstrahlung von negativen
Ionen auftrat, wenn eine solche Kathode zur Rotglut gebracht wurde. Am 15. Jänner 1904 beantragte er ein Patent für dieses wichtige Merkmal, und im Jahr 1905
beschrieb er eine Braunsche Röhre mit kalkbeschichteter Heizkathode.[11]

J. Ambrose Fleming beantragte 1904 ein Patent für eine Zweipolröhre oder
Diode, die als Detektor für hochfrequente Schwingungen eingesetzt werden sollte.
Fleming suchte nach einer besseren Möglichkeit, die zu dieser Zeit noch sehr schwachen Funkwellen nachzuweisen. Trafen Hertzsche (Funk-) Wellen auf der flachen
Anode auf, so wurde durch die negative Ladung der Elektronenfluß vom Heizfaden zur Anode gestoppt, wodurch die Funkfrequenz halbiert wurde. Dies war notwendig, weil Funkwellen in einem nicht hörbaren Frequenzbereich gesendet
wurden. Die Zweipolröhre oder Diode wurde als »Flemingsche Röhre« bekannt
und konnte Kopfhörerlautsprecher als Empfänger von Funksignalen betreiben.[12]

Im Jahr 1906 beantragte Lee De Forest ein Patent für ein »Zweipol-Audion«.
Am 25. Oktober 1906 reichte er den Patentantrag für das erste »Dreielektroden-
Audion« oder die Triode ein, und am 29. Jänner 1907 beantragte er ein Patent für
die erste Triode mit Gitterelektrode. Dieses dritte Element – das Steuergitter – bildete De Forests größten Beitrag zur Entwicklung der Elektronenröhre. Bis zu dieser Zeit lief der Elektronenfluß in einer Röhre einfach von der Kathode zur
flachen Anode. Das Gitter wurde quer zur Bahn des Elektronenflusses angebracht; eine an das Gitter angelegte Spannung verlieh ihm die Fähigkeit, den Elektronenfluß in der Röhre zu stoppen. Je stärker der Gitterstrom war, umso weniger
Elektronen konnten passieren. Gleichgültig wie stark die Röhrenspannung auch
war – das leicht ansprechende Gitter konnte sie steuern.

Diese neue Röhre, das Dreielektroden-Audion, war in der Lage, drei wichtige
Funktionen zu erfüllen. Sie konnte Signale auf jeden erforderlichen Pegel verstärken, um hunderte Male, falls notwendig. Sie konnte Wechselstrom gleichrichten.
Und sie konnte Hochfrequenzströme erzeugen. Diese Fähigkeiten des Audions
wurden allerdings erst nach und nach entwickelt; De Forest selbst hatte noch gar
keine Ahnung, was für ein Wunder ihm da gelungen war. Zu dieser Zeit wußte er
nur, daß er mit dieser Röhre ein verbessertes Gerät zum Empfang von Funksignalen besaß. Er ließ eine bestimmte Menge von Restgas in der Röhre, in der irrtümlichen Annahme, dies sei für ihr richtiges Funktionieren erforderlich.[13]

Ein weiteres, ähnliches Patent beantragte Robert von Lieben im März 1906 für
ein Elektronenstrahlrelais. Dieses Gerät ermöglichte es, durch Stromschwankungen geringer Energie analoge, aber höherenergetische Signale am Ausgang des Apparats zu produzieren. Es handelte sich um eine Elektronenröhre, in der ein Strom

durch die magnetische Wirkung einer Spule »e« auf einen Elektronenstrahl aus Kathode »k« moduliert wurde. Somit war dieses Gerät ein echter Verstärker von Elektronenflüssen.[14]

Georges P. E. Rignoux beantragte im Februar 1906 ein Patent für ein Fernsehsystem, das schwingende Spiegel sehr ähnlich wie im originalen Entwurf von Le-Blanc vorsah. Das Bild sollte am Sender durch zwei kleine Spiegel abgetastet und das Licht durch eine Selenzelle in elektrische Signale konvertiert werden. Am Empfänger war eine kleine Platte an einem Telephonlautsprecher befestigt, die mit den eintreffenden Signalen vibrierte. Diese Platte sollte sich in der Bahn eines Lichtstrahls aus einer kleinen Lampe befinden und die Lichtmenge variieren, die weiter an zwei kleine schwingende Spiegel ähnlich jenen am Sender ging. Der Lautsprecher und die an ihm befestigte Platte bildeten hier den Lichtmodulator.[15]

Am 12. September 1906 beantragten Max Dieckmann und Gustav Glage in Straßburg das erste Patent für eine Anwendung der Elektronenröhre als Bildanzeigegerät *nicht* für Wellenformen. Die Röhre hatte vier Magnetspulen zur Kontrolle der Position des Elektronenstrahls. Sie besaß allerdings noch keine Vorrichtung zu seiner Modulation, der Strahl konnte nur ein- oder ausgeschaltet werden. Das Gerät wurde mit einem Stift oder Schreiber gesteuert, der über zwei Schiebewiderstände mit den Magneten gekoppelt war; diese Widerstände variierten das Signal (auf zwei Achsen) und ließen so den Elektronenstrahl den Bewegungen des Schreibers folgen. Damit handelte es sich bei diesem Gerät um eine weiterentwickelte Form des »Telautographen« oder »Fernschreibers«, der nur für die Übertragung von Handgeschriebenem über Kabel konzipiert war. Es war kein Fernsehsystem, da es weder Vorrichtungen zur Abtastung eines Bildes aufwies, noch auf dem Prinzip der Netzhautträgheit beruhte. Es besaß auch keinen Licht-Strom-Umwandler oder Mittel zur Modulation des Elektronenstrahls. Dieses Gerät war einfach nur das erste Instrument, mit dem man auf dem Schirm einer Elektronenröhre schreiben konnte. Ebenfalls im Jahr 1906 beantragten Dieckmann und Glage ein Patent für eine Elektronenröhre mit ähnlicher Strahlsteuerung wie im Patent von Liebens.[16]

Im Laufe des Jahres 1906 soll F. Lux ein Modell eines Fernsehgeräts gebaut haben, bei dem Selenelemente in Form eines vielzelligen Mosaiks verwendet wurden. Wechselströme mit eigener Frequenz für jede Zelle sollten durch diese Mosaikelemente fließen und durch deren jeweiliges Bildsignal moduliert werden. In einer nicht näher beschriebenen Weise sollten diese modulierten Ströme an den Empfänger übertragen werden, der seinerseits aus einem Mosaik aus Lichtfeldern bestand. Diese Felder sollten durch die Bewegungen schwingender Resonanzfedern (ähnlich einem Zungenfrequenzmesser) gesteuert werden, wodurch ihr Helligkeitswert in Abhängigkeit des jeweils eintreffenden Signals schwankte. Stimmen die Berichte, so schiene dies das erste tatsächlich gebaute Gerät zur Lichtbildübertragung zu sein. Es war ein simultanes Mehrleitersystem und folglich kein echtes Fernsehsystem auf der Grundlage der Netzhautpersistenz.[17]

Obwohl mittlerweile zahlreiche Versuche unternommen worden waren, den Film mit dem Edisonschen Phonographen zu synchronisieren, blieb es Eugene A.

Lauste vorbehalten, Bild und Ton auf demselben Filmstreifen miteinander zu verbinden. Lauste, ein früherer Angestellter Edisons, beantragte 1906 ein Patent, demzufolge entweder mittels einer vibrierenden Membran oder eines Spiegels oder des
Lichts eines Funkenstrecken-Lichtbogens (der »sprechenden Flamme« Königs) der
Ton auf dem Zelluloid aufgenommen werden sollte. Für die Wiedergabe plante er
den Einsatz einer Selenzelle. Später gab er die »Sprechende Flamme« auf und erzielte dafür mit einem Saitengalvanometer ausgezeichnete Ergebnisse.[18]

Boris Rosing vom Technologischen Institut in St. Petersburg beantragte am
25. Juli 1907 ein russisches Patent für ein Fernsehsystem mit einer Elektronenröhre als Empfänger. Der Sender bestand aus zwei polyedrischen Spiegeln (Spiegeltrommeln des Weiller-Typs) für die Auflösung und Abtastung des Bildes. Das
aufgelöste Bild sollte durch eine Linse auf eine Selenzelle, ein Silberchloridelement
nach Becquerel oder eine Natriumamalgamzelle nach Elster und Geitel reflektiert
werden. Die Synchronisation erfolgte durch einen Regelwiderstand, der den Wi-
derstandswert mit jedem Durchlauf eines Spiegelsegments änderte. Diese Signale
(das Bild- und das Synchronisationssignal) wurden an Spulen in der Empfängerröhre gesendet, wo sie den Strahl in Übereinstimmung mit dem Abtastvorgang
am Sender ablenken sollten.

Die Empfängerröhre in diesem Patent war eine Kaltkathodenröhre, deren Strahl
entweder durch Magnetspulen oder -platten abgelenkt wurde. Die Modulation des
Strahls erfolgte mittels zweier Platten im Hals der Röhre vor den Ablenkspulen.
Diese beiden Platten waren an den Ausgang der Photozelle angeschlossen, und ihre
Spannungsschwankungen sollten den Strahl auf solche Weise ablenken, daß er seine
Position auf dem Weg durch die Zwischenwand änderte. Kam also kein Signal,
wurde der Strahl so abgelenkt, daß er nicht durch die Zwischenwand dringen
konnte; bei vollem Signalpegel konnte der gesamte Strahl austreten; dazwischen
war jede Abstufung möglich. Dieses Patent Rosings war das wichtigste nach Nipkows Lochscheiben-Patent von 1884.[19]

Große Fortschritte wurden 1907 auf dem Gebiet der Phototelegraphie erzielt.
Sowohl die Arbeit von Arthur Korn als auch jene von Edouard Belin trugen dazu
bei. Korns System beruhte auf synchron rotierenden Sender- und Empfängerzy-
lindern. Ein belichtetes Filmnegativ wurde um einen Zylinder aus Glas gewickelt.
Das Licht einer Lampe fiel durch den Film auf eine feststehende Selenzelle und
variierte so deren Ausgangssignal. Am Empfänger bedeckte ein unbelichteter photographischer Film den Zylinder. Das Licht einer Lampe fiel durch eine Blende
aus zwei leitenden Bändern; diese öffneten und schlossen sich in Abhängigkeit von
der Intensität des Signals, das durch die Polschuhe eines starken Magneten floß.
Auf diese Weise wurde der Film belichtet. Es wurde behauptet, daß dieses Gerät
Halbtonbilder mit guter Wiedergabetreue übertragen konnte.[20]

Beim System von Belin kamen dick beschichtete Photopositive aus Chromat-
gelatine zum Einsatz, die ein bestimmtes Maß an Relief aufwiesen: Helle Stellen
waren erhaben, während dunklere Stellen Vertiefungen bildeten. Der Abzug wurde
um den Senderzylinder gewickelt, der sich gleichmäßig entlang seiner Achse verschob. Eine Saphirspitze tastete das Bild ab; sie war mit einem Kontakt verbunden,

der über die Enden einer Reihe dünner, durch eine Glimmerschicht isolierter Kupferplättchen glitt. Diese Abtastanlage bildete einen Stellwiderstand, der Widerstandswerte zwischen 0 und 4000 Ohm in zwanzig Schritten einnehmen konnte. Der Strom regulierte in Übereinstimmung mit den elektrischen Schwankungen ein aperiodisches Spiegelgalvanometer wie Blondels Oszillographen.

Ein auf den Spiegel des Galvanometers fokussierter Lichtstrahl wurde auf eine konvexe Linse reflektiert, die so positioniert war, daß das Licht vom Spiegel auf ein kleines Loch in einem lichtdichten Gehäuse geworfen wurde. Im Inneren dieses Gehäuses befand sich der Empfängerzylinder mit einem Mantel aus photographischem Film. Zwischen dem Loch und der Linse war nahe derselben ein »Graukeil« angebracht; dieser bestand seinerseits aus einem Glasplättchen, welches in Abstufungen von völliger Transparenz an einem Ende zu Mattglas am anderen nuanciert war. Eine leichte Ablenkung des Spiegels verursachte nun eine geringfügige Versetzung des Lichtstrahls vom Mittelpunkt der Linse an ihren Rand, wodurch er durch einen jeweils unterschiedlich matten oder transparenten Teil des optischen Keils in das Gehäuse weiterging. Auf diese Weise wurde die Intensität des vom Spiegel reflektierten Lichts und somit seine Belichtungswirkung auf den Film im Gehäuse in Entsprechung zur Stärke des Signals moduliert.[21]

Im Februar 1908 reichte Charles F. Jenkins ein Patent für einen »Telautographen« ein.[22] Am 1. April 1908 beantragte Johannes Adamian ein britisches Patent für ein Farbfernsehsystem. In diesem Patent beschrieb Adamian, wie das von einem schwingenden Spiegel reflektierte Licht auf eine Reihe von Selenzellen mit abgestuften Widerständen fällt. Das so gewonnene schwankende Signal sollte an ein Paar von Geißlerschen Röhren geleitet werden, die verschiedenfarbiges Licht emittierten. Tatsächlich strahlte die eine weißes, die zweite hingegen rotes Licht aus. Die Bildauflösung erfolgte durch eine spiralförmig gelochte Scheibe, die Bildzusammensetzung durch eine ähnliche Scheibe am Empfänger.[23]

Am 20. Mai 1908 beantragte Georges P. E. Rignoux ein französisches Patent für ein Fernsehsystem; hier wurde erstmals eine Abtastmethode beschrieben, bei der das Licht aus einer Quelle zuerst auf eine rotierende Spiegeltrommel, erst danach auf das abzutastende Bild und schließlich von dort auf die Photozelle geworfen werden soll. Dieses System wurde als »Lichtpunktabtastung« bekannt. Es war für Ausschnittbilder vor lichtundurchlässigem Hintergrund geplant. Die Patentschrift ging auch auf den Einsatz von Zelluloidfilm ein.

In diesem System fiel das Licht einer Quelle auf eine rotierende Spiegeltrommel, von der aus es das zu übertragende Bild abtastete. Von diesem fiel es weiter durch ein Objektiv auf eine Selenzelle. Das Signal aus der Zelle ging an zwei Spulen, die ein Magnetfeld um eine transparente dielektrische Platte erzeugten.

Am Empfänger strahlte eine Quelle Licht durch ein Nicolsches Prisma und die durchsichtige, vom Magnetfeld der Spulen umgebene Platte, weiter durch ein zweites Nicolsches Prisma auf eine durch synchronisierte Motoren angetriebene rotierende Spiegeltrommel, die das Bild auf einem Bildschirm wiederherstellte. Dies war tatsächlich ein echtes Lichtpunktsystem, da das Lichtsignal vom Gegenstand nach dessen Abtastung reflektiert wurde und weil die Spiegeltrommel zwischen der Lichtquelle und der Photozelle angeordnet war.[24]

Im Juni 1908 schrieb Shelford Bidwell einen Brief über »Telegraphische Photographie und Elektrisches Sehen« an *Nature*. Darin besprach er die verschiedenen Entwürfe zur telegraphischen Übermittlung von Photographien. Er erwähnte die Methode von Dr. Korn, Belins »Telestereographie«, den »Télautograveur« von Carbonelle und schließlich Berjonneaus »Telephotographen«. Am wichtigsten aber war, daß er auf die Äußerungen eines M. J. Armengaud einging, der glaubte, die Menschen würden innerhalb eines Jahres »einander über Entfernungen von hunderten Meilen betrachten« können.

Bidwell setzte nämlich seinen Beitrag mit der Darlegung fort, wie unmöglich diese Vorstellung war. Er beschrieb einen Apparat, der für ein 25 Quadratzentimeter großes Bild 90.000 Selenzellen, Geräte zur Helligkeitssteuerung, Projektionsobjektive und Leiterdrähte erfordern würde. Das Empfangsgerät würde über 110 Kubikmeter an Raum beanspruchen; der Durchmesser des Übertragungskabels müßte 20 bis 25 cm betragen. Die Kosten schließlich würden sich auf 1.250.000 Pfund belaufen. In seiner Schlußbemerkung hielt er fest, daß auch Farbfernsehen möglich sei, doch die Kosten würden sich damit verdreifachen.[25]

Bidwells Brief provozierte im Handumdrehen eine Antwort von A. A. Campbell Swinton, die (datiert auf den 12. Juni 1908) in der *Nature*-Ausgabe vom 18. Juni 1908 abgedruckt wurde. Campbell Swinton hielt fest,

> daß es höchst unpraktisch [sei], 160.000 synchronisierte Arbeitsschritte in einer Sekunde mit gewöhnlichen mechanischen Mitteln ausführen zu wollen; diesen Teil des Problems, elektrisches Sehen auf Entfernung zu ermöglichen, kann man wahrscheinlich durch die Verwendung zweier Elektronenstrahlen (eines am Sender und eines am Empfänger) lösen, die durch die veränderlichen Felder zweier rechtwinklig angeordneter Elektromagneten synchron abgelenkt werden, wobei diese Magneten durch Wechselströme höchst unterschiedlicher Frequenz zu speisen sind, sodaß die sich bewegenden Enden der beiden Strahlen dazu gebracht werden, synchron miteinander innerhalb einer Zehntelsekunde über die Gesamtheit der erforderlichen Oberflächen zu streichen, wodurch man sich die Netzhautträgheit zunutze machen kann. In der Tat muß, soweit der Empfangsapparat betroffen ist, der sich bewegende Elektronenstrahl nur auf solche Weise ausgerichtet sein, daß er auf eine hinreichend empfindliche fluoreszente Oberfläche trifft. Darüber hinaus müssen ihm lediglich geeignete Abwandlungen seiner Intensität gegeben werden, um das erforderliche Ergebnis zu erhalten. Die wirklichen Schwierigkeiten liegen in der Konstruktion eines leistungsfähigen Bildgebers, der unter dem Einfluß von Licht und Schatten den übertragenen elektrischen Strom hinreichend abwandeln soll, um so die notwendigen Änderungen der Intensität des Elektronenstrahls am Empfänger zu erzeugen, sowie darin, die Betriebsgeschwindigkeit dieses Senders genügend schnell zu gestalten, um den 160.000 Abweichungen in der Sekunde, die als Mindestmaß erforderlich sind, zu entsprechen. Möglicherweise wird kein gegenwärtig bekanntes photoelektrisches Phänomen das in dieser Hinsicht Notwendige leisten, doch sollte etwas dazu geeignetes entdeckt werden, wird das elektrische Sehen auf Entfernung in den Bereich des Möglichen eintreten.[26]

Zu dieser Zeit – ohne daß Campbell Swinton davon gewußt hätte – experimentierten bereits sowohl Boris Rosing in Rußland als auch Max Dieckmann in Deutschland mit Elektronenröhren als Empfängern, doch niemand hatte je zuvor den Einsatz einer Elektronenröhre als Sender vorgeschlagen. Dieser aufsehenerregende

Brief vom 12. Juni 1908 markiert folglich den Ursprung der Idee des vollelektronischen Fernsehsystems, das sowohl den Empfänger als auch die Kamera umfaßt.

Nur zwei Wochen später freilich, am 25. Juni 1908, wurde Boris Rosings britisches Patent ausgestellt. Es beschreibt einen Elektronenröhrenempfänger, der alle Forderungen Campbell Swintons erfüllte. Natürlich enthielt Rosings Patent aber noch keine elektrische Kamera.

Am 18. Juli 1908 beantragte Gilbert Sellers das erste amerikanische Patent für ein Fernsehsystem. Es war auf die Übertragung graphischer Botschaften ausgelegt. Sellers wollte mit seinem System Graphiken, Bilder, Photos, Drucke usw., darüber hinaus aber auch Lichtbilder von unbeweglichen wie lebenden und beweglichen Objekten übertragen. Er plante die Verwendung eines Mechanismus, der die Aufnahmelinse physisch bewegen und so das Bild abtasten sollte. Eine Reihe von rotierenden Selenzellen sollte das abgetastete Bild auffangen.[27]

Am 24. Dezember 1908 beantragten A. C. und L. S. Anderson aus Kopenhagen das erste britische Patent unter dem ausdrücklichen Titel »Television«. Es umfaßte ein Farbfernsehsystem auf der Grundlage eines gelochten Endlosbandes oder einer Scheibe mit spiralförmig angeordneten Löchern. Zur Farbgewinnung sollte eine gesonderte, schnell rotierende Scheibe mit Öffnungen das Licht von einem Prisma auffangen, welches die Farben von Rot bis Violett trennte. Diese rotierende Scheibe war mit einer zweiten am Empfänger synchronisiert, die Sektoren mit Filtern des gesamten Farbspektrums aufwies. Wurde nun etwa ein grünes Bild übertragen, sollte der grüne Sektor vor das Bild geschaltet werden; auf diese Weise sollte am Empfänger ein Farbbild entstehen. Das Lichtventil bestand aus einer abgestuft transparenten Platte, die elektromagnetisch durch den Strom in der Übertragungsleitung gesteuert wurde. Als Bildwandler sollte am Sender eine Selenzelle verwendet werden; die Lichtquelle am Empfänger bildete eine gewöhnliche Lampe.[28]

Im Jahr 1909 wurden drei verschiedene Fernsehsysteme tatsächlich gebaut und betrieben. Das erste (in der Reihenfolge ihrer Veröffentlichung) war jenes von Max Dieckmann aus München. Seine Anlage bestand aus einer einzigartigen Senderkonstruktion und einer Kaltkathodenröhre als Empfänger.

Den Sender bildete eine rotierende Scheibe mit 20 Kontaktbürsten aus Draht, die sich mit 600 Umdrehungen pro Minute drehte. Er besaß keine Photozellen oder sonstigen Lichtwandlervorrichtungen. Die Bürsten standen in physischem Kontakt mit einer Metallschablone des zu übertragenden Objekts. Ein Generator mit dreisegmentigen Polen, die an die Scheibe gekoppelt waren, und ein rotierendes Potentiometer lieferten die lineare Spannung für die Zeilen- und Vollbildabtastung über drei Drähte zum Empfänger.

Der Empfänger war eine Kaltkathodenröhre mit vier Ablenkmagneten, die ein Bild von rund. 2,5 mal 3,2 Zentimetern am Schirm der Röhre abtasten konnten. Eine weitere Anordnung von Ablenkmagneten war vor der scheibenförmigen Anode, aus der der Strahl austrat, plaziert und über Kabel mit den Kontakten auf der Abtastscheibe verbunden. Schloß die Abtastbürste Kontakt, so wurde der Strahl vertikal abgelenkt, sodaß keine Strahlung den fluoreszierenden Schirm er-

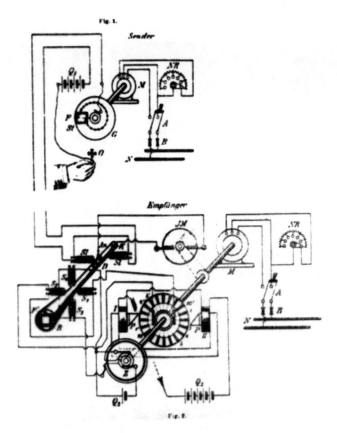

Strichzeichnung des Empfängers von Max Dieckmann, 1909

reichte und sich kein Lichtpunkt zeigte. Folglich war der Strahl entsprechend einer »Ein-Aus«-Bedingung normal sichtbar, wenn kein Kontakt bestand, und unsichtbar, wenn Kontakt mit dem Objekt hergestellt wurde. Es wurde behauptet, daß der Strahl die Kontur des abgetasteten Objekts bei einer Abtastwiederholungsrate von 10 Durchläufen pro Sekunde klar nachvollzogen habe.

Dieckmann beantragte kein Patent für dieses Gerät, und er richtete seine Bemühungen in den nächsten fünfzehn Jahren auf die Übertragung von Standbildern (Bildtelegraphie). Seine Konstruktion scheint der erste Apparat zu sein, der alle Voraussetzungen eines Fernsehempfängers aufwies, doch aufgrund des Fehlens eines Licht-Strom-Wandlers bildete sein Sender eigentlich eine Form eines Telegraphen (mit Ein-Aus-Schaltzuständen). Die ganze Konstruktion erfüllte somit nicht die Ansprüche an ein richtiges Fernsehsystem.[29]

Gegenüber: Der Empfänger von Max Dieckmann, 1909.
Er arbeitete mit einer Kaltkathodenröhre.

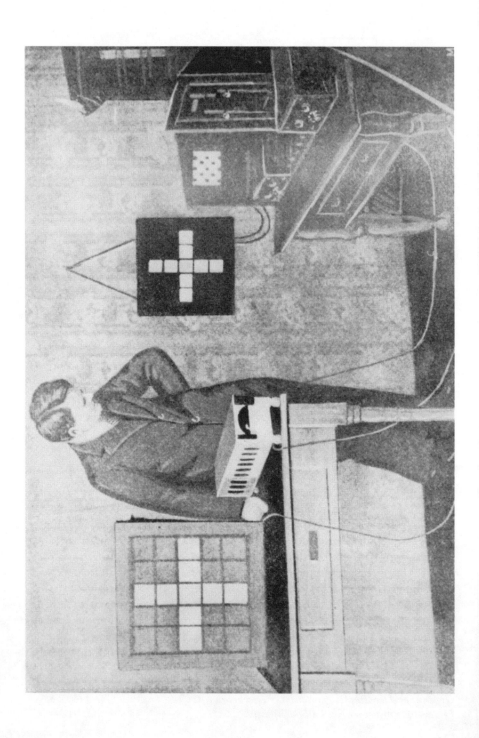

Ruhmers Anlage, 1909. Oben links: Lampe, Spiegel und das vor das Objektiv des Senders gestellte Objekt. Oben rechts: Das Mosaik aus Selenzellen. Unten: Der Originalbuchstabe (links) und sein übertragenes Bild.

Der zweite tatsächlich gebaute und betriebene Apparat stammte von Ernst Ruhmer, der seine Anlage am 26. Juni 1909 vorführte. Sie bestand aus einem Mosaik von 25 Selenzellen in Reihen zu je fünf Einzelzellen. Jede Zelle war mit einem leicht ansprechenden Relais verbunden, welches bei Lichteinfall auf die Zelle einen Wechselstrom bestimmter Frequenz über eine Leitung schickte. Bei diesem Vorgang handelte es sich um eine Form des Multiplexing oder der Mehrfachausnutzung, bei dem Signale unterschiedlicher Frequenz über eine Einleiterverbindung gesendet und am Empfänger demoduliert und getrennt werden. Diese Technik war in der telegraphischen Kommunikation zu dieser Zeit bereits gängige Praxis.

Am Empfänger befand sich für jede Selenzelle ein abgestimmtes Relais, wodurch jeder Impuls aus den Zellen nur seine eigene Glühlampe betrieb. Auf diese Weise wurden einfache geometrische Figuren übertragen. Es wurde behauptet, daß Ruhmer plante, für die Internationale Ausstellung in Brüssel 1910 um 1.250.000 Dollar ein Modell mit 10.000 Zellen zu bauen. Wenngleich diese rohe Konstruktion einige einfache Bilder übertragen konnte und auch einen Licht-Strom-Wandler verwendete, so war es freilich doch ein Simultansystem, das ohne Synchronisationsvorrichtungen auskam und keine Halbtöne vermitteln konnte.[30]

Gegenüber: Ernst Ruhmer und sein Gerät, 1909.

Ein ganz anders geartetes Fernsehsystem baute hingegen Georges Rignoux in Zusammenarbeit mit dem Physikprofessor A. Fournier. Der Sender wies eine starke Lampe auf, die das Bild des zu übertragenden Objekts auf einen Selenschirm warf. Dieser Schirm bestand aus zahlreichen Reihenanordnungen von Selenzellen, die alle an einem eigenen Relais angeschlossen waren. Die Relais waren der Reihe nach mit einem rotierenden Kommutator verbunden. Über diesen Anschluß an den Kommutator konnte jedes Relais sein Signal über eine Einleiterverbindung an den Empfänger schicken. Dort gingen die Signale an einen Magneten, der Bestandteil eines Lichtventils war. Zu diesem gehörten auch ein Nicolsches Prisma, eine Röhre aus Kohlesulfat, um die herum der Magnet gewickelt war (Faraday-Effekt), sowie ein weiteres Nicolsches Prisma.

Das Licht aus einer sehr starken Quelle wurde also von diesem Lichtventil moduliert und auf eine Spiegeltrommel geworfen, deren Zahl an Flächenelementen der Anzahl der Zellenreihen am Sender entsprach. Die Trommel rotierte im Gleichlauf mit dem Kommutator am Sender. Von der Trommel fiel das modulierte Licht auf einen Schirm, wo das Bild wiederhergestellt wurde. Dies war nun tatsächlich ein echtes Fernsehsystem, das erste als wirklich gebaut und betrieben bezeugte. Sein Sender war beschränkt, sein Empfänger gleichwohl wäre seiner Konstruktion nach in der Lage gewesen, auf dem Schirm auch Halbtonbilder zu erzeugen, hätte es das Gesamtsystem erlaubt.[31]

Am 24. Jänner 1910 beantragte A. Ekstrom ein schwedisches Patent für das Prinzip der umgekehrten Lichtführung bei der Bildabtastung. Dabei handelte es sich um ein Lichtpunktsystem ähnlich jenem von Rignoux. Es war ausschließlich für die Übertragung von Diapositiven oder Folien und natürlich Film geplant. Das Patent beschrieb, wie das Licht aus einer starken Quelle über einen in zwei Richtungen schwingenden Spiegel die Abtastung bewirkte. Von den Spiegeln fiel das Licht durch den Bildträger auf die Selenzelle. Am Empfänger strahlte eine Bogenlampe Licht durch ein Lichtventil (eine Konstruktion mit einem oszillierenden Spiegel) oder Galvanometer. Dort fiel es durch ein Sammelglas (eine abgestuft transparente Lichtkeil-Folie) über einen weiteren in zwei Richtungen schwingenden Spiegel auf einen Schirm.[32]

Michel Schmierer aus Charlottenburg beantragte im April 1910 zwei deutsche Patente für den Gebrauch einer Braunschen Röhre zum Empfang und für eine Abtastvorrichtung mit Kommutatoren zur effektiven sequentiellen Abtastung eines Bildes.[33]

Gustav H. Hoglund aus Chicago beantragte am 18. April 1910 ein Patent für ein Fernsehsystem. Sein Sender bestand aus zwei gegeneinander drehbaren Scheiben, die zusammen eine Blendenanordnung bildeten. Die äußere Scheibe wies eine Anzahl von Schlitzen oder Öffnungen gleicher Länge und Breite auf, die sich vom Scheibenmittelpunkt in einer abgestuften Linie nach außen ausbreiteten. An der inneren Scheibe war eine Anzahl langgestreckter bogenförmiger Schlitze in einer spiralförmig abgestuften Anordnung vom Außenrand zum Mittelpunkt der Scheibe angebracht.

Da die Scheiben in entgegengesetzten Richtungen rotierten, war klar, daß sie ein Bild abtasten bzw. auflösen konnten. Es war vorgesehen, die beiden Scheiben durch Synchronmotoren in Gleichlauf zu betreiben. Das Licht von der Szene fiel durch die Scheiben weiter auf eine Selenzelle, die das Signal erzeugte. Am Empfänger fiel das Licht eines »Sprechenden Bogens«, der durch das Signal moduliert wurde, durch eine ähnliche Anordnung rotierender Blenden auf ein Linsensystem und schließlich auf eine Mattglasscheibe. Das Patent beinhaltete auch ein Telephonsystem, sodaß der Betrachter die Person am Sender nicht nur sehen, sondern auch mit ihr sprechen konnte (Bildtelephonie).[34]

Der Norweger Alf Sinding-Larsen beantragte am 20. Juni 1910 ein Patent für die »Übertragung beweglicher Objekte« auf der Grundlage schwingender Spiegel und einer Photozelle. Das Patent beinhaltete auch eine Art Lichtleiter aus Silber mit stark reflektierenden inneren Oberflächen. Dieses Gerät diente vermutlich der direkten Übertragung von Bildern. Durch die direkte Übermittlung des modulierten Lichts an den Empfänger würde dort der Einsatz eines Lichtventils oder -modulators überflüssig. Erwähnt wurde auch der Einsatz von Stimmgabeln als Synchronisationsinstrument.[35]

Julius Elster und Hans Geitel berichteten 1909/10 über ein neues Verfahren zur Sensibilisierung von Alkalimetallzellen. Die Zellen wurden bis zu einem Druck von 0,5 mm Quecksilbersäule mit Wasserstoff befüllt, auf 350°C erhitzt und danach einer Glimmentladung ausgesetzt. Der Wasserstoff wurde zunächst im Inneren der Röhre belassen, weil er durch Ionisierung für die Verstärkung des Ausgangssignals sorgte; später wurde er durch Argon oder Helium ersetzt, um die Lebensdauer der Zelle zu erhöhen.[36]

Boris Rosing beantragte am 2. März 1911 ein Patent für Vorrichtungen zur exakten Synchronisation von Sender und Empfänger. Dieses Patent bildete das Ergebnis von Rosings Arbeit an einem tatsächlich gebauten Fernsehsystem; es enthielt zwei wichtige Erfindungen zur praktischen Realisierung des Fernsehens.

Die erste war ein Lichtunterbrecher (entweder in Form eines Gitters oder aus einem opaken Material vor dem Bild) oder ein anderes lichtmodulierendes Gerät wie etwa eine schnell rotierende Scheibe oder ein Endlosband mit Öffnungen. Der Zweck dieser Instrumente bestand in der Gewinnung elektrischer Pulse von konstanter Frequenz, aber veränderlicher Dauer, womit der durch die Reaktanz des Apparats hervorgerufene Verzögerungseffekt vermieden werden sollte.

Die zweite bestand in der Verwendung eines Abtaststrahls variabler Geschwindigkeit in der Empfängerröhre zum Zwecke der Helligkeitsmodulation. Das Prinzip dieser Erfindung lautete: Ein mit geringer Geschwindigkeit auf den Schirm treffender Strahl erscheint heller, ein mit hoher Geschwindigkeit auftreffender hingegen dunkler. Rosing schlug vor, mit der Variation der Abtaststrahlgeschwindigkeit die ältere Methode der Strahlmodulation zu ersetzen. Diese Technik wurde später als »geschwindigkeitsmodulierte Abtastung« bekannt.[37]

Rosing dürfte bereits zu Ende des Jahres 1908 mit tatsächlich gebauten Modellen experimentiert und versucht haben, mit ihnen einfache Bilder (verschiedene Zeichnungen auf Diapositiven, sich bewegende Finger, Hände usw.) zu übertra-

Boris L. Rosing

gen. Er verbesserte sein System fortlaufend und führte im Mai 1911 seine erste erfolgreiche Fernübertragung von Bildern durch. In seinem beglaubigten Notizbuch
soll er vermerkt haben: »Am 9. Mai 1911 war zum ersten Mal ein deutliches Bild
zu sehen. Es bestand aus vier leuchtenden Streifen.«[38]

Rosing verwendete nicht die träge Selenzelle sondern eine besonders empfindliche Photozelle, die er selbst in seinem Labor baute. Diese Zelle bestand im wesentlichen aus einem Glaskolben, der verdünnten Wasserstoff oder verdünntes
Helium sowie ein Natrium-, Kalium-, Cäsium- oder Rubidiumamalgam enthielt.
Das Amalgam bildete die lichtempfindliche Elektrode der Zelle, eine Platinelek-
trode, die durch das Durchschmelzen der Glaswand in der Zelle angebracht
wurde, die Anode. Das Amalgam trug eine negative Ladung; wurde es beleuchtet,
so trat entsprechend dem Hallwachs-Effekt von seiner Oberfläche aus eine Entladung auf, deren Stärke in direkter Proportionalität zur Intensität des auftreffen-
den Lichts schwankte. Der so entstehende lichtelektrische Strom entspricht den
Schwankungen der Beleuchtung, die die Zelle anregte.

Rosings Kamera befand sich in einem Gehäuse, welches die beiden Spiegeltrommeln und deren Getriebe sowie die elektrischen Anschlüsse zu der selbstge-
machten Photozelle beherbergte. Der Empfänger wies eine Kaltkathodenröhre
mit Platten zur Strahlmodulation auf. Die vier Ablenkmagneten waren ringför-
mig um die Röhre angeordnet. Getragen wurden sie von einem isolierten Metall-

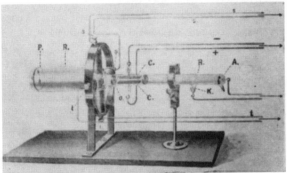

Rosings Sende- (oben) und Empfangsgerät, 1911.

gestell aus zwei Trägern. Mit der Entwicklung dieses Fernsehgeräts erwarb Rosing die Goldmedaille der russischen Technischen Gesellschaft.[39]

Dies war nicht nur das am höchsten entwickelte Fernsehgerät der Zeit und ein Beweis von Rosings Erfindungsgabe, sondern es zeitigte darüber hinaus auch noch eine weitere und längerfristige Auswirkung. Einer von Rosings Schülern zu dieser Zeit war Vladimir K. Zworykin, Student der Elektrotechnik am St. Petersburger Technologischen Institut. Zworykin studierte von 1910 bis 1912 bei Rosing und arbeitete an seinen Experimenten mit. In späteren Jahren sollte Zworykin seinem Lehrer Rosing auf großartige Weise dafür danken, daß er ihn mit der Idee des elektronischen Fernsehen bekanntgemacht hatte.

Boris Rosing erlangte im Jahr 1911 große Bekanntheit und regte zu dieser Zeit mit Gewißheit auch das Denken anderer an. Unter diesen stand an erster Stelle Alan Archibald Campbell Swinton, der soeben Präsident der Londoner Röntgen Society werden sollte.

Kapitel 4

»Elektrisches Sehen auf Entfernung«:
1911-1920

Am 7. November 1911 wurde Alan Archibald Campbell Swinton Präsident der Londoner Röntgen Society. Über dieses Ereignis berichtete die *London Times* am 15. November 1911 unter der Überschrift: »Distant Electric Vision«.[1] Campbell Swinton widmete dem Problem des »elektrischen Sehens auf Entfernung« oder der Television breiten Raum. Nachdem er den Bedarf nach einem solchen System begründet hatte, erwähnte er seinen Beitrag von 1908, in dem er den Einsatz zweier Elektronenstrahlen, jeweils eines am Sender und am Empfänger, vorgeschlagen hatte. Er führte aus, daß dieser Plan lediglich Ideencharakter habe und er einen solchen Apparat nie gebaut habe, auch würde er ohne großen Aufwand an Experimenten und Verbesserungen nicht einen Augenblick lang funktionieren.

In weiterer Folge entwarf Campbell Swinton ein System elektrischen Fernsehens, das nahezu alle Erfindungen der zwanziger und dreißiger Jahre inspirieren sollte. Über die Beschreibung eines Empfängers auf der Grundlage einer modifizierten Braunschen Röhre hinaus skizzierte Campbell Swinton auch die erste Kameraröhre, die nicht nur auf dem Prinzip der Abtastung durch einen Elektronenstrahl beruhte, sondern auch jenes der Ladungsspeicherung einschloß. Auf Seite zehn fand sich eine schematische Zeichnung sowohl des elektronischen Bildgebers als auch des Elektronenröhrenempfängers.

Campbell Swinton erklärte die Betriebsweise seines Systems bis ins Detail. Der Sender besteht aus einer Crookesschen Röhre A, die mit einer Kathode B ausgestattet ist, von der aus eine Entladung in Form eines Kathodenstrahls durch eine kleine Öffnung in der Anode C geht, wobei die Strahlung durch eine Batterie oder eine andere Gleichstromquelle von 100.000 Volt Spannung erzeugt wird. D und E sind zwei rechtwinklig zueinander angeordnete Elektromagneten; unter Wechselstrom gesetzt, lenken diese Magneten den Strahl in vertikaler bzw. horizontaler Richtung ab.

Der Empfangsapparat besteht gleichermaßen aus einer Crookesschen Röhre A', die mit einer Kathode B' ausgestattet ist, von der aus ein Elektronenstrahl durch eine Öffnung in der Anode C' geht. D' und E' sind zwei Elektromagneten, die wie jene am Sender rechtwinklig zueinander angeordnet sind. Die Magneten D und D' steuern die vertikalen Strahlbewegungen und werden vom selben Wechsel-

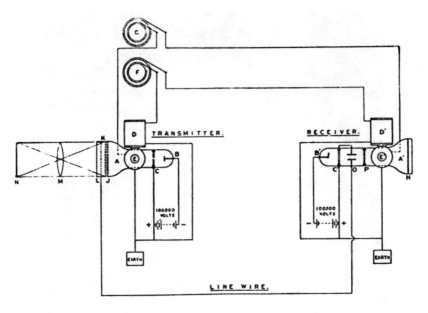

Der Entwurf eines vollelektrischen Fernsehsystems von Campbell Swinton, 1911.

stromgenerator F gespeist, der eine Frequenz von etwa 10 vollständigen Richtungsänderungen pro Sekunde besitzt. Die anderen beiden Magneten E und E' steuern die horizontalen Strahlbewegungen und werden von einem zweiten Wechselstromgenerator G mit einer Frequenz von etwa 1000 vollständigen Pulsen pro Sekunde gespeist. Der Empfänger besitzt einen Schirm H, der beim Auftreffen der Strahlung fluoresziert, wodurch der Schirm mit einheitlicher Helligkeit leuchtet.

Im Sendeapparat streicht der Elektronenstrahl unter der Wirkung der Magneten D und E jede Zehntelsekunde über den Schirm J. Dieser Schirm besteht aus einer Anzahl kleiner, voneinander isolierter metallischer Würfel. Dem Strahl wenden sie eine saubere Metalloberfläche zu, ihre andere Seite hingegen einem geeigneten Gas oder Dampf, etwa Natriumdampf. Der Schirm ist lichtundurchlässig. Die Würfel, die den Schirm J bilden, bestehen aus einem photoelektrisch hochaktiven Metall wie etwa Rubidium, welches unter dem Einfluß von Licht negative Ladungen abgibt, Das Auffanggefäß K enthält dabei Gas oder Dampf wie eben etwa Natriumdampf, der negative Ladungen unter Lichteinfluß leichter leitet als im Dunkeln. Parallel zum Schirm J befindet sich ein weiterer Schirm L aus Drahtgaze. Das Bild des Objekts N wird nun von der Linse M und durch den Gazeschirm L auf den Schirm J und somit durch den Dampf im Gefäß K projiziert. Der Gazeschirm L am Sender ist über die Übertragungsleitung mit einer Metallplatte O im Empfänger verbunden, die der Elektronenstrahl passieren muß. Am Empfänger befindet sich weiters eine Zwischenwand P, die mit einer Blende versehen ist. Deren Position steht mit der Schrägstellung von Kathode B' dergestalt in Beziehung, daß sie die Strahlung aus dieser

*A. A. Campbell Swinton. Das von ihm vorgeschlagene elektrische Fernsehsystems
sollte als Anregung für die meisten einschlägigen Erfindungen in den zwanziger
und dreißiger Jahren wirken.*

abblockt und an ihrem Weg zum Schirm H hindert, es sei denn, sie wird von der
Platte O leicht abgestoßen, wenn sie durch die Öffnung in derselben dringen kann.

Campbell Swinton erklärte, daß der Strahl durch die Abtastung des Schirms J
am Sender nacheinander jedem der metallischen Würfel, aus denen der Schirm zusammengesetzt ist, eine negative Ladung verleihen würde. Jene Würfel, auf die
kein Licht fällt, werden nichts zum Signal beitragen (Campbell Swinton erwartete, daß sich die Ladung von diesen dunklen Elementen in der Röhre verflüchti-
gen würde). Die Würfel hingegen, die beleuchtet wurden, werden die negative
Ladung, die ihnen der Strahl verliehen hat, durch den ionisierten Dampf hindurch
an den Gazeschirm L weitergeben, und deshalb wird diese Ladung über die Über-

tragungsleitung zur Platte O am Empfänger wandern. Diese Platte wird dadurch aufgeladen und wird folglich jene Strahlen, die die Zwischenwand P mit der Blende passieren können, leicht abstoßen; trifft der Strahl endlich auf dem fluoreszierenden Schirm H auf, wird er dort einen Lichtpunkt erzeugen. Auf diese Weise, so nahm Campbell Swinton an, würde ein leuchtendes Muster aufgebaut, welches dem Originalbild in Mosaikform entspricht.

Campbell Swinton fügte hinzu, daß durch die Verwendung eines fluoreszierenden Schirms mit einiger Nachleuchtdauer die Abtastrate gesenkt werden könne. Darüber hinaus gab er an: »Da jeder der metallischen Würfel des Schirms J als unabhängige Photozelle wirkt und nur jede Zehntelsekunde in Aktion versetzt wird, hat diese Anordnung offensichtliche Vorteile gegenüber anderen Systemen, die vorgeschlagen wurden, und zwar besonders gegenüber jenen, bei denen eine einzelne Photozelle die vielen Tausend gesonderten Impulse erzeugen muß, die in nur einer Sekunde über die Leitung zu übertragen erforderlich ist – eine Bedingung, die keine bekannte Form einer Photozelle erfüllt.« Schließlich wies er darauf hin, daß weder die Trägheit der Metallwürfel des Schirms J noch jene des Dampfes im Gefäß K die korrekte Übertragung und Reproduktion stehender Bilder in irgendeiner Weise beeinträchtigen würde; die Reproduktion von Laufbildern würde dadurch nur geringfügig gestört.[2]

Im Jahr 1911 erschien das erste Buch mit einer Darstellung der Geschichte der Bildtelegraphie und des Fernsehens. Es war das »Handbuch der Phototelegraphie und Telautographie« der Professoren Arthur Korn und Bruno Glatzel. Dieses Werk bot den ersten vollständigen Überblick über die wichtigsten Beiträge zur Photo- und Bildtelegraphie und zum Fernsehen.[3]

Am 13. Mai 1912 wurde in den Vereinigten Staaten das Institute of Radio Engineers gegründet. Es ging aus der Fusionierung der Wireless Society und der Society of Wireless Telegraph Engineers hervor.

Im Jahr 1913 begann American Telephone and Telegraph (AT&T) mit der Herstellung von Hochvakuumröhren als Verstärker. Die Gesellschaft hatte die Rechte auf De Forests Audion-Röhre erworben. Zur selben Zeit arbeitete auch Irving Langmuir von der General Electric Company an der Konstruktion von Hochvakuumröhren und beantragte im Oktober 1913 ein entsprechendes amerikanisches Patent.[4] W. D. Coolidge von der General Electric Company arbeitete an der Entwicklung einer Hochspannungsröntgenröhre. Er hatte der Röhre eine (elektrisch beheizte) Elektrode aus Wolfram hinzugefügt, um einen Elektronenfluß zu erzeugen. Darüber hinaus hatte er um die Kathode einen Fokussierungsschirm gelegt. Diese Röhre erwies sich als sehr betriebsstabil, verglichen mit der Launenhaftigkeit der Kaltkathodenröhre, in der die Restgasionisierung die effektive Anodenspannung immer beschränkt hatte. Zur Verbesserung des Vakuums in hermetisch abgeschmolzenen Röhren verwendete Coolidge auch chemisches Gettermaterial. Der Stromfluß wurde durch einen Regelwiderstand gesteuert. Die Hochvakuumröhre von Coolidge dürfte die erste betriebstaugliche Heizkathodenröhre gewesen sein.[5]

Mit dem Beginn des Ersten Weltkriegs im August 1914 sank die Zahl der Patente und Veröffentlichungen auf dem Gebiet des Fernsehens deutlich. Dennoch erschienen einige wichtige Neuerungen.

Am 25. Juni 1914 beantragte Samuel L. Hart aus London ein Patent für ein autographisches Gerät zur Übertragung von Bildern beweglicher Objekte mit elektrischen Mitteln. Bei diesem kam als Abtaster ein Gerät mit Linsen zum Einsatz, mit dem nacheinander die Lichtstrahlen vom gesamten Bildfeld auf eine einzelne unbewegliche Photozelle gebündelt wurden. Am Sender war eine Reihe von Linsen in unterschiedlichen Winkeln zur Horizontalebene montiert, wobei ihre Fokusachsen auf den Mittelpunkt ihres jeweiligen Bildsegments wiesen; dort befand sich eine lichtempfindliche Zelle. Es war geplant, die Segmente in Schwingungen zu versetzen, wodurch das gesamte Bildfeld erfaßt würde.

Am Empfänger war eine ähnliche Anordnung vorgesehen, wobei eine einzelne Linse so angebracht werden sollte, daß sie das Licht eines speziellen Lichtventils (vier Typen wurden beschrieben) auffangen konnte. Wurde diese Linse in Schwingungen versetzt, sollte sie das übertragene Bild wiederherstellen können. Auch Synchronisationsvorrichtungen wurden erwähnt. Wichtig an diesem System war die auf Seite acht der Patentschrift beschriebene Möglichkeit der Bildaufzeichnung. Dabei sollten die Signale auf einem schnell transportierten Band oder auf einer rotierenden Platte oder Scheibe in ähnlicher Weise wie bei einem Phonographen aufgezeichnet werden.[6]

Am 13. Juli 1914 berichtete Georges Rignoux, daß sein Apparat nun betriebsfähig sei und daß Buchstaben oder andere vor dem Sender plazierte Objekte tatsächlich am Schirm des Empfängers wiedergegeben worden seien. Später, am 22. Mai 1915, beschrieb Rignoux sein Gerät in detaillierterer Form. Es besaß einen Selenschirm aus 64 Zellen. Diese Zellen waren über Kabel an einen Kommutator angeschlossen, der mit 450 Umdrehungen pro Minute rotierte. Die Signale wurden über zwei Kabel an eine Zylinderspule um einen Hohlkern übertragen. Ein Nicolsches Prisma polarisierte das Licht einer Bogenlampe, bevor es durch den Kern fiel, und eine weiteres Prisma ließ das Licht passieren, wenn die Spule eine bestimmte Spannung trug. Ein rotierendes Rad mit acht Spiegeln reflektierte das so modulierte Licht der Bogenlampe auf einen Schirm, wo es betrachtet werden konnte. Eine dritte Übertragungsleitung diente zur Synchronisation der beiden Einheiten (des Antriebs des Kommutators und jenes des Spiegelrades). Es wurde behauptet, daß mit dieser Anlage einfache Buchstaben wie H, T und U erfolgreich übertragen worden seien.[7]

Am 1. April 1915 beantragte André Voulgre ein französisches Patent für ein Fernsehsystem, offensichtlich das letzte dieser Art bis zum Ende des Krieges. Das System wies als Abtastvorrichtung eine Anordnung rotierender Bänder auf. Vor den beiden in entgegengesetzte Richtungen laufenden Bändern befand sich eine Scheibe mit vier Schlitzen. Eine ähnliche Anordnung bildete den Empfänger. Die Verwendung einer Kalium-, Rubidium- oder Natriumphotozelle wurde erwähnt. Den Lichtmodulator bildete eine Quecksilberdampflampe, die von der Sekundärwicklung einer Spule gespeist wurde.[8]

*Georges Rignoux (oben Mitte) und sein Gerät von 1914. Der Bildteil unten links zeigt
die Empfangsstation (e – Zylinderspule, f – Nicolsches Prisma, g – Lichtquelle). Der Bildteil unten Mitte zeigt das Empfangsgerät (c – der lichtdurchlässige Schirm, auf dem die
Bilder von dem rotierenden Spiegelrad d sichtbar gemacht werden). Der Bildteil unten
rechts zeigt die Sendestationen (a – magnetische Relais, b – Reihenanordnung von
Selenzellen)*

Im Juni 1915 erschien in *Wireless World* ein Artikel von Marcus J. Martin, in dem er
die Möglichkeiten eines Fernsehsystems besprach. Seine Schlußfolgerung lautete,
daß ein wie auch immer gestaltetes System möglicherweise über herkömmliche Ka-
belverbindungen wohl funktionieren könne, die Vorstellung drahtlosen Fernsehens
dagegen erscheine von einem wirklich sachlichen Blickwinkel aus als »lächerlich und
unmöglich«. Dieser Artikel war Teil einer ganzen Reihe von Beiträgen Martins über
die »Drahtlose Übertragung von Photographien«.[9]

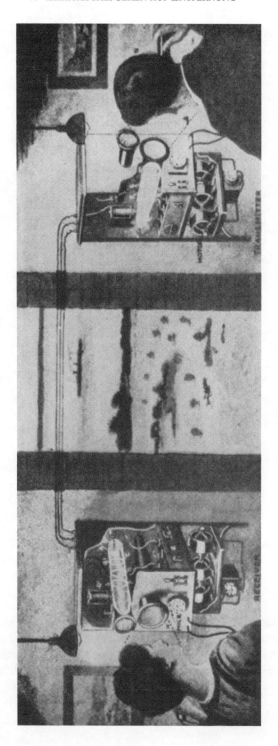

Ein weiterer und wichtigerer Beitrag scheint die Veröffentlichung des von Campbell Swinton vorgeschlagenen Fernsehsystems im *Electrical Experimentor* im August 1915 zu sein. Hier wurde der vollständige Plan Campbell Swintons einschließlich einer Zeichnung eines Mannes und einer Frau, die sich mittels eines Zweiweg-Fernsehens (Bildtelephons) unterhalten, sowie einer schematischen Diagrammzeichnung des Systems dargestellt.

Dieser Artikel erklärte sorgfältig die grundlegenden Prinzipien des Entwurfs von Campbell Swinton wie die Notwendigkeit zweier verschiedener Abtastgeschwindigkeiten, den Bedarf an Synchronisationsvorrichtungen, die Aufladung der Würfel durch das Licht in der Kamera und die erforderliche Modulation der Empfängerröhre; schließlich wurde auch erläutert, welche Rolle und Bedeutung der Netzhautträgheit in diesem System zukommt – all dies in einer auch dem Laien verständlichen Sprache. Die Bedeutung dieses Artikel lag darin, daß er in einer populären Zeitschrift mit einer großen und bunt gemischten Leserschaft erschien, sodaß sich die Ideen Campbell Swintons überaus weit verbreiten konnten. Es war keine so entlegene akademische Zeitschrift wie der erste Erscheinungsort, das *Journal of the Röntgen Society*.[10]

Am 20. August 1915 beantragte ein junger französischer Wissenschaftler namens Alexandre Dauvillier sein erstes Patent; es beinhaltete eine Verbesserung eines radiographischen und radioskopischen Systems. Um die damals im Röntgenaufnahmeprozeß vorherrschenden »Verzerrungen« zu vermeiden, plante er den Einsatz zweier Lochscheiben zur Abtastung eines Bildes in einem Röntgensystem in Verbindung mit dem »Bucky-Effekt« (Rasteraufnahme). Diese frühe Bemühung veranlaßte Dauvillier dazu, seine radiologische Arbeit mit der jungen Technik des Fernsehens zu verbinden.[11]

C. Francis Jenkins gründete im Juli 1916 die Society of Motion Picture Engineers. Ihr Zweck bestand in der »Beförderung von Theorie und Praxis der Filmtechnik und der mit ihr verbundenen Techniken und Wissenschaften sowie in der Standardisierung ihrer Mechanismen und Verfahren«.

Am 30. November 1917 beantragte D. McFarlan Moore von General Electric ein Patent für eine Gasglimmlampe. Der grundlegende Gedanke dieses Patents bestand in der Herstellung einer Lampe, die bei niedrigen Spannungen leuchtet, feststehende Elektroden besitzt und leicht in Gang zu setzen ist. Dieses Patent scheint die Grundlage der frühen Neonröhren zu sein, wie sie in späteren mechanischen Scheibenabtastsystemen verwendet wurden; es ist somit ein Vorläufer der Mooreschen Punktlichtlampe.[12]

Am 17. Dezember 1917 beantragte Alexander M. Nicolson von Western Electric ein Patent für ein »Television«-System. Das Bild sollte von einem einzelnen schwingenden Spiegel aufgenommen werden, der durch Drähte in einem magnetischen Feld bewegt wird. Er sollte zwei einfache sinusförmige Schwingungen ausführen und durch eine einzelne Frequenz mit einer Phasendifferenz von 90 Grad

Gegenüber:
Der Entwurf für ein Zweiweg-Fernsehen (Bildtelephon) von Campbell Swinton.

angetrieben werden. Dadurch würde das Bild in einer spiralförmigen Bahn abgetastet werden. Dies bedeutete, daß die Abtastgeschwindigkeit gleichmäßig anstieg,
je näher der Spiegel dem Zentrum seiner Bahn kam. Um dies auszugleichen, wurde
zwischen dem Spiegel und dem abzutastenden Bild ein kompensierendes Stück
Glas oder Quarz (welches gegen seinen Mittelpunkt hin an Transparenz abnahm)
angebracht. Mit den Schwingungen im magnetischen Feld lieferte der Spiegel Synchronisationssignale von rund 1000 Hz bei 18 bis 20 vollen Abtastumläufen pro
Sekunde.

Den wichtigsten Teil dieses Patents bildete der geplante Einsatz einer besonderen Elektronenröhre als Empfänger. Diese Braunsche Röhre besaß eine Heizkathode und ein Gitter mit negativem Potential zur Strahlsteuerung. Die
Fokussierung erfolgte magnetisch durch eine Spule um den Hals der Röhre, die
den Strahl scharfstellte. Von einer Befüllung der Röhre mit irgendeinem Gas ist in
dem Patent nicht die Rede. Dies scheint das erste Fernsehpatent zu sein, das den
Einsatz einer Heizkathodenröhre als Strahlenquelle vorsieht, in der ein Modula-
tionsgitter das Instrument zur Steuerung des Elektronenflusses zum Schirm bildet. Das Patent beschreibt auch den Einsatz von Hochvakuumröhren als
Verstärker, Modulatoren und Demodulatoren sowie als Oszillatoren.

Das Ausgangssignal der Photozelle verursachte einen Spannungsabfall an einem
Widerstand; dieser Spannungsabfall war an einen Verstärker angelegt und stellte
das Bildsignal dar. Dieses Patent enthielt alle erforderlichen Bestandteile einer
funktionierenden Fernsehempfängerröhre. Doch es gibt keinen Beweis dafür, daß
Nicolson ein solches Gerät je tatsächlich gebaut oder betrieben hat.[13]

Im August 1918 beantragte Jakob Kunz von der Universität von Illinois ein Patent für die Herstellung von Photozellen aus einem der Alkalimetalle wie Lithium,
Natrium, Kalium, Rubidium oder Cäsium. Kunz beschrieb den Aufbau einer luftleer gepumpten Glaskammer mit zwei Elektroden, von denen eine aus einer kompakten Schicht eines Alkalimetalls geeigneter Form und Beschaffenheit bestehen
und an der inneren Oberfläche der Kammer angebracht sein sollte. Die Zelle
konnte mit Wasserstoff, Argon, Helium oder Neon gefüllt sein. Die Schichtelektrode war so angebracht, daß sie dem zu messenden Licht ausgesetzt war. Die
zweite Elektrode hatte die Form eines Schirms und war in unmittelbarer Nähe zur
Schichtelektrode in Form eines Schirms angebracht. Zwischen den beiden Elektroden baute sich ein Feld auf, dessen Stärke vom Lichteinfall abhing.[14]

Am Ende des Krieges in Europa im November 1918 hielt die Marconi Wireless
Telegraph Company ein faktisches Monopol über den gesamten Funkverkehr in
den Vereinigten Staaten. Beim Kriegseintritt der USA hatte die United States Navy
die Marconi-Funkeinrichtungen in New Jersey übernommen. Diese Station verwendete einen von General Electric gebauten Wechselstromgenerator des Alex-
anderson-Typs mit einer Leistung von 50 Kilowatt.

Nach dem Krieg versuchte die Marconi Company, 24 Alexanderson-Wechsel-
stromgeneratoren (nun mit einer Leistung von rund 200 Kilowatt) zu erwerben,
von denen 14 für American Marconi und die anderen zehn für British Marconi,
jeweils mit exklusiven Nutzungsrechten, vorgesehen waren.

Als die United States Navy von dieser Vereinbarung erfuhr, wurde entschieden, daß General Electric diese Anlagen nicht an die Marconi Company verkaufen würde. Stattdessen schlug die Navy vor, daß General Electric eine amerikanische Radiobetriebsgesellschaft gründen sollte, die unter amerikanischem Einfluß geführt werden konnte und den Alexanderson-Wechselstromgenerator selbst kommerziell verwerten sollte. Dies führte zur Gründung der Radio Corporation of America (RCA), die am 17. Oktober 1919 im Staat erfolgte.

Am 20. November 1919 wurde die American Marconi Company offiziell mit der Radio Corporation of America fusioniert. Zur selben Zeit trat ein gegenseitiges Lizenzabkommen zwischen RCA und General Electric in Kraft. Am 1. Juli 1920 wurde auch zwischen General Electric und der American Telephone and Telegraph Company (AT&T) ein wechselseitiges Lizenzabkommen geschlossen. Eine ähnliche Vereinbarung trafen auch RCA und Western Electric (die Produktionsabteilung der AT&T).

Edward J. Nally von American Marconi wurde Präsident der RCA. Er war zuvor Vizepräsident und Generaldirektor von American Marconi gewesen. Zum Verwaltungsratsvorsitzenden wurde Owen D. Young, der zuvor die Rechtsabteilung von General Electric geleitet hatte, ernannt. Dr. Ernst Alexanderson wurde Chefingenieur der RCA und David Sarnoff kaufmännischer Geschäftsführer.

Alle Patente der beteiligten Unternehmen sollten wechselseitig zehn Jahre lang frei verfügbar sein. General Electric erhielt alle Rechte an der drahtlosen Telegraphie und an der Herstellung von Empfangsgeräten. AT&T sollte Exklusivrechte für die Sprechfunkkommunikation im Zusammenhang mit ihrem Telephondienst sowie zusätzlich auf die Produktion von Sendegeräten erhalten. Die RCA hatte keine Herstellungsrechte und sollte den transatlantischen Dienst der früheren Marcony Company betreiben. Weiters war vorgesehen, daß alle Abkommen über fremde und ausländische Patente durch die RCA geschlossen werden. Die RCA sollte ausschließlich als Verkaufsorganisation und Dienstkörperschaft für die Gruppe auftreten.[15]

Mit dem Ende des Krieges lebte das Interesse an der jungen Technik des Fernsehens wieder auf. Im Februar 1919 beantragte Dionys von Mihály ein einschlägiges Patent. Von Mihály hatte seit 1916 mit der Tonaufzeichnung auf Film experimentiert und seit dem Kriegsende seine Bemühungen auf die Entwicklung eines Fernsehsystems gerichtet. Dieses frühe Patent betraf Methoden zur Synchronisation eines Fernsehsystems. Die Konstruktion beinhaltete feststehende Punkte am Sender, ein lichtempfindliches Gerät am Empfänger und Vorrichtungen, mit denen diese beiden Elemente in Phase gebracht werden sollten. Die Synchronisation sollte durch zwei an Regelwiderstände angeschlossene Motorregulatoren erfolgen. Die Geschwindigkeit der Motoren wurde durch die Strommenge, die durch die Widerstände floß, bestimmt. Mittel zur Bildabtastung wurden nicht beschrieben.

Im Jahr 1920 beantragte von Mihály zwei weitere Patente für ein Fernsehsystem. Eines davon betraf Verbesserungen bei Selenzellen und ähnlichen Licht-

Strom-Wandlern. Das zweite beinhaltete einen Oszillographentypen in der Form eines Galvanometers mit einem Frequenzgang bis zu 50 kHz.[16]

Der Heizkathodenoszillograph von Sir J. J. Thomson wurde im April 1919 beschrieben. Thomson untersuchte Explosionsphänomene mittels des piezoelektrischen Effekts von Kristallen unter mechanischem Druck. Durch die Einrichtung einer Verbindung zwischen den Ablenkplatten seiner Röhre und dem Kristall erreichte er eine Ablenkung des Elektronenstrahls, die ihm den Druck und die Geschwindigkeit einer Explosion anzeigte. Dies entsprach einer Druck-Zeit-Kurve. Der Elektronenstrahl wurde durch einen sinusförmigen Strom angetrieben, wodurch er eine ungleichförmige Bewegung ausführte. Dies scheint die erste Elektronenröhre mit Heizkathode und Wechselstrom-Zeitablenkgenerator zu sein, die für elektrische Messungen eingesetzt wurde. Dieses Experiment wurde im Cavendish Laboratory durchgeführt.[17]

Im September 1919 beantragte H. K. Sandell ein Patent für ein Mehrsender-Gerät. Es sah eine schnell rotierende Spiegeltrommel vor, die das Licht von der Szene auf reihenweise angeordnete Selenzellen reflektierte. Zwischen der Trommel und den Zellen befand sich eine Reihe von Schlitzen, sodaß jede Zelle nur einen kleinen Anteil des Lichts von der Szene auffing. Jede Zelle war an ihren eigenen Funksender angeschlossen, und die Antennen der Sender strahlten Signale jeweils unterschiedlicher Amplitude aus.

Am Empfänger war eine Anordnung von Elektromagneten an das Ausgangssignal der Zellen angeschlossen; jeder von ihnen bewegte einen kleinen Spiegel, der Licht aus einer Lichtröhre auffing. Jeder Magnet war genau auf die ihm entsprechende Senderschaltung der Selenzelle am Sender abgestimmt. In weiterer Folge wurde das Licht von den Spiegeln durch eine Reihe von Schlitzen ähnlich wie am Sender auf eine rotierende Spiegeltrommel geworfen. Halbtöne entstanden beim reproduzierten Bild in Abhängigkeit von der Stärke des vom Sender ausgestrahlten Signals. Als simultanes System erforderte dieses Schema keine Synchronisationsvorrichtungen, folglich wurden in der Patentschrift auch keine solchen erwähnt.[18]

Im Oktober 1919 beantragte C. F. Jenkins aus Washington, D. C., ein Patent für ein Filmprojektionsgerät. Dieses Patent beinhaltete Vorrichtungen, mit denen Filmbilder bei kontinuierlichem Filmtransport durch einen Mechanismus ohne intermittierende Bewegungen mit zufriedenstellendem Ergebnis auf eine Leinwand projiziert werden können. Jenkins plante, dies mit Hilfe eines ringförmigen Prismas, dessen Querschnitt sich fortlaufend ändert, auszuführen. Diese durchgängige Änderung der Form des Prismas führte dazu, daß die Lichtstrahlen ebenso fortlaufend abgelenkt wurden, sodaß die Einzelbilder auch bei kontinuierlichem Filmtransport auf der Leinwand hinreichend lange stillstanden. Dieses Gerät war nicht nur in der Filmprojektion anwendbar, sondern sollte von Jenkins bald auch in einem Fernsehsystem benützt werden.[19]

Am 28. November 1919 beantragte Franz Skaupy in Berlin ein Patent für eine Braunsche Röhre mit Glühkathode zum Zweck der elektrischen Bildübertragung. Das Patent zeigte eine Elektronenröhre üblicher Bauart mit einem batteriegespeisten Heizfaden. Dieselbe Batterie war an ein Gitter angeschlossen, das quer zu jener Spule lag, an die das Bildsignal angelegt wurde. Die von einer Hochspannungsquelle gespeiste Anode mit der Öffnung zog den Strahl an. Das Patent zeigt nur einen Satz von Ablenkplatten und deutet einen Zylinder als Fokussierungsinstrument an. Die Patentschrift gibt keinerlei Hinweis darüber, ob die Röhre gasgefüllt oder vom Hochvakuumtyp sein sollte.[20]

Am 10. August 1920 beantragte H. J. van der Bijl von Western Electric ein Patent für eine Vakuumröhre und eine Methode zu ihrem Betrieb. Im wesentlichen handelte es sich dabei um eine Braunsche Röhre mit Heizkathode, die zur leichteren Fokussierung mit einem Edelgas gefüllt war. Sie enthielt einen Glühfaden, dessen Batterie für ein positives Potential zwischen einer Platte und der Kathode sorgte, während eine zweite Batterie ein hohes Potential zwischen der Kathode und der Anode herstellte. Im Inneren der Röhre war ein Satz von Ablenkplatten angebracht; die Ablenkung konnte aber auch durch außerhalb angebrachte Magnetspulen erfolgen. Diese Röhre war die Grundlage des Oszilloskops von Western Electric, das in den nächsten zehn Jahren allgemein gebräuchlich werden sollte.

Van der Bijl erklärte, daß eine reine Elektronenentladung zwei unerwünschte Auswirkungen zeitigte: die räumliche Ausbreitung des Strahls aufgrund der wechselseitigen Abstoßung der Elektronen und die Tendenz zur negativen Aufladung der verschiedenen Bestandteile der Röhre einschließlich des Schirms, wodurch die Leistungsfähigkeit der Röhre beeinträchtigt und ihr Betrieb sogar zum Erliegen kommen könne.

Dieser Antrag wurde von einem gesonderten Patentantrag von J. B. Johnson, ebenfalls von Western Electric, für die Schaltungsanordnung und den Betrieb der Elektronenröhre von van der Bijl begleitet. Der Zweck dieser Röhre, so wurde angegeben, bestand in der Messung und Anzeige von Wellenformen oder Potentialen von Wechselströmen in elektrischen Schaltungen.[21]

Am 18. August 1920 beantragte S. N. Kakurin ein russisches Patent für ein Fernsehsystem. Es beruhte auf Nipkow-Scheiben und beinhaltete Synchronisationsvorrichtungen zur drahtlosen Sendung von Bildern.[22]

Im August 1920 beantragte H. C. Egerton von Western Electric ein Patent für ein Fernsehsystem. Es sah den Einsatz eines einzelnen, in zwei Richtungen schwingenden Spiegels sowohl am Sender als auch am Empfänger vor. Das hervorstechende Merkmal dieses Patents bestand darin, daß es mehr als einen Abtastumlauf pro Einzelbild vorsah, wodurch am Empfänger ein augenscheinlich ruckfreies Laufbild sichtbar gemacht werden sollte, an dem der Betrachter keinerlei Verzögerung oder Flimmern wahrnimmt. Die Patentschrift beschrieb auch Mittel zur Verfüllung der Bereiche zwischen den Abtastzeilen. Es scheint das erste Patent für das zu sein, was später als »Zeilensprungabtastung« zur Beseitigung von Bildflimmern bekannt wurde.[23]

Im Jahr 1920 führte E. F. Seiler eine genaue und ausführliche Untersuchung über die Farbempfindlichkeit von Alkalimetall-Photozellen durch. Dabei fand sie heraus, daß die Wellenlängen für die höchste Empfindlichkeit der Zellen in der-

Vladimir Kosma Zworykin, der von Westinghouse kurz nach seiner Einwanderung aus Rußland im Jahre 1919 angestellt wurde. Diese Photographie entstand um 1911, als Zworykin bei Boris Rosing am St. Petersburger Technologischen Institut Elektrotechnik studierte. Zworykin sollte Rosing, der ihn mit der Idee des Fernsehens mit Elektronenstrahlen vertraut gemacht hatte, später große Ehre machen.

selben Reihenfolge zunahmen wie die Kernladungszahl der Alkalielemente und daß die relative Anzahl maximal freiwerdender Elektronen von Lithium bis Cäsium abnahm. Diese Untersuchung wies auf jene Alkalimetalle hin, deren spektrale Empfindlichkeit (Farbempfindlichkeit) nahe jener des menschlichen Auges lag.[24]

Ein gänzlich neuer Typ von Photozellen wurde im Jahr 1920 von Theodore W. Case vorgestellt. Sie wurde Thallofid-Zelle genannt und bestand aus Thallium, Sauerstoff und Schwefel. Ihre höchste Empfindlichkeit lag bei etwa 10.000 Ångström. Die durchschnittliche Empfindlichkeit dieser Zellen war so hoch, daß der Dunkelwiderstand bei 0,65 Lux um 50 Prozent herabgesetzt wurde.

Im Jahr 1921 beschrieb Case einen weiteren Photozellentyp. Diese Form bestand aus einer Schicht aus Barium oder Strontium auf einer Silberschicht. Die Strontiumzelle wurde als überaus beständig beschrieben; sie soll die gleiche Farbempfindlichkeit aufgewiesen haben wie eine Kaliumhydridzelle.[25]

Die Westinghouse Electric and Manufacturing Company in East Pittsburgh, Pennsylvania, war bei der Gründung der RCA nicht miteinbezogen worden. Diese Gesellschaft hatte die Bildung des General Electric-AT&T-RCA-Konsortiums wachsamen Auges beobachtet und beschlossen, alle nicht von der neuen Gesellschaft kontrollierten Patente zur Elektrotechnik aufzukaufen. Es gelang Westinghouse, einige der Patente von Fessenden und, was noch wichtiger war, am 5. Oktober 1920 auch die Rückkoppelungsschaltung und die Überlagerungsschaltung (Superhet-Schaltung) von Major Edwin Armstrong zu erwerben. Auch einige Patente von Michael Pupin wurden angekauft. Ungefähr zu dieser Zeit im Jahr 1920 stellte Westinghouse Vladimir K. Zworykin an, der erst kurz zuvor aus Rußland angekommen war.[26]

Doch es war die Einführung des Hörfunks in den Vereinigten Staaten, die die Geschicke von Westinghouse verändern sollte. Im August 1920 betrieb Detroit News den Radiosender 8MK. In Wilkensburg, Pennsylvania, wurde ein ähnlicher Sender mit den Rufzeichen 8XK von Frank Conrad von Westinghouse aufgebaut. Seine Sendungen erregten breite Aufmerksamkeit im Sendegebiet, und am 29. September 1920 zog eine Reklamesendung, in der den Hörern von Conrads Sender Bauteile und Werkzeuge zum Bau eines Radioempfängers angeboten wurde, eine Flut von Anfragen nach sich. Dies kam auch H. P. Davis, dem Vizepräsidenten von Westinghouse, zu Ohren. Er fragte Conrad, ob er rechtzeitig zu den Wahlen am 2. November 1920 einen neueren und stärkeren Sender auf dem Westinghouse-Betriebsgelände bauen könne. Dieser Sender wurde errichtet, und das Handelsministerium wies ihm die Rufzeichen KDKA zu. Die Ausstrahlung dieser Wahlberichterstattung wird allgemein als die Geburtsstunde des Hörfunks, wie wir ihn heute kennen, angesehen.[27]

Es lag Ironie in der Tatsache, daß David Sarnoffs Traum von der »Radio-Musicbox« für zuhause von 1916[28] ausgerechnet von Westinghouse, dem Erzrivalen von General Electric und RCA, verwirklicht wurde. Doch Westinghouse sollte sich schon bald mit seinen beiden Gegnern verbünden. Der Krieg hatte die Forschung in der Funktechnik weit vorangetrieben. Die Dreielektrodenvakuumröhre (Triode) wurde jetzt als Verstärker in der Telephonie, der Telegraphie und im drahtlosen Funk eingesetzt. Die Funkübertragung sowohl von Sprache als auch von telegraphischen Signalen war Wirklichkeit geworden. Mit dem Ende des Krieges gingen Tausende von Amateurfunkern wieder auf Sendung und tauschten ihre Botschaften aus.

Kapitel 5

Die frühen Kameraröhren: 1921-1924

Der Erfolg der Westinghouse Electric Company mit ihrem Radiosender KDKA führte dazu, daß sie am 30. Juni 1921 eingeladen wurde, der GE-AT&T-RCA-Allianz beizutreten. Auch der United Fruit Company wurde zu dieser Zeit die Aufnahme in das Bündnis angeboten. Die Eigentumsrechte an der RCA waren folgendermaßen verteilt: General Electric besaß 30 Prozent, Westinghouse 20 Prozent, AT&T 10 Prozent, die United Fruit Company vier Prozent; die restlichen 36 Prozent des Grundkapitals der RCA befanden sich in Streubesitz.[1]

Die erste visuelle Botschaft über den Atlantik wurde am 4. August 1921 vom Radiosender Annapolis zur Redaktion des *Matin* in Paris übertragen. Dabei kam der Apparat von Edouard Belin namens »Telestereograph« zum Einsatz, der bereits zur Übertragung von Photographien zwischen Bordeaux und Paris verwendet wurde. Ursprünglich sollte ein Bild vom Boxkampf zwischen Dempsey und Carpentier transatlantisch übermittelt werden, doch der Apparat traf zu spät ein, weshalb stattdessen schließlich eine handschriftliche Botschaft übertragen wurde.[2]

Am 21. August 1921 beantragte Edvard-Gustav Schoultz aus Paris das erste Patent für ein Fernsehsystem mit einer elektrischen Kameraröhre. Die Röhre bestand aus zwei Teilen. Im ersten Abschnitt sollte mittels eines gewundenen Glühfadens, der an der Achse der Röhre angebracht war, der Elektronenstrahl erzeugt werden. Der zweite Abschnitt bestand aus einem Schirm aus photoelektrischem Material wie Kalium, Thalliumsulfat oder Selen, das unter Lichteinfluß Sekundäremission abgab. Dieser Schirm (e) lag unmittelbar neben einer Anode (a), wobei zwischen dieser und dem Schirm eine relativ hohe Spannung herrschte.

Im Betrieb sollte das Licht von der Szene durch eine Linse (1) auf einen Parabolispiegel (p) fallen, der das Licht auf den Schirm (e) bündelte; auf diesem entstand nun aufgrund der Sekundäremission ein Elektronenbild. Die Abtastung des Schirms durch den Strahl sollte, so erwartete Schoultz, zur Übermittlung schwankender elektrischer Signale zu einem Transformator (t) führen, von dem aus sie weiter an einen Empfänger geleitet werden konnten.

Schoultz schlug die Verwendung spiralförmiger Abtastung vor. Der Patentschrift zufolge war die Empfängerröhre gleich aufgebaut wie die Kameraröhre, mit der Ausnahme des Schirms (e), der hier eine fluoreszierende Anode aus Uransalzen, aus Akalisalzen etc. bildete. Dabei sollten die Schwankungen der Leuchtstärke mittels der gleichfalls schwankenden Signale vom Sender erzielt werden, die den Strahl in der Empfängerröhre modulierten. Es gibt keinen Beleg dafür, daß diese Röhre je gebaut wurde, und von ihrem Erfinder hat man später nie wieder gehört.[3]

Im Jahr 1921 veröffentlichte Marcus J. Martin sein zweites Buch; es trug den Titel »The Electrical Transmission of Photographs«. Dieses Werk war aus zwei Gründen von Bedeutung. Erstens beinhaltete es einen recht umfassenden Überblick über den seinerzeitigen Entwicklungsstand sowohl der Bildtelegraphie als auch des Fernsehens und zweitens enthielt es eine vollständige Beschreibung des Plans eines elektrischen Fernsehens von Campbell Swinton aus dem Jahr 1911. Merkwürdigerweise datiert der Autor diese Idee Campbell Swintons auf den Zeitraum 1914 bis 1915. Jedenfalls war dies die vierte gedruckte und veröffentlichte Erwähnung des Fernsehschemas von Campbell Swinton, was es für jeden Erfinder ab dem Jahr 1921 schwierig machte, zu behaupten, es sei ihm von seiner Existenz nichts bekannt.[4]

In den Vereinigten Staaten hatte der amerikanische Erfinder Charles Francis Jenkins seine Aufmerksamkeit mittlerweile vom Film abgewendet und auf das Fernsehen gerichtet. Bis Mai 1922 hatte er über seine Bemühungen berichtet, (1) einen Filmprojektor, (2) eine Hochgeschwindigkeitskamera, (3) ein Heimfilmsystem mit lithographischen Bildern auf Papierscheiben, (4) ein Stroboskop, mit dem Bewegungen angehalten dargestellt werden konnten, (5) ein Richtgerät zum Ablesen der Geschwindigkeit über Grund in Flugzeugen und (6) Prismenscheiben zur Übertragung von Bildern über Funk herzustellen. Seine prismatischen Ringe wurden in zwei Formen, als Scheibe und als Band, gezeigt.

Am 13. März 1922 beantragte Jenkins sein erstes Patent für die drahtlose Übertragung von Bildern. Es zeigte zwei prismatische Ringe, von denen einer das Licht in eine Richtung, der zweite schließlich in rechtem Winkel zum ersten ablenkte. Am Sender sollten diese beiden Prismen, von denen eines beträchtlich schneller rotierte als das zweite, eine Szene auflösen und ihr Licht auf eine Photozelle werfen.

Der Empfänger, der im wesentlichen gleich aufgebaut war wie der Sender, besaß ein Lichtventil auf der Grundlage des Faraday-Prinzips. Es bestand aus einem Nicolschen Prisma als Polarisator (10, 11) und einem Analysator, der seinerseits aus einer Spule (12) und einer mit Kohlebisulfat gefüllten Zelle (13) zusammengesetzt war; diese Zelle sollte das Licht aus einer Quelle (8) durch die Rotation seiner Polarisationsebene variieren. Das Licht sollte dann auf einen Schirm projiziert werden, der phosphoreszierend oder fluoreszierend sein konnte. Dieses Patent bildete den Anfang von Jenkins' Bemühungen, ein System zur drahtlosen Übertragung von Laufbildern zu vervollkommnen, so ein Bericht aus November 1922. Jenkins beantragte in den folgenden Jahren zahlreiche Zusatzpatente für sein System und begann mit dem Bau betriebsfähiger Geräte.[5]

Ein sehr ungewöhnliches Fernsehpatent wurde von Boris Rtcheoulow am 27. Juni 1922 in Rußland beantragt. Das Patent gliederte sich in zwei Abschnitte. Der erste handelte von einer Kameraröhre auf der Grundlage einer schwingenden Feder im Inneren der Röhre, die unter der Wirkung von Magnetspulen in zwei Richtungen oszillieren sollte. Am äußersten Ende dieser Feder war ein photo-

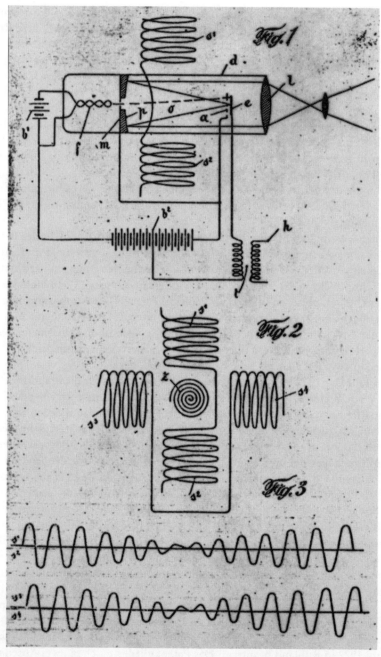

Strichzeichnung aus dem ersten Patent für eine elektrische Kameraröhre, beantragt von Edvard-Gustav Schoultz im Jahr 1921.

elektrisches Element angebracht, das mit der Schwingungsbewegung der Feder die
Szene abtasten sollte.

Die Empfängerröhre war dem Sender insofern sehr ähnlich, als auch sie auf der
Verwendung einer schwingenden Feder beruhte. Hier war an der Spitze dieser
schwingenden Feder ein leuchtendes Element angebracht, das sich in Synchronisation mit der Kameraröhre bewegen, durch deren Signale moduliert werden und
ein Bild auf einem Schirm außerhalb der Röhre erzeugen sollte.

Der zweite Abschnitt des Patents bezog sich auf ein System zur magnetischen
Aufzeichnung von Fernsehbildern. Er beschrieb den Einsatz eines Stahlbandes,
an das die Signale angelegt werden sollten. Dieses Stahlband konnte entweder in
einer Endlosschleife oder von Rolle zu Rolle geführt werden.

Drei Methoden der Aufzeichnung wurden beschrieben. Die erste sah vor, daß
Bild und Ton zunächst auf einem Endlosband aufgezeichnet und anschließend von
einem Zweirollengerät gesendet werden. Ein System von Polschuhen und Spulen
sollte die Signale auf das Stahlband übertragen. Eine ähnliche Anordnung von Pol-
stücken und Spulen sollte das Ablesen der Signale von dem Stahlband ermöglichen. Bei der zweiten Methode sollten die Signale auf einem Zweirollengerät
aufgenommen und anschließend ausgestrahlt werden. Die dritte Methode sah vor,
daß Bild und Ton auf einem Endlosband aufgenommen und anschließend mittels
einer Anzahl von Abnehmerspulen an ein Teilnehmernetz übertragen werden.
Dies war das erste Patent für die Aufnahme und Abspielung eines Fernsehsignals
(mit magnetischen Mitteln).[6]

Im November 1922 erläuterte Nicholas Langer die Arbeit, die in Ungarn für
ein Fernsehsystem verrichtet wurde. Langer hatte selbst bereits an einem Fernsehsystem gearbeitet und sich schließlich Dionys von Mihály in Budapest angeschlossen. In seinem Artikel beschrieb Langer das neue System; von Mihálys
Mitwirkung daran wurde freilich erst später bekannt.

Das Gerät besaß einen schwingenden Spiegel als Sender. Dieser führte zwei Be-
wegungen aus, die erste mit etwa 500 Wiederholungen pro Sekunde auf einer
Achse und die zweite mit etwa 5 Wiederholungen pro Sekunde auf einer zweiten
Achse. Folglich konnten Bilder von etwa 50 Zeilen übertragen werden. Als Licht-
Strom-Wandler war eine hochempfindliche Selenzelle, die auf Frequenzen bis
rund 10.000 Hertz ansprechen sollte, vorgesehen.

Am Empfänger war ein aperiodisches Saitengalvanometer erforderlich. Dieses
bestand aus einem feinen, zwischen den Polen eines starken Elektromagneten auf-
gehängten Platinfaden mit einer kleinen leichten Aluminiumplatte, die an seiner
Mitte befestigt war. Durch diese Platte war ein kleines Loch gebohrt; sie bildete
den Lichtmodulator. Ein Strom, der durch den Faden floß, lenkte diesen im rechten Winkel zu den Kraftlinien aus, wodurch sich die Platte folglich so bewegte,
daß ihr Loch in Abhängigkeit von der Stärke des übertragenen Signals eine
größere oder kleinere Menge Licht durchließ. Das so modulierte Licht fiel weiter
auf einen schwingenden Spiegel ähnlich jenem am Sender, der mit diesem durch
Synchronmotoren im Gleichlauf gehalten wurde. Die Synchronisierung wurde als
der schwierigste Teil des Problems bezeichnet.[7]

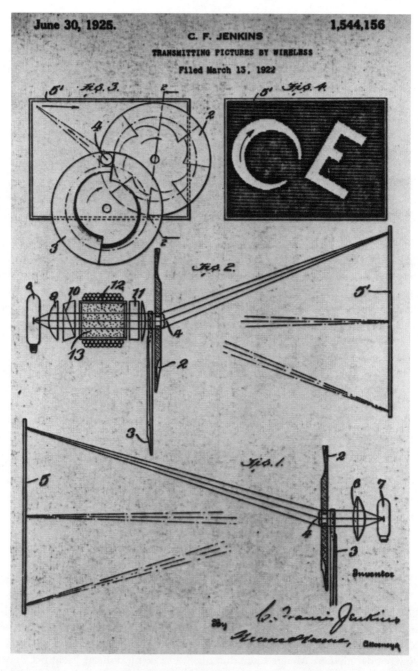

Strichzeichnung aus dem ersten Fernsehpatent von C. F. Jenkins (beantragt 1922).

Am 1. Dezember 1922 gab Edouard Belin an der Pariser Sorbonne eine simulierte Demonstration von drahtlosem Fernsehen. Nach rund 15 Jahren Arbeit an der Übertragung von Einzelbildern über Draht oder Funk hatte Belin seine Aufmerksamkeit nun auf das Problem des Fernsehens gerichtet. Es gelang ihm die Vorführung der drahtlosen Übertragung von Leuchtereignissen, deren Intensität von dunkel bis hell schwankte.

Der Apparat bestand aus einem Sender mit einer Lochscheibe von etwa 30 cm Durchmesser, die als »Zerhackerscheibe« einen Lichtmodulator bildete. Dieser Modulator sollte ein Lichtsignal systematisch unterbrechen, sodaß ein pulsierendes (Wechselstrom-) Signal übertragen wurde. Das Licht einer Punktlichtlampe fiel durch die mit 10 Umdrehungen pro Sekunde rotierende Scheibe durch einen optisch abgestuften Schirm (von transparent bis opak, wie in Belins Bildtelegraphen) auf eine Photozelle, die an eine Funkschaltung mit Rahmenantenne angeschlossen war.

Eine zweite, an einen Tuner und einen Verstärker angeschlossene Rahmenantenne fing das Signal auf. Mit den Intensitätsschwankungen des empfangenen Signals bewegte sich ein Spiegel, wobei seine Auslenkung bei einem starken Signal höher, bei einem schwachen Signal niedriger war. Ein Lichtstrahl wurde von dem Spiegel durch einen zweiten optisch abgestuften Schirm (eine Diamantglasplatte) reflektiert; dieser war so angebracht, daß das Licht bei einem schwachen Signal durch den opaken Teil, bei einem starken Signal hingegen durch den transparenten Teil des Schirms auf eine Leinwand fiel. Auf diese Weise entsprach das Licht am Empfänger stets den Schwankungen des Lichts am Sender. Natürlich fehlten dieser Vorführkonstruktion zwei wichtige Elemente: die Abtastung und die Synchronisation. Deshalb handelte es sich hier nicht um eine Demonstration echten Fernsehens.

Wenn ein einzelner Lichtpunkt übertragen werden konnte, so gab Belin an, dann müßten auch eine Million Punkte übertragbar sein. Er setzte seinen Vortrag mit der Feststellung fort, daß bei einem perfektionierten Apparat dieser Konstruktion das ganze reproduzierte Bild auf dem Schirm tatsächlich aus einer Reihe von dicht beieinander liegenden Zeilen aufgebaut sein würde, die ihrerseits aus einer großen Zahl von Lichtpunkten bestünden. »M. Belin erwartet nicht, daß ein solcher Apparat in allernächster Zukunft hergestellt wird«, so wurde festgehalten, »aber es gibt keine ernsthafte technische Schwierigkeit bei der Art seiner Konstruktion.«[8]

Auch über die Arbeit von Dr. Max Dieckmann wurde im Jahr 1922 berichtet. Während des Krieges hatte Dieckmann das Forschungslabor für Funktelegraphie und Atmosphärische Elektrizität in Gräfelfing bei München geleitet. Dort hatte er versucht, einen Funkapparat zur Übertragung von Bildern von Flugzeugen und/oder Schiffen an Boden- bzw. Landstationen zu perfektionieren.

Dieckmanns Apparat war eine Art von teleautographischem Sender und Rekorder. Er bestand aus einem Zylinder, um den ein Bild aus leitender Tinte gewickelt war. Kam ein Stift in Kontakt mit den leitenden Bildteilen, schloß er einen

Stromkreis, und diese Signale wurden übertragen. Am Empfänger beschriftete ein Schreibstift spezielles Papier und stellte so das Bild wieder her.[9]

Auch die neuere Arbeit von Dr. Arthur Korn wurde besprochen. Er hatte während des Krieges eine Professur an der Berliner Technischen Hochschule innegehabt. Korn hatte einen Apparat gebaut, der eine spezielle Schreibmaschinenmechanik zur Erzeugung von Bildern erforderte. Ein rotierender Zylinder am Sender bündelte das Licht des Bildes auf eine spezielle Selenzelle, von der 18 Drähte zu 18 separaten Empfängerzellen führten. Jede von ihnen konnte nur ihr eigenes Teilsignal empfangen, dessen Stärke der jeweiligen Helligkeit am Sender entsprach. Am Empfänger wurden diese Signale an eine spezielle Schreibmaschine gesendet, die nur jene Zeichen druckte, die der jeweiligen Signalstärke entsprachen. Auf diese Weise sollte am Empfangsapparat ein Abbild des übertragenen Bildes aufgebaut werden.[10]

Am 27. Dezember 1922 beantragte Edouard Belin sein erstes modernes Fernsehpatent. Dieses System beinhaltete eine Methode des Gebrauchs zweier Abtastspiegel, die entlang zweier rechtwinklig zueinander stehenden Achsen in richtiger Abstimmung miteinander und in Bezug auf eine feststehende Photozelle oszillieren.

Am Empfänger sollte eine Lichtquelle durch einen Oszillographen moduliert werden, indem das Licht zu einem Spiegel mit abgestufter Transparenz, durch eine Linse und zu einem weiteren Spiegel geworfen wurde. Dieser Spiegel sollte sich in Synchronisation mit dem vorhergehenden bewegen, damit das übertragene Bild richtig wiederaufgebaut werden konnte. Als Lichtventile erwähnte Belin (1) einen oszillographischen Spiegel, (2) die Verwendung der Braunschen Röhre, (3) einen optisch abgestuften Schirm und (4) das Kerr-Phänomen oder ähnliche Effekte.[11]

Am 29. Dezember 1922 beantragte ein anderer Franzose, Georges Valensi, das erste französische Patent, das eine Fernsehempfangsröhre mit Glühkathode beinhaltete. Am 3. Jänner 1923 beantragte Valensi ein zweites Patent für eine Methode der Übertragung und Synchronisation bei einem Fernsehsystem. Valensi plante, zwei opake synchronisierte Räder mit transparenten Linien als Abtastmittel zu verwenden. Eine dieser Scheiben sollte zwei spiralförmige Kreisbögen aufweisen, während die andere, die mit einer Reihe von kurzen transparenten Abschnitten einer Spirale versehen war, in entgegengesetzter Richtung zur ersten rotieren sollte. Dadurch sollte sollte die Bildabtastung bei einheitlicher Geschwindigkeit und in Sinuswellenform erfolgen. Die Synchronisation sollte ähnlich wie beim Baudotschen Telegraphiesystem erfolgen. Dieses Patent erwähnte auch die Möglichkeit von Farbfernsehen durch den Einsatz von drei Photozellen und drei Elektronenröhren.[12]

Am 23. Jänner 1923 beantragte Dionys von Mihály ein Patent für Verbesserungen eines phototelegraphischen Apparats. Dabei handelte es sich grundsätzlich um das gleiche Gerät, das Langer Ende 1922 beschrieben hatte. Sein Sender enthielt einen oszillographischen Spiegel, der zur Abtastung eines Bildes entlang zweier Achsen schwang, die am besten in einem rechten Winkel zueinander stehen sollten. Dieser Spiegel sollte aufeinanderfolgende Elemente des Bildes auf eine Selenzelle an der Senderstation bzw. Lichtpunkte variierender Helligkeit auf einen Schirm an der Empfängerstation werfen. Der Spiegel wurde in Richtung der Längsachse durch einen angelegten Wechselstrom in Schwingung versetzt. Das Antriebsgestänge wurde durch eine Kurbel bewegt, die ihrerseits an ein stimmgabelgesteuertes Tonrad angeschlossen war. Ein Lichtrelais sollte am Empfänger das auf den Schirm fallende Licht modulieren. Ein tatsächlicher Apparat, bei dem alle diese Prinzipien zur Anwendung kamen, wurde irgendwann gegen Ende des Jahres 1922 gebaut.

Abbildungen des Geräts erschienen in dem Buch *Das Electrische Fernsehen und das Telehor* von Dionys von Mihály mit einer Einführung von Dr. Eugen Nesper. Dies scheint das früheste ausschließlich dem Fernsehen gewidmete Buch zu sein, das veröffentlicht wurde. Es enthielt neben einem hervorragenden Überblick über die Geschichte des Fernsehens auch eine gründliche Beschreibung der gesamten Konstruktion des Apparats von Mihálys. Das Buch zeigte zwar Abbildungen des Geräts, doch wurde später berichtet, daß es aufgrund widriger Umstände in Ungarn nicht getestet werden konnte. Freilich wurde die Hoffnung geäußert, daß die Arbeit bis 1924 fortgesetzt werden könne, damit vollkommen zufriedenstellende Ergebnisse erreicht würden.[13]

Lee De Forest hatte mehrere Jahre lang mit der Aufzeichnung von Ton auf Film experimentiert. Am 13. März 1923 erschien ein Bericht über sein neues Verfahren namens Phonofilm. In Zusammenarbeit mit Theodore W. Case hatte er entsprechende Anlagen hergestellt, und er hoffte, sie in Kinosälen im ganzen Land einzubauen zu können.[14]

Am 18. April 1923 beantragten W. S. Stephenson und G. W. Walton aus London ein Patent, welches die zeilenförmige Abtastung eines Bildes mittels zweier Schlitzscheiben vorsah, die verschiedenartig angeordnet werden konnten, um die richtigen Bewegungen für die Bildabtastung und -reproduktion auszuführen. Dieses Patent unterschied sich insofern von jenem Valensis, als es Mittel zur aufeinanderfolgenden Abtastung beschrieb, d. h. in die gleiche Richtung oder auch zweiseitig gerichtet. Methoden für ein Farbfernsehsystem wurden ebenfalls beschrieben.[15]

Im April 1923 wurde berichtet, daß C. F. Jenkins aus Washington, D. C., mit seinem neuen Apparat mit den prismatischen Ringen erfolgreich eine Einzelphotographie über Funk übertragen habe. Es wurde festgehalten, daß alle anderen Geräte Bilder auf einer zylindrischen Oberfläche verwendeten; die Bilder von Jenkins hingegen würden von einer flachen Oberfläche abkopiert und beim Empfang auf gewöhnliche photographische Platten übertragen. Die Photographien wurden als Diapositive durch die prismatischen Ringe auf eine Photozelle aus Thalliumoxid und Schwefel (die Zelle von Case) projiziert. Vor der Zelle befand sich ein Unterbrecher mit einer Drehzahl von 540 Umdrehungen pro Sekunde. Am Empfänger speiste der modulierte Strom ein spezielles Lichtventil mit einem Wolframwendel. Sender und Empfänger waren durch Stimmgabeln miteinander synchronisiert.[16]

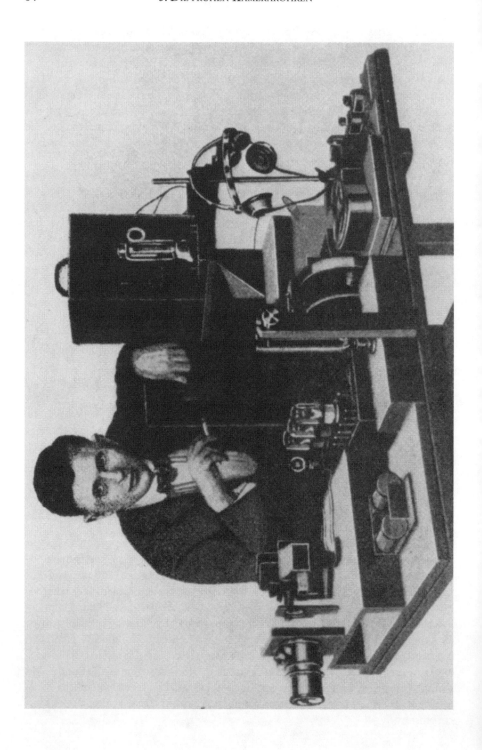

C. F. Jenkins und sein Gerät, 1923/24.

Zu dieser Zeit wurde auch berichtet, daß Jenkins die drahtlose Übertragung eines schemenhaften Bildes einer jungen Frau in sein Labor über eine Entfernung von etwa acht Kilometern gelungen sei. Das Bild ihres von der Sonne beleuchteten Gesichts am Fenster wurde von den prismatischen Ringen abgetastet und auf eine Photozelle geworfen. Übertragen wurde es von seinem Labor in der Connecticut Avenue in das Labor in der 16. Straße vermutlich durch Jenkins' speziellen Funksender.

Am Empfänger baute ein weiterer Satz prismatischer Ringe gemeinsam mit einem besonderen Lichtventil, das bei einer Versorgung mit zwei Volt rot aufglühte, das Bild wieder auf. Später wurde bekannt, daß dieses Lichtventil eigens für Jenkins

Gegenüber: Dionys von Mihály und seine Fernsehanlage.

von D. McFarlan Moore von General Electric hergestellt worden war; veranlaßt wurde dies von L. C. Porter von General Electric Harrison Lamp Works. Zu dieser Zeit genoß Jenkins bei seiner Forschung zur Phototelegraphie und zum Fernsehen sowohl die Dienste von General Electric als auch jene von Westinghouse.

Es gibt keine unabhängige Bestätigung aus einer anderen Quelle für diese drahtlose Übermittlung des Bildes einer Frau durch Jenkins. Später gab er als Datum der Übertragung den 14. Juni 1923 an. Gleichgültig, ob diese Bildübertragung nun live oder von einer Photographie erfolgt war: Sie war die erste drahtlose Fernsehübertragung, über die je berichtet wurde.[17]

Etwa um diese Zeit im Jahr 1923 hatte ein junger Schotte, John Logie Baird, beschlossen, sein Leben der Entwicklung des Fernsehens zu verschreiben. Nachdem er in mehreren anderen Unternehmungen gescheitert war, kam er zu der Überzeugung, daß die Verwendung der Nipkow-Scheibe in Verbindung mit modernen Photozellen und dem glühelektrischen Verstärker ein funktionierendes Fernsehsystem ergeben müsse. Nach mehreren Versuchen im Alleingang suchte er schließlich im Juni 1923 per Inserat in der *London Times* nach Hilfe. Er erhielt Angebote für technische Grundausrüstung und lenkte die Aufmerksamkeit von Wilfried E. L. Day auf sich, einem Filmunternehmer, der in Bairds Vorhaben eine Gelegenheit erblickte, in das neue Gebiet des Fernsehens zu investieren. Mit der finanziellen Unterstützung Days richtete sich Baird in einem Labor in der Frith Street Nr. 22 in London ein.

Baird beantragte sein erstes Fernsehpatent am 26. Juli 1923. Es beinhaltete eine einfache Nipkow-Scheiben-Anordnung am Sender. Am Empfänger sollte das Bild durch reihenweise angeordnete Lampen, die einen Schirm bildeten, sichtbar gemacht werden. Synchron mit der Scheibe am Sender sollte sich am Empfänger ein Kontaktarm bewegen, der über eine Reihe elektrischer Kontakte glitt und so die Schaltkreise der abfolgenden Lampen schloß. Die je nach Signalstärke unterschiedliche Leuchtkraft der Lampen stellte das zu betrachtende Bild her. Dies sollte das erste einer Vielzahl von Patenten zur Herstellung eines betriebsfähigen Fernsehsystems sein, die Baird erwirkte.[18]

Am 15. August 1923 beantragte John H. Hammond jr. aus Gloucester, Massachusetts, ein Patent für ein System und eine Methode des Fernsehens. Dieses Patent beinhaltete Schwarzweiß-, Farb- und stereoskopische Methoden. Es scheint das erste Patent zu sein, das die »Lichtpunktabtastung« lebender Gegenstände beschreibt. Eine Variante erforderte die Projektion eines Lichtstrahls, der durch den Einsatz schwingender Spiegel in einem vorbestimmten Weg über die aufzunehmende Szene wandern sollte. Das Licht wurde dann vom Objekt reflektiert und auf ein photoelektrisches System geworfen. Hier wurde es in elektrische Signale konvertiert, die entweder über Kabel oder über Funk gesendet werden sollten. Das Objekt sollte sich in einem dunklen Raum mit mattschwarzen, lichtabsorbierenden Wänden befinden.

Am Empfänger sollte ein ähnlicher Lichtstrahl durch ein Paar von Nicolschen Prismen, eine Polarisationszelle und ein Linsensystem auf eine Spiegelanordnung ähnlich jener am Sender und synchronisiert mit dieser fallen. Das modulierte Licht

John Logie Baird

wurde dann von den Spiegeln auf einen Sichtschirm geworfen. Es war geplant, 200zeilige Bilder mit einer Frequenz von 16 Einzelbildern pro Sekunde zu senden.

Das Patent beinhaltete auch eine Elektronenröhre mit magnetischer Ablenkung und magnetischer Fokussierung sowie besondere Methoden der Strahlmodulation. Eine Elektrode vor der Anode fokussierte den Strahl auf eine Öffnung in einer Zwischenwand weiter im Röhreninneren. Mit der Variation des Potentials dieser Elektrode wurde der Durchmesser des Strahlenbündels und somit die Intensität seiner Strahlung verändert. Es war geplant, eine Form der Spiralabtastung einzusetzen.[19]

Am 28. November 1923 beantragten J. E. Gardner und H. D. Hineline von der Westinghouse Electric and Manufacturing Company aus Pittsburgh ein Patent für das erste vollelektrische Lichtpunktsystem. Es sah Elektronenröhren sowohl am Sender als auch am Empfänger vor. Ein Film oder ein anderer transparenter Bildträger wurde zwischen dem Röhrenschirm und einem optischen System angebracht, welches das Licht des Bildes auf eine Photozelle bündelte. So wurde das Licht von den aufeinanderfolgenden Bildpunkten moduliert; das entstehende Signal wurde verstärkt und für die Übertragung an das Gitter eines Modulators angelegt.

Am Empfänger wurde das Signal an eine ähnliche Röhre geleitet, in der die Intensität des Strahls durch ein Gitter moduliert wurde. Auf diese Weise wurde das Bild auf dem Schirm der Röhre reproduziert und durch ein optisches System auf einen Sichtschirm geworfen. Dies war ein äußerst wichtiges Patent; es war das erste seit dem Patent Rignouxs aus dem Jahr 1908, das eine Methode mit Elektronenröhren sowohl am Sender- als auch am Empfängerende vorsah.[20]

Am 29. November 1923 beantragte Alexandre Dauvillier aus Paris Patente für die Positionierung und Abtastbewegung des Elektronenstrahls in einer Empfängerröhre in Übereinstimmung mit den Abtastbewegungen an einem Bildgeber. Eine Methode sah die Verwendung einer rotierenden Scheibe vor, die die nötigen Signale, d. h. Ströme proportional zu den Koordinatenänderungen des Strahls in Bezug auf das zu übertragende Bild erzeugen sollte. Eine weitere Methode bestand im Einsatz von zwei Schirmen mit senkrechten Schlitzen, die unter der Wirkung von Schwingungen unterschiedlicher Frequenz entlang zweier Achsen rechtwinklig zueinander verschoben werden. Das deutsche Patent zeigte eine sehr moderne Elektronenröhre mit negativer Gittermodulation zur Steuerung des Elektronenstrahls.[21]

Dauvillier arbeitete seit dem Jahr 1921 in den physikalischen Forschungslaboratorien von Louis de Broglie. Im Oktober 1923 hatte de Broglie eine Schrift vorgelegt, in der er darauf hinwies, daß ein Elektronenstrahl Welleneigenschaften aufweisen sollte, die mit jenen eines harten Röntgenstrahls insofern vergleichbar wären, als die Wellenlänge umgekehrt proportional zur Strahlgeschwindigkeit sei. Der Aufweis dieser Beziehung zwischen Elektronenstrahlung und Lichtstrahlung bildete eine der frühesten Arbeiten zu einem Gebiet, das später als »Elektronenoptik« bekannt werden sollte.[22]

Am 21. Dezember 1923 beantragten W. Rogowski und W. Grosser aus Aachen ein Patent für einen »Glühkathodenoszillographen mit ›Elektronenbündelung‹«. Dieses Patent beschrieb mehrere Methoden der Konzentration von Elektronenstrahlen durch eine Potentialdifferenz zwischen Haupt- und Hilfselektroden. Es hielt fest, daß durch die geeignete Anordnung und Gestalt der Haupt- und Hilfselektroden und/oder Trennwände ein elektrisches Feld erzeugt werde, welches von der Glühkathode aus gegen einen Punkt konvergiere. Diesen Punkt bildete eine Öffnung in einer Trennwand, durch die der größte Teil der Elektronen floß; sie konnten an der Rückseite der Trennwand durch ein magnetisches Feld entlang der Längsache der Röhre wieder gebündelt werden, sodaß ein scharf begrenzter Punkt entstand. Dies scheint das erste Patent zu sein, das sich auf das neue Gebiet der Elektronenoptik bezog.[23]

Am 29. Dezember 1923 beantragte Vladimir K. Zworykin von der Westinghouse Electric and Manufacturing Company aus East Pittsburgh ein Patent für ein vollelektrisches Fernsehsystem. Es beinhaltete mehrere neue Konzepte, von denen der Kameraröhre die größte Bedeutung in diesem Antrag zukam. Dieses Patentgesuch wurde zum Gegenstand zahlreicher Streitverfahren (elf insgesamt) und dadurch auf seinem Weg durch das United States Patent Office vielfach verzögert.

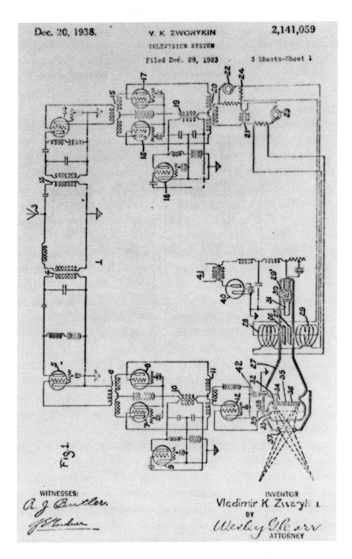

Strichzeichnung aus dem Patent V. K. Zworykins für ein vollelektrisches Fernsehsystem. Dieses Patent, beantragt im Jahr 1923, bildete die Grundlage seiner Bemühungen in den folgenden 15 Jahren.

Zworykin hatte Rußland nach dem Krieg verlassen und war nach vielen Umwegen im Jahr 1919 in den Vereinigten Staaten angekommen. 1920 war er von Westinghouse angestellt worden, um dem Unternehmen bei seiner Bemühung zu helfen, mit der erst jüngst gebildeten Radio Corporation of America gleichzuziehen. Zunächst, so sagt Zworykin, seien seine neuen Ideen bei Westinghouse auf

offene Ohren gestoßen, doch diese Empfänglichkeit habe nicht allzu lange vorge-
halten, sodaß er nach einem Jahr zur C&C Development Company in Kansas
City, Missouri, gewechselt habe. 1923 kehrte er mit einem Abkommen über seine
Fernsehpatente zurück; er behielt bestimmte Rechte über seine früheren Erfindungen ein, während Westinghouse eine exklusive Kaufoption für seine Patente
zu einem späteren Zeitpunkt erwarb.

Zworykins Patentantrag für eine Kameraröhre entsprach in hohem Maße dem
Entwurf Campbell Swintons aus dem Jahr 1911; es unterschied sich gleichwohl
auch von ihm in einem sehr wichtigen Punkt. Während Campbell Swinton nämlich ein Bildwandlermosaik aus Rubidiumwürfeln vorgestellt hatte, präsentierte
Zworykin eine Platte mit einer durchgehenden Schicht aus photoelektrischem Material. Dieser Abschnitt des Patents sollte Zworykin später noch viel Kummer bereiten; er wurde zum Gegenstand eines Rechtsstreits vor einem Billigkeitsgericht
(vgl. Kapitel 8, S. 193f.).

Zworykin beschrieb eine Kameraröhre mit einer Platte aus Aluminiumfolie, die
so dünn sein sollte, daß sie von einem Elektronenstrahl durchdrungen werden
konnte. Diese Platte trug eine Schicht aus Aluminiumoxid, das das photoelektrische Material isolierte. Dieses sollte vorzugsweise Kaliumhydrid sein, welches als
Schicht aufgebracht werden sollte (dieser Aufbau entstammt dem originalen Patentantrag). Die gesamte Röhre sollte bei Niederdruck mit einem Gas wie etwa
Argon gefüllt sein.

Zworykin erklärte den Betrieb der so gestalteten Röhre folgendermaßen: Das
Licht von der Szene verursacht eine Elektronenemission variierender Stärke in Abhängigkeit von der Helligkeit des Objekts. Diese Elektronenemission führt zu
einem Stromfluß zwischen der Schicht und dem Gitter, der durch Ionisierung des
Argondampfes im Röhreninneren verstärkt wird.

Da das Aluminiumoxid als Isolator wirkt, kommt es zu keiner leitenden Verbindung zwischen dem Gitter und der Platte, obwohl das photoelektrische Material Elektronen emittiert. Wenn aber der Strahl die Folie trifft, durchdringt er
sowohl diese als auch das Aluminiumoxid und stellt damit (bei Anwesenheit des
Gases) einen Strompfad her, der für Leitung zwischen der Platte und dem Gitter
sorgt. Die emittierten Elektronen werden dadurch in das Feld geschleudert, das von
einer Batterie erzeugt wird und quer durch den Strompfad des Aluminiumoxids
verläuft. Die Stärke der Emission ist abhängig von der Stärke der Beleuchtung auf
der photoelektrischen Oberfläche. Folglich ist der Stromfluß in der Schaltung abhängig von der Elektronenemission aus der Oberfläche, die vom Elektronenstrahl
getroffen wird. Dieser Stromfluß wird nun verstärkt und wird zum Bildsignal.[24]

Die Frage, ob eine Röhre dieser Art tatsächlich so funktionieren könne, wie
Zworykin es beschrieb, war heftig umstritten. Stark bezweifelt wurde die Fähigkeit des Hochgeschwindigkeitselektronenstrahls, die dünne Folie zu durchdrin-
gen und die photoelektrische Schicht richtig zu entladen.[25] Später sollte Zworykin
behaupten, daß dies nach dem Prinzip der »beschußinduzierten Leitfähigkeit« gelingen würde. (Im Jahr 1931 erzeugte eine Röhre dieses Typs erkennbare Bilder;
vgl. Kapitel 8, S. 194.)[26]

Im Dezember 1923 berichteten zwei unabhängige Autoren bzw. Redakteure, daß sie als Zeugen bei einer Demonstration des »Radio Vision«-Apparats von Jenkins zugegen gewesen seien. Die beiden waren Hugo Gernsback von *Radio News* und Watson Davis von *Popular Radio*. Sie berichteten, daß der Apparat unausgereift und schwerfällig war. Nicht eingesetzt waren die berühmten prismatischen Ringe von Jenkins, die bei der Einzelbildübertragung verwendet worden waren. Stattdessen wurde sowohl am Sender als auch am Empfänger eine Art prismenförmiger Nipkow-Scheibe verwendet, die jeweils 48 Linsen enthielt. Die Scheiben rotierten bei 16 Umdrehungen pro Sekunde oder 960 Umdrehungen pro Minute. Hugo Gernsback behauptete jedenfalls, es sei möglich gewesen, kleine Objekte in den Lichtweg zu legen und sie auf dem Funkempfänger zu sehen. Watson Davis behauptete, er habe Jenkins vor dem Apparat mit der Hand winken gesehen und das Bild der Hand auf dem Schirm erkennen können.

Im Betrieb löste eine spezielle prismenförmige Scheibe das Bild auf; die Bildelemente wurden auf eine Thallofidzelle von Case geworfen. Anschließend wurde das Bildsignal drahtlos übertragen und von einem gewöhnlichen Funkempfänger aufgefangen. Der Empfänger besaß ebenfalls eine motorgetriebene rotierende Scheibe mit Prismengläsern. Eine spezielle Lampe diente als Lichtmodulator. Beide Scheiben wurden vom selben Motor angetrieben, weshalb keine Synchronisationsmittel erforderlich waren. Soweit es bestimmt werden kann, handelte es sich hierbei um die ersten bezeugten Vorführungen drahtlosen Fernsehens, über die je berichtet wurde.[27]

Am 5. Jänner 1924 beantragte Edouard Belin ein Patent für den Einsatz einer Elektronenröhre als Empfänger in einem Fernsehsystem. Am 13. Jänner 1924 wurde seine Aussage zitiert, er werde innerhalb von Jahresfrist Bilder von beweglichen Gegenständen und menschlichen Gesichtern übertragen. Eine modernisierte Version seines Systems von 1922 wurde beschrieben. Belin hatte diesem jetzt rotierende Prismen hinzugefügt, um damit einen Kreis abzutasten. Synchronisationsmethoden wurden nicht erwähnt, da Belin nur daran lag, zu beweisen, daß er überall in dem Kreisbogen Lichttönungen (Halbtöne) reproduzieren konnte. Er verwendete auch eine hochempfindliche Photozelle, die eine Kaliumanode und ein Kathodengitter aus Nickel und Platin besaß und nahezu verzögerungsfrei arbeitete.[28]

Am 15. Jänner 1924 beantragte Edmund E. Fournier d'Albe aus Kingston-on-Thames ein Patent für die telegraphische Übertragung von Einzel- und Laufbildern. D'Albe beabsichtigte, diese Übertragung mit der Hilfe von Resonatoren zustandezubringen, die auf die verschiedenen Lichtfrequenzen abgestimmt waren. Das Bild sollte durch eine Anordnung paralleler Zylinder aufgelöst werden, die jeweils in einem feststehenden Zylinder rotierten, aber eine unterschiedliche Zahl von Sichtperforationen aufwiesen. Es war geplant, die Zylinder bei unterschiedlichen Geschwindigkeiten zu drehen, um einen breiten Frequenzbereich zu erfassen. Die Lichtschwankungen sollten zur Übertragung auf eine einzelne Selenzelle geworfen werden.

Am Empfänger sollte eine ähnliche Anordnung abgestimmter Kontaktzungen die gesondert übertragenen Frequenzen auffangen und an jedem Resonator einen kleinen versilberten Spiegel antreiben, wodurch Licht und Schatten des übertragenen Bildes wiederhergestellt würden. Dies war ein simultanes System, ähnlich jenem von Lux und Ruhmer.[29]

Der russische Erfinder A. A. Tschernischow beantragte am 26. Jänner 1926 ebenfalls ein Patent für eine modifizierte Elektronenröhre für elektronisches Fernsehen.[30]

Am 8. Februar 1924 beantragten die Franzosen Laurent und Augustin Sequin ein Patent, in dem sowohl am Sender als auch am Empfänger Elektronenröhren vorgesehen waren. Bei dieser Konstruktion wurde das Licht der Szene durch einen kleinen Spiegel auf einen Gitterschirm reflektiert, der mit Selen oder eventuell auch mit zwei verschiedenen Metallen, Alkalisalzen oder ähnlichem beschichtet war, sodaß in Abhängigkeit von der jeweils auf einem Teil des Schirms einfallenden Lichtmenge eine schwankende elektrische Ladung entstand. Der Schirm sollte von einem Elektronenstrahl abgetastet werden, sodaß durch Ionisierung ein schwankendes Stromsignal an eine Anode übermittelt wurde, die ihrerseits das Signal aus der Röhre leitete. Eine Abwandlung wurde gezeigt, bei der der Gitterschirm kompakt war und den Strahl zur Auffangplatte umlenkte.

Auch am Empfänger kam ein Elektronenstrahl zum Einsatz, der sich synchron mit jenem am Sender bewegen sollte. Dieser Strahl sollte ähnlich wie im Schema Rosings durch eine Anordnung von Platten entlang des Strahlwegs moduliert werden. Der Strahl produzierte auf einem fluoreszierenden Schirm ein Bild, das über einen Spiegel auf ein Okular reflektiert wurde.[31]

Ebenfalls am 8. Februar 1924 beantragten George J. Blake und Henry D. Spooner aus London ein Patent für ein vollständiges Fernsehsystem. Die Kameraröhre besaß eine mit Selen oder einer ähnlichen Substanz beschichtete Platte. Das Licht der Szene wurde auf diese Platte gelenkt; der Elektronenstrahl traf auf derselben Oberfläche auf. Da der Widerstand jedes einzelnen Punkts von seiner Beleuchtung abhing, wurde erwartet, daß ein schwankender elektrischer Strom zu einem Widerstandselement fließen würde, das über einen Verstärker und einen Modulator an einen Funksender mit ungedämpften Wellen angeschlossen war.

Drei Signale sollten ausgestrahlt werden, von denen zwei die Abtastfrequenzen repräsentierten und die Ablenkspulen am Empfänger versorgten. Das dritte Signal sollte die Intensität des Abtaststrahls der Kaltkathodenröhre mit magnetischem Fokus steuern. Diese magnetische Fokussierung ähnelte jener der englischen Patente 27.570/07 und 5486/11 von Boris Rosing.[32]

Am 17. März 1924 beantragte V. K. Zworykin ein Patent für ein Zweiweg-Fernsehsystem. Dieses Patent baute insofern auf seinem Antrag vom 29. Dezember 1923 auf, als es Kamera und Empfänger zu einer Sende- und Empfangsstation für Bilder und Sprache zusammenfaßte. Diesem Patentantrag, der auf seinem Weg durch die Patentbehörde lange Zeit aufgehalten wurde, folgte am 2. Juni 1931 eine Erneuerung. Dieser Neuantrag enthielt eine Erwähnung über »photoelektrische Kügelchen«, wovon im Originalantrag noch nicht die Rede war.[33]

Ebenfalls am 17. März 1924 beantragte Zworykin ein Patent für eine Lichtquelle mit veränderlicher Leuchtstärke. Diese sollte aus einem luftleer gepumpten Behältnis bestehen, welches Quecksilberdampf bei ionisiertem Milieu enthalten sollte, weiters aus zwei Elektroden, zwischen denen eine Potentialdifferenz herrschte, sowie aus Vorrichtungen zur Variation des Potentialgefälles in dem Abschnitt mit besagter ionisierter Atmosphäre. Zur Zeit dieses Patentantrags dürfte die einzige veränderbare Lichtquelle die Glühlampe von D. McFarlan Moore gewesen sein, die jedoch sehr leuchtschwach war. Deshalb war es für Zworykin wichtig, zur Vervollständigung eines funktionstüchtigen Fernsehsystems eine helle und einfach zu modulierende Lichtquelle zu entwickeln.[34]

Im März 1924 berichtete Nicholas Langer über die erzielten Fortschritte mit dem Fernsehgerät von Mihálys namens »Telehor«. Er gab an, daß die Experimente um die Mitte des Jahres 1923 aufgrund von Materialschwierigkeiten abgebrochen worden seien. Es gibt keine Aufzeichnungen darüber, daß dieses Gerät jemals irgendwelche Bilder erzeugt hätte.[35]

Am 18. März 1924 beantragten Apollinar und Wladislavus Zeitlin aus Berlin das erste deutsche Patent für eine Kameraröhre. Das Licht des Bildes wurde schräg auf eine dünn mit Kalium beschichtete Platte gebündelt. Diese Platte wurde durch eine Batterie auf positivem Potential gehalten, sodaß sie unter Lichteinfall Elektronen emittierte. Die Platte wurde auf der Rückseite von einem Elektronenstrahl abgetastet, wodurch der Großteil der Elektronen neutralisiert wurde; die nicht neutralisierten liefen zu einer Sammelelektrode und wurden zum Bildsignal. Das Patent erwähnt den Gebrauch des Hallwachs-Effekts. Der elektronische Empfänger wies eine spezielle Frequenzteilerröhre zur Entzerrung des Strahls bei seiner Modulation durch das Bildsignal auf.[36]

Am 10. April 1924 beantragte Harold J. McCreary von den Associated Electric Laboratories aus Chicago ein Patent, das eine spezielle Kameraröhre enthielt. McCrearys Patent beschrieb eine photoelektrische Platte aus isolierendem Material, die von einer großen Zahl von Stromleitern durchdrungen war. Das Licht der Szene wurde auf die Vorderseite der Platte projiziert; der Elektronenstrahl tastete ihre Rückseite ab. McCreary hielt die beidseitige Beschichtung der Platte mit Kaliumhydrid, Selen oder einer ähnlichen Substanz für vorteilhaft. Dies war das erste Patent, das eine isolierte Platte (oder ein Target) mit Nadeln oder anderen durch die Platte führenden stromleitenden Elementen beschrieb, deren Vorderseite lichtempfindlich gemacht worden ist, während ihre Rückseite durch einen Elektronenstrahl entladen werden sollte.

Anspruch Drei des Patents sah eine Vielzahl von winzigen in eine Platte eingelagerten Drähten oder Nadeln vor, weiters photoelektrisches Material auf der Bildseite der Platte, Vorrichtungen, einen Elektronenstrahl auf der anderen Seite der Platte auftreffen zu lassen, sowie die Abtastung der Platte durch den Strahl, wodurch die Nadeln sukzessiv an die andere Seite der beschriebenen Schaltung angeschlossen werden. Das Patent verlangte Sinuswellenabtastung, wodurch der Effekt einer Lissajous-Figur entsteht.

Es beinhaltete auch eine Farbversion, die aus drei wie oben beschriebenen Kameras mit geeigneten Farbfiltern bestand, sodaß »Rot-, Blau- und Gelb-« Signale übertragen wurden. Am Empfänger sollten drei Elektronenröhren zum Einsatz kommen, deren Schirmträgeroberflächen mit bestimmten Substanzen (wie Wismutsulfat gemischt mit Kalziumoxid, Antimonoxid gemischt mit Kalziumoxid, Wismutoxid) beschichtet sein sollten, sodaß sie die roten, gelben und blauen Bilder reproduzieren konnten. Die drei Bilder sollten mit der Hilfe von Spiegeln zum Farbbild zusammengefügt werden. Dies war das erste Patent, das eine elektrische Kameraröhre mit »zweiseitigem« Bildwandler und den Einsatz dreier Röhren zur Aufnahme und zum Empfang von Farbbildern vorschlug. Es war wegen seiner innovativen Entwürfe ein höchst wichtiges Patent.[37]

Am 23. April 1924 beantragte C. F. Jenkins ein Patent für eine Verbesserung seines »Radio Vision«-Apparats. Dies bezog sich auf eine Kombination seiner prismatischen Ringe mit einer Linsenscheibe. Die Linsen dürften für die Zeilenabtastung verwendet worden sein, während der prismatische Ring die Bewegung der Scheibe in einer vertikalen Richtung einmal pro Umdrehung auslöste. Die verwendete prismatische Platte bildete eine Abwandlung des prismatischen Ringes in der Form eines Glasringes veränderlicher Dicke.[38]

Im April 1924 beschrieb Campbell Swinton erneut sein vollelektrisches Fernsehschema. Er hatte beschlossen, seine Idee aus dem Jahr 1911 auf den neuesten Stand zu bringen. Wieder räumte er ein, daß er das beschriebene Gerät nie gebaut habe und es sich dabei »nur um eine Idee« handle. Er wies erneut auf die Vorteilhaftigkeit des Verfahrens hin, jede Photozelle unabhängig arbeiten zu lassen, indem man sie einmal in einer Zehntelsekunde in Betrieb setzte, anstatt von ihr die Erzeugung der vielen Tausend von Einzelimpulsen zu fordern, die keine bekannte Form einer Photozelle zuließe. Dies war zweifellos eine Vorwegnahme des »Speicherprinzips«, da es den lichtempfindlichen Einzelelementen (Photozellen) erlaubte, in dem Zeitintervall, in dem der Elektronenstrahl den Rest der photoelektrischen Oberfläche abtastete, eine Ladung aufzubauen. Keines der Nipkow-Scheiben-Systeme, die vorgeschlagen und gebaut worden waren, konnte sein Signal »speichern«; sie alle waren ihrem Betriebsmodus entsprechend »augenblickliche« Systeme; d. h., die hereinkommenden (Licht-) und hinausgehenden (Strom-) Signale waren zeitlich besehen dieselben. Später sollten Kameras vorgeschlagen werden, die entweder Speicher- oder Nichtspeicherfähigkeit aufweisen.

Unter den vielen Verbesserungen, die vorgenommen werden könnten, hielt Campbell Swinton auch jene fest, daß andere, empfindlichere Stoffe Rubidium ersetzen könnten und weiters, daß der Einsatz von Drehwiderständen, die auf Gleichstromquellen wirken, in dieser Anordnung die beiden Elektronenstrahlen veranlassen könnte, sich in parallelen Linien zu bewegen. Er beschrieb die Verwendung einer Glühkathode, um die Betriebsspannung auf 300 bis 500 Volt zu senken, sowie Verbesserungen bei der Strahlbündelung und verbesserte Bildschirme.

In der Besprechung seiner Schrift schloß Campbell Swinton, wie aussichtslos die Aufgabe sei – doch »wenn wir nur eines der großen Forschungslabors bekommen könnten wie jenes der General Electric Company oder der Western Electric Company – einen dieser Leute, die über einen großen, erfahrenen Mitarbeiterstab verfügen und jede Menge Geld für die Unternehmung ausgeben können – ich glaube, sie würden eine Sache wie diese in sechs Monaten erledigen und zu einem guten Ende bringen.« Campbell Swinton lag zwar richtig in der Annahme, daß es

John L. Baird und sein Gerät von 1925, das einfache Umrißbilder übertragen konnte.

die großen Forschungslabors brauchte, um die Aufgabe endlich zu lösen, doch es sollten noch sechs bis sieben Jahre vergehen, bis es zu diesem Abschluß kam. Campbell Swintons Schrift hatte gewaltige Wirkung auf die Geschichte des Fernsehens. Sie spornte sowohl die großen Elektrokonzerne als auch viele unabhängige Erfinder zu großen Anstrengungen an.[39]

Eine der unmittelbaren Folgen dieser Schrift Campbell Swintons bildete ein Artikel von John L. Baird im Mai 1924, in dem er über seine jüngsten Fernsehexperimente berichtete. Sein Apparat konnte nur grobe Umrißbilder übertragen. Baird erklärte, ein weiterentwickeltes Gerät könnte ein bestimmtes Ausmaß an Detail wiedergeben. Seinen Sender bildete die übliche Nipkow-Scheibe mit vier Anordnungen von je fünf gestaffelt am Außenrand angebrachten Löchern. Dahinter befand sich eine gezahnte Scheibe, die mit rund 2000 Umdrehungen pro Minute rotierte und so einen pulsierenden Strom zur Überwindung der Verzögerung der verwendeten einzelnen Selenzelle erzeugte.

Der Empfänger bestand aus einer Scheibe mit Lampen, die ähnlich wie die Löcher an der Senderscheibe gestaffelt am Außenrand angebracht waren. Diese Lampen waren elektrisch an einen Verteiler im Mittelpunkt der Scheibe angeschlossen. Die Scheibe wurde in Synchronisation mit der Senderscheibe gedreht, und das Bild wurde durch das Ein- und Ausgehen der Lampen reproduziert, wobei die Netzhautpersistenz den Eindruck eines gleichzeitigen Leuchtens der Lampen vermittelte. Später wurde berichtet, daß ein Besucher in Bairds Werkstatt in der Lage war, die Umrisse eines »Kreuzes«, eines »H« und die Finger seiner Hand von einem Ende des Labors zum anderen zu erkennen. Dies scheint der erste Artikel Bairds über seine Arbeit zum Fernsehen zu sein.[40]

Am 28. Mai 1924 beantragte D. E. Howes von der Westinghouse Electric and Manufacturing Company ein Patent für die Beschleunigung eines Elektronenstrahls nach seiner Ablenkung. Howes schlug eine Oszillographenröhre vor, in der der Strahl auf den verschiedenen Abschnitten seiner Wegstrecke mit unterschiedlicher Geschwindigkeit laufen sollte. Das Ziel lautete, den Strahlen nacheinander erst eine kleine Beschleunigung zu verleihen, um Elektronenstrahlen niedriger Geschwindigkeit zu erzeugen, sie abzulenken, während sie bei dieser niedrigen Geschwindigkeit laufen, und ihnen anschließend eine starke Beschleunigung zu verleihen um Hochgeschwindigkeitsstrahlen zu erzeugen, sodaß sie schließlich mit dieser hohen Geschwindigkeit auf dem strahlungsempfindlichen Ziel auftreffen. Dies war ein wichtiger Entwurf, weil er die Ablenkung eines Strahls mit einem Minimum an Energie erlaubte und zugleich seine Beschleunigung für starke Bildhelligkeit ermöglichte.[41]

Etwa um diese Zeit im Jahr 1924 begann August Karolus am Physikalischen Institut der Universität Leipzig seine Forschung zum Fernsehen. Er konzentrierte sich zunächst auf die Verwendung einer speziellen Kerr-Zelle mit Nipkow-Scheiben. Ein Patent für dieses Gerät und seinen Schaltungsaufbau beantragte er im Juni 1924.[42]

Eine kurze Geschichte des Fernsehens wurde in *Wireless World* im Juni 1924 von James Strachan vorgelegt. Strachan zollt darin Senlecq Anerkennung für die Erfindung des »Telektroskops«; er geht darauf ein, wie unpraktisch die vielen Mehrleitersysteme seien und hält fest, daß das eigentliche Erfordernis aus einem Einleitersystem mit Synchronisationsvorrichtung bestehe. Er schließt mit einem Hinweis auf die Vorteile des glühelektrischen Verstärkers als Instruments zur Verstärkung kleinster Ströme; schließlich äußert er seine großen Hoffnungen, die er in die »Erfindung« Campbell Swintons setzt.[43]

Am 11. Juli 1924 beantragte Karl C. Randall von der Westinghouse Electric Company ein Patent für ein Überwachungssystem. Aufgebaut auf dem Fernsehsystem Zworykins war es für die Kontrolle des Betriebs elektrischer Anlagen an jeder Umspannstation von einer Zentrale aus konstruiert. Es beschrieb den ursprünglichen Aufbau einer Zworykinschen Kameraröhre mit einer einfachen Schicht eines Alkalimetalls auf einer Schicht von Aluminiumoxid, das seinerseits auf einer dünnen Aluminiumfolie als Träger aufgebracht war.[44]

Im Juli 1924 begann in den Vereinigten Staaten auch Dr. Ernst D. Alexanderson, sich für das Fernsehen zu interessieren. Seine erste Analyse des Problems brachte ihn dazu, die kontinuierliche Übertragung des gesamten Bildfeldes zu befürworten. Dieses Prinzip sollte prägend auf sein späteres Denkens wirken. Er ließ C. A. Hoxie eine einfache Vorrichtung bauen, die aus einer Nipkow-Scheibe mit einer bestimmten Anzahl von Löchern in Verbindung mit einer Photozelle bestand. Eine simulierte Demonstration am 10. Dezember 1924 überzeugte Alexanderson davon, daß ihre Photozelle empfindlich genug für den praktischen Einsatz war.

Zu dieser Zeit versuchte Jenkins, seine Patente an Westinghouse zu verkaufen; sie wurden (gemäß dem Abkommen zwischen den beiden Firmen) an die RCA zur Überprüfung weitergegeben. Alexanderson gab an, einer der frühen Vorführungen von Jenkins etwa zwei Jahre zuvor beigewohnt zu haben; deren Ergebnisse hätten ihn nicht sonderlich beeindruckt. Er war stark bestrebt, Rückgriffe auf die Jenkins-Patente so weit wie möglich zu vermeiden. Der Optik-Ingenieur des General Electric-Teams, Dr. Frank A. Benson, hatte ein sechseckiges rotierendes Prisma entwickelt, das Alexanderson für geeigneter hielt als die prismatischen Ringe von Jenkins; vor allem aber konnte es verwendet werden, ohne gegen die Patentrechte von Jenkins zu verstoßen.

In der Folge wurde ein Apparat mit Benson-Prismen sowohl am Sender als auch am Empfänger gebaut. Er wurde am 17. Jänner 1925 getestet. Das Bild, ein horizontaler Lichtbalken, wurde durch ein rotierendes Benson-Prisma und durch ein Zahnrad, das ein Wechselstromsignal von 1000 Hz erzeugte, geworfen. Dieser Ausgangsstrom wurde verstärkt und an die Station WGY (den GE-Funksender in Schenectady) gesendet.

Das Signal wurde von einem gewöhnlichen Funkempfänger aufgefangen; der Strom wurde zur Steuerung des Spiegels eines normalen Oszillographen verwendet. Der Oszillographenspiegel reflektierte das Licht einer Bogenlampe und warf es durch ein Linsensystem auf eine kleine Öffnung. Von der Öffnung fiel das Licht durch ein zweites Benson-Prisma und wurde auf einen Schirm gebündelt. Es produzierte Lichtpunkte in sechs Spuren quer über den Schirm; allerdings deckten sich zwei davon mit anderen, sodaß nur vier Zeilen auf dem Schirm sichtbar waren. Deshalb konnte nur ein horizontaler Lichbalken gezeigt werden. Der Test wurde von Dr. Benson mit der Hilfe von C. A. Hoxie, Rockwood, Long und anderen überwacht. (Hoxie war der Erfinder des »Pallophotophons«, eines wichtigen Geräts zur Aufzeichnung von Ton auf photographischem Film.)[45]

Ebenfalls um diese Zeit im Jahr 1924 nahm Max Dieckmann in Deutschland seine Fernsehexperimente wieder auf. Am 29. August 1924 beantragte er ein Patent für ein System mit einem einzelnen, in zwei Richtungen beweglichen Spiegel als Abtastinstrument. Diese Bewegung erfolgte mechanisch durch einen schwingenden Trägerarm. Spulen wurden an die Spiegelhalterung angeschlossen, wodurch eine Synchronisationsvorrichtung für den Empfänger gegeben war. Das Licht von der Szene fiel durch eine Linse auf den schwingenden Spiegel und schließlich auf eine Photozelle. Drei Signalsätze sollten übertragen werden. Am Empfänger wurden die beiden Synchronisationssignale an Spulen für die Strahlablenkung am Hals einer Elektronenröhre geschickt. Dieckmann stellte schließlich auch noch eine Kaltkathodenröhre vor, in der ähnlich wie in seinem Gerät von 1909 ein Paar von Ablenkplatten den Strahlmodulator bildete.[46]

Irgendwann im Herbst des Jahres 1924 begann ein junger japanischer Elektroingenieur, Kenjiro Takayanagi, ebenfalls ein Forschungsprogramm über die Möglichkeiten eines Fernsehsystems. Angestellt als Assistenzprofessor an der Hamamatsu

Max Dieckmann

Technical High School, so gab er an, habe er im Jahr 1924 einige Geräte gebaut, darunter auch eine Kameraröhre. Er räumte allerdings ein, daß er damit zu keinen Ergebnissen gekommen sei, weil zu dieser Zeit »unsere Vakuumtechnik dieser Herausforderung nicht gewachsen war«. Danach beschloß er, sich auf die Konstruktion einer funktionierenden Elektronenröhre für den Einsatz im Fernsehen zu konzentrieren.[47]

Am 23. September 1924 beantragte C. A. Hoxie von General Electric ein Patent für Verbesserungen von Methodik und Gerätschaft bei der elektrischen Übertragung von Bildinformation. Das Patent beschrieb Vorrichtungen zur Übertragung von Einzel- und Bewegungsbildern. Das System wies mehrere allgemein bekannte Elemente auf; das erste war ein Lichtzerhacker zur Erzeugung hochfrequenter Wellen veränderlicher Amplitude. Das Patent beschrieb auch die Verwendung gelochter Endlosbänder sowie der üblichen Nipkow-Scheibe.[48]

Im Oktober 1924 berichteten L. T. Jones und H. G. Tasker vom Department of Physics an der University of California über ihre Experimente mit einer Elek-

tronenröhre mit elektrostatischem Fokus. Obwohl sie damit eine gute Strahlbündelung erzielen konnten, bewerteten sie eine solche Glühkathodenröhre als un-
zuverlässigen Oszillographen für externe Felder niedriger Frequenz. Die Klärung
der Frage, ob diese Besonderheit auch bei hohen Ablenkfrequenzen auftreten
würde, sollte einer zukünftigen Studie vorbehalten sein. Die Röhre enthielt eine
beträchtliche Menge an Quecksilberdampf. Der Bündelungsgrad war abhängig
von der Erregerspannung, von der Heizfadentemperatur und möglicherweise von
der Steuerspannung.[49]

Am 1. Dezember 1924 wurde berichtet, daß die RCA ihre ersten Photographien
bildtelegraphisch von London nach New York übertragen habe. Dabei wurde das
neue Bildfunktelegraphiesystem verwendet, das Richard H. Ranger von der RCA
entwickelt hatte. Der komplette Vorgang soll 20 Minuten gedauert haben.[50]

Nur drei Tage später, am 4. Dezember 1924, übertrug C. F. Jenkins eine in japanischer Schrift verfaßte Botschaft vom Sender NOF in Anacostia, Washington,
nach Boston, Massachusetts. Diese Übertragung erfolgte mit Jenkins' Apparat,
von dem er behauptete, er unterscheide sich grundlegend von dem, den die RCA
verwendet hatte. Weitere Tests wurden aufgrund von Signalstörungen und luft-
elektrischen Beeinträchtigungen abgesagt.[51]

Kapitel 6

Die mechanische Ära beginnt: 1925 – 1927

Im Jänner 1925 berichtete John L. Baird über seine Bemühungen, sein Fernseh-system zu verbessern. Er verwendete jetzt an beiden Enden seines Systems Nip-kow-Scheiben. Er setzte zwischen der Abtastscheibe und der Photozelle eine gezahnte Scheibe ein, die einen pulsierenden Strom erzeugte. Darüber hinaus ver-wendete er »reflektiertes« Licht anstelle einer Beleuchtung des Objekts von hin-ten, um detaillierte Bilder statt reiner »Schattenbilder« zu gewinnen.[1]

Im Jänner 1925 hatte die American Telephone and Telegraph Company ihre Entwicklungsarbeit zur Übertragung von Einzelbildern über das Telephonnetz abgeschlossen. Zu dieser Zeit beauftragte H. D. Arnold, der Forschungsdirektor der Bell Telephone Laboratories, Dr. Herbert E. Ives damit, ein Forschungspro-gramm zum Fernsehen zu entwerfen. Dieses sollte zunächst nur die grundsätzli-chen Probleme in Angriff nehmen; die spätere Ausdehnung des Programms auf die Herstellung eines experimentellen Systems war freilich vorgesehen. Dr. Ives hatte bis dahin am Problem von Dünnschichtkathoden für Photozellen sowie an der Übertragung von Einzelbildern gearbeitet.

Am 23. Jänner 1925 legte Dr. Ives in einem Bericht eine allgemeine Analyse des Problems vor. Er ging darin auf die typischen Schwierigkeiten eines mechanischen Systems ein wie etwa die Ansprechempfindlichkeit des Apparats, die zur Übertra-gung notwendigen breiten Frequenzbänder sowie auch das Problem eines modu-lierten Lichtventils, das dem Seher ein Bild ausreichender Helligkeit bieten könnte.

Dr. Ives schlug vor, stark beleuchteten photographischen Film zu verwenden, der von einer einfachen Nipkow-Scheibe mit 50 Löchern und einem Durchmesser von 38 cm bei einer Drehzahl von 1000 Umdrehungen pro Minute abgetastet wer-den sollte. Sender- und Empfängerscheibe sollten von derselben Welle angetrieben werden, um Synchronisationsprobleme auszuschließen. Als lichtempfindliches Ele-ment sollte eine der herkömmlichen Photozellen von Ives zum Einsatz kommen. Das Lichtventil sollte entweder jenes Typs sein, der auch bei der Einzelbildüber-tragung verwendet wurde, oder aber eine kleine Hochvakuumröhre. Als Bildgröße wurden 6,5 cm² veranschlagt.

Ein Etat von 15.000 Dollar wurde genehmigt und zur Verfügung gestellt. Ein ein-faches System wurde im Eilzugstempo gebaut und am 24. Mai 1925 erfolgreich dem Generalpatentanwalt J. G. Roberts vorgeführt. Berichte sprechen von der Übertragung von Bildern »recht guter Auflösung«, die auch die Merkmale eines menschlichen Gesichts erkennen ließen. Jede Bewegung auf dem transparenten Bildträger soll am Empfängerende klar sichtbar gewesen sein. Zu dieser Zeit wurde geplant, die beiden Scheiben durch Synchronmotoren getrennt voneinander anzutreiben.[2]

Am 11. Februar 1925 beantragte Alexandre Dauvillier sein wichtigstes Fernsehpatent. Es war die zweite Ergänzung seines französischen Patents 592.162 aus dem Jahr 1923. Dieser Zusatz beinhaltete ein vollständiges Fernsehsystem einschließlich einer neuartigen Kameraröhre und einer außerordentlich hochentwickelten Bildröhre.

Die Kamera oder Bildaufnahmeröhre wies eine opake Oberfläche (56) auf, die vom Elektronenstrahl abgetastet wurde. Der Schirm bestand aus kleinen kristallinen Quadraten, die durch die Ablagerung strahlenden Materials aus einem glühfadenbeheizten Quecksilberteich (einer flüssigen Kathode) gewonnen wurden. Dieser Schirm wurde am Auftreffpunkt des Elektronenstrahls augenblicklich transparent. Die Durchsichtigkeit wurde durch eine elektrooptische Anordnung zwischen dem Schirm und der Kristallflächenzusammensetzung hervorgerufen, die das elektrische Feld des Elektronenstrahls aufbaute. Der Grad der Durchsichtigkeit an jedem einzelnen Punkt war abhängig von der Lichtmenge, die auf den Schirm fiel. Folglich variierte die Helligkeit der Röhrenoberfläche, wenn sie vom Elektronenstrahl abgetastet wurde. Zur Erzeugung eines Bildsignals wurde hinter dem »Auto-Analyseur«-Schirm eine Photozelle angebracht, deren Ausgangsspannung entsprechend den Helligkeitsänderungen auf der Schirmoberfläche schwankte.

Die Empfängerröhre war für ihre Zeit sehr weit entwickelt. Es war das erste Fernsehpatent mit einer Elektronenröhre, an die drei verschiedene elektrische Felder angelegt werden sollten. Der Elektronenstrahl wurde durch das Ausgangssignal der Photozelle an der Kamera über den Schaltkreis 41 moduliert. Dort steuerte ein erstes, schwaches »Emissionsfeld« den Elektronenfluß zwischen zwei Trennwänden, die als Gitter agierten, ohne die Strahlbündelung (Fokus) zu verändern. Das zweite, das beschleunigende »Feld des großen Bildes« wurde zwischen der hinteren Trennwand und der Hauptanode angelegt, um dem Strahl genügend Energie für seinen Weg durch das Restgas zu verleihen, während er durch die Wirkung der kleinen Wechselfelder abgelenkt wurde, die an die (Abtast-) Platten angelegt waren. Das dritte Feld, das »Helligkeitsstrahlfeld«, wurde schließlich nach der Ablenkung zwischen einem elektrostatischen Schirm und dem Bildschirm aus einem aufgetragenen Metall angelegt. Dadurch wurden Helligkeit und Bündelung des Strahls enorm verstärkt, ohne daß seine Empfindlichkeit gemindert würde. Genau diese drei Merkmale sollten die Elektronenröhre später tauglich für ihren Einsatz im Fernsehen machen. Dennoch blieb dieses Patent aus nicht bekannten Gründen viele Jahre lang im Verborgenen und scheint auf die weitere Entwicklung des Fernsehens zu dieser Zeit sehr wenig Einfluß ausgeübt zu haben. Die zeilenweise Abtastung erfolgte mittels zweier opaker Scheiben ähnlich jenen beim Entwurf von Valensi.[3]

Am 5. April 1925 beantragten Max Dieckmann und Rudolf Hell ein Patent für eine elektrische Kamera. Diese Röhre besaß eine Anode (b), die entweder mit Kalium oder Rubidium beschichtet war. Das Licht von der Szene fiel auf diese Anode

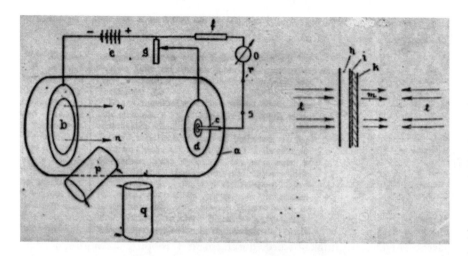

Strichzeichnung aus dem Patent von Max Dieckmann und Rudolf Hell für eine elektrische Kameraröhre (beantragt 1925).

und wurde in Photoelektrizität umgewandelt, die zu einer Platte (d) geleitet wurde. Diese Platte wies eine kleine Öffnung (Anode c) auf, die den Elektronenfluß auffangen sollte. Zwei Gruppen von Magneten sorgten dafür, daß das gesamte Elektronenbild systematisch abgetastet und sequentiell durch die Anode c geführt wurde. Die Auflösung sollte bei rund 500 Zeilen, die Bildrate bei zehn Bildern pro Sekunde liegen.[4]

Diese Methode der Abtastung, bei der das gesamte Ladungsbild durch eine Öffnung geleitet wurde, bildete die Antithese zur Methode von Campbell Swinton, bei der das Ladungsbild stationär blieb und von einem Elektronenstrahl abgetastet wurde. Röhren dieses Typs sollten später »Bildzerlegerröhren« genannt werden. Dieses Patent war das erste dieser Art. Später behauptete Hell, sie hätten eine Röhre solcher Konstruktion tatsächlich gebaut, aber nicht zum Funktionieren bringen können. Zu dieser Zeit arbeitete Dieckmann gerade an einem elektronischen Fernsehsystem, das er im August 1925 vorstellen wollte.[5]

Im April 1925 wurde John L. Bairds einfacher Fernsehapparat drei Wochen lang im Warenhaus der Messrs. Selfridge and Company, Ltd., öffentlich ausgestellt. Die Sender- und die Empfängerscheibe wurden von derselben Welle angetrieben. Das Licht von der Szene wurde von der einfachen Scheibe abgetastet und auf eine Photozelle geworfen. Das Bildsignal wurde drahtlos über eine kurze Entfernung übertragen und von einem Empfänger aufgefangen. Dort wurden die Signale demoduliert und verstärkt; anschließend speisten sie eine Neonröhre, die das Bild durch die rotierende Scheibe wiederaufbaute. Ein Bericht beschrieb die Bilder als »erkennbar, wenn auch ziemlich verschwommen«.[6]

Am 18. April 1925 gab Dr. Fournier d'Albe eine private Vorführung seines Fernsehsystems. Dies erfolgte mit seiner Methode der simultanen Übertragung mehrerer Elemente, indem den einzelnen Bildelementen unterschiedliche Tonfrequenzen zugewiesen wurden. Das Bild des zu übertragenden Objekts wurde auf eine rotierende Lochsirenenscheibe mit 30 konzentrischen Lochringen projiziert. Das Bild aus dieser Scheibe wurde dann wieder auf einen Senderschirm mit 30 kleinen Selentafeln geworfen, sodaß jede Tafel auf einer unterschiedlichen Audiofrequenz dem pulsierenden Licht, das die Scheibe produzierte, ausgesetzt war.

Am Empfänger produzierten 30 zusammengesetzte Resonatoren, von denen jeder auf seinen eigenen Ton ansprach, leuchtende Stellen auf einem Milchglasschirm, wobei jeder ein Element des Originalobjekts sowohl hinsichtlich der Position als auch der Helligkeit reproduzierte. Der *London Times* zufolge »wurden nur grobe Umrisse bewegter Bilder übertragen«.[7]

Am 25. Mai 1925 beantragte Camille A. Sabbah von General Electric in Schenectady drei Patente für Fernsehsysteme. Sie zeigten drei grundlegende Versionen von Kameraröhren.

Der erste Patentantrag sah eine transparente Platte vor, die mit einer dünnen halbdurchlässigen Schicht aus einer photoelektrischen Substanz wie Cäsium, Natrium oder Kalium überzogen sein sollte, sodaß die Zahl der reflektierten Elektronen an einem Punkt, auf den der Elektronenstrahl gerichtet wurde, mit der Beleuchtungstärke an eben diesem Punkt schwankte. Sabbah hielt fest, daß zum Herausschlagen eines Elektrons der Widerstand der photoelektrischen Schicht unterhalb jener Zeitdauer liegen müsse, die die Platte benötigte, um die Elektronen wegzuleiten. Eine Substanz mit beträchtlichem Widerstand ist erforderlich, damit genug Zeit für die Reflexion der Elektronen unter der Wirkung der Lichtquanten zur Verfügung steht, bevor sie auf andere Bereiche der Schicht abgeleitet werden (Seitenableitung). Gleichzeitig muß die Schicht aber leitfähig genug sein, keine Ladung über einen Zeitraum beizubehalten und aufzuhäufen, der größer ist als die Zeitdauer, in der der Elektronenstrahl das Bild einmal abtastet. Eine Filmschicht aus beliebigem leitenden Metall kann hergestellt werden, indem man die gewünschte Dicke hinreichend gering hält. Dieses Patent umfaßte sowohl spiral- als auch sinuswellenförmige (zeilenweise) Abtastung.

Sabbahs zweites Patent betraf eine Platte mit photoelektrischem Material, auf der eine große Anzahl kleiner Stromleiter ein Gitter bildet. Die Trägerplatte bestand aus Glas, auf dessen Rückseite eine dünne Schicht aus einer Substanz aufgebracht war, deren Widerstand sich unter Lichteinfluß deutlich änderte wie etwa Thalliumsulfat oder Molybdänglanz; diese Schicht sollte auf das Glas aufgeschmolzen werden. Sie hat eine polierte Oberfläche mit dicht aneinanderliegenden metallischen Linien. Zwischen diesen Linien befinden sich auf der Glasplatte Reihen von Löchern, die mit Silber oder einem anderen geeigneten Metall gefüllt sind und so leitende, durch das Glas hindurchgehende Pfropfen bilden, die ihrerseits eine Verbindung zwischen der Schicht und der gegenüberliegenden Seite der Platte herstellen.

Das dritte Patent beschrieb zwei perforierte Platten, deren kleine, dicht gedrängte Löcher aufeinander ausgerichtet waren. Sabbah hielt fest, daß die Innenwände der Röhre abhängig vom Beleuchtungsgrad unterschiedliche Ladungen anhäuften. Folglich würde die dem Bild nähergelegene Platte weniger Strom lie-

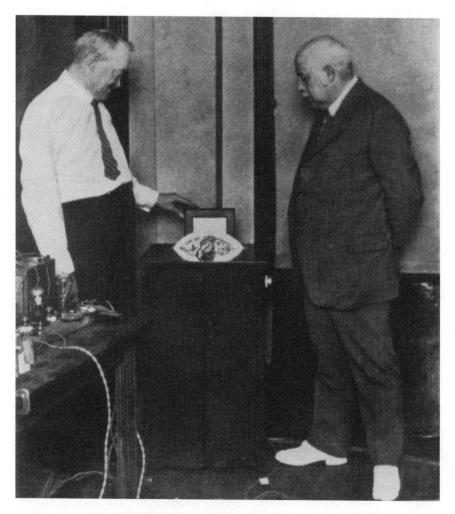

C. F. Jenkins (links) und Dr. George M. Burgess untersuchen das Fernsehgerät
von Jenkins bei der Vorführung am 13. Juni 1925.

fern als die vom Bild entfernt gelegene. Sabbah plante, beide Platten an die Rück-
stromleitung anzuschließen und so das zu verstärkende Signal zu übermitteln. Es
gibt keinerlei Aufzeichnungen darüber, daß derartige Röhren je gebaut oder betrieben worden wären. Auch gibt es keine Hinweise darauf, daß Sabbah jemals an
einem der Fernsehexperimente von Alexanderson teilgenommen hätte, obwohl
gelegentlich für Patentanträge sein Rat eingeholt wurde.[8]

Am 13. Juni 1925 führte Charles Francis Jenkins sein Fernsehsystem erneut vor.
Über diese Demonstration berichteten Zeitungen in ganz Amerika. Jenkins übertrug ein Umrißbild einer langsam sich drehenden Windmühle von der Navy-

Funkstation NOF in Anacostia an sein Labor in Washington, D. C. Zeugen der Vorführung waren Georges M. Burgess, Direktor des United States Bureau of Standards, A. Hoyt Taylor, Anwalt des Handelsministeriums und unter Minister Herbert Hoover zuständig für Funkwesen, sowie D. McFarlan Moore.

Den Bildgeber bildete die Prismenkonstruktion, die Jenkins entwickelt hatte. Am Empfänger sorgte eine Linsenscheibe für die Zeilenabtastung und ein bei geringer Drehzahl rotierender prismatischer Ring für die langsamere Einzelbildabtastung. Als Lichtventil diente die Glimmlampe, die D. McFarlan Moore erfunden hatte. Jenkins behauptete, die Übermittlung von Bildern von einem Filmprojektor an einen Funkempfänger mit einem kleinen Schirm sei ihm bereits am 31. März 1925 gelungen.

Am 12. August 1925 berichtete Jenkins, daß er in der Lage sei, Umrißbilder von Filmen über eine Distanz von knapp neun Kilometern von seinem Labor in Washington, D. C., in sein Haus zu übertragen. Das Fernsehsystem von Jenkins konnte noch mehrere Jahre lang nicht mehr als Umrißbilder vermitteln.[9]

Das Fernsehprojekt von Dr. Herbert E. Ives bei AT&T machte gute Fortschritte. Zu den enormen Geldmitteln der Bell Telephone Laboratories kam die Tatsache, daß Dr. Ives mit einem überaus fähigen Stab zusammenarbeitete. Diesem gehörten unter anderen Frank Gray, John R. Hofele, Robert C. Mathes und Ralph V. L. Hartley an.

Am 15. Juni 1925 berichtete Frank Gray, daß »Photographien von Personen so gut übertragen wurden, daß sie am Empfängerende ganz leicht wiederzuerkennen waren«. Am selben Tag beschrieb er eine neue Methode zur Übertragung von Bildern. Er schlug vor, »einen Punkt starken Lichts auf irgendeine regelmäßige Weise, etwa in einer Abfolge paralleler Zeilen, über das Subjekt wandern zu lassen; dieser Punkt allein soll die Abtastvorrichtung bilden«. Dieser Gedanke bedeutete die Verwendung der »Lichtpunkt«- oder »Lichtstrahl«-Abtastung.

Dieses revolutionäre Schema wurde rasch, bis zum 23. Juni 1925, so adaptiert, daß es sich beim Filmprojektor anwenden ließ, und Gray berichtete, daß »die Helligkeit an der Scheibe stärker als bei der zuvor verwendeten Anordnung ist und offensichtlich genug Licht für die Übertragung von Filmbildern liefert«. Am 26. Juni 1925 schlug Gray die Verwendung dieser Abtastmethode mit starkem Punktlicht bei lebenden Subjekten vor; dabei, so Gray, würde es zu keinerlei Verletzungen oder Unannehmlichkeiten kommen.[10]

Am 25. Juni 1925 beantragte Boris Rosing ein Patent für eine weiterentwickelte Form einer Elektronenröhre. Dem Anschein nach wies sie eine lange Magnetspule auf, mit der der Strahl gebündelt und so die nötige Fokussierung erzielt werden sollte. Diese Bündelung war kombiniert mit magnetischer Ablenkung durch lange Ablenkplatten. Einem späteren Bericht zufolge soll Rosing im Jahr 1924 ein Labor in Leningrad zur Verfügung gestellt worden sein, wo er seine Forschung zum elektrischen Fernsehen fortsetzte.[11]

Am 10. Juli 1925 berichteten die Bell Telephone Laboratories über ihre erste Übertragung von Filmbildern mit ihrer neuen Fernsehanlage. Diese Bilder sollen nach nur wenigen Wochen Arbeit mehr Detail aufgewiesen haben als die zuvor übertragenen Standbilder. Was noch zu lösen verblieb, war die Synchronisation der Filmkamera mit der Abtastscheibe, wobei die vollständige Lochspirale auf sieben Achtel des Scheibenumfangs angebracht war und das restliche Achtel als Segmentblende für den Filmtransport diente.

Dr. Ives machte am 10. Juli 1925 darüber hinaus einen ganz neuartigen Vorschlag. Er erblickte im photographischen Film ein Mittel zur »chemischen Verstärkung«, wobei der Film belichtet, rasch entwickelt und in kürzester Zeit mit nur wenigen Sekunden Verzögerung durch den Abtastprojektor geführt werden sollte. Ives hielt dies für die praktischeste Methode zur Steigerung der Lichtausbeute am Senderende.

Ein ähnliches Verfahren wurde für den Empfänger vorgeschlagen, wobei das empfangene Bild photographiert, sehr rasch entwickelt und dann projiziert werden sollte. Hand in Hand damit ging auch ein Vorschlag zur Aufzeichnung des Tons auf demselben Film, um ihn in Synchronisation mit dem Bild zu halten. Diese Methode wurde später als »Zwischenfilmverfahren« bekannt.[12]

Am 13. Juli 1925 beantragte V. K. Zworykin von der Westinghouse Electric and Manufacturing Company ein Patent für ein Farbfernsehsystem. Diese weiterentwickelte, auf seinem (noch immer anhängigen) Patent von 1923 beruhende Version wies zwei wichtige neue Merkmale auf.

Erstens war ein zusätzlicher bildzerlegender Schirm des Paget-Typs zwischen zwei Linsen angebracht, die das von ihm kommende Bild auf die photoelektrische Platte bündeln sollten. Dieser Schirm bestand aus kleinen Quadraten dreier Farben: Rot, Blau und Grün. Der Anspruch lautete, daß jede Farbe von diesem Schirm so absorbiert würde, daß das auf dem photoelektrischen Material auftreffende Licht entsprechend der Zusammensetzung der Filterelemente des Analyseschirms mosaikförmig in seine Farben zerlegt sei. Wurde ein ähnlicher Schirm vor der Bildwiedergaberöhre angebracht, sollte die Szene in ihren natürlichen Farben reproduziert werden.

Das zweite und wesentlich wichtigere Merkmal des Patents betraf die Gestalt und die Herstellung der photoelektrischen Platte. Das photoelektrische Material wie etwa Kaliumhydrid sollte auf das Aluminiumoxid oder ein anderes isolierendes Material aufgedampft und so behandelt werden, daß es eine Kolloidschicht aus Kaliumhydrid in Form winziger Kügelchen bildet. Jedes Kügelchen ist photoelektrisch hochaktiv und bildet praktisch *eine winzige Photozelle*. Das Patent hielt auch fest, daß der Schirm ein feines Sieb (mit 300 Maschen) sein könne. Die britische Version dieses Patents erwähnte sowohl eine dünne Aluminiumfolie als auch ein Sieb als Träger. Hierbei handelte es sich um wichtige Änderungen, die Zworykin auch bald seinem Patentantrag aus dem Jahr 1923 hinzuzufügen versuchte. Die Einführung eines Maschensiebs als Träger räumte alle Probleme im Zusammenhang mit der Durchdringung einer dünnen Aluminiumfolie durch einen Elektronenstrahl aus. Der Wechsel von einer durchgängigen Schicht zu einem Mosaik aus Kügelchen beseitigte darüber hinaus das Problem der Seitenableitung quer über die Signalplatte.[13]

Am 2. Oktober 1925 beantragte Zworykin einen Zusatz zu seinem Patent aus dem Jahr 1923; in diesem Zusatz führte er aus, daß »das photoelektrische Material vorzugsweise Kaliumhydrid sein soll, welches so aufgebracht werden soll, daß es kleine Kügelchen bildet, die von ihren Nachbarn getrennt und durch das Aluminiumoxid von ihnen isoliert sind«. Dieser Zusatz sollte den Patentantrag für die nächsten 13 Jahre auf Eis legen und Dr. Zworykin viel Ärger einbringen. Die US-Patentbehörde entschied nämlich, daß es sich dabei um »neues Material« handle und der Zusatz daher einen unzulässigen Eingriff in den bestehenden Patentantrag bilde.[14] Der Antrag für ein Farbfernsehsystem vom Juli 1925 hingegen stieß auf keine Schwierigkeiten; ihm wurde im Jahr 1927 in Großbritannien und im Jahr 1928 in den Vereinigten Staaten stattgegeben.

Es gibt Beweise, daß Dr. Zworykin im Zeitraum 1924 bis 1925 ein Fernsehsystem tatsächlich gebaut und betrieben hat. Sowohl am Sender als auch am Empfänger kamen dabei Elektronenröhren zum Einsatz. Die Empfängerröhre soll aus Bestandteilen eines Elektronenstrahloszilloskops von Western Electric zusammengesetzt gewesen sein und durchaus zufriedenstellende Ergebnisse erbracht haben.[15]

Die Senderröhre war von außergewöhnlicher Konstruktion und bescherte beträchtlich mehr Schwierigkeiten, »besonders im Aufbau der Trennwand zwischen der Elektronenröhre und der Photozelle. Diese Wand bestand aus einer Metallfläche mit einer isolierenden Schicht und darauf aufgebrachter photoelektrischer Substanz. Glasfasergewebe lieferte die vielversprechendsten Ergebnisse, abgesehen vom Problem elektrischer Ableitung aufgrund der Abdichtung der Röhre. Gewebe aus Quartz- oder Pyrex-Glas wäre besser geeignet, doch es konnte kein Hersteller gefunden werden, der dies liefern könnte«.[16]

Etwa um diese Zeit (der genaue Zeitpunkt ist nach wie vor umstritten) gab Dr. Zworykin eine Vorführung dieses neuen Systems vor einer Gruppe führender Westinghouse-Manager. Dieser gehörten Harry P. Davis (Vizepräsident von Westinghouse), Sam M. Kintner (Leiter der Forschungslaboratorien) sowie Otto S. Schairer (Direktor der Patentabteilung) an. Zworykin selbst beschrieb diese Vorführung als völlig mißlungen. »Die Abtastrate war gering und das ›Bild‹ bloß ein X-förmiges Zeichen. Das vorgeführte System war eindeutig weit davon entfernt, ein brauchbares Fernsehsystem abzugeben.«[17] Deshalb »wurde die Arbeit daran vorübergehend unterbrochen, um die Weiterentwicklung der mechanischen Methode der Bildübertragung, an der ebenfalls nach wie vor gearbeitet wurde, voranzutreiben«.[18]

Niemals hat Dr. Zworykin behauptet, daß diese Vorführung ein Erfolg gewesen sei. In der Tat traf das Gegenteil zu; seine Arbeitgeber verließen den Ort der Demonstration mit Ermahnungen, er möge seine Bemühungen gefälligst »etwas nützlicherem« widmen. Er wurde angewiesen, das Fernsehen zu vergessen und besser an Photozellen, Tonfilmverfahren oder etwas anderem mit einträglicheren wirtschaftlichen Aussichten zu arbeiten. Im darauffolgenden Jahr beschäftigte sich Dr. Zworykin tatsächlich mit der photographischen Tonaufzeichnung. Doch dieser erste Fehlschlag schreckte ihn keineswegs ab. Während er seine volle Arbeitszeit mit anderweitigen Bemühungen verbrachte, setzte er seine Forschung zum Fernsehen nebenher fort.

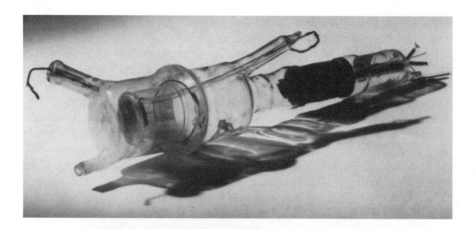

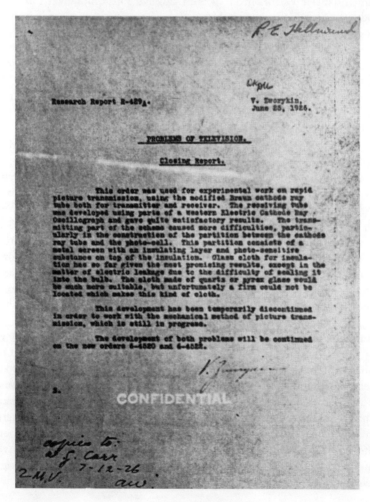

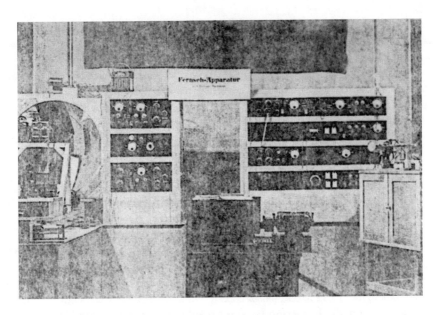

*Das elektronische Gerät von Max Dieckmann, 1925. Es wurde im August dieses
Jahres auf der Münchner Verkehrsausstellung gezeigt.*

Die bei dieser erfolglosen Vorführung verwendete Kamera überlebte bis zum heutigen Tag; gleichwohl wurde sie in keinem der Patentstreite und Prozesse hergezeigt. Nur Dr. Zworykins Zeugen bestätigten, das Gerät gesehen zu haben. Unklar ist bis heute, ob es tatsächlich dasselbe Exemplar ist, das unter den von Zworykin angegebenen Bedingungen betrieben wurde. Soviel freilich ist sicher: Es ist tatsächlich die allererste elektronische Kameraröhre, die je gebaut und betrieben wurde.[19]

Vom 18. bis zum 19. August 1925 zeigte Max Dieckmann auf der Münchner Verkehrsausstellung seine Fernsehanlage der Öffentlichkeit. Der Sender wies einen großen Parabolspiegel auf, der das Licht des von einer starken Lichtquelle beleuchteten Objekts auffing. Dieses Licht wurde auf einen oszillographischen Spiegel reflektiert und von dort durch eine Öffnung auf eine große Photozelle des von Elster und Geitel entwickelten Typs geworfen. Die Spiegelbewegung erfolgte durch den in Dieckmanns Patentantrag vom August 1924 beschriebenen Mechanismus.

Am Empfänger wurden die Signale an eine Kaltkathodenröhre gesendet, die Dieckmanns älterer Röhre von 1909 insofern ähnelte, als auch bei ihr die Modulation des Strahls durch zwei kapazitive Platten erfolgte, die der Strahl durch eine Öffnung passierte. Der Strahl wurde durch zwei Anordnungen von Magnetspulen bei Sinuswellenabtastung mit 500 beziehungsweise 10 Hz abgelenkt. Dieses

Gegenüber, oben: Die erste Kameraröhre Zworykins, um 1924/25.
Unten: Zworykins Laborbericht vom 25. Juni 1926.

Gerät soll einfache Umrißbilder von Objekten in Bewegung übertragen haben können; freilich gibt es keine Beweise dafür, daß es auf der Ausstellung *tatsächlich betrieben* wurde.[20]

Theodore W. Case, der eng mit Lee De Forest an der Entwicklung des Tonfilms zusammengearbeitet hatte, wandte sich ebenfalls dem Fernsehen zu. Am 25. August 1925 beantragte Case ein Patent für eine Methode und einen Apparat für die Übertragung von Bildern. Dieses Patent beinhaltete eine Kamera mit einer Schicht eines opaken oder halbdurchlässigen Materials aus einem leitenden lichtelektrischen Stoff wie etwa Kalium oder einer anderen Substanz, die unter Lichteinfluß Elektronen emittiert. Die Röhre sollte gasgefüllt sein, um das Auseinanderlaufen des Strahls zu verhindern. Das Bild sollte auf die photoelektrische Schicht fokussiert werden; war diese halbdurchlässig, so der Patentantrag, dann könne das Bild durch die Schicht hindurch projiziert werden, war sie hingegen opak, so sollte das zu übertragende Bild mittels einer Linse auf die Oberfläche des Kaliums oder eben einer anderen photoelektrischen Beschichtung gebündelt werden, und zwar auf der der Elektronenkanone zugewandten Seite.

Dies war das erste amerikanische Patent, das eine Schicht aufwies, auf der sowohl das Licht von der Szene als auch der Elektronenstrahl auftraf. Case erwähnte den Einsatz von Wechselstrom für die Ablenkvorgänge und schlug eine Auflösung von 600 Zeilen bei einer Bildrate von 10 Bildern pro Sekunde vor.[21]

Bis zum 23. Oktober 1925 hatte die General Electric Company die verschiedenen Möglichkeiten zur Herstellung eines funktionstüchtigen Fernsehsystem sorgfältig geprüft. Zwei Methoden waren getestet worden: eine rotierende Abtastscheibe mit einer Lampe von D. McFarlan Moore zur Lichtsteuerung und ein rotierendes Prisma zur Abtastung mit einem Oszillographen zur Lichtsteuerung.

Vier Abtastmethoden wurden von Dr. Alexanderson erörtert: (a) rotierende Prismen, (b) rotierende Linsen, (c) schwingende Spiegel und (d) der Elektronenstrahloszillograph. Das rotierende Prisma sollte in der Bildtelegraphie und allgemein in einem Fernsehsystem, rotierende Spiegel hingegen für Großbildfernsehen und oszillierende Spiegel für Amateurfernsehen eingesetzt werden. Am 31. Oktober 1925 schlug Dr. Ernst Alexanderson erstmals ein »Mehrstrahl«-Verfahren vor. Darüber hinaus erwies sich zu dieser Zeit eine Prüfung des Lichtventils von August Karolus (die Kerr-Zelle) als derart erfolgreich, daß Dr. Alexanderson ihren Ankauf um etwa 200.000 Dollar empfahl.[22]

Das Fernsehprojekt der Bell Telephone Laboratories unter Dr. Herbert E. Ives machte ausgezeichnete Fortschritte. Am 2. November 1925 hatte Frank Gray aus einem plötzlichen Einfall heraus am Empfänger die Gleichstromkomponente (den Helligkeitswert des Bildhintergrundes) wiedereingefügt. Durch diesen wichtigen Schritt wurde es möglich, Fernsehbilder mit der vollständigen Abstufung ihrer Tönungen zu empfangen.[23] Und am 30. November 1925 wurden (innerhalb des Gebäudes) Bildsignale auf einer Wellenlänge von 200 Metern mit gutem Erfolg drahtlos übertragen. Zu dieser Zeit waren bereits Synchronmotoren besorgt und der Filmprojektor mit der Abtastscheibe synchronisiert worden. Alle Experimente wurden so durchgeführt, daß sich Sender und Empfänger jeweils in unterschiedlichen Bereichen des Labors befanden. Zusätzlich war eine Neonglimmlampe mit flacher Kathode entwickelt worden, die den rechteckigen Abtastbereich der Scheiben voll ausleuchtete und so mehreren Zusehern gleichzeitig das Betrachten des Bildes ermöglichte.[24]

Im November 1925 beantragten russische Erfinder weitere Fernsehpatente. Am 8. November 1925 reichten Boris Grabovsky, Popow und Piskunow einen Patentantrag für ein Fernsehsystem ein, das den Grundsätzen Campbell Swintons entsprach. Die in diesem Antrag vorgesehene Kameraröhre allerdings sah anstelle der metallischen Würfel bei Campbell Swinton ein kontinuierliches Mosaik vor. Ein ähnliches Patent beantragte am 28. November 1925 auch A. A. Tschernischow.[25]

Im Dezember 1925 beschrieben W. Rogowski und W. Grosser vom Institut für Elektrotechnik der Technischen Hochschule Aachen einen neuen Elektronenstrahloszillographen mit sehr hellem Lichtpunkt. Der Artikel erörterte die verschiedenen Methoden der Strahlbündelung. Rogowskis und Grossers Röhre besaß eine Hilfselektrode und darüber hinaus eine konzentrische Spule außerhalb der Röhre zur Bündelung des Strahls, wodurch ein besonders heller Lichtpunkt auf dem Schirm enstand.

Diese Röhre war ein Hochvakuumtyp (ohne Restgas). Strahlscharfstellung und -ablenkung erfolgten magnetisch. Außerdem bestand der Schirm aus einem speziellen Material, das kein Gas abgab. Die lange Röhre sollte den Strahl frei von elektrischen Ladungen aus den Glaswänden halten. Es sollen Photographien der Röhre bei Betriebsfrequenzen von bis zu 100.000 Hz aufgenommen worden sein. Dies scheint die erste je gebaute und betriebene Hochvakuumoszillographenröhre mit magnetischem Fokus zu sein.[26] Doch bei allen offensichtlichen Vorteilen dieser neuen Röhre war die Röhre mit Gasfokus von Western Electric wahrscheinlich beständiger und gleichmäßiger im Betrieb und blieb die am meisten verwendete Oszillographenröhre.

Am 18. Dezember 1925 wurde berichtet, daß Prof. E. Belin ein Gerät vorgeführt habe, von dem man sich den Beweis erwartete, daß das Prinzip des Fernsehens gefunden sei. Doch eigentlich handelte es sich dabei nur um eine Konstruktion mit einer Spiegeltrommel, die zusätzlich zu ihrer Rotation auch schwingende Bewegungen ausführte und so ein Bild abtastete. Es waren keinerlei elektrischen Bestandteile vorgesehen. Dies war eigentlich nur eine Simulation davon, wie sich Belin die Übertragung eines Fernsehbildes vorstellte: durch die Ersetzung eines der Spiegel durch eine Photozelle (wobei nicht weiter ausgeführt wurde, wie das Bild reproduziert werden sollte).[27]

Am 20. Jänner 1926 beantragte J. L. Baird ein britisches Patent für die »Lichtpunkt«-Methode der Fernsehbildabtastung (die umgekehrte Beleuchtungsanordnung von Rignoux).[28] Es ist nicht bekannt, wann Baird auf diesen Einfall gekommen ist. Doch wie die meisten Erfinder war er wahrscheinlich mit früheren Entwicklungen vertraut. Baird war zu dieser Zeit mit seiner groben und wenig ansprechempfindlichen Gerätschaft bereits an die Grenzen des damit Möglichen gelangt. Indem er wie Dr. Gray von den Bell Telephone Labs den Abtastvorgang umkehrte, erzielte er die Ergebnisse, die er angestrebt hatte. Durch die Abtastung der Szene mit einem konzentrierten Lichtstrahl *durch* die Nipkow-Scheibe hindurch gelang ihm die Gewinnung seiner ersten »wirklichen« Bilder, d. h. Bilder mit Halbtönen.

Alle vorliegenden Beweise deuten darauf hin, daß er diese Methode zum erstenmal am 2. Oktober 1925 für die Abtastung eines realen Objekts (seiner Bauchrednerpuppe »Bill«) und eines jungen Büroburschen (William Taynton) verwendet hatte. Baird hatte kein Interesse am photographischen Film (nicht einmal für experimentelle Zwecke, wie sie die Bell Telephone Laboratories verfolgten), weil er überzeugt war, daß das Fernsehen ein *augenblickliches* Medium sein sollte.

Erstmals in der Geschichte war ein Live-Fernsehbild nicht auf die verschwindend schwachen elektrischen Ströme angewiesen, die aus der direkten Reflexion von Licht durch das Objekt als Bildsignal entstanden. Durch die schnelle Abtastung des Motivs mit sehr hellem Licht durch eine Lochscheibe (oder über eine Spiegeltrommel), das reflektiert und anschließend von einer Photozelle aufgefangen wurde, konnte ein stärkeres Signal erzeugt werden, das die gesamte Graustufenskala wiedergab.

Diese neue Methode beseitigte auch die enorme Hitze der starken Scheinwerfer. Der einzige offensichtliche Haken an dem Verfahren bestand darin, daß sich das Objekt in einem abgedunkelten Umfeld befinden mußte, wenn es funktionieren sollte. Seine Entdeckung veranlaßte Baird, unverzüglich die erste öffentliche Vorführung »wirklichen« Fernsehens, d. h. mit Halbtonbildern, zu versuchen.[29]

Am 23. Jänner 1926 wurde berichtet, daß Baird eine Fernsehanlage fertiggestellt und praktische Vorführungen der Übertragung von Bildern und Ton von einem Zimmer ins andere gegeben habe. Am 26. Jänner 1926 führte Baird seinen Fernsehapparat in seinem Labor in der Frith Street in Soho ungefähr 40 Mitgliedern der Royal Institution vor. Dies war die erste je bezeugte *öffentliche Vorführung* wirklichen Fernsehens. Die Bilder lebender menschlicher Gesichter, nicht als Umriss- oder Schattenbilder, sondern vollständig mit Grauwertabstufungen von Hell bis Dunkel und mit Einzelheiten wurden zwischen zwei Zimmern übertragen. Die Beschreibung in der *London Times* hielt fest, daß die Bilder »undeutlich und oft verschwommen« waren. Über die Zahl der Abtastzeilen oder die Bildrate wurden keine Angaben gemacht.[30]

Alle Berichterstattung über Baird deutete an, er habe eine superempfindliche Photozelle erfunden, die er geheimhielt. Niemand hat jemals seinen Sender oder die Photozelle, die er verwendete, gesehen. Stets war sein Apparat mit Schutzwänden der einen oder anderen Form abgedeckt, begründet mit der Ausflucht, »Fremdlicht« sei »unerwünscht« und würde »das Bild beeinträchtigen«. Eine Geschichte sprach sogar davon, daß Baird mit einer Zelle aus Sehpurpur experimentiert habe, was völliger Unsinn war. Auch wurde behauptet, Baird habe eine Art »exotischer Schaltung« unter Verwendung eines Transformators erfunden, die seine Probleme wie mit Zauberkraft löste.

Später wurde geäußert, daß Baird große Angst vor Werkspionage geplagt habe, doch mehr Ehre würde der Wahrheit der Hinweis erweisen, daß Baird und seine Geldgeber seine einfache (aber höchst wirksame) Methode so lange wie möglich

geheimhalten wollten, um vor jeder möglichen Konkurrenz möglichst lange die
Nase vorn zu behalten – denn sie hatten sehr früh erkannt, daß das »Lichtpunktsystem«, obwohl patentierbar, nicht geschützt werden konnte. Deshalb lancierte
Baird in den folgenden Jahren eine wahre Fülle von technischer Gerätschaft, die
keinen anderen Zweck als den der Erregung öffentlicher Aufmerksamkeit hatte.
Manche Modelle wurden immer wieder neu gebaut oder umbenannt, um nur nicht
die wirkliche Konstruktion preisgeben zu müssen.[31]

Zu dieser Zeit (Dezember 1925) hatte ein Dr. R. T. Beattie vom Admiralty Research Laboratory (ARL) in Teddington, England, eine versuchsmäßige Fernsehanlage vorgeführt. Es scheint, daß das ARL bereits im Jahr 1923 geheime Arbeit
zum Fernsehen aufgenommen hatte. Der Zweck war die »Ausspähung von Flugzeugen im Anflug vom Meer aus«. Auch das Air Ministry Laboratory am Imperial College betrieb einschlägige Forschung. Nach vielen Untersuchungen wurde
zu Beginn des Jahres 1925 ein einfaches Fernsehsystem gebaut und im Dezember
erstmals betrieben.

Das Gerät wies Nipkow-Scheiben von 50 cm Durchmesser mit 40 Löchern auf,
die bei einer Rate von fünf Bildern pro Sekunde rotierten. Weiters befand sich am
Sender eine gasgefüllte (Helium-) Photozelle mit einer Beschichtung aus Rubidium,
deren Empfindlichkeit 3,3 Mikroampere pro Lumen betrug. Der Empfänger besaß
als Lichtquelle eine Neonlampe des »Osglimbeehive«-Typs. Die Bildgröße betrug
etwa 4 mal 4 Zentimeter. Die Vorführung Bairds vom 26. Jänner 1926, so unfertig
sie auch noch gewesen sein mag, erwies sich jedenfalls gegenüber den Ergebnissen
der Militärlabors als weit überlegen und veranlaßte das ARL (ebenso wie das Air
Ministry), seine eigenen Bemühungen einzufrieren und weitere Entwicklungen
durch Baird und andere private Forscher abzuwarten.[32]

Am 9. Februar 1926 beantragte Reginald S. Clay aus London ein Patent für Methoden der Synchronisation eines Fernsehsystems. Dieses Patent war deshalb
wichtig, weil es zeilenförmige Abtastung mit schneller Strahlrückkehr an den Bildbeginn beschrieb. Clay plante, einen zusätzlichen Impuls während des dunklen
Abschnitts am Ende jeder Abtastzeile zu übertragen, der den Strahl in Phase halten sollte. Das Patent befaßte sich besonders eingehend mit der Verwendung einer
Elektronenröhre. Clay erwähnte Methoden der Strahlmodulation mit magnetischen Mitteln, sodaß mit Änderungen seiner Helligkeit nicht zugleich auch Änderungen seiner Geschwindigkeit einhergingen.[33]

Am 10. Februar 1926 berichtete Frank Gray von den Bell Telephone Laboratories über den ersten Einsatz seines neuen Lichtpunktverfahrens bei lebenden
Personen. Eine seiner ersten Versuchspersonen war J. R. Hofele. Aus Gründen,
die wohl unbekannt bleiben werden, hatten die Bell Laboratories erst am 14. Jänner 1926 begonnen, für Grays Idee des Lichtpunktverfahrens ein entsprechendes
Patentverfahren einzuleiten.[34]

Am 2. März 1926 lieferte Dr. Gray eine Beschreibung eines vollständigen Systems mit dem neuen Lichtpunktabtaster. Er vermerkte, daß die damit erzielten
Ergebnisse mit denen einer Anordnung übereinstimmten, bei der das Subjekt aus
der Richtung der Photozelle beleuchtet wurde. Er behauptete, daß beim Einsatz

einer Photozelle von 33 mal 3,8 cm »eine Person gesehen und ihren Bewegungen ganz leicht gefolgt werden« könne. »Das Subjekt nimmt dabei kaum wahr, daß es dem Abtastvorgang unterzogen wird«, so Dr. Gray.[35]

Am 9. März 1926 beantragte Marius Latour ein Patent, in dem er die Aufteilung von Bildern zum Zwecke ihrer Übertragung vorschlug. Er erwähnte die Verschachtelung der Bildteile zur Präsentation eines einheitlichen Bildes. Jedes Einzelbild sollte dabei in eine Vielzahl von Fragmenten aufgeteilt und jedes dieser verkämmten Teilbilder von einer entsprechenden Anzahl von Photozellen verarbeitet werden. Der Gedanke der Verschachtelung von Teilbildern sollte später als »Zeilensprungverfahren« oder nicht-sequentielle Bildabtastung von großer Bedeutung sein.[36]

Am 8. Mai 1926 berichtete Robert C. Mathes von den Bell Telephone Laboratories über einen Vorschlag zur Reduktion der Bandbreite eines Bildsignals durch seine Übertragung auf mehreren Kanälen. Mathes schlug demgegenüber als bessere Möglichkeit die Aufteilung des Bildes in Spalten vor. Dabei sollte das Signal eines einzelnen Bildsegments zur Aufladung einer Gruppe von 50 Kondensatoren weitergeleitet werden. Jeder dieser Kondensatoren nahm die Ladung jeweils eines einzelnen Bildelements aus jeder Bildspalte auf. Danach sollte eine weitere Anordnung von Abnehmerbürsten die gespeicherten Spannungsstöße entladen, woraus schließlich Signale von einem Fünfzigstel der erforderlichen Frequenz erzeugt würden. Diese Speicherung der zu einem Bildelement gehörigen Ladung war ein sehr wichtiger Gedanke, der später im Mittelpunkt von Patentstreitverfahren stand. Wenn es auch keine Anhaltspunkte dafür gibt, daß der hier beschriebene Plan je in die Tat umgesetzt wurde, ist diese Idee von Mathes dennoch einer der ersten belegten Vorschläge des »Ladungsspeicherprinzips«.[37]

Am 21. Mai 1926 beantragte Henry J. Round von der Marconi Wireless Company ein britisches Patent für eine Methode der Bildübertragung. Dieses Patent sah eine Vielzahl von »Lichtröhren« vor, die an einem Ende des Systems angeordnet sein sollten, um das Licht des Bildes aufzufangen. Jeder Lichtröhre war eine eigene Photozelle zugeordnet, die einen Kondensator auflud. Die Ströme aus dem Kondensator wurden anschließend verstärkt und von einem rotierenden Kollektor abgenommen. Die Lichtschwankungen wurden auf diese Weise von einer mit ca. 8 bis 10 Umdrehungen pro Sekunde rotierenden Abnehmerbürste übertragen.

Am Empfänger sollte ein weiterer, synchron laufender rotierender Kollektor dazu dienen, (a) eine bewegliche Lichtquelle zu befördern, die die einzelnen schwankenden Lichtimpulse auf die Empfängerlichtröhren warf, oder (b) das empfangene Signal mittels Bürsten an eine Mehrzahl stationärer Lichtquellen weiterzugeben, um auf diese Weise die Enden der Empfängerlichtröhren nacheinander aufleuchten zu lassen.

Anspruch Fünf des britischen Patents gibt an, daß »Photozellen einzeln an Kondensatoren angeschlossen sind, um sie aufzuladen«. Dies scheint das erste Patent zu sein, das Mittel zur Nutzung des »Ladungsspeicherprinzips« beinhaltet, wobei sich jeder Kondensator in jener Zeitspanne gleichmäßig wieder auflädt, in der die Abtastvorrichtung (ob mechanisch oder elektrisch) systematisch die anderen Kondensatoren entlädt. In dieser Hinsicht handelte es sich hierbei um ein sehr wichtiges Fernsehpatent, auch wenn es ein ansonsten untaugliches Gerät beschrieb.[38]

Am 2. Juni 1926 beantragte C. F. Jenkins aus Washington, D. C., ein Fernsehpatent, das zur Erzeugung einer visuellen Darstellung eine Reihe lichtleitender Elemente wie Stäbe oder Röhren in einer rotierenden Vorrichtung vorsah. Die Stäbe sollten innerhalb dieses rotierenden Elements speichenförmig und auf unterschiedlichen Ebenen angeordnet sein. Im Mittelpunkt dieses Geräts sollte sich ein Lichtventil befinden, das mit pulsierendem Strom, dem Bildsignal, gespeist wurde. Geplant war auch die Synchronisation all dieser Bauteile, sodaß ein Bewegungsbild auf einen Schirm K geworfen werden konnte.[39]

Frank Gray berichtete am 21. Juni 1926, daß die Bell Telephone Laboratories am Bau eines »Großbildschirms« aus 100 Neonlampen als Empfänger arbeiteten. Dieser bestand aus zehn senkrechten Abschnitten aus Glasröhren, die miteinander so verbunden waren, daß sie zusammen einen durchgehenden Schirm bildeten. Jede Röhre war mit Neon gefüllt und enthielt eine einzelne Spiralelektrode. Zehn äußere Elektroden waren in Form rechteckiger Zinnfoliestücke auf dem Glas angebracht. Die Signale wurden von einem Kollektor mittels einer rotierenden Bürste herangeführt. Obwohl auf nur 100 Bildelemente beschränkt, konnte dieser Schirm einfache bewegte Objekte in einem gut ausgeleuchteten Raum wiedergeben. Es war geplant, einen noch größeren Schirm aus 2.500 Elementen zu bauen.[40]

Am 25. Juni 1926 druckte der *Electrician* eine Photographie, die in den Labors der Baird Television aufgenommen worden war. Dies scheint die erste veröffentlichte Photographie eines menschlichen Gesichts mit einem Anschein von Halbtönen und Details zu sein, die von einem Fernsehempfänger aufgenommen wurde. Baird wußte natürlich nichts über die in den Bell Telephone Laboratories voranschreitende Arbeit, und während er öffentliche Anerkennung und Beifall genoß (und auch einforderte), übten sich die Bell Laboratories über ihre Arbeit in Verschwiegenheit.[41]

Am 1. Juli 1926 unterzeichneten AT&T und die RCA ein Abkommen, demzufolge das Bell-System für eine Million Dollar seine gesamten Radioeinrichtungen (einschließlich der Station WEAF) an die RCA zu übergeben und sich aus dem Sendebetrieb zurückzuziehen hatte. Im Gegenzug verpflichtete sich die RCA dazu, nur das Bell-Telephonnetz zu benutzen und dem Konzern keine Konkurrenz im Telephongeschäft zu machen.[42]

Am 14. Juli 1926 wurden in den Bell Telephone Laboratories auf einer Standardoszillographenröhre von Western Electric die ersten einfachen Fernsehumrißbilder gezeigt. Der Sender bestand aus einer rotierenden Scheibe mit fünf Spiralen aus je zehn Löchern. Daran angeschlossen war eine rotierende Scheibe mit 500 Kontakten. Diese wurden zur Entladung eines Kondensators von Abnehmerbürsten berührt, um die Ablenkplatten des Empfängers mit Strom zu versorgen. Mit diesem Verfahren konnten Schattenbilder des Buchstabens »A« und ein hakenförmiges Stück Draht auf einem Schirm von etwa 6,5 cm² sichtbar gemacht werden.[43]

Am 24. Juli 1926 berichteten die Bell Telephone Laboratories, daß ihnen der Empfang von Fernsehbildern auf einer Elektronenröhre gelungen sei, die durch Hinzufügung eines Gitters in der Form einer kreisförmigen perforierten Platte in der Nähe des Heizfadens modifiziert worden war. Bewegungsbilder konnten von mehreren Personen gleichzeitig betrachtet werden. Am 31. Juli 1926 testeten die Bell Telephone Laboratories ihren Elektronenstrahlempfänger in Verbindung mit der Scheibe mit 50 Löchern. Dieses Mal war quer zum Ende des Schirms ein Stück Drahtgaze angebracht. Das Bildsignal wurde zwischen dieser Gaze und der Beschleunigungsanode angelegt. Die Ergebnisse waren nicht sonderlich gut, wenngleich Hände in Bewegung und sehr undeutliche Bilder eines menschlichen Gesichts gesehen werden konnten. Offensichtlich versetzte und zerstreute die Stärke des Strahls den Lichtpunkt und verhinderte so die gute Wiedergabe der Bilder.[44]

Am 26. Juli 1926 führte Edouard Belin dem General Gustave A. Ferrie, Chef der französischen Fernmeldetruppe, dem Professor Charles Fabrie von der Sorbonne und René Mesny von der französischen Akademie der Wissenschaften sein neues Elektronenstrahl-Fernsehsystem vor. Aus der Konzeption dieses Systems ging hervor, daß sich mittlerweile Fernand Holweck, der zuvor Vorstand des Radium-Instituts von Madame Curie gewesen war, Belin angeschlossen hatte. Holweck war bekannt für seine Hochvakuumpumpe sowie dafür, viele Elektronenröhren mit fortwährender Evakuierung geschaffen zu haben. Es ist nicht bekannt, wann genau die Zusammenarbeit zwischen Holweck und Belin begonnen hat. Belins Labor befand sich in Malmaison nahe Paris, die Demonstration wurde aber im Labor der Madame Curie durchgeführt.

Das neue Fernsehsystem wurde nun das »Belin und Holweck«-System genannt. Die Vorführung leitete Gregory N. Ogloblinsky, der den Apparat konstruiert hatte und Chefingenieur des Laboratoire des Etablissements Edouard Belin war. Die rotierenden Spiegel und Scheiben der frühen Entwürfe Belins, die nie wirklich ein echtes Fernsehbild produziert hatten, waren inzwischen verschwunden.

Stattdessen wurde nun das Licht einer Bogenlampe von Garbarini durch eine Anordnung von Kondensatorlinsen und weiter durch eine Zwischenwand mit einem Loch von einem Millimeter Durchmesser geworfen. Zwei Spiegel waren übereinander angebracht; der sehr schmale untere Spiegel schwang mit einer Frequenz von 500 Hz, der etwas größere obere führte horizontale Schwingungen bei einer Frequenz von etwa 10 Hz aus. Der obere Spiegel war mittels eines feinen Metallstabs an einem Mikrophon befestigt. Der Druck auf dessen Membran am Ende jedes Schwingungsumlaufes sandte Strom (einen Niederfrequenzimpuls) an den Empfangsapparat. Die beiden mechanisch miteinander gekoppelten Spiegel wurden von einem 500-Hz-Wechselstromgenerator angetrieben. So konnten sie eine Abtastbewegung über die gesamte Fläche der transparenten Bildvorlage ausführen. Dieses System war der Lichtpunktmethode von Rignoux nachgebildet. Der aus der Abtastung entstehende Lichtstrahl wurde auf eine

Gegenüber, oben: Edouard Belin in seinem Labor. Unten: Fernand Holweck (links) und Gregory N. Ogloblinsky mit dem elektronischen Empfänger von Belin.

Photozelle (bestehend aus einer Kaliummetall-Kathode und einer Nickel-Kadmium-Anode) gelenkt; sie konvertierte die Lichtschwankungen in ein Signal, welches an einen Hochvakuumröhrenverstärker weitergeleitet und schließlich übertragen wurde.

Der Empfang erfolgte mittels eines von Holweck gebauten Elektronenstrahloszilloskops aus Metall. Dieses war an eine ebenfalls von Holweck konstruierte und gebaute Schraubenpumpe angeschlossen, die die Röhre fortwährend evakuierte. Der Heizfaden benötigte ein Potential von etwa zwei Volt. Eine Potentialdifferenz wurde zwischen dem Gitter und dem Heizfaden angelegt, um die Helligkeit zu steuern. Eine Scheibe mit einem kleinen Loch fungierte als Anode. Sie wies ein kleines Kupferrohr auf, das von einer ebenso kleinen Spule umgeben war; damit sollte der Strahl magnetisch gebündelt werden. Auf der Anode herrschte eine Spannung von ungefähr 1000 Volt, die von einer speziellen Batterie geliefert wurde. Der modulierte Strahl wurde durch zwei gewöhnliche Spulen bewegt, die mit einem Wechselstrom von 500 Hz aus einem Hochgeschwindigkeitsmotor und einem Wechselstrom von 10 Hz aus einem langsameren Motor versorgt wurden. Den Berichten zufolge konnten nur Bilder ohne Halbtöne übertragen werden. Die 33zeiligen Bilder konnten Eindrücke von Händen und Fingern sowie die Umrisse eines menschlichen Gesichts wiedergeben.[45]

Am 2. August 1926 wurde der Fernsehapparat von Alexandre Dauvillier von den Louis de Broglie-Laboratorien der Öffentlichkeit vorgestellt. Der Sender entsprach dem deutschen Patentantrag vom 31. August 1924, bei dem zwei schwingende Spiegel das Licht von der Szene auf eine Photozelle werfen. Dauvillier verwendete Sinuswellen-Abtastung bei 800 horizontalen Umläufen und einer Bildrate von 10 Bildern pro Sekunde, um eine Auflösung von 40 Zeilen zu erzeugen. Eine Photozelle aus Kaliumhydrid war in einiger Entfernung von der Trennwand angebracht, damit sie mehr Licht auffangen konnte. Die Phasenbeziehung zwischen Sender und Empfänger lag innerhalb von fünf Zeilen.

Die Empfängerröhre ähnelte jener, die in Dauvilliers Patentantrag vom 11. Februar 1925 beschrieben wurde. Die Spannung, die von der Photozelle am Sender kam, wurde mittels eines eingestellten Potentiometers zwischen der Röhrenzwischenwand und einem Wehnelt-Zylinder angelegt. Die Modulation soll so empfindlich gewesen sein, daß bei maximaler Emission keine Versetzungen oder Verzerrungen des Lichtpunkts auftraten. Die Schärfe des Punktes wurde durch eine konzentrische Magnetspule geregelt. In die Röhre war zur Aufrechterhaltung des Niederdrucks ein kleines Stück Kalzium eingebracht. (Dies wurde später als »Getterstoff« zur Restgasbindung bekannt.) Der Schirm bestand aus »Willemit«, einem fluoreszierenden Leuchtstoff. Die praktischen Erfahrungen mit einem Sichtschirm mit Metallbeschichtung zeigten, daß ein Modulationsstrom von einem Mikroampere Stärke bei einer Spannung von 300 Volt an der Anode einen stark leuchtenden Lichtpunkt ergab. Der Elektronenstrahl wurde *nach* der Modulation und *vor* der Ablenkung beschleunigt. »Versuche der Beschleunigung nach der Ablenkung führen zu keinen guten Ergebnissen«, wurde berichtet.

Dauvilliers Elektronenröhre war überaus modern; sie war abgeschmolzen, also hermetisch abgedichtet, somit tragbar, war eine Hochvakuumröhre (ohne Restgas), die Strahlbündelung erfolgte magnetisch, der Schirm bestand aus Willemit, die Röhre selbst aus Pyrex-Glas. Doch Dauvillier beklagte die enormen Lichtmengen, die zur Erzeugung hinreichend starker Ströme für seine elektronische Bildröhre erforderlich waren. Besonders der Umstand entmutigte ihn, daß eine Steigerung der Empfindlichkeit des Senders in der Größenordnung des Tausendfachen erforderlich sein würde, um mit ihm ein tatsächlich funktionierendes Fernsehsystem betreiben zu können.

De Broglie (der Dauvilliers Schrift vortrug) räumte ein, daß keines der Systeme von Mihalys, Jenkins' oder Belins, sondern nur das System Bairds normale Bilder übertragen konnte. Ermöglicht wurden diese Übertragungen guter Bilder durch den Einsatz der Lichtpunktabtastung, und weder Baird noch die Bell Telephone Laboratories dachten auch nur entfernt daran, diese Methode unter den gegenwärtigen Umständen preiszugeben.[46]

Am 9. August 1926 erhielt Baird von der BBC eine Lizenz zur Übertragung von Fernsehbildern von der Station 2TV nach Harrow. Der Sender arbeitete auf einer Wellenlänge von 200 Metern bei einer Leistung von 250 Watt. Dies scheint die erste Lizenz zu sein, die je für die Ausstrahlung von Fernsehsignalen ausgestellt wurde.

Im September 1926 berichtete A. Dinsdale, daß er einer Vorführung des Bairdschen Systems beigewohnt habe, bei der, so der Bericht, perfekt unterscheidbare Gesichter mit sanften Schattierungen, hellen Schlaglichtern und dunklen Schatten zu sehen waren; die Gesichter sollen frag- und zweifellos wiedererkennbar gewesen sein. Dinsdale merkte an, daß Baird mittlerweile eine Firma gegründet habe, und daß große Fortschritte auf dem Weg zur wirtschaftlichen Verwertung seines Apparats erzielt worden seien.[47]

Am 18. September 1926 wurde ein von Dr. Ernst Alexanderson von General Electric konstruiertes Mehrstrahlfernsehgerät mit sieben Strahlen und einer Trommel mit 24 Spiegeln in einem Simulationsversuch getestet. Noch wurde dabei nur ein einzelner Lichtstrahl durch die sieben Löcher geworfen.[48]

Offensichtlich im Zusammenhang mit den Aktivitäten der beiden französischen Pioniere Belin und Dauvillier auf dem Gebiet der Elektronenröhren richtete Campbell Swinton am 9. Oktober 1926 einen Brief an *Nature*, in dem er angibt, er habe »nicht lange nach 1897, nach der Erfindung der Braunschen Röhre, selbst einen Elektronenstrahloszillographen angefertigt, in dem eine selenbeschichtete Metallplatte [...] vom Ende des Elektronenstrahls abgetastet wurde«. Er behauptete, dabei die Assistenz von Prof. G. M. Minchin in Anspruch genommen zu haben. Auch habe er eine aus Deutschland angeschaffte Röhre getestet, die sich aber in ihrer »harten«, d. h. Hochvakuumform als zu störrisch erwiesen und zu keinen Ergebnissen geführt habe. Diese Angaben stehen natürlich in krassem Widerspruch zu seinen beiden Erklärungen aus den Jahren 1911 und 1924, in denen er äußerte, niemals irgendein Gerät gebaut zu haben.[49]

Am 15. Oktober 1926 beantragte John L. Baird ein Patent für Neuerungen bei der »Aufzeichnung von Bildern von Objekten oder Szenen oder optischen Ab-

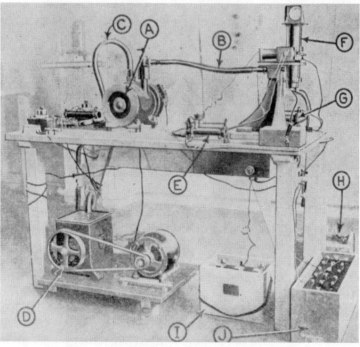

Das Gerät mit Elektronenstrahlen von Belin und Holweck. Oben: Der Sender: A – Wechselstromgenerator, der die Spiegel antreibt, B – Mikrophon des Niederfrequenzspiegels, C – Halterung der transparenten Bildvorlage, D – Zwischenwand, E – Regelwiderstand des Wechselstromgenerators, F – Objektivlinsen, G – Bogenlampe. Unten: Der Empfänger: A – Molekularluftpumpe von Holweck, B – Rohrverbindung zum Oszillographen, C – Rohrverbindung zu Pumpen, D – vorbereitende Pumpe, E und G – Regelwiderstände, F – Oszillograph, H, I und J: Batterien für die Bündelungsspule, den Heizfaden und die Niederfrequenzspule.

Eine Photographie von Alexandre Dauvillier mit seinem Fernsehgerät aus dem Jahr 1927.

bildungen oder ähnlichem«. Dies sollte durch die Aufzeichnung der schwankenden elektrischen Bildsignale auf einem grammophonähnlichen Element erfolgen. Damit erwirkte Baird das erste Patent für ein System, das später als »Bildplatte« bekannt werden sollte.

Baird beschrieb mehrere Abwandlungen der Platte; diese umfaßten etwa die Aufzeichnung von Bild und Ton auf getrennten Spuren, ihre Kombination in einer Spur mit dem Tonsignal (zum Beispiel) in Seiten- und dem Bildsignal in Tiefenschrift oder Bild- und Tonsignal als parallele Rillen in Form einer Doppelspirale oder einzeln auf den gegenüberliegenden Seiten der Platte oder auch auf den gegenüberliegenden Enden einer Walze.[50]

Am 18. Oktober 1926 legte Hans Busch eine Schrift »Berechnung der Bahn eines Elektronenstrahls in einem axialen symmetrischen elektromagnetischen Feld« vor. In einem Versuch, die Gleichung n = e/m zu lösen, erklärte Busch die Wirkung sowohl magnetischer als auch elektrostatischer Felder auf ein Elektron

Dr. Ernst Alexanderson mit seinem Mehrstrahlprojektor.

in einem axialen symmetrischen, ansonsten aber unregelmäßigen Feld. Busch lieferte damit den Beweis, daß ein Elektronenstrahl, der aus einem Punkt der Symmetrieachse austritt und parallel zu dieser verläuft, an einem Punkt eines solchen Feldes gebündelt wird. Busch stellte auch fest, daß mit dem Bruch e/m die Entfernung zwischen dem Austrittspunkt und dem Brennpunkt mit einiger Genauigkeit ermittelt werden kann. Diese Schrift wird allgemein als die erste Arbeit anerkannt, die das neue Gebiet der »Elektronenoptik« erläutert. Busch erwähnte auch die frühere Arbeit von Grosser und Rogowski.[51]

Am 19. Oktober 1926 beantragte Dr. Ernst Alexanderson sein erstes Fernsehpatent. Es umfaßte einen Mehrstrahlprozeß, dessen grundlegender Gedanke darin

bestand, das übertragene Bild in vier Teile aufzugliedern und das Licht dieser Bildteile jeweils auf eine eigene Photozelle zu werfen. Es war vorgesehen, jedes dieser
Signale simultan durch Mehrfachausnutzung (die Multiplex-Methode Hammonds
wird erwähnt) auf getrennten Trägerwellen zu übertragen. Die vier Trägerfre-
quenzen sollten demoduliert und an vier Oszillographen weitergeleitet werden,
wo ihre getrennte Weiterverarbeitung erfolgen sollte. Die entstehenden vier Lichtstrahlen sollten anschließend auf vier Spiegel und durch eine gewöhnliche Linse
geworfen werden, um schließlich in vier parallelen Bahnen über den Schirm zu
wandern. Zur Bildabtastung bzw. -rekonstruktion sollte ein rotierender Spiegel
oder eine Loch- bzw. Linsenscheibe verwendet werden.

Dr. Alexanderson erwartete, daß die Beleuchtungsstärke auf dem Schirm nicht
einem direkt proportionalen Verhältnis nur zu der einfachen Zahl der Spiegel entsprechen würde, sondern vielmehr annäherungsweise einem direkt proportionalen Verhältnis zum Quadrat der Zahl der Spiegel. In einer Abwandlung dieses
Systems fand sich eine Beschreibung der Verwendung einer speziellen Kerr-Zelle
mit sieben Elektrodenpaaren zur Steuerung von sieben Lichtstreifen.[52]

Im Oktober 1926 begann Kenjiro Takayanagi von der japanischen Hamamatsu
Technical High School seine ersten konkreten Experimente zum Fernsehen mit
Elektronenröhren. Er behauptet, am 25. Dezember 1926 sein erstes Bild auf einer
Elektronenröhre reproduziert zu haben. Dies war ein Bild des japanischen Buch-
staben Katakana (»i«), geschrieben auf eine Glimmerplatte.[53]

Am 10. November 1926 schlug Frank Gray bei den Bell Telephone Laboratories Dr. Ives den Gedanken vor, ein Lichtventil vor dem Bildschirm einer Elektronenröhre anzubringen. Die Versuche der Bell Labs, den Elektronenstrahl zu
modulieren, ohne daß es zu groben Verzerrungen kam, waren erfolglos verlaufen.
Was sprach also dagegen, einen hellen (unmodulierten) Schirm darzubieten und
diesen durch ein Lichtventil zu betrachten, wenn auf diese Weise sämtliche Probleme der Modulation und Ablenkung beseitigt werden konnten?

Am 16. November 1926 berichtete Frank Gray über die Fortschritte, die beim
elektronischen Empfang von Fernsehbildern erzielt worden waren. Die Bell Telephone Laboratories verfügten nun über zwei spezielle Röhren, die sie für ihre
Experimente einsetzten. Die erste wies ein Gitter neben dem Heizfaden auf, an
welches das Bildsignal angelegt wurde. Die zweite besaß zwei parallel in der Nähe
des Schirms angebrachte Stücke Drahtgaze; hier wurde das Bildsignal an sie angelegt. Keine dieser beiden Röhren lieferte gute Ergebnisse; nur einfache Objekte
konnten mit ihnen reproduziert werden, die freilich keinerlei Halbtöne in zufriedenstellender Form aufwiesen.

Am 27. November 1926 berichtete Frank Gray, daß der große Rasterschirm mit
einem Durchmesser von 60 cm fertiggestellt worden war. Der Schirm funktionierte zwar, erbrachte aber nur schwache Bildwiedergabeleistungen. Wenig später, im Dezember 1926, wurde angesichts des grundsätzlich funktionierenden
Schirms und des mittlerweile fertiggestellten Zeilenkopplungsgeräts die Durchführung einer richtigen Vorführung in nächster Zeit ins Auge gefaßt. Diese Demonstration wurde für April 1927 angesetzt.[54]

Am 4. Dezember 1926 beantragte F. W. Reynolds von der American Telephone and Telegraph Company ein Patent für »Elektrooptische Übertragung«. Dieser Patentantrag beschrieb eine einzigartige Kameraröhre. Sie bestand aus einem photoelektrischen Verbundelement, das seinerseits eine Vielzahl kleiner röhrenförmiger Einheiten sowie eine lichtdurchlässige elektrisch leitende Hilfselektrode am großen Ende der Senderröhre aufwies. Der photoelektrische Bauteil sollte aus einer großen Zahl relativ feiner und langer Glas- oder Quartzröhrchen angefertigt sein, deren Innenwände mit einer Schicht aus Rubidium, Kalium oder einem anderen photoaktiven Material beschichtet sein sollten. Die Hilfseinheit konnte entweder aus einer lichtdurchlässigen elektrisch leitenden Schicht aus Platin auf der Innenwand des einen Röhrenendes oder aus einer gesonderten transparenten Platte im Röhreninneren oder aus einem offenen Maschensieb aus feinen Drähten bestehen.

Geplant war nun, den Elektronenstrahl in geeigneter Weise auf die gegenüberliegende Seite der photoelektrischen Elemente zu richten, sodaß er auf dem Weg durch die Röhrchen moduliert oder in seiner Intensität annähernd proportional zur jeweils auf eines der photoelektrischen Elemente fallenden Lichtintensität verändert würde. So sollte zwischen der Kathode und einer Elektrode ein pulsierender Gleichstrom fließen, der die Menge des augenblicklich auf ein abgetastetes Element fallenden Lichts repräsentiert. Die Abtastung sollte spiralförmig oder im wesentlichen parallel erfolgen. Reynolds plante den Einsatz von LaCour-Motoren zusammen mit Stimmgabeln für den Synchronlauf von Sender und Empfänger, um beide Enden im richtigen Phasenverhältnis zu halten. Um dieses Patent entstand unverzüglich ein Streit mit Dr. Zworykin von Westinghouse, den Reynolds verlor.[55]

Zwei wichtige Artikel über die Arbeit John L. Bairds erschienen im Dezember 1926; beide berichteten über die im abgelaufenen Jahr erzielten Fortschritte. Doch keiner der beiden Beiträge enthielt auch nur eine Andeutung über den Einsatz der »Lichtpunkt«-Methode zur Lösung des Problems der Unempfindlichkeit der bestehenden Photozellen. Baird selbst gab in seinem Artikel in *Experimental Wireless* an, die Probleme seien gelöst, doch die gegebene Patentsituation erlaube ihm nicht, zu enthüllen, wie dies erreicht worden war.[56]

Am 15. Dezember 1926 gab Dr. Ernst Alexanderson in einer Rede in St. Louis, Missouri, erstmals bekannt, daß er und General Electric Forschungen zum Fernsehen unternommen hatten. Er gab an, daß er an der Telephotographie arbeite und daß die Beschleunigung dieses Verfahrens um das Sechzehnfache das Fernsehen zu »einer vollendeten Tatsache« machen könne. Allerdings werde das Problem durch das Erfordernis beweglicher mechanischer Teile erschwert. Er wußte zwar, daß »ein Elektronenstrahl mit rein elektromagnetischen Mitteln abgelenkt werden kann, dementsprechend ist die Verwendung des Elektronenstrahloszillographen vorgeschlagen worden«. Doch Alexanderson verspürte keine Lust, auf eine Entdeckung zu warten, die vielleicht niemals gemacht würde.

Er beschrieb seinen Mehrstrahlprojektor, in den er große Erwartungen setzte. Eine Vorführung dieser Maschine am 24. Dezember 1926 mit einer Wiederholungsrate von 16 Bildern pro Sekunde ergab freilich nur sehr schwache Ergebnisse. Es war, als würde ständig eine Lichtwelle über den Bildschirm schwappen. Zur Beseitigung dieses Effekts wurde die Verschachtelung der Zeilen geplant. Trotz der Hoffnungen, die Alexanderson mit diesem Gerät verband (und trotz der öffentlichen Aufmerksamkeit, die er mit ihm erweckte), gibt es keine Aufzeichnungen darüber, daß es jemals erfolgreich vorgeführt wurde.[57]

Am 24. Dezember 1926 beantragte Boris Rtcheoulow, mittlerweile in London, ein britisches Patent, mit dem er seinen russischen Patentantrag aus dem Jahr 1922 auf den neuesten Stand brachte. Er verwendete nach wie vor am Sender und am Empfänger schwingende Federn, die über Magneten von Wechselströmen gesteuert wurden. Am 4. Jänner 1927 beantragte Rtcheoulow ein weiteres britisches Patent, diesmal für sein Magnetaufzeichnungsgerät. Auch dieses war nahezu identisch mit seinem früheren russischen Patent, das noch nicht ausgestellt worden war.[58]

Am 7. Jänner 1927 beantragte Philo T. Farnsworth von den Television Laboratories, San Francisco, Kalifornien, ein Patent für ein Fernsehsystem. Farnsworth war ein junger Forscher, der seit seinen Schultagen von einem Fernsehsystem geträumt hatte. Er war nach San Francisco gekommen, wo er eine Gruppe von Financiers davon überzeugen konnte, daß er innerhalb einiger weniger Jahre ein funktionstüchtiges Fernsehsystem herstellen könne. Farnsworth besaß keinerlei formale Ausbildung, doch er steckte voller neuer, innovativer Ideen.

Philo Farnsworth entwickelte ein neuartiges System, das nicht auf den Entwürfen Campbell Swintons beruhte. Seine Kameraröhre (die später als Bildzerlegerröhre bekannt werden sollte) stimmte im wesentlichen mit jener Max Dieckmanns und Rudolf Hells überein. Allerdings war deren Patent noch nicht ausgestellt, und es war, was bei Erfindungen häufig vorkommt, praktisch identisch mit jenem von Farnsworth. Doch wo Dieckmann daran gescheitert war, seine Röhre bis zur Betriebsfähigkeit weiterzuentwickeln, dort sollte Farnsworth erfolgreich weiterarbeiten.

In ihrer Grundversion wies die Kameraröhre eine lichtempfindliche Platte (6) auf, die ihrerseits aus einem feinen, mit einer lichtempfindlichen Substanz beschichteten Sieb (8) bestand. Eine Metallplatte mit einer Öffnung (12) bildete eine elektrische Blende (11). Zwischen der Blende (11) und der lichtempfindlichen Platte (6) befanden sich vier weitere Platten zur Ablenkung der Elektronenströmung in zwei Richtungen. Durch die Wirkung dieser Ablenkplatten wurde das Ladungsbild systematisch vor der Öffnung vorbeibewegt, wodurch die zu übertragende Szene zergliedert oder zerlegt wurde. Die Röhre sollte vom Hochvakuumtyp sein, damit hohe Potentiale ohne Ionisierung angelegt werden konnten.

Farnsworth plante weiters zeilenförmige Abtastung mit 500 Zeilen horizontal und 10 Bilddurchläufen pro Sekunde vertikal. So erwartete er die einheitliche Ausleuchtung aller Abschnitte des erzeugten Bildes.

Am Empfänger war als Lichtquelle ein Lichtbogen mit einer Blende (121) vorgesehen. Das Licht, das aus der Blende austrat, sollte durch einen Polarisationsfilter in der Form eines Nicolschen Prismas fallen. Geplant war auch die Verwendung

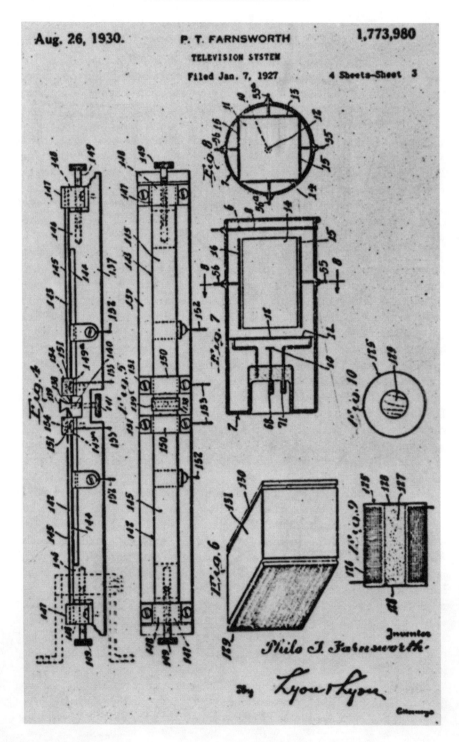

zweier zusammenwirkender Oszillographen zum Aufbau eines fehlerfreien Bildes auf dem Schirm. Dieses Empfängersystem wurde freilich aus dem Originalpatentantrag ausgegliedert. Nach dem Studium der bestehenden Patente war Farnsworth über das Patent Nicolsons aus dem Jahr 1917 für eine Elektronenröhre als Empfänger derart besorgt, daß er alles daran setzte, in sein erstes Patent keine Glühkathodenröhre aufnehmen zu müssen.

Freilich muß angemerkt werden, daß Farnsworth bei seiner praktischen Arbeit niemals andere Geräte außer Elektronenröhren als Empfänger verwendete. Er experimentierte mit gasgefüllten Röhren sowohl als Sender als auch als Empfänger. Auch verwendete er in seiner frühen Arbeit rotierende Generatoren zur Erzeugung der Abtastspannungen.[59]

Die New York Times berichtete am 11. Jänner 1927, daß Dr. Alexanderson von General Electric vor einer Gruppe von Radioingenieuren einen Vortrag über Bildfunk gehalten habe. Er beschrieb darin seine Methode der Einzelbildübertragung und äußerte seine Hoffnungen auf ein Fernsehsystem. Er führte auch seinen Mehrstrahlprojektor in einer simulierten Demonstration vor, indem er die Trommel in Drehung versetzte, wodurch die Lichtpunkte in Bewegung gerieten und den Schirm ausleuchteten.[60]

Am 17. Jänner 1927 machte Dr. Ives von den Bell Telephone Laboratories einen Vorschlag zur Übertragung und zum Empfang von simultanen Farbfernsehbildern. Dabei sollten drei Photozellen zum Einsatz kommen, die jeweils auf eine unterschiedliche Farbe ansprachen und an drei Verstärkeranlagen und Übertragungskanäle angeschlossen waren. Am Empfänger sollte die große Neonrasterröhre aus drei Rastern so gestaltet sein, daß ihre geraden Abschnitte gegeneinander versetzt waren. Durch die Verwendung unterschiedlicher Gase sollte es möglich sein, Lichtstreifen mit abwechselnd roten, grünen und blauen Stellen zu produzieren. Drei Signalverteileranlagen sollten dabei von derselben Welle angetrieben werden.[61]

John L. Baird beantragte am 26. Jänner 1927 ein Patent für ein Magnetaufzeichnungssystem, welches ein Fernseheinzelbild aufnehmen und diese Aufnahme bei hoher Abspielgeschwindigkeit wiedergeben sollte. Dabei waren eine Scheibe aus magnetischem Material und mehrere Aufnahme- und Wiedergabeköpfe so angeordnet, daß eine Aufnahme bei hoher Abspielgeschwindigkeit reproduziert würde.[62] Ein weiteres Patent für die magnetische Aufzeichnung eines Bildsignals wurde am 5. Februar 1927 von Leon Thurm in Frankreich beantragt.[63]

Am 4. März 1927 reichten die Etablissements Edouard Belin ein Patent für Verbesserungen und Methoden bei ihrem »Radiovision«-Apparat ein. Hauptsächlich befaßte es sich mit Verbesserungen des Betriebsverhaltens der Elektronenröhre. Sein Ziel war die wirksame Strahlbündelung und damit die gute Qualität des Lichtpunkts am Schirm.

Die Röhre sollte aus mehreren voneinander isolierten Abschnitten bestehen. Der Schirm war durch eine Verbindung »L« mit dem Röhrenkörper verbunden.

Gegenüber: Das erste Patent von Philo Farnsworth. Aus diesem Patent entstand die erste funktionstüchtige Kamararöhre des Bildzerlegertyps.

Die Elektronenröhre von Dr. Alexandre Dauvillier, 1927.

Zwei Potentialdifferenzen sollten, beginnend mit dem Potential V', nacheinander in der Richtung zum Schirm angelegt werden. Eine Potentialdifferenz V" zu V' wurde zwischen dem Heizfaden und dem Gitter angelegt, eine zweite, V'" zu V", zwischen dem Röhrenkörper und der Anode »P«. Erwähnt wurde auch die Verwendung einer phosphoreszierenden Substanz mit langer Nachleuchtdauer. Da das Patent keine genauen Angaben über den Einsatz von Gas- oder Magnetfokus enthält, ist anzunehmen, daß das Prinzip der »Elektronenbündelung« verwendet wurde. Dieses Konzept war zu dieser Zeit in Europa bereits weitverbreitet. Ausgestellt wurde dieses Patent den Etablissements Edouard Belin; es ist nicht in Erfahrung zu bringen, wer der eigentliche Erfinder dieser Röhre war. Dieses Patent stellte sich später als außerordentlich wichtig heraus.[64]

Im März 1927 veröffentlichte *Science and Invention* einen Artikel, der das elektronische Fernsehsystem von Alexandre Dauvillier beschrieb. Darin wurden erstmals Photographien der konkreten Geräte gezeigt.[65]

Im März 1927 berichtete Hans Busch über »Die Wirkung der Konzentrationsspule in der Braunschen Röhre«. Er hatte die Effekte elektrostatischer und magnetischer Felder auf die Bündelung des Strahls in einer Elektronenröhre untersucht und bewiesen, daß eine kurze, enge Spule auf die Elektronenbahn genau wie eine Linse auf Lichtstrahlen wirkt, und daß die Formel $1/f = 1/a + 1/b$ dabei in ähnlicher Weise gilt.

Ein elektrostatisches Feld wirkt auf die Elektronenbahn wie ein Medium mit einem bestimmten Brechungsindex in der Optik. Untersuchungen hatten ergeben, daß wesentlich größere Blenden verwendet werden konnten, wodurch die Helligkeit des fluoreszenten Lichtpunkts anstieg ohne daß zugleich seine Schärfe beeinträchtigt wurde. Busch beschrieb eine Elektronenröhre, in der eine Blendenöffnung von 8 mm Durchmesser einen Lichtpunkt von 0,3 mm Durchmesser erzeugte: dabei betrug die Strahlstromstärke noch 10 Prozent der Röhrenstromstärke.[66]

Am 7. April 1927 gaben die Bell Telephone Laboratories von American Telephone and Telegraph eine Demonstration ihres Fernsehsystems mit Kabel- und Funkübertragung. Geleitet wurde diese Vorführung von Dr. Herbert E. Ives und Dr. Frank Gray. Bilder und Ton wurden über Kabel von Washington, D. C., nach New York City gesendet. Darüber hinaus erfolgte eine drahtlose Übertragung über rund 35 km von Whippany, New Jersey, nach New York City.

Das Hauptereignis der Vorführung bildete die Übertragung einer Rede Herbert Hoovers, des amtierenden Handelsministers, die aus Washington, D. C., übertragen wurde. Dieser Rede folgte eine Amateurvarietéaufführung; sie wurde aus Whippany über Funk gesendet.

Die Bilder wurden mittels einer Abtastscheibe auf Geräten mit einer Schirmgröße von rund 5 cm x 7,5 cm sowie auch auf dem großen 60 cm-Glasröhrenschirm empfangen. Die Auflösung betrug 50 Zeilen, die Bildrate 18 Bilder pro Sekunde. Die über Kabel gesendeten Bilder wurden über spezielle Schaltungen übertragen, wobei das Bildsignal über eine Leitung und gesonderte Synchronsignale (von 60 und 2000 Hz) über eine andere liefen. Eine dritte Verbindung führte das Tonsignal. Bei der Funkübertragung vom Sender 3XN wurde das Bildsignal auf einer Wellenlänge von 191 Metern (1570 kHz), das Synchronsignal auf einer Wellenlänge von 1600 Metern (185 kHz) und das Tonsignal auf einer Wellenlänge von 207 Metern (1450 kHz) ausgestrahlt.

Die auf den Abtastscheibenempfängern reproduzierten Bilder wurden hinsichtlich ihrer Qualität als »hervorragende Daguerreotypien, die zum Leben erwachten und zu sprechen begannen« beschrieben. Die Details der Gesichter erschienen in deutlich begrenzten schwarzen Linien vor einem leuchtenden goldfarbenen Hintergrund. Die Bildqualität des großen Schirms dagegen war wesentlich schlechter; die Einzelheiten erschienen hier durch die Vergrößerung stark verschwommen. Zwischen den über Kabel und den über Funk empfangenen Bildern sollen keinerlei Qualitätsunterschiede erkennbar gewesen sein.

Das von Dr. Gray entwickelte Lichtpunktsystem als Instrument für die Bildaufnahme am Sender wurde nun bekanntgemacht. Es war freilich nur eine von ungezählten weiteren technischen Leistungen, die dieser Vorführung zu einem derartigen Erfolg verhalfen. Aufgebauschte Behauptungen über irgendwelche großartige technische Durchbrüche wurden nicht erhoben. Erwähnt wurde aber die Tatsache, daß die Bell Telephone Laboratories mehrere Jahre lang an diesem Projekt gearbeitet hatten, und daß an der durchgeführten Vorführung nahezu 1000 Menschen mitgewirkt hatten.[67]

Tatsächlich war dies die beste Vorführung eines mechanischen Fernsehsystems, die bis dahin je gezeigt worden war. Noch mehrere Jahre lang konnte sich kein anderes System in der Bildqualität auch nur annäherungsweise mit diesem vergleichen.

Dr. Frank Gray (stehend) und John R. Hofele. Der »Lichtpunktabtaster« von Dr. Gray machte die Vorführung der Bell Laboratories im Jahr 1927 zu einem Erfolg.

Im April 1927 führte Kenjiro Takayanagi von der Hamamatsu Technical High School (Japan) erfolgreiche Experimente mit einer Elektronenröhre als Empfänger durch. Takayanagi hatte rund um eine gasgefüllte Oszillographenröhre des in Tokyo entwickelten Denki-Typs ein ausgeklügeltes System gebaut. Er verwendete eine Nipkow-Scheibe mit 40 Löchern bei einer Drehzahl von 14 Umdrehungen pro Sekunde. Die Abtastung erfolgte nach dem Lichtpunktsystem von Rignoux in Verbindung mit zwei Photozellen von General Electric. Die Verwendung der Nipkow-Scheibe bedeutete, daß Takayanagi über einen linearen Zeitablenkgenerator verfügen mußte. Dieser wurde mit horizontalen Abtastimpulsen von der rotierenden Scheibe gespeist, welche ihrerseits aus der zweiten Photozelle vor der Lochspirale kamen. Den vertikalen Impuls lieferte ein größeres Loch in der Scheibe. Mit den Bildsignalen und Gleichlaufimpulsen wurde die Elektronenröhre am Empfänger gespeist, und zwar in durchaus zufriedenstellender Weise, wie Takayanagi behauptet. Zum ersten Mal wurden hier horizontale und vertikale Synchronisierimpulse mittels einer Photozelle erzeugt.

Das empfangene Bild auf einem grünen Schirm war etwa 10 cm x 12,5 cm groß und bestand aus rund 1600 Elementen. Gesichter konnten als solche erkannt wer-

Gegenüber: Dr. Herbert E. Ives bei der Vorführung von Fernsehen sowohl über Kabel- als auch über Funkverbindungen, die die Bell Laboratories 1927 gaben.

Das Elektronenstrahlgerät von Kenjiro Takayanagi, 1927.

den und auch ihre »Identifizierung war irgendwie möglich«. Takayanagi prognostizierte, daß zukünftige elektronische Empfänger sowohl Hochvakuum- als auch Hochspannungsröhren sein würden, und daß ein brauchbares Fernsehbild aus rund 100.000 Elementen bestehen müßte.[68]

Zu dieser Zeit verwendeten nur Takayanagi in Japan und die Bell Telephone Laboratories in den Vereinigten Staaten Nipkow-Scheiben für die Abtastung und Elektronenröhren für den Empfang. Ihre Abtastsysteme waren folglich einseitig gerichtet und geradlinig. Belin und Holweck sowie Dauvillier in Frankreich verwendeten schwingende Spiegel für die Abtastung und Elektronenröhren mit Sinuswellenabtastung für den Empfang. Farnsworth, der seine Experimente mit Elektronenröhren gerade erst begonnen hatte, verwendete bei seinen ersten elektronischen Kameraröhren ebenfalls Sinuswellenabtastung. Alle anderen Pioniere, einschließlich Baird, Alexanderson, Jenkins, von Mihály und Karolus, setzten bei ihren Fernsehexperimenten unterschiedlich gestaltete Formen der Nipkow-Scheibe, der Prismen- oder der Spiegeltrommel ein. Max Dieckmann hatte seine Arbeit an einem Fernsehsystem offensichtlich eingestellt.

Am 20. April 1927 richtete A. A. Campbell Swinton ein Schreiben an Dr. Alexanderson, in dem er die Vorzüge des elektronischen Fernsehens besprach. Er äußerte dabei die Hoffnung, daß jemand sich »veranlassen läßt, die elektronische Idee ernsthaft zu verfolgen«. Campbell Swinton wußte nichts von den Laborexperimenten von Dr. Ives, der zu dieser Zeit tatsächlich am elektronischen Fernsehen arbeitete, und so drückte er seine Hoffnungen ausgerechnet gegenüber Dr. Alexanderson aus, der bedauerlicherweise niemals viel vom Gedanken des elektronischen Fernsehens gehalten hatte.[69]

Unterdessen wurden in den Bell Telephone Laboratories die Experimente zum elektronischen Empfang fortgesetzt. Am 1. Mai 1927 notierte Frank Gray die Vor-

Das Gerät von Valensi, 1927: A – Empfängerlampe, B – Fluoreszenzschirm, C – Magnetfeldspulen, D – Rückstrahlgerät, E – Abtastscheiben, F – Synchronisierungsschaltung, G – Empfangsschaltung, H – Kollimator, I – Synchronmotor, J – Photozelle, K – Wechselstromgenerator mit 8 Hz, I – Wechselstromgenerator mit 800 Hz, M – Verstärker.

teile einer gleichmäßigen Strahlauslenkung in eine Richtung in der Röhre. Er beschrieb die verwendete Methode, bei der ein Kommutator synchron mit der Abtastscheibe am Sender rotierte. Ein Kondensator wurde aufgeladen und über einen Widerstand rasch entladen. Die über den Widerstand abgenommene Spannung wurde an ein Paar von Metallplatten in der Elektronenröhre angelegt. Dies führte dazu, daß sich der Strahl mit praktisch konstanter Geschwindigkeit über den Röhrenschirm bewegte und am Zeilenende ruckartig schnell wieder an den Beginn gebracht wurde, um die Abtastbewegung zu wiederholen. Eine ähnliche Strahlbewegung erfolgte in vertikaler Richtung. Auf diese Weise tastete der Strahl aufeinanderfolgende parallele Zeilen wiederholt in der gleichen Richtung ab. Auf einer solcherart betriebenen Röhre konnten einfache Fernsehbilder empfangen und sichtbar gemacht werden.[70]

Anfang Mai 1927 engagierte Dr. Alexanderson Ray D. Kell, der im Testing Department von General Electric beschäftigt war, für die Mitarbeit in seinem Fernsehprojekt. Bis zum 21. Mai 1927 entwickelten Kell und Paul A. Kober ein Fernsehsystem mit einer Auflösung von 48 Zeilen und führten es vor. Bei diesem System wurde das Bild mittels einer Hochfrequenzquecksilberlampe, die Kober von der

Harrison Tube Plant mitgebracht hatte, auf einen kleinen Schirm projiziert. Kell sollte schon bald die Leitung des Fernsehprojekts von Alexanderson bei General Electric übernehmen.[71]

Am 24. Mai 1927 übertrug John L. Baird einem Bericht zufolge Fernsehbilder von seinem Labor in London nach Glasgow, also über eine Entfernung von mehr als 700 km. Als Verbindung dienten dabei gewöhnliche Fernsprechleitungen. Die Bilder sollen »wiedererkennbar« und in konstanter Position gewesen sein.[72]

Im Juni 1927 berichtete Baird, daß er die rotierende Linsenscheibe zugunsten zweier Schlitzscheiben in Verbindung mit einem Block von zellen- oder waben-förmiger Struktur aufgegeben habe. Damit sollten die Streifen oder durchgehen-den Zeilen der Bilder in einzelne Lichtpunkte zerteilt werden, um ein feineres Bild zu erzielen. Ein ähnlicher Block wurde am Empfänger zur Wiederherstellung des Bildes eingesetzt.

Um diese Zeit wurde auch berichtet, daß Baird ein »Phonoskop« zur Auf-zeichnung des Fernsehsignals entwickelt habe. Mit diesem Gerät sollten Funk-bilder durch phonographische Aufzeichnung gespeichert werden. Wenngleich festgehalten wurde, daß einige Aufnahmen tatsächlich gemacht wurden und daß jedes der Bilder bei der phonographischen Wiedergabe seinen eigenen »Klang« aufwies, gibt es doch keine Berichte darüber, daß diese Aufnahmen auch visuell, also mit tatsächlicher Reproduktion der gespeicherten Bilder abgespielt wurden. Eine Abbildung des Geräts zeigte eine Walze des alten Edison-Typs, keine flache Berlinersche Platte. Diese Konstruktion bildete den Anfang einer langen Reihe »neuer Ideen«, mit denen Baird versuchte, seine Geldgeber bei der Stange zu halten.[73]

Im Juli 1927 wurde die Fernsehanlage Georges Valensis, des Chefingenieurs der französischen Postbehörde, beschrieben. Valensi genoß die Anerkennung, als einer der ersten Erfinder den Gedanken, Elektronenröhren in einem Fernsehsystem zu verwenden, formuliert zu haben. Sein Sender war auf Bildvorlagen, die entweder transparent wie ein Diapositiv oder lichtundurchlässig sein konnten, beschränkt. Zwei lichtstarke Lampen beleuchteten das Bild, das von zwei »stroboskopischen Scheiben« aufgefangen und zerlegt wurde. Diese Scheiben bewirkten die geradli-nige zeilenweise Abtastung des Bildes, dessen Licht nach der Abtastung durch eine Kollimationslinse auf eine Photozelle geworfen wurde. Die beiden Scheiben waren über Stromkreise mit den Ablenkspulen an der Empfängerröhre verbun-den und versorgten diese Spulen mit den erforderlichen Impulsen für die magne-tische Strahlablenkung. Ein langsamer Motor mit acht Umdrehungen pro Sekunde und ein Hochgeschwindigkeitsmotor mit 800 Umdrehungen pro Sekunde griffen ineinander, sodaß nur ein einzelnes Synchronsignal über die Fernsprechleitung übertragen werden mußte.

Der Empfangsapparat bestand aus einer speziellen, von dem Pariser Mr. Johan-nes hergestellten Elektronenröhre. Sie enthielt eine kleine Menge Gas zur Strahl-bündelung. Nur 12 Volt waren zur Strahlmodulation erforderlich. Eine Anoden-spannung von 800 Volt wurde an die Lochplatte angelegt. Vier nahe am Schirm angebrachte Magnetspulen wurden mit Impulsen mit einem Wellenprofil gleichschenkeliger Dreiecke (geradlinige Abtastung) gespeist; sie sorgten für vollkommenen Gleichlauf mit dem Sender.

Eine Beschreibung der gezeigten Bilder fand sich in diesem Artikel nicht. Erwähnt wurde, daß die Elektronenröhre in den jüngsten Experimenten zwar ein wenig vernachlässigt worden sei, daß sich aber in den Entwicklungen Valensis und in der beschriebenen Röhre wahrscheinlich die Lösung des Fernsehproblems abzeichne, weil sie in die Richtung eines billigen, kompakten Apparats in Leichtbauweise deute. Valensis Anlage war in Zusammenarbeit mit den Etablissements Gaiffe-Gallot-Pilon gebaut worden.[74]

Im September 1927 erschien ein Artikel über den Apparat Edouard Belins, aus dem hervorging, daß Belin sein Fernsehsystem weiterentwickelt hatte. Die Abtastrate betrug nun zehn Umläufe vertikal und 200 Umläufe horizontal, was eine Bildauflösung von 40 Zeilen oder weniger ergab. Diese Steigerung der Auflösung war möglich auf der Grundlage eines zuvor konstruierten Funksenders, der bei Wellenlängen von 250 bis 30 Metern arbeitete. Bei diesem Sender kam eine von Holweck gebaute Hochvakuumröhre mit Wasserkühlung als Schutz vor Überhitzung bei den kleineren Wellenlängen zum Einsatz.[75]

Am 5. September 1927 führte J. L. Baird auf der Jahresversammlung der British Association for the Advancement of Science sein neuestes Fernsehsystem namens »Noctovision« vor. Dieses System unterschied sich insofern von der herkömmlichen Punktlichtabtastung (Baird hatte noch immer nicht verraten, daß er sich dieser Methode bediente), als sich hier das Subjekt in Dunkelheit befand und von einem starken Infrarotlichtstrahl abgetastet wurde. Dadurch wurden zwar Schlaglichteffekte beseitigt, zugleich aber neue Probleme geschaffen, die auf das spezielle Verhalten des Infrarotlichts gegenüber dem von Tageslicht zurückgingen. Diese Vorführung war kein besonderer Erfolg; das Bild wies reichlich Flimmererscheinungen auf und fiel zum Teil ganz aus.

Baird hatte sich mittlerweile darauf verlegt, möglichst viele Abwandlungen seines grundlegenden Fernsehsystems anzufertigen, um seine Geldgeber bei Laune zu halten. (Diese Handlungsweise sollte in den nächsten Jahren ernsthafte Folgen nach sich ziehen.) Baird hatte versprochen, seinen Phonovisor vorzuführen, zeigte ihn aber nicht. Der Berichterstatter beglückwünschte Baird dennoch dafür, das populärste aller auf dem Treffen in Leeds gezeigten wissenschaftlichen Exponate beigesteuert zu haben.[76]

Wesentlich bedeutender waren die Ereignisse, die sich in den Labors von Philo Farnsworth in San Francisco zutrugen. Am 7. September 1927 soll Farnsworth die Übertragung eines »Bildes« mit einer seiner frühen Kameraröhren gelungen sein. Es war nicht mehr als ein sich bewegender Lichtklecks, der dabei auf einer Empfängerröhre reproduziert wurde, doch er bewies, daß das neue System von Farnsworth funktionieren konnte.

Farnsworth verfügte zu dieser Zeit über die einzigen betriebsfähigen Kameraröhren der Welt. Aufgrund der mangelnden Empfindlichkeit seiner Röhren konnte er freilich (zunächst) nur Bilder von Diapositiven, später auch von Filmen übertragen. Farnsworth arbeitete mit der Unterstützung von Herbert Metcalf und Bill

Die erste Bildzerlegerröhre von Philo Farnsworth, um 1926.

Cummings. Die erste Röhre soll Cummings im Jahr 1926 am California Institute of Technology gebaut haben. Sie wurde für Testzwecke verwendet, hatte aber nie ein Bild übertragen. Farnsworth verfügte auch über die Hilfe seines Schwagers Cliff Gardner, der das Handwerk eines Glasbläsers erlernt hatte und nun die Glaskörper der Bildzerlegerröhren herstellte.[77]

Am 14. September 1927 beantragten Ralph Hartley und Herbert E. Ives von Electrical Research Products (einer Tochtergesellschaft der Bell Laboratories) ein Patent für ein Fernsehsystem, bei dem photographischer Film entweder an einem oder an beiden Enden des Systems zum Einsatz kommen sollte. Zu dieser Zeit waren die Aussichten auf die Möglichkeit der Live-Aufnahme von Bildern oder Ereignissen ausgesprochen dürftig. Zwar hatte das Lichtpunktprinzip die Übertragung von Bildern mit Halbtönen möglich gemacht, doch sein Aktionsradius war auf den kleinen Bereich, den der wandernde Lichtpunkt erreichen konnte, beschränkt.

Deshalb war geplant, die höhere Lichtausbeute (Lichtempfindlichkeit) des photographischen Films zu nützen und diesen rasch zu entwickeln, sodaß seine Bilder von einem bereits bestehenden Fernsehsystem übertragen werden konnten. Der Film sollte in einer gewöhnlichen Kamera belichtet werden. Nach der schnellen Entwicklung wurde er auf einen mechanischen Filmabtaster (mit Nipkow-Scheibe) projiziert, der seine Bilder in ein Bildsignal konvertieren sollte. Die zugehörige Tonspur des Films sollte ebenfalls aufgenommen werden, sodaß Bild und Ton miteinander synchronisiert waren.

Eine zweite Version dieses Konzepts sollte für ein Großbildfernsehsystem verwendet werden. Bei diesem Verfahren sollte das empfangene Bild über die Empfängerscheibe wiederum auf Film aufgenommen, dieser rasch entwickelt und zu einem speziellen Projektor geführt werden, der ihn mittels der üblichen Bogenlampe auf eine große Leinwand projizierte. Auch hierbei sollte der Ton auf der dafür vorgesehenen Spur auf dem Film aufgezeichnet werden, sodaß Bild und Ton beim Abspielen miteinander synchronisiert waren. Dies war das erste Patent für die Aufzeichnung von Fernsehbildern mit dem ausdrücklichen Zweck ihrer Vorführung auf einer Großleinwand.[78]

Am 12. November 1927 beantragte Robert C. Mathes von den Bell Telephone Laboratories ein Patent für die Steigerung der Bildhelligkeit auf einem Empfängerschirm wie dem großen Neonröhrenschirm der Bell Laboratories. Das System sollte Vorrichtungen zur Herstellung eines Bildfeldes und eine Vielzahl von Kondensatoren sowie Geräte zur periodisch aufeinanderfolgenden Aufladung der Bildelemente in Übereinstimmung mit dem jeweiligen Lichtwert der einzelnen Elementarflächen des Bildfeldes beinhalten. Darüber hinaus sollte eine Vielzahl spannungsgesteuerter Verstärker elektrisch an die Kondensatorelemente angeschlossen sein; diese Verstärker sollten ihrerseits Geräte zur Erzeugung eines Lichtbildes in dem Bildfeld steuern. Mathes behauptete, ein mit dieser Methode erzeugtes Bild sei beträchtlich heller als ein Bild, bei dem nur jeweils ein Element zu einem Zeitpunkt erregt werde; außerdem könne die Methode Flimmererscheinungen vermindern. Sowohl ein Einkanal- als auch ein Mehrkanalverfahren wurden beschrieben. Die in diesem Patent vorgesehene Nutzung des »Ladungsspeicherprinzips« am Empfängerende war einzigartig.[79]

Im November 1927 veröffentlichte C. F. Jenkins einen Artikel über sein »Radio Vision«-System. Darin spendete er der Fernsehvorführung der Bell Telephone Laboratories vom April des Jahres großes Lob. Er gab ferner an, intensiv an der Übertragung von Filmbildern über Funk zu arbeiten und veröffentlichte Photographien seiner Sende- und Empfangsgeräte.[80]

Am 31. Dezember 1927 beantragte August Karolus von Telefunken ein Patent für die Kombination einer Kerr-Zelle mit einer Elektronenröhre. Karolus behauptete, daß aufgrund der Tatsache, daß ein und dasselbe Elektronenstrahlenbündel sowohl für den Zweck der Bildzusammensetzung als auch für die Helligkeitskontrolle beeinflußt werden muß, aus folgendem Grund kein wünschenswertes Ergebnis zu erzielen sei: Da sich die Vorrichtungen zur Steuerung der Intensität des fluoreszierenden Lichtpunkts, d. h. also der Stärke des Elektronenstroms, gleichzeitig mit der Geschwindigkeit der Elektronen ändern, ist die korrekte Ablenkung des Strahls insofern zweifelhaft, als die Ablenkung eine Funktion der Elektronengeschwindigkeit ist. Folglich könne der Lauf des Lichtpunkts am Schirm gar nicht in exakter Synchronisation mit dem Sender vonstattengehen. Karolus schlug deshalb vor, daß die Elektronenröhre eine gleichmäßige Elektronenströmung ohne jegliche Intensitätsänderung abgeben sollte. Eine Kerr-Zelle sollte zwischen dem Schirm und dem Betrachter angebracht werden, wo sie durch das Bildsignal moduliert würde. Dadurch hoffte er, das Problem zu lösen.[81]

August Karolus teilte seine Ansichten über das elektronische Fernsehen mit Dr. Alexanderson und vielen anderen der führenden Fernsehpioniere zu dieser Zeit: Es versprach die Lösung des Fernsehproblems, doch seine praktische Umsetzung war nach wie vor ein visionärer Traum.

Kapitel 7

Die Einführung des Kineskops: 1928 – 1929

Am 7. Jänner 1928 veröffentlichte Alexandre Dauvillier eine dreiteilige Schrift »La Télévision Electrique« in der *Revue Générale d'Electricité*. Der erste Teil enthielt den besten geschichtlichen Überblick über die bisherige Entwicklung des Fernsehens, der seit dem Buch von Korn und Glatzel aus dem Jahr 1911 erschienen war. Dauvillier hatte darin eine lange Liste von Patenten und Schriften zur Entwicklung des Fernsehens zusammengetragen. Er berichtete über die Arbeit Bains im Jahr 1848 ebenso wie über jene von Schoultz, Blake und Spooner sowie über die Bemühungen der Gebrüder Sequin und Zworykins. Im zweiten Teil der Schrift legte Dauvillier seine eigene Arbeit zu einem funktionierenden Fernsehsystem auf der Grundlage der Elektronenröhre dar. Der dritte Teil enthielt Ausführungen über seine Arbeit zu einem Röntgenapparat mit Einsatz von Fernsehtechnik, die bereits auf das Jahr 1915 zurückging.[1]

Am 9. Jänner 1928 beantragte Philo Farnsworth sein zweites Fernsehpatent. Es enthielt Verbesserungen einer Bildzerlegerröhre, wobei nun das Licht von der Szene direkt auf die photoelektrisch aktive Oberfläche fallen sollte. Erwähnt wird darin auch die Nutzung von Sekundärelektronenemission, die fünf bis 20 Mal mehr Strom abgibt als die bloße Photoemission durch den äußeren lichtelektrischen Effekt. Die Bildzerlegerröhre als augenblickliches, nicht-ladungsspeicherndes Gerät war stets mit einem besonderen Mangel an Empfindlichkeit geschlagen und veranlaßte Farnsworth zur Entwicklung einer Vielzahl von Sekundäremissionsmodellen, die diese Schwäche überwinden sollten.[2]

Am 13. Jänner 1928 gab die General Electric Company eine Fernsehvorführung aus ihrer Forschungssendestation in Schenectady. Diese Ausstrahlung erfolgte unter der Leitung von Dr. Alexanderson. Das Bild wurde von dem Sender 2XAF auf einer Wellenlänge von 37,8 Metern übertragen. Der Ton wurde von dem Sender WGY auf dessen regulärer Wellenlänge von 379,5 Metern ausgestrahlt. Die Bildauflösung betrug 48 Zeilen, die Bildrate 16 Bilder pro Sekunde. Im Aufnahmeraum wurde ein Lichtpunktsystem verwendet, dessen Bilder angeblich jedes Detail menschlicher Gesichter wiedergeben konnten.

An den speziellen Empfängern wurde die von D. McFarlan Moore entwickelte Neonlampe eingesetzt. Die Bildgröße betrug etwa 3,8 cm mal 2,5 cm; ein Vergrößerungsglas steigerte anschließend die Kantenlänge auf das Doppelte. Drei an unter-

*Ernst Alexanderson (links) und Ray Kell mit einem Heimempfänger im Versuchsstadium
aus dem Jahr 1927.*

schiedlichen Orten in Schenectady aufgestellte Empfänger sollen die Bilder ebenso
gut wiedergegeben haben wie die Empfangsgeräte im Labor. Untergebracht waren
sie in den Häusern Dr. Alexandersons und der leitenden General Electric-Ange-
stellten E. W. Allen und E. W. Rice Jr. Diese Fernsehvorführung über Funk war die
erste, bei der »Heimempfänger« anstelle von Laborinstrumenten eingesetzt wurden.[3]
   Am 20. Jänner 1928 beschrieb Paul Selenyi von Tungsram in Budapest-
Újpest eine Elektronenröhre, an deren Ende Zeichen durch die Bestäubung der
äußeren Oberfläche der Röhre mit Schwefelpulver dargestellt wurden. Selenyi
verwendete eine V-förmige Glühkathode, die von einer Elektrode umgeben und
mit einer Metallkappe verbunden war. Die Elektronenstrahlen liefen durch ein
Loch in einem Zylinder, der bei einer Spannung von 150 bis 300 Volt über der Ka-
thodenspannung gehalten wurde. Die innere Oberfläche des Glaskolbens war mit
Magnesium beschichtet; dieser Metallschicht bildete die Anode, an die eine Spannung von 3000 bis 4000 Volt angelegt wurde. Bei einer Strahlstärke von einem Mikroampere soll eine Geschwindigkeit des Zeichenstrahls von 30 km pro Sekunde
erzielt worden sein.

Selenyi beantragte am 1. Februar 1928 ein Patent für diese Methode des Zeichnens elektrischer Bilder. Darüber hinaus veröffentlichte er einen Artikel, in dem er eine Röhre mit einem Beschleunigungsfeld und einem von Kraftlinien freien Feld beschrieb. Das Patent legte den Einsatz einer Elektrode zur Strahlbündelung und einer Magnetspule zur Scharfstellung des Strahls dar. Weiters waren Vorrichtungen zur Veränderung der Helligkeit und zur Strahlablenkung in Übereinstimmung mit der gewünschten Bilderscheinung vorgesehen. Auch auf die elektrische Übertragung von Bildern wurde Bezug genommen.[4]

Am 9. Februar 1928 wurde bekanntgemacht, daß John L. Baird an diesem Tag um Mitternacht Londoner Zeit erfolgreich Bilder von London an eine Empfangsstation in Hartsdale, New York, übertragen habe. Diese Ausstrahlung war auf einer Wellenlänge von 45 Metern bei einer Senderleistung von 2 kW erfolgt. Am Empfänger, so wurde berichtet, waren wiedererkennbare Bilder zu sehen.[5]

Als nächstes wurde wenig später behauptet, daß diese Übertragung auch auf dem Linienschiff *Berengaria* auf hoher See, 1600 km von der Küste entfernt, empfangen worden sei. Dies berichtete Capt. Oliver G. Hutchinson von der Baird Television Development Company am 7. März 1928. Aktionen wie diese entsprachen Bairds Politik, sämtliche Aspekte des neuen Gebiets Fernsehen zu erforschen (und dafür auch die dringend benötigte Reklamewirkung einzuheimsen), um die öffentliche Neugier aufrechtzuerhalten.[6]

Diese Öffentlichkeitsarbeit sollte den Verkauf von Empfangsgeräten und von Aktien der Baird Television ankurbeln. Im Februar 1928 brachte Baird im Londoner Kaufhaus Selfridge's Store einen Empfängerbausatz zum Selbstzusammenbauen auf den Markt. Darüber hinaus wurden Anteile an der Baird-Company mit Reklame beworben, die in den meisten Fällen irreführend war. Im März 1928 bot die Zeitschrift *Popular Wireless* der Baird Company 1000 Pfund, wenn sie es schaffte, mit ihrem Televisor die Bilder von fünf einfachen Objekten auch nur über 25 Meter zu übertragen. Diese Herausforderung wurde niemals angenommen. Und im Juni 1928 sprach ein Bericht davon, daß »Bairds System im Grunde hoffnungslos« sei.[7]

Am 25. Februar 1928 führten die Bell Telephone Laboratories ihr Fernsehsystem mit Quarzoszillatoren zur Herstellung der Synchronisation zwischen Sender und Empfänger vor. Diese speziellen Oszillatoren waren von J. W. Horton und W. A. Marrison entwickelt worden. Sie beinhalteten auch frequenzteilende Schaltungen, die die Stromfrequenz jeder Elektronenröhre auf eine Frequenz heruntersetzen konnten, die einem einfachen Bruch der Ausgangsfrequenz entsprach, also etwa auf ein Viertel, Fünftel oder Sechstel der Ausgangsfrequenz. Darüber hinaus gehörten dazu auch spezielle Schaltungen zur langsamen Veränderung der Motordrehzahl für die jeweils gewünschte Bildstricheinstellung (Höhe-Breite-Einstellung).[8]

V. K. Zworykin von der Westinghouse Electric and Manufacturing Group beantragte am 3. März 1928 ein Patent für eine neuartige Photoemissionszelle. Sie bestand aus einer Grundschicht aus Magnesium, auf die eine dünne Schicht eines bestimmten Metalls wie etwa Cäsium, Rubidium, Kalium oder einer Kombination aus diesen aufgetragen wurde, wodurch sich praktisch jede gewünschte Beziehung zwischen der Wellenlänge der einfallenden Lichtstrahlung und dem Elektronen-abgabevermögen der Zelle herstellen ließ. Zworykin bevorzugte Zellen mit Cäsi-umtrinitrid. Er gab an, mit der im Patent beschriebenen Methode ließe sich eine empfindliche und beständige Photozelle auf einfache und billige Weise herstellen. Dies dürfte die erste Erwähnung einer Cäsium-Magnesium-Zelle sein. Ihr Wir-kungsgrad war beträchtlich höher als jener der verbreiteten Kalium-Wasserstoff-Zelle. Zworykin gab weiters an, mit seinen gasgefüllten Zellen eine Ausbeute von ungefähr 25 Mikroampere/Lumen erzielt zu haben, mit seinen Vakuumzellen hin-gegen nur zwei Mikroampere/Lumen.[9]

Dr. Alexanderson von General Electric berichtete, daß am 13. März 1928 in Schenectady eine Vorführung des Großbildsystems (45 cm Kantenlänge) durch-geführt worden war. Die Bildauflösung betrug 48 Zeilen; verwendet wurde das Lichtsteuerungssystem von Karolus. Alexanderson merkte an, daß dabei wohl das bisher beste Bild in dieser Größe gelungen sei. Seine Anerkennung galt Ray Kell, der die verwendete Anordnung ausgearbeitet hatte.[10]

Eben dieser Ray D. Kell von General Electric beantragte am 20. März 1928 sein erstes Patent für ein Farbfernsehsystem. Es war ein Zweifarbensystem, bei dem die Szene von einer Scheibe mit zwei spiralförmigen Lochanordnungen in einer ver-schachtelten Abtastfolge, d. h. im Zeilensprungverfahren aufgelöst wurde. Eine Scheibe mit zwei Filtersektoren ließ Licht der einen Farbe auf die erste Lochspirale und Licht der anderen Farbe auf die zweite Lochspirale fallen. Am Empfänger wur-den die Löcher einer Scheibe mit zwei ähnlich verschachtelten Lochspiralen von zwei Lampen (unterschiedlicher Farbe) nacheinander entsprechend den eintreffen-den Signalen mit Licht versorgt.[11]

Am 3. April 1928 verlor Philo Farnsworth seinen ersten Patentstreit gegen Dr. Zworykin von Westinghouse. Es war das Verfahren Nr. 54.922. Am 11. Juli 1928 verlor Farnsworth mit dem Verfahren Nr. 55.448 einen weiteren Patent-streit gegen Dr. Zworykin. Die Niederlage in einer solchen Auseinandersetzung vor der Patentbehörde der Vereinigten Staaten bedeutete freilich nur die Auf-gabe der in Streit stehenden Ansprüche; die übrigen wurden danach zum Patent zugelassen.[12]

Am 17. April 1928 beantragte Philo T. Farnsworth ein Patent für die Beein-flussung der Entladungen in einer Elektronenröhre. In diesem Patent beschrieb Farnsworth, wie durch die Anlegung eines gleichmäßigen koaxialen magnetischen Feldes longitudinal zum Entladungspfad in der Röhre das elektrische Bild auf einen scharfen Punkt fokussiert werden konnte. Die Anlegung eines solchen Fel-des, so Farnsworth, sollte zwei Effekte zur Folge haben: Erstens würde dadurch der diffuse Leuchtfleck zu einem scharfen Punkt gebündelt, und zweitens sollte die Ablenkebene eine Rotation des periodisch wechselnden Querfeldes verursa-chen. Farnsworth gab an, daß ein so erzeugtes elektronisches Bild geringfügige Abbildungsfehler aufweise, und zwar wie ein von einer gewöhnlichen optischen Linse gebündeltes Lichtbild. Er beschrieb die Elektronenbahn als Schraubenlinie, deren Form von der Stärke des angelegten elektrischen Feldes abhängt. Dieses Patent scheint das erste zu sein, das diese wichtige Anwendung der »Elektronenoptik« auf eine Fernsehbildwiedergaberöhre enthielt.[13]

Philo Farnsworth beantragte am 25. April 1928 ein Patent für ein Synchronisationssystem. Er beschrieb darin eine dunkel getönte Bildbegrenzung, die bei der Abtastung aufgrund ihrer Beschaffenheit eine andere Frequenz ergeben würde als das Bild selbst. Vorgeschlagen wurde ein Gesamtsignal, das aus einer Serie hoher Frequenzen (1500 Hz für die Horizontalabtastung) gefolgt von den ungeordneten Bildsignalfrequenzen, die durch Niederfrequenzen (15 Hz für die Vertikalabtastung) moduliert werden, bestehen und übertragen werden sollte. Am Empfänger sollten frequenzselektive Elemente diese Teilfrequenzen voneinander trennen.

Dieser Patentantrag von Farnsworth beinhaltete erstmals eine Glühkathodenröhre mit magnetischer Strahlbündelung durch eine lange Spule. Eine solche lange Fokussierungsspule verwendete Farnsworth sowohl für seine Kameraröhre (Bildzerlegerröhre) als auch für seine Bildwiedergaberöhre (Empfängerröhre).[14]

Am 26. April 1928 beantragte der Italiener Ricardo Bruni ein Patent für ein vollelektrisches Fernsehsystem unter Verwendung eines von Bruni so genannten Photoskops sowohl am Sender als auch am Empfänger. In der Kamera befand sich eine selenbeschichtete Bildwandlerplatte, die von einem Elektronenstrahl aus einem Heizfaden abgetastet wurde. Die Platte sollte in einem bestimmten Winkel zum Abtaststrahl geneigt sein, sodaß das Licht von der Szene und der Strahl auf derselben Plattenseite auftrafen. Das Photoskop am Empfänger sollte ebenfalls schräg zum Elektronenstrahl gestellt sein; durch die Synchronisation der beiden Röhren, so das Patent, sollte ein Bild auf phosphoreszierendem Material sichtbar gemacht und durch eine Linse betrachtet werden.[15]

Im April 1928 beantragte die Radio Corporation of America die Zulassung eines Fernsehsenders, der von ihrem Research and Test Department beim Van Cortlandt Park in New York City betrieben werden sollte. Dieses Labor, das seit dem Jahr 1924 unter der Leitung von Dr. Alfred N. Goldsmith stand, war mit der Prüfung und Bewertung bestehender Produkte sowie mit der Planung neuer Geräte beauftragt. Der Fernsehsender und die nötigen Abtastgeräte sollten in der Fifth Avenue Nr. 411, dem Sitz der RCA Photophone, eingerichtet werden, wo geeignete Studioanlagen zur Verfügung standen.

Der Sender wurde von der von Theodore A. Smith geleiteten Mannschaft gebaut; Smith war auch für die neue Fernsehtechnikgruppe verantwortlich. Diese sollte zunächst das von General Electric entwickelte System mit 48zeiliger Auflösung und einer Bildrate von 16 Bildern pro Sekunde verwenden; General Electric lieferte nicht nur die gesamten Abtastanlagen, sondern baute auch einige Empfänger mit 48 Zeilen. Der Sender sollte auf einer Frequenz von 2000 bis 2100 kHz (142,8 Meter Wellenlänge) arbeiten. Die Federal Radio Commission wies der Sendeanlage die Rufzeichen W2XBS zu. Dies dürfte die erste Zulassung eines Fernsehsenders sein, die in den USA erteilt wurde.[16]

Am 5. Mai 1928 führte C. F. Jenkins Mitgliedern der Federal Radio Commission die Übertragung von Filmbildern vor. Sein Sendeapparat bestand aus einem

herkömmlichen 35mm-Filmprojektor, bei dem die intermittierende Schrittschaltung des Films entfernt war, aus einer Abtastscheibe von rund 38 cm Durchmesser mit 48 Linsen und aus einer sehr lichtstarken Bogenlampe. Der Film wurde
kontinuierlich mit einer Geschwindigkeit von 15 Einzelbildern pro Sekunde an
den Linsen vorbeigeführt, während die Scheibe mit 900 Umdrehungen pro Minute rotierte. Das Licht der Bogenlampe wurde von einer Photozelle aufgenommen, die die Bildinformation übertrug.

Ein neuartiger, bei dieser Vorführung erstmals gezeigter Fernsehempfänger bestand aus einer hohlen Trommel mit einem Durchmesser von knapp 18 cm und
einer Breite von knapp 13 cm. In dieser Trommel befand sich eine dünnwandige
Hohlspindel, in deren Innerem 48 kurze Quarzstäbe eingesteckt waren, die Licht
an Löcher in der Trommelaußenwand leiten sollten. Im Zentrum dieser Trom-
melkonstruktion saß eine spezielle Neonröhre mit vier aufwärtsgerichteten Anoden. Ein rotierender Kommutator gab an jede der Röhrenanoden das richtige
Bildsignal ab; das so entstehende schwankende Licht wurde von den Quarzstäben
nach außen auf einen um 45 Grad geneigten Spiegel geleitet. Vor diesem Spiegel
war eine Linse zur Vergrößerung des Bildes angebracht. Bei richtiger Abstimmung
zwischen der Linsenscheibe am Sender und den Quarzstäben am Empfänger
wurde die Spiegeloberfläche von einem Lichtstrahl abgetastet. Mit dieser Konstruktion sollen deutliche Schattenbilder mit fehlerloser Bewegungsillusion klar
empfangbar gewesen sein.

Dies scheint das erste Fernsehempfangsgerät zu sein, bei dem lichtdurchlässige
Stäbe zur Projektion des Lichts auf den Schirm verwendet wurden. Jenkins gab
bekannt, daß er die Herstellung und den Verkauf von »Radio-Film«-Geräten auf
kommerzieller Basis plane; die Fernsehempfänger sollten als Zubehör zu herkömmlichen Radioempfängern auf den Markt gebracht werden.[17]

Im Jahr 1928 wurden zwei überaus wichtige Fernsehvorführungen durchgeführt. Die erste gab Kenjiro Takayanagi von der Hamamatsu Technical High
School in Japan. Er demonstrierte der Japanischen Gesellschaft für Elektrizität im
Mai 1928 sein elektronisches Fernsehsystem. Seit April 1927 hatte er an der Verbesserung seines Systems gearbeitet und war nun in der Lage, Bewegungsbilder
von Händen und Gesichtern sichtbar zu machen. Takayanagi übertrug Bilder mit
einer Auflösung von 40 Zeilen bei einer Bildrate von 14 Bildern pro Sekunde. Ein
Artikel, in dem er sein System beschrieb, zeigte die ersten je veröffentlichten Photographien von Bildern auf einem elektronischen Fernsehschirm.

Takayanagi setzte die Arbeit an der Verbesserung seines Systems fort, und
Ende 1928 gelang ihm die Übertragung von Bildern in »wiedererkennbarer« Qualität – nicht bloß von Schattenbildern, sondern von Bildern mit Halbtönen.
Takayanagi verfügte zu dieser Zeit zweifellos über das am höchsten entwickelte
elektronische Fernsehsystem der Welt. Dessen weitere Verbesserung ermöglichte
ihm schließlich zu Ende des Jahres 1928 die Übertragung von Bildern in »guter«
Qualität.[18]

Am 11. Mai 1928 gab Dionys von Mihály eine Fernsehvorführung in Berlin, der
50 Personen beiwohnten. Von Mihály hatte sein älteres Gerät, das offensichtlich nie

*C. F. Jenkins mit seinem »Radio-Film«-Sender von 1928. Die Linsen waren kreisförmig
angeordnet, und der Film wurde kontinuierlich transportiert.*

richtig funktioniert hatte, aufgegeben. Er verwendete jetzt die herkömmliche Nipkow-Scheibe mit 30 Löchern bei einer Bildrate von 10 Bildern pro Sekunde, dazu
eine Alkalimetall-Photozelle am Sender und eine Glimmlampe ähnlich jener von
D. McFarlan Moore am Empfänger. Vorgeführt wurden hauptsächlich Schattenbilder und Bilder von Diapositiven auf einem Schirm von etwa vier mal vier cm
Größe. Dies scheint die erste Demonstration eines tatsächlich funktionierenden
Fernsehsystems in Deutschland gewesen zu sein; ihr wurde das Verdienst zuge-
schrieben, sofort großes Interesse an dem neuen Medium hervorgerufen zu haben.[19]
Die Bell Telephone Laboratories hatten eine Abtastscheibe von 91 cm Durchmesser mit größeren Löchern gebaut, die mit einer Linse von knapp 13 cm Durchmesser versehen war. Eine Photozelle des Thallofid-Typs von Case diente zur

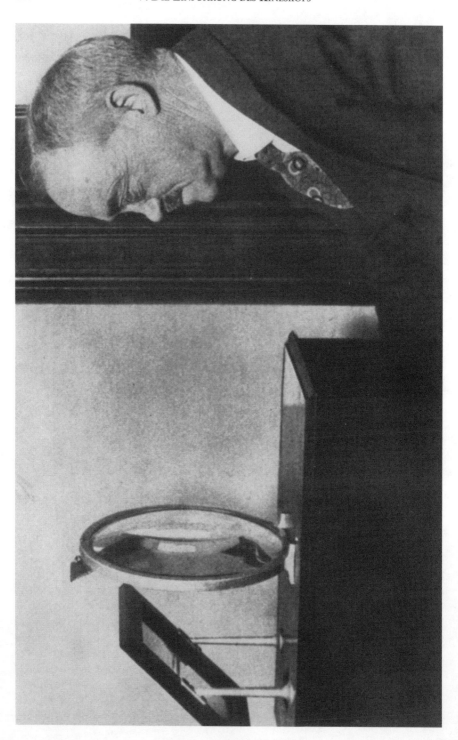

Konvertierung des Lichts in Bildsignale. Am 10. Mai 1928 wurde diese Scheibe ins Freie gebracht und auf dem Dach des Gebäudes der Bell Laboratories aufgestellt. Mit ihr gelang die Übertragung von Bildern mit Menschen in Lebensgröße (und nicht bloß von Gesichtern), die Tennisschläger schwingen und ähnliche Bewegungen ausführen. Dies dürfte die erste erfolgreiche Übertragung von Live-Bildern unter ausschließlicher Verwendung von Tageslicht anstelle künstlicher Beleuchtung gewesen sein. Das gute Gelingen dieses Versuchs veranlaßte Dr. Ives, eine öffentliche Vorführung innerhalb von vier bis sechs Wochen anzusetzen.[20]

Wenig später wurde freilich berichtet, daß John L. Baird schon am 18. Juni 1928 in London der Presse erstmals Freilichtfernsehen vorgeführt habe. Diese Demonstration soll auf dem Dach von Bairds Labors in Long Acre stattgefunden haben, von dem angeblich Bilder in einen vier Stockwerke tiefer liegenden Raum übertragen wurden. Obwohl über diese »Vorführung« weder in der *London Times* noch in der *New York Times* noch in *Nature*, Ausgaben von 1928, auch nur eine Zeile zu finden war, wurde in der Zeitschrift *Television* in London gleich von drei Autoren darüber berichtet.[21]

Am 22. Mai 1928 schrieb Roy Bishop von den Farnsworth Television Laboratories einen Brief an C. E. Tullar von der Patentabteilung von General Electric, in dem er versuchte, Tullars Interesse an Farnsworths Fernsehsystem zu wecken. Farnsworth selbst soll Dr. James Cranston und Dr. L. F. Fuller von General Electric am 1. Mai 1928 eine Privatvorführung gegeben haben. Diese kann nicht allzu gut verlaufen sein, weil es zu Hitzeproblemen an den Spulen der Bildzerlegerröhre kam. Darüber hinaus, so die Aufzeichnungen Farnsworths, gelangen die ersten »richtigen« Bilder aus der Bildzerlegerröhre erst in der Woche vom 7. bis zum 13. Mai 1928.

Offensichtlich maß Albert G. Davis, der stellvertretende Präsident von General Electric, dem Fernsehsystem von Farnsworth keine überragende Bedeutung bei, doch er räumte ein, daß Farnsworth mit seinen eingeschränkten Möglichkeiten doch ansehnliche wissenschaftliche Fortschritte erzielt habe. Deshalb stellte General Electric in Aussicht, Farnsworth als Mitarbeiter aufzunehmen – unter der Bedingung, daß alle seine bisherigen Erfindungen zwar aufgekauft würden, doch daß »alles, was er als unser Angestellter erfindet, gemäß den Bestimmungen des regulären Ingenieurswerkvertrags an uns fällt«. Es ist bekannt, daß Farnsworths Geldgeber in Vorahnung der enormen erforderlichen Entwicklungskosten bereits sehr früh beschlossen hatten, sein Fernsehprojekt eines Tages einem der großen Elektrounternehmen abzutreten.[22]

Im Juni 1928 veröffentlichte A. A. Campbell Swinton den Artikel »Television by Cathode Rays«. Darin gab er neuerlich an, in den Jahren 1903 und 1904 tatsächlich einige Experimente mit einer Röhre mit Selenschicht und Strahlabtastung durchgeführt zu haben. Sie hatte keine Ergebnisse erbracht, wenn sie an ein empfindliches Galvanometer angeschlossen wurde. Diese Versuche waren mit

Gegenüber: Eine Photographie aus dem Jahr 1929 von C. F. Jenkins mit seinem neuen Trommelempfänger.

Die Freilichtvorführung der Bell Labs am 10. Mai 1928 auf dem Dach des Gebäudes der Bell Laboratories.

Oben: Die Freilichtvorführung Bairds von 1928, die auf dem Dach der Baird-Labors stattfand. Baird steht in der Mitte; der britische Schauspieler Jack Buchanan steht links. Unten: Die Fernsehkamera von Philo Farnsworth aus dem Jahr 1928. Farnsworth gab 1928 mit dieser Kamera eine private Vorführung.

einer Kaltkathodenröhre mit hohen Betriebsspannungen und ohne Verstärker-vorrichtungen durchgeführt worden.

Campbell Swinton fuhr mit einem kurzen geschichtlichen Abriß über die Ent-wicklung des Fernsehens fort, in dem er auch die Patente von Blake, Spooner und V. K. Zworykin aus dem Jahr 1925 erwähnte. Als Einbringungsdatum für Zworykins Patent gab er den 13. Juli 1923 an, doch dies war ein Irrtum – Zworykin hatte seinen Antrag am 13. Juli 1925 eingereicht. Campbell Swinton er-achtete dieses Patent als »sehr interessante« Darlegung. Er merkte an, daß Elek-tronenröhrenkameras, wenngleich bereits vorgeschlagen und sogar patentiert, noch nie gezeigt oder gar bis zur Funktionstüchtigkeit entwickelt worden seien. Campbell Swinton wußte also zu dieser Zeit nicht, daß Farnsworth in San Fran-cisco soeben die einzigen elektronischen Kameras der Welt baute und betrieb.[23]

Am 5. Juni 1928 beantragte J. L. Baird ein Patent für ein Farbfernsehsystem. Es beinhaltete eine sequentielle Methode des Farbfernsehens, bei der die Abtast-scheibe drei Anordnungen spiralförmig angebrachter Löcher aufwies. Jede der drei Lochspiralen tastete in einer verschachtelten Abfolge, also in einem Zeilen-sprungverfahren, das gesamte Bild ab. Die Lochspiralen waren von Farbfiltern der Farben Blau, Rot und Grün bedeckt. Mittels eines Kommutators und Schleifrin-gen wurden die Signale an den Empfänger mit einer ähnlichen Scheibe wie der des Senders übertragen. Die Signale speisten am Empfänger Lampen in geeigneten Farben, wodurch das Originalbild wiederaufgebaut werden sollte.[24]

Dr. Lewis Koller von den General Electric Research Laboratories hielt am 7. Juni 1928 einen Vortrag vor der Radio Division der National Electrical Manu-facturing Association (NEMA). Darin erläuterte er die Prinzipien von Photozel-len und erklärte, daß eine Zelle aus einem versilberten Kolben mit einer dünnen Beschichtung aus einem der Alkalimetalle (Lithium, Kalium, Rubidium, Cäsium usw.) besonders lichtempfindlich sei. Koller gab an, daß eine Kaliumzelle nicht die gleiche spektrale Empfindlichkeit aufweise wie das menschliche Auge, da sie we-sentlich empfindlicher auf blaues und weniger empfindlich auf rotes Licht an-spreche. Cäsium biete sich für alle Einsatzbereiche besonders an, in denen es um Farbverarbeitung geht. Er wies ausdrücklich auf seine Anwendung sowohl im Fernsehen als auch im Tonfilm hin.

Dr. Koller beschrieb eine Zelle mit versilberter innerer Oberfläche, auf die eine monoatomare Schicht Cäsium aufgebracht wurde, wobei das Cäsium und das Sil-ber als Kathode fungierten. Koller zeigte einige Empfindlichkeitskurven; gasge-füllte Röhren ergaben deutlich höhere Kurven als Vakuumröhren. Eine typische Vakuumröhre ergab eine Ausbeute von einem Mikroampere, eine vergleichbare gasgefüllte Röhre hingegen 12 bis 13 Mikroampere. Offensichtlich wurden die Cäsium-Magnesium-Photozellen Dr. Zworykins sowohl von Westinghouse als auch von General Electric geprüft. Die Einführung der Cäsium-Silber-Zelle zu dieser Zeit ermöglichte zahlreiche Fortschritte sowohl beim Fernsehen als auch beim Tonfilm. Die allgemeiner gebräuchliche Kaliumhydrid-Zelle erbrachte weder die erforderliche Ausbeute noch wies sie die nötige spektrale Empfind-lichkeit auf.[25]

Kolomon Tihany in Berlin, 1928. In diesem Jahr beantragte Tihany Patente, die Beschreibungen mehrerer neuartiger und wichtiger lichtelektrisch empfindlicher Bildwandlerplatten enthielten.

Am 11. Juni 1928 beantragte der Ungar Kolomon Tihany Patente für vollständige Fernsehsysteme mit elektronischen Sender- und Empfängerröhren. Tihany beschrieb mindestens vier Formen photoelektrischer Bildwandlerplatten, die alle völlig neuartig und überaus wichtig waren.

Die erste Variante sah eine Struktur aus metallischen Teilchen vor, die voneinander isoliert und photoelektrisch beschichtet sein sollten. Die zweite sollte aus einem Netz mit Isolierfäden bestehen, auf dem die photoelektrische Beschichtung in bestimmten Abständen aufgebracht war. Die dritte Form bestand aus einer isolierenden Trägerwand mit dünnen Schichten aus photoelektrischem Material und einer durchgehenden Metallschicht (4), die zur Erhöhung ihrer Kapazität geerdet sein sollte. Die vierte Abwandlung schließlich sah eine Glasplatte mit quadratischen Alkalimetallzellen vor; die Plattenrückseite sollte zur Leistungssteigerung metallisch beschichtet sein. Vor der Trägerplatte sollte ein Gitter (41) angebracht sein, das die durch die Lichteinwirkung freigesetzten Elektronen sammelt. Der Elektronenstrahl traf auf den Alkalimetallzellen auf und wurde von dort auf einen Faradayschen oder Perrinschen Zylinder reflektiert. Die beiden letzten Varianten waren deshalb außerordentlich wichtig, weil sie Vorrichtungen zur Speicherung und Verstärkung einer Ladung bildeten.

Tihany stellte hier alle Elemente vor, die zur Herstellung einer funktionstüchtigen Kameraröhre des Speichertyps erforderlich sind. Er soll auch einige Röhren

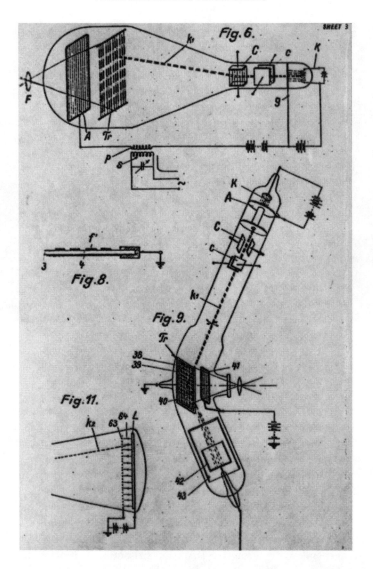

Strichzeichnung aus Kolomon Tihanys Patentantrag für ein elektronisches Fernsehsystem von 1928.

tatsächlich gebaut haben, um seine Annahmen zu beweisen. Freilich gibt es keinen Beweis dafür, daß sie je funktionierten.[26]

Der Fernsehapparat von Ulises A. Sanabria wurde am 13. Juni 1928 auf einem Treffen der Radio Manufacturers Association (RMA) in Chicago gezeigt. Es war das erste Mal, daß auf einer Radiotagung Fernsehgerätschaft ausgestellt wurde. Das Gerät war von der A. J. Carter Company aus Chicago gebaut worden. Der

Sender wies drei Lochspiralen zu je 15 Löchern auf und produzierte damit ein 45zeiliges Bild bei einer Bildrate von 15 Bildern pro Sekunde.[27]

Am 22. Juni 1928 beantragte Coryton E. C. Roberts aus London ein Patent für eine Kameraröhre des Bildzerlegertyps. Es beschrieb eine Kameraröhre, in der die gesamte Elektronenströmung von der Bildwandlerplatte sequentiell durch eine Öffnung in einer Anode »A« geleitet und so ein Bildsignal erzeugt wird. Das Patent zeigte verschiedenartige Mittel zur Beförderung der Elektronenströmung durch die Öffnung; mehrere interessante Abwandlungen wurden beschrieben. Es ist bekannt, daß Roberts später mehrere Röhren dieser Art baute, aber nie eine davon zum Funktionieren brachte.[28]

Am 3. Juli 1928 wurde berichtet, daß John L. Baird der Presse und einer Gruppe von Wissenschaftlern erstmals Farbfernsehen vorgeführt hatte. Am Sender befand sich eine Abtastscheibe mit drei Lochspiralen; jede Spirale war mit einem Farbfilter (grün, rot und blau) bedeckt. Eine ähnliche Scheibe wurde am Empfänger verwendet; spezielle verschiedenfarbige Lichtquellen mit Neon für Rot, Helium für Blau und Quecksilber für Grün sorgten für das nötige Licht zur Bildprojektion. Die Vorführung, so der Bericht, zeigte leuchtstarke Bilder von Gesichtern und Blumen.[29]

Am 12. Juli 1928 führten die Bell Telephone Laboratories der Presse vom Dach des Bell-Gebäudes in New York Fernsehen im Freien vor. Die Kamera soll tragbar und so mobil gewesen sein, daß sie für Aufnahmen überallhin bewegt werden konnte. Szenen von einem Sparringboxkampf, Golfschläge und andere Bewegungen wurden gezeigt. Dr. Frank Gray betrieb die Kamera, während Dr. Herbert E. Ives den Empfänger bediente.[30]

C. F. Jenkins beantragte am 16. Juli 1928 ein Patent für einen Sender mit ladungsspeichernden Zellen. Er beschrieb darin Mittel zur Speicherung von Ladungen in einer Vielzahl von Zellen bis zu deren Entladung. Er gab an, daß während der Aufladung einer Zelle bis zu ihrem vollen Aufnahmevermögen die anderen Zellen der Reihe nach durch einen Kommutator entladen werden könnten. Erfolgte diese Licht-Strom-Übersetzung in der richtigen Zeitspanne, die ein Element des Senders zur vollständigen Aufladung benötigte, so würde am Empfänger eine exakte Wiedergabe der am Sender aufgenommenen Szene reproduziert.

Ein Mehrlampenempfänger mit 2.304 Einzelleuchten wurde tatsächlich gebaut und sollte von einem Kommutator in ähnlicher Weise betrieben werden wie das Großbildgerät der Bell Telephone Laboratories. Später wurde behauptet, daß auch eine Kamera mit einer Vielzahl von Photozellen gebaut werden sollte, doch davon war in der Folge nie mehr etwas zu hören. Dieses Patent wurde Gegenstand der Patentstreitverfahren Nr. 62.727 und Nr. 67.440 mit Dr. Zworykin von Westinghouse, die Jenkins verlor.[31]

Am 26. Juli 1928 führte Dr. Alexanderson einige Versuche mit der Fernsehanlage von General Electric bei normalem Tageslicht durch. Zunächst verwendete er die in einem Gehäuse untergebrachte Abtastscheibe mit 24 Löchern. Damit konnte er einfache Bilder von boxenden Männern übertragen. Später ging er zum 48zeiligen Sender über; er notierte, daß damit klare Bilder von den Silhouetten der umliegenden

Fabriken und von Rauch aus den Schloten übertragen werden konnten. Dr. Alexanderson äußerte die Vermutung, daß die guten Ergebnisse der Bell Telephone Laboratories auf »drastische Verbesserungen bei Photozellen« zurückzuführen seien. Die Bell Telephone Laboratories ihrerseits haben niemals verraten, daß sie ihre bemerkenswerten Ergebnisse allein mit der Thallofid-Zelle von Case erzielt hatten.[32]

Am 8. August 1928 führte die Westinghouse Electric and Manufacturing Company aus East Pittsburgh von ihrem Radiosender KDKA in East Pittsburgh, Pennsylvania, aus ein »Funkfilm«-System vor. Diese Demonstration stand unter der Schirmherrschaft von Harry P. Davis, der Dr. Frank Conrad dafür würdigte, die Anlage auf ihren gegenwärtigen Entwicklungsssstand gebracht zu haben. Die Übertragung lief über eine 3,2 km lange Kabelverbindung zur Sendestation und danach die gleiche Entfernung über Funk zurück zu den Empfängern. Das System arbeitete auf drei Frequenzen: Bildsignal auf einer Wellenlänge von 150 Metern, Ton auf einer Wellenlänge von 63 Metern und ein spezielles Synchronsignal auf einer Wellenlänge von 90 Metern.

Dr. Conrad übertrug ein Bild mit einer Auflösung von 60 Zeilen bei einer Bildrate von 16 Bildern pro Sekunde. Dabei wurde ein spezieller 35mm-Filmprojektor in Verbindung mit einer Abtastscheibe mit 60 Löchern verwendet. Das Licht des abgetasteten Films fiel auf eine Cäsium-Photozelle und wurde dort zum elektrischen Bildsignal konvertiert und ausgestrahlt. Ein Signal von 5000 Hz von einer Stimmgabel wurde auf einer speziellen Trägerwelle mitübertragen. Am Empfänger diente es dazu, die dort verwendeten Synchronmotoren in Gleichlauf mit den Sendermotoren zu halten. Ein spezieller »Quecksilberlichtbogen« diente am Empfänger als Lichtquelle. Sein moduliertes Licht wurde durch die Empfängerscheibe auf eine Art Bildschirm oder auf Milchglas geworfen.[33]

Die Radio Corporation of America versuchte nach wie vor, den technischen Vorsprung des Fernsehsystems der Bell Telephone Laboratories wettzumachen. Es sollte der vereinten Kräfte von General Electric und Westinghouse bedürfen, um dies zuwege zu bringen. Da General Electric beim »Funkfernsehen« (d. h. bei der Produktion von Live-Bildern im Studio) die Nase vorn hatte, blieb Westinghouse die Vervollkommnung des »Funkfilms«, d. h. der Produktion von Fernsehbildern von 35mm-Film überlassen. Das Fernsehprojekt von Westinghouse war seit Zworykins Scheitern 1925/26 offensichtlich auf Eis gelegt; die Bemühungen, die zu der beschriebenen Demonstration geführt hatten, dürften erst kurz davor begonnen worden sein.

Einer glänzte auf der Fernsehdemonstration von Westinghouse durch Abwesenheit – Dr. V. K. Zworykin. Beschäftigt mit der Forschung zu Photozellen, zur Tonaufzeichnung auf Film und zur Bildtelegraphie, hatte er an dem Fernsehprojekt von Westinghouse unter Dr. Conrad gar nicht teilgenommen. Den Sommer 1928 verbrachte Dr. Zworykin in Europa, wo er eine ganze Reihe von elektrotechnischen Labors besichtigte. Er besuchte Deutschland, Belgien, Ungarn, Großbritannien und Frankreich. Sein besonderes Interesse, das ist bekannt, galt der Arbeit, die Dauvillier, Valensi, Belin und Holweck in Frankreich leisteten. Sie alle betrieben Forschungen zu Elektronenröhren.

In Paris besuchte Zworykin die Labors der Etablissements Belin, wo ihm deren gesamte Entwicklungsarbeit gezeigt wurde. Er sah Belins Phototelegraphen, der einem Gerät stark ähnelte, an dem Zworykin selbst für Westinghouse gearbeitet hatte. Hier lernte er auch Gregory N. Ogloblinsky, den Chefingenieur Belins, sowie Fernand Holweck und Pierre Chevallier kennen.

Man zeigte ihm eine sehr unausgereifte Elektronenröhre mit Vorrichtungen zur elektrostatischen Strahlbündelung. Es handelte sich offensichtlich um eine zweiteilige Röhre, die zur Aufrechterhaltung des Vakuums ständig abgepumpt wurde. Sie wies eine Glühkathode auf, die in ein Metallgefüge eingeschlossen war. Zwei Telleranoden sorgten für die Strahlbündelung und -beschleunigung. Nur ein Satz von Ablenkplatten war in die Röhre eingebaut. Der fluoreszierende Schirm war offenbar durch den Glaskörper von der übrigen Röhre isoliert. Zwischen dem Schirm und der Kathode war keine Verbindungsanode eingerichtet, die die Rückleitung der Elektronenladung auf dem Schirm zur Elektronenkanone ermöglicht hätte.[34]

War zwar der Gedanke der elektrostatischen Strahlbündelung seit dem Jahr 1926 in Europa (durch die Arbeit von Rogowski und Grosser) und in Amerika (durch die Arbeit von R. H. George 1927/28) allgemein verbreitet, so scheinen Holweck und Chevallier doch zu den ersten gehört zu haben, die eine solche Röhre gebaut und tatsächlich zum Funktionieren gebracht haben.[35]

Dr. Zworykin war durch die Entdeckung dieser Röhre in gehobene Stimmung versetzt und kehrte Anfang September 1928 in die Vereinigten Staaten zurück. Dorthin brachte er (1) eine Vakuumpumpe von Holweck, (2) eine zerlegbare Elektronenröhre von Holweck und (3) Gregory Ogloblinsky als zukünftigen Angestellten bei Westinghouse mit. Ogloblinsky sollte sich rasch zu einer höchst wertvollen Verstärkung des Mitarbeiterstabes Dr. Zworykins entwickeln.[36]

Dr. Zworykin erblickte in der elektrostatischen Strahlfokussierung die Lösung, die er für das Problem einer funktionstüchtigen Fernsehbildwiedergaberöhre gesucht hatte. Sie würde alle Probleme lösen, die mit der Western Electric-Röhre mit Gasfokus von Johnson verbunden waren.

Was Dr. Zworykin plante, war eine dauerhaft hermetisch abgeschlossene Hochvakuumröhre mit einer reinen Elektronenentladung. Darüber hinaus beschloß er, die Funktionen der Strahlmodulation, der Ablenkung des Strahls bei geringer Geschwindigkeit sowie schließlich der Beschleunigung des Strahls für eine hohe Bildhelligkeit voneinander zu trennen, indem er eine unter Hochspannung stehende Beschleunigungsanode in Form einer Metallbeschichtung auf der Innenwand des Glaskolbens anbrachte. Damit war eine Verbindung geschaffen, über die die Elektronen zur Elektronenkanone zurückkehren konnten, wodurch eine Aufladung des Schirms vermieden wurde. Es trifft für viele große Erfindungen zu und galt auch hier: Alle technischen Elemente dieser Bildwiedergaberöhre existierten bereits – doch es brauchte die schöpferische Kraft Dr. Zworykins, um sie in der richtigen Weise zusammenzusetzen. Daraus wurde Dr. Zworykins größter Erfolg.

Harley Iams, der zusammen mit Zworykin bei Westinghouse an der Bildtelegraphie gearbeitet hatte, wurde im November 1928 mit der Arbeit an den Schaltungen für die Strahlablenkung beauftragt. Dr. Zworykin seinerseits soll rasch eine einfache Röhre aus einem Dewar-Weinholdschen Gefäß hergestellt haben, um zu beweisen, daß sie funktionierte.[37]

Trotz der großartigen Aussichten seiner neuen Röhre gelang es Zworykin nicht, Westinghouse dazu zu bringen, seine neue Idee voranzutreiben. Deshalb schlug Sam Kintner, der stellvertretende Präsident von Westinghouse, Zworykin vor, er möge nach New York reisen, um dort David Sarnoff einen Besuch abzustatten. Dieses berühmte Treffen (dessen genauer Zeitpunkt unmöglich nachzuweisen, inzwischen aber auf den Zeitraum zwischen Ende Dezember 1928 und spätestens Jänner 1929 eingegrenzt worden ist) fand kurz vor Sarnoffs Abreise nach Europa statt, wo er an der Konferenz über die deutschen Wiedergutmachungen vom 1. Februar bis Juni 1929 teilnahm.

David Sarnoff, zu dieser Zeit geschäftsführender Vizepräsident der RCA, fragte Dr. Zworykin nach den erforderlichen Entwicklungskosten für ein funktionstüchtiges Fernsehsystem. Die Antwort lautete: »Es kann bei Kosten von rund 100.000 Dollar in zwei Jahren geschafft werden.« Zworykin teilte Sarnoff mit, daß »das grundlegende Instrument bereits einsatzfähig« sei, aber noch »umfangreiche und teure Weiterentwicklung« erfordere. (Daraus ist abgeleitet worden, Zworykin habe sich mit diesem Instrument auf eine unfertige Kameraröhre bezogen, doch es ist bekannt, daß Zworykin zu diesem Zeitpunkt weder über eine betriebsfähige noch über eine im Bau befindliche Kameraröhre verfügte. Was er besaß, war die aus dem Weinhold-Dewarschen Gefäß gebaute rohe Bildwiedergaberöhre, die er in seinem Labor betrieb.) Sarnoff ließ sich davon überzeugen und erteilte Westinghouse die Anweisung, Zworykin mit zusätzlichem Budget und Personal und weiterer Gerätschaft auszustatten. Darüber hinaus wurde rasch eine Ladung gläserner Bildröhrenrohlinge bei der Corning Glass Company bestellt.[38]

Am 10. August 1928 beantragte Francis C. P. Henroteau aus Ottawa, Kanada, ein Fernsehpatent bei der US-Patentbehörde (Seriennr. 298.809), das freilich nie gewährt wurde. Grundsätzlich befaßte es sich mit einem nichtleitenden (sperrenden) photoelektrischen Schirm, der von einem Lichtstrahl abgetastet und entladen werden sollte. Henroteau sandte Durchschriften dieses Antrags am 16. August 1928 an C. F. Jenkins, am 30. August 1928 an Dr. Lewis Koller von General Electric, am 1. Oktober 1928 an Dr. Zworykin von Westinghouse und am 14. Dezember 1928 an Lee De Forest. Dieser Patentantrag wurde aufgegeben und im Mai 1929 ein neuer eingereicht.[39]

Berichten zufolge führte John L. Baird am 10. August 1928 in seinem Labor in Long Acre tatsächlich stereoskopisches Fernsehen vor. Er verwendete dazu eine Abtastscheibe mit zwei spiralförmigen Lochanordnungen, wobei jede Spirale einen eigenen Bildbereich erfaßte. Folglich wurden zwei Bildsignalsätze simultan übertragen. Am Empfänger befand sich eine ähnliche Scheibe mit zwei Lochspiralen, wobei die Löcher gegeneinander versetzt angebracht waren, sodaß eine einzelne Neonröhre als Lichtquelle für beide Bilder genügte. So wurden beiden Augen periodisch wechselnde Bildteile vorgeführt. Ein gewöhnliches stereoskopisches Sichtgerät aus zwei Prismen verschmolz die beiden Bildteile zu einem einzelnen dreidimensionalen Bild. Ein Betrachter fand »die Illusion sehr verblüffend«.[40]

Am 21. August 1928 versuchte General Electric die erste Übertragung von Außenaufnahmen aus größerer Entfernung mit einer Fernsehkamera. Berichtet werden sollte über die Rede des Gouverneurs Al Smith zur Annahme seiner Präsidentschaftskandidatur für die Demokraten beim Kapitol in Albany.

Die »Kamera« bildete der neue tragbare Lichtpunktabtaster von General Electric. In einem einfachen Gehäuse wurde das Licht einer 1000 Watt starken Lampe durch die Scheibe mit 24 Löchern projiziert. Zu diesem Gehäuse gehörten zwei auf Dreibeingestellen angebrachte Photozellen, die das reflektierte Licht von der Szene auffingen und in elektrische Signale umwandelten.

Obwohl dies eine Freilichtaufnahme war, bildete die wichtigste Lichtquelle genaugenommen die Kamera, die wie die im Studio verwendete ein Lichtpunktabtaster war. Die von Ray Kell betriebene Senderkamera schickte ihr Signal auf Kabel über eine Entfernung von knapp 29 km; Alda Bedford sollte die Bilder überwachen und von der Station WGY ausstrahlen lassen. Kell zufolge verliefen die ersten Probeaufnahmen erfolgreich, doch die Übertragung des eigentlichen Ereignisses, der Rede, wurde verdorben, als die Riesenscheinwerfer der Wochenschaufilmer angingen und das Fernsehbild auslöschten.[41]

D. N. Sharma aus Edinburgh beantragte am 24. August 1928 ein Patent für ein elektronisches Aufnahmegerät. Diese Kameraröhre ähnelte dem Patent Dauvilliers aus dem Jahr 1925 (vgl. S. 81) insofern, als auch sie eine spezielle »Verbundplatte« beinhaltete, die das Licht von der Szene auf die Photozelle reflektieren sollte.

Diese spezielle transparente oder teildurchlässige Platte sollte aus einem Material wie etwa Zinksulfat mit einer Spur Thorerde o. ä. bestehen. Ein Elektronenstrahl sollte diese spezielle Platte abtasten; da diese Platte auch das Licht der Szene auffing, trug sie einen Abdruck des Musters dieser Szene. Wenn nun der Elektronenstrahl die Rückseite der Platte abtastete, machte er die Platte (in Abhängigkeit von der Lichtmenge auf jedem Teil der Platte) mehr oder weniger opak. Mit den so entstehenden Helligkeitsschwankungen auf der Plattenvorderseite schwankte auch das Ausgangssignal einer davor angebrachten Photozelle; dieses schwankende Signal ergab das Bildsignal. Es gibt keine Aufzeichnungen darüber, daß dieses Gerät je gebaut wurde.[42]

Am 24. August 1928 gab Philo Farnsworth vom Crocker-Bishop Research Laboratory zwei Mitgliedern der Pacific Telephone Company, J. E. Heller und L. A. Gary, eine private Vorführung seines Fernsehsystems. Sie berichteten, daß das Bild auf einem Schirm von etwa 3,2 mal 3,8 cm von eher schwacher Leuchtkraft gewesen sei. Gegenstände sollen kaum zu erkennen gewesen sein, doch Bewegungen wurden gut wiedergegeben. Heller und Gary zeigten sich beeindruckt von der photoelektrischen Senderöhre (der Bildzerlegerröhre) und von dem Umstand, daß alle Abtastvorgänge mit elektrischen Mitteln durchgeführt wurden.[43]

Dieser Privatvorführung folgte eine Demonstration vor der Presse am 3. September 1928, von der der *San Francisco Chronicle* berichtete. Dieser Artikel enthielt die erste je veröffentlichte Photographie einer elektronischen Kameraröhre. Sie zeigte Farnsworth mit einer Bildzerlegerröhre in der einen und einer elektro-

nischen Empfängerröhre in der anderen Hand. Im Hintergrund befand sich eine seiner frühen »Kameras«.

Der Artikel gab an, das System sei in der Lage, etwa 20 Bilder pro Sekunde mit rund 8000 Bildelementen zu übertragen. (Das entspricht einer Bildauflösung von etwa 50 bis 60 Zeilen.) Das Bild wurde als nur etwa 3,2 cm mal 3,8 cm groß und als »sonderbar aussehendes kleines Bild aus nunmehr bläulichem Licht, das oft verschmiert und verschwimmt« beschrieben. Doch es wurde zugestanden, daß das grundlegende Prinzip damit verwirklicht und seine Vervollkommnung nur eine Frage der entsprechenden Ingenieurskunst sei. Der Artikel erwähnte auch, daß sich die Labors in der Green Street Nr. 202 in San Francisco befanden und von W. W. Crocker und Roy N. Bishop finanziert wurden. Philo Farnsworth besaß zu dieser Zeit die einzigen funktionstüchtigen Kameraröhren der Welt. Doch bis zum heutigen Tag sind seine bahnbrechenden Leistungen wenig bekannt und nicht gebührend gewürdigt worden.[44]

Am 31. August 1928 wurde auf der Berliner Funkausstellung erstmals eine Fernsehvorführung gegeben. Die Anlage von Dionys von Mihály war in Betrieb und wurde ausgestellt. Auch die Fernsehanlage von Dr. August Karolus von Telefunken wurde gezeigt. Dieses Gerät bestand aus einer Spiegeltrommel und dem Lichtventil von Karolus. Die Größe der Bilder betrug bemerkenswerte 10 mal 10 cm. Nur Diapositive (transparente Bildträger) konnten damit gezeigt werden, und es wurde behauptet, daß die Ergebnisse mit denen von Bairds Fernsehen nicht mithalten konnten.[45]

Der General Electric-Sender WGY in Schenectady führte am 11. September 1928 die erste Fernseh-«Rundfunkausstrahlung« eines Fernsehspiels durch. Der Inhalt der Sendung war eine Aufführung des Stücks »The Queen's Messenger« von J. H. Manners. Bild und Ton wurden auf verschiedenen Kanälen ausgestrahlt. Drei »Kameras« kamen zum Einsatz; jede enthielt eine von einem Synchronmotor angetriebene Abtastscheibe von rund 30 cm Durchmesser mit 24 Löchern. Hinter der Scheibe befand sich eine 1000 Watt starke Lampe, deren Licht von einer Linse gebündelt wurde. Eine weitere Linse außerhalb des Gehäuses projizierte das Licht auf die Szene. Jede Kamera war auf Rädern angebracht und hatte ihren eigenen Satz Photozellen, die in einem Holzbehälter auf einem Dreibein angebracht waren. Die Photozellen hatten einen Durchmesser von knapp 18 cm. (Die gleichen waren bei der »Fernübertragung« in Albany eingesetzt worden.) Je eine Kamera stand für die beiden Darsteller zur Verfügung, die dritte wurde für Nahaufnahmen von Händen, Schauspielern oder Requisiten verwendet. Der Regisseur verfügte über einen Monitor zur Überwachung des Programmverlaufs und über Steuerungen für die Überblendung von einer Kamera zur anderen.

Das Programm wurde von einer Gruppe von Pressevertretern und Wissenschaftlern in einem nahe beim Sender gelegenen Gebäude der General Electric Com-

Gegenüber: Hinter den Kulissen der Ausstrahlung des ersten Fernsehspiels »The Queen's Messenger« am 11. September 1928. Drei Kameras kamen zum Einsatz; Bild und Ton wurden getrennt voneinander übertragen.

pany mitverfolgt. Berichte gaben an, das Bild sei klein, gelegentlich verschwommen und undeutlich, außerdem nicht immer im Schirmmittelpunkt und wegen des Flimmerns anstrengend für die Augen gewesen.[46]

Eine dieser Kameras von General Electric wurde am 21. September 1928 auf der Radio World's Fair in New York City ausgestellt. Sie gehörte zum Ausstellungsprogramm von General Electric, das auch eine Vorführung eines Fernsehgroßbildprojektors von Dr. Alexanderson beinhaltete. (Dabei handelte es sich nicht um das Siebenstrahlprojektionsgerät Alexandersons.) Dieses Gerät soll durch eine Projektionslinse von 12,5 cm Durchmesser Bilder einer Größe von etwa 30 mal 30 cm auf einen silberfarbenen Schirm geworfen haben.

Daneben stellte auch die A. J. Carter Company, die die Apparatur von Ulises Sanabria gebaut hatte, Fernsehgeräte aus. Deren Abtastscheibe wies drei Lochspiralen auf. Jede davon hatte 15 Löcher und wurde mit einer Geschwindigkeit von 15 Bildern pro Sekunde angetrieben, woraus sich ein 45zeiliges Bild ergab. Einen dritten Ausstellungsbeitrag zum Fernsehen lieferte die Daven Radio Corporation, die ein System mit 48 Löchern auf einer Scheibe von knapp 61 cm Durchmesser verwendete.[47]

Am 2., 3. und 4. Oktober 1928 versuchte General Electric eine Reihe von Langstreckenübertragungen von Fernsehsignalen über gewöhnliche Fernsprechverbindungen. Die Testbilder stammten von einer tragbaren 24zeiligen Kamera von General Electric, die in einer Telephonzelle nahe des NBC-Studios in der Fifth Avenue Nr. 711 in New York aufgestellt war.

Der erste Versuch lief über eine Verbindung zwischen dem NBC-Studio und dem Aufnahmeraum im Sender WGY in Schenectady. Das Bild eines Gesichts soll trotz schlimmer Zeilenspiegelungen und vier ausgeprägter vorübergehender Bildausfälle wiedererkennbar gewesen sein. Das empfangene Bild einer fächerförmigen Figur war zwar klar sichtbar, aber durch die stärkere Verzögerung der höheren Frequenzen gegenüber niedrigeren verzerrt.

Ein zweites Testbild wurde über eine Distanz von 4800 km von NBC in New York nach Chicago, von dort zurück zu NBC und schließlich nach Schenectady übertragen. Dieser Versuch scheiterte völlig; keine Gesichter waren wiederzuerkennen und nicht einmal die einfachsten geometrischen Figuren konnten voneinander unterschieden werden. Diese von Ray Kell und Merill Trainer durchgeführten Versuche machten deutlich, daß Fernsehbilder über Langstreckenkabelverbindungen nicht ohne Phasenausgleich übertragen werden konnten.[48]

Am 4. Oktober 1928 beantragte Dr. Gillis Holst aus Eindhoven, Holland, ein Patent für eine frühe Form einer »Bildwandlerröhre« für die photographische Aufnahme. Sie sollte optische Bilder, Standbilder ebenso wie Laufbilder, in Ladungsbilder umwandeln. Im Betrieb wurde das Lichtbild auf eine Platte geworfen, wo es in ein Ladungsmuster konvertiert wurde, welches anschließend als Ganzes zu einer Anode geleitet wurde. Von dieser Anode ging schließlich sichtbare Strahlung aus, die das Bild ansichtig machte. Der Zweck dieses Verfahrens bestand darin, ein Instrument zur erheblichen Steigerung der photochemischen Wirkung des Lichts zu schaffen.[49]

Zu dieser Zeit im Jahr 1928 strahlten etwa 12 Sender in den USA tatsächlich zu irgendeiner Tageszeit Bilder aus bzw. waren im Begriff, den Sendebetrieb aufzunehmen. Sechs Sender verwendeten 48zeilige Abtastung, drei sendeten 24zeilige, die übrigen drei 60-, 45- und 36zeilige Bilder. Die Bildraten lagen zwischen 7,5 und 21 Bildern pro Sekunde.

Aufgrund dieser Uneinheitlichkeit gründete die Radio Manufacturers Association (RMA) am 9. Oktober 1928 ein »Fernsehnormenkomitee«, das dieses Problem lösen sollte. Um die Ausbreitung der Fernsehsendungen im Rundfunkband zu bremsen, wurde die Fernsehsendezeit jedes Senders auf eine Stunde pro Tag beschränkt; die Zeit zwischen 18 und 23 Uhr mußte sendefrei bleiben. Die Federal Radio Commission legte eine Reduktion der täglichen Sendezeit für alle Ausstrahlungen von Stand- und Laufbildern fest, die bis zum 1. Jänner 1929 galt. Nach diesem Datum sollten Fernsehsendungen in einem gesonderten Frequenzbereich über 1500 kHz ausgestrahlt werden.[50]

Am 10. Oktober 1928 beantragte John L. Baird ein Patent für ein Bildaufzeichnungsgerät. Es beinhaltete ein in sich abgeschlossenes Abspielgerät für Signalaufnahmen auf phonographischen Platten. Später wurde diese Erfindung Phonovision genannt. Am 17. Oktober 1928 lehnte die BBC das Ansuchen der Baird Corporation um die Zulassung eines Fernsehsenders ab.[51]

G. W. Walton beantragte am 25. Oktober 1928 ein Patent für ein Fernsehsystem mit gleichzeitiger Abtastung und Wiedergabe einer Bildspur. Diese Spur konnte als »eindimensionales« Bild auch auf Film aufgezeichnet werden. Beim Empfang wurde es auf einem ähnlichen Film aufgezeichnet und in ein normales zweidimensionales Bild zurückverwandelt.[52]

Die Bell Telephone Laboratories berichteten am 29. Oktober 1928, daß die Arbeit an einer Abtastscheibe mit 72 Löchern, die die bis dahin verwendete Scheibe mit 50 Löchern ablösen sollte, voranschritt. Sie würde allerdings die doppelte Bandbreite des älteren 50zeiligen Systems erfordern. Am 22. November 1928 wurde sie F. B. Jewett vorgeführt.

Am 31. Oktober 1928 berichtete Dr. Frank Gray von den Bell Telephone Laboratories über Methoden zur Aufzeichnung von Fernsehbildern auf photographischem Film mit Hilfe einer streifenförmigen Lichtquelle bei kontinuierlichem Filmtransport. Die Bell Laboratories hatten schon früher über die Aufzeichnung von Fernsehbildern auf Film bei langsamer Transportgeschwindigkeit nachgedacht, die dann über Fernsprechleitungen an Kinos im ganzen Land übertragen werden sollten, wodurch die Verbreitung von Fernsehnachrichten und ihre Vorführung als »Wochenschau« innerhalb weniger Stunden ermöglicht würde. Das Ziel war die Übertragung 200zeiliger Bilder an jeden beliebigen Ort mit einer Programmdauer von 16 bis 40 Minuten pro Meter Filmlänge.[53]

Am 28. November 1928 beantragte Philo T. Farnsworth das erste Patent für eine Bildzerlegerröhre in der Standardform, die für die nächsten Jahre in Gebrauch bleiben sollte. Das neue Merkmal daran bildete eine doppelte Anodenöffnung, die hohe und niedrige Frequenzen voneinander trennen sollte.[54]

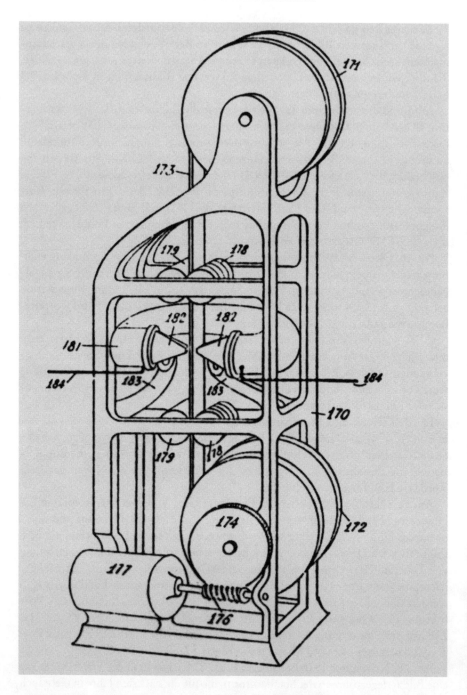

»Abbildung 12« aus dem Fernsehpatent von John Hays Hammond (beantragt 1928)
zeigt Hammonds Darstellung eines Videorekorders.

John Hayes Hammond Jr. beantragte am 6. Dezember 1928 ein Patent für ein Fernsehsystem. Der größte Teil des Antrags behandelte die Aufzeichnung von Bildern, um sie unter besseren Bedingungen als jenen bei der Aufnahme vorführen zu können. »Abbildung 12« dieses Patents zeigt Hammonds graphische Darstellung eines Videorekorders; es war das erste amerikanische Patent für dieses wichtige Gerät.[55]

Am 12. Dezember 1928 beantragten M. Knoll, L. Schiff und C. Stoerk aus Berlin ein Patent für einen neuen Elektronenstrahloszillographen. Dieses Patent beschrieb mehrere Elektronenstrahloszilloskope sowie ein vollständiges Fernsehsystem. Darüber hinaus erwähnte es den Gebrauch einer neuartigen Anordnung zur Bündelung des Elektronenstrahls auf der Grundlage des elektrostatischen Effekts. Diese Konstruktion bestand aus in bestimmten Abständen koaxial und symmetrisch zueinander angebrachten Elektrodenpaaren geeigneter Form (z. B. abwechselnd perforierte Metallzylinder mit dünnen Zwischenringen großen Durchmessers), die abwechselnd mit geeigneten Spannungen versorgt wurden.

Auf diese Weise wurden divergierende elektrische Felder erzeugt, die in schräger Richtung auf die Richtung des Strahls wirkten, sodaß dieser zu seinem Mittelpunkt hin zusammengedrückt und so gebündelt wurde. Bei ausreichend hoher Spannung würde auch ein einzelnes Elektrodenpaar genügen, um diesen Bündelungseffekt zu erzielen. Die divergierenden Felder konnten mit verschiedenartig gestalteten Elektroden erzeugt werden.

Wurde an ein solches Gerät eine Steuerspannung angelegt, konnte die Intensität der Strahlelektronen und damit die Leuchtstärke des Brennflecks ohne Trägheitseffekte verändert werden. In dem Patent fand sich auch eine Abbildung eines vollständigen Fernsehsystems. Eine weitere Zeichnung stellte eine Schaltung zur Erzeugung linearer Spannungsschwingungen für den Einsatz im Fernsehen und in der Bildtelegraphie dar, eine dritte die Wellenform dieser linearen Schwingungen (Kippspannungen), die eine solche Schaltung produzierte. Die Wellen waren geradlinig und folgten einem Sägezahnmuster.[56]

Am 14. Dezember 1928 berichtete Ray Kell von Western Electric über die Ergebnisse, die er mit einer Standardoszillographenröhre von Western Electric erzielt hatte. Er gab an, daß er versucht hatte, ein Gitter in die Röhre einzubauen, dies aber schließlich wieder aufgegeben hatte. Stattdessen hatte er die Schaltungen um eine zusätzliche Elektronenröhre erweitert, die das Bildsignal an die Abschirmung anlegte und so die Helligkeit des Lichtpunkts veränderte.

Kell hatte einen linearen Abtastschaltkreis entwickelt, der an die Ablenkplatten in der Röhre Ströme von 480 Hz und 20 Hz anlegte. Bei Kontakt mit der Abtastscheibe bei einer Drehzahl von 480 Umdrehungen pro Sekunde soll der Elektronenstrahl dem Lichtpunkt am Sender überaus genau gefolgt sein. Kell gab an, daß er mit diesem Gerät »Bilder von recht guter Qualität erzeugen konnte.[57]

Fritz Schröter von Telefunken beantragte am 23. Dezember 1928 ein Patent, in dem er ein Gerät zur Aufzeichnung von Fernsehbildern beschrieb. In einem photochemischen Prozeß sollte eine Glimmentladungsröhre (mit Wendel) ihr Licht auf einem lichtempfindlich beschichteten Streifen abbilden, sodaß ein sichtbares Bild entstand.

In diesem präzisen System rotierten sechs Glimmlampen und tasteten so die Emulsion zeilenweise ab. Zwischen der lichtempfindlichen Schicht und den Lampen befand sich eine Spaltblende, die für gerade Linien sorgte. Eine Abwandlung zeigte die Emulsion zwischen zwei elektrischen Polen zur Erzeugung elektrischer Impulse (sechs positive Pole passieren dabei einen negativen Pol), wodurch auf der Oberfläche des Papiers ein sofort sichtbares Bild erzeugt wurde.[58]

Philo T. Farnsworth erlangte im Jänner 1929 in den USA landesweite Aufmerksamkeit. Am 15. Februar 1929 stellte er Harry L. Lubcke, einen jungen Elektrotechniker von der University of California ein. Lubckes Hauptaufgabe bestand darin, Farnsworth bei der Entwicklung eines vollelektrischen Abtastgenerators zu unterstützen.

Farnsworth hatte bis dahin zur Erzeugung seiner Sinuswellen-Abtastströme 500 Hz-Motorgeneratoren verwendet. Der Einsatz sinuswellenförmiger Abtastung schuf vielerlei Probleme; sie produzierte Bilddopplungen, weil die beiden Halbkreise unmöglich exakt in Phase zu halten waren, und sie verursachte »Bildschatten« aufgrund der veränderlichen Abtastgeschwindigkeit. Farnsworth versuchte es danach mit Stimmgabeln als Synchronisationsinstrument und schließlich mit Vakuumröhren zur Erzeugung von Abtastimpulsen.

Bis Juli 1929 entwickelten Farnsworth und Lubcke einen elektrischen Abtastgenerator, der sägezahnförmige Kippströme und spezielle Impulse zur Tilgung der Rücklaufzeile erzeugte. Damit verfügte Farnsworth über das erste vollelektronische Fernsehsystem der Welt. In seinem Labor besaß er nun ein vollelektronisches Kameragerät (die Bildzerlegerröhre), eine Bildwiedergaberöhre in Hochvakuumtechnik mit magnetischer Strahlbündelung und einen elektronischen Abtast- und Synchronpulsgenerator. In diesem System existierten keine beweglichen Teile mehr.[59]

Im Jänner 1929 wurden die Bedingungen für die Übernahme der Victor Talking Machine Company in Camden, New Jersey, durch die Radio Corporation of America festgesetzt. Der Kaufpreis betrug 154 Millionen Dollar, die an das Bankhaus von Speligman und Speyer bezahlt wurden. Offensichtlich hatte der Verwaltungsrat der RCA bereits im Oktober 1927 auf Veranlassung David Sarnoffs hin empfohlen, daß die RCA mit einer eigenen Produktionsstätte zu versehen sei, an die die General Electric Company und Westinghouse Electric Teile ihrer radiobezogenen Anlagen und ihres Personals übertragen sollten. Ein zweiter Ausschuß hatte diese Konsolidierungsempfehlung im April 1928 wiederholt, das Produktionsbudget der RCA aber auf 25 Millionen Dollar beschränkt.[60]

Der Erwerb der Victor Company durch die RCA im Jahr 1929 bedeutete freilich nicht nur die Übernahme der riesigen Produktionsanlagen in Camden (nach denen es Sarnoff lange gelüstet hatte), sondern auch das Aufkommen prinzipiellen Interesses an der japanischen Victor Talking Machine Company sowie an der britischen Gramophone Company, Ltd.

Diese Übernahme bedeutete auch, daß der RCA jetzt ein gut organisiertes Netz von Groß- und Einzelhändlern zur Verfügung stand. Die Gramophone Company,

Ltd., hatte mit der Marconi Company ein Abkommen über den Erwerb der Ge-
schäftstätigkeit und der Rechte der Marconiphone Company auf dem Gebiet der
Heimunterhaltung geschlossen. Deshalb wurde David Sarnoff im März 1929 einer
der Direktoren der Marconiphone Company. Eine unmittelbare Folge davon war,
daß die Marconiphone Company ab nun die Patente der RCA erhielt und sogleich
ein eingeschränktes Forschungsprojekt zum Fernsehen einrichtete.[61]

Die Marconi Wireless Telegraph Company als Lizenznehmerin der RCA in
Großbritannien erhielt die Patente der RCA ebenfalls und ließ sie unter Marconis
Namen in England eintragen. Die General Electric Company übertrug ihre Patente
an die British Thomson-Houston Company, während Westinghouse seine Patente
unter dem eigenen oder im Namen von Metropolitan Vickers registrieren ließ.

Für die »Talking Machine«, also für den Phonographen hatte David Sarnoff
freilich sehr wenig Interesse übrig. Stattdessen schmiedete er schon unmittelbar
nach dem Erwerb der Victor Talking Machine Co. Pläne für den baldigen Beginn
der Produktion von Radioempfängern in Camden. Außerdem sollte in der ersten
Hälfte des Jahres 1930 die gesamte Fernsehentwicklung nach Camden verlegt werden. Dies betraf auch die wichtige Arbeit Zworykins und seiner Mitarbeiter bei
Westinghouse in East Pittsburgh.[62]

Die eigentliche Arbeit am neuen Fernsehsystem Dr. Zworykins begann am
1. Februar 1929 mit dem Eintreffen der ersten Ladung von Glaskolben der Corning Glass Company. Da Dr. Zworykin zu dieser Zeit noch nicht über eine funktionstüchtige Fernsehkamera verfügte, beschloß er, fürs erste einen normalen
Simplex-Filmprojektor, dessen intermittierende Schrittschaltung entfernt wurde,
als Quelle von Bildsignalen zu verwenden. Ein oszillierender Spiegel sollte die
Einzelbilder des Films abtasten. Ein dazwischen angebrachtes optisches System
bündelte das Licht auf einen Teil der Photozelle.

Es war geplant, für die Horizontalabtastung eine sinuswellenförmige Abtastbewegung zu verwenden; sie vereinfachte den Abtastvorgang, weil sowohl der
Spiegel als auch die Ablenkspulen in der Bildwiedergaberöhre vom gleichen einfachen Sinuswellengenerator angetrieben werden konnten. Die Vertikalabtastung
bildete demgegenüber einen linearen Vorgang, bei dem der Film ein Zahnrad antrieb, das jeweils den Beginn jedes Einzelbildes anzeigte. Ein Kontakt an diesem
Rad entlud periodisch eine Kondensatorschaltung, was den Abtaststrahl veranlaßte, sich in der Zeit eines Filmeinzelbildes nach oben zu bewegen.

Dieses Verfahren beschrieb Dr. Zworykin in einem Patent, das er am 26. März
1929 beantragte. Während dieses Patent über das Sendersystem mit dem Filmprojektor höchst ausführlich ins Detail ging, sagte es über die Empfängerröhre sehr
wenig aus. Es befaßte sich in der Hauptsache mit der Synchronisation der Einzelbilder des Films. Als Einzelheiten der Empfängerröhre wurden nur ein Steuergitter, das an den negativen Pol der Batterie anzuschließen sei, und ein schwankendes
Potential, welches das Bildsignal darstellen würde, angegeben. Für eine neue revolutionäre Bildwiedergaberöhre fand sich nicht einmal eine leise Andeutung.[63]

Wie von Sarnoff versprochen, erhielt Dr. Zworykin mehrere Ingenieure für sein
Projekt zugeteilt. Unter ihnen war Harley Iams, der schon bei Projektbeginn im

November 1928 dabeigewesen war. John Batchelor stieß im April 1929 dazu, Arthur Vance im Mai 1929, Gregory N. Ogloblinsky im Juli 1929 und Randall Ballard im September 1929. W. D. Wright war der Chefoptiker der Gruppe. Batchelor und A. J. Harcher bauten die Bildwiedergaberöhren. Videoverstärker, Ablenkschaltungen und Hochspannungsquellen wurden von Arthur Vance konstruiert und gebaut. Die Stromzuführungen stellte Skypzak her. Ballard konstruierte die Funkempfänger. Die allgemeine Schaltungsanordnung der Empfänger entwickelten Harley Iams und ein Technikstudent namens Pepper. (Wegen seiner angeschlagenen Gesundheit verließ Iams das Projekt im Dezember 1929 wie auch W. D. Wright, der wegen familiärer Probleme nach England zurückkehren mußte.)

Die erste zufriedenstellende Bildwiedergaberöhre wurde Mitte April 1929 hergestellt. Zu Ende dieses Monats war auch der Filmprojektor vollständig zusammengebaut. Die Entwicklung einer geeigneten elektrischen Verbindung zwischen Sender und Empfänger wurde ebenfalls angegangen, und am 10. Mai 1929 wurde erstmals die Übertragung von Filmbildern über drei getrennte Kabelpaare vorgeführt. Schlußendlich wurde noch eine Schaltung für die Übertragung von Laufbildern über einen Funkkanal entwickelt, wobei ein einzelner Kanal für die Ausstrahlung sowohl des Bild- als auch des Synchronsignals diente.[64]

Dr. Frank Gray und John R. Hofele von den Bell Telephone Laboratories beantragten am 2. Februar 1929 Patente, die deshalb außerordentlich wichtig waren, weil sie erstmals die räumliche Verteilung eines Videosignals aufzeigten. Gray und Hofele wiesen nach, daß die Information innerhalb des Signals in bestimmten Intervallen verdichtet war, wodurch große Zwischenräume mit vergleichsweise wenig Information entstanden.[65]

Am 3. Februar 1929 wurde berichtet, daß die General Electric Company sowohl das Bild als auch die Stimme des bekannten Filmregisseurs D. W. Griffith mittels ihres Kurzwellensenders W2XAF auf einer Wellenlänge von 31,48 Metern von ihren Aufnahmeräumen in Schenectady nach Los Angeles übertragen hatte. Der Ton wurde von der Station 2XO auf einer Wellenlänge von 22,5 Metern ausgestrahlt. Während der Ton über die gesamte Sendungsdauer von 15 Minuten gut empfangen werden konnte, fiel das Bild nach wenigen Minuten aus. Dies scheint die erste Fernsehsendung mit Bild und Ton zu sein, die in den Vereinigten Staaten landesweit ausgestrahlt wurde.[66]

Am 11. Februar 1929 gab Frank Gray bekannt, daß die Bell Telephone Laboratories Geräte zur Aufzeichnung von Fernsehbildern auf 35mm-Film in »Echtzeit« entwickelt hatten. Durch den Einsatz eines speziellen Quarzkristalls, von Haarröhrchen, einer Quecksilberlampe und einer besonderen rotierenden Scheibe mit einer Reihe von Schlitzen war es möglich, einen Lichtstrahl in aufeinanderfolgenden parallelen Zeilen über einen kontinuierlich transportierten Film zu lenken.

Dr. Gray erläuterte, daß sie damit tatsächlich 50zeilige Fernsehbilder bei einer Rate von 18 Bildern pro Sekunde aufzeichnen konnten. (Einige dieser Aufnahmen gibt es noch heute.) Es läßt sich folglich sagen, daß die Technik der »Fernsehfilmaufzeichnung« irgendwann Anfang Februar 1929 in den Bell Laboratories geschaffen wurde. Dieser Apparat war als ein Teil des Schemas der Projektion von

Fernsehbildern auf eine große Leinwand nahezu gleichzeitig mit ihrem Empfang konzipiert, wie es die Bell Telephone Laboratories planten.[67]

Am 11. Februar 1929 beantragte Leon Nemirovsky aus Paris ein Patent für ein System zur geheimen Übertragung von Fernsehbildern; dabei kamen ein rotierendes Magnetrad und eine Vielzahl von Aufnahme- und Wiedergabespulen zum Einsatz.[68]

Jean Thibaud legte am 27. Februar 1929 eine Schrift vor, in der er die Wirkung des longitudinalen Magnetfeldes auf einen Elektronenstrahl langsamer Geschwindigkeit (einen Strahl niedriger Spannung) aufzeigte. Dieser Artikel zitierte frühere Forschung zur »Elektronenoptik« (Thibaud dürfte der erste sein, der diesen Begriff tatsächlich verwendete), darunter die Arbeit von Hans Busch (1927) und anderen. Graphische Darstellungen zeigten die vergrößernde und die bündelnde Wirkung des longitudinalen Magnetfeldes auf den Strahl. Die schraubenförmige Bahn der Elektronen unter dem Einfluß des Magnetfeldes wurde ebenfalls beschrieben. Auch die Ähnlichkeit zwischen der Wirkung eines Magnetfeldes und jener einer optischen Linse auf Licht wurde erläutert.[69]

Die erste Jahresausstellung der Television Society wurde am 5. März 1929 im Engineers Club in London abgehalten. Historische Geräte von Llewelen B. Atkinson wurden gezeigt. Diese Apparate waren zu dieser Zeit vermutlich bereits 47 Jahre alt (aus dem Jahr 1882). Sie bestanden aus Spiegelrädern am Sender und am Empfänger. Um die elektrische Inbetriebnahme des Geräts für die Bildreproduktion zu vermeiden, wurde das Licht der Szene auf einen Punkt, der die Selenzelle ersetzte, gelenkt und von dort zurück zum Sender geworfen. Eine primitive Form eines Lichtmodulators war ebenfalls ausgestellt. Capt. Wilson von der Baird Television Company zeigte ein vollständiges System für Schattenbilder samt Sender und Empfänger. Ein Mr. Troutbeck von Standard Telephones and Cables präsentierte ein von seiner Gesellschaft geliehenes Elektronenstrahloszilloskop.[70]

Baird Television Ltd. gab der BBC im März 1929 neuerlich eine Vorführung, um endlich von der Rundfunkgesellschaft Sendeanlagen zur Verfügung gestellt zu bekommen. Die allgemein schlechte Qualität des Bairdschen Systems hatte den Postminister zu einer Stellungnahme hinsichtlich einer Beteiligung bei der Baird Company veranlaßt. Er würdigte zwar Bairds System als »bemerkenswerte wissenschaftliche Leistung«, schränkte freilich ein, daß es noch nicht bis zu der erforderlichen Reife entwickelt sei, die seine Aufnahme in den Programmbetrieb der BBC rechtfertigen würde. Er hatte gleichwohl keine Einwände dagegen, daß Baird einen BBC-Sender für seine Zwecke außerhalb der regulären Sendezeit benutzt.[71]

Nachdem er bei der britischen Postbehörde mehrmals abgeblitzt war, beschloß Baird, seine Anlagen nach Deutschland zu bringen. Offenbar hatte sich im Dezember 1928 der deutsche Minister und Rundfunkhochkommissar Hans Bredow mit zwei Assistenten in London aufgehalten und einer erfolgreichen Vorführung des Bairdschen Systems beigewohnt. Danach dürfte er Baird eingeladen haben, seine Geräte nach Deutschland zu bringen und den Sender Berlin-Witzleben zu benutzen.

Baird folgte nun dieser Einladung und verwendete vom 15. Mai bis zum 13. Juni 1929 den Berliner Sender, dann brach er die Arbeit dort aufgrund vielfältiger

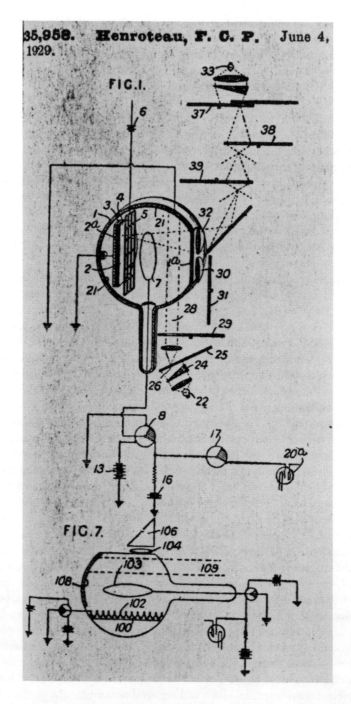

Strichzeichnung aus dem Kamerapatent von F. C. P. Henroteau (beantragt 1929).

Schwierigkeiten ab. Zu dieser Zeit hatte auch von Mihály Erlaubnis, den Sender
Witzleben für sein »Tele-Kino« zu benutzen; er hatte noch weniger Erfolg als Baird.

Doch Bairds Kommentare gegenüber der Presse ungefähr des Inhalts »Ausländische Rundfunkbehörden interessieren sich eben mehr für meine Fernsehsendungen
als ihr!« verfehlten ihre Wirkung auf die BBC nicht. Unter größtem Widerwillen
stimmte die Postbehörde schließlich zu, Baird die Verwendung ihrer Einrichtungen
im Funksender 2LO zu erlauben. Baird durfte von seinem Labor in Long Acre aus
seine 30zeiligen Bilder mit der Bildrate von 12,5 Bildern pro Sekunde an den Sender
übertragen und von dort ausstrahlen. Das wichtigste Ergebnis des Abstechers Bairds
nach Berlin war die Gründung der Fernseh-AG am 11. Juni 1929. Diese Gesellschaft
war ein Gemeinschaftsunternehmen von Baird Television, Zeiss Ikon, Robert Bosch
und Loewe Radio und wurde am 3. Juli 1929 handelsgerichtlich eingetragen.[72]

Die Einrichtung von Fernsehanlagen in den Labors in der Fifth Avenue Nr. 441
beim Van Cortlandt Park in New York war Mitte März 1929 abgeschlossen. Die
RCA hatte beschlossen, sich dem Westinghouse-Standard von 60zeiliger Auflösung bei einer Bildrate von 20 Bildern pro Sekunde (anstelle des General Electric-
Standards von 48zeiliger Auflösung bei 16 Bildern pro Sekunde) anzuschließen.
Am 13. April 1929 legte die RCA eine Schrift vor, in der eine versuchsweise Standardisierung des Fernsehsignals gefordert wurde.[73]

Am 14. April 1929 berichtete Dr. Alfred Goldsmith über die Fortschritte, die
der RCA-Sender 2XBS erzielte und deutete dabei an, daß ein Fernsehempfangsgerät (welcher Art auch immer) schon in absehbarer Zeit auf den Markt gebracht
werden könnte. Über diesen Zeitungsbericht war Gen. J. G. Harbord, der Präsident der RCA, derart entsetzt, daß er eine Verwarnung an Dr. Goldsmith schickte,
in der er ihn anwies, alle seine Presseveröffentlichungen künftig von der RCA prüfen zu lassen. Diese scharfe Vorgangsweise war natürlich auf die Politik Sarnoffs
und der RCA zurückzuführen, den höchst erfolgreichen Radiobetrieb der National Broadcasting Company nur ja nicht zu stören.[74]

Der Deutsche R. H. Thun beantragte am 18. Mai 1929 ein britisches Patent für
eine Methode veränderlicher Abtastung oder der Abtastung mit veränderlicher
Geschwindigkeit, mit der die Helligkeit des abgetasteten Bildelements durch die
Geschwindigkeit des Abtaststrahls verändert wurde, während dessen Intensität
konstant blieb.[75]

Am 25. Mai 1929 beantragte J. W. Horton von Electrical Research Products ein
Patent für ein Zwischenfilmsystem (ähnlich dem Patent von Hartley und Ives,
ebenfalls von Electrical Research Products, vom 14. September 1927); hierbei handelte es sich nun um ein Farbzwischenfilmverfahren. Das System wies drei Anordnungen von Photozellen am Sender und drei Anordnungen von Lichtventilen
am Empfänger auf. Zu dieser Zeit führten die Bell Laboratories die Abschlußar-
beiten an ihrem Dreifarben-Fernsehsystem durch; es sollte bis 10. Juni 1929 in Betrieb genommen werden.[76]

Am 29. Mai 1929 beantragte F. C. P. Henroteau aus Ottawa, Kanada, ein Patent
für ein Fernsehverfahren, bei dem ein Bild auf einem nichtleitenden (sperrenden)
photoelektrischen Schirm geworfen wurde. Ein Lichtstrahl fiel durch einen Filter

und einen Schlitz, weiter durch eine Öffnung in einer rotierenden Scheibe auf den photoelektrischen Wandlerschirm und verursachte dort Elektronenemission. Danach wurde der Strahl von der Scheibe unterbrochen und das Mosaik des photoelektrischen Schirms konnte wieder durch das Licht von der Szene aufgeladen werden. Ein Verschluß unterbrach anschließend das Licht von der Szene und die Kathode wurde wieder von dem Lichtstrahl abgetastet, der durch zwei rotierende Lochscheiben regelmäßig abgelenkt und über die Platte geführt wurde. Die Intensität des Abtastlichtstrahls sollte höher sein als die des Lichts von der Szene.

Ein britisches Patent hierfür wurde am 6. Oktober 1930 ausgestellt. Auch das amerikanische Patent wurde genehmigt, dennoch beschlossen Henroteaus Anwälte, den Antrag zurückzuziehen, nicht aber, ihn aufzugeben.[77]

Am 30. Mai 1929 wurde die Französische Fernsehgesellschaft gegründet. Ihr erster Präsident war Edouard Belin. Zu den Gründungsmitgliedern gehörten Edouard Branley, Pierre Chevallier, Alexandre Dauvillier, Louis Lumière und Georges Valensi.[78]

Am 27. Juni 1929 führten die Bell Telephone Laboratories ihr Farbfernsehsystem vor. Dabei sollen die gleichen Lichtquellen, Abtastscheiben und Synchronisationssysteme wie beim Monochromsystem verwendet worden sein. Neu waren indes die Form und die Anordnung der Photozellen am Sender sowie die Form und die Anordnung der Neon- und Argonlampen am Empfänger.

Ein neuer Typ einer Photozelle wurde präsentiert, bei dem Natrium anstelle von Kalium verwendet wurde. Die Bell Telephone Laboratories hatten sich für Natrium entschieden, weil damit leichter umzugehen war als mit Cäsium oder Rubidium; außerdem hatte es ein besonderes Ansprechvermögen auf Dunkelrot. Diese Zellen waren von A. R. Olpin und G. R. Stilwell entwickelt worden.

Dies war nun ein simultanes Farbsystem, das erste in der Geschichte des Fernsehens. Die drei Primärfarben wurden dabei gleichzeitig sichtbar gemacht, nicht nacheinander wie in Bairds früherer Farbvorführung. Drei Anordnungen von Photozellen wurden eingesetzt, jede war mit einer Farbfilteranordnung bedeckt (orange-rote Filter für Rot, gelbgrüne Filter für Grün und grünlich-blaue Filter für Blau). Die Photozellen waren in einer Reihenanordnung angebracht und quantitativ entsprechend ihrer relativen Empfindlichkeit vertreten – vierzehn Zellen mit rotem Filter, acht mit grünem Filter und zwei mit blauem Filter. Drei Verstärkergruppen erzeugten die zu übertragenden Signale. Eine Spiegelanordnung mit drei Lichtquellen – mit zwei Argonlampen, einer mit blauem und einer mit grünem Filter sowie mit einer Neonlampe für Rotlicht – war am Empfänger eingerichtet.

Eine normale Abtastscheibe mit einem Durchmesser von rund 40 cm Durchmesser kam zum Einsatz. War sie richtig eingestellt, so die Berichte, war ein Bild in natürlichen Farben zu sehen, das den Eindruck einer kleinen farbigen Filmleinwand vermittelte. Das System lieferte eine Bildauflösung von 50 Zeilen bei einer Rate von 18 Bildern pro Sekunde. Das Bild konnte über ein Paar halbdurchlässiger Spiegel, die in einem Winkel von 45 Grad angebracht waren, betrachtet werden. Die Bell Telephone Laboratories gaben an, daß die mit dieser Methode produzierten Farbbilder »in ihrer Erscheinung ganz erstaunlich« seien, und dies »trotz der eher geringen Helligkeit und der kleinen Bildausmaße zum gegenwärtigen Entwicklungsstand«.[79]

Im Juni 1929 war der RCA-Fernsehsender W2XBS mittlerweile zwei Stunden täglich (von 19 bis 21 Uhr) auf Frequenzen zwischen 2000 und 2100 kHz (142 Meter Wellenlänge) auf Sendung. Im Juli wurde nicht nur darüber berichtet, daß die »konservative RCA« Fernsehprogramme auf regelmäßiger Basis ausstrahlte, sondern auch über Gerüchte über »demnächst ins Haus stehende Fernsehempfänger der RCA«.[80]

Nicht alle Dinge standen bei der RCA zum Besten, als David Sarnoff im Juni 1929 aus Europa zurückkehrte. Für die Victor Company war ein neuer Plan entworfen worden, der freilich das alte System fortschrieb: Drei technische Abteilungen, jede mit ihrer eigenen Geschäftsleitung, sollten in der Fertigungsanlage in Camden ihre eigenen Wege gehen. Sarnoff protestierte nachdrücklich dagegen und drohte sogar seinen Rücktritt an, sollte der Plan nicht auf eine einzige, vereinigte Geschäftsleitung unter seiner Führung abgeändert werden.

Am 4. Oktober 1929 wurde Sarnoffs Vorschlag angenommen, und am 26. Dezember 1929 wurde ein neues, eigenständiges Unternehmen, die RCA Victor Company, behördlich eingetragen. Die RCA besaß 50 Prozent dieser neuen Gesellschaft, General Electric 30 Prozent und Westinghouse 20 Prozent. Dieses neue Projekt sollte indes schon sehr bald auf zwei Schwierigkeiten stoßen. Das erste Problem bildete der Ausbruch einer sich rasch vertiefenden Wirtschaftskrise in den Vereinigten Staaten, das zweite ein Anti-Trust-Verfahren, das das US-Justizministerium gegen die an der neuen RCA Victor Company beteiligten Unternehmen einleitete.[81]

Am 27. Juni 1929 beantragte T. A. Smith von der RCA ein Patent für die Verschachtelung der Abtastfolge (ein Zeilensprungverfahren durch Versetzen der Abtastreihenfolge, wodurch zwar aufeinanderfolgende Zeilen, aber nicht mehr sequentiell eine nach der anderen abgetastet werden). Dieses Verfahren, so der Anspruch, sollte Bildflimmern am Empfänger reduzieren oder ganz beseitigen.[82]

V. K. Zworykin beantragte am 5. Juli 1929 ein zweites Patent für sein neues System. Dabei handelte es sich im wesentlichen um das gleiche wie das am 26. März 1929 eingereichte Patent, allerdings mit dem Zusatz separater Synchronimpulse: eines Impulses für jede Spiegelschwingung und eines Impulses, der das Ende eines vollständig abgetasteten Bildes anzeige. Geplant war, alle diese Einzelsignale auf einer einzelnen Funkfrequenz zu übertragen.[83]

Dies wurde auch erfolgreich zuwege gebracht, und am 17. August 1929 bekam eine Gruppe von Ingenieuren von General Electric und RCA, darunter Dr. Alfred Goldsmith, Bilder über Funk vorgeführt. Die Geschäftsführung war davon so angetan, daß sie die Anweisung gab, nichts mehr an der Empfangsanlage zu verändern, außer ihre Einzelteile in ein abgeschlossenes Gehäuse zu packen. Davon sollten sechs Stück als Heimempfänger zu Weihnachten 1929 verkauft werden.[84]

Am 19. Juli 1929 beantragte T. A. Smith von der RCA ein Patent für ein Fernsehsystem mit einem Filmprojektor ähnlich jenem Dr. Zworykins, doch mit dem Unterschied, daß es keine schwingenden Spiegel, sondern eine Nipkow-Scheibe als Abtastgerät und eine Maske zur Begrenzung des Strahls auf den zu übertra-

Gregory N. Ogloblinsky, von Westinghouse im Jahr 1929 als Mitglied der von Zworykin geleiteten Forschergruppe unter Vertrag genommen.

genden Bildausschnitt des Filmeinzelbildes vorsah. Der Einsatz einer Nipkow-Scheibe, also geradlinige Zeilenabtastung, bedeutete freilich den Bedarf nach einem schnellen Strahlrücklauf beim Empfänger, ähnlich wie bei den Filmprojektorsystemen von C. F. Jenkins, von Dr. Ives und Dr. Gray von den Bell Telephone Laboratories und von Dr. Conrad von Westinghouse.[85]

Nachdem er mit seiner neuen Bildwiedergaberöhre überaus erfolgreiche Ergebnisse erzielt hatte, beschloß Dr. Zworykin, nun auch für den Sender eine geeignete Elektronenröhre zu entwickeln. Das bei der Entwicklung der Bildröhre erworbene Wissen über die elektrostatische Strahlbündelung und über die reine Elektronenentladung im Vakuum sowie die erst kürzlich entwickelten Techniken des Umgangs mit Cäsium als photoelektrischer Substanz bildeten die Grundlage, auf der Dr. Zworykin seine Versuche mit dem von Belin in Frankreich erstandenen zerlegbaren Elektronenstrahloszillographen von Holweck begann.

Gregory N. Ogloblinsky war mittlerweile aus Paris angekommen und hatte im Juli 1929 seine Arbeit bei Westinghouse aufgenommen. »Nach einer Untersuchung des Betriebsverhaltens und den entsprechenden Abänderungen wurde eine Senderröhre für 12zeilige Bilder zusammengebaut«, so ein Bericht. Allen Hinweisen zufolge bestand dieser Bildgeber aus einer zerlegbaren Röhre von Holweck, in die ein primitives Mosaik eingebaut wurde. Dieses bestand seinerseits aus einigen in eine isolierende Trägerplatte gesteckten Zeilen von Nieten oder Nadeln. Die der Sucherlinse zugewandte Seite dieser Pfropfen wurde mit einer Cäsiumbeschichtung lichtempfindlich gemacht. Der Elektronenstrahl wurde auf die Rückseite der Bildwandlerplatte gebündelt. Eine Art Siebschirm sammelte die entladenen Elektronen ein und lieferte so das Bildsignal.

Dem Bericht zufolge »stellte sich das Ergebnis als vielversprechend heraus. Ein grobes Bild wurde von einem Ende des Raums zum anderen übertragen, wobei Elektronenröhren sowohl am Sender als auch am Empfänger verwendet wurden.« Der Bericht geht auch darauf ein, daß ein interessantes Prinzip (möglicherweise das der Ladungsspeicherung?) gefunden und im Experiment nachgewiesen worden sei. »Die Lösung des Problems der Direktsicht- bzw. Live-Aufnahme ist damit ein beträchtliches Stück näher gerückt; sie dürfte das nächste in Angriff zu nehmende Ziel bei der Entwicklung eines tatsächlich funktionierenden Fernsehsystems sein.« Die Arbeit an dieser Kameraröhre wurde freilich bis zur Übersiedlung nach Camden im Jänner 1930 nicht weitergeführt.[86]

Dr. V. K. Zworykin und Pierre Chevallier waren nicht die einzigen Erfinder, die zu dieser Zeit an Elektronenröhren mit elektrostatischer Strahlbündelung arbeiteten. Im Jänner 1929 beschrieb Roscoe H. George von der Engineering Experiment Station an der Purdue University in Lafayette, Indiana, einen neuen Typ eines Glühkathodenoszillographen. Das bedeutende Merkmal dieser neuen Oszillographenröhre bestand in der »neuen« elektrostatischen Methode der Strahlbündelung. Es war eine fortwährend abgepumpte Metallkolbenröhre. Dieser Oszillograph arbeitete mit veränderlichen Betriebsspannungen von 500 bis 20.000 Volt.

Dr. George hatte bereits seit 1927 an einem Oszilloskop gearbeitet; ein tragbares Gerät dieses Typs soll seit dem 27. August 1928 betrieben worden sein. Der Schaltungsaufbau dieser Röhre beinhaltete automatische Vorrichtungen zur Aufnahme von Stoßspannungen, die den Strahl innerhalb einer Viertel- bis einer halben Mikrosekunde nach Einsetzen des Spannungsstoßes in Gang brachten.

George wies darauf hin, daß die Strahlbündelung immer das schwierigste Problem bei der Elektronenröhrenkonstruktion gewesen sei, weil die Kationenmethode nach Johnson bei Strahlpotentialen über 200 Volt nicht mehr gut funktioniere, die magnetische Methode dagegen bei Betriebsspannungen, die deutlich unter 10.000 Volt liegen, keine zufriedenstellenden Ergebnisse mehr erbringe. Sein Oszilloskop wurde von einer Netzspannung von 110 Volt angetrieben; das Vakuum wurde dabei von einer Drehkolbenölpumpe erzeugt.

Am 14. September 1929 beantragte Roscoe H. George ein Patent für dieses Gerät. Die Patentschrift ging zwar auf das Prinzip der elektrostatischen Strahlbündelung ein, was überaus wichtig war, doch daneben fanden sich keinerlei Angaben über die Modulation des Strahls. Es scheint also, daß George mit seinem Patent hauptsächlich eine Elektronenstrahloszillographenröhre mit konstant hoher Bildhelligkeit vor Augen hatte, die sich zur Aufnahme und Darstellung von ephemeren elektrischen Phänomenen eignete.[87]

Im August 1929 wurde die Berliner Funkausstellung eröffnet. Die deutsche Reichspost finanzierte den Fernsehteil der Ausstellung. Die Post lieferte ein 30zeiliges Signal mit einer Bildrate von 12,5 Bildern pro Sekunde von einem »Telekino«-Sender. Gezeigt wurde der Apparat von Mihálys, der das Signal der Reichspost auf einem speziellen Empfänger reproduzierte. Seine Bildqualität wurde als durchaus passabel erachtet.

Dr. August Karolus war mit zwei Empfangsgeräten vertreten; eines reproduzierte die Sendungen der Reichspost, ein zweites leistete eine Auflösung von 48 Zeilen. Diese Empfänger reproduzierten mit der speziellen Kerr-Zelle von Karolus Bilder von knapp einem Quadratmeter Größe. Dieser 48-Zeilen-Empfänger soll das beste Bild der Ausstellung geliefert haben.

Erstmals war auch die neue Fernseh-AG auf der Ausstellung vertreten; sie zeigte Empfänger Bairdscher Konstruktion, wobei der einzige Unterschied zu Bairds Geräten darin bestand, daß die Abtastrichtung nicht vertikal, sondern horizontal verlief. Es gab Andeutungen, daß die Fernseh-AG die Herstellung einer beschränkten Zahl von Empfangsgeräten in Betracht ziehe.[88]

Am 20. August 1929 übertrug die Baird Television Development Company ihre ersten Tonfilmbilder von einem Mechau-Projektor. Bis zu dieser Zeit hatte Baird sehr wenig Interesse an Übertragungen von Filmbildern gezeigt. Die Stimmen sollen überaus deutlich vernehmbar und die Bilder so gut gewesen sein, wie es beim gegebenen Stand der Technik zu erwarten war.

Die Baird Television Company hatte auch zahlreiche Versuchsgeräte nach New York City geschickt und gab am 2. September 1929 eine Vorführung von Bild und Ton. Die Signale wurden über Kabel vom Gebäude der Paramount an ein Labor in der 45. Straße gesendet.[89]

Am 30. September 1929 fand die erste experimentelle Fernsehausstrahlung durch die Londoner Sendestation 2LO mit Signalen aus Bairds Studio in Long Acre statt; gesendet wurde auf Bairds Standard von 30 Zeilen und 12,5 Bildern pro Sekunde. Da auf 2LO nur ein Sender zur Verfügung stand, wurde nur das Bild übertragen. Die empfangenen Bilder sollen »einigermaßen deutlich« gewesen sein. Die Baird Television Company konnte diese Ausstrahlung als großen Erfolg verbuchen.[90]

Pierre E. L. Chevallier beantragte am 25. Oktober 1929 ein französisches Patent für eine Elektronenröhre mit elektrostatischer Strahlbündelung. Dieses Patent befaßte sich grundsätzlich mit der Verkleinerung des Strahldurchmessers bzw. mit dem, was als die Fokussierung des Elektronenstrahls bezeichnet werden kann. Chevallier beschrieb Vorrichtungen zur Bündelung des Strahls durch Potentialdifferenzen, mit denen ein elektrostatisches Feld erzeugt wurde, um die projizierten Elektronen auf einen scharf begrenzten Punkt zu fokussieren.

Das Patent zeigte zwei Versionen: erstens eine fortwährend abgepumpte Metallkolbenröhre, zweitens eine Glasröhre mit metallbeschichteter Innenwand. Für beide Varianten sollte die gleiche Betriebsweise gelten. Das richtige Spannungsverhältnis zur Strahlbündelung sollte zwischen einem Viertel und der Hälfte des an die Röhrenwand und die Kathode angelegten Potentials ausmachen. Die Modulationsspannung sollte zur geeigneten Strahlsteuerung negativ sein. Dieses Pa-

Manfred von Ardenne im Jahr 1930 mit einer Elektronenröhre im Versuchsstadium.

tent nahm auch Bezug auf bestimmte Forschungsarbeiten über den Gebrauch eines Elektronenstrahloszillographen.

Es kann als nahezu sicher gelten, daß Chevallier, der mit Holweck zusammen-arbeitete, eine primitive Version dieser Röhre im Labor Belins in Paris bereits in Betrieb hatte, als Dr. Zworykin im Sommer 1928 das Labor besuchte. Wie weit entwickelt sie tatsächlich war bzw. wie gut sie wirklich funktionierte, wurde nie festgestellt. Es gibt keinen Anhaltspunkt dafür, daß Belin je versucht hätte, sie wei-terzuentwickeln, obwohl sie voller Möglichkeiten steckte.

Ein Patent für diese Röhre wurde in Frankreich beantragt und am 16. Februar 1931 ausgestellt. Am 16. Juni 1931 beteiligte sich die Patentabteilung der RCA am amerikanischen Patentantrag, brachte ihn durch und gab der Röhre den Namen »Kineskop«.[91]

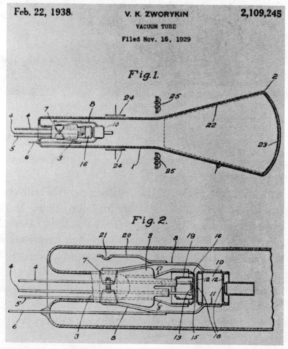

Am 2. Oktober 1929 legte noch ein Forscher, Manfred von Ardenne aus Berlin, eine Schrift über eine neue Elektronenröhre vor; diese sollte für die elektronische Aufnahme photographischer Bildvorlagen verwendet werden. Von Ardenne gab an, daß diese Röhre eine außerordentlich starke Helligkeit für die rasche Abtastung der Photographien liefere. Diese Helligkeit, so von Ardenne, verdanke sich drei Faktoren: (1) dem Einsatz einer Kalzium-Wolfram-Verbindung (CaWO$_2$) als Bildschirm, das gegenüber Zinksulfat eine höhere Ansprechempfindlichkeit aufweise; (2) dem Einsatz elektrostatischer Strahlbündelung durch einen Wehnelt-Zylinder mit negativer Vorspannung und einer Spur eines Edelgases zur Vermeidung des Auseinanderlaufens des Strahls nach dem Verlassen der Anode und (3) dem Einsatz von Spannungen bis zu 4500 Volt.

Da diese Röhre nach wie vor Gas zur Strahlbündelung voraussetzte, war sie der Western Electric-Röhre von Johnson eng verwandt. Ihre Feinabstimmung soll bei einer Anodenspannung von 400 Volt einen Leuchtpunkt von 1,5 Millimeter Durchmesser ergeben haben. Diese Bildröhre sollte später (1931) von der E. Leyboldt Nachfolger AG. in Bayenthal bei Köln auf den Markt gebracht werden; besonders die Briten verwendeten sie zu dieser Zeit ausgiebig in ihrer frühen Radarforschung. Sie eignete sich hervorragend für oszillographische Zwecke, die keine Modulation des Elektronenstrahls erforderten.[92]

Am 16. November 1929 beantragte V. K. Zworykin von der Westinghouse Electric and Manufacturing Company ein Patent für eine Hochvakuumröhre. Darin gab Dr. Zworykin an, daß es bisher im wesentlichen nicht möglich gewesen sei, den Elektronenstrahl auf einen scharf begrenzten Punkt zu bündeln und dabei zugleich die Intensität des Strahls richtig zu steuern. Dr. Zworykin gab an, daß er nun eine Elektronenröhre vorschlage, die in folgenden Punkten verbessert sei: (1) Sie ist in der Lage, bei Beschleunigungsspannungen von Tausenden Volt zu arbeiten; (2) sie erfordert kein fortwährendes Abpumpen; (3) sie weist Elektroden einfacher Bauweise auf, die wenig Raum einnehmen; (4) sie stellt den Strahl vollkommen unabhängig von den Modulationsspannungen scharf; (5) ihr Lichtpunkt ist in allen Ablenklagen auf dem Schirm scharf begrenzt; (6) ihre Beschleunigungsspannung ist in Relation zu den Intensitätssteuerspannungen so hoch, daß die Ablenkung des Strahls in keiner Weise von besagten Steuerspannungen beeinflußt wird und deshalb bei allen Intensitäten konstant bleibt, sowie schließlich (7) sie beschleunigt den Strahl in zwei Schritten, einmal bei einem niedrigen Potential und ein zweites Mal bei einem hohen Potential, und die Ablenkung des Strahls erfolgt zwischen diesen beiden Beschleunigungsschritten.

Die Röhre, die Dr. Zworykin beschrieb, war vom Hochvakuumtyp ohne Restgas. Sie wies eine zweite Beschleunigungsanode in Form einer Metallbeschichtung der Innenwand an ihrem breiteren Abschnitt auf. Alle Ablenkanlagen, eine magnetische für die horizontale Ablenkung und eine elektrostatische für die verti-

Gegenüber oben: Zworykin mit seinem Kineskop.
Unten: Strichzeichnung aus V. K. Zworykins Patent für das Kineskop (beantragt 1929), die elektronische Bildröhre, die die Fernsehgeschichte für immer veränderte.

V. K. Zworykin mit einem Heimempfänger aus dem Jahr 1929.

kale Ablenkung, waren außerhalb der Röhre angebracht. Vorgeschlagen wurde
auch eine Schirmbeschichtung mit langer Nachleuchtdauer, wodurch die Bildrate
gesenkt werden könnte. Der Bildschirm konnte mit einem Kühlventilator versehen sein oder mit einem Kühlmantel umhüllt werden, um bei langer Verweildauer
des Strahls in einer Stellung Überhitzung zu vermeiden. Das Patent wurde mit
sechs Ansprüchen ausgestellt, wobei der vierte Anspruch sich auf das elektrostatische Feld zur Scharfstellung des Strahls bezog.[93]

Am 18. November 1929 hielt Dr. Zworykin am Institute of Radio Engineers in
Rochester, New York, einen Vortrag über seine neue Bildwiedergaberöhre. Zuerst
beschrieb er aber seine Senderkonstruktion. An einem gewöhnlichen 35mm-Film-
projektor mit entfernter Schrittschaltung warf ein schwingender Spiegel das Licht
durch das Filmbild auf eine Photozelle. Die Abtastgeschwindigkeit betrug rund
480 Umläufe pro Sekunde. Die Abtastung erfolgte sinuswellenförmig, doch

Dr. Zworykin erklärte, daß die daraus resultierende ungleichförmige Verteilung des Lichts über das Bild vom Auge kaum wahrgenommen werde, weshalb keine Maßnahmen dagegen unternommen wurden.

Es folgte eine Beschreibung des Empfängers mit der neuen Bildwiedergaberöhre oder »Kineskop«, wie sie nun genannt wurde. Es hatte sich herausgestellt, daß drei Signalsätze (Bildsignal, horizontale Abtastfrequenz und Bildwechselimpuls als vertikale Abtastfrequenz) auf einem Kanal miteinander kombiniert werden konnten. Am Empfänger wurde das Ausgangssignal des Funkempfängers verstärkt und in seine drei Bestandteile zerlegt: in die horizontale Abtastfrequenz, den Bildwechselimpuls und die Bildfrequenzen. Die horizontale Abtastfrequenz wurde an die Ablenkspulen weitergegeben, der Bildwechselimpuls und das Bildsignal an die Steuerelektrode des Kineskops. Die gleiche Spannung, die das Steuergitter modulierte, wurde an einen Bandpaßfilter angelegt; dieser war auf jene Wechselstromfrequenz eingestellt, die für den Bildwechselimpuls verwendet wurde. Das Ausgangssignal aus diesem Filter wurde verstärkt, gleichgerichtet und zur Aufhebung der Vorspannung einer Entladungstriode verwendet, die normalerweise auf Null Anodenstrom vorgespannt war und ihre Anodenspannung aus dem Kondensator bezog, der die vertikale Abtastspannung lieferte.

Die Vorteile des neuen Fernsehsystems Zworykins bestanden in den folgenden Merkmalen: (1) Das Bild war grün (anstelle des roten Bildes einer Neonlichtquelle bei einem mechanischen Empfänger); (2) es konnte von einer großen Anzahl von Menschen betrachtet werden; (3) es gab keinerlei bewegliche Teile am Empfänger; (4) die Bildstricheinstellung (Höhe-Breite-Einstellung) erfolgte automatisch und (5) das Bild war leuchtstark genug, um in einem mäßig beleuchteten Raum betrachtet werden zu können.

Mehreren Berichten zufolge soll Zworykin bei dem Treffen am 18. November 1929 in Rochester, New York, auch eine »Vorführung« des Kineskops gegeben haben. Doch sorgfältige Nachforschungen ergaben, daß tatsächlich nur ein Vortrag gehalten wurde. (Allzu oft arbeitete die Presse ungenau und berichtete über sogenannte »Vorführungen«, wenn in Wahrheit nur ein Vortrag gehalten wurde.) Wenngleich Westinghouse zu dieser Zeit über mehrere funktionstüchtige Empfänger verfügte, gibt es doch keine Beweise dafür, daß sie auf dem Treffen des Institute of Radio Engineers gezeigt wurden.[94]

Bis November 1929 waren sieben Empfänger gebaut worden; einer davon befand sich zu Experimentierzwecken im sieben Kilometer vom Sender KDKA entfernten Haus Dr. Zworykins. Vom 25. August 1929 an soll der Sender KDKA täglich Filme mit dem Fernsehsystem von Conrad ausgestrahlt haben. Dr. Zworykin setzte den Westinghouse-Sender etwa dreimal in der Woche spätnachts (zwischen 2 und 6 Uhr) in Betrieb; die dabei empfangenen Bilder waren durchaus zufriedenstellend. Diese Sendungen erfolgten auf Wellenlängen von 150 und 90 Metern. Dr. Zworykin zufolge sollen Bilder von Filmen mit einer Auflösung von 60 Zeilen (bei 12 Bildern pro Sekunde) in seinem Haus gut zu empfangen gewesen sein. Dies dürfte das erste Mal gewesen sein, daß Fernsehbilder über Funk auf einem vollelektronischen Empfänger ohne jedwede bewegliche Teile empfangen wurden.

Darüber hinaus wurde zu dieser Zeit ein zweiter Filmabtaster gebaut, mit dem über das Bild hinaus auch der Ton übertragen werden konnte. Ein spezieller Film wurde dazu an den Einsatz mit der Bildrate von 12 Bildern pro Sekunde angepaßt; im Labor sollen damit bereits Tonbilder von einem Ende des Raums zum anderen übertragen worden sein.[95]

Die Einführung des Kineskops veränderte die Geschichte des Fernsehens für alle Zeiten. Denn Dr. Zworykin hatte eine einfache, aber geniale Bildwiedergaberöhre geschaffen, die den Weg des Fernsehempfängers in das Heim der Seher öffnete – ein Gerät, das jede durchschnittlich gebildete Person in Betrieb nehmen konnte, das nicht das geringste technische Wissen für seine Bedienung erforderte und das Bilder bei normalen Lichtbedingungen wiedergeben konnte. Zworykins Bildröhre bildete den wichtigsten technischen Einzelfortschritt, der in der Geschichte des Fernsehens je erzielt wurde.

Die meisten mit dem Fernsehen befaßten »Experten« dieser Zeit begegneten dem Kineskop freilich mit Skepsis. Sie wußten nur allzugut über die engen Grenzen der erhältlichen »Standard«-Elektronenröhren Bescheid und konnten kaum glauben, daß Dr. Zworykin einen Durchbruch geschafft hatte. Einige dieser Zweifel sind freilich auch der Verschwiegenheit zuzuschreiben, die sich rasch über das Kineskop senkte. Berichte sprachen sogar davon, daß selbst während des Vortrags von Dr. Zworykin, in dem er das Kineskop beschrieb, ein Vertreter der Patentabteilung von Westinghouse mit Handzeichen versuchte, ihn von der Fortsetzung seiner Präsentation abzuhalten. Bis Mai 1932 fand nicht eine einzige öffentliche Vorführung dieses Geräts statt. Die meisten Beschreibungen ihrer Betriebsweise stammten von Berichterstattern, von denen kein einziger die Röhre tatsächlich im Betrieb gesehen hatte.[96]

Am 26. November 1929 beantragte W. J. Hitchcock von General Electric ein Patent für Kameraröhren mit Bildwandlerplatten, deren gut voneinander isolierte Einzelelemente nur ein Mindestmaß an Leistung an die umliegenden Bereiche verlieren sollten. Erzielt werden sollte dies durch die Anbringung einer Vielzahl kleiner leitender Abschnitte oder Punkte auf einem gläsernen Träger.[97]

Die Baird Company führte ihre Fernsehanlage am 20. Dezember 1929 in New York mit Aufnahmen des Bürgermeisters Jimmy Walker vor. Bild und Ton wurden direkt ausgestrahlt. Es wurde behauptet, daß »das Bild wiedererkennbar und die Musik vollkommen synchron mit dem Bild« gewesen sei.[98]

Im Dezember 1929 veröffentlichte die Zeitschrift *Radio* eine Photographie eines Fernsehbildes des Systems von Farnsworth. Das Original soll ungefähr 9 cm mal 9 cm groß gewesen sein und aus 20.000 Elementen bestanden haben. Dies scheint die erste photographische Abbildung eines Fernsehbildes aus einem vollelektronischen System ohne bewegliche Teile zu sein, die je veröffentlicht wurde.[99]

Ebenfalls im Dezember 1929 verließ Isaac Shoenberg die Marconiphone-Abteilung der Marconi Wireless Telegraph Company nach fünfzehnjähriger Arbeit für das Unternehmen und folgte einem Ruf von Louis Sterling, der ihn als Leiter der Patentabteilung zur Columbia Graphaphone Company holte.[100]

In Frankreich war fast die gesamte Entwicklungsarbeit zum Fernsehen eingestellt worden. Der Abgang von Gregory Ogloblinsky zu Westinghouse scheint
zum vorübergehenden Stillstand der französischen Forschung zum elektronischen
Fernsehen geführt zu haben. Von der Arbeit Belins und Holwecks war nichts
mehr zu hören. Dauvillier hatte sich dem Gebiet der Astrophysik zugewandt. Die
einzige noch laufende Versuchsarbeit führte René Barthélemy von der Compagnie
pour la Fabrication des Compteurs et Matériel d'Usines à Gaz in Montrouge
durch; er befaßte sich hauptsächlich mit der Synchronisation mechanischer Fern-
sehabtastsysteme.[101]

In den Vereinigten Staaten waren es Dr. Zworykin bei Westinghouse in Pittsburgh und Philo Farnsworth in San Francisco, die bedeutende Arbeit zu elektronischen Kameras betrieben. An elektronischen Empfängern arbeiteten außer ihnen
nur Frank Gray von den Bell Telephone Laboratories und Kenjiro Takayanagi in
Japan.

Es hatte um diese Zeit den Anschein, als würde das Fernsehen endlich das Labor
verlassen und sich seinen Platz in der Unterhaltungsindustrie erobern. Doch das
Ende des Jahres 1929 bildete in den Vereinigten Staaten und zugleich in Europa den
Beginn einer tiefen wirtschaftlichen Depression. Diese Krise sollte auf die gerade
erst flügge werdende Fernsehindustrie nachhaltige Auswirkungen ausüben.

Kapitel 8

Zurück ins Labor: 1930 – 1932

Am 3. Jänner 1930 wurde David Sarnoff zum Präsidenten der Radio Corporation of America gewählt. Zur gleichen Zeit wurde die gesamte Tätigkeit der RCA auf dem Gebiet des Fernsehens in den neuen Einrichtungen in Camden zusammengezogen. Darüber hinaus sollte General Electric seine Harrison Tube Werke und Westinghouse seine Lamp Works in Indianapolis an die RCA übergeben.[1]

Dr. W. R. G. Baker von General Electric wurde Chefingenieur der RCA Victor. Unter L. W. Chubb wurden in Camden zwei technische Abteilungen eingerichtet. Eine davon war die von Albert F. Murray geleitete Advanced Development Division. Murray unterstanden (a) George Beers, zuständig für Radioempfänger, (b) Dr. Irving Wolf, zuständig für Akustik, und (c) Dr. V. K. Zworykin, zuständig für Fernsehen. Albert Murray scheint der einzige leitende Angestellte der RCA gewesen zu sein, der nicht aus dem General Electric-Westinghouse Electric-Imperium kam. Er war zuvor Chefingenieur der Wireless Specialty Company in Boston gewesen, deren Eigentümer, John Hayes Hammond Jr., einer der großen Aktionäre der RCA war.[2]

Auch eine General Research Group wurde eingerichtet; sie stand unter der Leitung von Elmer W. Engstrom, der von RCA Photophone gekommen war. Das Technical and Test Department unter Dr. Alfred N. Goldsmith setzte den Betrieb des Fernsehsenders der RCA in der Fifth Avenue Nr. 411 fort.

Im Jänner 1930 wurden die Fernsehversuchssendungen John Bairds vom Sender im Brookman's Park auf zwei halbstündige nächtliche Sendungen in der Woche ausgeweitet. Im März 1930 wurden Bairds System zwei Wellenlängen zugewiesen, sodaß nun Bild und Ton gemeinsam übertragen werden konnten. Diese kombinierten Ausstrahlungen begannen am 1. April 1930. Das Bildsignal hatte die Wellenlänge 356,3 Meter, das Tonsignal 261,3 Meter.[3]

Ebenfalls im Jänner 1930 wurde bekanntgemacht, daß Jenkins Television die Produktion von Fernsehempfängern aufgenommen habe. Jenkins betrieb zwei Sender, W3XK in Washington, D. C., und W2CXR in Jersey City.

Am 14. Jänner 1930 beantragte Jenkins ein Patent, in dem er den Einsatz seiner rotierenden Trommel als Lichtpunktabtaster vorschlug. Er gab an, daß die Lichtleiter der Trommel die gesamte Lichtmenge ohne wesentlichen Intensitätsverlust auf die Szene führten.[4]

General Electric führte am 18. Februar 1930 von Schenectady aus zwei Langstreckenversuche mit Fernsehsendungen durch. Die erste Übertragung verlief von Schenectady nach Australien, von wo das Bild nach Schenectady zurückgesendet wurde; die Bildüberwachung erfolgte im dortigen Labor. Die zweite Versuchssendung verlief nach Kalifornien und zurück. Das übertragene Bild zeigte ein einfaches, auf weißes Papier gezeichnetes Rechteck. Die empfangenen Signale ergaben abwechselnd ein einfach reproduziertes Bild und Mehrfach- oder Geisterbilder; zumindest zeitweise war das empfangene Bild durchaus scharf. Die Versuchssendung über Kalifornien erbrachte die besseren Ergebnisse.[5]

Alan Archibald Campbell Swinton starb am 19. Februar 1930.[6] Er hatte nie erfahren, daß gerade in diesen Tagen V. K. Zworykin in den Labors der RCA solche Kameraröhren baute, wie er sie im Jahr 1911 beschrieben hatte. Dr. Zworykin soll schon unmittelbar nach seinem Einzug in die neuen Labors in Camden die Arbeit an Kameraröhren mit zweiseitiger Bildwandlerplatte aufgenommen haben.

Am 3. März 1930 beantragte P. T. Farnsworth ein Patent für einen Sekundärelektronenvervielfacher. Dieser beruhte auf der Modulation eines Elektronenstroms und auf dem Einsatz eines Paares einander gegenüberliegender Oberflächen zur Freisetzung von Elektronen durch Sekundäremission. Der resultierende Elektronenstrom entsprach einer Funktion aus dem Potential, das die Elektronen vor dem Aufschlag durchlaufen, und der Zahl der Aufschläge.[7]

Hans Hatzinger aus Frankfurt am Main beantragte am 25. März 1930 ein Patent für ein Abtastgerät. Dieses bestand aus einer Vielzahl von Spiegeln, die spiralförmig entlang einer Achse angebracht waren. Dies scheint das erste Patent für einen Spiegelschraubenabtaster zu sein. Die Annahme des Patents lautete, daß dieses Gerät hellere Bilder als die Nipkow-Scheibe oder die Spiegeltrommel erzeugen könne.[8]

Zu dieser Zeit erschienen mehrere Berichte über Dr. Zworykins neue Bildwiedergaberöhre. In den Vereinigten Staaten folgte einem Artikel in *Radio-Craft* ein ähnlicher Beitrag in *Radio News*. Ein früher europäischer Bericht von W. G. W. Mitchell in *Television* erbrachte indes keinen wirklichen Aufschluß über ihre Betriebseigenschaften und war sehr irreführend. So ging er beispielsweise mit keinem Wort auf die Tatsache ein, daß die Röhre zwei Anoden aufwies, auch nicht auf ihre elektrostatische Strahlbündelung oder darauf, daß sie eine Hochvakuumröhre ohne Restgas war. Ein anderer, von Dr. Neuberger in *Fernsehen* (der ersten deutschen Fernsehzeitschrift) veröffentlichter Artikel war etwa in der gleichen Art verfaßt. Aus den europäischen Berichten über das Kineskop ging nicht einmal andeutungsweise hervor, daß mit ihm ein gewaltiger Durchbruch gelungen war.[9]

Die Berichterstattung über die neue Röhre Zworykins scheint jedenfalls zwei unmittelbare Ergebnisse gezeitigt zu haben. Am 26. März 1930 berichtete Dr. Frank Gray von den Bell Telephone Laboratories über die Arbeit, die zu einem »neuen« Bell-Oszillographen geleistet worden war. Diese Röhre war ein Hochvakuumtyp (gasfrei), die Strahlbündelung erfolgte magnetisch, und vor dem Heizfaden war eine Zuleitung zur Strahlsteuerung angebracht. Gray berichtete, daß diese neue Röhre Fernsehbilder wiedergebe, »die in ihrer Qualität gleichwertig sind mit jenen von der Scheibe und auch von vergleichbarer Helligkeit«.[10]

Und in Japan begann auch Kenjiro Takayanagi mit dem Bau von Hochvakuumelektronenröhren. Er beantragte am 28. März 1930 zwei Patente für Röhren dieses Typs. Takayanagi gab an, daß er im Mai 1930 damit helle und deutliche Bilder auf Röhren mit 15 und 30 cm Schirmdurchmesser vorführen konnte.[11]

Der 1. April 1930 war das offizielle Datum der Übergabe der gesamten Fernsehforschung der General Electric Company, der Westinghouse Electric & Manufacturing Company und der Test and Development Division beim Van Courtlandt Park an die neuen Laboratorien der RCA in Camden, New Jersey.[12]

Zu dieser Zeit sprach die RCA aufgrund ihrer geschäftlichen Verbindungen mit der H.M.V. Gramophone Company eine Einladung an A. W. Whitaker, den Leiter des Advanced Development (der Forschungsabteilung) die Einladung aus, nach Amerika zu kommen, um die laufende Arbeit von General Electric, Westinghouse und der RCA in Camden, New Jersey, in Augenschein zu nehmen. Am 2. April 1930 besichtigte Whitaker Dr. Zworykins neues Fernsehsystem und berichtete, daß »seine Hochspannungselektronenröhre ein Bild von knapp 13 cm Seitenlänge« darbiete, das »so leuchtstark war, daß es in einem hell erleuchteten Raum betrachtet werden konnte«. Dies scheint der erste Augenzeugenbericht über das neue Kineskop von Zworykin zu sein.[13]

Am 3. April 1930 beantragte Dietrich Prinz aus Berlin ein Patent für die Synchronisation der horizontalen und vertikalen Abtastfrequenzen in einem Fernsehsystem. Die beiden Frequenzen waren dabei durch Frequenzvervielfacher und -teiler miteinander gekoppelt. Soweit es ermittelt werden kann, ist dies das erste Patent für dieses wichtige Merkmal. Obwohl zunächst Telefunken zuerkannt, wurde es später aufgrund der Verbindung zwischen Telefunken und der RCA auch ein Teil der Patentstruktur der RCA.[14]

Die Television Society in London hielt am 9. April 1930 am University College ihre zweite Jahresausstellung ab. Capt. Wilson, C. P. Garside, T. C. M. Lance und C. F. C. Roberts zeigten Exponate. Roberts scheint seine »Bildzerlegerröhren« ausgestellt zu haben, von denen aber keine funktionierte.[15]

Am 9. April 1930 führten die Bell Telephone Laboratories erstmals ein neues Zweiweg-Fernsehsystem (Bildtelephon) vor. Die Auflösung war dabei von 50 auf 72 Zeilen gesteigert worden, wodurch sich die Detailtreue verdoppelt hatte. Eine Bandbreite von 40.000 Hz, so wurde angegeben, sei erforderlich, um dieses Detailausmaß zu übertragen. Die Synchronisation erfolgte durch einen Wechselstrom von 1275 Hz zur Motorsteuerung; die Motordrehzahl ergab eine Abtastrate von 18 Bildern pro Sekunde. Der Abtastlichtpunkt war von blauer Farbe, gegen die das menschliche Auge verhältnismäßig unempfindlich ist.

Im Betrieb verband dieses System das Bell-Laborgebäude und die Hauptbüros der American Telephone & Telegraph Company in New York City. Über eine Vorführung dieses Systems namens »Ikonophon« wurde später, im Mai 1930 berichtet.[16]

Anfang April 1930 ergab sich für Dr. V. K. Zworykin eine Gelegenheit, die Labors von Philo T. Farnsworth in der Green Street in San Francisco zu besuchen. Die ersten Auswirkungen der sich vertiefenden Rezession wurden spürbar, und einige der Aktionäre der Farnsworth Television Laboratories waren bestrebt, ihre

Anteile zu realisieren; sie versuchten daher fieberhaft, mögliche Käufer aufzutreiben. Das Unternehmen der Carroll W. Knowles Company hatte ein Vorkaufsrecht auf die Aktien der Farnsworth Television Laboratories erworben und an die RCA die Einladung geschickt, die Labors und ihre Patente zu besichtigen. Dies war offensichtlich ohne das Wissen Farnsworths getan worden.

Als Farnsworth schließlich erfuhr, daß ein Besuch Dr. Zworykins geplant war, soll er freilich hocherfreut gewesen sein, und er bereitete sich darauf vor, Zworykin alle seine Leistungen vorzuführen. Farnsworth wußte über die Arbeit Dr. Zworykins Bescheid (aus den zahlreichen Patentstreiten zwischen den beiden) und hegte größte Wertschätzung für ihn. Folglich empfing er Dr. Zworykin als einen zukünftigen Verbündeten oder wenigstens als Quelle dringend benötigter Finanzmittel. Außerdem glaubte Farnsworth, daß Zworykin die gleiche Sprache sprechen würde wie er, und daß er seinen eigenen Leistungen ebenfalls die gebührende Wertschätzung entgegenbringen würde.

Am 16. April 1930 kam Zworykin in San Francisco an und verbrachte drei Tage in den Labors in der Green Street. Er sparte nicht mit Lob für Farnsworths Leistungen und schien enorm beeindruckt von dem, was er sah. Alles Erreichte wurde ihm im Einzelnen vorgeführt. Am ersten Tag nach seiner Ankunft saß er in der Anwesenheit von Jesse McCarger (dem Präsidenten der Television Laboratories), Donald Lippincott (dem Patentanwalt) und George Everson (einem der Geldgeber) an Farnsworths Schreibtisch, nahm eine Bildzerlegerröhre in die Hand und zollte Farnsworth mit den Worten »Das ist ein wunderbares Instrument. Ich wünschte, ich hätte es erfunden!« große Anerkennung. Farnsworth ließ sich dies natürlich gern gefallen.

Später zeigte Cliff Gardner Dr. Zworykin das gute Ergebnis seiner Bemühungen, mit einer Scheibe aus optisch durchsichtigem Pyrex-Glas die Bildzerlegerröhre abzuschmelzen. Sowohl bei Westinghouse als auch bei der RCA war Dr. Zworykin versichert worden, daß eine solche Röhrenversiegelung unmöglich herzustellen sei. Also wurde vereinbart, daß Gardner Dr. Zworykin vorführen solle, wie er diesen Abschmelzvorgang zustandebrachte.

Dr. Zworykin schien von der Bildzerlegerröhre stark beeindruckt zu sein. Schlicht und unkompliziert in der Konstruktion, bildete sie eine bemerkenswerte Kameraröhre. Bei ausreichender Lichtversorgung (von Filmen oder Diapositiven) gab sie einen hervorragenden Bildgeber ab. Sie hatte keine »Schattierungsprobleme« (durch ungleichmäßige Verteilung der elektrischen Ladungen, aus denen sich das Bild zusammensetzt), lieferte ein klares, deutliches Bild und war ihrer spezifischen Konstruktion nach ein direkt gekoppeltes Gerät mit einem gleichbleibenden (schwarzen) Bezugspegel, das die gesamte Bildhintergrundinformation erfassen konnte. Von Farnsworths elektronischer Bildwiedergaberöhre war Dr. Zworykin dagegen überhaupt nicht beeindruckt. Sie konnte, verglichen mit seinem eben erst entwickelten Kineskop, nur kleine und leuchtschwache Bilder anzeigen.

Auf dem Heimweg, so wird berichtet, machte Dr. Zworykin Station in Los Angeles und schickte Dr. E. Wilson (mit dem er die Cäsium-Magnesium-Photozelle entwickelt hatte) ein Telegramm, in dem er ihn mit der Herstellung mehrerer Bildzerlegerröhren für künftige Versuchsarbeit beauftragte. Ein solches Vorgehen entspricht natürlich den allgemein üblichen Gebräuchen – ein Labor baut oder konstruiert ein Gerät eines anderen Labors nach, um dessen Befunde zu bestätigen oder auf die Probe zu stellen. Es ist bekannt, daß mehrere Exemplare gebaut und betrieben wurden. (Eines davon hat bis heute überlebt, nachdem es von der RCA-Patentabteilung ausgemustert worden war.)

Während Farnsworth immer noch eine Form von Kaliumhydrid als photoelektrische Substanz für seine Röhren verwendete, scheint Dr. Wilson bei seinen Bildzerlegerröhren die Verwendung der neuen Cäsiumoberflächen gelungen zu sein, die gemeinsam von den Labors von General Electric und Westinghouse entwickelt worden waren, und die die Empfindlichkeit der nachgebauten Bildzerlegerröhren deutlich steigerten.[17]

Dr. Zworykin schrieb einen Bericht über das System von Farnsworth, der viel Verwunderung erregt haben muß. Zworykin war offensichtlich unfähig, einzugestehen, daß die Bildzerlegerröhre den unvollkommenen Kameraröhren mit zweiseitiger Bildwandlerplatte, die er selbst zu Versuchszwecken in den Labors der RCA baute, hoch überlegen war. Dafür konnte er sehr wohl anmerken, daß sein neues, in Weiterentwicklung befindliches Kineskop umgekehrt der Bildwiedergaberöhre von Farnsworth, dem »Oscillite«, wie es bald genannt werden sollte, um Längen voraus war.

Der Bericht selbst ist nicht zugänglich; alles, was wir vorfinden, ist die Stellungnahme Dr. Alexandersons, der sich so dazu äußerte: »Farnsworth hat ganz offensichtlich ein Stück kluge Arbeit geleistet, aber ich glaube nicht, daß sich das Fernsehen in diese Richtung weiterentwickeln wird.« Und weiter: »Farnsworth kann uns als Konkurrent der RCA-Gruppe bessere Dienste erweisen, indem er sein System selbst perfektioniert, vorausgesetzt, er hat die nötige finanzielle Unterstützung dazu. Sollte er richtig liegen, kann sich die Radio Corporation immer noch mehr für sein Patent leisten als wir jetzt rechtfertigen können.« Es ist natürlich bekannt, daß Dr. Alexanderson zu dieser Zeit überhaupt kein elektronisches System (auch nicht jenes von Dr. Zworykin) befürwortete.[18]

Jedenfalls schickte die RCA nun Albert Murray und T. Goldsborough (den Patentanwalt der RCA) zur erneuten Untersuchung der Patentanträge von Farnsworth nach San Francisco. Eines läßt sich mit Gewißheit sagen: Der nähere Blick auf die Geräte Farnsworths brachte für Dr. Zworykin zweifellos großen Ansporn zur Verbesserung seines neuen Fernsehsystems.

Nach seiner Rückkehr setzte er seine Bemühungen um den Bau einer funktionstüchtigen Kameraröhre fort. Am 1. Mai 1930 beantragte Dr. Zworykin sein erstes Patent für eine Kameraröhre seit dem 13. Juli 1925. Es bezog sich auf einen Typ einer Kameraröhre mit zweiseitiger Bildwandlerplatte, der sich grundlegend von der Bildzerlegerröhre unterschied. Der große Vorteil eines zweiseitigen Bildwandlerelements, so der Grundgedanke, bestehe darin, den Strahl damit von der photoelektrischen Oberfläche fernhalten zu können. Zworykin befürchtete nämlich, daß der Elektronenstrahl oder aus dem Cäsiumoxid entstehendes Gas die lichtempfindliche Oberfläche beschädigen und die Röhre damit betriebsunfähig machen könnte.

Laut Patent konnte die Röhre in zwei Formen gebaut sein, entweder »zeilen-
förmig« oder »flächenförmig«. Die »zeilenförmige« Version sollte zur Abtastung
von Filmen verwendet werden. Das Bildwandlerelement bestand dabei aus einer
einzelnen Zeile von Photozellen. Der Strahl sollte diese Zeile wiederholt abtasten,
wobei der aufwärts vorbeigeführte Film das Erfordernis vertikaler Abtastung
durch den Strahl ausglich. Röhren dieses Typs waren am leichtesten zu bauen, deshalb hatten die ersten Anfang 1930 hergestellten Kameraröhren diese Form.

Das Vollschirm- oder »flächenförmige« Gerät sollte demgegenüber groß genug
sein, um das gesamte Bild zu erfassen. Das bedeutete, daß die Zahl der Photozel-
lenreihen gleich sein mußte mit der der Abtastzeilen. Ein solches Gerät war sehr
schwierig herzustellen. Es ist bekannt, daß mehrere der »zeilenförmigen« Kameraröhren tatsächlich gebaut wurden, um zu beweisen, daß das Prinzip stimmte.

Der Patentantrag zeigte eine Kameraröhre, die Dr. Zworykins Kineskop ähnlich sah. Sie war eine Hochvakuumröhre (gasfrei) und wies eine zweite Anode zur
Beschleunigung und Strahlbündelung auf. Die Bildwandlerplatte war zweiseitig
und bestand aus einer Vielzahl aus Nadeln oder Nieten, die die Trägerplatte durch-
drangen. Eine Seite der Bildwandlerplatte sollte mit Cäsiumoxid lichtempfindlich
gemacht werden, die andere eine gewöhnliche Elektrode bilden, die über einen
Widerstand an einen Verstärker angeschlossen war. Vor der Bildwandlerplatte
sollte eine weitere Platte oder ein Schirm angebracht sein, der die Polarisations-
spannung lieferte und über eine Batterie an den andere Pol des Widerstands angeschlossen war. Diese Platte lieferte das Bildsignal.

Ein Elektronenstrahl aus der Elektronenkanone sollte die Rückseite der Bildwandlerplatte systematisch abtasten. Jede der Nieten oder Nadeln, so wurde angenommen, verhielt sich dabei wie eine einzelne Photozelle, da sie voneinander
isoliert waren. Zusammen sollten sie ein elektrostatisches Muster bilden, das der
Lichtmenge auf jeder Einzelzelle entsprach. Das Licht sollte die Zellen fortlaufend aufladen; ihre Entladung erfolgte durch das Auftreffen des Strahls auf der
Plattenrückseite. Die Probleme mit der Herstellung einheitlicher und fehlerfreier
Bildwandlerplatten dieser Bauart waren freilich enorm.[19]

Alle Berichte über diese frühen Geräte geben zu verstehen, daß sie zwar funktionierten – aber nicht sonderlich gut. Sie lieferten gewiß nicht so gute Ergebnisse
wie die von Dr. Wilson nachgebaute Bildzerlegerröhre, die zu dieser Zeit in den
RCA-Labors untersucht wurde. So schrieb Dr. Zworykin am 20. Juni 1930 an
Harley Iams: »Ogloblinsky erzielte gute Resultate mit der Senderröhre, die ein
abgeänderter Farnsworth-Typ ist.« Und weiter: »Ihre Empfindlichkeit ist recht
hoch, und ich hoffe, schon demnächst Direktaufnahmen damit machen zu können.« Direktaufnahmen waren natürlich das, wovon Dr. Zworykin träumte – in
der Lage zu sein, mit der Kamera Live-Bilder von einer Szene ausschließlich mit
der von ihr selbst reflektierten Lichtmenge aufzunehmen.[20]

Am 5. Mai 1930 beantragte Philo Farnsworth zwei Patente (eines davon gemeinsam mit Harry Lubcke) für die Herstellung elektrischer Abtastgeneratoren,
die schräge Wellenformen (Sägezahnwellen) zur Steuerung der Abtastbewegung
des Strahls lieferten, weiters für Vorrichtungen zur Löschung des Strahls während

des Zeitraums seiner Rückkehr zum Bildbeginn sowie für den Einsatz eines Löschimpulses zur Synchronisation von Sender und Empfänger.

Den Aufzeichnungen zufolge waren Generatoren dieser Art bereits im Juli 1929 im Labor Farnsworths gebaut und betrieben worden. Diese Geräte waren die ersten Kippgeneratoren, die Sägezahnwellen *nicht* durch Impulse von Scheiben oder Photozellen, sondern mit elektrischen Mitteln erzeugten. Das Patent beinhaltete auch Vorrichtungen zur Unterdrückung der Gleichstromkomponente (des Schwarzpegels) am Sender und ihrer Wiederherstellung am Empfänger.[21]

Am 20. Mai 1930 faßte Dr. Frank Gray von den Bell Telephone Laboratories die verschiedenen Techniken der elektrischen Bildabtastung zusammen. Dr. Gray interessierte sich einer Notiz in seinem Laborbuch zufolge zwar bereits seit dem 29. April 1929 für die elektrische Abtastung, doch erst jetzt zog er diese Methode ernsthaft in Betracht.

Dr. Gray erwähnte die Abtastung durch einen bewegten Strahl aus einer Quelle ebenso wie durch einen Elektronenstrahl. Er wies auf die Nutzung der lichtelektrischen Empfindlichkeit von Nichtleitern und/oder hochohmigen Platten hin und ging auch auf die Wechselwirkungen zwischen zwei verschiedenen Strahlungstypen auf einer lichtelektrischen Substanz ein. Er gab an, daß die »Speicherung lichtelektrischer Ladungen über die Dauer einer Vollbildabtastung hinweg« die »außerordentlich hohe Verstärkung der Bildsignale und vielleicht die Übertragung von Fernsehbildern bei normalen Lichtbedingungen« ermögliche.[22]

Mittlerweile war zwar die gesamte Fernsehforschung der RCA in Camden unter der Leitung von Dr. Zworykin zusammengefaßt worden, dennoch beschloß die von Dr. Alexanderson geführte Forschergruppe von General Electric, ihre Leistungen durch eine Vorführung ihres Großbildfernsehsystems öffentlich bekanntzumachen. Diese Demonstration fand am 22. Mai 1930 in Schenectady, New York, statt.

Dr. Alexandersons Team hatte einen Fernsehgroßbildprojektor mit der ursprünglich von Dr. August Karolus konstruierten speziellen Kerr-Zelle entwickelt. Diese Anlage wurde zum Proctor's Theater (einem Kino des Filmstudios Radio Keith Orpheum) in Schenectady gebracht. Unterstützt von Ray Kell und Merrill Trainer, gelang der Gruppe die Vorführung von Fernsehbildern auf einem Schirm von mehr als 3 Quadratmetern Größe. Das Bild war zwar nur etwa halb so hell wie ein richtiges photographisches Filmbild, dafür wies es gute Schattierungen zwischen Dunkel und den oberen Leuchtgrenzen auf. Das Vorführgerät war ein serienmäßiger 175-Ampere-Filmprojektor.

Die Szene wurde im Fernsehstudio in Schenectady mit einer normalen Scheibe mit 48 Löchern unter Einsatz der Lichtpunktmethode aufgenommen. Ein Sender mit einer Wellenlänge von 140 Metern übertrug das Bild, das von einer Antenne auf dem Dach des Kinogebäudes empfangen wurde. Das 48zeilige Bild mit einer Rate von 16 Bildern pro Sekunde wies zwar zahlreiche Fehler, darunter auch ein leichtes Wackeln auf. Doch die Größe des Bildes erregte Aufsehen. Das Bild war

Gegenüber: Die Großbildvorführung von General Electric im RKO-Kino in Schenectady, New York, am 22. Mai 1930. Ray Kell bedient den Projektor.

begleitet von Ton aus einem Lautsprecherpaar; er wurde auf einer Wellenlänge von 92 Metern übertragen. Das Programm bestand aus einer Voransage von Merrill Trainer und einer Reihe von Varietédarbietungen; den Höhepunkt bildete eine Orchesternummer, bei der der Dirigent die Musiker von dem eineinhalb Kilometer entfernten Fernsehstudio aus leitete.[23]

Zu dieser Zeit war die Verschmelzung der Teilgesellschaften der RCA zu einem einheitlichen Unternehmen in vollem Gange. Zwar wurden Westinghouse Electric und die General Electric Company im wesentlichen auf den Status von Gesellschaftern herabgesetzt. Sie besaßen freilich große Aktienanteile an der RCA und hatten nach wie vor eine starke Vetretung in ihrem Verwaltungsrat inne. Doch David Sarnoffs Wunsch nach völliger Unabhängigkeit ging unerwartet mit der Hilfe der Regierung der USA in Erfüllung.

Am 13. Mai 1930 wurde bekannt, daß das Justizministerium ein Anti-Trust-Verfahren gegen die RCA, die General Electric Company, gegen Westinghouse Electric und die American Telephone and Telegraph Company eingeleitet hatte. Das Ministerium wollte das neue Übereinkommen zwischen diesen Gesellschaften rückgängig gemacht sehen und verlangte die Auflösung des gemeinsamen Patentkartells sowie die Umwandlung aller Exklusivverträge (sowohl mit in- als auch mit ausländischen Partnern) in nicht-exklusive. Darüber hinaus forderte das Justizministerium, daß die vier Unternehmen in der Produktion und im Verkauf von Radios und anderen elektrischen Geräten miteinander in Wettbewerb treten.

Dieser Schlag hätte zu diesem Zeitpunkt, vor dem Hintergrund der sich vertiefenden Wirtschaftskrise für die Radio Corporation of America tödliche Folgen haben können. Die Zustimmung zu den Bedingungen der Zerlegung und zu den Veränderungen in der Patentstruktur hätte die RCA in eine Katastrophe geführt. Doch hauptsächlich aufgrund der Bemühungen David Sarnoffs sollte eine zufriedenstellende Einigung mit dem Justizministerium erzielt werden.[24]

Am 14. Juni 1930 beantragte Philo Farnsworth sein erstes Patent für eine elektronische Empfängerröhre. Dieses Gerät sollte später unter dem Namen »Oscillite« bekannt werden. Es sollte für oszillographische Zwecke ebenso wie für Fernsehen eingesetzt werden. Farnsworth plante, den Strahl mittels einer langen Magnetspule, die sich über die gesamte Länge der Röhre erstreckte, zu fokussieren. Die Röhre wies eine Bündelungselektrode auf, die ein elektrostatisches Feld zur Beschleunigung des Strahls erzeugte, sodaß er durch eine Öffnung lief, obwohl er leicht divergent war. Anschließend, so das Patent, sollte der Strahl mittels der langen Magnetspule gebündelt werden, sodaß er beim Auftreffen auf dem Schirm scharfgestellt war.[25]

Philo Farnsworth beantragte am 14. Juni 1930 auch ein Patent für einen Elektronenabbildungsverstärker. Er beschrieb darin eine weiterentwickelte Bildzerlegerröhre, in der ein Ladungsbild aufgebaut und dieses Bild in Streifen elementarer Breite zerlegt wurde; diese Streifen besagten Ladungsbildes wurden zur Steuerung der Intensitätsverteilung des Raumladungsstroms im verlängerten Querschnitt verwendet, um damit aufeinanderfolgende Teilbilder (Bildstreifen) höherer Intensität aufzubauen.[26]

Von Juni 1930 an führte Philo Farnsworth mehrere Experimente mit der Übertragung seiner Fernsehbilder sowohl über Kabel als auch über Funk durch. Er versuchte, Fernsehsignale einer Bandbreite von 300 kHz auf einer Trägerfrequenz
von 1000 kHz über eine gewöhnliche Telephonverbindung zu übertragen. Eine
Funkübertragung von Signalen auf einer Wellenlänge von 4 Metern wurde ebenfalls ausprobiert. Keiner der Versuche verlief sehr erfolgreich; das Funksignal
ergab schwerwiegende Mehrfachreflexionen. Doch immerhin war dies die erste
Übertragung vollelektronisch produzierter und empfangener Fernsehsignale über
Funk. Aufgrund der hohen Kosten wurden nach August 1930 keine weiteren Versuche mehr durchgeführt.[27]

Am 7. Juli 1930 übergab das Test and Development Laboratory der RCA den
Betrieb des RCA-Fernsehsenders in der Fifth Avenue Nr. 411 an NBC. Er ging
am 30. Juli 1930 auf Sendung; gleichzeitig wurde das Forschungslabor unter
Dr. Alfred Goldsmith aufgelöst.[28]

Die Atmosphäre im neuen Television Research Laboratory Zworykins in Camden war geprägt von Meinungsverschiedenheiten. Die beiden Gruppen, General
Electric und Westinghouse, konnten sich offenbar nicht darauf einigen, welcher
Weg nun einzuschlagen sei. Die Leute von General Electric bestanden darauf, daß
die mechanische Abtastung ihre Vorzüge habe.

Es wurde beschlossen, die beiden Systeme, das mechanische und das elektronische, in einem Versuchsgebäude in Collingswood, New Jersey, gegeneinander
abzuwägen. Diese Prüfung fand um den 15. Juli 1930 statt. Elmer Bucher zufolge
hatte Zworykins Gruppe ein vollständiges Fernsehsystem auf der Grundlage
80zeiliger Abtastung und der elektronischen Bildwiedergaberöhre Zworykins zur
Reproduktion entwickelt. Ein Filmabtaster mit Nipkow-Scheibe diente als Sender. Zur Synchronisation zwischen Sender und Empfänger wurde ein mechanischer Impulsgenerator verwendet.

Bucher, der Haushistoriker der RCA, behauptete auch, daß bei diesem Versuch
eine für Direktaufnahmen im Studio entwickelte »Kamera« zum Einsatz gekommen sei. Doch davon gibt es keinerlei Aufzeichnungen. Vermutlich bildete die
tatsächlich verwendete Lichtpunktanordnung jene »Kamera«, auf die sich Bucher
bezog. (Die zuverlässigste Information besagt, daß die Gruppe um Zworykin experimentelle Kameraröhren mit zweiseitigem Bildwandler nur für Diapositive und
Film verwendete. Diese Röhren waren zu dieser Zeit für Direktaufnahmen einfach noch nicht empfindlich genug. Natürlich gab es daneben bei Zworykin auch
noch die nachgebaute »Bildzerlegerröhre« von Wilson, die durchaus gut funktionierte, doch es ist bekannt, daß auch ihre Empfindlichkeit für den Einsatz in einem
Studio nicht hoch genug war. Mindestens noch ein Jahr lang sollte die RCA nicht
über eine Studiokamera verfügen.) Die Gruppe von General Electric setzte auf
ihren Lichtpunktabtaster und das Projektionssystem von Alexanderson/Karolus.

Beide Systeme wurden vorgeführt und beurteilt; das elektronische System
Dr. Zworykins stellte sich dabei als hoch überlegen heraus. Doch die Leute von
General Electric bestanden nach wie vor darauf, daß auch ihre Methode Vorzüge
habe. Schließlich wurde beschlossen, 90 Prozent der Gelder dem Fernsehsystem

Manfred von Ardenne (rechts) und John L. Baird in Berlin, 1930.

Zworykins und 10 Prozent dem System von General Electric zuzuweisen. Weiters wurde entschieden, daß die mechanische Abtastung am Sender aufgegeben werden sollte, sobald die Kameraröhre Zworykins genügend weit entwickelt sei.

Die mit dem System Zworykins erzielten Ergebnisse erwiesen sich in der Tat als jedem anderen oder früheren Verfahren hoch überlegen, so hoch, daß einige begeisterte Beobachter des Versuchs das System bereits für reif für den öffentlichen Einsatz erklärten. Doch diese Schlußfolgerung war allzu optimistisch; ein größeres und detailreicheres Bild wurde als wesentliche Voraussetzung für einen Fernsehdienst mit Heimempfang erachtet.[29]

Am 14. Juli 1930 führte Baird Television erstmals ein Großbildfernsehsystem vor. Die Bildgröße betrug etwa 1,6 mal 0,6 Meter. Baird hatte dabei auf sein allererstes Patent zurückgegriffen und einen Großbildschirm aus 2100 winzigen Metallfadenlämpchen entwickelt, die in Zellen eingebaut und mit einer Mattglasplatte bedeckt waren. Jede der 2100 Lampen war an einen Kommutator angeschlossen, der mit jeder Lampe in der richtigen Abfolge Kontakt schloß. Ein 30zeiliges Bild wurde 12 Mal pro Sekunde wiederholt. Das Nachleuchten der Lampen soll dazu beigetragen haben, daß das Bild heller wirkte und Flimmern vermindert wurde.

Dieser Schirm wurde am 14. Juli 1930 in Long Acre vorgeführt, und zwar mit dem ersten Fernsehspiel der Baird Television, »The Man with a Flower in his Mouth«. Der anwesende Journalist, der den großen Schirm betrachtete, gab in seinem Bericht an, daß sich »das Bild überaus deutlich und schnell veränderte«. Dieser Großbildschirm wurde transportabel gemacht und am 28. Juli 1930 im Londoner Coliseum erstmals öffentlich gezeigt. Anschließend wurde er nach Berlin gebracht, wo er in der Woche des 18. September 1930 im Scala-Kino vorgeführt wurde. Darüber hinaus wurde er auch im Olympia-Kino in Paris und im Röda-Kvarn-Kino in Stockholm gezeigt.[30]

Am 17. Juli 1930 beantragte V. K. Zworykin sein erstes Patent für RCA Victor. Es war eine etwas weiterentwickelte Version seines Patentantrags vom 1. Mai 1930 für Westinghouse und bezog sich auf eine Kameraröhre mit einem Bildwandleraufbau aus einer Vielzahl leitender Pfropfen, die ein photoelektrisches Kopfelement aufwiesen und durch isolierende Öffnungen in einer Trägerplatte gesteckt waren. Zwei feine Maschensiebe schlossen die leitenden Propfen ein. Da jedes dieser Elemente einen Kondensator bildete, wurden sie fortwährend durch die Elektronenemission von dem photoelektrischen Kopfelement aufgeladen. Besonders dem Prinzip, daß die Kondensatoren bis zu ihrer Entladung durch den Elektronenstrahl stetig aufgeladen wurden, kam in dem Patent große Bedeutung zu.

6400 solcher Elemente sollten in 80 parallelen Zeilen gleichen Abstands angeordnet sein, wobei jede Zeile ihrerseits aus 80 ebenfalls in gleichem Abstand angebrachten Einzelelementen bestand. Der Elektronenstrahl erreicht den positiv geladenen Schirm mit einer Geschwindigkeit, die von der Potentialdifferenz zwischen diesem Bildwandlerschirm und der Kathode abhängt. Ein Teil der Elektronen wird von dem Maschensieb absorbiert und über eine Batterie nach Masse abgeleitet. Jene Elektronen, die durch die Öffnungen des Maschensiebs hindurchlaufen, treffen direkt auf eine Stelle auf der abgetasteten Seite der Verbundanode auf; die restlichen prallen auf den Oberflächenbereich einer dieser Anode unmittelbar benachbarten oder über ihr liegenden Elektrode.

Der Bildwandler funktionierte nun folgendermaßen: Wenn alle seine photoelektrischen Elemente ungeladen waren, dann traf in allen Positionen des Abtaststrahls im Hinblick auf die Verbundanode (Bildwandlerplatte) die gleiche Menge an Elektronen auf den Oberflächenbereich der Elektrode auf. Dadurch floß über die Batterie und den Erdschluß ein Gleichstrom durch den Widerstand zur Kathode. Wenn aber die Ladungswerte auf den leitenden Pfropfen schwankten, dann lief ein entsprechend schwankender Strom durch den Widerstand zu einem Verstärker, aus dem schließlich das Bildsignal hervorging. In dem Patent wurden auch andere Methoden zur Anfertigung der Gitterkathode und der Verbundanode erwähnt. Mehrere solcher Röhren wurden tatsächlich gebaut und betrieben.[31]

Am 30. Juli 1930 beantragte Major Edwin Armstrong das erste von drei neuen Patenten für ein System der Breitbandfrequenzmodulation (FM). Armstrong hatte vier der wichtigsten Entwicklungen der Radiotechnik erfunden: die Rückkopplungsschaltung oder Rückführungsschaltung im Jahr 1914, die Überlagerungsschaltung im Jahr 1917, die Pendelrückkopplungsschaltung im Jahr 1921 und den Superhet im Jahr 1922.[32]

Am 5. August 1930 beantragte die Telehor-Aktiengesellschaft in Berlin ein Patent für Fernsehempfänger. Sie beruhten auf dem Einsatz eines Systems rotierender Spiegel, in dem die Spiegel streifenweise entsprechend der Bildbreite angeordnet waren. Sie waren auf einer Spindel angebracht, die von einem Tonfrequenzmotor angetrieben wurde. Da mehr Spiegelstreifen als Abtastzeilen vorgesehen waren, sollte eine Phasenbeziehung durch die Verschiebung des Spiegelsystems in der Achsenrichtung erreicht werden. Obwohl sich ein ähnliches Spiegelsystem auch für die Abtastung am Sender geeignet hätte, schien es in der Patentbeschreibung als Abtastinstrument nicht auf.[33]

V. K. Zworykin von der Radio Corporation beantragte am 15. August 1930 ein Patent für einen neuartigen Typ von Lichtventil. Grundsätzlich sah diese Erfindung den Einsatz einer lokalen Lichtquelle gleichbleibender Intensität vor, deren Licht durch die Wirkung eines in seiner Bahn angebrachten speziellen Schirms moduliert werden sollte. Dieser Schirm sollte aus einer Reihe von Öffnungen und zusammenwirkenden Platten aufgebaut sein und so funktionieren, daß er, wenn er von dem modulierten Elektronenstrahl getroffen wurde, die Lichtmenge auf seiner Oberfläche verändern und auf diese Weise ein Bild aufbauen konnte. Dies scheint das erste Patent für den Einsatz eines Elektronenstrahls zur Modulation eines speziellen Schirms für die Erzeugung von Fernsehgroßbildern zu sein.[34]

In der Woche vom 21. bis 31. August 1930 wurde die Berliner Funkausstellung abgehalten. Gezeigt wurde der für die Reichspost gebaute Bildgeber der Fernseh-AG. Auch ein nach den Patenten der Baird Television entwickelter Standard-«Televisor» der Fernseh-AG war ausgestellt. Daneben waren nur die Geräte der Telehor AG sehen, die Empfänger – fertig zusammengebaut ebenso wie in Bausatzform – ausstellte. Telefunken zeigte den Apparat von Dr. Karolus diesmal nicht.[35]

Am 19. September 1930 beantragte Alda V. Bedford von der General Electric Company ein Patent für die Erzeugung von Impulsen am Ende jeder Abtastzeile, die jede Unausgewogenheit zwischen dunklen und hellen Abschnitten einer Zeile weitgehend ausgleichen sollten. Zu dieser Zeit waren Alda Bedford, Ray Kell, Merrill Trainer und mehrere andere Ingenieure von General Electric bereits an RCA Victor abgestellt worden, wo sie unter der Leitung von W. A. (Doc) Tolson in einer neuen Abteilung namens Development Television Test Section arbeiteten.[36]

Am 4. Oktober 1930 beantragte Dr. Herbert E. Ives ein Patent für den Einsatz des neuen Linsenfilms von Kodacolor für ein Farbfernsehsystem. Bei diesem Verfahren wurde ein mit einer Reihe von Wülsten (in Linsenform) beschichteter Film verwendet, wobei die drei Primärfarben von einer Objektivlinse in Verbindung mit einer Vielzahl von nebeneinanderliegenden Farbfiltern voneinander getrennt wurden. Dieser Vorgang erzeugte auf dem Film eine Gruppe von Streifen, die die unterschiedlichen Farben repräsentierten. Verwendet wurde dazu eine gewöhnliche Schwarzweißemulsion.

Zur Rückgewinnung der Farbinformation beim Abspielen wurde eine weitere, der Aufnahmelinse ähnliche spezielle Linse zusammen mit einer Farbfilteranordnung verwendet, die das Bild in voller Farbe wiedergab. Beim Einsatz in dem Farbfernsehsystem wurde das in Farben getrennte Licht von Spiegeln auf drei Photozellen geworfen. Deren Ausgangsleistung ergab das Farbfernsehsignal.[37]

Dr. Ives legte am 7. Oktober 1930 eine Schrift über dieses System der Übertragung von auf photographischem Film aufgezeichneten Farbbildern vor. Er ging darauf ein, daß die Bildübertragung von einer Filmvorlage vergleichsweise mühelos sei, räumte aber ein, daß beim Einsatz von Film die faktische Gleichzeitigkeit

der Aufnahme und des Empfangs eines Ereignisses verlorengehe. Dennoch brachte
die leicht zeitversetzte Ausstrahlung von Filmvorlagen gegenüber dem physischen
Transport des Films in die Kinos beträchtliche Vorteile mit sich, besonders im Hinblick auf den Heimempfang.

Doch angesichts der hohen Kosten von Technicolor-Film schlug Ives eben die
Verwendung des verhältnismäßig neuen Kodacolor-Films vor, bei dem Farbbilder
auf Linsenfilm mit Schwarzweißemulsion aufgezeichnet wurden. Dabei entstand
ein dreifaches zeilenförmiges Mosaik, das die drei Primärfarben repräsentierte. Bei
der Projektion dieses Films durch eine Linse und drei Blendenöffnungen, die
(ähnlich wie jene beim Aufnahmegerät) von roten, grünen und blauen Filtern bedeckt waren, konnte das Bild in voller Farbe wiedergegeben werden.[38]

Am 20. Oktober 1930 beantragte G. W. Walton aus London ein Patent für ein
nichtvisuelles Fernsehaufzeichnungssystem. Der Erfinder nannte es Stixograph-
Verfahren. Die Fernsehbilder sollten dabei durch die kontinuierliche Übertragung
des Bildsignals auf eine photographisch lichtempfindliche und sich bewegende
Oberfläche aufgezeichnet werden. Dies konnte auf photographischem Wege mit
einem Filmstreifen als Informationsträger oder in Form einer Spiralspur auf einer
Scheibe oder in Form einer schraubenförmigen Spur auf einer Walze als Informationsträger erfolgen. Das Material des Informationsträgers konnte entweder lichtdurchlässig oder opak sein. Die Abspielung sollte durch die Verwendung eines
geeigneten, schon in einem früheren Patent beschriebenen optischen Systems erfolgen. Dies scheint das erste Patent für ein nichtvisuelles Fernsehaufzeichnungsverfahren zu sein, bei dem ein photographischer Informationsträger ähnlich wie
mit einer Filmtonspur bespielt wird.[39]

E. Hudec aus Berlin beantragte am 11. November 1930 ein Patent für einen
elektrischen Abtastgenerator, der Gleichlaufimpulse an jedem Zeilenende erzeugte. Das Patent beinhaltete auch einen elektrischen Abtastgenerator für die
elektronische Bildabtastung.[40]

Im November 1930 beschrieb Philo Farnsworth sein vollelektronisches Fernsehsystem erstmals in allen Einzelheiten. Es bestand aus einer Bildzerlegerröhre,
die Licht in elektrische Impulse umwandelte, aus einem Breitbandverstärker mit
ebenem Frequenzgang bis 600 kHz; die Synchronisation erfolgte durch zwei
Wechselströme in Sägezahnform, die auch für die Strahlrücklauftilgung sorgten.
Die Bildwiedergaberöhre war eine modifizierte Braunsche Röhre, genannt »Oscillite« (auch »Oscillight«), mit magnetischer Strahlbündelung und Ablenkung.
Die Horizontalfrequenz betrug 3000 Hz, die Vertikalfrequenz 15 Hz, woraus sich
eine Bildauflösung von 200 Zeilen ergab.

Die Bildzerlegerröhren wiesen mit Kaliumhydrid beschichtete Kathoden auf,
die eine geringe Empfindlichkeit von 0,5 mal 10^{-6} Ampere/Lumen ergaben; bei Beleuchtung mit einer 400 Watt starken Wolframlampe fielen 40 Lumen auf die Zelle,
deren Gesamtausgangsstrom dann rund 20 mal 10^{-6} Ampere betrug. Mit Natrium-
Schwefel-Dampf beschichtete Kathoden (aufgebracht mit dem Olpin-Verfahren
der Bell Telephone Laboratories) dagegen wiesen eine Empfindlichkeit von 6,5 mal
10^{-6} Ampere/Lumen auf. Sie erforderten einen Lichtfluß von nur 2 Lumen, wenn

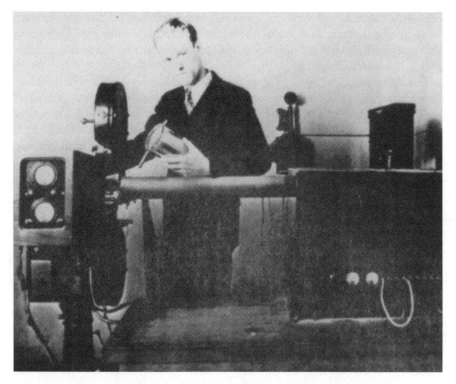

Philo Farnsworth und seine Fernsehanlage aus dem Jahr 1930.

die Verhältniszahl zwischen Abtastöffnung und Kathode eins zu 20.000 betrug. Ein Verstärker mit ebenem Frequenzgang bis 400.000 Hz und Verstärkungsfaktor 50.000 konnte noch eine Bildsignalstromstärke von 2 mal 10^{-10} Ampere verarbeiten bzw. eine Spannungsverstärkung um das 250.000fache ermöglichen. Deshalb wurde ein Lichtfluß von 0,4 Lumen als völlig hinreichend erachtet.

Farnsworth gab an, daß eine Wolframlampe mit 1500 Watt Leistung, in einer Entfernung von 30 cm von einem Gesicht entfernt angebracht, und eine Objektivöffnung von f/2 annäherungsweise den Erfordernissen für Direkt- oder Live-Aufnahmen entsprechen würden. Die von Zworykin entwickelten photoelektrischen Oberflächen (die Cäsium-Magnesium-Zellen) mit ihrer Empfindlichkeit von 25 mal 10^{-6} Ampere/Lumen würden demgegenüber Direktaufnahmen auch bei Beleuchtungsstärken ermöglichen, die nicht zu hoch für den Einsatz bei lebenden Objekten wären. Farnsworth freilich gab an, daß Bildzerlegerröhren mit dieser Empfindlichkeit noch nicht gebaut worden seien.

Die Oscillite-Bildwiedergaberöhre dagegen war nicht ganz so erfolgreich. Sie funktionierte nur, wenn der fluoreszierende Schirm Sekundärelektronen abstrahlte. Doch obwohl Farnsworth einräumte, daß damit, also mit der entweder positiven oder negativen starken Aufladung des Schirms eine instabile Betriebs-

bedingung gegeben war, behauptete er doch, daß dieser Effekt keineswegs be-
sorgniserregend sei. Das Ablenkspulensystem dieser Wiedergaberöhre war mit
dem der Bildzerlegerröhre identisch. Der für die magnetische Strahlbündelung erforderliche Leistungsaufwand war praktisch unbedeutend. Farnsworth schloß seinen Artikel mit der Ankündigung, daß er andere Techniken zur Übertragung von
Fernsehbildern alternativ zu den gegenwärtig verwendeten Signalen mit äußerst
breitem Frequenzband demnächst vorstellen werde.[41]

Am 1. Dezember 1930 beschrieb Dr. Lewis Koller von der General Electric
Company seine Methoden zur Herstellung dünner Cäsiumschichten. Zwei Klassen solcher Schichten wurden dabei unterschieden: (1) wenn eine dünne Cäsiumschicht von einer Schicht Sauerstoff absorbiert wird, und (2) wenn eine dünne
Cäsiumschicht von einer Schicht eines Cäsiumsuboxids absorbiert wird. Oberflächen der zweiten Kategorie wurden angefertigt, indem eine Kathode mit me-
tallischem Cäsium beschichtet und danach äußerst geringen Mengen Sauerstoff
ausgesetzt wurde. Die Messungen zeigten, daß die empfindlichsten Oberflächen
erzielt wurden, wenn das Cäsium gerade ausreichend viel Sauerstoff zur Bildung
eines Suboxids anstelle des normalen Oxids Cs_2O aufgenommen hatte. Diese
Schichten verdanken ihre Eigenschaften der Molekularstruktur an der Oberfläche.
Auf einer Silberkathode aufgebracht, wurden sie als Cs-CsO-Ag-Oberfläche bekannt. Diese lichtelektrische Oberfläche scheint empfindlich genug zur Erzeugung einigermaßen starker Bildsignale gewesen zu sein. Dr. Zworykin in Camden
war mit Gewißheit der erste, der diese neuen Photozellen in seinen Kameraröhren
ausprobierte, auch in den modifizierten Bildzerlegerröhren des Farnsworth-Typs,
die RCA/Westinghouse nachbaute.[42]

Am 3. Dezember 1930 trat Philo T. Farnsworth vor der Federal Radio Commission auf. Er hielt einen Vortrag, in dem er angab, eine Methode entwickelt zu
haben, mit der die Bandbreite von Fernsehsignalen auf etwa 10 kHz gesenkt werden könne. Dies erforderte den Einsatz eines »Bildverdichters«, der einen Teil des
breiten Bildfrequenzspektrums unterdrücken sollte, sodaß die tatsächlich übertragene Bandbreite nur rund 7 kHz betragen würde; der unterdrückte Teil des Signals sollte am Empfänger wiederhergestellt werden. Damit könnte eine einfache
Telephonleitung mit 15 kHz Bandbreite sowohl Bild als auch Ton übertragen.
(Das Verfahren ähnelte der Seitenbandtilgung bei einer Einseitenbandübertragung.) Farnsworths Berechnungen waren offensichtlich von den Naval Research
Labs der US-Marine geprüft und bestätigt worden, hatten sich aber als nicht funk-
tionstauglich erwiesen. Dieser Vortrag fügte Farnsworths gutem Ruf unter Funk-
technikern erheblichen Schaden zu.[43]

Ein Patent für dieses Schema beantragte er am 4. Dezember 1930. Farnsworth
behauptete darin, daß er die hochfrequenten Anteile am Sender ausfiltern könne,
um die erforderliche Bandbreite zu verringern. Am Empfänger wollte er Wellen
mit rechteckiger Front mit den übertragenen Strömen kombinieren, um die aus-
gefilterten Frequenzanteile wiederherzustellen. Farnsworth behauptete, daß mit
diesem System übertragene Bilder zwar etwas an Kontrast einbüßen, Winkel und
Flächen aber in scharfem Relief zur Geltung bringen würden.[44]

Am 27. Dezember 1930 beantragte Kenjiro Takayanagi aus Japan ein Patent für ein »Ladungsspeichersystem«. Es beinhaltete eine Kameraröhre, in der eine Reihe von Photozellen an eine gleiche Zahl von Kondensatoren angeschlossen war. Sie sollten von einer Form eines rotierenden Kommutators entladen werden.[45]

Eine ähnliche Anordnung legte A. Konstantinov am 28. Dezember 1930 vor, als er ein russisches Patent für eine Kameraröhre beantragte. Grundsätzlich bestand sie aus einer Reihe von Kondensatoren und Photozellen, die durch einen Schalter entladen werden sollten; diesen konnte auch der Strahl einer Elektronenröhre bilden.[46]

Um diese Zeit war der Gedanke eines ladungsspeichernden Bildaufnahmegeräts allgemein verbreitet. Das Problem bestand darin, wie ein solches Gerät praktisch angefertigt werden könnte. Daß Zworykin dieses Prinzip der Ladungsspeicherung zu dieser Zeit tatsächlich bereits in die Tat umgesetzt hatte, sollte noch mehrere Jahre lang unbekannt bleiben. Dabei wurden die Probleme einer solchen Kameraröhre nur kurze Zeit später von einigen anerkannten Fachleuten noch als unlösbar eingeschätzt.

Während der ersten Jännerwoche des Jahres 1931 wurde im Imperial College in South Kensington, London, die 21. Jahresausstellung der Physical and Optical Society abgehalten. Eine Hauptattraktion dieser Ausstellung bildete eine Fernsehvorführung durch die H.M.V. Gramophone Company, Ltd. Es war kaum bekannt, daß die Gramophone Company, der englische Ableger der Victor Talking Machine Company, nun eine Zweiggesellschaft von RCA Victor war. Die Vorführung auf der Ausstellung war das Ergebnis des eingeschränkten Forschungsprogramms, das im März 1929 begonnen hatte. Als Teilgesellschaft von RCA Victor hatte die Gramophone Company die Fernsepatente der RCA erhalten. Das vorgeführte Fernsehsystem war freilich ausschließlich von den Technikern der Gramophone Company entwickelt worden.

Zu dieser Zeit wurde sehr unmißverständlich klargemacht, daß die Gramophone Company keinerlei Absicht habe, diesen Apparat auf kommerzieller Basis zu produzieren. Die Arbeit daran war als fortgeschrittenes Laborexperiment unternommen worden; aus seinem Verlauf hatte man sich lediglich einen Zuwachs an Informationen erwartet, die von direktem Wert für die Haupttätigkeit des Unternehmens, die Tonwiedergabetechnik, sein sollten.

Die Vorführung wurde von C. O. Browne geleitet, der das System zusammen mit R. B. Morgan, J. Hardwick und W. D. Wright entwickelt hatte. Wright, von März 1929 bis März 1930 Angestellter bei Westinghouse in East Pittsburgh, hatte mit Dr. Zworykin bei dessen frühesten Experimenten mit Kameraröhren zusammengearbeitet. Aufgrund persönlicher Probleme hatte er Westinghouse im März 1930 verlassen und war nach England zurückgekehrt. Dort arbeitete er nun zeitweise für die H.M.V. Gramophone Company, wenn es ihm seine Tätigkeit als Lehrbeauftragter am Imperial College erlaubte. In seiner Stellung bei Westinghouse hatte er uneingeschränkten Zugang zu allen Unterlagen über Dr. Zworykins früheste Arbeit zum Kineskop und zu den frühen Kameraröhren gehabt. [47]

Diese Fernsehvorführung schien für die Baird Television Company einigermaßen überraschend gekommen zu sein; jedenfalls reichte sie unverzüglich die Klage ein. Bis zu dieser Zeit hatte die Baird Television Company ein vollkommenes Monopol auf die Erforschung und Entwicklung des Fernsehens in England gehalten. Ein Ergebnis des Gerichtsverfahrens bildeten intensive Nachforschungen der Gramophone Company zu Fernsehpatenten und -methoden. Als Hauptstreitpunkt stellte sich die Verwendung des Worts »Televisor« heraus, das Baird für sich beanspruchte. Das Verfahren endete freilich folgenlos.

Bei der Vorführung diente ein Filmprojektor als Quelle von 150zeiligen Bildern. Tatsächlich wurde das Bild in 5 Abschnitte oder Zonen von je 30 Zeilen geteilt. Eine Linsentrommel tastete einen Bildabschnitt über 5 Abstastöffnungen mit einer Rate von 12,5 Bildern pro Sekunde ab. Die Linsentrommel mit einem Durchmesser von rund 25 cm trug eine Spirale aus 40 Linsen. Ein vor dem Projektor angebrachtes Prisma lenkte die Lichtstrahlen rechtwinklig ab und warf sie durch die Linsen der Trommel. Die Linsen bündelten das Licht auf reihenförmig angeordnete Photozellen des Cäsium-Kupfer-Typs (Hochvakuumzellen) mit einer Empfindlichkeit von 48,3 Mikroampere/Lumen, die jeweils mit einem eigenen Verstärker versehen waren.

Am Empfänger fiel das Licht einer gewöhnlichen Bogenlampe durch fünf einzelne Kerr-Zellen. Von dort wurde es auf eine Spiegeltrommel von rund 25 cm Durchmesser mit 30 Spiegeln gebündelt (wobei die leeren Zwischenräume Schwarz erzeugten). Anschließend fiel das Licht auf einen Mattglasschirm von rund 50 mal 60 cm Größe. Abgesehen von einigen schlimmen Flimmererscheinungen und allgemeiner Ungleichheit der einzelnen Bildabschnitte war die Detailtreue des Bildes gut, und seine Leuchtkraft etwa gleich hoch wie die eines herkömmlichen Heimfilmprojektors.[48]

Ungefähr zu dieser Zeit (Jänner 1931) berichteten die Bell Telephone Laboratories über ein Dreikanal-Fernsehsystem, das sie gebaut und erprobt hatten. Da die Bilder, die ihr bestehendes System übertragen konnte, mit ihren rund 4500 Einzelelementen bereits an die Grenzen der elektrischen und mechanischen Bestandteile des Systems stießen, war es natürlich schwierig, an ein System zu denken, das 350.000 Elemente mit einer Bandbreite von 3,5 Millionen Hz übertragen konnte, auch wenn ein solches System notwendig war. Deshalb wurde beschlossen, ein System mit drei Kanälen zu bauen, das aufgrund der Abtasterfordernisse zunächst auf photographischen Film beschränkt war. Die damit erzielten Ergebnisse waren nicht allzu vielversprechend, denn es war gerade die wichtigste Voraussetzung, der Abgleich der drei Kanäle, die am schwierigsten zu erreichen war. Es war mehr als offensichtlich, daß eine andere Abtastmethode als die mechanische zur Lösung des Problems erforderlich war.[49]

Die General Electric Company berichtete, daß sie am 13. Februar 1931 erfolgreich Fernsehbilder von Schenectady, New York, nach Leipzig übertragen habe. Darüber hinaus soll auch die Aufzeichnung von Fernsehbildern auf photographischem Film gelungen sein. Einige hundert Meter Film waren bespielt worden; die Ergebnisse sollen gleich gut, wenn nicht besser als das direkt empfangene Bild gewesen sein. Hoffnungen, so aufgezeichnete Fernsehbilder für »Wochenschaube-richterstattung« einsetzen zu können, wurden geäußert.[50]

Im Februar 1931 vervollständigte die RCA die Konstruktion und den Einbau eines UKW-Senders mit 2,5 kW Leistung in der Fabrikanlage in Camden sowie einer Empfangsstation in Collingswood, New Jersey. Im Juli 1931 wurde ein ähnlicher Funksender im Empire State Building installiert, wo die RCA gerade eine vollständige Fernsehanlage aufbaute. Die Abtastrate wurde von 80 auf 120 Zeilen bei 24 Bildern pro Sekunde hinaufgesetzt. Es war geplant, das Bildsignal auf einer Frequenz von 44 MHz und das Tonsignal auf 61 MHz zu übertragen. Einem Bericht zufolge sollte Elmer W. Engstrom mit dem Aufbau der Fernseheinrichtungen im Empire State Building beauftragt werden, die im Oktober 1931 in Betrieb gingen.[51]

Mittlerweile wurden von Dr. Zworykins Labor in Camden zahlreiche neue Patentanträge eingereicht. Zu den Antragstellern gehörten Arthur Vance für einen verbesserten mechanischen Abtastgenerator, Randall Ballard für ein System für Zeilenlöschimpulse, W. A. Tolson für einen Bildablenkgenerator, Ralph Batchelor und V. K. Zworykin für verbesserte Bildwiedergaberöhren sowie Ray Kell für die Erzeugung von Synchronimpulsen.[52]

Dr. Zworykins größtes Problem zu dieser Zeit waren seine Kameraröhren mit zweiseitigem Bildwandler. Sie waren nicht nur schwierig zu bauen und zu betreiben, sondern wurden als Folge der Geheimhaltungspolitik der RCA (die RCA lehnte es ab, irgendjemandem außerhalb ihrer Patentstruktur ihre Patente zu zeigen) auch für gar nicht betriebsfähig gehalten. Um solche Zweifel zu zerstreuen, lud die RCA den US-Patentprüfer C. J. Spencer für den 20. Februar 1930 zu einer Vorführung nach Camden ein. Einzelheiten über diese Demonstration sind nicht zugänglich, doch es gibt Berichte, denen zufolge Spencer eine Kameraröhre mit zweiseitigem Bildwandlerbauteil vorgeführt wurde, die in völliger Übereinstimmung mit Zworykins Patentantrag vom 17. Juli 1930 konstruiert war.[53]

Während Einzelheiten des RCA-Systems geheimgehalten wurden, gelangten in England, Deutschland und in den USA zahlreiche Informationen über das Fernsehsystem von Farnsworth durch die Presse an die Öffentlichkeit. Ein Artikel erschien in der Februar-Ausgabe 1931 von *Fernsehen*. A. Dinsdale verfaßte zwei Beiträge; der erste erschien in der März-Ausgabe 1931 von *Wireless World*, der zweite in der Mai-Ausgabe 1931 von *Science and Invention*. Dinsdale räumte ein, zwar selbst noch keiner Vorführung beigewohnt zu haben, doch gab er an, daß »unabhängige und verläßliche Zeugen berichteten, daß die Bilder besser seien als die 72zeiligen Bilder, die das Zweiweg-System der Bell Telephone Labs erzeugt, die ohne Frage bis heute die besten mit mechanischen Mitteln erzeugten Fernsehbilder sind«. Weiters erschienen zwei Artikel in *Radio News* sowie ein Beitrag von W. G. W. Mitchell in der Mai-Ausgabe 1931 des *Journal of the Royal Society of Arts*. Dieser Autor bedachte Farnsworth mit folgendem Lob: »Er ist wohl der einzige wichtige Forscher, der sich ausschließlich elektrischer Methoden der Übertragung bedient.«[54]

Am 27. März 1931 beantragte Manfred von Ardenne ein Patent für ein Fernsehsystem mit Elektronenröhren sowohl am Sender als auch am Empfänger. Dieses Patent beschrieb den Gebrauch einer Elektronenröhre, die einen wandernden Lichtpunkt erzeugte, mit dem eine transparente Bildvorlage auf systematische Weise abgetastet werden konnte. Auch am Empfänger war der Einsatz einer Elektronenröhre vorgesehen. Von Ardenne gab an, daß dieses elektronische Lichtpunktsystem bereits seit dem 14. Dezember 1930 funktionstüchtig gewesen sei und daß er es im August 1931 vorführen wolle.

Im Patentantrag erklärte von Ardenne, daß die sinuswellenförmige Abtastung schwerwiegende Bildprobleme verursachte: Die ungleichmäßige Abtastgeschwindigkeit führte zu Abweichungen in der Detailtreue im Bildmittelpunkt, wo sich der Strahl am schnellsten fortbewegte, sowie zu Bildverschiebungen aufgrund der Phaseneinstellung und zu Versetzungen zwischen den hellen und dunklen Bildbereichen. Von Ardenne empfahl deshalb einen »gekippten« oder sprunghaften (d. h. sägezahnförmigen) Abtastverlauf sowohl für die horizontalen als auch die vertikalen Bewegungen. Die Bildabtastung erfolgte durch einen wandernden hellen Lichtpunkt auf dem Schirm der Elektronenröhre. Vor dem Röhrenschirm und der Bildvorlage befand sich eine Photozelle (mit einem dazwischen angebrachten Streuschirm zum Ausgleich des Signals), die ihrerseits an den erforderlichen Verstärker angeschlossen war. Von Ardenne beschrieb auch die Verwendung einer Elektronenröhre als Lichtpunktabtaster für Live-Bilder mit der Voraussetzung, daß für ausreichende Beleuchtung gesorgt war.[55]

In einem Beitrag in *Fernsehen* vom April 1931 wies von Ardenne darauf hin, daß die Elektronenröhre eindeutig die Lösung des Problems darstelle, jene 8000 bis 10.000 Bildelemente zu erzeugen, die für ein brauchbares Fernsehbild erforderlich waren. Er äußerte in diesem Zusammenhang, daß »von allen patentierten Entwürfen nur der von Zworykin, der sich spezieller Röhren bediente, zu erfolgreichen Entwicklungen geführt zu haben scheint – jedenfalls auf der Senderseite«. Mit keinem Wort erwähnte er die Farnsworthsche Bildzerlegerröhre, die zu diesem Zeitpunkt bereits recht gut funktionierte.[56]

Es ist interessant, festzuhalten, woher von Ardenne sein Wissen über die Kameraröhre Zworykins bezog. Bekannt ist, daß die RCA damit begonnen hatte, alle ihre Lizenznehmer und Zweiggesellschaften mit höchst wichtigen Informationen über die Fernsehentwicklung in den Labors in Camden zu versorgen. Von Ardenne hatte mit der RCA bereits seit 1926 Patente ausgetauscht und wurde offensichtlich ebenfalls auf dem Laufenden gehalten; später behauptete er einmal, er habe sogar mit Dr. Zworykin selbst korrespondiert. Ähnlich gute Informationen wurden auch an die erst jüngst gegründete EMI in Großbritannien sowie an Telefunken in Deutschland weitergegeben. Von Ardenne hatte jedenfalls eine Elektronenröhre mit besonders hoher Schirmhelligkeit entwickelt und machte sich mit dieser Röhre daran, ein Fernsehsystem ohne das Erfordernis einer speziellen Kameraröhre zu entwickeln.[57]

Im April 1931, etwa vier Monate nach der Fernsehvorführung der H.M.V. Gramophone Company, wurde eine neue Dachgesellschaft, die Electric and Musical Industries, Ltd. (EMI) gegründet, die aus der Fusionierung der H.M.V. Gramophone Company mit der Columbia Graphaphone Company, Ltd. hervorging. Die

Wirtschaftskrise hatte sich mittlerweile über die ganze Welt ausgebreitet und begann auch die Unterhaltungsindustrie, besonders das Geschäft mit Grammophonen und Radioempfängern, in Mitleidenschaft zu ziehen. Deshalb war beschlossen worden, aus der Vereinigung der Kräfte der beiden bisher konkurrierenden Schallplattenunternehmen gewissen Nutzen zu ziehen. In der Folge schlossen sie sich als Teile der neuen EMI, Ltd., zusammen und bestanden mehrere Jahre lang unter deren Dach.

Ein weiterer Partner war die Radio Corporation of America. Das Interesse der RCA an der Gramophone Company war wesentlich gestiegen, nachdem sie die Victor Talking Machine Company erworben hatte; immerhin besaß sie rund 27 Prozent der neu gegründeten Gesellschaft. David Sarnoff, der bereits seit März 1929 im Verwaltungsrat der Gramophone Company gesessen war, übernahm im April 1931 einen Sitz im Verwaltungsrat von EMI.

Von der Gramophone Company kamen C. O. Browne, G. E. Condliff, W. F. Tedham und W. D. Wright zu EMI, von Columbia Graphaphone Isaac Shoenberg, Allan Blumlein, P. W. Willans, E. C. Cork, H. E. Holman und andere. Das erste Vorhaben auf dem Gebiet des Fernsehens bestand in der Vervollkommnung eines Systems für die Übertragung von Filmen auf der Grundlage der Kineskop-Wiedergaberöhre von Zworykin bzw. der RCA. Ein Standard von 120zeiliger Auflösung bei einer Bildrate von 24 Bildern pro Sekunde wurde ins Auge gefaßt, wobei ein Spiegeltrommel-Filmabtaster verwendet werden sollte. Tatsächlich handelte es sich dabei um den gleichen Filmabtaster, der auch bei der Vorführung der H.M.V. Gramophone Co. im Jänner 1931 eingesetzt worden war. William F. Tedham, der Chemiker, der für die Gramophone Company an Photozellen gearbeitet hatte, wurde mit der Leitung des neuen Projekts beauftragt und sollte von H. Neal und J. W. Strange unterstützt werden; H. G. M. Spratt war für die Konstruktion von Empfängern zuständig.[58]

Zu Beginn des Frühjahrs 1931 schickte die RCA einige Exemplare ihres Kineskops an EMI. D. W. Wright versuchte, einen Empfänger so umzubauen, daß damit das Fernsehsignal Bairds empfangen werden konnte. Der Erfolg war freilich minimal. EMI war dafür hocherfreut über die neuen, hellen Bildwiedergaberöhren der RCA, mit denen, so C. O. Browne, »Fernsehbilder von mehr als 15 cm Kantenlänge mit sehr guter Helligkeit erzeugt« wurden.[59]

Die dritte Jahresausstellung der Television Society wurde am 15. April 1931 im University College in London abgehalten. Capt. Wilson und A. A. Waters präsentierten einen Prismentrommel-Empfänger. F. H. Haskell zeigte ein Musterexemplar eines Doppeltrommel-Empfängers und H. J. Peachy führte einen »Allstromempfänger für Ton und Bild« vor. Sender und Empfänger von C. E. C. Roberts wurden wieder gezeigt und funktionierten noch immer nicht. E. H. Traub zeigte ein Modell einer universellen Abtastscheibe, die aus vier übereinandergelagerten Einzelscheiben bestand.[60]

Am 24. April 1931 beantragte Lee De Forest ein Patent für ein Fernsehempfangsverfahren und einen zugehörigen Apparat. Dabei handelte es sich um eine Methode der Aufzeichnung von Fernsehsignalen auf photographischem Film. Das

System beinhaltete einen rotierenden Schreibkopf mit einer Anzahl von Entladungspunkten, die das eintreffende Signal elektrisch in die Emulsion einätzen sollten; dabei würden sichtbare Bilder entstehen, die rasch auf eine Leinwand projiziert werden sollten.

Eine Abwandlung dieses Patents wurde am 22. September 1931 eingereicht. Dieser Apparat bestand aus einem rotierenden Rad mit einer Reihe von Nadelspitzen. Diese Spitzen waren elektrisch an den Sender angeschlossen; an sie wurde das Bildsignal angelegt. Die Nadelspitzen glitten über 35mm-Film, der mit reinem metallischen Silber beschichtet war. Mit den Signalschwankungen veränderte sich auch die Ätzwirkung der Nadelspitzen während ihrer Bewegung über den Filmstreifen. Auf diese Weise sollten die hellen und dunklen Bildbestandteile als modulierte Striche auf dem Film wiedergegeben werden. Aufgrund vielfältiger Schwierigkeiten wurde dieses Verfahren bald als funktionsuntüchtig aufgegeben. De Forest gab an, daß er an diesem Schema von 1930 bis 1933 gearbeitet und das Gerät auch tatsächlich gebaut habe. Er stellte fest, daß zwar die meisten Probleme damit überwunden worden seien, doch »der elektronische Fortschritt« werfe »alle mechanischen Systeme, und seien sie noch so klug ausgedacht, auf den Schrotthaufen«.[61]

Am 8. Mai 1931 setzte Baird Television ihre neue Fernsehanlage für Außenaufnahmen, die in einem Lastwagen mit verbauter Ladefläche untergebracht war, zur Übertragung einer Freilichtszene bei ihren Studios in Long Acre ein. Zur Aufnahme von Tageslichtfernsehen hatte Baird einen großen Spiegel so angebracht, daß er das Licht der Szene auf eine Spiegeltrommel des Weiller-Typs mit rund 60 cm Durchmesser warf. Auf dieser Trommel waren 30 Spiegel in einem bestimmten Winkel zueinander angeordnet; sie reflektierten das abgetastete Bild auf eine Photozelle.

Am 3. Juni 1931 brachte Baird Television diesen Aufnahmewagen nach Epsom Downs, um das dortige Pferde-Derby zu übertragen, und stellte ihn gegenüber der Haupttribüne und des Zieleinlaufs auf. Die Signale wurden über Kabel zur Steuerwarte in Long Acre, von dort nach Savoy Hill und anschließend zur Sendestation in Brookmans Park gesendet, von wo sie auf einer Wellenlänge von 261 Metern ausgestrahlt wurden. Das Tonsignal wurde auf einer Wellenlänge von 356 Metern gesendet. Berichten zufolge wurden die Bilder noch in einer Entfernung von mehr als 160 km empfangen. Dieser Sendewagen wurde später nach Savoy Hill verbracht, wo von Oktober 1931 an ein wöchentliches Programm von diesem Fahrzeug aus gesendet wurde.[62]

In den RCA-Labors in Camden erzielte die Gruppe um Zworykin großartige Erfolge mit ihrer Version der Bildzerlegerröhre von Farnsworth. Mehreren Quellen zufolge war diese Röhre zu Beginn des Jahres 1931 so empfindlich gemacht worden, daß mit ihr Direktaufnahmen bei hellem Sonnenschein im Freien gelangen. Ballard hatte am 16. April 1931 eine Bildzerlegerröhre gebaut, und Leslie Florys erste Aufgabe bei RCA bestand darin, diese Röhre zu prüfen. Die allerersten Direkt- bzw. Live-Aufnahmen ohne zusätzliche Beleuchtung gelangen also mit einer Bildzerlegerröhre der RCA. Farnsworth selbst brachte solche Aufnahmen erst im August 1933 zustande.[63]

Randall Ballard (links) und Les Flory, Mitglieder der Forschergruppe Zworykins bei der RCA, auf dem Dach der RCA-Labors in Camden mit einer Bildzerlegerkamera der RCA, 1931. Sie prüfen das Betriebsverhalten des Geräts im Freien.

Andererseits waren die Erfolge der Zworykin-Gruppe bei RCA mit ihren Kameras mit zweiseitigem Bildwandler sehr dürftig. Um den 14. Mai 1931 beschloß Dr. Zworykin daher, Untersuchungen zu einem einseitigen Bildwandlerelement zu beginnen. Seinen Laboraufzeichnungen zufolge waren bis zum 12. Juni 1931 mehrere solche Röhren gebaut worden, die alle vielversprechende Ergebnisse geliefert hatten. Deshalb wurde der Entschluß gefaßt, in diese Richtung weiterzuarbeiten.[64]

Am 24. April 1931 hatte Harley Iams die Arbeit für Dr. Zworykin bei RCA wieder aufgenommen. Er wurde gemeinsam mit Gregory N. Ogloblinsky, Leslie E. Flory und Sanford Essig, dem Chemiker der RCA, dem neuen Entwicklungsvorhaben einer Kameraröhre mit einseitigem Bildwandler zugeteilt. Arthur Vance und Randall Ballard setzten ihre Arbeit an Abtast- und Synchrongeneratoren fort.

Allen Berichten zufolge bestanden diese frühen einseitigen Bildwandlerelemente aus einer mit Silber beschichteten Glimmeroberfläche. Verschiedene Methoden wurden eingesetzt, um dieser Silberschicht eine Mosaikstruktur zu verleihen: (1) durch eine Liniermaschine, (2) durch die Ätzung des Silbers, (3) durch die Verwendung eines feinmaschigen Siebs als Maske, auf der das Silber aufgebracht wurde, und (4) durch langsames Absetzen von Silberstaub auf der Glimmeroberfläche.

Keines dieser Verfahren ergab ein zufriedenstellendes Mosaik. Ein wirklicher Durchbruch bei diesem Problem gelang erst, als Essig eines der silberbeschichteten Mosaike zum Erhitzen in einen Ofen legte und es zufällig zu lange in der Hitze ließ. Als er es herausnahm, stellte er fest, daß die Silberoberfläche in ein schönes gleichmäßiges Mosaik aus isolierten Silberkügelchen zerfallen war.

Eine sorgfältig ausgearbeitete Prozedur zum Backen des Mosaiks und zum Auspumpen der Röhre folgte. Auf der Rückseite des Mosaiks wurde eine dünne Metallschicht aufgebracht. Nach der Erhitzung des Silbermosaiks im Ofen wurde es oxidiert, indem Sauerstoff in die Röhre eingelassen wurde. Danach wurde Cäsium in die Röhre geleitet und auf die Oberfläche des Silberoxids aufgebracht. Dabei wurde das Elektronenkanonenaggregat durch hochfrequente Ströme beheizt, um das Cäsium von ihm fernzuhalten. Schließlich wurde die Röhre völlig abgepumpt und zur Entfernung sämtlicher Restgase nochmals erhitzt. Die Perfektionierung dieses Verfahrens erforderte freilich umfangreiche Versuchsarbeit.[65]

Die Fernsehlabors von Philo Farnsworth befanden sich zu dieser Zeit im Jahr 1931 offensichtlich nach wie vor in verzweifelter finanzieller Not. Die meisten der Angestellten waren bereits entlassen worden, und neue Geldquellen wurden gesucht. Ein Aufruf zur Verfügungstellung von Mitteln führte zu einem Vertragsabschluß mit der Philadelphia Storage Battery Company (Philco) in Philadelphia.

Die Philco Corporation war die größte Herstellerin von Radioempfängern in den USA. Als solche befand sie sich in tiefer Abhängigkeit von der Patentstruktur der RCA. Sie war stark bestrebt, durch den Schritt auf das neue Gebiet des Fernsehens aus dieser unterlegenen Lage gegenüber der RCA auszubrechen.

Da das elektronische Fernsehsystem von Farnsworth zu dieser Zeit die einzige Alternative zum System Zworykins bzw. der RCA bildete, bot die Philco Farnsworth ihre Unterstützung an. Ihr Vorschlag lautete, daß die Philco alle Forschungsausgaben Farnsworths bestreiten sollte, die ihr als vorausgezahlte Lizenzgebühren gutzuschreiben wären, wodurch Farnsworth Herr über alle seine Erfindungen bleiben könnte. Philo Farnsworth sollte nach Philadelphia übersiedeln, wo über den Fabriksanlagen der Philco ein Forschungslabor eingerichtet werden sollte.

Die Nachricht, daß die Farnsworth-Labors zum Verkauf stünden, erreichte auch die RCA. In der Woche des 18. Mai 1931 begab sich David Sarnoff persönlich in die Labors in der Green Street in San Francisco. Er hatte mehrere Gründe für seinen Besuch: (1) um einmal mit eigenen Augen zu sehen, was Farnsworth zustande gebracht hatte, (2) um möglicherweise seine Arbeit aufzukaufen, damit der RCA das Besitzrecht für eine betriebsfähige Kameraröhre zukam (denn Sarnoff war mit Gewißheit über die Schwierigkeiten im Bilde, die Zworykin mit seiner eigenen Röhre plagten), und (3) um Farnsworths Arbeit aufzukaufen, damit sie nicht in dritte Hände fiel.

Doch Sarnoff kam zu spät. Als er in den Labors in der Green Street eintraf, hielt sich Farnsworth schon in Philadelphia auf, wo er mit Jesse McCarger über den Vertrag mit der Philco verhandelte. Sarnoff wurde von George Everson durch die Labors geführt, der später angab, daß Sarnoff überaus beeindruckt schien von dem, was er sah. Allerdings soll er geäußert haben, daß seiner Ansicht nach die Empfängerröhre Zworykins mit keinem einzigen Patent Farnsworths kollidiere.

Freilich hatte Sarnoff mit Gewißheit großes Interesse an der »Bildzerleger«-Kameraröhre. Er bot 100.000 Dollar für das gesamte Unternehmen einschließlich der Dienste von Farnsworth selbst (angesichts der Tiefe, die die Wirtschaftskrise mittlerweile erreicht hatte, zweifellos ein großzügiges Angebot). Sarnoff wurde deutlich gemacht, daß ein solches Geschäft ausgeschlossen sei. Er verließ das Labor mit der Bemerkung: »Hier gibt es nichts, was wir brauchen werden.« Von da an wurde die Rivalität zwischen der RCA und Farnsworth besonders scharf.[66]

Das Abkommen zwischen Philco und Farnsworth wurde im Juni 1931 unterzeichnet, und Farnsworth begann, die Verlegung seines Labors nach Philadelphia vorzubereiten. Sein Labor in der Green Street in San Francisco ließ er freilich mit ein oder zwei Angestellten in Betrieb. Seine Gerätschaft verbrachte er (unter größter Geheimhaltung) in das Labor auf dem Fabriksdach in Philadelphia. Im Dezember 1931 wurde berichtet, daß die Philco eine Konzession für den Betrieb einer Fernsehstation beantragt habe.[67]

Am 30. Mai 1931 beantragte die Siemens AG in Deutschland ein Patent für Verbesserungen bei Elektronenröhren. Es beschrieb, wie Elektronenstrahlen mittels elektrostatisch geladener Blenden in der Form flacher Ringe, die die Strahlachse symmetrisch umfassen, gebündelt oder zerstreut werden konnten. Der Patentantrag gab an, daß eine Blende positiver Ladung die Bündelung, eine Blende negativer Ladung dagegen das Auseinanderlaufen des Strahls bewirkte. Mit einer Kombination solcher Blenden, so die Patentschrift, konnte ein bildvergrößerndes Gerät ähnlich dem optischen Mikroskop konstruiert werden. Dies war das erste Patent für ein Elektronenmikroskop.[68]

Im Mai 1931 beschrieb Westinghouse ein neues Elektronenstrahloszilloskop mit der Elektronenröhre, die Dr. Zworykin 1928/29 entwickelt hatte. Es war ein in sich abgeschlossenes, kompaktes Gerät mit den Ausmaßen von rund 23 mal 48 mal 53 cm. Dieser Apparat scheint der erste tragbare Elektronenstrahloszillograph zu sein, der je konstruiert und gebaut wurde. Sowohl Westinghouse als auch General Electric arbeiteten weiter am Bau und an Verbesserungen des neuen Kineskops von Zworykin für andere Zwecke als für das Fernsehen.[69]

G. B. Banks von Baird Television Ltd. beantragte am 2. Juni 1931 ein Patent für eine Methode der Modulation einer Bogenlampe. Diese Methode sollte die direkte Vorführung von Fernsehgroßbildern ohne Rückgriff auf die Verwendung einer Kerr-Zelle oder ähnlicher Lichtventil-Konstruktionen ermöglichen.[70]

Am 14. Juli 1931 beantragte Philo Farnsworth ein Patent für ein Abtast- und Synchronisationssystem. Das wichtigste Merkmal dieses Patents bestand in der Methode, mit der die Hochspannung an die Anode der Bildwiedergaberöhre angelegt wurde. Dazu wurde ein Wechselstrom erzeugt, von dem ein Teil für die Ablenkung des Strahls verwendet wurde; ein zweiter Teil wurde gleichgerichtet und dieser Gleichstrom dazu verwendet, die Anode der Bildwiedergaberöhre zu speisen. Dies wurde erreicht, indem mit den Spannungsstößen ein Kondensator auf einen hohen Wert aufgeladen wurde. Dieser Kondensator war an die Anode der Bildröhre angeschlossen, und lieferte so den Anodenstrom für den Betrieb der

Röhre. Dies war ein epochemachendes Merkmal. Es ist das Verfahren, das noch bei den meisten heutigen Fernsehempfängern angewendet wird.[71]

Ebenfalls am 14. Juli 1931 beantragte Philo Farnsworth ein Patent für ein Projektions-Oscillite. Darin schlug er vor, den Elektronenstrahl auf den fluoreszierenden Schirm zu lenken und das Licht des Schirms durch eine Linse auf eine Leinwand zu projizieren. Der schräg auf einer Metallplatte angebrachte fluoreszierende Schirm war dabei an eine Anode angeschlossen, um die elektrischen Ladungen abzuleiten, die sich ohne diesen Entladungsweg auf dem Schirm anhäuften.

Die Oscillite-Bildröhre von Farnsworth schien von dem Umstand geschlagen zu sein, daß sich schon nach kurze Betriebsdauer eine starke negative Ladung auf dem Schirm aufbaute, die die herannahenden Elektronen abbremste, wodurch die Leuchtkraft des Bildes herabgesetzt wurde. Nur wenn der Elektronenstrahl Sekundärelektronen losschlug, arbeitete der Schirm normal mit einer positiven Ladung. Dies ist das erste Patent für eine Bildwiedergaberöhre, bei der das Bild von der gleichen Seite aus betrachtet wurde, auf die auch der Elektronenstrahl traf. Dem Patent zufolge sollten damit Bilder bis zu einer Größe von 60 cm Seitenlänge projiziert und in einem abgedunkelten Raum betrachtet werden können.[72]

Das Columbia Broadcasting System (CBS) weihte am 21. Juli 1931 feierlich seinen neuen Fernsehsender W2XAB in New York City ein. Zum erstenmal eröffnete damit ein amerikanisches Sendernetz die regelmäßige Ausstrahlung von Bild- und Tonprogrammen. Während einer Ballgala im 21. Stockwerk wurden den Gästen Bilder auf »Standard«-Empfängern von Jenkins und von Shortwave and Television vorgeführt. Der Bürgermeister von New York, Jimmy Walker, war als Ehrengast zugegen. Die gezeigten Bilder waren leicht wiedererkennbar, doch gelegentlich kam es zu Verzerrungen. Die Abtastrate entsprach dem RCA-Standard von 60 Zeilen bei 20 Bildern pro Sekunde. Der Ton wurde von dem Sender WABC (dem New Yorker CBS-Sender) und von der gesamten Columbia-Radio-Sendergruppe ausgestrahlt.

Nach der Einweihungsfeier wurde der Ton von dem Sender W2XE, dem Kurzwellensender des CBS, ausgestrahlt. Der Fernsehsender war rund 7 Stunden pro Tag auf Sendung, von 14 bis 18 Uhr und von 20 bis 23 Uhr. Dieses Programmschema wurde bis zum 25. Februar 1933 beibehalten. Dann stellte CBS alle Fernsehsendungen wieder ein – »bis bessere Geräte zur Verfügung stehen«.[73]

Am 24. Juli 1931 wurde berichtet, daß Fernsehbilder verschiedener Sender entlang der Ostküste an Bord der USS *Leviathan* auf See erfolgreich empfangen worden seien. Dieser Versuch war von der Shortwave and Television Corporation Pictures durchgeführt worden. Bilder der Sender von CBS und NBC in New York sowie der Sender 3XK in Washington und W1XAV und W1XAU in Boston wurden empfangen.[74]

Im August 1931 fand die Berliner Funkausstellung statt, auf der das neue elektronische Fernsehsystem von Manfred von Ardenne gezeigt wurde. Sein Ausstellungsbeitrag soll die meisten Besucher angelockt haben. Es war ein Lichtpunktsystem, das am Sender und am Empfänger die Elektronenröhren von Ardennes aufwies.

Am Sender befand sich ein Filmprojektor, der einen Endlosfilmstreifen mit einer Rate von 5 bis 8 Einzelbildern pro Sekunde transportierte. Der Mechanismus konnte händisch mit einer Kurbel oder motorgetrieben sein. Detailtreue und Helligkeit des Bildes waren gut, doch es war durch schwere Flimmererscheinungen beeinträchtigt. Ein beweglicher Kommutator löste die Synchronimpulse aus. Die Synchronisierung zwischen dem mit dem Filmantrieb gekoppelten Malteserkreuz und der Kippentladung (Zeitbasisentladung) erfolgte durch einen Kontakt auf dem Film, der das Zeitablenkgerät auslöste. Das Licht des Films wurde durch eine Linse mit einer Brennweite von 7,5 cm oder höher auf eine Photozelle geworfen. Bild- und Synchronsignale wurden einer gewöhnlichen Trägerwelle aufmoduliert. Das Bild wurde auf einer Elektronenröhre in einem Gehäuse empfangen. Bei einer Betriebsspannung von 4000 Volt soll die Bildhelligkeit maximal zwischen 2 und 3 Candela betragen haben.[75]

Manfred von Ardenne war der erste, der öffentlich ein Fernsehsystem mit Elektronenröhren am Sender und am Empfänger vorführte. Da weder Philo Farnsworth noch Dr. Zworykin bis dahin *öffentliche* Vorführungen ihrer Geräte gegeben hatten, erhält von Ardenne in diesem Punkt den Vorrang. (Dabei ist gleichwohl festzuhalten, daß von Ardenne natürlich weder über eine »Kameraröhre« als solche verfügte, noch viel Interesse daran hatte, eine richtige Kamera herzustellen. Das überließ er Dr. Zworykin).

Das auf dieser Ausstellung gezeigte System von Ardennes war von Loewe Radio finanziell gefördert. Die Reichspost stellte zwei Empfänger aus, die auch betrieben wurden. Auch die Fernseh-AG zeigte mehrere funktionierende mechanische Empfänger sowie einen elektronischen Empfänger, der dagegen funktionsuntüchtig war. Eine weitere große Attraktion bildete die Vorstellung des Spiegelschraubensystems von Tekade-Telehor. Der Abtaster bestand dabei aus einem Stapel von Spiegeln (einem für jede Zeile), die schraubenförmig als Wendeltreppenspirale angeordnet waren. Dieses neue Abtastgerät soll den Vorteil besonderer Einfachheit mit sich gebracht haben, weil dabei keine speziellen Linsen erforderlich waren. Tekade zeigte auch eine Elektronenröhre.[76]

Im August 1931 nahm die General Radio Company aus Boston einen Elektronenstrahloszillographen in ihr Verkaufsprogramm. Dies war ein zweiteiliges Gerät mit einer Elektronenröhre von Ardennes in einem eigenen Gehäuse. Die rund 60 cm lange gasgefüllte Röhre wurde von der Firma Leyboldt in Deutschland geliefert. Dies scheint der erste Elektronenstrahloszillograph zu sein, der je in den Vereinigten Staaten zum Verkauf angeboten wurde. Zwar bauten auch Westinghouse und General Electric Elektronenstrahloszillographen unter Verwendung ihrer jeweiligen Versionen der Röhre Zworykins, doch es gibt keine Aufzeichnungen darüber, daß sie auch auf den Markt gebracht wurden.[77]

Am 2. September 1931 beantragten Roscoe H. George und Howard J. Heim ein Patent für ein Fernsehsystem. Grundsätzlich befaßte sich dieses Patent mit einem Schema der Übertragung von Synchronimpulsen genau im Zeitintervall zwischen einem Bildelement und dem Beginn des darauffolgenden Bildelements. Geplant war, Synchronimpulse im Zeitabschnitt der Zeilenunterbrechung des

Bildsignals sowie spezielle Synchronimpulse mit einer größeren Amplitude als der des Bildsignals im Intervall zwischen dem Ende eines Bildes und dem Beginn des nächsten Bildes zu senden.[78]

George und Heim hatten gemeinsam mit C. F. Harding von der Purdue University in Lafayette, Indiana, seit dem 7. Mai 1929 an einem Fernsehsystem gearbeitet. Finanziert worden war ihre Arbeit von der Grigsby-Grunow Company, die Majestic-Radioempfänger herstellte. Ihr Fernsehsystem hatten sie rund um eine von R. H. George entwickelte Elektronenröhre aufgebaut. Diese Röhre war ein Hochvakuumtyp mit elektrostatischer Strahlbündelung und einer Beschleunigungsanode in der Form einer Scheibe. Ein vollständiges Fernsehsystem einschließlich eines Filmprojektors mit Nipkowscher Abtastscheibe und eines elektronischen Empfängers wurde im Dezember 1931 fertiggestellt. Ein Funksender, die Station W9XG, war errichtet worden und ging am 29. März 1932 in den regelmäßigen Betrieb.[79]

Am 10. September 1931 legten Max Knoll und E. Ruska eine mathematische Erklärung über das neue Gebiet der Elektronenoptik vor. Sie hatten, offensichtlich in der Absicht, die Analogie zwischen Licht und Elektronenstrahlung zu prüfen, mehrere Röhren mit Maschengittern unterschiedlicher Form und Größe konstruiert, die den Lauf des Elektronenstrahls auf seinem Weg durch die verschiedenen Felder beeinflußten. In mehreren Diagrammen wurden die Wirkungen der veränderlichen Felder auf den Elektronenstrahl dargestellt.[80]

Am 16. September 1931 beantragte Dr. Frank Gray von den Bell Telephone Laboratories ein Patent für ein System der Schwarzwertsteuerung. Gray plante, diese Funktion entweder durch die Abtastung eines schwarzen Streifens neben der Szene oder durch die Anbringung eines Loches, das kleiner war als die beiden Löcher in der Abtastscheibe, zu erfüllen. Am Empfänger richtete ein spezieller Schaltkreis dieses Signal gleich. Ein Kondensator wurde aufgeladen, um das an das Gitter der Röhre angelegte Potential zu reduzieren; der Anodenkreis dieser Röhre wurde mit entsprechendem Gleichstrom gespeist. Der Widerstand ermöglichte es der Kondensatorladung, abzufließen, sodaß der Kondensator vom nächsten Signal wiederaufgeladen wurde, das durch die Abtastung des schwarzen Streifens gewonnen wurde.[81]

C. N. Kataiew beantragte am 23. September 1931 ein russisches Patent für eine Fernsehkameraröhre. Dabei handelte es sich im wesentlichen um eine Kameraröhre mit zweiseitigem Bildwandlerelement, das aus Nadeln oder Nieten bestand, die durch eine Trägerplatte gesteckt waren. Eine »Abbildung 2« war aber interessanter. Sie stellte ein einseitiges Bildwandlerelement dar, bei dem das Licht von der Szene durch die Signalplatte (die halbdurchlässig sein mußte) auf das photoelektrische Material fiel, wo es ein Ladungsmuster aufbaute. Ein Gitter sollte die Ladungen sammeln, und das Signal wurde über einen Widerstand entwickelt. Der Elektronenstrahl mußte dabei durch das Fanggitter laufen, um das photoelektrische Material zu entladen.[82]

Ein Bericht über den Fortschritt des Fernsehens in der Sowjetunion kam zu dem Ergebnis, daß dort sehr wenig schöpferische Arbeit geleistet wurde. Er machte deutlich, daß der Großteil der Forschung vergleichbar war mit der Arbeit der Baird Company in London und nur wenige eigenständige Ideen verfolgte. Die meisten Systeme waren mit ihren Auflösungswerten von 30 Zeilen bei Wiederholungsraten von 12,5 Bildern pro Sekunde mit positiver Synchronisierung eher rückständig. Horizontale Abtastung war für die Übertragung von Kinofilmen, vertikale Abtastung für Live-Aufnahmen geplant.[83]

Am 24. September 1931 führte die Baird Television Company auf dem Treffen der British Association for the Advancement of Science in der Abteilung, die dem Thema »Mechanische Lernhilfen« gewidmet war, ihren Fernsehgroßbildschirm mit den direkt modulierten Bogenlampen vor. Das Bild soll von starker Leuchtkraft, hoher Detailtreue und Auflösung gewesen sein. Doch von diesem Gerät war danach nie wieder etwas zu hören.[84]

Im September 1931 besuchte Capt. A. G. D. West vom Research and Development Department der Gramophone Company das RCA-Labor Dr. Zworykins in Camden, New Jersey, wo ihm die neuesten Ergebnisse von RCA Victor vorgeführt wurden. Capt. West war zuvor erster Forschungsingenieur der BBC in London gewesen. Er berichtete von seinem Besuch, daß »das Fernsehen knapp davorsteht, ein kommerzielles Unternehmen zu werden. Sie [RCA] haben vor, einen Sender auf dem Dach eines Wolkenkratzers in New York zu errichten, und, wenn alles klappt, im Herbst 1932 ihren Fernsehempfänger auf den Markt zu bringen«.

Er gab an, daß das Bild ungefähr 15 cm mal 15 cm groß und seine Qualität vergleichbar war mit der eines großen, von den hinteren Sitzreihen betrachteten Kinobildes. Der Verkaufspreis dieser Empfänger sollte bei 100 Pfund (470 Dollar) liegen, und die Geräte selbst sollten in sich abgeschlossen in einem einzelnen Gehäuse untergebracht sein.

Das Ergebnis des Besuchs von West bestand darin, daß der Verwaltungsrat von EMI am 28. Oktober 1931 die Anschaffung einer vollständigen Sendeanlage von RCA Victor zum Preis von 13.000 Pfund (50.000 Dollar) zuzüglich 2000 Pfund (9400 Dollar) für den Einbau genehmigte.[85]

Diesem Ankauf hatte sich allerdings Isaac Shoenberg, mittlerweile Leiter der EMI-Patentabteilung, aus mehreren Gründen unnachgiebig widersetzt. Erstens wünschte er nicht, daß EMI in Abhängigkeit von der RCA geriet. Zweitens war die Marconi Wireless Telegraph (durch ihr Grundlagenabkommen) als Empfängerin der RCA-Patente bereits im Besitz sämtlicher Fernsehpatente der RCA, woraus sich für EMI Schwierigkeiten ergeben konnten. (Immerhin gab es Gerüchte, wonach Marconi's Wireless Telegraph eine Verbindung mit Baird Television anstrebe, da sie schließlich beide mit Forschungen zum mechanischen Fernsehen beschäftigt waren.) Drittens wußte Shoenberg über die hohe Fachkenntnis Marconis über Funksender genau Bescheid. Und deshalb schließlich erblickte er, der lange für Marconi gearbeitet hatte, eine Möglichkeit, sein früheres Unternehmen als Partner auf dem Gebiet des Fernsehens ins Spiel zu bringen.

Erkundigungen über die Marconi Company ergaben, daß sie einen Funksender zur Verfügung stellen konnte, der sich für den Umbau zu Fernsehzwecken eignete. Dieses Marconi-Gerät war ein Niederleistungskurzwellensender (SWB-Tx) mit einer Wellenlänge von 9,74 Metern, der für experimentelle Funksendungen zwischen Rom und Sardinien verwendet wurde. Er sollte auf Wellenlängen von 6 bis 8 Metern umgestellt werden. Dieser Marconi-Sender wurde am 25. Jänner 1932 an EMI in Hayes, Middlesex, ausgeliefert.[86]

Am 6. Oktober 1931 beantragte Manfred von Ardenne ein Patent für die Abtastung mit veränderlicher Geschwindigkeit sowohl am Sender als auch am Empfänger. Da die Geschwindigkeit des Abtaststrahls selbst unveränderlich war, mußte das Signal aus der Photozelle zur Modulation der Sägezahnströme, mit denen die Abtastschaltungen versorgt wurden, verwendet werden. Frequenzen unterhalb der Bildsignalfrequenzen wurden ausgefiltert, und das daraus entstehende Signal wurde an ein spezielles Widerstands-Kapazitäts-Netzwerk (RC-Netzwerk) weitergegeben.[87]

Von Ardenne wußte über die Schwierigkeiten mit der Verwendung gasgefüllter Röhren für Fernsehzwecke sehr gut Bescheid. Ihr Betriebsverhalten war indes ausgezeichnet, solange der Strahl nicht schnell moduliert werden mußte. Der Einsatz der Abtastung mit veränderlicher Geschwindigkeit bildete einen Weg zur Lösung dieses Problems. Eine seiner Röhren war im November 1931 auf dem Treffen der Television Society im University College in London ausgestellt. Von Ardennes Röhren waren offenbar so zuverlässig und leuchtstark, daß Sir Robert A. Watson Watt in England sie für seine frühe Radarforschung verwendete.[88]

Die Forschergruppe um Zworykin in Camden machte unterdessen ausgezeichnete Fortschritte mit ihrer Kameraröhre mit einseitigem Bildwandler. Das Projekt wurde nun augenscheinlich von Gregory N. Ogloblinsky geleitet. Ein neuer Röhrenkörper, der ein größeres Mosaik (rund 10 mal 10 cm) beherbergen sollte, war entwickelt worden. Die neue Röhre funktionierte, doch niemand wußte genau, wie. Ihr Wirkungsgrad war äußerst gering, und sie erzeugte jede Menge Fehlsignale. Diese waren auf die massenhaften Sekundäremissionen zurückzuführen, die der Hochgeschwindigkeitsstrahl beim Auftreffen auf dem Bildwandler auslöste. Doch alles in allem hatte sich Dr. Zworykins Risikobereitschaft bezahlt gemacht. Er hatte in seiner Entschlossenheit, eine Kamera mit dem Speicherprinzip zu bauen, nie geschwankt. Nun hatte er endlich eine Antwort auf die Bildzerlegerröhre von Farnsworth.

Am 8. Oktober 1931 fügte Dr. Zworykin seinem nach wie vor anhängigen Patentantrag vom Dezember 1923 einen neuen Anspruch hinzu. Dieser beinhaltete »eine photoelektrische Schicht, über die hinweg besagter Elektronenstrom abgelenkt wird und auf die das Bild projiziert wird« sowie »einen Stromkreis, der die photoelektrische Schicht und die Kathode miteinander verbindet«.[89]

Die Konstruktion der neuen Kameraröhre mit einseitigem Bildwandlerelement wurde vollendet, und am 23. Oktober 1931 wurde ihr der Name Ikonoskop gegeben. Zahlreiche Exemplare dieser Röhre waren gebaut und betrieben worden, doch die erste wirklich erfolgreiche Röhre wurde Garratt und Mumford zufolge erst am 9. November 1931 in Zworykins Labor zusammengebaut und geprüft. Harley Iams sagt, daß es wahrscheinlich das 16. Exemplar des ersten Ikonoskops war, das ein annehmbar gutes Bild lieferte.[90]

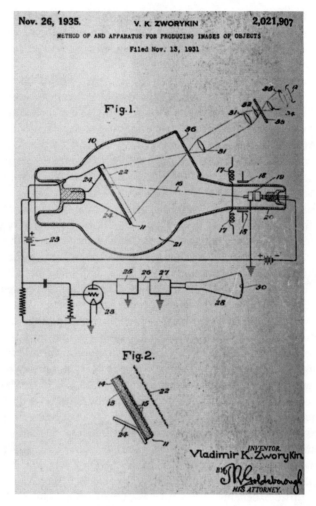

Strichzeichnung aus dem Ikonoskop-Patent von V. K. Zworykin (beantragt 1931).

Am 13. September 1931 beantragte V. K. Zworykin ein Patent für »ein Verfahren und einen Apparat zur Erzeugung von Bildern von Gegenständen«. Dieser Patentantrag zeigte nun erstmals Dr. Zworykins neue Kameraröhre, deren Bildwandlerelement einseitig war, bei dem also das Licht von der Szene und der abtastende Elektronenstrahl auf derselben Seite auftrafen.

Die Patentschrift gab an, daß die Oberflächenstruktur der Bildwandlerplatte allgemein des gleichen Typs sei wie in den mitanhängigen Anträgen Seriennr. 448.834 (1. Mai 1930) und Seriennr. 468.610 (17. Juli 1930) beschrieben; auch das Betriebsprinzip stimme mit diesen Anträgen überein. Der Patentantrag zeigte in »Abb. 2« eine einseitige Bildwandlerplatte. Sie bestand aus einer dünnen Glimmerplatte, auf deren Rückseite eine dünne Schicht aus Platin aufgebracht war. Ihre Vorderseite bestand aus einzelnen photoelektrischen Elementen, die durch die Anbringung einer Maske an dieser Plattenseite und darauffolgendes Aufdampfen einer Kadmiumschicht (in Vakuum) durch die Öffnungen der Maske auf die einzelnen Elemente erzeugt wurden.

Wahlweise konnte auch eine durchgehende Kadmiumschicht auf die Glimmerplatte aufgebracht und anschließend mit einer Liniermaschine gerastert werden. Anstelle des Kadmiums konnten auch Uran, Thorium, Zer oder andere gegen ultraviolettes Licht empfindliche Substanzen verwendet werden. Auch Alkalimetalle wie Lithium oder Natrium, entweder als Reinsubstanz oder in ähnlicher Form wie bei der Cäsiumoxid-Photozelle, wurden als geeignet angegeben.

Die positiven Ladungen erzeugen entsprechende Impulse oder Bildsignale, die im Gitterstromkreis einer geeigneten Verstärkerröhre entwickelt werden sollen; zu diesem Zweck ist die Platinschicht an der Rückseite des Bildwandlers über einen der Drähte, die als Träger der ganzen Bildwandlerkonstruktion dienen, an diesen Stromkreis angeschlossen. Das Ladungsspeicherprinzip oder andere Wirkungen wurden in dem Patent nicht erwähnt, nur von der Beobachtung einer Gasentladung, elektrischer Funkenbildung und vom Auftreten von Sekundäremission unter Ultraviolett und Röntgenbestrahlung war die Rede.[91]

Vier der ursprünglichen Ansprüche dieses Patents wurden ausgesondert und Kolomon Tihany zuerkannt. Tihanys Patente waren ohne Zweifel höchst sinnreich und verdienten große Anerkennung. Es gab deshalb auch Behauptungen, wonach Tihany das Ikonoskop »erfunden« habe. Doch es liegt keinerlei Beweis dafür vor, daß er jemals eine Röhre dieser Art auch wirklich gebaut und betrieben hätte. Die hochverdiente Anerkennung dafür müssen wir Dr. Zworykin und seiner Forschergruppe in Camden zollen.[92]

Dr. Zworykins Team entwickelte, baute und betrieb die ersten Kameraröhren mit Hochgeschwindigkeitsstrahlen. Waren ihre frühen Kameraröhren mit zweiseitigem Bildwandlerelement auch roh und nur sehr beschränkt erfolgreich, so bildeten sie doch eine wertvolle Quelle von Daten und Meßwerten, die es der Gruppe ermöglichten, später funktionstüchtigere Kameraröhren zu bauen.

Über den Patentantrag Zworykins vom 1. Mai 1930 (Seriennr. 448.834) brach am 27. November 1931 ein Streit (Nr. 62.721) mit Harry J. Round und Charles F. Jenkins aus. Round von der British Marconi Wireless Company hatte die Neuausstellung seines US-Patents Nr. 1.759.594, das am 20. Mai 1930 gewährt worden war, beantragt.

Drei Streitverfahren zwischen Round, Zworykin und anderen wurden von der Patentbehörde eingeleitet. Am 9. November 1933 beantragte Zworykin die Ersetzung seines Patentantrags vom 1. Mai 1930 durch seinen früheren Antrag Seriennr. 683.337, eingereicht am 29. Dezember 1923, um einen noch älteren Vorrang zu erwirken.

Dr. Zworykin (vertreten durch die Patentabteilung der RCA) stellte diesen Antrag in allen drei Streitverfahren. Der für die Verfahren zuständige Prüfer der Patentbehörde lehnte ihn in allen drei Fällen mit der Begründung ab, daß der Antrag

Zworykins in der eingereichten Form nicht die nun strittigen Erfindungen enthalte. Eine weitere Begründung für diese Ablehnung lautete, daß Zworykins im Patent von 1923 gestellte Ansprüche von bestimmten Berichtigungen der Patentbeschreibung abhingen, die der Prüfer aber als tatsächliche Abweichungen wertete.

In der Frage, wer nun die Priorität erhalten sollte, berief sich Round auf das Antragsdatum seines am 21. Mai 1926 beantragten britischen Patents. Zworykin bestand auf seinem Antragsdatum aus dem Jahr 1923. Die Berufungskommission bestätigte die Vorgangsweise des Prüfers. Round gewann den Streit aufgrund eines Versäumnisurteils; am 28. Juni 1935 wurde der Streit zu seinen Gunsten entschieden, was die Berufungskommission am 26. Februar 1936 bestätigte.[93]

Um die Ansprüche von Zworykins Patent aus 1923 zu untermauern, beauftragte die Patentabteilung der RCA Harley Iams, mehrere Modelle der »Urröhre« von 1923 in Übereinstimmung mit der originalen Patentbeschreibung zu bauen. Gegen Ende 1931 fertigte Iams vier Röhren an. Bei der ersten wurde einfach eine Aluminiumoxidoberfläche, die von einem Stück Aluminiumfolie getragen wurde, lichtempfindlich gemacht. Die zweite Version beinhaltete auch das Fanggitter, das zwischen der lichtempfindlichen Oberfläche und der Lichtquelle angebracht war. Bei diesen Röhren wurde Cäsium als photoelektrisches Material verwendet. Die dritte enthielt Kalium, wie in der Patentbeschreibung ausgeführt. Schließlich wurde eine Röhre gebaut, bei der Kalium auf die Aluminiumoxidoberfläche aufgebracht wurde; bei dieser Röhre wurde jede Einzelheit der Patentbeschreibung genau eingehalten. Einer beeidigten Erklärung Harley Iams' zufolge erzeugte diese Röhre »ein elektronisches Bild, das einer annehmbaren Abbildung des auf die Sendereinheit fallenden Lichtbildes entsprach«.[94]

Am 21. Oktober 1931 führte Ulises A. Sanabria im Broadway-Kino von B. S. Moss ein Großbildfernsehsystem vor. Sanabria verwendete nach wie vor seine Scheibe mit 45 Löchern und Dreifachzeilensprungabtastung. Er projizierte ein Bild von etwa 3 Metern Kantenlänge. Die Bilder sollen »einigermaßen gut«, wenngleich nicht sonderlich leuchtstark gewesen sein.[95]

John L. Baird besuchte im Oktober 1931 die Vereinigten Staaten und soll Berichten zufolge die Laboratorien Dr. Alexandersons bei General Electric und jene der Bell Telephone Company besichtigt haben. Baird schien nicht beeindruckt von dem, was er dort gesehen hatte. Am 25. Oktober 1931 wurde er mit den Worten zitiert, er sehe »keine Hoffnung für ein Fernsehen mittels Elektronenröhren«. Er glaubte auch nicht an die Nutzung der Kurzwellen und war »sehr skeptisch hinsichtlich ihres Erfolges beim Fernsehen, weil sie nur einen sehr beschränkten Bereich umfassen«. Bairds Kurzsichtigkeit auf diesen beiden Gebieten sollte ihm in der Zukunft noch viel Kummer bereiten.[96]

Berichten zufolge führten die Professoren Kenjiro Takayanagi und Tomomasa Nakashima von der Hamamatsu Technical High School seit November 1931 Ausstrahlungen von Fernsehbildern vom Sender JOAK in Tokyo durch. Sie sendeten Bilder, die aus 10.000 Elementen (80 Zeilen) zusammengesetzt waren, bei einer Bildfrequenz von 20 Bildern pro Sekunde auf einer Wellenlänge von 84,5 Metern. Takayanagi und Nakashima planten eine Vorführung dieser Anlage auf der 4. Aus-

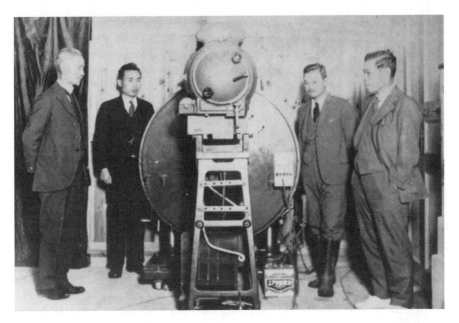

Kenjiro Takayanagis Lichtpunktgerät, 1931. Takayanagi ist der zweite von links.

stellung der Erfindung in Tokyo, die von 20. März bis 10. Mai 1932 abgehalten werden sollte.[97]

T. Thorne Baker beantragte am 2. November 1931 ein Patent, das sich auf ein Farbfernsehsystem bezog. Die Farben sollten durch eine Abtastscheibe, die aus drei verschiedenfarbigen transparenten Abschnitten bestand, zerlegt werden. Eine ähnliche Scheibe sollte am Empfänger zum Wiederaufbau des Bildes in Farbe verwendet werden.[98]

Am 5. November 1931 beantragte die Fernseh-AG aus Berlin ein Patent für eine Methode der Zwischenfilmaufzeichnung. Bei diesem System der Fernsehübertragung von Bewegungsbildern unter Verwendung einer photographischen Aufnahme als Zwischenstufe wurde die lichtempfindliche Emulsion entweder vor der Fixierung oder nach einem provisorischen Fixierungsprozeß binnen kurzer Zeit nach der eigentlichen photographischen Belichtung abgetastet. Erfolgte die Abtastung vor der Fixierung des Films, so konnte die Emulsion blauempfindlich und der Abtaststrahl von einer anderen Farbe wie etwa Rot sein.[99]

Bei der Fernseh-AG wußte man freilich nicht, wie weit die Bell Telephone Laboratories dieses Verfahren bereits entwickelt hatten. Man hatte jedenfalls befunden, daß es gegenwärtig die einzige praktikable Methode der Aufnahme von Live- oder Freilichtfernsehbildern bildete. Dieses Verfahren sollte sich bald als kostspielig und schwerfällig erweisen; dennoch machte sich die Fernseh-AG an die Entwicklung entsprechender Geräte, die das Fehlen einer geeigneten Fernsehkamera wettmachen sollten.

Robert Harding Jr. von der National Television Corporation beantragte am 7. November 1931 ein Patent für ein System der Aufzeichnung von Fernsehbildern entweder auf photographischem Film oder auf lichtempfindlich gemachtem Papier. Dabei wurde der Bildträger quer zu seiner Bewegungsrichtung abgetastet. Die Signale sollten auf der Emulsion entweder durch den normalen photographischen Prozeß oder durch einen speziellen Schreiber mit Zeichentusche aufgezeichnet werden.[100]

Am 19. November 1931 beantragte die Electrical and Musical Industries, Ltd., (EMI) aus Hayes, Middlesex, ihr erstes Fernsehpatent. Es beinhaltete eine verbesserte Methode der Herstellung eines fluoreszierenden Schirms am breiten Ende einer Elektronenröhre. Der Zweck dieses Verfahrens bestand darin, einen Schirm ohne Einsatz von Bindemitteln zu erzeugen, die Schwierigkeiten mit dem Vakuum in der Röhre verursachten. Außerdem beabsichtigte EMI, einen Schirm zu schaffen, der die im Betrieb anfallenden Elektronen zurück zur Anode leitete, um einer Anhäufung von Elektronen auf dem Schirm zuvorzukommen.

Dieses Patent, dessen Inhalt von der RCA Victor Company aus Camden, New Jersey, mitgeteilt worden war, hatte für die erst jüngst gegründete EMI großen Wert, weil es sie in die Lage versetzte, ihre eigenen Elektronenröhren für Fernsehzwecke zu erzeugen. Die RCA, die EMI zunächst mit Bildwiedergaberöhren ausgestattet hatte, überließ ihr nun auch das dazugehörige Wissen um die Betriebsweise der Röhre. Dies war das erste einer Vielzahl von Patenten, mit denen die RCA EMI versorgte, um ihr die Entwicklung eines funktionstüchtigen Fernsehsystems zu ermöglichen.[101]

Joseph Dwyer McGee wurde am 1. Jänner 1932 von EMI angestellt. Er hatte als Nachwuchsforscher im Cavendish-Laboratorium unter Größen wie Lord Ernest Rutherford und Sir James Chadwick gearbeitet. McGee schloß sich bei EMI William F. Tedham an, der intensiv an der Entwicklung der Hochvakuumelektronenröhre mit elektrostatischer Strahlbündelung (also an der Röhre der RCA) arbeitete. Tedham baute auch Photozellen des Silber-Silberoxid-Cäsium-Typs, die Dr. Koller von der General Electric Company entwickelt hatte.

Diese Zellen wurden von C. O. Browne benötigt, der gerade dabei war, ein Filmsystem mit Spiegeltrommelabtastung und 120zeiliger Auflösung zu entwickeln. McGee stellte fest, daß Tedham »angesichts der zur Verfügung stehenden Mittel« erstaunlich weit vorangekommen war und daß die Hochvakuumröhren mit elektrostatischer Strahlbündelung ausgezeichnet funktionierten. Tedhams Assistenten bei seiner Forschungsarbeit zur Elektronenröhre waren Alan D. Blumlein, C. O. Browne und M. B. Manifold; sie entwickelten viele der erforderlichen schaltungstechnischen Bauteile wie Verstärker, Anodenspannungsteile, Abtastschaltungen usw. McGee stellte auch fest, daß Tedham mit der Literatur über das gesamte Gebiet des Fernsehens vertraut war, »besonders mit den Vorschlägen Campbell Swintons«.[102]

Es war klar ersichtlich, daß W. F. Tedham nicht nur alle Patentanträge der RCA erhielt, sondern auch in Verbindung mit Sanford Essig, dem Chemiker der RCA, stand; zumindest wußten die beiden von der Arbeit des anderen. Keith Geddes

zufolge hatte »EMI Zugang zu der Arbeit, die in den Labors der RCA an einer re-
volutionären neuen Röhre, dem ›Ikonoskop‹ verrichtet wurde«. Dies war zwar oft
bestritten worden, doch es trifft zu, daß Tedham die Arbeit Dr. Zworykins kannte,
wenn auch möglicherweise nicht alle genauen Einzelheiten.[103]

Im Jänner 1932 wurde die Baird Television Ltd. an Isadore Ostrer, den Präsi-
denten der Gaumont-British Films, verkauft. Isadore und sein Bruder Murray hat-
ten Sydney Moseley ausbezahlt, nachdem die Baird Television in die freiwillige
Liquidation getreten war. Der Erwerb der Anteile Moseleys durch die Brüder
Ostrer bewahrte Baird Television vor dem völligen finanziellen Zusammenbruch.
Moseley sollte schon bald einer der Direktoren der neuen Gesellschaft werden.[104]

Am 6. Jänner 1932 beantragte Randall C. Ballard von der RCA ein Patent für
einen vollelektrischen Synchrongenerator. Grundsätzlich handelte es sich dabei
um eine Methode der Aufrechterhaltung eines festen Verhältnisses zwischen den
horizontalen und vertikalen Abtastfrequenzen. Eine Auflösung von 180 Zeilen erforderte eine horizontale Abtastfrequenz von etwa 4320 Hz, die auf 720 Hz, auf
120 Hz und schließlich 24 Hz herunterdividiert wurde. Diese Frequenzteilung erfolgte durch den Einsatz sogenannter »Sperrschwinger«, mit denen Impulsfre-
quenzen auf den Wert eines festgelegten Teilers der Frequenz des vorhergehenden
Sperrschwingers heruntergesetzt werden konnten.

Dieses Patent war das zweite, das den neuen Aufbau des Ikonoskops mit einseitigem Bildwandlerelement und davor angebrachtem Gitter zeigte. Die Verwendung einer vertikalen Abtastfrequenz von 24 Hz richtete sich nach der
Transportgeschwindigkeit von Tonfilm. Wegen seiner vorerst geringen Empfindlichkeit erwartete man, daß das Ikonoskop zunächst für die Übertragung von
Filmbildern eingesetzt werden würde. Die Kameraröhre wurde in Ballards Patent
allgemein als der gleiche Typ beschrieben wie in Zworykins Patenten mit den Se-
riennummern 48.610 (beantragt am 17. Juli 1930) und 574.772 (beantragt am 13.
Nov. 1931), obwohl das erste der beiden noch ein zweiseitiges Bildwandlerbauteil, das zweite hingegen schon ein einseitiges vorsah. Dieser Synchrongenerator
war in Camden entwickelt worden. Bei den experimentellen Ausstrahlungen vom
Sender auf dem Empire State Building wurde nach wie vor eine Variante des mechanischen Synchrongenerators von Arthur Vance verwendet.[105]

Am 24. Februar 1932 beantragte Sanford Essig von der Radio Corporation ein
Patent für eine neuartige Methode der Anfertigung eines Mosaiks für ein Ikonoskop. Dabei ging es im wesentlichen um die Herstellung einer isolierten Trägerplatte, auf der einzelne, winzig kleine, lichtelektrisch empfindliche und leitende
Elemente in einheitlichem Abstand und isoliert voneinander angebracht waren.

Dem Patentantrag zufolge sollte dazu eine feine Schicht Silber auf eine dünne
Glimmerplatte aufgetragen und ungefähr 15 Sekunden lang einer Temperatur von
800 Grad ausgesetzt werden. Dadurch zerfiel das Silber in winzige einzelne Kügelchen. Danach wurde es oxidiert und mittels kleiner Cäsiumpellets, die die Sil-
beroxidoberfläche der Zellen bedeckten, lichtelektrisch empfindlich gemacht.
Methoden zur Entfernung allfällig auftretenden überschüssigen Cäsiums, das sich
etwa zwischen den Silberkügelchen ansammeln mochte, wurden ebenfalls erwähnt.

Im Betrieb sollte die zu übertragende Szene auf die photoelektrische Oberfläche des Mosaikgefüges projiziert werden. Dann fand eine Elektronenemission
von den einzelnen Elementen in unterschiedlichen Ausmaßen im Verhältnis zur
einfallenden Lichtmenge statt.[106]
    Diesem Patent folgte am 30. Juli 1932 Sanford Essigs Antrag für ein weiteres
Verfahren. Dabei handelte es sich um eine Methode der Oxidierung des Elektrodengefüges durch ein externes hochfrequentes Feld, das auf die Bildwandlerelek-
trode einwirkte. Die Intensität dieses Feldes wurde dabei für die Bearbeitung der
einzelnen Teile des Elektrodengefüges verändert. Es konnte durch eine Elektrode
an einem isolierten Handgriff, die an eine hochfrequente Spannungsquelle angeschlossen war, erzeugt werden. Das Feld ionisierte den Sauerstoff; die Elektrode
wurde hin- und hergeführt, bis die gleichmäßige Oxidierung der Bildwandler-
oberfläche zu einer ebenso gleichmäßigen Farbveränderung auf derselben führte.
Der Sauerstoff wurde schließlich abgepumpt und die Oberfläche mit Cäsium
lichtelektrisch empfindlich gemacht.[107]
    Die RCA beantragte zu dieser Zeit noch ein wichtiges Patent. Es beinhaltete
Verbesserungen der Farnsworthschen Bildzerlegerröhre durch V. K. Zworykin
und G. N. Ogloblinsky und wurde am 10. März 1932 eingereicht. Es bezog sich
auf die einstellbare Bündelung der einzelnen Elektronenstrahlen auf einen Punkt
genau am Ausgang der Lochblende an der Anode. Dies erfolgte durch die Überlagerung des elektromagnetischen Bündelungsfeldes durch eine Hilfswellenform.
Dadurch wurde der Strahl dauerhaft auf die Lochblende gebündelt. Dieser Patentantrag weist auf, wie wichtig die Bildzerlegerröhre für die RCA zu dieser Zeit
noch war. Er wurde Gegenstand zweier Patentstreitverfahren, Nr. 69.636 und Nr.
73.812, die beide Philo Farnsworth am 26. April 1938 für sich entschied.[108]
    Es erfolgte noch ein großangelegter Versuch der Patentabteilung der RCA, die
Rechte für die Bildzerlegerröhre an sich zu bringen. Am 28. Mai 1932 wurde ein
Patentstreit (Nr. 64.027) zwischen Zworykins nach wie vor anhängigem Patentantrag vom 29. Dezember 1923 (Seriennr. 683.337) und Farnsworths am 16. August 1930 ausgestellten US-Patent Nr. 1.773.980 (beantragt am 7. Jänner 1927)
angemeldet. Nur ein Anspruch war dabei strittig: die Bildung und Funktion eines
»Ladungsbildes«. Die RCA versuchte, nachzuweisen, daß die Kamera Zworykins
ein »Ladungsbild« in ähnlicher Weise erzeugte und verarbeitete wie die Bildzerlegerröhre. Farnsworths Anwälte bewiesen jedoch, daß nur eine Röhre des
Bildzerlegertyps ein »Ladungsbild« erzeugen konnte, das als solches zur Herstellung der Fernsehsignale abgetastet wurde. Dieser Patentstreit belegte, daß die beiden Senderröhrentypen tatsächlich unterschiedliche Betriebsweisen hatten, und
daß der RCA folglich kein Recht zukam, Anspruch auf die Bildzerlegerröhre zu
erheben. Für Farnsworth bedeutete dies einen großartigen Erfolg, der ihm die uneingeschränkte Kontrolle über die Bildzerlegerröhre verlieh. Für die RCA dagegen bedeutete es einen weiteren Ansporn, das Ikonoskop zu verbessern und seine
zahlreichen Mängel zu beseitigen.[109]
    Das Fernsehsystem der RCA war nun bis zu einem Grad fortgeschritten, der
eine Vorführung erlaubte. Da das Ikonoskop noch nicht ganz bereit dafür war,

wurde am Sender mechanische Abtastung verwendet. Das Kineskop dagegen konnte bereits einigermaßen gute Bilder anzeigen. So führte die RCA am 17. Mai 1932 ihr System einer Gruppe von Lizenznehmern und Vetretern von Herstellerfirmen vor. Die Presse war dabei nicht zugelassen.

Das Treffen fand in der East Twenty-Fourth Street Nr. 153 statt. David Sarnoff begrüßte die Gruppe vom Sender am Empire State Building aus. Dieser Sender war seit März 1932 in Betrieb, wobei das Bildsignal vom Sender W2XF auf 41 MHz (6,28 Meter Wellenlänge) und das Tonsignal vom Sender W2XK auf 61 MHz (4,9 Meter Wellenlänge) ausgestrahlt wurde. Die Bildauflösung betrug 120 Zeilen bei 24 Bildern pro Sekunde. Gesendet wurden sowohl Live-Aufnahmen als auch Filmbilder; die Live-Bilder wurden mit dem Lichtpunktabtaster, die Bilder von photographischem 35mm-Film mit dem einseitig gerichtet laufenden Filmabtaster erzeugt; bei beiden Abtastsystemen wurde ein mechanischer Synchrongenerator verwendet.

Das Bild wurde auf elektronischen Empfängern mit einer Schirmgröße von knapp 13 cm Seitenlänge reproduziert und soll »einigermaßen deutlich« gewesen sein. Berichten zufolge waren die Zuseher »überrascht von der Klarheit der Filmübertragung«. Die Live-Bilder waren den Übertragungen von Film unterlegen. Die RCA merkte an, daß das System noch nicht reif genug sei, um das Labor zu verlassen, und daß noch viel Entwicklungsarbeit daran zu verrichten bleibe. Dies war die erste Vorführung der neuen Kineskop-Bildröhre Zworykins; aus ungeklärten Gründen wurde sie aber weder der Presse noch einem anderen öffentlichen Publikum gezeigt.[110]

Jedenfalls war zu dieser Zeit bereits klar, daß David Sarnoff seinen Wunschtraum, mit Herbst 1932 ein funktionierendes Fernsehsystem auf Sendung gehen zu lassen, zu Grabe tragen mußte – dies sollte die letzte Vorführung des Fernsehsystems der RCA bis zum 24. April 1936 bleiben.

Die Einführung des Fernsehens im Jahr 1932, als die wirtschaftliche Depression in den Vereinigten Staaten ihren Tiefpunkt erreichte, hätte der Radioindustrie, die die Wirtschaftskrise bisher überaus glimpflich und ohne größere finanzielle Einbußen überstanden hatte, nur schaden können. Die RCA schränkte von diesem Zeitpunkt an die Feldversuche am Empire State Building ein und schickte das Fernsehen für mehrere Jahre zurück in die Labors in Camden.

Am 21. Mai 1932 führte Don Lee Television in Los Angeles, Kalifornien, einen eigensynchronisierten Empfänger vor. Don Lee Television war gegründet worden, nachdem Harry Lubcke am 30. Juni 1930 die Farnsworth Laboratories verlassen und Thomas A. Lee (Don Lees Sohn) für die Errichtung eines Fernsehsenders in Los Angeles gewonnen hatte.

Die Forschungsarbeiten hatten im November 1930 begonnen, und am 10. Mai 1931 war erstmals ein von Film aufgenommenes Bild von einem Ende des Labors zum anderen übertragen worden. Am 11. September 1931 war die Baugenehmigung für den Sender W6XAO erteilt worden; im Dezember 1931 ging der Sender auf der Frequenz 44,5 MHz auf Sendung. Im Mai 1932 wurde ein eigensynchronisierter elektronischer Empfänger nach der Konstruktion Harry Lubckes fertiggestellt, und es wurde beschlossen, die Betriebsfähigkeiten dieser Eigensynchronisierung in einem Flugzeug zu testen. Die Bestandteile dieses Empfängers waren offensichtlich von Gilfillan Brothers, Inc., einem Radiohersteller in Los Angeles, geliefert worden. Lubcke gibt an, er habe seine eigenen Bildwiedergaberöhren gebaut und auch Röhren von Ardennes und der RCA zugekauft.[111]

Alle Fernsehübertragungen wurden von Filmvorlagen aufgenommen; es war keine Live-Aufnahme darunter. Drei Filmabtastertypen wurden erprobt: sinuswellenförmige Abtastung mit einem schwingenden Spiegel (ähnlich dem ersten System von Zworykin bzw. Westinghouse), ein »Lichtpunkt«-Abtaster (mit einer Elektronenröhre als Lichtquelle) und schließlich ein einfacher Nipkow-Scheibenabtaster.

Am 21. Mai 1932 wurde ein Fernsehempfänger mit geeigneten Stromanschlüssen an Bord einer dreimotorigen Fokker der Western Air Express mit sieben Passagieren gebracht. Vier Flüge von jeweils zehnminütiger Dauer wurden unternommen. Das übertragene Bild eines Filmstars (Loretta Young) soll deutlich zu erkennen gewesen sein. Der Don Lee-Sender arbeitete auf 44,5 MHz mit einer Leistung von 150 Watt und strahlte ein 80zeiliges Bild bei einer Wiederholungsrate von 15 Bildern pro Sekunde aus. Bei diesen Flügen wurde ein Niveaulinienbild der Feldstärke dieses Gebiets angefertigt. Der Ton wurde nicht mitübertragen. Dies scheint der erste Bericht über elektronischen Fernsehempfang in einem Flugzeug zu sein.[112]

Im Mai 1932 gab Manfred von Ardenne Einzelheiten des Systems mit veränderlicher Abtastgeschwindigkeit von R. Thun bekannt, das er Versuchen unterzogen hatte. Von Ardenne soll Berichten zufolge die diversen Schwierigkeiten dieses Systems so erfolgreich überwunden haben, daß er damit bereits Bilder aus 10.000 Einzelelementen senden und empfangen konnte. Bei diesem System wurde die Abtastgeschwindigkeit des Senders durch das Ausgangssignal der Photozelle verändert (d. h. beschleunigt bei helleren und verlangsamt bei dunkleren Werten). Das Signal aus der Photozelle diente auch zur Modulation der Entladespannung der Zeilenzeitbasis.

Eine der Besonderheiten dieses Systems bestand darin, daß das übertragene Bild am Ende der Senderröhre sichtbar war. Ansonsten kamen darin die gleichen Bestandteile, der gleiche Projektor und die gleichen Elektronenröhren zur Verwendung wie in dem auf der Berliner Funkausstellung vom August 1931 gezeigten System.[113]

Zu dieser Zeit wurden bei der Weiterentwicklung der Kineskop-Hochvakuumröhre Zworykins in den Vereinigten Staaten große Fortschritte erzielt. Im Mai 1932 beschrieb G. F. Metcalf von General Electric eine neue elektronische Oszillographenröhre. Sie war eine Hochvakuumröhre mit elektrostatischer Strahlbündelung und Glühkathode. Ein Gitter diente zur Abschaltung des Strahls für photographische Arbeit, zur Unterstützung der Strahlbündelung und zum Schutz der Kathode vor hohen Feldstärken. Die Strahlbündelung erfolgte durch die Einstellung des Potentials auf dem Zylinder. Die Röhre hatte intern angebrachte Ablenkplatten, doch sollten auch äußere Magnetspulen zur Ablenkung verwendet werden können. Sie erfaßte einen Frequenzbereich von bis zu 500.000 Hz und

V. K. Zworykin, zu sehen auf dem Fernsehschirm, 1932.

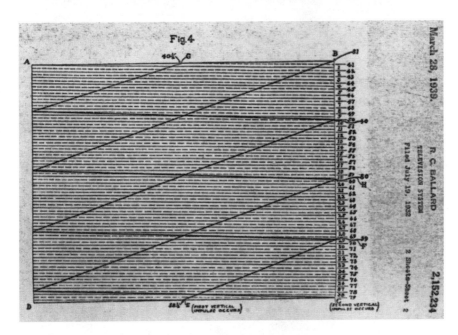

*Strichzeichnung aus dem Patent für verschachtelte Abtastung
(Zeilensprungabtastung) von Randall C. Ballard (beantragt 1932).*

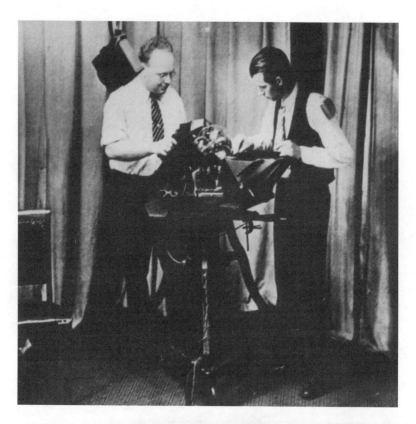

hatte eine Lebenserwartung von annähernd 1000 Betriebsstunden. Metcalf hatte seit Ende 1929, als er eine seiner ersten »Fernseh«-Röhren zur Erprobung an Ray Kell geschickt hatte, an Röhren dieser Art gearbeitet. Er legte in dem Artikel Wert darauf, sowohl V. K. Zworykin als auch R. H. George die entsprechende Anerkennung für die elektrostatische Fokussiermethode zu zollen.[114]

Ein weiterer wichtiger Artikel wurde im Mai 1932 von Allen B. DuMont aus Upper Montclair, New Jersey, veröffentlicht. DuMont hatte die De Forest Radio Company, deren Vizepräsident und Chefingenieur er gewesen war, verlassen und experimentierte nun mit der Herstellung von Elektronenröhren. In dem Beitrag gab DuMont an, daß eine Hochvakuumröhre mit doppelter Beschleunigungselektrode und einer zusätzlichen Anode aus Silber, das auf dem trichterförmigen Abschnitt des Röhrenhalses aufgebracht wurde, einen Lichtpunkt ergab, dessen Durchmesser trotz der Spannungsschwankungen der Steuerelektrode gleichbleibend war.

Diese Röhre wurde mit einer geringen negativen Vorspannung betrieben und zog im Modulationskreis keinen Strom. Ein Signal von wenigen Volt genügte, um den Lichtpunkt von der geringsten zur höchsten Helligkeit auszusteuern; dieses Verhalten war freilich nicht linear, vielmehr kam es bei höheren Intensitätspegeln zu stärkeren Leuchtstärkeveränderungen in Bezug auf eine gegebene Veränderung der Steuerelektrodenspannung.

DuMont erläuterte in dem Artikel den größten Unterschied zwischen Bildröhren für den Empfang von Fernsehbildern und solchen für oszillographische Zwecke, der in der Möglichkeit der Veränderung der Helligkeit des Lichtpunkts ohne gleichzeitige Veränderung seines Durchmessers lag. Bei Oszilloskopen stellte dieser Zusammenhang kein Problem dar, denn war dort die Punkthelligkeit einmal eingestellt, konnte sie bis zum Ende des Versuchs so bleiben. Doch das Fernsehen warf die einzigartige Schwierigkeit auf, daß die richtige Modulation des Strahls bei hoher Bildhelligkeit, also konstant kleinem Lichtpunktdurchmesser, die wichtigste Funktion der Röhre bildete. Mit gasgefüllten Röhren wurde dieses Problem nie erfolgreich gelöst.[115]

Am 1. Juni 1932 brachte die Baird Television ihren Aufnahmewagen nach Epsom Downs, wo er an der Außenseite der Haupttribüne neben dem Zieleinlauf aufgestellt wurde. Im Inneren des Wagens wurde eine große Spiegeltrommel mit 30 Spiegeln so postiert, daß sie die Ziellinie erfaßte. Drei Photozellenanordnungen und drei Verstärker wurden verwendet, sodaß drei Signale produziert und übertragen wurden. Der mittlere Signalsatz wurde an die BBC übertragen, die ihn auf einer Wellenlänge von 261 Metern für den Heimempfang ausstrahlte. Alle drei Signale aus Epsom Downs wurden getrennt zum Metropole-Kino gesendet, wo sie die speziellen Dreizonenlichtbogenprojektoren speisten. Das Ausgangslicht dieser drei Pro-

Gegenüber, oben: Merrill Trainer (links) und Ray Kell von RCA bauen eine Ikonoskop-Röhre in eine Fernsehkamera ein (Camden 1932). Unten: Gregory Ogloblinsky (links), Richard Campbell (Mitte) und V. K. Zworykin nehmen Bilder von der vollständigen Sonnenfinsternis am 31. August 1932 auf. Dabei handelte es sich um eine Vorführung, wie das Ikonoskop »Direktaufnahmen« bei Freilichtübertragungen erzeugen konnte.

jektoren wurde anschließend auf einer mit der Sendertrommel synchronisierten Spiegeltrommel zu einem Gesamtbild zusammengefügt. Dieses Bild wurde auf einen großen Schirm von rund 3 Metern Breite und 2,4 Metern Höhe geworfen.[116].

Kenjiro Takayanagi beantragte am 13. Juni 1932 ein japanisches Patent für ein »Elektronenstrahl-Abtastgerät«. Das Patent zeigte drei Formen von Kameraröhren. Die erste wies eine einfache kreisförmige photoelektrische Platte mit einem Sammelschirm auf, die von der Röhrenrückseite her abgetastet wurde. Die zweite Röhre zeigte eine einzelne Zeile von Photozellen, die ebenfalls von der Rückseite her abgetastet wurden. Die dritte Röhre schließlich wies eine Vollschirmbildwandlerplatte auf. Bei allen dieser Röhren waren die Photozellen an Kondensatoren angeschlossen.[117]

Am 7. Juli 1932 beantragte John C. Wilson von Baird Television ein Patent für ein Gerät zur Übertragung von Fernsehbildern. Es beinhaltete ein rotierendes Abtastgerät (Spiegeltrommel), das auf einem starren Tragwerk angebracht war. Es war das Instrument, das Baird Television im Broadcast House für Fernsehausstrahlungen durch die BBC verwendete.

Das Gerät Wilsons funktionierte wie eine normale Filmkamera, man konnte es in vertikaler Richtung bewegen und/oder in horizontaler Richtung schwenken. Es sollte in Verbindung mit dem Flutlicht- oder auch mit dem Punktlichtverfahren (»Lichtpunkt«-Methode der Fernsehaufnahme) verwendet werden.[118]

Am 19. Juli 1932 beantragte Randall C. Ballard von der Radio Corporation ein Patent für ein Fernsehsystem unter Verwendung zeilenverschachtelter Abtastung oder Zeilensprungabtastung. Dieses System sollte zwei wichtige Zwecke erfüllen: Erstens sollte es Flimmererscheinungen beseitigen oder zumindest auf ein Mindestmaß herabsetzen, und zweitens sollte es ermöglichen, die Zahl der Abtastzeilen zu steigern, ohne dabei die Kanalbandbreite zu erhöhen.

Zu dieser Zeit war das Kineskop Dr. Zworykins bereits in der Lage, überaus leuchtstarke Bilder zu reproduzieren. Obwohl die zuletzt gebauten Ikonoskope endlich ins Freie gebracht werden konnten, um Direkt- bzw. Live-Aufnahmen mit ihnen zu machen, wurden nach wie vor hauptsächlich Bilder von Diapositiven und Filmen mit Nipkow-Scheiben als Abtaster gesendet. Dabei war es unumgänglich, den Film mit der normalen Tongeschwindigkeit von 24 Bildern pro Sekunde abzutasten, wenn er zur Ausstrahlung kommen sollte.

In der Filmtechnik ist es möglich, Flimmern mittels einer Mehrflügelblende zu beseitigen, die eine tatsächliche Bildfolgefrequenz von bis zu 72 Einzelbildern pro Sekunde vorgibt. Doch in einem Fernsehsystem war ein solches Verfahren ausgeschlossen. Der Gedanke der Verschachtelung der Zeilenfolge bei der Abtastung bzw. die Zeilensprungabtastung, etwa für stereoskopisches oder Farbfernsehen, war zu dieser Zeit schon bei der mechanischen Abtastung mit Lochscheiben nichts neues mehr. Auch hatten sowohl Schröter (von Telefunken) als auch von Ardenne bereits Patente für die Zeilensprungabtastung mit Elektronenröhren beantragt. Doch Ballards Patent war das erste, das eine funktionierende Methode der Zeilensprungabtastfolge mit ungerader Zeilenzahl und darüber hinaus die entsprechenden Geräte einführte.

Ballard beschrieb ein Verfahren der Abtastung von photographischem Film
durch eine Nipkow-Scheibe mit einer ungeraden Zahl von Löchern (81 in diesem
Fall). Aus einer ungeraden Zeilenzahl ergaben sich zwei Halbbilder, die ineinan-
dergriffen und einander abdeckten. Wenn der Strahl Zeile 38,5 durchlief, versetzte
ihn ein Impuls des vertikalen Kippgenerators zurück an die obere Grenze des Teilbildes. Dort kam er in der Mitte der Zeile 40 an, wodurch die nächste Zeile zwischen
Zeile 1 und Zeile 2 verkämmt war. Diese zweite Abtastbewegung verlief bis Zeile
79, an der ein weiterer Impuls den Strahl zurück an die obere Grenze des Teilbildes
setzte, diesmal an den Beginn der Zeile 1. Dann wiederholte sich der Vorgang.

Das Zeilensprungpatent Ballards wurde grundlegend für die Patentstruktur sowohl von RCA Victor als auch von EMI. Doch so sinnreich dieses Patent auch
war, stellten sich doch unverzüglich Probleme damit ein. Eines davon bestand
darin, daß selbst 48 Teilbilder pro Sekunde nicht genügten, um Flimmern ganz zu
beseitigen; darüber hinaus verursachte die Standardwechselstromfrequenz von 60
Hz in den USA Brummverzerrungen des Bildes. Und schließlich tauchte eine ganz
neue Erscheinung, »Zwischenzeilenflimmern«, auf, das dadurch hervorgerufen
wurde, daß benachbarte Zeilen sich zeitlich um eine Hälfte der Dauer eines Teilbildes voneinander unterschieden. Besonders deutlich wurde dieses Phänomen
durch die zu dieser Zeit gebräuchliche geringe Zeilenzahl. Um dem entgegenzu-
wirken, wurde die Zeilenzahl Ende 1932 von 120 auf etwa 180 hinaufgesetzt.[119]

Offenbar machte auch EMI gegen Ende 1932 Versuche mit der Zeilensprungabtastung. Alle Experimente der EMI zum Zeilensprungverfahren wurden mit
einer speziellen verstellbaren Spiegeltrommel durchgeführt. Doch EMI verwendete das ganze Jahr 1932 hindurch nach wie vor vertikale Abtastung, und ihre Versuche schlugen fehl. Das Bild erwies sich als nichts weiter als »eine Anzahl von
Zeilen, die im rechten Winkel zur Abtastrichtung über den Schirm wandern«.
Hier läßt sich im übrigen die interessante Feststellung machen, daß RCA und EMI
zwar die gleiche Zeilenzahl verwendeten, ihre Forschung aber doch unabhängig
voneinander betrieben. Die unterschiedlichen Abtastmethoden der beiden – vertikale Abtastung bei EMI, horizontale Abtastung bei RCA – bilden hierfür ein
deutliches Beispiel.[120]

Die Fernseh-AG war in die Patentinformationen der RCA nicht eingeweiht.
Es gibt keine Beweise dafür, daß sie auch nur versuchte, zu dieser Zeit eine Live-
Kamera zu konstruieren. Sie hatte sich der Verwendung von photographischem
Film zugewandt, um das Problem der Live- oder Außenaufnahme von Fernseh-
bildern zu lösen. Die Fernseh-AG war zum gleichen Schluß gekommen wie
Dr. Ives von den Bell Telephone Laboratories im Jahr 1925 – wenn die Abtastung
von Filmbildern zur Gewinnung von Fernsehsignalen bestens funktionierte, wes-
halb sollte man dann nicht Film als Bildvorlage für Fernsehbilder verwenden?

Die Fernseh-AG hatte ein solches System entwickelt und gebaut. Es wurde
erstmals im Juli 1932 beschrieben und im August 1932 auf der Berliner Funkausstellung vorgeführt. Das System beinhaltete eine Filmkamera mit Filmkassette.
Nach der Belichtung wurde der Film durch einen lichtdichten Tunnel in eine
ebenso lichtundurchlässige Kammer mit den photographischen Lösungen geführt,

in der er entwickelt und als Negativ fixiert wurde. Danach lief er weiter zum Ab-
tastapparat, wo eine Photozelle hinter der Abtastscheibe das Licht des Films in
elektrische Impulse umwandelte; diese wurden über einen Verstärker zum Sender
geschickt. Die Dauer des gesamten photographischen Prozesses soll dabei auf
rund 10 Sekunden minimiert worden sein. Die Abtastung erfolgte durch eine Nipkow-Scheibe mit 90 Löchern, die mit 1500 Umdrehungen pro Minute rotierte.

Der Projektor hatte aus zwei Gründen einen kontinuierlichen (nicht intermittierenden) Antrieb: erstens, um den noch nassen Film keinen gewaltsamen mechanischen Belastungen auszusetzen, und zweitens, um das Umherspritzen der
dünnen Wasserschicht, die den Film bedeckte, zu vermeiden. Die Tonspur wurde
auf die übliche Weise neben dem Bild aufgezeichnet, sodaß die Verzögerung von
10 bis 15 Sekunden ohne Folgen blieb. Es war geplant, den Apparat transportabel
zu machen, sodaß er in einen Lastkraftwagen gepackt werden konnte.[121]

Das CBS, das mittlerweile zwei Stunden täglich, außer samstags und sonntags,
Fernsehsendungen ausstrahlte, gab im Juli 1932 bekannt, daß Bild und Ton nunmehr auf einem einzelnen Kanal übertragen werden konnten. William B. Lodge,
Chefingenieur bei CBS, gab an, daß bei diesem Verfahren eine Doppelmodulation
zum Einsatz komme. Eine Trägerwelle von 45 kHz wurde mit dem Tonsignal moduliert; das Bildsignal dagegen bestand aus Frequenzen bis zu 40 kHz. Am Empfänger war deshalb ein Filter erforderlich, der das 45 kHz-Signal aus dem Bildsignal
ausschloß. Die Gesamtbandbreite lag zwischen 2,75 und 2,851 MHz. Der 500 Watt
starke Sender strahlte Bilder des Standards von 60zeiliger Auflösung bei einer Bildfrequenz von 20 Bildern pro Sekunde aus. Die Trägergrundschwingung betrug
2800 kHz.[122]

Am 5. August 1932 beantragte V. K. Zworykin von der Radio Corporation ein
Patent für eine elektronische Methode stereoskopischen Fernsehens. Der Bildgeber
bestand aus zwei Elektronenröhren, die die Szene abwechselnd abtasten sollten. Am
Empfänger wurden beide Zeilengruppen auf demselben Bildschirm wiedergegeben
und durch ein optisches Gitter betrachtet.

Eine unterschiedliche Anordnung sah eine Nipkow-Scheibe mit Spiegeln zur
abwechselnden Abtastung der beiden Bilder vor, eine dritte die Verwendung einer
einzelnen Kameraröhre, die durch einen nichtempfindlichen Streifen in zwei Abschnitte geteilt war; zugleich sollte dieser Streifen die Interpolation eines Synchronsignals ermöglichen.[123]

Die Marconi Wireless Telegraph Company stellte am 5. August 1932 ein neuartiges System der kommerziellen Nachrichtenübertragung durch Fernsehen vor.
Es bestand im wesentlichen aus einem neuartigen Streifen, auf den durch eine spezielle Schreibmaschine Schriftzeichen gedruckt wurden. Das Licht einer 1000 Watt
starken Lampe fiel durch ein optisches System über einen Umlenkspiegel und
durch eine weitere Anordnung von Linsen, die spiralförmig an einer Trommel angebracht waren. 15 Linsen befanden sich auf der Trommel; die Wiederholungs-
frequenz betrug 20 Bilder pro Sekunde.

Der Apparat bestand aus einer Photozelle mit Verstärker, einem stimmgabel-
gesteuerten Synchronmotor, der die Linsentrommel antrieb, und schließlich aus

einer speziellen Synchronisierungsschaltung, mittels derer der Abtastmotor des Empfängers im Gleichlauf gehalten werden sollte. Das System sollte für eine Vorführung im September 1932 fertiggestellt werden.[124]

Etwa um diese Zeit im Jahr 1932 erschien ein hervorragender Überblick über den Stand der Fernsehtechnik. Es war das *Handbuch der Bildtelegraphie und des Fernsehens*, herausgegeben von Fritz Schröter. Sämtliche bestehenden mechanischen Systeme wurden darin berücksichtigt. Der Beitrag von F. Schröter und F. Banneitz über die Bemühungen von Schoultz, Sequin, Zworykin, Sabbah, von Codelli und Tihany um elektronische Abtastmethoden erhob indes schwere Bedenken.

Da Fritz Schröter zu dieser Zeit Forschungsdirektor der Telefunken GmbH war, und da bekannt ist, daß Telefunken gemeinsam mit Marconi und EMI die Patentanträge der RCA und die Lizenznehmerbulletins erhielt, kann angenommen werden, daß er auch über das Kameraröhrenprojekt Zworykins auf dem Laufenden gehalten wurde.

F. Schröters Pessimismus war offenkundig, als er sich daran machte, zu beweisen, daß diese Vorschläge zur elektrischen Abtastung »nicht frei von elektrotechnischen und quantentheoretischen Einwänden« seien. Schröter führte aus:

> Der gemeinsame Gedanke ist, das zu übertragende Bild als Ganzes auf die lichtelektrische Fläche zu projizieren und dort in eine konforme Verteilung elektrischer Größen, wie Leitfähigkeit oder Aufladepotential, umzuwerten [...]. Durch den wandernden Elektronenstrahl wird nun die von ihm Punkt für Punkt abgetastete Leitfähigkeits- oder Potentialverteilung in Schwankungen des inneren Widerstandes [...] umgeformt. Diese Schwankungen dienen nach gehöriger Verstärkung zur Modulation der Trägerschwingung.

Und er setzte fort:

> Keine der genannten Kathodenstrahl-Abtastvorrichtungen hat in absehbarer Zeit Aussicht auf Verwirklichung, da die vakuumtechnischen Schwierigkeiten außerordentlich groß und die Mittel zu ihrer Verwirklichung noch nicht entwickelt sind. Weder die Kalium- noch die Selenraster sind bei der hohen Zahl einzelner Zellen mit homogen verteilter Anfangsempfindlichkeit geschweige denn gleichförmiger zeitlicher Veränderlichkeit derselben herstellbar, abgesehen von der den meisten Entwürfen anhaftenden technischen Komplikation oder mangelnden physikalischen Stichhaltigkeit. Wir können das Eingehen auf diese Vorschläge dennoch durch Hervorheben einer Möglichkeit von außerordentlicher Bedeutung rechtfertigen: Diejenigen Anordnungen, die eine Speicherung der Lichtwirkung mit Hilfe der Kapazität der Einzelzellen einwandfrei gestatten, bei denen also die Steuerwirkung das Zeitintegral des Lichteffektes über $1/n$ s ist (z. B. $n=16$), stellen für die Übertragung von Bildern normaler Helligkeit mit feinem Raster vielleicht die einzige erreichbare Zukunftslösung dar.

Schröter ging auch auf die »entgegengesetzten« Systeme Max Dieckmanns, C. E. C. Roberts und Philo Farnsworths ein, bei denen aufgrund der geringen Ausgangsleistung eine Verstärkung durch Sekundäremission erforderlich war.[125]

Schröters Pessimismus zu dieser Zeit ist unschwer zu verstehen. Was an die Öffentlichkeit gedrungen war, zeigte, daß lediglich Philo Farnsworth auch nur versucht hatte, eine elektronische Kameraröhre zu bauen und zu betreiben. Wenn Schröter über die Fortschritte Dr. Zworykins auf dem Laufenden gehalten wurde, so kann nur angenommen werden, daß er die Berichte einfach nicht glauben konnte. Das Gerät Farnsworths allerdings war seit mehr als vier Jahren funktionstüchtig, seine

Betriebsweise bildete öffentliches Wissen, und Photographien der Bilder, die es lieferte, waren abgedruckt worden. Möglicherweise konnte Schröter nicht glauben, daß Farnsworth dort einen Durchbruch geschafft hatte, wo Dieckmann gescheitert war.

Während Schröter die Zwecklosigkeit der Bemühungen beschrieb, eines Tages zu einer funktionstüchtigen Kameraröhre zu gelangen, herrschte bei EMI genau die entgegengesetzte Einstellung. W. F. Tedham und J. D. McGee, die über die in Camden verrichtete Arbeit Bescheid wußten, waren begierig darauf, die neue Anordnung mit dem einseitigen Bildwandlerelement zu erproben.

Dies zog zwei Folgen nach sich. Die erste bestand in der Einreichung eines Patentantrags durch W. F. Tedham und J. D. McGee von EMI am 25. August 1932. Er beinhaltete »Verbesserungen bei bzw. im Hinblick auf Elektronenröhren und dergleichen«. Die Patentbeschreibung gab an, daß »Fernsehsysteme bereits bekannt« seien, »bei denen am Senderende die Abtastung mittels einer Elektronenröhre erfolgt. Bei solchen Systemen wird das zu übermittelnde Bild des Objekts optisch auf eine lichtelektrisch aktive Anode einer Elektronenröhre projiziert, wobei diese Anode vom Elektronenstrahl abgetastet wird. Die Anode mag aus Glas bestehen, dessen eine Seite durchgehend mit einem leitenden Material, seine andere mit einem ›Mosaik‹ aus kleinen, elementaren Flächen aus oxidiertem Silber beschichtet ist, die ihrerseits eine Beschichtung aus photoelektrischem Material wie etwa Cäsium tragen.«

Im wesentlichen beinhaltete dieses Patent ein Verfahren des Aufbringens einer Substanz durch ein Drahtgeflecht hindurch, um eine große Zahl voneinander isolierter lichtelektrischer Elemente zu erzeugen. Ein einzigartiges Merkmal dieses Patents bestand in einem photoelektrischen Ring um das Mosaik, der zwar in der gleichen Weise wie dieses aufgebaut wurde, aber so angeschlossen war, daß er zur Überprüfung der Empfindlichkeit der Röhre verwendet werden konnte.[126]

Die zweite Folge bestand in der Entscheidung, eine solche auch Röhre tatsächlich zu bauen, um die Theorie zu überprüfen. Es scheint, daß das Abkommen der EMI mit der RCA ihr jede Betätigung auf dem Gebiet der Nachrichtentechnik untersagte. EMI verwendete einen Spiegeltrommel-Filmabtaster als Quelle von Bildsignalen – vermutlich sollte alle Arbeit an einer elektronischen Kameraröhre auf Camden beschränkt bleiben. Deshalb bauten Tedham und McGee eine Röhre leise, still und heimlich, d. h. ohne offizielle Zustimmung.

Ein spezieller Röhrenkolben wurde geblasen, der die vielen Bauteile beherbergen sollte. Eine Aluminiumscheibe als Trägerplatte und ein spezieller Siebschirm wurden in der Röhre angebracht. Dieser Schirm besaß rund 20 Maschen pro Zentimeter; aus ihnen sollten die Bildwandlerelemente entstehen. Nachdem der Prozeß des Aufdampfens von Silber auf den Bildwandler abgeschlossen war, wurde die Siebschablone entfernt und eine Elektronenkanone, deren Strahl elektrostatisch gebündelt werden konnte (ähnlich jener, die auch in Tedhams Bildwiedergaberöhre verwendet wurde), im Hals der Röhre angebracht. Nach der geeigneten Behandlung der Glas- und Metallteile wurde Cäsiumdampf in die Röhre gelassen, die zugleich einer Temperatur von 180 Grad ausgesetzt wurde. Danach wurde die Röhre ausgepumpt und abgeschmolzen.

Als nächstes borgten sich Tedham und McGee einen Signalverstärker von C. O. Browne und betrieben die Ablenkspulen am Röhrenhals in Parallelschaltung mit denen einer Bildwiedergaberöhre mit den Signalen des gleichen Abtastgenerators. Nach einigen geringfügigen Anpassungen erschien ein Bild »wie von Zauberhand«. Die Auflösung war eben so gut, wie es von einem derart grobkörnigen Mosaik erwartet werden konnte. Es kam nur zu geringen Bildverzögerungen und die Röhre schien einigermaßen empfindlich zu sein. Dr. McGee gibt an, sie seien so überrascht von dem Ereignis gewesen, daß sie weder von dem Gerät noch von dem übertragenen Bild Photographien anfertigten.

Bald verblaßte das Bild, da das Gas, das aus der Elektronenkanonenanode austrat, zuviel für die Photokathode wurde. In der Folge wurde nichts mehr unternommen; die Röhre wurde beiseite geschafft und überlebte irgendwie. Nach Dr. McGee wurden bis September 1933 keine weiteren Röhren mehr gebaut. Bis zum heutigen Tage streitet er jede Kenntnis des Projekts von Zworykin bzw. der RCA kategorisch ab.[127]

Isaac Shoenberg war am 22. August 1932 Forschungsdirektor von EMI geworden. Da Tedhams und McGees Vorgangsweise der Firmenpolitik widersprach, erzählten sie Shoenberg nichts von ihrem Experiment. G. E. Condliff stand der Advanced Development Division vor; A. W. Whitaker war mit der Leitung der Advanced Research Development and Design Division beauftragt. Capt. A. G. D. West hatte EMI verlassen und war Cheftoningenieur der Ealing Studios geworden.[128]

Die RCA hielt ihre Forschungen in Camden streng geheim. Natürlich kursierten aber reichlich Gerüchte über die Vorgänge in Camden. Am 26. August 1932 schrieb W. G. W. Mitchelll, der Sekretär der Television Society, an Dr. Zworykin in Camden und ersuchte um eine Schrift über die Ergebnisse seiner Forschungsarbeit im Labor. Zworykin antwortete am 20. September 1932 mit den Worten: »Unser Unternehmen erachtet es nach wie vor nicht als ratsam, die Ergebnisse der Laboruntersuchungen zur Veröffentlichung freizugeben, bevor diese Entwicklung die Stufe kommerzieller Nutzung erreicht hat. Die Wirtschaftskrise ist hauptverantwortlich für die Verzögerung des Erreichens wirtschaftlicher Verwertbarkeit.«[129]

Dieser Brief schien den Anlaß für einen Artikel im *Journal of the Royal Television Society* von A. Dinsdale gebildet zu haben, in dem er schrieb, daß sich »vor einigen Jahren Fernsehingenieure von der General Electric Company, der Westinghouse Company und von der RCA in der Fabriksanlage von RCA Victor in Camden, N. J., zusammengeschlossen haben, wo sie sich dem Vernehmen nach emsig und im Geheimen mit einem elektronischen Fernsehsystem beschäftigen. Über diese Arbeit sind bisher offiziell keine Auskünfte gegeben worden, es sei denn, Dr. Zworykin, der verantwortlich für diese Arbeit ist, hätte, ohne daß ich davon zum Zeitpunkt der Abfassung dieses Artikels gewußt hätte, der Society eine entsprechende Schrift übermittelt, worum man ihn meines Wissens nach gebeten hat.«[130]

Dinsdale gab nie preis, woher er diese Information bekommen hatte. Doch es ist bekannt, daß mindestens drei Männer in Großbritannien Kenntnis von der Arbeit Dr. Zworykins besaßen: A. W. Whitaker, W. D. Wright und Capt. A. G. D. West hatten sie persönlich besichtigt. Andere wie Tedham, Shoenberg und Angestellte in den Patentabteilungen von EMI, von Marconi sowie von H.M.V. erhielten immerhin sämtliche Fernsehpatentanträge der RCA.

Trotz all dieser Gerüchte wurden die »Geheimnisse von Camden« sorgfältig gehütet. In einem Artikel war angemerkt worden, daß sowohl RCA Victor als auch die Philco Corporation an der Entwicklung von Fernsehheimempfängern auf Elektronenröhrenbasis arbeiteten. Der Verfasser dieses Beitrags äußerte sich jedenfalls höchst pessimistisch über die Zukunft des elektronischen Fernsehens. Er scheint niemals einer Vorführung beigewohnt zu haben und gründete seine Beobachtungen auf Berichte aus der Vergangenheit.[131]

Die Berliner Funkausstellung fand im August 1932 statt. Das »Zwischenfilmverfahren« der Fernseh-AG wurde nun gezeigt. Daneben stellte die Fernseh-AG auch einen 90zeiligen Punktlichtabtaster und ihren 90zeiligen Spiegelschraubenempfänger aus. Telefunken zeigte sowohl einen mechanischen als auch einen Elektronenröhrenempfänger mit jeweils 90zeiliger Auflösung. Tekade stellte einen 90zeiligen Spiegelschraubenempfänger in drei verschiedenen Größen aus.

Loewe Radio war mit seinem neuesten, von Kurt Schlesinger konstruierten Elektronenröhrenempfänger in der Ausstellung vertreten. Schlesinger hatte zuvor für Manfred von Ardenne gearbeitet. Seine Röhre zeigte Bilder einer Größe von rund 9 mal 12 cm. Loewe Radio stellte auch eine große Bildwiedergaberöhre mit einer Bildgröße von rund 18 mal 24 cm aus, die jedoch nicht funktionierte.[132]

Am 1. September 1932 führte die Marconi Wireless Telegraph Company ihr Textübertragungsystem für »Fernsehnachrichten« vor. Die Signale wurden über rund 290 km von der Marconi-Fabrikanlage in Chelmsford zur St. Peters School in York übertragen. Die Botschaften erschienen auf einem Mattglasschirm mit etwa 60 Wörtern in der Minute. Das Empfangs- und Anzeigegerät für diese »Fernsehnachrichten« bestand aus einem Mattglasbildschirm von etwa 63 cm mal 7,6 cm Größe und einer Natriumdampflampe in Hantelform, die knapp an einer Öffnung befestigt war. Ein Spiegelrad warf das modulierte Licht auf den Schirm; dieses Rad wurde seinerseits von einem Synchronmotor bei einer Drehzahl von 1200 Umdrehungen pro Minute angetrieben und tastete den Schirm horizontal aus. Das Bildsignal wurde auf einer Wellenlänge von 1000 Metern übertragen.

Erstmals wurde auch ein 50zeiliger Fernsehbildgeber des Lichtpunkttyps der Marconi Co. beschrieben. Ein Empfänger mit einer Auflösung von 50 Zeilen bei einer Rate von 15 Bildern pro Sekunde warf ein Bild von ungefähr 20 mal 20 cm auf einen Mattglasschirm. Eine Natriumdampflampe diente als Lichtquelle, deren Licht mittels eines Spiegelrades mit einer Drehzahl von 900 Umdrehungen pro Minute und einer Wiederholungsrate von 15 Bildern pro Sekunde auf den Schirm projiziert wurde. Die Synchronisation erfolgte durch den gleichen Verstärker wie bei dem Nachrichtensystem. Darüber hinaus fand sich auch ein 50zeiliger »Projektionsempfänger«, bei dem eine Bogenlampe als Lichtquelle diente. Ihr Licht wurde ähnlich wie bei den anderen beiden Apparaten durch ein Spiegelrad auf den Schirm geworfen.[133]

Ende September 1932 gab die Marconi's Wireless Telegraph Company bekannt, daß sie ein Fernsehsystem entwickeln wolle, das sich für Unterhaltungszwecke eignete. Shoenberg von EMI war also richtig damit gelegen, sich die Möglichkeit, die Hilfe der Marconi Company in Anspruch zu nehmen, offenzuhalten. Die Marconi Company dachte tatsächlich nicht daran, untätig zu bleiben und keinerlei Anstrengungen zur Entwicklung eines Fernsehsystems zu unternehmen.[134]

Am 30. September 1932 vermerkten die Bell Telephone Laboratories, daß sie eine neue Elektronenröhre erhalten hatten: den Typ FT-53 der General Electric Company zum Kaufpreis von 210 Dollar. Sie war irgendwann im Juni 1932 bestellt worden, damit sich die Bell Laboratories darüber orientieren konnten, welche Fortschritte anderswo mit solchen Röhren erzielt wurden. Die Röhre wurde getestet, und dabei stellte man fest, daß sie einen guten Lichtpunkt erzeugte. Doch sie wurde schon nach kurzer Zeit schadhaft.[135]

Am 4. Oktober 1932 erschien ein Artikel von M. Knoll und E. Ruska, in dem ein Elektronenmikroskop mit magnetischen Linsen und kalter Kathode beschrieben wurde. Mehrere Photographien von Bildern des Elektronenmikroskops wurden in dem Beitrag gezeigt und geeignete Systeme zur Anfertigung solcher photographischer Bildaufnahmen mit dem »Ionenmikroskop« beschrieben.[136]

W. D. Wright beantragte am 12. Oktober 1932 ein Patent für eine Methode der Behebung der Trapezverzerrung bei einer elektronischen Kameraröhre. Wright plante, das Bild mittels eines einfachen optischen Systems so auf die dem Elektronenstrahl zugewandte Seite des Bildwandlers zu projizieren, daß es abgeschrägt wurde, wodurch das Bild im oberen Bereich größer als im unteren und der Trapezfehler damit ausgeglichen war. Ähnliche Patente zu diesem Problem beantragten zu dieser Zeit auch Arthur Vance, Richard Campbell und Alva Bedford von der RCA, wobei sich ihre Lösungen des Problems aber von dem Patent Wrights unterschieden.[137]

Am 15. November 1932 beantragte die Fernseh-AG aus Berlin ein Patent für eine Verbesserung bei der Zwischenfilmübertragung. In dieser Ausformung kam bei dem System eine Endlosfilmschleife zum Einsatz, die fortwährend neu mit lichtempfindlicher Emulsion beschichtet, in der Kamera belichtet und entwickelt, schließlich mit einer Bürste oder einem ähnlichen Gerät von der Emulsion befreit wurde und den Prozeß dann von neuem durchlief.[138]

EMI war Ende 1932 bereit für eine Vorführung ihres neuen Filmabtasters und ihres elektronischen Empfängers. Am 29. November 1932 trat EMI an die BBC heran und lud Repräsentanten ein, einer Vorführung »hochzeiligen« Fernsehens beizuwohnen. Diese Vorführung erfolgte am 6. Dezember 1932 mit einem »200«zeiligen Bild. (Tatsächlich waren es nur 130 Zeilen, obwohl der EMI-Standard zu dieser Zeit bereits bei 180 Zeilen lag.)

Diese Vorführung wurde durch einen Artikel in einem Magazin bekanntgemacht, und die Baird Company war darüber empört, besonders wegen der Verbindungen zwischen EMI und der RCA. Auch Isaac Shoenberg war über diesen Bericht höchst konsterniert und ordnete an, daß in Hinkunft keine Informationen über die weitere Entwicklung mehr an die Öffentlichkeit gelangen dürften. EMI aber wurde eingeladen, ihre Anlagen in das Broadcast House (dem Hauptsitz der BBC in London) zu bringen, was für Anfang 1933 geplant wurde. Dies führte zum Ausbruch einer langen und erbitterten Schlacht zwischen Baird und EMI, die erst 1937 entschieden wurde.[139]

Am 31. November 1932 gab die RCA ihre Zustimmung zu einer Ausgleichsverfügung in dem Anti-Trust-Verfahren bekannt, das das Justizministerium im Mai 1930 gegen sie und die anderen großen Elektrokonzerne eingeleitet hatte. Dieser Ausgleich bedeutete für die RCA einen Triumph, weil sie dadurch alles, was sie durch den Zusammenschluß gewonnen hatte, behalten durfte, zugleich aber damit die völlige Unabhängigkeit von den anderen beiden Unternehmen, General Electric und Westinghouse, erlangte. Der Einfluß von General Electric blieb freilich stark, da die meisten der leitenden Angestellten und führenden Kräfte aus dem General Electric-Konzern gekommen waren. Berichten zufolge soll Elmer W. Engstrom mit der Schließung des Fernsehprojekts im Empire State Building nach Camden versetzt worden sein, wo er die Leitung des Fernsehforschungsprojekts Zworykins übernehmen sollte.[140]

Später wurde berichtet, daß die Fernsehsendestation der Philco, W3XE, irgendwann im Jahr 1932 mit der Ausstrahlung 240zeiliger Bilder mit einer »elektronischen Methode« begonnen habe. Diese Übertragungen erfolgten in Zusammenarbeit mit Philo T. Farnsworth.[141] Über die Tätigkeit Farnsworths während seiner Zeit mit der Philco war kaum jemals etwas bekannt geworden. Man weiß aber, daß weder die Philco noch Farnsworth mit dem getroffenen Abkommen zufrieden waren. Es stand deshalb vor der Kündigung.

Kapitel 9

Das Ikonoskop: 1933 – 1935

In den ersten Monaten des Jahres 1933 baute und betrieb die RCA in Camden, New Jersey, ein vollständiges Fernsehsystem. Als Aufnahmegerät kam dabei die Kameraröhre Dr. Zworykins zum Einsatz. Die Abtastrate betrug 240 Zeilen in Folgeabtastung bei einer Bildrate von 24 Bildern pro Sekunde. Bild und Ton wurden von zwei Sendern ausgestrahlt; die Sendefrequenz des Bildsignals betrug 49 MHz, die des Tonsignals 50 MHz. In diesem Zeitraum wurde noch ein mechanischer Synchrongenerator verwendet; ansonsten war das System vollelektronisch.

Versuche mit einer eineinhalb Kilometer vom Studio entfernten Außenaufnahmekamera, die über Funk mit dem Sender verbunden war, wurden durchgeführt. Die Tests wurden unter Bedingungen vorgenommen, deren Auftreten bei einem regelmäßigen Fernsehdienst zu erwarten war. Das größte Lob galt der neuen Kameraröhre Zworykins, da sie die Übertragung von Bildern mit höherer Detailtreue als bisher erlaubte, größere räumliche Bereiche im Studio erfaßte und natürlich, weil sie Außen- oder Direktaufnahmen ermöglichte. Es wurde geäußert, daß mit dieser Röhre das letzte große Hindernis auf dem Weg zu einem regelmäßigen Fernsehsendebetrieb beseitigt sei.[1]

Zahlreiche wichtige Patente wurden im Jänner 1933 von den Technikern der RCA in Camden eingereicht. Unter den Antragstellern waren Gregory N. Ogloblinsky für Mittel zur Aufrechterhaltung des Bildsignalpegels, Ray D. Kell für eine Filmprojektionsmethode, bei der die Abtastung in neun Zehntel der Arbeitsablaufzeit erfolgte, wodurch ein Zehntel des Arbeitsganges zur Projektion des Films auf das Bildwandlermosaik verblieb, Alda V. Bedford für eine Filmprojektionsmethode, bei der bestimmte Filmeinzelbilder zur Entwicklung von Bildsignalen mit einem bestimmten Wiederholungsfaktor abgetastet wurden, andere dagegen weniger oft, und Richard L. Campbell für einen Synchrongenerator mit Zeilenlöschimpuls (Dunkeltasten) und anderen Merkmalen.[2]

Dr. V. K. Zworykin war zu dieser Zeit sehr beschäftigt. Im Februar 1933 hielt er vor der Optical Society of America einen Vortrag »Über Elektronenoptik«. Darin besprach er die Bündelung eines Elektronenstrahls durch ionisiertes Gas in einer Niedervakuumröhre sowie magnetische und elektrostatische Strahlbündelung in Hochvakuum. Er beschrieb die Verwendung von Gitterelektroden bzw. konzentrischen Zylindern oder koaxialen Lochblenden und ging auch auf den Gebrauch des von Bruche und Johanson beschriebenen »Elektronenmikroskops« ein.[3]

Am 5. März 1933 wurde berichtet, daß Dr. Zworykin eine »elektromagnetische Linse« entwickelt habe, die die Elektronenstrahlen auf einen Punkt von hoher Leuchtkraft bündelte. Diese Linse bestand aus einer dünnen Drahtspule mit magnetischer Bündelungswirkung anstelle elektrostatischer; sie ergab schärfere Bilder und sollte Zworykins frühere Methode schließlich ablösen.[4]

CBS Television hatte nach der Entscheidung, besseres Bildaufnahmegerät abzuwarten, im März 1933 den Sendebetrieb eingestellt. Auch NBC hatte seine regelmäßigen Fernsehsendungen vom Empire State Building ausgesetzt und führte nun Untersuchungen im Geheimen durch. Die einzigen Fernsehsender, die mit einiger Regelmäßigkeit auf Sendung blieben, waren der Don Lee-Sender in Los Angeles und der Sender der Purdue University; sie setzten, wenn auch in eingeschränktem Umfang, die Ausstrahlung von Fernsehprogrammen fort.[5]

Harley Ambrose Iams von der RCA beantragte am 30. März 1933 ein Patent für ein Fernsehverfahren und die dazugehörige Apparatur. Dieses Patent beinhaltete eine spezielle Form des Ikonoskops, bei dem die Telephonkennzeichen der Sendestation oder andere Informationen auf der Bildwandlerplatte eingeritzt sein oder durch den Einsatz einer Strahlenmaske oder durch unterschiedliche elektrische Eigenschaften des Bildwandlerelements sichtbar gemacht werden sollte. Dies war die erste Kameraröhre, die Bildinformation unabhängig von den Beleuchtungsbedingungen auf dem übrigen Bereich des Bildwandlerschirms vermitteln konnte. Sie wurde Monoskopröhre (Testbildkamera) genannt.

Am selben Tag beantragte Iams auch ein Patent für die Herstellung eines Bildwandlermosaiks mit einer Liniermaschine oder mit einer anderen Methode der Rasterung des Mosaiks zur Erzeugung gleich ausgerichteter Zeilen von leitenden Elementen in regelmäßigem Abstand und in Parallelogrammform.[6]

Philo Farnsworth beantragte am 3. April 1933 ein Patent für einen Abtastoszillator. Es beinhaltete einen linearen Zeitablenkgenerator mit einer Drosselspule mit Weicheisenkern im Schaltkreis. Dieses Patent brachte viele Vorteile mit sich.[7]

Am 8. April 1933 beantragte V. K. Zworykin ein Patent für ein Verfahren des Fernsehgeheimfunks, bei dem das Tonsignal im Bildbereich des Gesamtsignals übertragen wurde. Am 19. April 1933 fällte ein Patentstreitprüfer der US-Patentbehörde mehrere wichtige Entscheidungen zugunsten Dr. Zworykins.[8]

Zu Beginn des Jahres 1933 schlug EMI der britischen Postbehörde vor, daß sie die Entwicklung eines Fernsehdienstes vorantreiben könne, dabei aber nicht beabsichtige, mit Baird Television zusammenzuarbeiten. EMI erklärte, daß nur einige geringfügige Veränderungen an den UKW-Sendern der BBC vorgenommen werden müßten, dann könnte man bereits im Herbst 1933 mit Gerätschaft von H.M.V. (einem Teil des EMI-Komplexes) die Produktion von Empfangsgeräten aufnehmen.

Die britische Postbehörde entsandte im Februar 1933 Techniker zu EMI in Hayes. Die Ingenieure berichteten, daß das Bild des EMI-Standards von guter Qualität und den Bildern von Filmvorlagen leicht zu folgen sei. Dennoch entschied die Postbehörde, EMI keine Sendungen vom Broadcast House durchführen zu lassen, bevor weitere Vorführungen des Systems von Baird stattgefunden hatten.

Die Baird Company war über den Fortschritt, den EMI erzielt hatte, höchst aufgebracht und erklärte, daß diese Entwicklung eine Verletzung des Abkommens zwischen Baird und der BBC darstelle. Unverzüglich erhob sie den Einwand, daß »Geschäfte mit EMI« einem »schweren Schlag gegen die britische Industrie und direkter Hilfeleistung für einen amerikanischen Konzern« gleichkämen. So sollte in den nächsten drei Jahre der Schlachtruf der Baird Television lauten.

Die britische Postbehörde schlug vor, daß sowohl Baird als auch EMI Fernsehen auf Kurzwelle vorführen sollten. Diese Tests erfolgten am 18. April 1933 aus Long Acre (Baird) und am 19. April 1933 aus Hayes (EMI). Wieder herrschte Übereinstimmung darüber, daß die Übertragungen und Anlagen der EMI jenen Bairds hoch überlegen waren. Dennoch verweigerte die Postbehörde der EMI nach wie vor die Benützung des Broadcast House, weil dies eine Benachteiligung Bairds bedeutet hätte. Diese Vorführungen hatten eine grundlegende Änderung der Politik der Baird Television hinsichtlich elektronischen Fernsehens zur Folge.[9]

Die vierte Ausstellung der Television Society fand am 5. und 6. April 1933 im Imperial College of Science in London statt. Unter den Exponaten befand sich auch ein Großbildschirm von rund 91 cm Höhe und 38 cm Breite, auf dem das 30zeilige System Bairds vorgeführt wurde. Das Bild wurde aus dem Broadcast House auf einer Wellenlänge von 7,75 Metern (38 MHz), der Ton dagegen über Kabel übertragen. Am Empfänger wurden eine Kerr-Zelle und eine Spiegeltrommel mit 30 Segmenten eingesetzt. Die 30zeilige Auflösung eignete sich nur für Nahaufnahmen. Die Marconi Wireless Company zeigte ihr neues »Nachrichten«-System, bei dem Textinformation auf einen Schirm projiziert wurde. Auf der Ausstellung wurden solche Textbotschaften von einem Raum in einen anderen übertragen. Marconi führte auch ein 50zeiliges Fernsehbild vor, das mit einer Wiederholungsrate von 20 Bildern pro Sekunde auf einen Schirm mit 20 cm Seitenlänge geworfen wurde. Die Abtastung erfolgte horizontal, und die Bildqualität wurde als gut erachtet.[10]

In diesem Zeitraum meldeten die Techniker von EMI zahlreiche Patente von Bedeutung an. Am 13. April 1933 beantragte P. Willans ein Patent für die Wiederherstellung der Gleichstromkomponente. Am 5. Mai 1933 beantragte J. D. McGee ein Patent für eine Kameraröhre mit zweiseitigem Bildwandlerelement aus kurzen Aluminiumdrähten mit einer isolierenden Schicht aus Aluminiumoxid und einer leitenden Schicht aus Silber. Ein geerdetes Gitter fing die Emission des Bildwandlerschirms auf, ein Kollektor hinter dem Schirm die Sekundäremission, die an einen Verstärker angelegt wurde. Zwei noch wichtigere Patentanträge stellte Alan D. Blumlein am 16. Juni 1933 für Impedanznetzwerke zum Niederfrequenzausgleich. C. O. Browne, A. D. Blumlein und J. Hardwick beantragten am 11. Juli 1933 ein Patent für eine verbesserte Form der Schwarzwerterhaltung.[11]

Die Direktoren der Baird Company hatten entschieden, daß es an der Zeit war, ein Forschungsprogramm zum elektronischen Fernsehen einzuleiten. Der erste Schritt dazu bestand in der Einstellung von Capt. A. G. D. West als technischem Direktor der Baird Television im Mai 1933. Capt. West besaß bekanntlich volle

*Capt. A. G. D. West, im Mai 1933 als technischer Direktor von Baird Television unter
Vertrag genommen, brachte in seine neue Stellung seine vollständige Kenntnis des
EMI-Forschungsprogramms mit.*

Kenntnis des gesamten Forschungsprogramms der EMI, einschließlich der Entwicklung des Kineskops und der frühen Arbeit an der Kameraröhre Zworykins.
Im Juli 1933 schrieb Capt. West an Noel Ashbridge, den Chefingenieur der BBC,
daß Baird Television gerade damit beschäftigt sei, Versuche mit einem 120zeiligen
elektronischen System durchzuführen.[12]

Ebenfalls um diese Zeit im Jahr 1933 beschloß die Philco Corporation, ihre
Verbindung mit Philo Farnsworth zu lösen. Es war offen zutage getreten, daß
Farnsworths Ziel, die Errichtung einer breiten Patentstruktur auf der Basis seiner
Forschungsarbeit, sich nicht mit dem Herstellungsprogramm der Philco verein-
baren ließ.

Die Philco Corporation wußte als Lizenznehmerin der RCA über die in Camden betriebene Fernsehforschung Bescheid. Deshalb stellte sie im Mai 1933 Albert

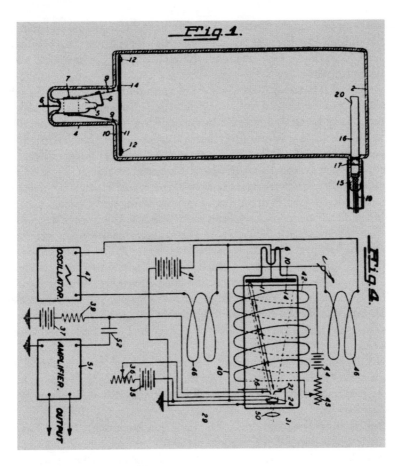

Strichzeichnungen aus dem Patent für eine Kamera mit Abtastung durch
einen langsamen Elektronenstrahl von Philo Farnsworth (beantragt 1933).
Dies war das erste Patent, das eine Röhre mit langsamem Abtaststrahl zeigte.

F. Murray ein, der Direktor der Advanced Development Division gewesen war.
Als solcher verfügte er über die Kenntnis der gesamten in Camden verrichteten
Arbeit, einschließlich jener zu Kamera- und Empfängerröhren und zur damit ver-
bundenen Schaltungstechnik. Albert Murray wurde zum leitenden Ingenieur des
Philco Television Research Department und brachte ein halbes Dutzend Techni-
ker mit, die in Camden Schlüsselpositionen bei der RCA innegehabt hatten.[13]

Philo Farnsworth beantragte am 26. April 1933, also noch als Partner der Philco
Corporation, ein äußerst wichtiges Patent. Es beinhaltete eine »Bildzerlegerröhre«,
was freilich ein durchaus irreführender Titel war, da das Gerät mit einer Bildzerle-
ger- oder Dissektorröhre gar nichts zu tun hatte (d. h. es war keine Kaltkathodenröhre, in der das gesamte Elektronenbild zur Erzeugung des Bildsignals an einer

Abtastöffnung vorbeigeführt wurde). Vielmehr handelte es sich um eine sehr hochentwickelte Kameraröhre des Speichertyps mit einem langsamen Abtaststrahl aus einer Glühkathode. Es war das allererste Patent, das dieses höchst wichtige Merkmal beschrieb.

In der Röhre tastete ein Elektronenstrahl einen photoelektrischen Schirm ab, der aus einer großen Anzahl isolierter Flächen oder »Inseln« aus lichtelektrisch aktivem Material bestand. Dieser Bildwandlerschirm war so angebracht, daß das optische Bild der Szene darauf projiziert werden konnte. Ablenkvorrichtungen erlaubten dem Strahl die Erfassung der gesamten Fläche des Bildwandlerschirms.

Die Spannungen waren so eingestellt, daß sich der Strahl bei der Annäherung an die Bildwandlerplatte verlangsamte, sodaß seine Geschwindigkeit beim tatsächlichen Auftreffen auf der Platte nur noch äußerst gering war. Da jedes der isolierten Bildwandlerelemente im Verhältnis zur jeweiligen Lichtmenge des optischen Bildes fortwährend Elektronen abgab und der Elektronenstrahl im wesentlichen konstant war, entsprach die vom Schirm absorbierte Zahl von Strahlelektronen genau der Gesamtzahl der durch lichtelektrische Emission seit dem letzten Abtastdurchgang abgegebenen Elektronen. Folglich schwankte der nicht absorbierte Anteil des Strahls in seiner Intensität in genauer Entsprechung mit der Beleuchtung des Bildwandlerabschnitts, den der Strahl gerade abtastete, wodurch der nicht absorbierte Strahlanteil sehr effektiv durch eine Bildsignalkomponente moduliert wurde.

Es war geplant, den solcherart modulierten Strahl durch das Magnetfeld auf der gleichen Bahn zu einer Anode zurückzuführen, wo er durch den Ausgangswiderstand (39) und von dort zurück zur Kathode lief, womit der Stromkreis geschlossen war.

Dieses Patent enthält zahlreiche Elemente von Bedeutung. Erstens kann die Bildwandlerplatte durch den Einsatz feiner Drahtgaze oder die Verwendung von Silber aufgebaut werden, das auf einer rauhen Oberfläche aus pulverisiertem Willamit (einer fluoreszierenden Substanz) aufgebracht wird. Die übliche photoelektrische Aktivierung mit Cäsium und Sauerstoff sollte folgen. Zweitens mißt das Patent besondere Bedeutung der Abbremsung des Strahls auf nahezu null Geschwindigkeit bei seiner Annäherung an die Bildwandlerplatte bei; diese Endgeschwindigkeit hing vom Potential auf dem photoelektrischen Flächenelement ab, auf das der Strahl gerade gelenkt wurde. Schließlich gab Farnsworth an, daß die Photoelektronen selbst nicht in den Bildstrom eindringen würden, der gegenüber einem direkten lichtelektrischen Strom ein negatives Vorzeichen hatte, weiters, daß zwischen der Bildwandlerplatte und der Gegenelektrode, die auf Kathodenpotential gehalten werden sollte, keine physische Leitung auftrete, und schließlich, daß Ionisierung streng vermieden werde.

Die Patentschrift gab an, daß Röhren dieses Typs bemerkenswert beständig seien. Dabei wurde die gesamte Photoemission stets wirkungsvoll genutzt, woraus sich bei einem 320zeiligen Bild eine Steigerung der Signalausbeute um den Faktor 100.000 ergab. Es liegen keine Beweise dafür vor, daß Farnsworth eine solche Röhre in seinem Labor tatsächlich gebaut hätte. Doch dieses Patent beschrieb

den Urahnen aller späteren Kameras des Speichertyps mit langsamem Abtaststrahl – ein weiteres wichtiges Patent von Philo Farnsworth![14]

Nachdem Farnsworth sich von der Philco getrennt hatte, beschloß er, in der
Gegend von Philadelphia zu bleiben und nicht nach San Francisco zurückzukeh-
ren. Farnsworth Television wurde umgestaltet, und es scheint, daß das Unternehmen reichlich neue Finanzmittel von Russell Seymour Turner bezog, dessen
wohlhabender Vater große Anteile an Farnsworth Television besaß.[15]

Ungefähr zu dieser Zeit im Jahr 1933 wurde ein Fernsehsignal (mit 120 Zeilen)
zu Testzwecken vom Sender auf dem Empire State Building über Funk an eine
Zwischenstation (Mount Arney, New Jersey) und zurück an einen Empfänger in
den Labors der RCA in Camden gesendet.[16]

Mit dem Abgang von Albert Murray zu Philco war offenkundig, daß die
»Geheimnisse von Camden« eigentlich nur noch für die breite Öffentlichkeit ein Geheimnis waren. Deshalb wurde beschlossen, das Ikonoskop auf der achten Jahresversammlung des Institute of Radio Engineers, die während der Century of Progress
Exposition in Chicago abgehalten wurde, endlich der Öffentlichkeit vorzustellen.

Am Montag, dem 26. Juni 1933 hielt Dr. V. K. Zworykin einen Vortrag des Titels »Das Ikonoskop – Eine neue Version des elektrischen Auges«. Zworykin beschrieb darin kurz die historische Entwicklung des Fernsehen bis zu dieser Zeit
und ging darauf ein, daß mit dem Einsatz mechanischer Abtaster nie ausreichend
Licht für Außenaufnahmen erfaßt werden konnte. Eine darauffolgende Beschreibung der Funktionsweise des Ikonoskops läßt darauf schließen, daß es die Energie zwischen den Abtastzyklen speichern konnte, indem jede Einzelphotozelle
ihre Ladung solange behielt, bis sie vom Abtaststrahl entladen wurde. Das Potential jeder Photozelle stieg mit der einfallenden Lichtmenge und wurde in fortlau-
fender Abtastfolge entladen, wobei ihre Ausgangsleistung verhältnisgleich mit der
Lichtmenge auf ihrem Teil des Bildes war.

Zworykin räumte freilich auch ein, daß noch Probleme bestanden: Der Strahl
neutralisierte die positiven Ladungen der photoelektrischen Elemente nicht nur,
sondern lud sie auch negativ auf; das Licht von der Szene erzeugte eine Ladung
auf dem gesamten Mosaik und verursachte einen Strom, der sich quer über die
Bildwandlerplatte bewegte.

Die Empfindlichkeit des Bildwandlermosaiks, so Zworykin, war von der gleichen Größenordnung wie die der Hochvakuum-Cäsiumoxidphotozelle und besaß
auch dieselbe Spektralempfindlichkeit. (Dies bildete zunächst kein Problem, sorgte
aber später aufgrund der mangelnden Rotempfindlichkeit des Mosaiks für große
Schwierigkeiten, weil menschliche Gesichter dadurch ein höchst unnatürliches Aussehen erhielten.) Die Lichtempfindlichkeit soll etwa der von photographischem
Film entsprochen haben, wenn das gleiche optische System verwendet wurde.
Zworykin gab an, daß einige Röhren bereits Auflösungen bis zu 500 Zeilen gut verarbeitet hätten, und daß diesbezüglich noch einiger Spielraum für Verbesserungen
bestehe. Zworykin zollte Gregory N. Ogloblinsky, Sanford F. Essig, Harley Iams
und Leslie E. Flory, die große Teile der theoretischen Vorüberlegungen und praktischen Versuchsarbeit zu dieser Entwicklung geleistet hatten, seine Anerkennung.[17]

Alle Fachleute stimmen darin überein, daß diese öffentliche Vorstellung des Ikonoskops von höchster Bedeutung war. Mit der Einführung des Ikonoskops hatte endgültig das elektronische Fernsehzeitalter begonnen. Zworykin verfügte jetzt über ein vollständiges elektronisches System mit einer funktionstüchtigen Kamera als Ergänzung seiner Bildwiedergaberöhre, des Kineskops (nur elektrische Zeitablenk- und Dunkeltastgeneratoren fehlten noch).[18]

Dr. Frank Gray von den Bell Telephone Laboratories verfaßte am 6. Juli 1933 einen Bericht über Dr. Zworykins neue Kameraröhre, das Ikonoskop. Dieser Bericht spiegelte eine vorsichtige Einstellung wider. Da es in Chicago nicht zu einer Demonstration gekommen war, gab Gray an, daß er über keine Grundlage verfüge, auf der er beurteilen könne, wie gut das Ikonoskop in der Praxis funktioniere; doch er äußerte auch, daß es keinen Grund gebe, weshalb nicht endlich erfolgreiche Ergebnisse erzielt werden könnten.

Dr. H. Ives und O. E. Buckley von den Bell Telephone Laboratories glaubten zunächst, daß das Ikonoskop ja durchaus einen wichtigen Schritt in die richtige Richtung darstellte, daß es aber am grundlegenden Problem des Fernsehens nicht wirklich etwas geändert habe. Dieses bestehe nämlich in der Herstellung eines Empfangsgeräts, das einfach, billig, langlebig und massenproduktionstauglich war.[19]

Die Bell Telephone Laboratories hatten im Februar 1933 schlußendlich erkannt, daß ihr Zweiweg-Fernsehsystem mit 72zeiliger Auflösung »nicht den fortgeschrittensten Stand der Technik« repräsentierte. Der gewaltige Vorsprung, den die Bell Laboratories seit dem Jahr 1925 gehalten hatten, hatte sich endgültig in Luft aufgelöst. Durch das Fehlen eines geeigneten elektronischen Empfängers zerrannen den Bell Labs alle ihre frühen experimentellen Erfolge zwischen den Fingern. Zworykin bei RCA ebenso wie Farnsworth und die meisten der britischen, deutschen und japanischen Fernsehlabors waren hinsichtlich Zeilenzahl und Bildqualität längst an den Bell Laboratories vorbeigezogen.

Bis zum 20. Juli 1933 hatte die Vorstellung des Ikonoskops durch Dr. Zworykin die Bell Laboratories davon überzeugt, daß das mechanische Fernsehen nicht mehr lebensfähig war. Dr. Ives stellte fest, daß »wir gut daran täten, einige Schritte in diese Richtung [des Ikonoskops] zu setzen«. Am 31. Juli 1933 schlug Dr. Gray vor, daß sie ein Exemplar des Ikonoskops bauen und dann aus den Erfahrungen damit weiterlernen sollten. Dies bildete den Beginn einer intensiven Anstrengung von Frank Gray und John Hofele zum Bau einer funktionstüchtigen Kameraröhre ihrer eigenen Konstruktion.[20]

Und wie stand es um die noch früheren Leistungen Philo Farnsworths? Gewiß, er verfügte schon seit Juli 1929 in seinem Labor über ein vollelektronisches Fernsehsystem. Doch ihm fehlte eine leuchtstarke, große Bildwiedergaberöhre, und seine Leistungen wurden sehr rasch von der Einführung des Ikonoskops, also einer Kameraröhre des Speichertyps, in den Schatten gestellt. Der Bildzerlegerröhre Philo Farnsworths war der Hauptgrund für ihren Mißerfolg gewissermaßen eingebaut: ihre geringe Empfindlichkeit. Außerdem unternahm die RCA natürlich jede Anstrengung, nicht speicherfähige Geräte, seien es mechanische (Nipkow-Scheiben), seien es elektronische (die Bildzerlegerröhre), in Verruf zu bringen.

Doch eines muß deutlich gemacht werden: Weder war das frühe Ikonoskop so empfindlich, wie von ihm behauptet wurde, noch war umgekehrt die Bildzerlegerröhre so wenig empfindlich, wie es die RCA und andere über sie verbreiteten. Die Bedeutung des Ikonoskops lag darin, *daß* es funktionierte, und seine vielen inhärenten Mängel veranlaßten die RCA und andere Labors zu weiterer Forschung, die schließlich zu den modernen Kameraröhren von heute führte.

Ironischerweise markierte die Einführung des Ikonoskops, das ein funktionstüchtiges Fernsehsystem ermöglicht hätte, im Jahr 1933 das Ende eines Fernsehdienstes in den Vereinigten Staaten. David Sarnoff hatte offensichtlich beschlossen, keinen Fernsehdienst in den USA zu eröffnen, weil er der florierenden Radioindustrie geschadet hätte. Das Fernsehsystem der RCA sollte das Labor mehrere Jahre lang nicht verlassen dürfen.

Wenngleich das Ikonoskop gut genug für Laborversuche war, stand doch außer Frage, daß es noch viel weitere Arbeit erforderte, bis es für einen täglichen Sendebetrieb eingesetzt werden konnte. Die RCA verfügte nach wie vor nicht über einen elektrischen Abtast- und Impulsgenerator. Schließlich war auch noch viel Entwicklungsarbeit an den Empfängern und den Sendeanlagen zu leisten. Deshalb wurde von Elmer W. Engstrom, der nun das Fernsehprojekt der RCA leitete, ein systematisches Forschungs- und Entwicklungsprogramm ins Leben gerufen.[21]

Im Juli 1933 reiste Zworykin nach London, wo er die Labors der EMI besuchte. Im September 1933 richtete Isaac Shoenberg bei EMI ein Labor ein, in dem unter der Leitung von Dr. J. D. McGee Ikonoskope englischer Konstruktion entwickelt werden sollten. W. F. Tedham sollte weiterhin der Forschung zu Bildwiedergaberöhren zugeteilt bleiben, wovon er freilich gar nicht begeistert war. Schon nach kurzer Zeit übernahm Dr. Leonard Broadway dieses Projekt von Tedham, der schwer erkrankt war. EMI hatte sein Abkommen mit der RCA geändert und wandte sich nun dem Geschäft mit Nachrichtentechnik zu. Das Fernsehsystem der EMI beruhte nach wie vor auf dem Standard von 180 Zeilen bei 25 Bildern pro Sekunde mit vertikaler Abtastung.[22]

Am 15. Juli 1933 führte U. A. Sanabria im Macy's Department Store in New York City ein Großbildsystem vor. Sanabria verwendete immer noch eine Scheibe mit 45 Löchern. Dazu kam nun eine neuartige Kohlendioxidlampe zum Einsatz, die größer und heller als zuvor gewesen sein soll und eine Lebenserwartung von 300 Betriebsstunden besaß. Sanabria, der sein Fernsehsystem erstmals im Juni 1928 auf einer Versammlung in Chicago vorgeführt hatte, verwendete fünf Jahre danach immer noch das grundsätzlich gleiche System. Dies scheint die letzte Vorführung eines mechanischen Fernsehgroßbildsystems in den Vereinigten Staaten gewesen zu sein.[23]

Am 8. August 1933 beantragten W. S. Percival, C. O. Browne und E. C. L. White von EMI ein Patent für eine Methode der Erzeugung von Bildwechselimpulsen zur Vermeidung des »Festhakens« am oberen Bildrand. Dies war für mehrere Jahre das letzte britische Patent, in dem der Firmenname der EMI gemeinsam mit dem Namen des Erfinders aufschien. In den amerikanischen Patenten der EMI dagegen, deren Verfahren länger dauerten, wurde der Name der EMI auch weiterhin verwendet; eingereicht wurden sie von Grover und Oppenheimer, den Patentanwälten der RCA.[24]

Am 9. August 1933 erschien erstmals in einer Zeitung eine Photographie einer Bildzerlegerröhre im Einsatz bei Direkt- bzw. Live-Aufnahmen. Sie zeigte George Everson vor einer Farnsworthschen Fernsehkamera, die von Arch Brolly bedient wurde. Brolly war in den Labors in der Green Street in San Francisco geblieben und leitete nun die dortigen Farnsworth Television Laboratories. Mit sehr wenigen Mitarbeitern hatte er während des Aufenthalts von Farnsworth in Philadelphia verbesserte Bildzerlegerröhren gebaut.

Später, im September 1933, erschien eine Photographie der gleichen Kamera im Einsatz bei den ersten Außenaufnahmen, die je an der amerikanischen Westküste gemacht wurden. Die Empfindlichkeit der Bildzerlegerröhre mit neuartigen, verbesserten Photokathodenoberflächen war nun mehr als ausreichend für den Einsatz in hellem Sonnenlicht.[25] Die RCA freilich hat nie verraten, daß sie die Bildzerlegerröhre schon zwei Jahre früher für Live-Aufnahmen eingesetzt hatte!

Am 12. August 1933 beantragte J. C. Wilson von Baird Television ein Patent für eine besondere Form eines Bildgebers. Dabei sollte das Bild auf einem durch Strahlung abgetasteten lumineszierenden Schirm erzeugt und dieser Schirm anschließend mit einer Elektronenröhre abgetastet werden, deren Lichtpunkt hell genug zur Sättigung des fluoreszierenden Materials war. Die Veränderung der Lichtmenge, die von Photozellen aufgenommen wurde, war verhältnisgleich mit der Veränderung des Schirmleuchtens und entsprach den Flächenelementen des Bildes.[26]

Die Berliner Funkausstellung wurde im August 1933 abgehalten. Vertreten waren die Fernseh-AG, Tekade, Loewe Radio, die Reichspost, von Ardenne und das Heinrich-Hertz-Institut. Tekade führte zwei 90zeilige Spiegelschraubenempfänger vor, deren Bilder zu den besten mit dieser Auflösung in der Ausstellung gehörten. Telefunken zeigte ein System mit 180 Zeilen, das eine elektronische Bildwiedergaberöhre des gasgefüllten Typs beinhaltete. Darüber hinaus führte Telefunken einen von Professor August Karolus für Agfa entwickelten Zwischenfilmsender vor, der hervorragend funktionierte. Die Erzeugung von Filmbildern in guter Qualität soll nicht länger als 15 Sekunden in Anspruch genommen haben.

Die Fernseh-AG stellte ihren Zwischenfilmsender aus dem Vorjahr diesmal nicht aus, dafür aber einen Großbild-Zwischenfilmempfänger. Die Bilder wurden dabei mit einer 120zeiligen Nipkow-Scheibe und eine Kerr-Zelle besonderer Bauart reproduziert; mit diesen Bildern wurde eine Endlosfilmschleife belichtet. Der Film wurde zu einer Positivkopie entwickelt und durch einen normalen Kinofilmprojektor geführt, der die Bilder auf einen Schirm von 2 mal 2,6 Metern Größe warf. Das Ergebnis war nicht sonderlich gut, weil das Bild »dünn« erschien und durch Wasserspritzer und Blasen auf dem Filmstreifen verunstaltet war. Dennoch wurde dieses System als eine Antwort auf das Problem der Großbildvorführung von Fernsehbildern angesehen.

Loewe Radio war mit einem 180zeiligen Sender und einem Elektronenstrahlempfänger in der Ausstellung vertreten. Dieser Empfänger, der von Dr. Kurt Schlesinger konstruiert worden war, soll die besten Bilder der ganzen Ausstellung gezeigt haben. Manfred von Ardenne führte sein System mit veränderlicher Abtastgeschwindigkeit erstmals der Öffentlichkeit vor. Der Sender bestand aus der üblichen Lichtpunktelektronenröhre. Der Elektronenstrahl des Empfängers war von konstanter Intensität (also unmoduliert), wurde aber für dunklere Abschnitte beschleunigt und für hellere Bildteile verlangsamt. Die Grenzen eines solchen Systems waren freilich allzu deutlich. Es wurde bekanntgegeben, daß die deutsche Reichspost die Festlegung einer Fernsehbildnorm mit 180 Zeilen Auflösung und einer Bildwechselfrequenz von 25 Bildern pro Sekunde plante, sobald bestimmte Veränderungen am Funksender vorgenommen waren.[27]

Am 4. September 1933 beantragten L. H. Bedford und O. S. Puckle von Cossor, Ltd., ein Patent für ein Fernsehverfahren unter Einsatz veränderlicher Abtastgeschwindigkeit.[28]

Die Rivalität zwischen EMI und der Baird Television Company verschärfte sich zunehmend. Baird Television verfügte mittlerweile über ein betriebsfähiges elektronisches System. Öffentlich vorgeführt wurde es erstmals am 12. September 1933 vor der British Association for the Advancement of Science. Dabei wurden Bilder von ungefähr 20 cm Kantenlänge auf Elektronenstrahlempfängern gezeigt. Baird übertrug Bilder mit einer Auflösung von 120 Zeilen bei einer Frequenz von 25 Bildern pro Sekunde. Gezeigt wurden normale Filmvorlagen und Zeichentrickfilme. Bekanntgegeben wurde auch, daß die Baird Company eine mehrjährige Pacht auf den Südturm des Crystal Palace erworben hatte. Übertragungen von dort sollten auf Wellenlängen von 6,05 Metern für das Bild- und 6,2 Metern für das Tonsignal erfolgen.[29]

Am 13. September 1933 beantragte V. K. Zworykin das erste Patent für stereoskopisches Fernsehen unter Einsatz von Elektronenröhren. Am Sender nahmen zwei im Abstand von rund 6,4 cm voneinander angebrachte Kameraröhren (Ikonoskope) die Szene auf, wobei sie jeweils abwechselnde Zeilen abtasteten. Durch eine geeignete Schaltungsanordnung wurden genau die passenden linken und rechten Bildansichten an eine Wiedergaberöhre übertragen. Dort sollte das Bild durch ein horizontal angebrachtes Trenngitter betrachtet werden, das als optischer Teiler wirkte, indem es dem linken und dem rechten Auge jeweils nur das für sie vorgesehene Bild zu sehen erlaubte. So sollten dem Betrachter Bilder mit Raumbildrelief vorgeführt werden.[30]

Baird Television soll einem Bericht zufolge im Oktober 1933 vom Sender am Crystal Palace aus Fernsehen mit 180zeiliger Auflösung vorgeführt haben. Empfangen wurden die Bilder auf elektronischen Empfängern im Film House in der Londoner Wardour Street. Sowohl Film- als auch Live-Bilder wurden übertragen.[31]

Am 13. Oktober 1933 gab die BBC bekannt, daß eine Versuchsreihe mit »hochzeiligen« Fernsehverfahren über ihren UKW-Sender im Broadcast House geplant sei. Die erste Senderreihe werde bis Ende 1933 von Baird Television durchgeführt. Eine zweite Versuchsreihe sollte im Jänner 1934 mit Anlagen von Electric and Musical Industries, Ltd., (EMI) beginnen.

Die britische Postbehörde kündigte weiters an, daß die Übertragungen von 30zeiligen Bildern durch die Baird Company noch bis zum 31. März 1934 fortgesetzt würden. Über weitere Sendungen nach diesem Tag war noch keine Entscheidung getroffen worden. Dies scheint die erste öffentliche Verlautbarung zu sein, daß die BBC schlußendlich beschlossen hatte, die Angelegenheit zwischen Baird und EMI durch eine Reihe von Versuchen im gegenseitigen Wettbewerb zu regeln.[32]

Am 11. Oktober 1933 wurde berichtet, daß Guglielmo Marconi die Labors von RCA Victor besucht und einer Vorführung des Fernsehsystems der RCA durch Dr. Zworykin beigewohnt hatte. Marconi soll sich »verblüfft« über den fortgeschrittenen Stand des Fernsehens in den USA gezeigt haben.[33]

Im November 1933 errichtete die RCA ein Labor zum Bau von Ikonoskopröhren in Harrison, New Jersey. Mit der Leitung dieses Projekts war Harley Iams beauftragt worden.[34]

Um diese Zeit besuchte W. D. Wright von EMI die Labors der RCA in Camden. Er war überrascht davon, daß Dr. Zworykin mittlerweile 243zeilige Bilder im Zeilensprungverfahren bei einer Bildfrequenz von 24 Bildern pro Sekunde übertrug. Wright war von der Wirksamkeit dieser Methode umso beeindruckter, als die noch früheren eigenen Bemühungen der EMI zum Zeilensprungverfahren als Fehlschlag geendet hatten. Dabei scheint die Verwendung vertikaler Abtastung durch EMI den größten Teil des Problems ausgemacht zu haben. Deshalb wurde beschlossen, zum ehestmöglichen Zeitpunkt auf horizontale Abtastung mit Zeilensprungverfahren umzustellen.[35]

Am 14. November 1933 beantragte die Compagnie pour la Fabrication des Compteurs et Matériel d'Usines à Gaz ein Patent für einen Fernsehempfänger mit einem Elektronenstrahl und einem rotierenden Spiegel. Der Strahl sollte mittels elektrostatischer Platten moduliert werden, die die Fläche des Lichtpunkts veränderten.[36]

Einem Bericht zufolge besuchte am 17. November 1933 der britische Premierminister James Ramsey McDonald die EMI in Hayes für eine Fernsehvorführung.[37]

Am 6. Dezember 1933 beantragte W. F. Tedham (von EMI) ein Patent für eine Fernsehsenderröhre. Dieses wichtige Patent Tedhams sah die Verwendung des Lichts einer Elektronenröhre (des Lichtpunkts) anstelle eines Elektronenstrahls zur Entladung eines Mosaiks vor. Der Abtaststrahl verursachte Sättigungsemission von Elektronen aus jedem Bildelement, die zu einer Anode liefen und so jedes Element auf das Potential der Anode (etwa 20 Volt) brachten. Wurden die Bildelemente nur vom Licht der Szene beleuchtet, sank die Elektronenemission, und die Elektronen wurden durch eine Halbleiterschicht zu einer Anode geleitet. Dadurch entstand ein Stromfluß durch einen Widerstand, und dieser Stromfluß wurde zum Bildsignal.

Der Anspruch des Patents lautete, daß mit dieser Erfindung die Gefahr von Gasaustritt aus der oxidbeschichteten Kathode der Elektronenkanone vermieden werde. Darüber hinaus sollte sie die starke Sekundäremission, die ein Abtaststrahl hoher Geschwindigkeit verursachte, vermeiden. Das System unterschied sich insofern von dem Patent Henroteaus vom 29. Mai 1929 (vgl. S. 149f.), als dort die Entladung des Mosaiks durch einen Lichtstrahl mit mechanischen Mitteln erfolgte.[38]

Am 12. Dezember 1933 beantragte die Telefunken GmbH ein Patent für eine Fernsehsenderröhre. Dabei handelte es sich um eine Form der Ikonoskop-Röhre mit nur einer einzelnen Reihe photoelektrischer Elemente, die entweder in einer Zeile oder spiralförmig angeordnet waren. Die vertikale Bewegung erfolgte durch eine Spiegeltrommel. Dies scheint das erste Patent der Telefunken zu sein, das Zworykins Ikonoskop nachbildete. Die Patentschrift erwähnt eine frühere, aber unveröffentlichte Erfindung, die der von Telefunken beantragten ähnelte. (Zworykins Patentantrag vom 1. Mai 1930, Seriennummer 448.834, beschrieb eine einzeilige Röhre mit einem rotierenden Spiegel; das Patent wurde erst am 17. Juni 1941 erteilt.) Die hier beschriebene Röhre folgte eindeutig Schröters Vorstellung einer Kameraröhre, wie er sie in seinem Buch von 1932 erwähnt hatte.[39]

Major Edwin Armstrong erhielt am 26. Dezember 1933 vier Patente für sein neuartiges »Breitband-FM«-System. Er hatte in seinen Labors an der Columbia University einen Modellaufbau der Sender- und Empfängerschaltungen hergestellt und dann seinen alten Freund David Sarnoff zu einer Vorführung seiner neuesten Erfindung eingeladen. Sarnoff war davon tief beeindruckt und lud Armstrong ein, die Anlagen der RCA für weitere Versuche zu verwenden.[40]

Am 31. Jänner 1934 beantragte die Compagnie pour la Fabrication des Compteurs et Matériel d'Usines à Gaz ein Patent für ein Verfahren, das später als »Strahlwobblung« (zeilenfreie Austastung) bekannt werden sollte. Dies war eine Methode, den Strahl der Empfängerröhre in seiner horizontalen Abtastbewegung gerade leicht genug pendelnd auszulenken, daß die dunklen Zeilenzwischenräume ausgefüllt wurden.[41]

EMI setzte die Verbesserung ihres Fernsehsystems fort. Im Jänner 1934 sahen Vertreter der BBC bei EMI in Hayes eine weitere Vorführung, deren Ergebnisse als »sehr gut« beschrieben wurden. Dr. McGee, der für das Kameraröhrenprojekt der EMI verantwortlich war, berichtete, daß die ersten herzeigbaren Bilder aus einer elektronischen Kamera am 24. Jänner 1934 dem Vorsitzenden der Gesellschaft Alfred Clark und am 29. Jänner 1934 Isaac Shoenberg vorgeführt wurden. Die ersten Bildwandler wurden mit einem Linier- bzw. Rasterungsverfahren hergestellt; ab Röhre Nr. 12 aber wurde das Silberanhäufungsverfahren Essigs verwendet, das eine wesentlich höhere Empfindlichkeit und damit auch eine bessere Bildqualität ergab.[42]

Sir Louis Sterling, der geschäftsführende Direktor der EMI, kehrte am 23. März 1934 aus Amerika zurück und brachte folgende Botschaft mit: »Das Fernsehen ist für Jahre weg vom Fenster.« Diese Nachricht kam ganz offensichtlich von David Sarnoff, der Sir John Reith, dem Generaldirektor der BBC gegenüber erklärt hatte, daß er keinen regelmäßigen Fernsehdienst eröffnen werde, bevor nicht sowohl der Wettbewerbsdruck als auch die technologische Erfahrung gestiegen seien. EMI hatte zu dieser Zeit eine Hochvakuumbildwiedergaberöhre entwickelt, die mit einer Lebenserwartung von 1700 Betriebsstunden einen tauglichen Heimempfänger abgab. Dr. McGees Kameraröhren wurden immer empfindlicher; die ersten Außenaufnahmen gelangen am 5. April 1934, als eine Kameraröhre aus einem Fenster ins Freie gehalten wurde. Diese elektronische Kamera ermöglichte es der EMI, ihren Standard auf 243zeilige Auflösung im Zeilensprungverfahren bei einer Bildwechselfrequenz von 25 Teilbildern pro Sekunde zu steigern.[43]

Am 24. Februar 1934 beschrieb V. K. Zworykin vor der American Physical Society ein »Supermikroskop«. Er gab an, dieses neuartige elektronische Mikroskop werde den Wissenschaftlern die Erforschung der Bereiche von Ultraviolett- und Infrarotwellenlängen ermöglichen. Als Aufnahmegerät kam dabei ein spezielles Ikonoskop mit einem Quarzfenster zum Einsatz.[44]

Im Februar 1934 beschrieben L. H. Bedford und O. S. Puckle von Cossor, Ltd., ihr Fernsehsystem mit Geschwindigkeitsmodulation. Dieses System ähnelte stark jenem, das Manfred von Ardenne im Mai 1932 vorgeführt hatte. Das System von Cossor allerdings verband sowohl die Geschwindigkeits- als auch die Intensitätsmodulation des Abtaststrahls. Es konnte die Stromstärke des Abtaststrahls nur für die schwarzen Bildteile senken. Dadurch sollten hohe Kontrastwerte ohne gleichzeitige Verminderung der Helligkeitseigenschaften ermöglicht werden.[45]

Dieses System erwies sich freilich aufgrund seiner zahlreichen Komplikationen als funktionsuntüchtig, und es wurde eingeräumt, daß es auf die Übertragung von Filmbildern beschränkt bleiben würde; trotzdem war zumindest vorstellbar, daß es auch mit den Abtaststrahlverfahren Zworykins oder Farnsworths eingesetzt werden könnte.

Am 3. März 1934 beantragte J. H. Jeffree von Scophony, Ltd., London, ein Patent für ein elektrooptisches Lichtventil. Es beinhaltete ein Medium, das durch hochfrequente mechanische Schwingungen in Bewegung versetzt wurde, sodaß es auf reflektiertes oder ausgestrahltes Licht als Beugungsgitter wirkte.

Die mechanischen Wellen konnten durch einen Piezokristall erzeugt werden. Eine Lichtzeile fiel durch das Lichtventil und wurde von einer Spiegeltrommel auf einen Schirm geworfen. Die mechanische Schwingungsbewegung erfolgte mit begrenzter Geschwindigkeit, und die Trommel rotierte mit solcher Drehzahl, daß alle Teile der Zeile gleichzeitig und feststehend wiedergegeben wurden. Eine weitere Spiegeltrommel sorgte für die vertikale Abtastung.[46]

Scophony, Ltd., war im Jahr 1930 von Solomon Sagall gegründet worden. Sagalls Aufmerksamkeit für die Arbeit von Mihálys und anderer war bereits 1929 geweckt worden. Sein Hauptinteresse galt neuartigen Methoden des optisch-mechanischen Fernsehens als Mittel zur Erzeugung von Großbildern. Weitere Teilhaber an Scophony waren Gaumont British, Ferranti Electric und Oscar Deutsch von der Kinokette Odeon.[47]

Im März 1934 wurde Major Edwin Armstrong eingeladen, seine Anlagen im Empire State Building aufzubauen und den dortigen 44 MHz-Sender der RCA zu benützen. David Sarnoff ordnete die Einstellung aller weiteren Fernsehübertragungen vom Empire State Building an und übergab den Sender Armstrong zur Verwendung für seine Versuche.

Am 16. Juni 1934 führte Armstrong seine erste erfolgreiche FM-Radioübertragung von dem Sender am Empire State Building durch. Er setzte seine Experimente das ganze Jahr 1934 hindurch fort. Die Entscheidung David Sarnoffs, Armstrong den Sender zu überlassen, löste zwei Probleme. Erstens gab sie seinem Freund und dem RCA-Aktionär Major Armstrong ein geeignetes Labor an die Hand, mit dem er beweisen konnte, wozu sein System fähig war. Zweitens ergab

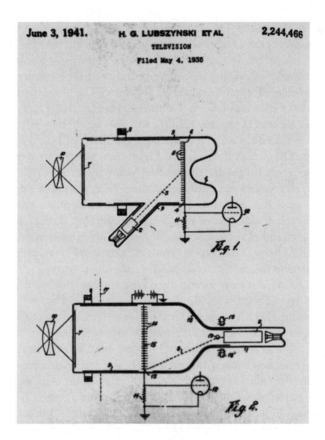

Das Patent für das Zwischenbild- oder Superikonoskop von Hans G. Lubszynski und Sidney Rodda (beantragt 1934 in Großbritannien).

sich daraus für Sarnoff genau die richtige Gelegenheit, alle Fernsehsendungen von dem Sender am Empire State Building aus vorläufig einzustellen.[48]

Am 12. März 1934 gab Baird Television der BBC eine Vorführung, kam damit aber nicht an jene der EMI heran. Allerdings wurde betont, daß die gesamte Vorführung der EMI aus Filmbildern bestanden hatte. Am 21. März 1934 wandte sich Sir Harry Greer, der Vorsitzende des Verwaltungsrates von Baird Television, über UKW-Fernsehen an die Aktionäre der Gesellschaft. Seine Ansprache wurde vom Crystal Palace ausgestrahlt und auf Empfängern im Film House in der Wardour Street empfangen. Am 28. März 1934 gab Baird Television 40 Unterhausabgeordneten eine Vorführung. Zu dieser Zeit hatte die BBC der Baird Television Company bereits die Kündigung aller bestehenden Vereinbarungen über experimentelle Fernsehausstrahlungen per 31. März 1934 mitgeteilt.[49]

Hans Gerhard Lubszynski und Sidney Rodda von EMI beantragten am 12. Mai 1934 ein Patent für eine Kameraröhre. Diese Röhre verband das Prinzip der Zerteilung eines Bildes durch die Farnsworthsche Bildzerlegerröhre mit der Bild-speicherplatte Zworykins. Dabei wird das optische Bild auf eine photoelektrische Oberfläche (7) projiziert; die dadurch freigesetzten Elektronen werden als Ganzes auf eine Mosaikelektrode (6) hin beschleunigt und auf diese fokussiert; diese Elektrode wird von einem Elektronenstrahl (3) abgetastet. Die photoelektrische Oberfläche kann entweder aus einem halbdurchlässigen Belag auf der inneren Oberfläche der Röhre (1), der aus Cäsium auf einer oxidierten Silberschicht aufgebaut ist, oder aus einem mit photoelektrischem Material beschichteten Drahtgitter bestehen. Die daraus freigesetzten Elektronen werden am besten mit einer Zylindermagnetspule (8) gebündelt und durch eine Elektrode (9) beschleunigt.

Die Mosaikelektrode kann aus einer dünnen Glimmerplatte oder aus Silber-körnchen auf einer mit Aluminium gestärkten Glimmerplatte bestehen, wobei jedes Silberkörnchen einen Kondensator bildet, der von dem Elektronenstrahl über den Widerstand (11) entladen wird. Die Elektronen werden so stark beschleunigt, daß sie Sekundäremission von der Elektrode (6) verursachen, wodurch jedes Einzelelement dieser Elektrode positiv aufgeladen wird.

Eine Abwandlung mit einer zweiseitigen Elektrode aus Silberpropfen in einem Gitter aus isolierten Drähten wurde ebenfalls beschrieben. Dies war das erste Patent für eine Röhre jener Art, die später als Bildaufnahmeröhre mit Vorabbildung oder als Superikonoskop bzw. Zwischenbildikonoskop bekannt werden sollte.[50]

Die Auseinandersetzungen zwischen EMI und Baird Television veranlaßten die BBC und die britische Postbehörde, die Einsetzung einer Kommission zur Beilegung dieser Angelegenheit ins Auge zu fassen. Diese Kommission wurde unter der Leitung von Lord Selsdon (Sir William Mitchell-Thomson) und Sir Kingsley Wood gegründet, wobei Mitchell-Thomson als Berater des Postministers auftreten sollte und Wood mit Fragen zu den technischen Aspekten des Fernsehens und mit »Berichten über die jeweiligen Vorzüge der verschiedenen Systeme« betraut war. Die Einsetzung der Kommission erfolgte am 16. Mai 1934, am 7. Juni 1934 trat sie erstmals zusammen.[51]

Am 22. Mai 1934 schlossen sich die Marconi Wireless Telegraph Company, Ltd., und EMI zu Marconi-EMI, Ltd., zusammen Dieses mächtige Bündnis ließ Baird Television mit der britischen General Electric Company (nicht verbunden mit General Electric in den USA), dem Lieferanten ihrer Elektronenröhren, und der Fernseh-AG in Deutschland als ihren einzigen Verbündeten zurück. Berichten zufolge betrieb die Fernseh-AG gerade Forschungen zu Hochvakuumröhren; darüber hinaus soll auch Loewe Radio über die Rechte an den Fernsehpatenten von Ardennes verfügt haben.[52]

EMI wandte zu dieser Zeit allein für die Forschung rund 100.000 Pfund im Jahr auf. Dieser Zusammenschluß verband die Expertise der Marconi Co. in der UKW-Sendetechnik (und daneben natürlich auch ihren Zugriff auf die Patente der RCA) mit den praktischen Kenntnissen der EMI über Fernsehempfänger und -sender sowie über elektronische Kameraröhren im Entwicklungsstadium.[53]

Am 24. Mai 1934 beantragten Arthur W. Vance und Harry Branson von RCA Victor ein Patent für ein Verfahren, bei dem der Kathode einer Senderröhre ein

Polarisationspotential hinzugefügt wurde. Dies sollte durch die Überflutung des Bildwandlers mit Elektronen niedriger Geschwindigkeit erfolgen, die die Anzahl der neuverteilten Elektronen erhöhten und auf diese Weise die Empfindlichkeit der Röhre steigerten.[54]

Das Fernsehsystem der RCA wurde auf der neunten Jahresversammlung des Institute of Radio Engineers (IRE) am 28., 29. und 30. Mai 1934 in begeisterten Tönen beschrieben. So wurde angegeben, daß sein Detailwiedergabevermögen nun gleichwertig mit dem von »8mm-Heimfilmen« sei. Zu einer Vorführung kam es allerdings nicht. Dr. W. R. G. Baker, der Vizepräsident und Generaldirektor von RCA Victor, erörterte die gigantischen Kosten, die mit der Einrichtung eines Fernsehsystems in den Vereinigten Staaten verbunden seien, und erklärte seine Zweifel daran, daß diese Belastungen in der Anfangsphase eines solchen Systems allein durch Einkünfte aus Fernsehwerbung getragen werden könnten.[55]

Die Kommission unter Lord Selsdon begann am 7. Juni 1934 mit den Anhörungen aller Beteiligten. Isaac Shoenberg erschien am 8. Juni vor der Kommission. Er betonte, daß das System der EMI auf drei Hauptbestandteilen gegründet sei: (1) auf dem Einsatz der Gleichstromkomponente (Brit. Pat. Nr. 422.906 von Willans), (2) auf der Mitübertragung des Synchronsignals mit dem Bildsignal (Brit. Pat. Nr. 425.220 von Percival, Browne und White) und (3) auf dem Zeilensprungverfahren (Brit. Pat. Nr. 420.391 von R. C. Ballard).

Das System Bairds beruhte auf vier Patenten. Diese waren Brit. Pat. Nr. 269.658 (für das Lichtpunktverfahren) und drei Patente für Synchronisationsmethoden: Brit. Pat. Nr. 269.834, 275.318 und 336.655.

Baird Television bezichtigte EMI erneut, nur ein Ableger der RCA, also eines nicht-britischen Unternehmens, zu sein. Die Antwort der EMI lautete, daß jeder einzelne Teil der im EMI-System verwendeten Anlagen einschließlich der Elektronenröhren, »alles, bis auf die letzte Schraube, im Inland erzeugt« worden sei. Das stimmte natürlich; EMI war in der Lage, ihre gesamte Gerätschaft selbst herzustellen und tat dies auch. Ihre Abhängigkeit von der RCA war mittlerweile auf einige wenige Schlüsselpatente beschränkt. (Das wichtigste davon war das Patent Ballards für das Zeilensprungverfahren, das zwar auf einem einfachen Prinzip beruhte, doch überaus schwierig in die Praxis umzusetzen war.)[56]

Was das Ikonoskop betraf, so gab Isaac Shoenberg an, daß der EMI niemals ein Verfahren zur Herstellung eines Bildwandlermosaiks zugespielt worden sei. Diese Behauptung war freilich unverständlich, weil die beiden Patente Sanford Essigs (vgl. S. 197f.) mit Bestimmtheit die Einzelheiten der Erzeugung solcher Mosaike mit den neuesten Techniken enthielten. Der Behauptung Shoenbergs zufolge konnten die konkreten Einzelschritte zur Herstellung von Bildwandlermosaiken offenbar nur im Verlaufe der Entwicklungsarbeit erlernt worden sein. EMI hat nie zugegeben, daß sie mit solchen Einzelheiten versorgt worden war.[57]

Auch andere Labors außer jenen der RCA und EMI bauten zu dieser Zeit Ikonoskope zu Entwicklungszwecken. Die Philco Radio and Television Corporation unter der Leitung von Albert Murray erzielte ausgezeichnete Fortschritte und verfügte seit dem Sommer 1934 über ein betriebsfähiges Ikonoskop. Das erste in Entwicklung befindliche Ikonoskop der Bell Telephone Laboratories wurde am 31. Juli 1934 von J. R. Hofele erprobt, der angab, daß »Schattenbilder deutlich wiederzuerkennen« waren. Einem Bericht zufolge baute auch Telefunken in Deutschland zu dieser Zeit ihr erstes Ikonoskop. (Als deutscher Lizenznehmer der RCA hatte Telefunken mit Sicherheit die Patente Essigs sowie andere wichtige Patentinformation erhalten.) Ein weiterer Bericht spricht auch von einem in Rußland von einem Wissenschaftler namens V. Krusser gebauten Ikonoskop.[58]

Im Juli 1934 veröffentlichten Pierre Mertz und Frank Gray von den Bell Telephone Laboratories einen Artikel, der sich auf die Forschung Grays und Hofeles in den Jahren 1928/29 stützte. Darin gaben sie an, daß sie mittels einer zweidimensionalen Fourierschen Zerlegung eine Theorie der Fernsehbildabtastung entwickelt hatten. In dem Artikel heißt es, daß »ein Fernsehsignal an bestimmten Abschnitten seines Frequenzbandes relativ wenig Stromanteile enthält. Bestimmte Überlegungen haben ergeben, daß ein großer Teil der Energie des Signals bei den Vielfachen der Zeilenabtastfrequenz angesiedelt sein könnte.« Dieser wichtige Beitrag wies darauf hin, daß eine Menge zusätzlicher Information in das Fernsehsignal integriert werden könnte, ohne daß es dadurch zu sichtbaren Auswirkungen im empfangenen Bild kam.[59]

Baird Television hatte sich unter der Leitung Capt. Wests zwar elektronischen Methoden für den Empfang zugewandt, war aber für Live-Aufnahmen nach wie vor auf den Lichtpunktabtaster angewiesen. Da dieser natürlich auf einen sehr kleinen räumlichen Bereich beschränkt war, benötigte man für Studio- und Außenaufnahmen eine andere Methode. Die erste Wahl fiel auf das Zwischenfilmsystem der Fernseh-AG, das in Deutschland bereits seit 1932 in Gebrauch war. Bei aller Schwerfälligkeit dieses Verfahrens bot es doch ein System zur Aufnahme von Studiobildern, Boxkämpfen, Spielhandlungen und, was noch wesentlich wichtiger war, von Freilichtszenen.

Dennoch war die Beschaffung einer elektronischen Kameraröhre unumgänglich. Die Herrschaft über das Ikonoskop lag aber in den Händen der RCA, der EMI und Telefunkens. Die einzige Alternative war die Bildzerlegerröhre Philo Farnsworths. Irgendwann im Juni 1934 nahm Baird Television Kontakt mit Farnsworth auf und bestellte eine Vorführeinheit. Es war geplant, sie im Herbst des Jahres 1934 nach London bringen zu lassen.[60]

Im August 1934 erschien der erste Bericht über das neue 120zeilige Projektionssystem von Scophony. Die Bildgröße betrug rund 36 mal 46 cm. Das Abtastgerät soll mit wenig mehr als 5 cm Durchmesser und rund 7,6 cm Länge äußerst klein gewesen sein. Dem Bericht zufolge war mittlerweile auch ein Apparat fertiggestellt worden, der Bilder von rund 2,3 mal 2 Metern projizieren konnte.

Scophony führte auch sein Stixograph-Prinzip der nichtvisuellen Aufzeichnung von Fernsehsignalen auf Film vor. Dies war ein optisches Verfahren zur Auflösung eines Bildes in eine gerade Linie. Bei der Abspielung sollte das gesamte Bild augenblicklich als Aufeinanderfolge von miteinander verbundenen Linien vorgeführt werden. Die Filmgeschwindigkeit bei der Aufnahme betrug etwa einen Mil-

limeter pro Sekunde, sodaß ein vierminütiges Programm einen Filmstreifen von
nur 24 Zentimeter Länge belegte.[61]

Am 3. August 1934 beantragten A. D. Blumlein und J. D. McGee von EMI ein
Patent für eine Kameraröhre mit Kathodenpotentialstabilisierung. Die einzelnen
Elemente des Bildwandlerschirms sollten dabei annähernd auf das Potential der
Kathode gesetzt werden. Dadurch sollte die Verstreuung der Sekundärelektronen
über das Mosaik verhindert und der unregelmäßige Lauf des Strahls am Ende
des Abtastkreislaufs unterbunden werden. Mittel zur vollständigen Entladung der
Bildelemente beim Auftreten plötzlicher Veränderungen der Beleuchtung der
Szene waren ebenfalls vorgesehen. Röhren dieser Art konnten mit einseitigen und
zweiseitigen Bildwandlerelementen betrieben werden.[62]

Im Sommer 1934 lud das Franklin-Institut in Philadelphia Philo Farnsworth
zu einer Vorführung seiner Fernsehanlage ein. Vom 25. August 1934 an gaben die
Farnsworth Television Laboratories, Ltd. zehn Tage lang täglich öffentliche Vorführungen ihrer Anlagen und Geräte. Dies war die erste je durchgeführte öffentliche Demonstration eines vollelektronischen Fernsehsystems. (Die noch frühere
Vorführung von Ardenne im Jahr 1931 kam ohne Kameraröhre aus, sein System
beinhaltete kein Licht-Strom-Wandlerelement im Sinne eines mosaikförmigen
Targets, es verwendete eine unmodulierte Elektronenröhre als eine Form eines
Lichtpunktabtasters, und zur Erzeugung von Abtastimpulsen kam ein rotierender Kommutator zum Einsatz. Deshalb ist Philo Farnsworth die Anerkennung
für den höchst wichtigen Fortschritt zu zollen, den diese erste öffentliche Vorführung eines vollelektronischen Systems darstellte.)

Sowohl die Kamera als auch der Empfänger waren kompakt und transportabel,
was an sich schon eine gehörige Leistung darstellte. Im Franklin-Institut wurde
ein behelfsmäßiges Studio eingerichtet; die Kamera befand sich auf dem Dach des
Gebäudes. Die Bildgröße des Empfangsgerätes betrug rund 30 mal 33 cm, was
etwa 200 Zusehern die Sicht aufs Bild erlaubte.

Die einzelnen Programmteile dauerten jeweils 15 Minuten; die Sendungen begannen um 10 Uhr morgens und liefen den ganzen Tag. Sie beinhalteten Varieté-
vorführungen von kurzweg engagierten Nachwuchskünstlern, Sportereignisse wie
Tennisspiele und Auftritte verschiedener Politiker.[63]

Ein Artikel über das System Farnsworths von A. H. Brolly, dem Chefingenieur
der Television Laboratories, Ltd., erschien im August 1934. Dieser Beitrag enthielt
eine recht umfassende Beschreibung des Systems. Interessant dabei war der Umstand, daß Brolly die eher schwache Empfindlichkeit der Bildzerlegerröhre zu-
gab – ihre Ausgangsleistung war nicht stärker als rund $0{,}504$ mal 10^{-16} Coulomb,
was gerade einmal 317 Elektronen entsprach! Diese geringe Empfindlichkeit stellte
bei der Übertragung von Filmbildern, wo ausreichend Licht zur Verfügung stand,
kein Problem dar. Brolly gab an, daß der Einsatz eines Elektronenvervielfachers
die Aufnahme von Freilichtszenen oder Direktaufnahmen auch bei bescheidenen
Lichtverhältnissen ermögliche.[64]

Die Berliner Funkausstellung wurde im August 1934 abgehalten. Die Fernseh-
AG zeigte sowohl einen Punktlichtabtaster als auch einen Filmabtaster mit einer

Scheibe mit 45 Löchern, die in Vakuum rotierte. Der Empfänger war elektronisch und zeigte ein Bild von rund 25 mal 25 cm. Der mechanische Zwischenfilmprojektor der Fernseh-AG mit einer Auflösung von 180 Zeilen wurde ebenfalls vorgeführt, erbrachte aber nur schwache Ergebnisse. Tekade zeigte sein Spiegelschraubensystem mit Auflösungen von 90, 120 und 180 Zeilen. Auch ein elektronischer Empfänger von Tekade war ausgestellt, allerdings funktionierte er nicht.

Telefunken führte einen elektronischen Empfänger mit einer Bildgröße von rund 20 mal 25 cm vor, dessen Bilder – abgesehen von starkem, augenermüdenden Flimmern – als die besten auf der Ausstellung erachtet wurden. Telefunken zeigte auch das Vierkanal-Großbildprojektionssystem von Dr. August Karolus. Loewe Radio verwendete erstmals Hochvakuumröhren zur Bildwiedergabe. Schließlich stellte die Reichs-Rundfunk-Gesellschaft einen von der Fernseh-AG hergestellten Zwischenfilm-Sendewagen aus. Dieses Fahrzeug war täglich in Betrieb.

Von Ardenne zeigte seine neue Hochvakuumröhre. Obwohl sie gegenüber seinen früheren Röhren einen Fortschritt darstellte, erbrachte sie doch nur schwache Leistungen. Ihr Bild war von rötlicher Farbe, und es waren Bildrandverzerrungen zu sehen. Immerhin wies es gute Detailtreue auf.[65]

Ein wichtiger Besucher auf der Berliner Funkausstellung war Prof. Kenjiro Takayanagi aus Japan. Takayanagi hatte im Sommer 1934 Dr. Zworykin in Camden besucht, wo ihm das Fernsehsystem der RCA unter Verwendung des Ikonoskops vorgeführt wurde. Dabei wurde darauf hingewiesen, daß es schwierig zu bauen und kurzlebig war. Takayanagi war davon überaus beeindruckt und entschlossen, nach seiner Rückkehr selbst eine solche Röhre zu bauen.

Er besuchte auch die Labors von Philo Farnsworth in Philadelphia, darüber hinaus die Bell Telephone Laboratories sowie die Labors von General Electric und Westinghouse; bei den drei letztgenannten Firmen wurde ihm aber keine Fernseharbeit gezeigt. Anschließend begab sich Takayanagi nach England und besuchte die Labors von Baird, wo ihm Capt. A. D. West eine Reihe von Empfängern mit 180zeiligen Bildern guter Qualität zeigte. Danach reiste er weiter nach Berlin, durfte dort allerdings nur die Fernsehexponate der Funkausstellung besichtigen. Er kam zu dem Schluß, daß die besten Bilder, die er in Berlin gesehen hatte, von einem Empfänger der Fernseh-AG stammten.

Nach seiner Rückkehr nach Japan verfaßte Takayanagi mehrere umfangreiche Berichte über seine Besuche. Diese hatten zur Folge, daß er die Hilfe von NHK (der japanischen Rundfunkgesellschaft) und der Nippon Electric Company in Tokyo für sich gewinnen konnte. Dies wiederum führte schließlich zum Bau und Versuchsbetrieb des ersten japanischen Ikonoskops im November 1935. Kenjiro Takayanagis Reise im Jahr 1934 markierte den Beginn einer organisierten Anstrengung der japanischen Regierung zur Konstruktion und Entwicklung eines Fernsehsystems ihrer eigenen Bauart.[66]

Am 31. August 1934 beantragten Alda Bedford und Ray D. Kell von der RCA ein Patent für eine Ikonoskop-Kameraröhre mit einer Elektrode, die während der Projektionszyklen auf verhältnismäßig positivem Potential gehalten wurde, um die Empfindlichkeit der Röhre zu steigern.[67]

Interessanterweise reichte EMI noch bis zum 31. August 1934 Patente für mechanische Abtastgeneratoren mit Zeilensprung ein. Am 18. September 1934 beantragten C. O. Browne, F. Blythen und A. D. Blumlein ein Patent für ein wichtiges
Verfahren der Schwarzwerterhaltung mittels einer »Schwarzsteuerdiode«. Ein
weiteres Patent für eine Kameraröhre beantragten J. D. McGee und L. Klatzow
am 20. September 1934. Dieses Patent beinhaltete eine Methode der Projektion
des Lichts durch einen Schirm auf ein zweiseitiges Mosaik. Trotz all dieser La-
borarbeit war noch immer zu hören, daß »Mitte 1934 die Kameraröhren McGees
noch nicht bis zu einer Reife entwickelt waren, die an ihren Einsatz auf kommerzieller Basis denken ließ, doch waren im Labor bereits vielversprechende Ergebnisse erzielt worden«.[68]

Am 29. September 1934 beantragte Alda V. Bedford von der RCA das erste
amerikanische Patent für eine Kameraröhre, die die Bildzerlegung nach Farnsworth mit der Speicherplatte nach Zworykin miteinander verband. Dies war
grundsätzlich die gleiche Röhre (das Zwischenbildikonoskop) wie jene von Lubszynski und Rodda. In der Patentschrift wurde angegeben, daß das Mosaik nicht
sensibilisiert werden müsse, wodurch das Problem von Kriechüberschlägen zwischen benachbarten Bildelementen vermieden werde.[69]

Dieser Patentantrag wurde Gegenstand des Patentstreits Nr. 74.655, den Alda
Bedford für sich entschied. Offensichtlich gelang es ihm, ein früheres Entwurfs-
datum nachzuweisen, und so wurde ihm der Vorrang zugesprochen. Wenn es um
Patente und Patentstreitverfahren ging, machte die RCA keine Zugeständnisse,
nicht einmal gegenüber einem Verbündeten wie EMI![70]

Alda V. Bedford von der RCA beantragte am 26. Oktober 1934 ein Patent für
einen »Schattengenerator«. Im Versuchsbetrieb war herausgefunden worden, daß
das Ikonoskop im Einsatz bei Direktaufnahmen bei ausreichender Beleuchtung
eine durchaus zufriedenstellende Aufnahmeröhre abgab. Doch die Abtastung von
photographischem Film, so hatten die Untersuchungen ergeben, bereitete dem
Ikonoskop erhebliche Schwierigkeiten, besonders dann, wenn der Film aufeinanderfolgende Bilder mit sehr unterschiedlichen Helligkeitswerten enthielt.

Der Schattengenerator Bedfords war so ausgelegt, daß er Elektronenladungsmu-
ster, die aufgrund abrupter Beleuchtungsveränderungen auf der Oberfläche des
Ikonoskopmosaiks verschoben waren, ausgleichen konnte. Solche verschobenen Ladungsmuster, in den USA als »tilt and bend«, in England als »black spot« bekannt-
geworden, konnten durch die Anlegung von Schattenkompensationssignalen, d. h.
Signalen verschiedener sinus-, parabol- und sägezahnförmiger Wellenformen ausgeglichen werden. Damit gelang es, annehmbare Bilder aus dem Ikonoskop zu
gewinnen.[71]

Philo Farnsworth veröffentlichte im Oktober 1934 einen Artikel mit einer umfassenden technischen Beschreibung seines Fernsehsystems. Zu diesem gehörte
eine Bildzerlegerröhre mit eingebautem Elektronenvervielfacher und einer durchsichtigen Cäsium-Silberoxidschicht als Bildwandlerelement. Farnsworth gab an,
daß »die Empfindlichkeit nun ausreichend für Freilichtaufnahmen selbst ohne di-
rektes Sonnenlicht« war. Eine sonderlich empfindliche Photokathode war nicht

erforderlich. Gute Bilder von Objekten waren auch bei einer Empfindlichkeit von deutlich weniger als einem Mikroampere/Lumen direkt übertragen worden. Besprochen wurde auch der Einsatz des Zeilensprungverfahrens als Mittel zur Verminderung von Bildflimmern. Farnsworth hatte seit März 1934 eine Methode des geradzahligen Zeilensprungs in Verwendung und meldete sie im November 1934 zum Patent an.

Die Empfängerröhre (das »Oscillite«) war eine Hochvakuumröhre mit einer kurzen Fokussierspule zur magnetischen Strahlbündelung. Die Ablenkung erfolgte ebenfalls magnetisch, die horizontale Ablenkung mittels speziell geformter Polstücke. Der Ablenkwinkel betrug 15 Grad oder weniger. Von einer Nachbeschleunigung des Elektronenstrahls war nicht die Rede, obwohl die Innenwände der Röhre versilbert waren, wodurch ein Mittel zur Ableitung der Elektronen vom Schirm gegeben war. Schließlich gab Farnsworth noch an, daß die Abtastung photographischen Films mit kontinuierlichem Filmtransport erfolgte.[72]

Die Zeitschrift *Electronics* veröffentlichte im Oktober 1934 einen Überblick über die bestehenden Fernsehsysteme. Darin wurden die Systeme (1) der RCA Victor, (2) der Philco Radio and Television, (3) der Television Laboratories von Philo T. Farnsworth, (4) von J. V. L. Hogan, (5) der International Television von W. H. Priess und (6) der Peck Television von W. H. Peck miteinander verglichen.

Den interessantesten Abschnitt des Artikels bildete die Enthüllung, daß die Philco nun ihre eigene Version des Ikonoskops als elektronische Kameraröhre verwendete. Der Beitrag machte auch bekannt, daß die Philco mit der gleichen Bildauflösung (240 bis 360 Zeilen) und der gleichen Bildfrequenz (24 bis 60 Bilder pro Sekunde) arbeitete wie RCA Victor.[73]

Zu dieser Zeit verwendete die RCA einen Standard von 343 Zeilen bei 30 Bildern pro Sekunde im Zeilensprungverfahren mit 2:1-Verkämmung. Trotz der Vorteile einer Bildfrequenz von 24 Bildern pro Sekunde (die in der Kompatibilität mit der Bildfolgefrequenz von Kinofilm bestanden) hatte die RCA befunden, daß eine Halbbild- (oder Teilbild-) frequenz von 48 Bildern pro Sekunde nicht hoch genug war, um bei den Helligkeitswerten, die das Kineskop zu dieser Zeit lieferte, Bildflimmern gänzlich zu beseitigen. Deshalb war man zu dem Schluß gekommen, daß aufgrund der in den Vereinigten Staaten verwendeten Netzstromfrequenz von 60 Hz mit einer Steigerung der Bildfrequenz auf 60 Halbbilder pro Sekunde gleich mehrere Probleme gelöst wären. Jenes, das am meisten Kopfzerbrechen bereitet hatte, lag in der Brummverzerrung des Bildes, die zum Wandern von Kräuselmustern über den Schirm führte. Die Entscheidung für 60 Halbbilder pro Sekunde löste sowohl das Problem der Brummverzerrung als auch das Flimmerproblem.

EMI verwendete zu Ende des Jahres 1934 einen Standard von 243 Zeilen bei 50 Halbbildern (25 Vollbildern) aufgrund der 50-Hz-Netzstromfrequenz in England im Zeilensprungverfahren mit 2:1-Verkämmung. Der Flimmergrenzwert lag hier also niedriger als jener in den Vereinigten Staaten. Dies bildete den Beginn der Teilung der Standards – 25 Vollbilder (50 Halbbilder) in Europa und 30 Vollbilder (60 Halbbilder) in den USA –, die noch heute vorherrscht.[74]

Lord Selsdon und drei Mitglieder der von ihm geleiteten Kommission, F. W. Phillips, Col. A. S. Angwin und Noel Ashbridge, trafen am 29. Oktober 1934 in den USA ein. Sie hielten ein Treffen mit Mitgliedern der FCC in Washington, D. C. ab. Danach besuchten sie Camden, New Jersey, wo ihnen die Labors V. K. Zworykins bei der RCA gezeigt wurden; in Philadelphia besichtigten sie die Labors der Philco Radio and Television Company sowie die Television Laboratories, Ltd. von Farnsworth.

Ihre Berichte über die RCA und Philco (Farnsworth wurde mit keinem Wort erwähnt) fielen gut aus. Bei RCA Victor waren ihnen Bilder des Standards von 343 Zeilen bei 30 Vollbildern pro Sekunde gezeigt worden. Sowohl Innen- als auch Außenaufnahmen waren vorgeführt worden. »Es wurden sehr gute Bildwiedergaben erzielt«, und das bei hervorragender Flimmerfreiheit. In dem Bericht gaben die Kommissionsmitglieder auch an, daß die Standards der Philco mit denen der RCA vergleichbar waren und zur Wiedergabe deutlicher und scharfer Bilder ausreichten.[75]

Vier Vertreter der Selsdon-Kommission begaben sich am 5. November 1934 nach Berlin und besuchten die Fernsehlabors der Reichspost, die Fernsehabteilung der Reichs-Rundfunk-Gesellschaft und verschiedene deutsche Firmen, die mit der Fernsehentwicklung befaßt waren. Telefunken gelang die Vorführung von Bildern außergewöhnlicher Helligkeit, doch mit merklichem Flimmern. Die Fernseh-AG demonstrierte eine Zwischenfilmaufnahme mit einer Zeitverzögerung von 75 Sekunden und dazu einen Zwischenfilmempfänger, der bereits erfolgreich betrieben worden war. Loewe Radio zeigte einen elektronischen Empfänger, der sich für Zwischenzeilenbilder eignete.[76]

Die Selsdon-Kommission hatte auch den Stand der Fernsehentwicklung in England untersucht. Einem Bericht zufolge hatte die Baird Company gegen Ende des Jahres eine Farnsworthsche Bildzerlegerkamera erhalten und in den Baird Laboratories im Crystal Palace aufgestellt. Eine Vorführung wurde für den 6. Dezember 1934 angesetzt. Die gezeigten Bilder sollen eine »etwas grobe Wiedergabe einer Studioszene« gewesen sein. Die einzigen wirklich guten Studiobilder Bairds verdankten sich dem Zwischenfilmverfahren.

Obwohl die Selsdon-Kommission die Geräte von Farnsworth niemals gesehen hatte, behauptete George Everson, daß diese Vorführungen eine wichtige Grundlage für die Entscheidung der Selsdon-Kommission gewesen seien, Baird und EMI als Lieferanten von Fernsehgerätschaft an die BBC auszuwählen.[77]

Es lag Ironie in dem Umstand, daß ausgerechnet die Baird Company, die sich so bitterlich über die Verbindung zwischen EMI und der RCA beklagt hatte, sich nun an eine amerikanische Fernsehgesellschaft, die Farnsworth Television Laboratories, Ltd., wenden mußte, um an eine elektronische Kameraröhre heranzukommen – und nur mit einer elektronischen Kamera verfügte sie über ein wettbewerbsfähiges, elektronisches System.

Am 6. November 1934 beantragte D. M. Johnstone von Baird Television ein Patent für eine elektronische Kameraröhre, deren Bildwandler entweder durch einen Licht- oder durch einen Elektronenstrahl entladen werden konnte. Dies war das erste einer Vielzahl von Patenten, die die Ingenieure der Baird Company beantragten, um im Rennen mit Marconi-EMI bestehen zu können. Auch begann die Fernseh-AG in Deutschland im Gefolge der Zusammenarbeit von Baird Television mit Farnsworth mit dem Bau ihrer ersten Bildzerlegerröhren.[78]

Am 19. November 1934 beantragten C. O. Browne, F. Blythen, J. Hardwick und E. C. L. White (von EMI) ein Patent für einen elektronischen Abtastgenerator mit gekoppelten Wellenformen. Am 23. November 1934 reichte W. F. Tedham einen Patentantrag für ein lichtelektrisch empfindliches Gerät ein. Es beinhaltete ein isolierendes Material, das elektrische Überschläge ermöglichte.[79]

Am 29. November 1934 erschien ein Bericht über eine kürzlich durchgeführte Demonstration eines Aufzeichnungssystems namens »Visiogram« durch Edison Bell, Ltd. Dabei wurde gewöhnlicher photographischer Film zur Aufzeichnung von Fernsehsignalen mit dem Sprossenschriftverfahren ähnlich wie bei den Techniken zur Aufzeichnung von Ton auf Film verwendet. Mittels eines einfachen Zusatzgeräts wurden die auf dem Film aufgezeichneten Signale auf einem gewöhnlichen Fernsehempfänger in sichtbare Bilder rückübersetzt. Die gegebene Vorführung erbrachte nur sehr schwache Ergebnisse.[80]

Am 12. Dezember 1934 beantragte Rolf Möller von der Fernseh-AG in Berlin ein Patent für die Aufzeichnung von Fernsehbildern auf Film durch Abfilmen einer Bildwiedergaberöhre. Dies scheint das früheste Patent dieser Art zu sein.[81]

W. Hickok von der RCA beantragte am 21. Dezember 1934 ein Patent für ein lichtelektrisch empfindliches Gerät. In diesem Patent heißt es, daß ein Drahtnetzschirm, wie ihn Kolomon Tihany in einem immer noch anhängigen Patentantrag (Seriennummer 369.598 für eine Kameraröhre mit einseitigem Bildwandler) beschrieben hatte, der üblichen Bauart entspreche. Hickok dagegen schlug in seinem Antrag vor, ein ähnliches Drahtgitter für ein zweiseitiges Mosaik zu verwenden. Anschließend beschrieb er ein Verfahren zur Herstellung eines solchen Maschenschirms. Zu dieser Zeit war die RCA bereits dabei, alle Patente, die sich auf das Ikonoskop bezogen, aufzukaufen.[82]

Am 14. Jänner 1935 veröffentlichte die Selsdon-Kommission ihren Bericht und ihre Empfehlungen. Darin wurde angegeben, daß Abordnungen der Kommission in die Vereinigten Staaten und nach Deutschland entsandt worden seien. Die Kommission berichtete, daß sie die Einrichtungen von Baird, Cossor, Marconi-EMI und der Scophony Company besichtigt habe, die jeweils Vorführungen gegeben hatten. Der Kommission waren Unterlagen und Dokumente von Ferranti, der britischen General Electric, Plew Television, von der BBC, von der Newspaper Proprietors Association, von der britischen Radio Manufacturers Association und von der Television Society zugegangen. Weiters waren etwa 38 Auskunftspersonen befragt worden. Die Schlußfolgerungen lauteten:

(1) Ein hochzeiliger Fernsehdienst sollte in London eingerichtet werden.

(2) Zwei Systemen, dem der Baird Television, Ltd., und dem der Marconi-EMI Television Company, Ltd., sollte Gelegenheit gegeben werden, die erforderlichen Apparate bereitzustellen. Die Übertragungen beider Unternehmen sollten auf denselben Geräten empfangbar sein.

(3) Die Bildnorm sollte nicht unterhalb einer Auflösung von 240 Zeilen bei einer Bildfrequenz von 24 Vollbildern pro Sekunde liegen.

(4) Es wird empfohlen, daß die British Broadcasting Corporation die Kontrolle über den Fernsehdienst ausüben sollte.

Der Bericht war von Lord Selsdon und den Mitgliedern seiner Kommission unterzeichnet.[83]

Baird Television gab im Jänner und Februar 1935 eine große Zahl von Vorführungen. Sowohl Innen- als auch Außenübertragungen wurden mit dem Zwischenfilmverfahren durchgeführt. Der Lichtpunktabtaster Bairds wurde für Nahaufnahmen von Vortragenden und Ansagern verwendet.

Auch die Farnsworthsche »Elektronenkamera« soll im Februar 1935 von Baird der Presse vorgeführt worden sein. Tonbilder mit einer Bildauflösung von 700 Zeilen wurden damit von einem Raum zum nächsten übertragen. Andere Berichte vom März 1935 deuten darauf hin, daß Bairds elektronische Kamera (die Bildzerlegerröhre von Farnsworth) Studio- oder Freilichtszenen mit beliebiger Bildauflösung von 100 bis 500 Zeilen aufnehmen konnte.

Baird Television verwendete auch zwei verschiedene Filmprojektortypen, einen Lochscheibenabtaster mit 180zeiliger Auflösung und einen elektronischen Abtaster mit einer Auflösung von 100 bis 500 Zeilen (einstellbar durch die Drehung eines Reglerknopfes), der keine beweglichen Teile enthielt. Alle Funkübertragungen kamen vom Crystal Palace; das Signal lieferte eine Auflösung von 180 Zeilen bei 25 Bildern pro Sekunde auf einer Wellenlänge von 7 Metern für das Bildsignal und 8,5 Metern für das Tonsignal. Die Senderleistung lag bei etwa 2 kW.[84]

Um diese Zeit beschrieb Baird Television das erste vollständige elektronische Filmaufzeichnungsgerät für die Wiedergabe von Fernsehbildern in Kinos. Das Bild auf der Wiedergaberöhre sollte mit einer speziellen Kamera, die zwei mit konstanter Geschwindigkeit rotierende Trommeln enthielt, auf einem kontinuierlich transportierten Film photographisch aufgezeichnet werden. Nachdem der Film sowohl mit dem Ton als auch mit dem Bild belichtet war, wurde er innerhalb von 20 Sekunden entwickelt, 5 Sekunden lang gewaschen, 20 Sekunden lang fixiert, weitere 15 Sekunden lang gewaschen und etwa 60 Sekunden lang getrocknet. Danach lief er nach einer Gesamtverarbeitungszeit von weniger als zwei Minuten in einen Filmvorführapparat, der das Bild auf eine große Leinwand warf. Es wurde erklärt, daß diese Anlage im Dezember 1935 im Dominion-Kino in London für die Vorführung von 8 m² großen Bildern eingebaut werden sollte.[85]

In den EMI-Labors in Hayes war viel wichtige Forschungsarbeit im Gange. Am 9. Februar 1935 beantragten H. G. Lubszynski und J. D. McGee ein Patent für eine Kameraröhre, deren Elektronenkanone senkrecht zur Bildwandlerplatte ausgerichtet war. Das Mosaik bestand aus voneinander isolierten leitenden Elementen, die mit photoelektrischem Material beschichtet waren; auf diese fiel das Licht nach seinem Weg durch die Glimmerplatte und die leitende Schicht. Dies war ein früher Versuch, eine Röhre des Ikonoskop-Typs herzustellen, bei der der Elektronenstrahl und das Licht auf derselben Seite des Bildwandlers auftrafen, zu-

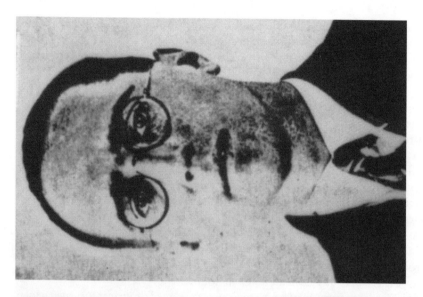

gleich aber die damit verbundene Trapezverzerrung und die unförmige Bildgestalt des herkömmlichen Ikonoskops vermieden werden sollten. Freilich büßten Röhren dieser Bauart aber dadurch, daß das Licht vor dem Auftreffen auf dem Mosaik durch den Glimmer gehen mußte, viel an Empfindlichkeit ein, und konnten deshalb nie bis zur Funktionstüchtigkeit entwickelt werden.[86]

Am 20. März 1935 beantragte A. D. Blumlein ein Patent für eine Schaltungsanordnung zur Erzeugung von »Ultraschwarzimpulsen«. Diese bildeten einen wichtigen Teil der von EMI neu entwickelten Übertragungswellenform. Ebenfalls am 20. März 1935 beantragte Leonard Klatzow von EMI ein Patent für eine Verbesserung an einem Ikonoskop-Mosaik. Klatzow hatte herausgefunden, daß eine hauchdünne Schicht aus Silber, die auf die Oberfläche der photoelektrisch empfindlichen Silber-Cäsium-Schicht aufgebracht wurde, zwei erwünschte Eigenschaften aufwies. Erstens steigerte sie die Empfindlichkeit des Mosaiks von etwa 7,5 Mikroampere/Lumen auf etwa 25 Mikroampere/Lumen. Zweitens war entdeckt worden, daß diese Schicht zu einer hervorragenden Empfindlichkeit des Mosaiks gegen sichtbares Licht führte, während es auf Licht mit Wellenlängen jenseits von 700 nm fast nicht mehr ansprach.[87]

Marconi-EMI hatte zwar die ausgeschriebene Belieferung der BBC mit Anlagen und Diensten auf der Basis eines Systems mit 240zeiliger Auflösung bei 25 Bildern pro Sekunde wie Baird für sich entschieden und war mit ihm in die engere Wahl gekommen. Doch Isaac Shoenberg hegte schon andere Pläne. Er beschloß, sein System bis an die Grenzen des Möglichen zu treiben und weder einen 240- noch einen 243zeiligen Standard (letzteren verwendete EMI gerade; er war von der RCA bereits aufgegeben worden) anzubieten. Vielmehr beabsichtigte er, die RCA, die jetzt 343 Zeilen bei 30 Bildern pro Sekunde mit Zeilensprung verwendete, zu überholen und den nächsten Schritt zu setzen – 405 Zeilen.

Zu dieser Zeit verwendeten sowohl die RCA als auch EMI Synchronisationssysteme, die auf einer Methode elektronischer Division durch Elektronenröhren beruhten. Die Zeilenzahlen (243 und 405) waren gewählt worden, weil sie Vielfache kleinerer ganzzahliger Ungerader sind; dies erleichterte die elektronische Verschaltung der Zeilen- und der Vollbildfrequenzen, die für die verkämmte Abtastung im Zeilensprungverfahren erforderlich war. Die Zahl der Ganzzahligen für 243 Zeilen war 9 mal 9 mal 3 (RCA verwendete 7 mal 7 mal 7 für 343 Zeilen). EMI änderte die Ganzzahligen auf 9 mal 9 mal 5, woraus sich 405 Zeilen ergaben.[88]

War einmal die Anzahl der Zeilen bestimmt, so war es einfach, eine Frequenz zu generieren, die das Produkt der Zeilenzahl mal der Vollbildrate repräsentierte. Die Multiplikation von 405 mal 25 ergibt 10.125. Diese Frequenz wurde von einem Oszillator erzeugt und dann stufenweise dividiert: Durch 9, ergibt 1125, durch 9, ergibt 125 und schließlich durch 5, ergibt 25. Jedes Halbbild bestand dann aus 202,5 Zeilen, was 405 dividiert durch 2 entsprach.

Gegenüber, links: Isaac Shoenberg, Forschungsdirektor bei EMI.
Rechts: Alan Blumlein von der EMI-Forschergruppe.

Die Steigerung auf 405 Zeilen bedeutete eine Steigerung der Abtastrate um 65 Prozent, damit eine Verdreifachung der Bildsignalbandbreite, sowie eine Verringerung des Signal- Rausch-Verhältnisses um das Fünffache. Der Einsatz des Zeilensprungverfahrens bei der Abtastung war unerläßlich, denn alle Fernsehsysteme mit einer Vollbildfrequenz von nur 25 Bildern pro Sekunde wiesen unerträgliches Flimmern auf, das war mehr als offensichtlich.

EMI gibt an, Shoenberg habe der BBC bereits am 25. Februar 1935 einen 405zeiligen Dienst angeboten. Das bedeutete ein gewaltiges Risiko. Denn EMI mußte dafür nicht nur erst eine elektronische Kameraröhre herstellen, die 405zeilige Bildauflösung leisten konnte, sondern es mußte auch der Funksender einen Modulator mit rund 2,5 MHz Bandbreite haben, um 405zeilige Bilder übertragen zu können. Es wäre einfach gewesen, bei 240 Zeilen oder, noch besser, bei 243 Zeilen mit Zeilensprung zu bleiben. Doch Shoenberg vertraute darauf, daß sein Labor unter Alan Blumlein das System rechtzeitig für die Auseinandersetzung mit Baird Television fertigstellen würde. In der Woche vom 10. bis 15. April 1935 gelang es der EMI, Gerald Cock, dem Direktor des BBC-Fernsehdienstes, ein 405zeiliges Bild vorzuführen; er soll sich »sehr beeindruckt« gezeigt haben.[89]

Am 22. März 1935 eröffnete die deutsche Reichspost einen »regelmäßigen« öffentlichen Fernsehdienst aus Berlin. Das Signal lieferte eine Auflösung von 180 Zeilen bei einer Bildfrequenz von 25 Bildern pro Sekunde. Die Übertragungswellenlänge lag unterhalb von 8 Metern (37 MHz), wobei das Bildsignal auf einer Wellenlänge von 6,77 Metern, das Tonsignal auf einer Wellenlänge von 7,05 Metern ausgestrahlt wurde. Es wurde bekanntgegeben, daß geeignete Empfänger der allgemeinen Öffentlichkeit ab August 1935 zum Verkauf angeboten würden.

Alle Übertragungen erfolgten von photographischem Film. Ein Nipkow-Scheiben-Filmabtaster war ebenso in Verwendung wie der »Fernsehaufnahmewagen«, der das Zwischenfilmsystem von Telefunken beherbergte. Zwei Arten von Empfangsgeräten sollen in Gebrauch gewesen sein: Das Spiegelschraubengerät und ein elektronischer Empfänger. Es gibt freilich keinen Beweis dafür, daß zu dieser Zeit irgendwelche Empfangsgeräte hergestellt oder verkauft wurden.[90]

Etwa zur selben Zeit beschrieb Manfred von Ardenne einen Überlagerungsempfänger zum Empfang von Signalen im Frequenzbereich von 700 bis 800 kHz mit Einseitenbandverfahren. Dies scheint die erste Beschreibung eines Fernsehempfängers im diesem wichtigen Merkmal zu sein. Er erörterte auch die Bedeutung der Übertragung der Gleichstromkomponente für Bilder hoher Qualität. Von Ardenne, der zu Hochvakuumelektronenröhren aufwendige Forschungsarbeit geleistet hatte, gab an, daß nur Röhren dieser Art im Fernsehen zur Verwendung kommen konnten.

Wenngleich behauptet wurde, der deutsche Fernsehdienst sei »hochzeilig«, litt er doch an zwei Hauptmängeln: an geringer Detailtreue und sehr starkem Bildflimmern. Er kann deshalb trotz zahlreicher gegenteiliger Behauptungen höchstens als mittelzeiliger Dienst bezeichnet werden. Er bestand nur bis zum 19. August 1935. An diesem Tag bereitete ein verheerender Brand dem Sendebetrieb ein Ende.[91]

Am 3. April 1935 wurde angekündigt, daß die erste Fernsehsendestation Englands beim Alexandra Palace am nördlichen Stadtrand Londons errichtet werde. Am 7. Juni 1935 wurden erstmals die Auflösungsstandards bekanntgegeben, denen zufolge Baird Television mit 240 Zeilen ohne Zeilensprung bei einer Bildfrequenz von 25 Bildern pro Sekunde weiterarbeiten, Marconi-EMI hingegen 405 Zeilen mit Zeilensprung bei 25 Vollbildern und 50 Halbbildern pro Sekunde verwenden würde.[92]

Die Ankündigung dieses sehr hohen Standards durch Marconi-EMI stieß bei praktisch sämtlichen Fachleuten auf äußerste Skepsis. Von Ardenne äußerte Bedenken, daß die Verwendung eines so breiten Frequenzbandes gar nicht funktionieren könne. Zwar beseitige das Zeilensprungverfahrens Bildflimmern deutlich, dafür stelle sich mit ihm eine neue Erscheinung ein: »Zwischenzeilenflimmern«. Von Ardenne sagte, daß er sich mit 240 Zeilen bei einer Bildfrequenz von 50 Bildern pro Sekunde begnügen würde, selbst 180 Zeilen reichten noch aus. E. H. Traub meinte, daß 180 Zeilen bei 50 Bildern pro Sekunde ebensogut seien wie etwa 360 Zeilen mit Zeilensprung bei 25 Bildern pro Sekunde. T. C. M. Lance erblickte überhaupt keinen Bedarf nach dem Zeilensprungverfahren. E. Wikkenhauser meinte, daß eine Auflösung von 405 Zeilen viel zu hoch sei, und daß ein 240zeiliges Bild für den Heimempfang vollauf genüge.[93]

Berichten zufolge hatte die französische P.T.T. (Postes, Télégraphes et Téléphones) am 26. April 1935 einen experimentellen Dienst mit 60zeiligen Bildern bei 25 Bildern pro Sekunde auf einer Wellenlänge von 175 Metern aufgenommen. Dabei wurde der Apparat von René Barthélemy von der Compagnie pour la Fabrication des Compteurs et Matériel d'Usines à Gaz verwendet. Die meisten der frühen französischen Fernsehpioniere wie E. Belin, A. Dauvillier und F. Holweck hatten sich augenscheinlich vom Gebiet der Fernsehforschung abgewandt. P. Chevallier hatte sich mit René Barthélemy zusammengetan, und Georges Valensi setzte die Arbeit zum Fernsehen ebenso wie Marc Chauvierre und Henri de France fort.[94]

Im April 1935 gab René Barthélemy eine Vorführung seines Fernsehsystems auf der in Brüssel abgehaltenen Exposition Universelle et Internationale. Es war ein niedrigzeiliges System mit einer Auflösung von 60 Zeilen und einer Bildfrequenz von 25 Bildern pro Sekunde. Zwar kamen dabei elektronische Empfänger zum Einsatz, doch die »Kameras« waren vom Nipkow-Scheiben-Typ. Jede war auf einem Dreibeinstativ angebracht und dadurch beweglich; sie beinhalteten eine rotierende Scheibe an einem Antriebsmechanismus und eine hochempfindliche Photozelle.

Auch Bilder von photographischem Film aus einem speziellen 35mm-Filmprojektor wurden vorgeführt. Ein Live-Studio mit mehreren Kameras und Lampenfeldern zur Beleuchtung stand zur Verfügung. Barthélemys Synchronisationsmethode kam ebenso zum Einsatz wie das neue Verfahren der Ausfüllung der Zeilenzwischenräume der Empfängerröhre durch die leichte vertikale Auslenkung des Strahls in der Horizontalbewegung (Strahlwobblung).[95]

Die in Aussicht gestellte Einrichtung eines hochzeiligen Fernsehdienstes in London blieb in den Vereinigten Staaten nicht unbeachtet. Am 7. Mai 1935 gab David

René Barthélemy (1935).

Sarnoff Pläne für ein umfangreiches Feldversuchsprogramm der RCA bekannt. Zu dessen Zielen gehörten (1) die Errichtung der ersten modernen Sendestation in den Vereinigten Staaten, (2) die Herstellung und Verteilung einer begrenzten Zahl von Empfangsgeräten und (3) der Aufbau von Studioräumlichkeiten zur Entwicklung der erforderlichen Studiotechnik. Diese Ziele sollten in zwölf bis fünfzehn Monaten erreicht werden.[96]

Unter den neuesten Patenten der RCA-Labors fand sich auch der letzte Patentantrag Gregory N. Ogloblinskys vom 28. Februar 1935 für eine spezielle Kameraröhre mit zweigeteiltem Schirm. (Ogloblinsky war Ende 1934 in Frankreich bei einem Autounfall ums Leben gekommen.) J. P. Smith von der RCA beantragte am 28. Februar 1928 ein Patent für einen elektronischen Synchrongenerator. Auch ein System mit geradzahligem Zeilensprung wurde von R. D. Kell und A. V. Bedford am 26. März 1935 zum Patent angemeldet.[97]

David Sarnoff verspürte nach wie vor keine Eile, in den Vereinigten Staaten einen Fernsehdienst zu eröffnen. Er konnte aus den Lehren, die die Einrichtung des Londoner Fernsehdienstes erteilte, nur Nutzen ziehen. Zwei Schritte wurden unternommen. Erstens wurden die Forschungsarbeiten in den RCA-Labors in Camden, New Jersey, intensiviert. Zweitens bat Sarnoff Major Edwin Armstrong in aller Höflichkeit, seine experimentellen FM-Radiosendeanlagen aus dem Empire State Building zu entfernen, um der Wiederaufnahme von Fernsehversuchen Platz zu machen.

Major Armstrongs Versuchssendungen vom Sender auf dem Empire State Building waren äußerst erfolgreich verlaufen. Die Ergebnisse waren so vielversprechend, daß Armstrong versuchte, David Sarnoff zur Umstellung des gesamten bestehenden AM-Radiosystems auf sein neues FM-System zu überreden. Doch während Sarnoff zwar zustimmen konnte, daß die Frequenzmodulation bestimmte Vorteile für den rauschfreien Radioempfang mit sich brachte, konnte und wollte er doch nicht das etablierte gewinnbringende AM-Radiosystem gefährden. Deshalb wurden die FM-Ausstrahlungen im Oktober 1935 eingestellt, und die beiden alten Freunde wurden bald erbitterte Feinde. Armstrongs Vertreibung aus dem Empire State Building bildete den Beginn einer langen persönlichen Fehde zwischen Sarnoff und Armstrong.[98]

Am 9. Mai 1935 beantragten W. Zeitlin und V. Kliatchko mehrere Patente für Kameraröhren. Sie waren Angestellte der Compagnie pour la Fabrication des Compteurs et Matériel d'Usines à Gaz in Montrouge. Zu den interessantesten ihrer Patente gehörte jenes über eine Kombination einer Sende- und Empfängerröhre im selben Gehäuse. Das Gerät beinhaltete einen Schirm sowohl mit fluoreszierenden als auch mit lichtelektrischen Eigenschaften. Durch Schalter konnte seine Funktion von Kamera- auf Empfängerröhre gewechselt werden.[99]

Am 15. Mai 1935 gab F. Plew im Selfridge's Department Store in London eine Vorführung des »Gramovision«-Aufzeichnungsverfahrens. Abgespielt wurden die Bilder von Wachsscheiben. Ihre Detailwiedergabe war gering; es waren jene 30zeiligen Bilder, die die BBC immer noch ausstrahlte.[100]

Zu dieser Zeit beantragte Philo Farnsworth zahlreiche wichtige Patente sowohl für speichernde als auch für nicht speichernde Kameraröhren. Am 6. Juli 1935 meldete er eine spezielle Ladungsspeicherelektrode zum Patent an, deren mit photoelektrischem Material beschichtete Seite das optische Bild auffing. Auf dieser Seite traf auch ein Elektronenstrom hoher Geschwindigkeit aus einer Elektronenkanone auf. Der Strahl wurde von dem Ladungsbild moduliert und lief durch die Platte zur isolierten Seite. Dort sollte der Elektronenfluß des modulierten Strahls verstärkt und von einer Anode eingefangen werden, um zum Bildsignal zu werden. Es wurden auch Abwandlungen dieser Konstruktion erwähnt, bei denen der Elektronenfluß nach dem Durchlaufen der Ladungsspeicherelektrode als Ganzes abgetastet wurde wie in der normalen Bildzerlegerröhre.[101]

Am Nachmittag des 26. Juli 1935 führte John Hofele von den Bell Telephone Laboratories mehreren hochrangigen Mitgliedern der Bell Laboratories eine Aufnahmeröhre 72zeiliger Auflösung mit innerem Photoeffekt vor. Die lichtelektrische Oberfläche bestand aus einer Schicht aus rotem Quecksilberjodid, das während der

Eine Vorführung der Bildzerlegerkamera von Philo Farnsworth aus dem Jahr 1935.
Farnsworth steht ganz rechts.

Herstellung von festem CO_2 gekühlt wurde. Diese Kühlung, so wurde angegeben, ermögliche einen beständigen Niederdampfdruck der roten HgI_2-Schicht und damit gleichmäßige Betriebsbedingungen über einen langen Zeitraum. Die Röhre enthielt eine von Frank Gray entwickelte Elektronenkanone. Die Bilder wurden auf einer von Davisson gebauten Röhre mit 72zeiliger Auflösung empfangen. »Angesichts der ausgezeichneten Qualität der erzielten Bilder wurde beschlossen, unverzüglich eine 240zeilige Senderröhre auf ihre Brauchbarkeit für eine Vorführung zu erproben«, hieß es in einem Memorandum. Die Fertigstellung zweier Schaltungen für 240zeilige Abtastung wurden für den 1. September 1935 in Aussicht gestellt. Dies scheint die erste je durchgeführte Vorführung einer Kameraröhre mit innerem Photoeffekt zu sein.[102]

Am 30. Juli 1935 führte Philo Farnsworth sein System einem Publikum aus Presse- und Rundfunkredakteuren vor. Es wurde aus seinen Television Laboratories, Ltd., in Chestnut Hill, Philadelphia, von A. H. Brolly, dem Chefingenieur, und George Everson, dem Sekretär der Television Laboratories, präsentiert. Sowohl Live- als auch Filmvorführungen wurden über Kabel und über Funk gegeben. Die Auflösung betrug 240 Zeilen bei 24 Bildern pro Sekunde. Die Vorführung über Kabel erfolgte über eine Direktschaltung mit einem Frequenzbereich von 2 MHz; die Bilder wurden an Empfänger mit einer 14-Zoll-Bildröhre gesendet. Bei der Vorführung über Funk wurde ein 15-Watt-Funksender mit einer Frequenz von annähernd 40 MHz verwendet; das Bild wurde über eine Entfernung von rund 15 Metern zu einem Standardempfänger mit einer 7-Zoll-Bildröhre übertragen.

Berichten zufolge wurden die Bilder »mit einer Klarheit und Auflösungsschärfe, die viele der Betrachter überraschte«, wiedergegeben. Auch wurde angegeben, daß besonders die Aufnahmen von Film »vortrefflich und in Detailtreue, Helligkeit und Kontrast gleichwertig mit dem gewöhnlichen Heimfilm« waren. Die Vorführungen fanden noch mit einer Auflösung von 240 Zeilen statt, doch Farnsworth Television äußerte die Absicht, die Zeilenzahl auf 360 oder 400 zu steigern und das Zeilensprungverfahren mit einer Bildrate von 48 Teilbildern pro Sekunde einzuführen.

Farnsworth bestätigte seine Verbindungen mit Baird in England und mit der Fernseh-AG in Deutschland. Er gab an, daß er gegenwärtig dabei sei, eine Sendestation in San Francisco zu errichten; eine weitere sollte in Philadelphia und später eine dritte in New York City gebaut werden. Farnsworth äußerte seine Ansicht, derzufolge das Fernsehen nun einen Entwicklungsstand erreicht habe, an dem ihm der Wert eines richtigen Unterhaltungsmediums zukomme. Es sei, so Farnsworth, nicht seine Absicht, die Radioindustrie zu beunruhigen, sondern vielmehr zu ihrer Weiterentwicklung beizutragen.[103]

Die Berliner Funkausstellung wurde im August 1935 abgehalten. Das Zwischenfilmvorführsystem der Fernseh-AG wurde wieder gezeigt. Die Fernseh-AG kam dabei aber mittlerweile ohne die mechanische Abtastscheibe mit der Kerr-Zelle aus und verwendete nun eine Elektronenröhre. Damit begann das Zeitalter der Aufzeichnung elektronisch wiedergegebener Fernsehbilder auf Film. Das System wurde von der Reichs-Rundfunk-Gesellschaft vorgeführt, und die Ergebnisse waren »eher enttäuschend«. Die Fernseh-AG zeigte auch einen Filmprojektor mit 320zeiliger Auflösung unter Verwendung einer in Vakuum rotierenden Nipkow-Scheibe. Damit wurden die besten Bilder der Ausstellung erzeugt, wenngleich sich ein gewisses Maß an Bildflimmern bemerkbar machte. Die Fernseh-AG führte darüber hinaus auch 180zeilige Bilder im Zeilensprungverfahren vor.

Telefunken zeigte 180zeilige Bilder sowohl mit als auch ohne Zeilensprung. Prof. August Karolus führte auch einen großen »Lampenbildschirm« vor. Er maß zwei mal zwei Meter und hatte eine Leuchtstärke von etwa 1000 Lux. Der Schirm bestand aus mindestens 10.000 Einzellampen und wurde mit einer Bildfrequenz von 50 Bildern pro Sekunde betrieben, dadurch war das Bild absolut frei von Flimmererscheinungen. Tekade war mit dem einzigen mechanischen System, seinem Spiegelschraubenempfänger, in der Ausstellung vertreten. Loewe Radio zeigte einen Empfänger, der auf Knopfdruck vier verschiedene Normen, 180 Zeilen mit und ohne Zeilensprung, und 240 Zeilen mit und ohne Zeilensprung, wiedergeben konnte. Alle Systeme mit geradzahligem Zeilensprung wiesen offensichtlich ausgeprägtes »Zwischenzeilenflimmern« auf.[104]

Bei der Wireless Exhibition in der Olympia-Ausstellung in London im August 1935 kam es zu überhaupt keinen Fernsehvorführungen gleich welcher Art. Die Ankündigung eines Fernsehdienstes im Großraum London hatte offensichtlich einen plötzlichen Rückgang des Verkaufs von Radioempfängern verursacht. Deshalb hatte die britische Radio Manufacturers Association verfügt, daß auf der Ausstellung weder fertige Fernsehempfänger noch Bausätze zum Selbstzusammenbauen gezeigt werden durften.[105]

Im August 1935 erschien ein Bericht über die Forschungstätigkeit Prof. Kenjiro Takayanagis vom Technologischen Institut in Tokyo. Darin wurde seine Arbeit an einer Kombination aus einem Nipkow-Scheibenabtaster für den Betrieb im Studio und einer Elektronenröhre zur Bildwiedergabe beschrieben. Das System beruhte auf einem Standard von 80 Zeilen bei 25 Bildern pro Sekunde. Ein anderer Bericht der Vereinigung der japanischen Fernsehingenieure zeigte, daß sie in ihren Labors beträchtliche Fortschritte erzielt hatten. Sie führten Versuchsarbeit zu allen technischen Belangen des Fernsehens durch. So verfügten sie über das System Takayanagis hinaus auch über Zwischenfilmsysteme, Empfänger mit Spiegelschrauben sowie über Kameraröhren sowohl des Bildzerlegertyps von Farnsworth als auch des Ikonoskop-Typs von Zworykin. Ihre elektronischen Empfänger besaßen Hochspannungsröhren mit elektrostatischer Strahlbündelung. Es scheint, daß die gesamte japanische Fernsehforschung unter Regierungsaufsicht in Tokyo zusammengezogen war. Mit seinem Weitblick und seiner Erfindungskraft hatte Takayanagi den Kern der künftigen japanischen Fernsehindustrie geschaffen.[106]

Am 5. August 1935 beantragte Fritz Schröter von Telefunken ein Patent für eine Kameraröhre. Es beinhaltete eine Form des Zwischenbildikonoskops. Dieses aber war insofern einzigartig, als dabei das Elektronenbild auf nur eine Zeile von Photozellen fokussiert wurde, welche dann vom Elektronenstrahl abgetastet wurde und das Bildsignal abgab. Dann wurde das Elektronenbild auf die nächste darunterliegende Zeile gebündelt und wieder abgetastet. Dieses Schema wurde für das gesamte Bild wiederholt.[107]

Am 7. September 1935 beantragte Philo Farnsworth ein Patent für eine Kameraröhre des Speichertyps. Es umfaßte eine Elektronenröhre mit einem Behältnis, das eine gelochte Steuerelektrode mit lichtelektrisch empfindlicher Oberfläche und isolierender Rückseite, eine Kathode und eine Anode enthielt. Diese Elemente wirkten unter Spannung so zusammen, daß ein Elektronenstrahl elementaren Querschnitts auf die photoelektrische Oberfläche und eine Sammelelektrode, die der isolierenden Oberfläche unmittelbar benachbart angebracht war, gelenkt wurde. Das Hauptmerkmal dieses Patents bestand offenbar darin, daß kein Mosaik als solches (einzelne Inseln aus photoelektrischem Material) vorgesehen war, sondern eine durchgehende Oberfläche, auf der die Ladungen fixiert wurden.[108]

Der niedrigzeilige Fernsehdienst der BBC wurde am 15. September 1935 in der Erwartung des kommenden »hochzeiligen« Fernsehsystems endgültig eingestellt. Alle »Televisors« von Baird mit dem Standard von 30 Zeilen bei 12,5 Bildern pro Sekunde waren damit für immer überholt. Doch es waren ohnehin nicht viele davon tatsächlich in Gebrauch, und gegen die Einstellung der Fernsehsendungen wurden nur wenige Einwände erhoben. (Eine Postkartenumfrage führte zu keinem Ergebnis.) Die Experimente Bairds freilich hatten rund sechs Jahre lang gedauert und die BBC mit einer Fülle an Erfahrungen mit dem Betrieb eines funktionstüchtigen Fernsehsystems ausgestattet, so primitiv es auch gewesen sein mochte.[109]

Die Wissenschaftler der EMI setzten ihre Forschung zu hochentwickelten Kameraröhren fort. Im September 1935 beantragte H. Miller zwei Patente für Kameraröhren. Das erste (vom 10. September 1935) bezog sich auf einen Mosaikschirm mit Nutzung des Sperrschichtphotoeffekts. Der Schirm bestand aus einer Halbleiterschicht, die kapazitiv an eine leitende Elektrode angeschlossen und zugleich durch eine hochohmige »Sperrschicht« von ihr isoliert war. Wurde die Übergangsfläche zwischen dem Halbleiter und der Sperrschicht vom Bild beleuchtet, so flossen Elektronen vom Halbleiter zu der leitenden Elektrode. Die Elektrodenstruktur konnte mosaikförmig (Inseln aus Material) sein; die Abtastung konnte durch Elektronen- oder Lichtstrahlung erfolgen.

Der zweite Patentantrag Millers (vom 24. September 1935) betraf eine Kameraröhre mit einem Bildwandlerschirm mit innerem Photoeffekt. Dieser Schirm konnte aus Glimmer mit einer Beschichtung aus Platin, Silber oder einem anderen Material sowie Zinkselenid bestehen. Er konnte transparent und seine Dicke kleiner als der Durchmesser des Abtaststrahls sein.

In einer weiteren Abwandlung, die Miller am 29. Oktober 1935 zum Patent anmeldete, gab er an, daß das Material mit innerem lichtelektrischen Effekt, das ein besserer Sekundärelektronenemitter als die Trägersubstanz selbst sein sollte, ein Sulfid oder Oxid von Blei, Thallium, Quecksilber, Cadmium oder Silber oder eine Halogenverbindung mit Blei oder Thallium oder auch eine kristalline Form von Selen, Schwefel, niederwertigem Phosphor oder Jod sein konnte.[110]

Am 24. September 1935 beantragte Hans G. Lubszynski von EMI ein Patent für eine Kameraröhre mit einem transparenten zweiseitigen Bildwandler, der entweder durch einen Elektronenstrahl oder durch das Licht einer Elektronenröhre entladen werden sollte.[111]

David Sarnoff kehrte im Oktober 1935 nach einem zehnwöchigen Aufenthalt in Europa in die USA zurück. Er bestritt zwar, daß sich an der Beziehung zwischen der RCA und EMI etwas geändert habe. Doch das stimmte nicht. Sarnoff war im Juli abgereist, um über die Trennung der beiden Gesellschaften zu verhandeln. Weder wünschte noch benötigte die EMI irgendeine Unterstützung der RCA zur Bereitstellung eines Fernsehsystems für die BBC. Shoenbergs Wunsch nach Befreiung von jeglicher Beherrschung durch die RCA ging nun in Erfüllung. Die RCA hatte ihre Anteile an der EMI gegen eine Barzahlung von 10.225.917 Dollar verkauft. Nun konnte Baird Television, Ltd. nicht mehr unterstellen, daß EMI in Abhängigkeit von der RCA oder sonst jemandem stehe. EMI konnte damit frei und ohne Andeutungen, sie stehe in ausländischem Besitz und sei fremdbestimmt, den Wettbewerb mit Baird Television aufnehmen.[112]

Im Oktober 1935 wurden erstmals die vollständigen Einzelheiten der Systeme von Baird Television und Marconi-EMI enthüllt. Das Signal Bairds war eher einfach: Es übertrug 240 Zeilen ohne Zeilensprung bei 25 Bildern pro Sekunde. Das Bildverhältnis betrug 4 zu 3 Längeneinheiten. Das Bildsignal war amplitudenmoduliert, wobei die Bildträgerfrequenz gegen Weiß anstieg. Zeilen- und Bildsynchronimpulse lagen in entgegengesetzter Richtung. Die maximale Bildfrequenz betrug 2 MHz, wobei die Gleichstromkomponente nicht mitübertragen wurde.[113]

Über das System von Marconi-EMI sind bis heute nur die knappsten Einzelheiten öffentlich preisgegeben worden. Zwar soll Isaac Shoenberg der Fernsehkommission Anfang 1935 eine Beschreibung mit allen Details übermittelt haben, doch sie war geheimgehalten worden. Niemand außer einigen Schlüsselpersonen hatte je eine Vorführung gesehen. Von den beiden Rivalen war Marconi-EMI am verschwiegensten.

Die Einzelheiten ließen eine Reihe sehr weit entwickelter, hochintelligenter technischer Merkmale erkennen, die sich mit einigen Änderungen als die bleibende britische Fernsehnorm für beinahe 50 Jahre erweisen sollten. (Erst am 2. Jänner 1985 wurde sie endgültig ausrangiert.) Die Grundlage bildete ein 405zeiliges System mit 2:1-Zeilensprung bei 25 Vollbildern pro Sekunde, rechtwinkligen horizontalen und gezahnten vertikalen Synchronimpulsen. (Ausgleichsimpulse wie im späteren amerikanischen Standard wurden nicht verwendet.) Die Modulation erfolgte mit Weiß in positiver Richtung, die Polarisationsebene des Signals lag vertikal, und die Bandbreite des Bildsignals betrug 2,5 MHz (zunächst freilich nur 2 MHz), wobei Zweiseitenbandmodulation zum Einsatz kam. Die Gleichstromkomponente wurde mitübertragen.[114]

Im Oktober 1935 verweigerten sowohl Western Electric als auch die RCA ihre Zustimmung zur Ausstrahlung von Kinofilmen, deren Rechte sie besaßen, in Großbritannien. Sir John Reith wandte sich deshalb an David Sarnoff, der auf die Sperre bis auf weiteres verzichtete. Auch Western Electric gab die Filme schließlich frei, solange das Fernsehen nicht vom experimentellen in das kommerzielle Entwicklungsstadium getreten war.[115]

Die Baird Company gab am 8. November 1935 ihre erste Vorführung 240zeiliger Bilder vom Crystal Palace. Empfangen wurden sie im Londoner Presseklub. Die Demonstration soll ein voller Erfolg gewesen sein. Aufnahmen verschiedener Künstler und Ausschnitte aus Tonfilmen wurden gezeigt.[116]

Im Dezember 1935 kündigte Baird Television erneut an, daß im Londoner Dominion-Kino eine Vorführung eines Fernsehgroßbildschirms durchgeführt werde. Es war geplant, dabei das Zwischenfilmsystem zum Einsatz zu bringen, das Baird (und die Fernseh-AG) »perfektioniert« hatten. Doch aufgrund der zahlreichen Probleme damit wurde diese Vorführung abgesagt. Baird Television mußte sich zur Demonstration von Großbildfernsehen einem anderen System zuwenden.[117]

Eric C. L. White von EMI beantragte am 4. Dezember 1935 ein Patent für ein Gerät mit impulsbetriebener Glühkathodenröhre. Sein Einsatzgebiet sollten die Frequenzteilung, elektrische Zählschaltungen und dergleichen sein. Es erwies sich bald als hervorragendes Instrument zur Erzeugung von Impulsen für einen Fernsehsynchrongenerator.[118]

Am 31. Dezember 1935 beantragte Philo Farnsworth ein Patent für ein elektronenoptisches Verfahren. Dabei war geplant, das Elektronenbild zu konzentrieren und dadurch zu verkleinern. So sollte der Stromaufwand in den magnetischen Ablenkspulen reduziert werden.[119]

Zu Ende des Jahres 1935 verfügte Marconi-EMI über das am höchsten entwickelte Fernsehsystem der Welt. Marconi-EMI hatte zu dieser Zeit alle anderen

Unternehmen, auch die RCA, hinter sich gelassen. Baird Television, Ltd. versuchte verzweifelt, technologisch aufzuholen, hatte aber ihre Bemühungen zu spät begonnen. Selbst mit der fähigen Unterstützung von Philo Farnsworth und ihrem deutschen Verbündeten, der Fernseh-AG, sollten die Anstrengungen der Baird Company vergeblich bleiben.

Kapitel 10

Der Londoner Fernsehdienst: 1936 – 1939

Am 15. Jänner 1936 beantragte H. G. Lubszynski von EMI drei wichtige Patente. Eines betraf ein Zwischenbildikonoskop mit zusätzlicher Sekundäremission. Ein weiteres beinhaltete eine Kameraröhre mit verschiedenen Bildwandlerelektroden. Doch sein wichtigstes Patent zeigte Mittel, den Strahl auf den abzutastenden Schirm im wesentlichen »senkrecht«, d. h. in einem Winkel von 15 Grad oder weniger Abweichung von der Lotrechten zu lenken. Es war entdeckt worden, daß die Stromstärke, die von einem Bildwandlerschirm gesammelt werden konnte, nicht nur von dessen Potential, sondern sehr stark auch vom Einfallswinkel des Strahls abhing. Empfohlen wurde auch, die Elektronen des Strahls mit vergleichsweise geringem Tempo laufen zu lassen, damit sie nicht zuviel Seitengeschwindigkeit annahmen.

Zu dieser Zeit hatten die Bemühungen um die Erzeugung eines langsamen Strahls bereits gezeigt, daß das senkrechte Auftreffen auf dem Bildwandler erforderlich war, um ein flaches Feld zu schaffen. Mit zunehmendem Einfallswinkel verlor der Strahl offensichtlich viel seiner Energie, was zum allmählichen Schwinden des Bildes führte. Lubszynskis Patent war deshalb wichtig, weil es den ersten Schritt zur Herstellung einer Kamera mit langsamem Elektronenstrahl bildete, mit dem die verschiedenen schädlichen Wirkungen, die ein Hochgeschwindigkeitsstrahl beim Auftreffen auf einem Bildwandler zeitigte, beseitigt werden konnten. Zu diesen schädlichen Effekten gehörten das verschobene Ladungsmuster (die ungleichmäßige Schattenverteilung auf der Mosaikoberfläche) und die massenhafte Sekundäremission, die ein schneller Abtaststrahl verursachte.[1]

Die Arbeit Arturo Castellanis wurde im Jänner 1936 beschrieben. Castellani war der Direktor der SAFAR (Società Anonima Fabbricazione Apparecchi Radiofonici) in Italien. Er hatte eine Fernsehkamera mit seiner neuen Aufnahmeröhre namens Telepantoskop entwickelt.

Grundsätzlich handelte es sich dabei um eine Form des Ikonoskops mit einem Elektronenstrahl, der lichtelektrisch empfindliche Elemente abtastete. Doch tatsächlich wurde nur eine einzelne Zeile horizontal abgetastet. Für die vertikale Bewegung des Bildes wurde eine rotierende Spiegeltrommel verwendet. Auf dieser Spiegeltrommel war eine Synchronisationsscheibe angebracht, die für den korrekten Gleichlauf sorgte. Für die Übertragung von Filmen wurde auf die Spiegeltrommel verzichtet und die kontinuierliche Bewegung des Films als vertikale Komponente genutzt.

Die Röhre war ausreichend klein, um sie in einem Gehäuse nicht größer als eine gewöhnliche Filmkamera unterzubringen. Castellani soll erstmals im Jahr 1930 auf der Radioausstellung in Mailand Fernsehgeräte gezeigt haben.[2]

Im Februar 1936 hielt Dr. Zworykin einen Vortrag über Elektronenvervielfacher. Darin beschrieb er seine Arbeit an einer neuartigen »Elektronenbild«-Röhre. Mit dieser Röhre konnte ein sichtbares Bild sowohl aus dem Ultraviolett- als auch aus dem Infrarotbereich des Lichtspektrums erzeugt werden. Sie wies eine lichtdurchlässige Photokathode auf, die aus einer Glas- oder Quarzplatte bestand; auf diese wurde eine mikroskopisch dünne Platinschicht aufgestäubt. Eine ebenso dünne Schicht oxidierten Silbers reagierte mit Cäsiumdampf, wodurch sich eine lichtelektrisch hochempfindliche Oberfläche bildete. Das Licht von der Szene fiel auf diese Oberfläche und verursachte Elektronenemission von der Plattenrückseite. Diese freigesetzten Elektronen wurden mittels mehrerer Anoden gebündelt und auf einen fluoreszierenden Schirm fokussiert. Diese Röhre ermöglichte die Beobachtung von Lebewesen unter Infrarotlicht. Außerdem, so gab Zworykin an, konnte mit ihr durch Nebel, Rauch oder in der Dunkelheit gesehen werden. Bei dem Vortrag wurden mit der Röhre bewegte Bilder vorgeführt.[3]

Zu dieser Zeit im Jahr 1936 traten bei der Einrichtung des Londoner Fernsehdienstes zahlreiche Schwierigkeiten auf. Die Beziehungen zwischen Baird Television und Marconi-EMI waren aufs Äußerste gespannt. Keine der beiden Gesellschaften erlaubte der anderen auch nur den geringsten Einblick in ihre Tätigkeit. Terence Macnamara war mit der Planung der neuen Sendestation beauftragt. Douglas Birkenshaw, der leitende Ingenieur am Alexandra Palace, hatte die heikle Aufgabe, den Frieden zwischen den beiden Gesellschaften aufrechtzuerhalten. Sie waren zu keiner Einigung über einen geregelten lizenzmäßigen Austausch ihrer Fernsehpatente gekommen.[4]

Die frühen Pläne der Baird Company umfaßten (1) das Lichtpunktverfahren, (2) die elektronische Kamera (von Farnsworth), (3) den Einsatz des Zwischenfilmverfahrens und (4) einen mechanischen Filmabtaster mit einer Nipkow-Scheibe ähnlich jener des Zwischenfilmsystems.

Im Lichtpunkt-Studio kam ein Lochscheibenabtaster zum Einsatz, der mit 6000 Umdrehungen pro Minute rotierte und vier Spiralen zu je 60 Löchern aufwies. Jede Spirale wurde mittels einer weiteren Scheibe, die bei einer Drehzahl von 15.000 Umdrehungen pro Minute als Verschluß diente, in Funktion gesetzt. Die große Lochscheibe, die sich in einer Vakuumkammer befand, wurde von einem 100-Hz-Drehstromsynchronmotor mit einer Leistung von rund 370 Watt, die kleine Verschlußscheibe von einem 50-Hz-Drehstrommotor mit einer Leistung von rund 37 Watt angetrieben.

Als Lichtquelle diente eine große Bogenlampe mit einer Stromaufnahme von 120 Ampere. Aufgrund der starken Hitze, die eine Lampe dieser Leistung erzeugte, war das Abtastfenster wassergekühlt. Das reflektierte Licht wurde von vier großen Photozellen des Photovervielfachertyps, deren Positionen einstellbar

waren, aufgefangen. In diesem Lichtpunkt-Aufnahmeraum stand ein elektronischer Wiedergabeschirm zur Aufnahmeüberwachung zur Verfügung.

Das Studio für die elektronische Kamera war mit zwei experimentellen Kameraröhren ausgestattet, deren zugehörige Apparate in einem unmittelbar benachbarten Nebenüberwachungsraum untergebracht waren. Eine der Kameras war auf einem beweglichen Laufwagen, die andere auf einem Dreibeinstativ angebracht. Die Abtastströme und die übrige Stromversorgung wurden sämtlich in dem Nebenüberwachungsraum erzeugt und über ein gemischtpaariges Kabel zu den Kameras geleitet. Deren Ausgangssignale wurden durch Videovorverstärker verstärkt und über ein weiteres gemischtpaariges Kabel zurück in den Nebenüberwachungsraum geführt. Überblendungen von einer Kamera zur anderen erfolgten in diesem Raum, sodaß stets ein einzelnes Ausgangssignal an den Hauptüberwachungsraum weitergeleitet wurde.

Beim Zwischenfilmverfahren kam eine besondere Kamera für 17,5mm-Film (die Hälfte von 35 mm) zum Einsatz, welcher nach der Belichtung rasch entwickelt, gewaschen, fixiert und abermals gewaschen wurde. Noch feucht wurde der Film abgetastet. Dabei wurde er durch ein Unterwasserbildfenster geführt, durch welches ein Lichtstrahl aus einer Bogenlampe mit 60 Ampere geworfen wurde. Die in Vakuum eingeschlossene Abtastscheibe wurde von einem Drehstrommotor mit einer Leistung von 0,5 Pferdestärken angetrieben. Sie rotierte mit 6000 Umdrehungen pro Minute und enthielt 60 spiralförmig am Außenrand angeordnete Löcher. Das Licht fiel von der Scheibe auf eine Photozelle des Photovervielfachertyps, deren Ausgangssignal durch eine Reihe von Verstärkern zum Hauptüberwachungsraum ging. Der Ton wurde auf dem Film mitaufgezeichnet, sodaß er sich bei seiner Abtastung, die rund 65 Sekunden nach der Aufnahme erfolgte, in Synchronisation mit dem Bild befand.

Zwei identische Fernsehbildprojektionsanlagen wurden für die Übertragung von 35mm-Kinofilmen aufgestellt. Der Film wurde von einem modifizierten Filmprojektor kontinuierlich transportiert und unter Beleuchtung einer 60-Ampere-Lampe von einer Scheibeneinheit ähnlich jener der Zwischenfilmanlage abgetastet. Vorrichtungen für eine rasche Überblendung von Bild- und Tonsignal des einen Projektors zu den Signalen des anderen waren vorhanden. Jede dieser Bildquellen war mit dem Hauptkontrollraum verbunden, wo alle Aufnahmen überwacht und über ein Koaxialkabel weiter an den Sender geleitet wurden. Die Ausstrahlung erfolgte auf dem Standard Bairds von 240 Zeilen ohne Zeilensprung bei einer Bildfrequenz von 25 Bildern pro Sekunde.[5]

Das System der Marconi-EMI war rund um die »Emitron«-Kameraröhre aufgebaut. Dies war der Handelsname der Marconi-EMI für ihre Version des Ikonoskops. Sechs Kameras waren insgesamt im Einsatz. Vier Kameras waren im Studio der Marconi-EMI aufgestellt. Kamera 1 befand sich gewöhnlich auf einem beweglichen Wagen in der Studiomitte. Kameras 2 und 3 konnten von wechselnden Blickwinkeln aus die Szene aufnehmen, während Kamera 4 gewöhnlich für

Gegenüber: Arturo Castellani mit seiner Telepantoskop-Kameraröhre.

Ansager oder Schrifteinblendungen reserviert war. Die übrigen beiden Kameras nahmen Bilder von herkömmlichen 35mm-Filmprojektoren auf. Die Tonaufnahme erfolgte durch ein Tauchspulmikrophon, das von einem Galgen hing; ein Orchester wurde dagegen von einem Bändchenmikrophon aufgenommen. Zwei weitere Mikrophone standen je nach Bedarf zur Verfügung.

Die Emitron-Kameras bestanden jeweils aus einer Emitron-Kameraröhre, einem optischen Linsensystem und einem Videovorverstärker. Das Objektiv war aus einem bündig angebrachten Linsenpaar aufgebaut. Das Objektiv für den Normalgebrauch wies eine Brennweite von 16,5 cm und ein Öffnungsverhältnis von f/3 auf, das zweite eine Brennweite von 30,5 cm und ein Öffnungsverhältnis von f/4,5. Das Mosaik hatte eine Breite von rund 12 cm. Für automatischen Parallaxenausgleich bei allen Entfernungen war gesorgt.

Die Signale aus den verschiedenen Kameras wurden an eine »Überblendungs- und Überwachungsstufe« gesendet, von der jedes Signal entweder zur direkten Ausstrahlung weitergegeben oder an einen zweiten Kanal geleitet werden konnte, wo es vor der weiteren Verwendung einer Vorbesichtigung unterzogen wurde. Daneben gab es auch noch einen dritten Kanal, der entweder als Reserve oder zur Ausstrahlung von Filmen während des Einstudierens einer Live-Sendung diente. Ein augenblickliches Umschalten von einem Bild zum anderen war nicht möglich, sondern nur ein langsames Mischen von einer Bildquelle zur anderen (was dafür Bildüberlagerungen ermöglichte).

Ein ausgeklügeltes System von Schattenkompensationssignalen zur Korrektur verschobener Ladungsmuster gehörte ebenso zu der Anlage wie die erforderlichen Steuerungen zur Strahlscharfstellung und zur Signalverstärkung sowie zur Einstellung der Bildgröße. Die Ausstrahlung der Bilder erfolgte auf dem Standard der Marconi-EMI von 405 Zeilen mit 2:1-Zeilensprung bei einer Bildfrequenz von 25 Bildern pro Sekunde. Dies war weltweit das am höchsten entwickelte Fernsehsystem seiner Zeit.[6]

Am 9. April 1936 beantragte John L. Baird von Baird Television, Ltd., ein Patent für ein Farbfernsehverfahren. Es war eine einfache Methode, bei der eine rotierende Scheibe mit drei Filtersegmenten (rot, grün und blau) vor einer elektronischen Bildwiedergaberöhre angebracht wurde, sodaß jeder Farbfilter genau dann zu sehen war, wenn gerade seine Farbe übertragen wurde. Die Verwendung von nur zwei Farben wurde in dem Patent ebenso erwähnt wie die Projektion der Bilder durch die Filter auf eine Leinwand.[7]

In den Monaten April und Mai 1936 beantragte V. Jones von Baird Television, Ltd., mehrere Patente für verschiedene Formen elektronischer Kameraröhren. Baird Television wendete viel Forschungsarbeit auf, um die Überlegenheit der Marconi-EMI wettzumachen. Große Anstrengungen wurden zur Verbesserung der Bildzerlegeröhre von Farnsworth unternommen. Obwohl sie in den Vereinigten Staaten einigermaßen gut funktionierte, bereitete sie Baird Television nichts als Unglück. Aus Gründen, die niemals geklärt wurden, konnte sie für Baird in England nie annehmbare Bilder erzeugen. Deshalb wurde sie bei den Vorführungen im Alexandra Palace auch nur spärlich eingesetzt, wie Tony Bridgewater angibt.[8]

Der angekündigte hochzeilige Fernsehdienst in England spornte die amerikanischen Labors zu großer Aktivität an. Die RCA führte am 24. April 1936 ihr System von Camden, New Jersey, aus der Presse vor. Dies war die erste Vorführung der RCA seit dem 17. Mai 1932. Sie erfolgte auf einem Standard von 343 Zeilen mit Zeilensprung bei einer Bildfrequenz von 30 Bildern pro Sekunde. Der Sender am Empire State Building ging am 29. Juni 1936 wieder auf Sendung, ebenfalls mit einem 343zeiligen Bild. Es sollte indes bis zum 7. Juli 1939 dauern, bis die Bilder als »wert, hergezeigt zu werden« erachtet wurden. Den Anlaß für diese Vorführung des RCA-Systems bildete eine Versammlung von Lizenznehmern der RCA in der Radio City Hall. Dabei wurde auch bekanntgegeben, daß im näheren Umkreis drei Empfangsgeräte in Betrieb seien, daß aber innerhalb kurzer Zeit über 100 Geräte auf verstreute Außenposten verteilt würden.[9]

In Los Angeles hatte das Don Lee Broadcasting System unter Harry Lubcke die Konstruktion und den Bau eines hochzeiligen Systems abgeschlossen. Sein Standard lag bei 300 Zeilen ohne Zeilensprung bei einer Bildfrequenz von 24 Bildern pro Sekunde. Das Zeilensprungverfahren wurde deshalb nicht verwendet, weil Los Angeles sowohl mit 50-Hz- als auch mit 60-Hz-Netzstrom versorgt wurde. Ab dem 4. Juni 1936 wurden täglich öffentliche Vorführungen gegeben.[10]

Am 15. Juni 1936 unterbreitete die Fernsehkommission der RMA der Federal Communications Commission eine neue Reihe von Fernsehstandards. Sie empfahl eine Kanalbandbreite von 6 MHz, eine Auflösung von zwischen 440 und 450 Zeilen mit Zeilensprung bei einer Halbbildfrequenz von 60 Halbbildern pro Sekunde und einen Abstand zwischen den Bild- und Tonträgerfrequenzen von annähernd 3,25 MHz. Empfohlen wurde auch negative Bildpolarität. Die Tonträgerfrequenz sollte über der Bildträgerfrequenz liegen. Die Bereitstellung von sieben Sendekanälen zwischen 42 MHz und 90 MHz wurde ebenfalls vorgeschlagen. Drei Punkte blieben für weitere Diskussionen offen: (1) die Entscheidung zwischen vertikaler oder horizontaler Polarisation des ausgestrahlten Signals, (2) die Mitübertragung der Gleichstromkomponente und (3) der maximale Aussteuerungsgrad.[11]

Die Philco Radio and Television Corporation hatte ebenfalls eine Versuchsreihe durchgeführt, und zwar mit einem Standard von 345 Zeilen mit Zeilensprung bei einer Bildfrequenz von 30 Bildern pro Sekunde, wobei das Tonsignal auf 54,25 MHz und das Bildsignal auf 51 MHz ausgestrahlt wurde. Die Bildmodulationsfrequenz betrug 2,5 MHz, und es wurde angegeben, daß dafür ein spezieller Modulatortyp entwickelt worden sei. Philco sprach sich für eine Gesamtkanalbreite von 6 MHz aus.

Am 18. Juni 1936 begann die Philco eine Reihe »regelmäßiger« Programmausstrahlungen, und am 11. August 1936 wurde der Presse eine eigene Vorführung gegeben. Dieser Test, bei dem sowohl Film- als auch Live-Bilder (von einem inszenierten Boxkampf auf dem Dach des Werksgebäudes) gesendet wurden, stand unter der Leitung von Albert F. Murray. Dabei wurde angemerkt, daß zwischen den über Funk ausgestrahlten und den über Koaxialkabel übertragenen Bildern nur wenig Unterschied bestand.[12]

Auch Farnsworth Television hatte seine Anlage verbessert. Ein Fernsehstudio zu Versuchszwecken war mit mehreren Kameras Farnsworths sowohl für Live- als auch für Filmaufnahmen ausgestattet worden. Zu dieser Zeit war die Live-Kamera bereits sehr kompakt, wog rund 34 kg und maß nur rund 25 mal 30 mal 38 cm. Darüber hinaus war an ihr eine Scheibe mit 4 Objektiven zum Verstellen der Brennweite angebracht. Die Gesamtempfindlichkeit der Kamera soll nun so hoch gewesen sein, daß eine Beleuchtung von nur 430 Lux für zufriedenstellende Fernsehbilder ausreichte.

Farnsworth Television übertrug 343zeilige Bilder mit einer Frequenz von 30 Bildern pro Sekunde. Es wurde bekanntgegeben, daß man eben dabei sei, eine neue Fernsehstation im Norden Philadelphias zu errichten. Farnsworth Television beabsichtigte, von diesem Sender Bilder auf 62,75 MHz und den Ton auf 68 MHz mit einer Bandbreite von 2,5 MHz auszustrahlen.[13]

Am 25. Juni 1936 beantragte L. Klatzow von EMI ein Patent für ein Verfahren der Beschichtung eines Ikonoskopmosaiks mit Silber nach seiner Montage in der Röhre. Das Patent beschrieb Methoden, mit denen dabei die Mosaikoberfläche erprobt werden konnte, bis ihre zufriedenstellende Betriebsleistung erreicht war.[14]

Dr. C. B. Joliffe von der RCA erwähnte im Juni 1936 die Möglichkeit, einen Teil eines Seitenbandes zu entfernen, wodurch mehr Platz für Ausstrahlungen zur Verfügung stünde. Bis zu dieser Zeit waren die meisten Fernsehsendungen als Zweiseitenbandausstrahlungen mit zwei symmetrischen Signalseiten durchgeführt worden, doch es war offensichtlich, daß eines der beiden Seitenbänder überflüssig war.[15]

Schon lange zuvor war entdeckt worden, daß sich das empfangene Fernsehbild verbessern ließ, wenn der Empfänger ein wenig aus der richtigen Abstimmung gebracht wurde. Von Ardenne hatte bereits über dieses Phänomen berichtet, und auch die Ingenieure der RCA gaben an, daß sie seine Wirkungen bemerkt hatten. Bei einer Modulationsfrequenz von nur rund 500 kHz, so die RCA-Techniker, machte die Verdopplung der Bandbreite freilich keinen großartigen Unterschied aus.

Bei den größeren Bandbreiten aber, die nun verwendet wurden, wollte man aus dieser Erscheinung Nutzen ziehen, und entsprechende Experimente wurden durchgeführt. Es kam dabei zu keinen Schwierigkeiten, wenn die Trägerfrequenz an einer Flanke der Gesamtselektivitätskurve lag. Dieses Verfahren reduzierte auch die Zahl der Stufen im ZF-System des Empfängers. Außerdem, so wurde angegeben, würde die Unterdrückung eines Seitenbandes am Sender beträchtliche Einsparungen bei der erforderlichen Kanalbandbreite ermöglichen. Am 29. November 1936 wurde berichtet, daß W. J. Poch und D. W. Epstein von den RCA einschlägige Feldversuche durchführten.[16]

Im Juli 1936 erschien ein Bericht über eine private Vorführung des neuen Fernsehsystems von Scophony. Dabei wurde ein »Junior«-Empfänger mit einem Bild von rund 20 mal 25 cm Größe mit einer Auflösung von 240 Zeilen bei einer Bildfrequenz von 25 Bildern pro Sekunde gezeigt. Die Bildauflösung wurde als bemerkenswert gut bezeichnet. Eine weitere Vorführung zeigte ein Bild von rund 1,5 mal 1,5 Metern; ein dritter Schirm mit einer Bildgröße von rund 4 mal 3 Metern befand sich in Konstruktion.

Nähere Einzelheiten der neuen Anlage von Scophony wurden bekanntgegeben. Bei diesem System kamen ein neuartiger »Lichtsteuerungsstrahlwandler« und »getrennter Fokus« zum Einsatz. Die Lichtsteuerung beruhte auf einer Methode simultaner Projektion, wobei bis zu 50 oder 100 Blendenöffnungen gleichzeitig in Betrieb waren. Dies führte zu höherer Bildhelligkeit. Erwähnt wurden auch Ultraschallwellen in einer Flüssigkeitssäule, die mittels einer rotierenden Spiegeltrommel moduliert und zum Stillstand gebracht wurden. Die Verwendung des »getrennten Fokus« beruhte auf einer optischen Anordnung gekreuzter zylindrischer Linsen, die zur Bündelung eines Lichtstrahls auf zwei getrennten Ebenen führten und so bei verringerter Größe der beweglichen Teile eine höhere Lichtausbeute ergaben.[17]

Die 11. Olympischen Spiele wurden im Juli und August 1936 in Berlin abgehalten. Erstmals in der Geschichte wurde ein solches Großereignis vom Fernsehen übertragen. Als Berichterstatter trat die Reichspost auf, die Ikonoskopkameras von Telefunken verwendete. Die Reichspost setzte drei Ikonoskope ein; zwei berichteten vom Hauptgelände, die dritte vom Schwimmbecken. Eine der Kameras war mit einem Wechselobjektiv mit Brennweiten von 250 mm, 900 mm und 1600 mm bestückt, um alle Ereignisse aufnehmen zu können. Daneben brachte die Reichspost auch mehrere Zwischenfilmwagen zum Einsatz.

Auch die Fernseh-AG stellte Gerätschaft für die Spiele. Sie verwendete eine Farnsworthsche Bildzerlegerkamera, die »sehr scharfe, von Störungen freie Signale lieferte, dies aber nur bei sehr hellem Wetter«. Die Fernseh-AG brachte auch einen Außenaufnahmewagen mit dem Zwischenfilmsystem zum Einsatz, der den Vorteil der Beweglichkeit mit sich brachte und außerdem bei fast jedem Wetter Bilder aufnehmen konnte.

Die Spiele wurden nach Berlin, wo sie hauptsächlich in etwa 25 »Fernsehstuben« und Kinos betrachtet wurden, und auch ins Olympische Dorf übertragen. Der Standard lag bei einer Auflösung von 180 Zeilen und einer Frequenz von 25 Bildern pro Sekunde. Der Empfang war Berichten zufolge jedoch eher schlecht; das ganze Bild wackelte, und »da die Anstrengung für die Augen beträchtlich war […] blieben viele Besucher nicht für den Rest der Nachmittagsveranstaltungen«.[18]

Die Radio Olympia-Ausstellung in London begann am Mittwoch, dem 26. August 1936. Erstmals gehörten auch Fernsehausstrahlungen zum Programm. Die Sendungen vom Alexandra Palace waren täglich von mittags bis 13.30 Uhr und von 16.30 Uhr bis 18 Uhr angesetzt. Drei Hersteller zeigten Empfangsgeräte: Bush Radio (hergestellt für Baird Television, Ltd.), die Marconiphone Company und H.M.V., deren Geräte kombinierte Bild- und Tonempfänger waren. Alle Empfänger konnten sowohl mit dem Standard Bairds als auch mit jenem von Marconi-EMI betrieben werden.

Baird Television gewann einen Münzwurf und durfte daher mit den Sendungen des Eröffnungstages beginnen. Es gab zahlreiche Live-Aufnahmen, doch der Großteil des Programms scheint aus Filmausschnitten und Nachrichten vom Tage bestanden zu haben. Es kam zu zahlreichen Gerätepannen, und es war sogar die Rede von offenen Sabotageakten. Baird Television inszenierte eine weitere ihrer

»Premieren«, indem sie einen Baird-Empfänger in ein Flugzeug packte und in der Luft die Bilder vom Alexandra Palace empfing.

Ingesamt herrschte aber Übereinstimmung darüber, daß die Ausstellung ein Erfolg war, und daß sie tatsächlich ein öffentliches Interesse an Empfängern und den Bedarf danach angeregt hatte. Am Schluß der Ausstellung wurde angekündigt, daß die Programmsendungen vom Alexandra Palace für vier oder fünf Wochen ausgesetzt würden; danach sollte ein regelmäßiger Dienst eröffnet werden.[19]

Die Berliner Funkausstellung wurde nach den Olympischen Spielen vom 28. August bis zum 6. September 1936 abgehalten. Lag die offizielle deutsche Fernsehnorm noch bei 180 Zeilen bei 25 Bildern pro Sekunde und sequentieller Abtastung, so wiesen die meisten ausgestellten Geräte bereits eine Auflösung von 373 Zeilen mit Zeilensprungverfahren bei 50 Teilbildern pro Sekunde auf.

Die Fernseh-AG zeigte eine Bildzerlegerkamera des Farnsworth-Typs, die auch bei den Olympischen Spielen eingesetzt worden war. Diese Kamera leistete eine Auflösung von 180 Zeilen, und die »Bilder waren sehr gefällig«. Die Fernseh-AG stellte auch einen mechanischen Filmabtaster mit einer Nipkow-Scheibe aus, der eine Auflösung von 373 Zeilen erzielte. Berichten zufolge lieferte dieser Apparat die besten Bilder der Ausstellung. Die Fernseh-AG hatte der Reichspost gerade einen zweiten Zwischenfilmsender sowie einen Punktlichtsender für ein Zweiweg-Fernsehsystem geliefert.

Telefunken verwendete Ikonoskop-Kameraröhren für sein gesamtes System, auch für die Übertragung von Filmen, und zeigte einen Fernsehempfänger mit einer Bildgröße von rund 18 mal 23 cm. Telefunken hatte auch einen kleinen Vorführraum eingerichtet, in dem Bilder von rund 90 mal 105 cm Größe gezeigt wurden. Loewe Radio war mit einem normalen Empfänger sowie mit einem Großbildtyp vertreten, der auf einen Mattglasschirm ein Bild von rund 40 mal 50 cm projizierte. Die C. Lorenz AG zeigte einen Empfänger mit einer Bildgröße von 18 mal 23 cm.

Tekade stellte den einzigen mechanischen Empfänger aus, der aus einer doppelten Spiegelschraube mit einer Linsentrommel und einer Bogenlampe bestand; deren Licht wurde von einer Kerr-Zelle moduliert. Die Bilder dieses Empfängers waren von annehmbarer Qualität und mäßiger Helligkeit.

Nicht auf der Ausstellung zu sehen war der Zwischenfilmempfänger der Fernseh-AG. (Einer Quelle zufolge befand er sich in London, wo er von Baird Television für eine Großbildvorführung im Dominion-Kino verwendet werden sollte. Diese Vorführung fand indes nie statt.) Ebenfalls nicht zu sehen waren die großen Lampenbildschirme von Dr. Karolus; auch vom Fernsehsystem Manfred von Ardennes fand sich keine Spur. Dafür wurde in der Ausstellungshalle eine Vorführung der Bildtelephonverbindung zwischen Berlin und Leipzig gegeben.[20]

Berichten zufolge plante die japanische Rundfunkgesellschaft (NHK) ein umfangreiches Forschungsprogramm zum Fernsehen, um Direkt- bzw. Live-Aufnahmen von den Olympischen Spielen 1940, die in Japan abgehalten werden sollten, zu ermöglichen. Die Leitung der Experimente sollte Dr. K. Takayanagi von der Hamamatsu Technical High School übernehmen, der eigens dafür von seinen Verpflichtungen an diesem Institut freigestellt wurde.[21]

Die Eröffnung des Londoner Fernsehdienstes wurde für den 2. November 1936 angesetzt. Die Frage, welches System den Dienst eröffnen sollte, wurde durch einen Münzwurf entschieden, den Baird gewann. Um 15.30 begann der Fernsehdienst mit Reden von R. C. Norman, dem Vorsitzenden der BBC, Major Tryon, dem Postminister, Lord Selsdon und Sir Harry Greer, dem Vorsitzenden der Baird Television. Den Ansprachen folgte ein wenig leichte Unterhaltung. John Logie Baird soll zwar zugegen gewesen, aber nicht zur Teilnahme an den Eröffnungszeremonien eingeladen worden sein.

Eine halbe Stunde später wurde das Programm mit einer Rede von Alfred Clark, dem Vorsitzenden der Marconi-EMI, auf dem Fernsehsystem seiner Gesellschaft wiederholt. Damit war die Kraftprobe eröffnet. Eine Bemerkung vom ersten Tag lautete, daß die Übertragung der EMI »absolut fehlerlos« war – ein Vorzeichen für die Dinge, die noch kommen sollten. Der an diesem Tag begonnene Fernsehdienst blieb (mit wenigen geringfügigen Unterbrechungen) drei Jahre lang auf Sendung. Erst der Ausbruch des Zweiten Weltkriegs bereitete ihm ein Ende.

Das System Bairds war jedenfalls von Beginn an in Schwierigkeiten. Es war klar ersichtlich, daß es nicht lange durchhalten würde. Das Punktlicht-Studio, das in fast völliger Dunkelheit betrieben werden mußte, war hoffnungslos veraltet. Das Zwischenfilmsystem war auf die Versorgung mit Unmengen von Wasser angewiesen; ging es ihm gelegentlich aus, brach der Betrieb zusammen. Die elektronische Kamera Farnsworths, die in England nach wie vor nicht über das Versuchsstadium hinausgekommen war, bereitete Probleme. Für einige Programme kam sie zum Einsatz, wurde aber aufgrund ihrer geringen Empfindlichkeit (Rauschen) und schwachen Bildgeometrie bald zurückgezogen.[22]

Der endgültige Schlag gegen die Baird Company kam am 30. November 1936 in Form eines verheerenden Brandes im Crystal Palace, der ihre Forschungslabors völlig zerstörte. Es war bald offensichtlich, daß das System Bairds einer nachhaltigen Niederlage entgegenging. Diese Niederlage war vorprogrammiert, doch aufgrund der mächtigen Presse, die Baird Television hinter sich hatte, und aufgrund der Geheimniskrämerei, die EMI um ihre Arbeit trieb, hätte eine sofortige Regierungsentscheidung zugunsten von EMI einen Krach ungeheuren Ausmaßes hervorgerufen. So konnte das Kräftemessen noch bis zum Ende des Jahres 1936 andauern.[23]

Am 5. November 1936 beantragten Alda V. Bedford und Knut J. Magnusson von der RCA ein Patent für ein Fernsehkameragerät. Es umfaßte eine vollständige Kamera einschließlich einer doppelten Optik für den Bediener und die Kameraröhre. Es beinhaltete auch ein Untergestell auf Rädern, das die Kamera beweglich machte, sowie Vorrichtungen zum Heben und Senken des Geräts. Dies war der Prototyp der Fernsehkamera, den die RCA in den folgenden fünf bis sieben Jahren verwendete.[24]

Im November 1936 beschrieb das Forschungslabor der N. V. Philips Gloeilampenfabrieken in Eindhoven, Holland, ein vollständiges Ikonoskop-Kamerasystem. Als Versuchssystem konnte es auf einer ganzen Reihe von Standards, von 90zeiliger Auflösung ohne Zeilensprung bei 50 Bildern pro Sekunde bis zu 405zeiliger Auflösung mit Zeilensprung bei 25 Bildern pro Sekunde betrieben werden. Neben dieser Live-Kamera wurde auch eine vollständige Filmabtastanlage mit Ikonoskop gezeigt. Damit signalisierte Philips erstmals sein Interesse am elektronischen Fernsehen.[25]

Am 7. Dezember 1936 gab Baird Television eine Vorführung von Großbildfernsehen im Dominion-Kino in London. (Dasselbe System wurde ein weiteres Mal am 4. Jänner 1937 vorgeführt.) Es war ein mechanisches System, das ein Bild von rund 2,6 mal 2 Metern mit einem Mindestmaß an Flimmern erzeugte. Später wurde bekannt, daß diese Anlage auf Lichtstrahlabtastung mit einer Spiegeltrommel in Verbindung mit einer Schlitzscheibe beruhte. Die Bildauflösung betrug 120 Zeilen bei einer Bildfrequenz von 17 Bildern pro Sekunde. Eine Form der Zeilensprungabtastung wurde verwendet, um Bildflimmern zu verringern. Der Bildgeber befand sich im dritten Stockwerk des Kinogebäudes, und die gesamte Übertragung verlief über Kabel. Am Empfänger wurde das Licht einer Hochstromlampe von einer Kerr-Zelle moduliert. Eine Spiegeltrommel mit einer Schlitzscheibe stellte das Bild wieder her.[26]

Die Kraftproben zwischen Baird Television und Marconi-EMI waren drei Monate nach ihrem Beginn entschieden. Am 4. Februar 1937 gab die BBC bekannt, daß sie das System von Marconi-EMI jenem der Baird Television vorgezogen hatte.

Ab dem 8. Februar 1937 sollte nur noch der 405zeilige Standard vom Alexandra Palace ausgestrahlt werden. Drei Gründe wurden für diese Wahl angegeben: (1) wesentlich weniger Flimmern durch das Zeilensprungverfahren, (2) die überlegene Bildqualität durch die hohe Auflösung und (3) der höhere Spielraum zur Weiterentwicklung, den die Emitron-Kamera bot. Es wurde zugesagt, daß diese Standards bis Ende 1938 nicht wesentlich verändert würden. Der Sieg von Marconi-EMI gab dem Londoner Fernsehdienst eine Reihe technischer Standards in die Hand, die ihm nahezu 50 Jahre lang gute Dienste leisten sollten.[27]

Im Jänner 1937 stellten sowohl Farnsworth Television als auch die RCA die baldige Einführung des neuen inoffiziellen RMA-Standards von 441 Zeilen in Aussicht. Die erste Vorführung von 441 Zeilen in den Vereinigten Staaten wurde freilich am 11. Februar 1937 von der Philco Radio and Television Corporation gegeben. Gegenüber vergleichbaren Bildern mit einer Auflösung von 345 Zeilen sollen diese Bilder bis zu 30 Prozent deutlicher gewesen sein. Darüber hinaus kündigte Philco die Einführung eines Fernsehsystems mit hoher Wiedergabegüte an, bei dem eine Modulationsfrequenz von 4,5 MHz eingesetzt wurde; dies bedeutete, daß Philco die Ausstrahlung von Bildern mit mehr als 680 Bildelementen pro Zeile plante – und nur 588 Elemente waren zur Schaffung gleichwertiger horizontaler und vertikaler Bildauflösung erforderlich. Einzelheiten eines neuen Sendermodulators wurden nicht bekanntgegeben, nur soviel, daß mit ihm ein Seitenband gedämpft wurde. Am Empfänger kam »Quasi-Einseitenbandempfang« zum Einsatz. Dabei waren die Eingangsstufenschaltkreise »verstimmt«, sodaß der ZF-Bandpassbereich über der Mitte des ungedämpften Seitenbandes lag.[28]

Am 31. März 1937 beantragte die Standard Telephone & Cables, Ltd., ein Patent für einen Videorckorder mit magnetisiertem Band. Das Magnetband passierte einen Spalt in einem Bügel, der eine Elektronenröhre umklammerte. Im Inneren dieser Röhre wurde ein vom Fernsehsignal modulierter Elektronenstrahl durch einen Spalt gelenkt, der das Signal des Strahls anschließend in den Bügel induzierte, durch welchen das Band lief.

Beim Abspielen lief das Band durch den Bügelspalt und verursachte im Schaltkreis Signalveränderungen, die in die Röhre induziert wurden und dort zur Modulation des Elektronenstrahls führten. Dieser Strahl traf anschließend auf eine Anode, die die Veränderungen als Ausgangssignal des Geräts weitergab.[29]

Die neuen Farnsworth-Studios in Wyndmoor, Pennsylvania, gingen im Mai 1937 in Betrieb. Sowohl Film- als auch Live-Aufnahmen wurden gezeigt. Tatsächlich schienen die Live-Studios mit den Farnsworthschen Kameras nun mit etwa derselben Beleuchtung auszukommen wie Aufnahmeräume, in denen Ikonoskop-Kameras eingesetzt wurden. Die Farnsworth-Kameras benötigten offensichtlich etwa 1600 bis 1800 Lux als Studiobeleuchtung, während die Ikonoskop-Kameras mit 1100 Lux auskamen. In beiden Fällen war dies ein hoher Wert, der für sehr heiße Fernsehstudios sorgte.

Die Abtastung photographischen Films konnte bei rund 2150 Lux erfolgen, was für beide Kameraröhren mehr als ausreichend war. Doch während die Bildzerlegerröhre klare und deutliche Bilder von Filmen lieferte, war die Filmabtastung mit der Ikonoskopröhre nach wie vor mit Schattenproblemen und den damit verbundenen verschobenen Ladungsmustern auf dem Mosaik geschlagen, die verschmierte und fleckige Bilder verursachten. Dies führte zu einem erneuten Interesse an der Filmabtastung mit Bildzerlegerröhren oder Nipkow-Scheiben.[30]

Im Mai 1937 wurde berichtet, daß man in Moskau das Eintreffen von Fernsehanlagen von RCA Victor im gleichen Monat erwartete, die in einem neu errichteten Fernsehzentrum zum Einsatz kommen sollten. Weitere Zentren sollten in Leningrad und Kiew aufgebaut und mit Gerätschaft aus sowjetischen Fabriken ausgestattet werden.[31]

Am 12. Mai 1937 führte die RCA auf der zwölften Jahresversammlung des IRE ein neues Fernsehgroßbildverfahren vor. Dabei kam eine von Dr. R. R. Law von den Labors in Harrison, New Jersey, entwickelte Röhre zum Einsatz. Diese Röhre, Projektionskineskop genannt, war rund 45 cm lang und zeigte auf ihrem fluoreszierenden Schirm ein Bild von rund 3,8 mal 5,7 cm Größe. Dieses Bild konnte auf rund 1 mal 1,3 Meter vergrößert vorgeführt werden. Die Demonstration dieser Röhre war zwar beeindruckend, doch es wurde angegeben, daß das Gerät nicht für den Heimgebrauch bestimmt sondern seine Verwendung auf Versuche im Labor beschränkt war.[32]

Auf dieser IRE-Jahresversammlung wurde auch ein Vortrag über »Theorie und Wirkungsweise des Ikonoskops« gehalten. Mittlerweile war nachgewiesen worden, daß das Ikonoskop als Speicherröhre mit zwischen fünf und zehn Prozent einen überaus geringen Wirkungsgrad besaß. Diese geringe Signalausbeute wurde durch die Neuverteilung von Sekundärelektronen, die der Strahl produzierte, und durch den Umstand, daß kleine Felder Photoelektronen vom Mosaik abzogen, verursacht. Eine als »Zeilenempfindlichkeit« bezeichnete Erscheinung wurde ebenfalls erörtert. Sie ging auf die Tatsache zurück, daß eine unmittelbar vor dem Abtaststrahl liegende Zeile einem starken positiven Feld ausgesetzt war und deshalb hohe photoelektrische Nutzleistung aufwies.

Der Vortrag nannte zwei Methoden zur Steigerung der Empfindlichkeit des Ikonoskops. Die erste beruhte auf dem Einsatz von Sekundärelektronenvervielfachern und eines kapazitätsarmen Mosaiks. Die zweite machte sich die Sekundärelektronenbildverstärkung zunutze, die erreicht werden sollte, indem ein in einer Kameraröhre produziertes Elektronenbild auf ein Mosaik fallen konnte. Dieses Mosaik sollte so aufgebaut sein, daß seine Einzelelemente aus der Trägerplatte herausragten. Dies war eine der Techniken, die im neuen »Zwischenbildikonoskop« zum Einsatz kamen.[33]

Ebenfalls am 12. Mai 1937 übertrug die BBC die Krönung von George VI. von einem Aufnahmeposten im Londoner Hyde Park Corner aus. Dies war die erste Außenaufnahmesendung mit dem jüngst übernommenen Fernsehsystem der Marconi-EMI. Drei Kameras schickten ihre Bilder an einen Aufnahmewagen, von dem sie über ein spezielles Koaxialkabel an den Sender im Alexandra Palace weitergeleitet wurden.[34]

Die Londoner Television Exhibition eröffnete am 10. Juni 1937 im Science Museum. Gezeigt wurde ein Filmabtaster von Cossor, der Fernsehsignale lieferte, wenn Alexandra Palace nicht auf Sendung war. Dabei erzeugte eine Elektronenröhre einen unmodulierten Bildraster. Zwischen diesem und einer Photozelle wurde der Film durchgeführt, woraus das Bildsignal entstand. Dieses Signal wurde verstärkt und mit Synchronimpulsen gemischt an verschiedene Empfänger gesendet. Dieses System ähnelte dem Filmabtaster von Ardennes aus dem Jahr 1931.

Baird Television, Ltd., führte eine Version ihres alten 30zeiligen Fernsehsystems und das neueste Modell ihrer elektronischen Kamera des Farnsworth-Typs vor. Zu den anderen Ausstellungsstücken gehörten die mechanischen Abtaster des Großbildsystems von Scophony. Außerdem wurden Muster des Koaxialkabels von Standard Telephone & Cables, Ltd. gezeigt, die jenem ähnelten, das 1936 zwischen London und Birmingham verlegt worden war.

EMI stellte einen ihrer Außenaufnahmewagen sowie den neuesten Typ der Emitron-Kamera aus. Das Fahrzeug war mit seiner Länge von rund neun Metern, seiner Breite von rund 2,3 Metern und seinem Gewicht von mehr als neun Tonnen tatsächlich ein vollwertiger Bedienungsraum auf Rädern. Im Fahrzeug waren alle zum Betrieb von drei Emitron-Kameras notwendigen Geräte sowie die erforderliche Tonausrüstung untergebracht. Jede Kamera war mit rund 330 Metern Mehrleiterkabel ausgerüstet, damit sie auch in einiger Entfernung vom Fahrzeug eingesetzt werden konnte. Im Wagen befand sich eine vollständige Kontrollraumanlage mit Abtastgeneratoren und Verstärkern einschließlich einer Überblendungseinrichtung und zweier Überwachungsmonitore. Bis zu sechs Mikrophone konnten an eine Tonmischeinrichtung angeschlossen werden, von der das Tonsignal an den Alexandra Palace gesendet wurde.

Dieser Wagen sollte von einem zweiten, ähnlich dimensionierten Fahrzeug begleitet werden, das einen UKW-Bildsender beherbergte. Er arbeitete auf einer Frequenz von 64 MHz und erreichte eine Sendeleistung von 1000 Watt bei Weißspitzenvideomodulation. Seine Signale wurden über eine Spezialantenne ausgestrahlt. Ein drittes Fahrzeug schließlich beherbergte die Stromversorgung für die beiden anderen Wagen. Diese vollständige Sendeeinheit für nicht im Studio aufgenommene Fernsehbilder bildete den Prototyp aller späteren Außenaufnahmefahrzeuge.

Darüber hinaus zeigte EMI ein »funktionstüchtiges« Modell einer Fernsehkamera nach dem Entwurf Campbell Swintons, das in den Labors der EMI hergestellt worden war. Bedauerlicherweise sind keinerlei Informationen über Aufbau und Betriebsweise dieser Kameraröhre zugänglich. Nur eine Photographie davon gibt es noch. Dieses Exponat entsprach ganz der Behauptung der EMI, daß die Emitron-Kameraröhre auf den Schriften Campbell Swintons und nicht unbedingt auf jenen Dr. Zworykins beruhte.[35]

EMI stellte auch ein funktionstüchtiges Exemplar einer Röhre mit innerem Photoeffekt von H. Miller und J. W. Strange aus. In einer späteren Schrift beschrieben Miller und Strange ihre Bemühungen, eine funktionierende Kameraröhre zu entwickeln, die den inneren Photoeffekt nützt. Sie hatten mehrere Patente dafür erwirkt, in denen sie angaben, daß bisher noch niemandem die Herstellung einer Kameraröhre mit Nutzung des inneren Photoeffekts gelungen sei. (Offenbar waren ihnen die Fortschritte noch nicht bekannt, die Hofele und Gray dazu in den Bell Telephone Laboratories erzielten.)

Nach umfangreichen Versuchen hatte sich Zinkselenid als die empfindlichste der erprobten Substanzen erwiesen, und so wurde eine Röhre angefertigt, in der es zum Einsatz kam. Diese Kameraröhre erzeugte scharfe Bilder, wobei die Leitfähigkeit an der Oberfläche vernachlässigbar gering war. Miller und Strange erwähnten, daß auch Harley Iams und Albert Rose von der RCA sowie Max Knoll und Fritz Schröter von Telefunken ähnliche Forschungsarbeiten zu Kameraröhren mit innerem Photoeffekt betrieben.[36]

Im Juli 1937 wurde das Tennisturnier in Wimbledon mit der mobilen Außenaufnahmeeinheit der BBC übertragen. Die Bilder von den Spielen wurden auf Ultrakurzwellen über mehr als 19 km zum Alexandra Palace gesendet. Damit wurde zum ersten Mal ein Ereignis außerhalb des Studios ohne Kabelverbindung ausgestrahlt – eine weitere Premiere für den Londoner Fernsehdienst.[37]

Am 22. Juli 1937 unterzeichneten Farnsworth Television und die American Telephone and Telegraph Company ein Abkommen, das jedem der Partner ein Vorrecht auf die Nutzung der Patente des anderen einräumte. Diese Vereinbarung war ein Triumph für Farnsworth, denn sie bedeutete nicht weniger als die volle Anerkennung des Werts seiner Arbeit zum Fernsehen durch AT&T. Der Unterzeichnung des Abkommens waren vier Monate lange Untersuchungen durch die Bell Telephone Laboratories vorausgegangen, in denen die 150 Patente Farnsworths geprüft wurden. Schließlich war ein formeller Bericht über die Ergebnisse verfaßt worden. Das Abkommen war nicht exklusiv, d. h. beide Partner hatten das Recht, auch anderen Partnern Lizenzen zu erteilen.[38]

Zu Harley Iams war in den Labors der RCA Manufacturing Company in Harrison, New Jersey, Dr. Albert Rose als Mitarbeiter gestoßen. Iams und Rose berichteten im August 1937 über ihre Arbeit zu Kameraröhren. Dazu gehörten Röhren mit photoelektrisch empfindlichen Bildwandlern wie das Ikonoskop, die auf dem äußeren Photoeffekt beruhten, Röhren mit Bildwandlern aus Kupferoxid auf Kupfer, die auf dem Sperrschichtphotoeffekt beruhten, und solche mit Bildwandlern aus Aluminiumoxid (Al_2O_3) oder Zirkoniumoxid (ZrO_2), die auf dem inneren Photoeffekt beruhten. Auch Bildwandler aus Selen wurden erprobt, sie erbrachten aber nur schwache Ergebnisse.

Iams und Rose hatten herausgefunden, daß die empfindlichsten Bildwandler jene waren, bei denen ein Elektronenbild auf ein abgetastetes Mosaik fokussiert wurde, das Sekundärelektronen abgab. Die Projektion des Elektronenbildes auf das Mosaik und der Abtastvorgang konnten getrennt voneinander erfolgen, indem ein zweiseitiges Bildwandlerelement verwendet wurde. Die Kopplung zwischen den beiden Seiten wurde durch leitende Pfropfen, die durch die Bildwandlerplatte gesteckt waren, erzielt. Dies war eine zweiseitige Form eines Zwischenbildikonoskops. Iams und Rose merkten an, daß sie die Arbeit an dieser Art von Kameraröhre 1933, also zeitgleich mit den einschlägigen Forschungen Hans Lubszynskis von EMI, begonnen hatten. Sie hielten fest, daß eine nach diesem Prinzip aufgebaute Kamera große Hoffnungen für die Zukunft zuließ, weil ihre Betriebsempfindlichkeit hoch und ihre optische Anordnung überaus praktisch war.[39]

Die Berliner Funkausstellung wurde vom 30. Juli bis zum 8. August 1937 abgehalten. Die Fernseh-AG zeigte die Farnsworthsche Bildzerlegerröhre diesmal nicht. Trotz Sekundärelektronenvervielfachung, so hieß es, war ihre Empfindlichkeit für die allgemeine Verwendung nicht hoch genug. Dafür zeigte die Fernseh-AG zwei Typen von Ikonoskop-Kameras. Eine davon war eine große Kamera für die Studioarbeit, an der die Bildsucherlinsen wie bei der RCA-Kamera oberhalb des Aufnahmeobjektivs angebracht waren. Das Objektiv hatte Linsen mit einer Brennweite von 18 cm und einem Öffnungsverhältnis von f/1,8. Die zweite Kamera war kleine, ihr Objektiv hatte ein Öffnungsverhältnis von f/1,5. Bildsucher- und Aufnahmeobjektiv waren ähnlich wie bei der Emitron-Kamera nebeneinander angebracht. Die Bilder, die diese Kameras lieferten, zeigten eine gute Auflösung, ihre Halbtonwerte waren hervorragend.

Alle Vorführungen erfolgten auf dem Standard von 441 Zeilen mit Zeilensprung bei 50 Halbbildern pro Sekunde. Die Fernseh-AG zeigte auch ihren Zwischenfilmsender, bei dem die Farnsworthsche Bildzerlegerröhre nun doch zum Einsatz kam, und zwar als Filmabtaster. Darüber hinaus stellte die Fernseh-AG einen Nipkow-Scheiben-Filmabtaster aus, dessen Scheibe in Vakuum rotierte. Diese letztgenannte Anlage soll die besten Bilder der Ausstellung produziert haben. Es wurde aber auch Kritik geäußert, und zwar über Filmbilder aus dem BBC-Sender Alexandra Palace, die offenbar durch helle und dunkle Flecken verunstaltet waren.

Telefunken war mit zwei Ikonoskop-Kameras, die in einem Studio aufgestellt waren, in der Ausstellung vertreten und zeigte auch ein Fernsehvorführsystem mit einem elektronischen Punktlichtsender. Diese Anlage nutzte eine elektronische Bildröhre hoher Helligkeit als Lichtquelle zur Abtastung eines Films. Am Empfänger wurde das elektronisch reproduzierte Bild auf einen großen Schirm von rund 1,6 mal 2 Metern Größe projiziert. Das System hatte eine Auflösung von 147 Zeilen mit Zeilensprung. Es wurde angegeben, daß die erforderliche Beleuchtung eines Ansagers mit Flutlicht bei der Aufnahme mit einer elektronischen Kamera um ein Vielfaches höher sei als die erforderliche Lichtmenge bei der Aufnahme mit einem Punktlichtsender.

Die Reichspost hatte ebenfalls ein Vorführstudio mit Ikonoskop-Kameras eingerichtet und zeigte auch einen Filmabtaster des Nipkow-Scheibentyps, der hervorragende Bilder erzeugte. Auch Loewe Radio und Lorenz führten Nipkow-Scheiben-Filmabtaster mit einer Auflösung von 441 Zeilen vor. Es wurde berichtet, daß es die deutsche Regierung mit der Eröffnung eines ausgedehnten Programmdienstes nicht eilig habe, und daß in den kommenden beiden Jahren wahrscheinlich keine entsprechenden wirtschaftlichen Entwicklungen stattfinden würden.[40]

Die Radio Olympia-Ausstellung in London wurde vom 25. August bis zum 4. September 1937 abgehalten und bestand hauptsächlich aus Vorführungen von Heimempfängern. Die Geräte von 14 Herstellern wurden jeweils einzeln in kleinen Vorführräumen gezeigt. Die meisten Empfänger besaßen normale Bildschirme zur Direktbetrachtung, bis auf das Gerät von H.M.V., das ein spiegelreflektiertes Bild von rund 25 mal 20 cm Größe aufwies, und das Gerät von Philips, dessen Bild von rund 50 mal 40 cm von einer Optik projiziert wurde. Die Leistung der Empfänger wurde in Berichten unterschiedlich bewertet, ihre Bandbreite reichte von »sehr gut, mit hervorragender Bildhelligkeit« bei einem T 12-Empfänger von Baird bis zu »schwacher Auflösung« eines 4045 Major 1-Empfängers von Pye.

Scophony, Ltd., gab keine Vorführung und nannte als Begründung den Umstand, daß die unregelmäßige Taktung und die Phasenverschiebung des Signals aus dem Alexandra Palace den zufriedenstellenden Betrieb von Empfängern mit mechanischer Trägheit (wie eben des Scophony-Typs) ungemein schwierig mache.[41]

Dies war freilich eine vernachlässigbare Kritik am Londoner Fernsehdienst. Die zahlreichen Besucher aus den Vereinigten Staaten waren verblüfft (1) über die einheitlich hohe Qualität der Bilder, (2) über die Regelmäßigkeit der ausgestrahlten Programme und (3) über die Berichte von Ereignissen im Freien. Zeitgenössische Kommentare sprachen von einem »tatsächlich funktionierenden System mit guten, ruhigen Bildern annehmbarer Detailtreue und Helligkeit, die auch noch inhaltlich interessant sind«, von der »Stabilität der Bilder durch gute Synchronisation« und von »breitem Kontrastumfang« sowie von »bemerkenswertem Kontrast und hoher Detailtreue, genau wie bei einem Film«. Kommentare dieser Art bedeuteten großen Beifall für Isaac Shoenberg und die Ingenieure der Marconi-EMI.

Die Programminhalte waren vielfältig; sie reichten von kurzen parodistischen Spielhandlungen über Komödien und Vorlesungen bis hin zu Nachrichten und natürlich Zeichentrickfilmen. Die Hauptkritik an der Bildqualität betraf die Übertragungen von Filmen mit den Emitron-Kameras und ihren »Schattenproblemen«.[42]

Empfangsgeräte wurden zu einem für diese Zeit sehr hohen Preis von 300 bis 800 Dollar angeboten, und so fand nur eine geringe Zahl von Empfängern (weniger als 3000) einen Käufer aus dem Raum London.

Das Columbia Broadcasting System kündigte den Bau von Studios im Grand Central Terminal in New York City an. Bekanntgegeben wurde auch, daß das CBS mit 441zeiligen Bildern unter Verwendung eines Filmabtasters experimentierte; dabei wurde kontinuierlich transportierter Film auf eine Farnsworthsche Bildzerlegerröhre mit neunstufigem Elektronenvervielfacher projiziert.[43]

Im September 1937 berichtete Dr. Peter Goldmark, der Chefingenieur für Fernsehen des Columbia Broadcasting System, daß die BBC bereits eine neue »elektrische Kamera« verwendete, die bis zu einem hohen Ausmaß panchromatisch gemacht worden war. EMI setzte nun Emitron-Kameraröhren ein, die mit dem neuen Klatzowschen Verfahren der Abschlußbehandlung des Mosaiks mit Silber hergestellt wurden. Damit wurde die übermäßige Empfindlichkeit auf Infrarot beseitigt, die für die zu dieser Zeit gebräuchlichen Cäsium-Silberoxid-Mosaiks so typisch war.

Darüber hinaus berichtete Dr. Goldmark über eine neuartige Kamera, die rund zehnmal empfindlicher war als jede andere zu dieser Zeit verwendete Röhre. Er bezog sich damit auf die neue »Superemitron«-Kameraröhre von Hans Lubszynski und Sidney Rodda, die erstmals im November 1937 zum Einsatz kam. Dabei handelte es sich um ein weiterentwickeltes Zwischenbildikonoskop.[44]

Das Superemitron funktionierte auf folgende Weise: Die zu übertragende Szene wurde optisch auf eine durchgehende, nicht mosaikförmige transparente Photokathodenoberfläche geworfen; das so geschaffene Elektronenbild ähnelte jenem, das eine Bildzerlegerröhre erzeugte. Dieses Elektronenbild wurde mit elektrostatischen Mitteln auf das Sekundäremissionsmosaik (das selbst nicht lichtelektrisch aktiv war) hin beschleunigt und gleichzeitig mit einer Spule elektromagnetisch fokussiert.

Die auf diese Weise auf dem Mosaik aufgebauten und gespeicherten Ladungen waren aus zwei Gründen stärker als in einem herkömmlichen Ikonoskop: (1) weil die durchgehende Photokathode photoelektrisch empfindlicher als ein normales Mosaik war und (2) weil fünf oder mehr Sekundärelektronen für jedes Primärelektron, das auf dem Mosaik aufschlug, aus dem Mosaik austraten. Deshalb war das Superemitron gleich zehnmal empfindlicher als das normale Ikonoskop. Über den Vorteil der höheren Empfindlichkeit hinaus war auch das optische Bild auf der Photokathode kleiner als ein gewöhnliches Mosaik, wodurch Objektive mit kürzeren Brennweiten für höhere Tiefenschärfe verwendet werden konnten.

Zunächst litt diese neue Röhre an schwerwiegenden elektrischen und optischen Verzerrungen. Dazu gehörten Bildfeldwölbungen, kissenförmige Verzeichnungen und S-förmige Verzerrungen. Doch diese Probleme wurden nach und nach gelöst. Immerhin bildete die gesteigerte Empfindlichkeit einen wichtigen Vorteil bei der Berichterstattung von Ereignissen im Freien. Zum ersten Mal eingesetzt wurde die neue Superemitron-Kamera bei der Cenotaph-Zeremonie am 11. November 1937 in London, bei der die Gefallenen des Weltkrieges geehrt wurden.[45]

Die Bell Telephone Company hatte lange an einem Koaxialkabelsystem gearbeitet, und am 9. November 1937 übertrug sie darauf die ersten Fernsehbilder zwischen New York und Philadelphia. Es war ein Koaxialsystem mit einer Bandbreite von 1 MHz. Die Bilder wurden von einer stählernen Abtastscheibe von rund zwei Metern Durchmesser mit einer Auflösung von 240 Zeilen bei 24 Bildern pro Sekunde erzeugt. Die Bilder eines Films wurden kontinuierlich an 240 Linsen vorbeigeführt, die am Rand der schnell rotierenden Scheibe angebracht waren. Das Licht von dem Film fiel auf eine Röhrenphotozelle mit einem Elektronenvervielfacher. Das Ausgangssignal des Verstärkers wurde an einen Doppelmodulator angelegt, der das ganze Signalspektrum um etwa 100 kHz anhob. Folglich stand der Bereich zwischen 0 und 100 kHz für den Tonkanal und die Synchronimpulse zur Verfügung. Die Synchronimpulse wurden auf optischem Wege durch spezielle Bohrungen in der Scheibe gewonnen und auf einem eigenen Kanal übertragen. Mit Zwischenverstärkern etwa alle 16 km entlang der Koaxialverbindung wurden Phasenverzerrungen ausgeglichen und das Bildsignal entzerrt.

Die Bilder wurden auf einem herkömmlichen elektronischen Empfänger mit grünem Bildschirm wiedergegeben. Ihre Qualität, so wurde angegeben, war vergleichbar mit jener der 441zeiligen Bilder mit Zeilensprung, die in New York und Philadelphia ausgestrahlt wurden.[46]

Die RCA verwendete zur Abtastung von Filmen ein Ikonoskop. Der Einsatz des Zeilensprungs bei einer Frequenz von 60 Halbbildern pro Sekunde erschwerte das Verfahren. Der Projektor hatte eine spezielle Schrittschaltung mit einem Transportrhythmus von abwechselnd drei und zwei Bildern, der die dreimalige Abtastung des ersten Filmeinzelbildes in 1/20 Sekunde erlaubte, während das nächste Einzelbild zweimal in 1/30 Sekunde abgetastet wurde, woraus sich ein Durchschnitt von 1/24 Sekunde für jedes Filmbild ergab. Ein spezieller Verschluß ließ nur während der vertikalen Dunkeltastphase Licht auf die Kamera, wodurch ein Ladungsmuster auf dem Mosaik entstand, das bis zur vollständigen Abtastung gespeichert blieb. Während dadurch zwar das Problem der ungleichen Filmtransport- und Abtastgeschwindigkeit gelöst war, scheint doch die Qualität der Bilder nicht so hoch gewesen zu sein wie die der Filmbilder einer Bildzerlegerröhre oder eines Nipkow-Scheiben-Filmabtasters.[47]

Am 9. November 1937 gab die Philco Television Corporation bekannt, daß sie einen neuen, von W. N. Parker entwickelten Sendermodulator mit einer Bandbreite von nahezu 5 MHz im Einseitenbandverfahren verwendete. Der Empfang erfolgte mittels eines Quasi-Einseitenbandempfängers.[48]

Das neue Großbildsystem von Scophony wurde am 8. Dezember 1937 im British Industries House in London vorgeführt. Berichten zufolge waren die Bilder »scharf, flimmerfrei und hell genug, um von jedermann bequem betrachtet werden zu können«. Bei dem System waren bestimmte Anpassungen an das Fernsehsignal vom Alexandra Palace vorgenommen worden, die es dem Scophony-Empfänger ermöglichten, die Bilder ohne Schwierigkeiten wiederzugeben. Dabei wurden sie auf eine große Leinwand von rund 1,8 mal 1,5 Metern geworfen sowie auch auf einem Heimempfänger mit einer Bildgröße von rund 60 cm Kantenlänge wiedergegeben.[49]

Ebenfalls am 8. Dezember 1937 gab Baird Television eine Großbildvorführung im Palais-Kino in Kent. Das Bild, etwa 2,4 mal 1,8 Meter groß, reproduzierte dabei das regelmäßige Programm der BBC aus dem Alexandra Palace. Baird Television gab freilich an, daß sie die Ausstrahlung eigener Programme aus dem Crystal Palace plane.

Die Projektionsanlage bestand aus einer speziellen Bildwiedergaberöhre, die ein kleines helles Bild von rund 5 cm Seitenlänge erzeugte; dieses wurde von einem Objektiv mit großem Öffnungswinkel auf die Leinwand geworfen. Berichtet wurde auch, daß die Gaumont-British Pictures Corporation beabsichtigte, etwa 15 Kinos im Raum London mit Fernsehgroßbildanlagen auszustatten.[50]

Am 12. Dezember 1937 wurde berichtet, daß die erste fahrbare Sendeeinheit der NBC Television in der Radio City Hall in New York vorgeführt worden war. Sie bestand aus zwei Lastkraftwagen. Einer davon beherbergte die vollständige Aufnahmeanlage einschließlich Kameras, Synchrongeneratoren, Gleichrichter, Dunkeltast- und Ablenkverstärker sowie Leitungsverstärker. Dieses Fahrzeug transportierte zwei Ikonoskop-Kameras, die über mehrere hundert Meter Koaxialkabel angeschlossen waren. Zur Tonanlage gehörten mehrere Parabolmikrophone.

Das zweite Fahrzeug, das über rund 170 Meter Koaxialkabel mit dem ersten verbunden war, enthielt einen vollständigen UKW-Relaissender. Der Bildsender arbeitete auf 177 MHz, war an eine spezielle Richtfunkantenne angeschlossen und verfügte über eine geplante Reichweite von rund 40 km. Dem Bericht zufolge sollte die Einheit Anfang 1938 in Betrieb gehen.[51]

Allen B. DuMont beantragte am 11. Jänner 1938 ein Patent für ein Kommunikationssystem, bei dem der Sender (die Kamera) und der Empfänger (der Bildschirm) in ein- und demselben Glaskolben untergebracht waren. Dabei sollte ein einzelner Elektronenstrahl sowohl eine lichtelektrisch empfindliche Oberfläche als auch einen fluoreszierenden Schirm abtasten. Durch einen elektronischen Schalter sollte es möglich sein, mit dem gleichen Apparat Bilder sowohl zu senden als auch zu empfangen.[52]

Am 17. Jänner (sowie am 30. April und am 1. Juni) 1938 beantragte Georges Valensi ein Patent für ein Farbfernsehsystem auf einem einzelnen Kanal. Er beschrieb darin Mittel zur Verbindung von Signalen (sowohl Schwarzweiß- als auch Farbsignalen) auf nur einem Übertragungskanal, woraus sich eine Verringerung der Bandbreite ergab.[53]

G. Krawinkel, W. Kronjäger und H. Salow aus Berlin-Tempelhof veröffentlichten im Jänner 1938 einen Artikel über ihre Arbeit zu einer speicherfähigen Kameraröhre mit einem Halbleiterdielektrikum. Darin erörterten sie die Ersetzung einer nichtleitenden Bildwandlerschicht (wie etwa Glimmer) durch eine halbleitende (wie etwa schwach leitendes Glas), die höhere Feldstärken am Bildwandler schaffen sollte.[54]

G. Braude beantragte am 3. Februar 1938 in Rußland ein Patent für einen zweiseitigen Halbleiterbildwandler. Das Patent sah eine dünne dielektrische Platte mit einem bestimmten Grad an Leitfähigkeit vor. Ein Bild sollte auf die lichtelektrisch empfindliche Seite der Platte und durch eine transparente Elektrode »A« (ein Maschensieb) projiziert werden. Ihre Rückseite wurde durch einen Elektronenstrahl abgetastet. Das Licht von der Szene erzeugte Photoelektronen auf der lichtelek-

trisch empfindlichen Seite der Mosaikelemente; diese wurden auf das Maschensieb übertragen, welches direkt auf der Platte angebracht sein konnte. Dieses Maschensieb sollte durch die Tätigkeit des Elektronenstrahls, der die Rückseite der
Platte abtastete, entladen und dadurch ein Bildsignal erzeugt werden.

Es war auch möglich, ein Elektronenbild (wie beim Zwischenbildikonoskop)
so zu behandeln, daß es durch das Maschensieb auf ein halbdurchlässiges Mosaik
fiel, welches selbst nicht photoelektrisch empfindlich war. Braude gab später an,
daß er ein solches Mosaik tatsächlich gebaut und getestet habe. Die Verwendung
einer dünnen dielektrischen Platte mit gesteuerter Ableitung, wie sie hier vorgeschlagen wurde, bildete einen wichtigen Schritt vorwärts auf dem Weg zu einem
funktionstüchtigen zweiseitigen Bildwandlerelement.[55]

Am 4. Februar 1938 gab John L. Baird im Dominion-Kino in London eine Vorführung von Farbfernsehen. Die Übertragung erfolgte drahtlos vom Südturm des
Crystal Palace. Die Auflösung betrug 120 Zeilen. Übertragung und Empfang erfolgten mittels einer Spiegeltrommel mit 20 Spiegeln, die mit 6000 Umdrehungen
pro Minute rotierte. Diese Spiegel reflektierten die zu übertragende Szene durch
eine Linse mit zwölf Schlitzen, die konzentrisch, aber in unterschiedlichen Abständen von ihrem Außenrand angebracht waren. Auf diese Weise wurde das von
den 20 Spiegeln erzeugte 20zeilige Teilbild sechsfach verschachtelt, was ein 120zei-
liges Vollbild ergab; dieses wurde mit jeder Trommeldrehung zweimal wiederholt.
Jeder der Schlitze enthielt einen Farbfilter, abwechselnd blaugrün und rot, wodurch abwechselnd Bildzeilen, die einem blaugrünen und einem roten Bild entsprachen, übertragen wurden. Das Licht einer Hochstrombogenlampe wurde auf
die rotierende Trommel geworfen, was ausreichend Beleuchtung zur Ausfüllung
einer Leinwand von rund 4 mal 3 Metern Größe ergab. Die Ergebnisse dieses
Verfahrens ließen erkennen, daß es sich noch im Versuchsstadium befand, und
Berichte sprachen davon, daß man seinen »Unvollkommenheiten« deshalb nicht
allzu kritisch gegenüberstehen sollte. Dies scheint die erste drahtlose Übertragung
von Farbfernsehgroßbildern zu sein – eine weitere Premiere Bairds. Das Programm bestand aus Live-Aufnahmen, Farbdiapositiven und einem farbigen
Zeichentrickfilm.[56]

Im Februar 1938 gaben die Labors von Allen B. DuMont bekannt, daß sie ein
Fernsehsystem entwickelt hatten, das Bilder ohne Synchronsignale übertragen
konnte. Durch die Verringerung der Bildfrequenz auf 15 Vollbilder pro Sekunde,
so gaben sie an, konnten sie die Bandbreite des Fernsehsignals halbieren. Auf diese
Weise übertrugen sie 441zeilige Bilder bei einer Bildfrequenz von 15 Bildern pro
Sekunde mit 4:1-Zeilensprung.

Geplant war der Einsatz einer Abtastfolge in Doppelsägezahnform, horizontal
von links nach rechts und von rechts nach links und vertikal von oben nach unten
und von unten nach oben, wodurch die Notwendigkeit von Synchronsignalen beseitigt war. Die Wellenformen der vertikalen und horizontalen Abtastspannungen
wurden einer Hilfsträgerwelle aufmoduliert. Nach der Demodulation und Verstärkung am Empfänger wurde die Wellenform dann direkt als Kippspannung für
die Empfängerröhre verwendet.

Es wurde behauptet, daß auf diese Weise ein flimmerfreies 441zeiliges Bild erzeugt werden könne, obwohl nur 15 Vollbilder pro Sekunde übertragen wurden. Die Ausstrahlung des Tonsignals erfolgte auf einem Zwischenträger von 25 kHz über einen Kanal von rund 266 kHz Breite. Dieses Verfahren, so wurde angegeben, führte zu einer Einsparung in der Bandbreite von etwa 2 MHz.[57]

Am 29. März 1938 stellte die Farnsworth Company einen neuen von Harry S. Bamford entwickelten Filmprojektor für Fernsehzwecke mit kontinuierlichem Filmtransport vor. Dabei kamen zwei Linsenscheiben zum Einsatz, die jeweils 24 Linsen trugen und in entgegengesetzte Richtungen rotierten. Der Projektor war so mit dem Abtastsystem der Bildzerlegerröhre synchronisiert, daß Teilbilder abwechselnd zwei bzw. dreimal abgetastet wurden, sodaß ein verschachteltes Vollbild entstand. Die Bilder waren Berichten zufolge von »außergewöhnlich gutem Kontrast und guter Auflösung«.[58]

Im April 1938 erschien ein Bericht über ein hochzeiliges Fernsehsystem der Fernseh-AG, dessen Bilder mit einem Filmprojektor und einer Farnsworthschen Bildzerlegerröhre mit einer Röhrenphotozelle des Elektronenvervielfachertyps erzeugt wurden. Dabei handelte es sich um Bilder mit einer Auflösung von 441 Zeilen mit 2:1-Zeilensprung bei einer Bildfrequenz von 50 Halbbildern pro Sekunde. Die von diesem Projektor aufgenommenen Bilder wurden bei der Wiedergabe von einer speziellen Bildröhre des Projektionstyps auf eine Leinwand von rund zwei Metern Breite geworfen.[59]

Am 28. Mai 1938 beantragte Peter Goldmark von CBS ein Patent für einen Filmprojektor mit fix montierten Wechselobjektiven. Diese konnten so eingestellt werden, daß immer jeweils nur eines das Bild auf eine Bildzerlegerröhre projizierte.[60]

Philo Farnsworth beschrieb im Mai 1938 eine Kameraröhre des Speichertyps. In dieser Röhre, so gab Farnsworth an, wurde das Bild vor der Abtastung verstärkt. Im Inneren der Röhre befanden sich ein Bildraster, ein Signalschirm und eine Elektronenkanone. Der Bildraster bestand aus einem dünnen Plättchen aus einem geeigneten Metall, das mit einer Dichte von nicht ganz 25.000 Löchern pro Quadratzentimeter perforiert war. Auf der dem Objektiv zugewandten Seite war eine isolierende Substanz und auf diesem Isolator eine Vielzahl kleiner Inseln aus lichtelektrisch aktivem Material aufgebracht. Der Schirm, der das Signal lieferte, bestand aus einem verhältnismäßig feinem Netzgitter aus Draht, das vor dem Bildraster angebracht war.

Die Wirkung des Lichts von der Szene führte zum Aufbau eines elektrostatischen Ladungsbildes auf dem Bildraster. Die Elektronenkanone warf einen dünnen Elektronenstrahl hoher Geschwindigkeit auf die Metallseite des Bildrasters, wodurch am Aufschlagpunkt des Strahls Sekundärelektronen erzeugt wurden. Diese Elektronen wurden durch die positive Wirkung der kleinen Photoelemente auf der gegenüberliegenden Seite durch die Löcher des Rasters gezogen. Dies hatte eine Verstärkung zur Folge, weil dadurch weitaus mehr Elektronen pro Bildelement erzeugt wurden. Fast alle der Elektronen wurden von einer Anode gesammelt; ein kleiner Teil davon konnte gleichwohl von den Photoelementen eingefangen werden. Eine Röhre dieser Art wurde von Philo Farnsworth im November 1938 auf

dem Herbsttreffen des IRE vorgestellt. Später wurde berichtet, daß diese Bildver-
stärkerröhren von Farnsworth im Labor bei Lichtstärken von nur 20 bis 30 lm/m²
betrieben worden seien.

Farnsworth erwähnte, daß dieses Prinzip auch bei einer normalen Bildzerlegerröhre zur Anwendung kommen könne. In diesem Fall wurde die Rückseite der
Speicherplatte mit photoelektrisch empfindlichem Material beschichtet, das bei
Beleuchtung durch eine gleichförmige Lichtquelle Photoelektronen abgab. Diese
Photoelektronen wurden dann derselben elektronenröhrenmäßigen Weiterverarbeitung unterzogen wie bei der Speicherversion. In diesem Fall aber wurde ein
verstärktes Elektronenbild erzeugt, welches wie in der Standardbildzerlegerröhre
als Ganzes durch eine Lochblende geführt und abgetastet wurde.[61]

Die Fernsehkommission der RMA unter dem amtierenden Vorsitzenden Albert F. Murray billigte am 3. Juni 1938 mehrere Spezifikationen für eine neue amerikanische Fernsehnorm. Dazu gehörten eine Horizontalfrequenz von 441 Zeilen,
sodaß der Synchrongenerator vereinfacht werden konnte (mit 3 mal 3 mal 7 mal
7 als Ganzzahligen) mit Zeilensprungverfahren bei 60 Teilbildern pro Sekunde.
Weitere Merkmale waren ein Bildseitenverhältnis von 4:3 Längeneinheiten, negative Videomodulation, horizontale Signalpolarisation, konstanter Schwarz-
(Gleichstrom-) Pegel und die Einführung des gezahnten vertikalen Synchronim-
pulstyps mit zusätzlichen Ausgleichsimpulsen.

Die Einführung des Einseitenbandbetriebs zeigte einen Abstand zwischen
Bild- und Tonsignal von 4,5 MHz anstelle von 3,5 MHz, was einen höheren De-
tailkontrast des Bildes ermöglichte. Berichten zufolge strahlte der Versuchsfernsehsender W3XE der Philco in Philadelphia im Juli 1938 bereits Signale mit den
vorgeschlagenen neuen RMA-Spezifikationen aus.[62]

Baird Television hatte im Tatler-Kino in der Londoner Charing Cross Road
eine elektronische Großbildprojektionseinheit eingebaut. Mit diesem Gerät konnten Bilder von rund 2 Metern Höhe und 2,6 Metern Breite auf die Leinwand geworfen werden. Es wurde am 9. Juni 1938 öffentlich vorgeführt; dabei wurde ein
Bericht von der »Trooping of the Colours«-Zeremonie gesendet, einer Fahnen-
parade, bei der die Rekruten auf die eigene Flagge eingeschworen werden.[63]

In London ging der Fernsehdienst dreimal täglich auf Sendung. Ausstrahlungen fanden um 12 Uhr mittags, um 15 Uhr und um 21 Uhr abends statt. Die
Außenaufnahmeeinheiten berichteten von zahlreichen Freilichtereignissen, zu
denen im April 1938 Boxkämpfe, im Mai das Whitney Cup Polo-Match und die
Blumenausstellung in Chelsea, im Juni die »Trooping of the Colours«-Zeremonie
in Whitehall, das Lords Test Match und das Pferde-Derby sowie im Juli des Jahres das Tennisturnier in Wimbledon und einige Cricket-Spiele gehörten.[64]

Trotz des künstlerischen und technischen Erfolgs des Londoner Fernsehdienstes trat der Verkauf von Empfangsgeräten auf der Stelle. Deshalb beschloß man,
daß auf der Radio Olympia-Ausstellung, die für die Zeit vom 24. August bis zum
3. September 1938 angesetzt war, mindestens 20 Hersteller von Fernsehempfängern
mit ihren Geräten als Hauptattraktion vertreten sein sollten. Alexandra Palace
sollte während der Ausstellung täglich fünf bis sechs Stunden lang auf Sendung

sein. Einer Anmerkung zufolge wurde die Errichtung eines zweiten Fernsehsenders entweder in Manchester oder in Birmingham immer unwahrscheinlicher, sollten die Verkaufszahlen für Empfänger nicht sprunghaft ansteigen.[65]

Auf der vom 16. bis zum 18. Juni 1938 in New York City abgehaltenen 13. Jahresversammlung des IRE wurden zahlreiche Vorträge von Bedeutung gehalten. Die Themen reichten von der Einseitenbandübertragung über Mehrfachelektronenvervielfacher bis hin zum »Zwischenbildikonoskop« von Harley Iams, George Morton und V. K. Zworykin. Diese drei Letztgenannten berichteten, daß ihre Arbeit parallel zu jener von EMI und anderen verlaufen war, und daß ihre Röhre auf den gleichen Prinzipien beruhte wie das Superemitron, das Zwischenbildikonoskop von EMI. Sie gaben an, daß das Zwischenbildikonoskop etwa sechs bis zehn mal empfindlicher sei als das Ikonoskop, das für eine gute Betriebsleistung eine Beleuchtung von mindestens 10.000 bis 20.000 Lux benötigte.[66]

Die RCA hatte freilich für das Zwischenbildikonoskop trotz seiner Vorteile gegenüber dem Ikonoskop kein wirkliches Interesse übrig. Harley Iams und Albert Rose arbeiteten in den RCA-Labors vielmehr intensiv an einer Kameraröhre mit Abtastung durch einen langsamen Elektronenstrahl. Iams hatte am 31. Mai 1938 ein Patent beantragt, bei dem das Ladungsmuster des Targets mittels eines Magnetfeldes auf einen lichtelektrisch empfindlichen Schirm übertragen wurde. Dieser wurde durch die Einwirkung der elektronischen Abtastung entladen. Da dadurch nur Elektronen langsamer Geschwindigkeit entladen wurden, entstanden keine Störsignale durch verschobene Ladungsmuster.

Am 30. Juli 1938 beantragte Albert Rose von der RCA ein Patent, das einen Elektronenstrahl langsamer Geschwindigkeit zur Abtastung eines lichtdurchlässigen mosaikförmigen Bildwandlers vorsah. Jene Elektronen, die dabei den Schirm nicht erreichten, liefen auf einer separaten Bahn zu einer Sammelelektrode, die vor der Elektronenkanone angebracht war, zurück. Das Bildsignal konnte so entweder von der Signalplatte oder von der Sammelelektrode abgenommen und von einem Elektronenvervielfacher verstärkt werden. Die gesamte Röhre war dabei in das Magnetfeld einer Spule getaucht, und die Abtastung erfolgte durch eine Magnetspule für die vertikale und durch elektrostatische Platten für die horizontale Ablenkung.[67]

Am 12. September 1938 lieferten Albert Rose und Harley Iams eine Beschreibung ihrer Arbeit zu Röhren mit langsamem Abtaststrahl. In diesem Artikel wiesen sie auf die Wichtigkeit eines einheitlichen axialen Magnetfeldes hin, das den Strahl sauber gebündelt und bei der Annäherung an den Bildwandler in seiner regulären Bahn hielt.

Der Beitrag ging auch darauf ein, daß es wünschenswert war, den langsamen Strahl mit konstantem Einfallswinkel auf den Bildwandler zu lenken, um verbesserte Betriebsergebnisse zu erzielen. Ein weiteres Erfordernis bildeten die verhältnismäßig hohen Strahlstromstärken (etwa zwei Mikroampere).

Auch eine Beschreibung zweier Röhren, die auf dem eher einfach umzusetzenden äußeren Photoeffekt beruhten (Abtastung durch einen fokussierten Elektronenstrahl) fand sich in dem Beitrag. Bei der ersten kam ein zweiseitiger Bildwandler

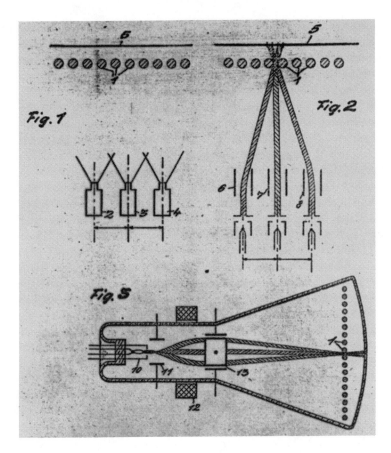

*Strichzeichnung aus dem Patent für eine Farbbildwiedergaberöhre von Werner Flechsig
(beantragt 1938, ausgestellt 1943).*

(wie im Antrag von Rose vom 23. September 1937 und im Antrag von Iams vom
31. Mai 1938 beschrieben) zum Einsatz; er bestand aus einer Photokathode und
einem einseitigen Mosaik, die zueinander im rechten Winkel standen.

Photographien dieser experimentellen Röhren wurden ebenfalls gezeigt. Beim
ersten Typ kam ein zweiseitiger Bildwandler zum Einsatz, der durch einen fokussierten Elektronenstrahl abgetastet wurde. Diese Röhre demonstrierte die Verbesserungen der Signalstärke, des Betriebswirkungsgrades und der Beseitigung
von Störsignalen durch verschobene Ladungsmuster, die von der Abtastung mit
langsamer Geschwindigkeit zu erwarten waren. In der zweiten Röhre wurden die
aus dem Mosaik freigesetzten Elektronen von der Abtastelektrode anstelle einer
eigenen Sammelelektrode eingefangen.

Darüber hinaus wurden auch zwei Röhren mit der wesentlich bedeutenderen
Abtastung durch einen«Glühemissionsstrahl» beschrieben. Zwei solche Röhren

waren gebaut worden, von denen eine mit elektrostatischer Horizontal- und Vertikalablenkung und die zweite mit elektrostatischer Horizontal-, aber magnetischer Vertikalablenkung arbeitete. Ein einseitiges lichtelektrisches Mosaik mit einer lichtdurchlässigen Signalplatte kam zum Einsatz, wobei das optische Bild durch die Signalplatte auf das Mosaik geworfen wurde.

Beide Röhren sollen in der Lage gewesen sein, mindestens rund 40 Zeilen pro Mosaikzentimeter aufzulösen, wobei das übertragene Bild sehr wenig Störschatten enthielt und die Bildsignalstärke verhältnismäßig hoch war. Ein Betriebswirkungsgrad von 71 Prozent war errechnet worden. Der Artikel schloß mit der Feststellung, daß trotz der bereits erzielten Lösung zahlreicher Probleme noch eine Menge Arbeit zur Optimierung der Konstruktion zu verrichten bleibe.[68] Das Ikonoskop blieb sowohl in Europa als auch in den Vereinigten Staaten weiterhin die »Standard«-Studioaufnahmeröhre, darüber hinaus verwendete die BBC in London das Superemitron (Zwischenbildikonoskop) für Außenaufnahmen.

Am 12. Juli 1938 beantragte Dr. Werner Flechsig von der Fernseh-AG ein Patent für eine Farbbildwiedergaberöhre. Dabei sollten drei Strahlen (von denen jeder eine Grundfarbe repräsentierte) gleichzeitig über einen Schirm abgelenkt werden, der verschiedenfarbige Leuchtstoffe enthielt. Vor dem Schirm und zwischen den Elektronenkanonen war ein Gitterschirm angebracht, der jedem Strahl nur das Erreichen seiner eigenen Farbe erlaubte. Auf diese Weise sollte die Projektion eines simultanen Farbbildes mit dem Gitter als Instrument zur Farbentrennung ermöglicht werden.[69]

Die Berliner Funkausstellung begann am 5. August 1938. Alle Vorführungen erfolgten mit der neuen Norm von 441 Zeilen. Die Fernseh-AG zeigte einen Großbildprojektor mit einer Bildgröße von rund 3 mal 3,6 Metern und einen Heimempfänger mit einer Schirmgröße von rund 20 mal 24 cm, der ab 1. Oktober 1938 zum Stückpreis von 35 bis 40 Pfund erhältlich sein sollte. Ein Gerät mit einer normalen 16-Zoll-Bildröhre wurde ebenso gezeigt wie ein Projektionsempfänger mit einer Bildgröße von 36 mal 41 cm, ebenfalls für den Heimgebrauch. Die Fernseh-AG verfügte sowohl über einen mechanischen Scheibenabtaster mit 441 Zeilen als auch über einen Filmabtaster mit Bildzerlegerröhre, der hervorragende, von Schattenfehlern (verschobenen Ladungsmustern) völlig freie Bilder lieferte.

Telefunken verwendete nun den Filmprojektortyp Arcadia (hergestellt von Mechau). Bei diesem erfolgte der optische Ausgleich durch eine Reihe von Spiegeln in Bewegung bei kontinuierlichem Filmtransport. Dabei kam entweder die Ikonoskop-Kameraröhre oder ein (elektronischer) Lichtpunktabtaster zum Einsatz. Telefunken führte auch eine 60 cm-Bildröhre vor, die ein ausgezeichnetes und leuchtstarkes Schwarzweißbild lieferte. Darüber hinaus zeigte Telefunken auch einen Projektionsempfängertyp mit einer Schirmgröße von rund 40 mal 50 cm für den Heimgebrauch. Schließlich hatte Telefunken in der Ausstellungshalle auch drei Projektoren aufgestellt, die Bilder von rund 1,5 mal 1,8 Meter Größe zeigten.

Die deutsche Reichspost hatte einen vollständigen Fernsehsender in einem Fahrzeug untergebracht, der auch während der Fahrt Bilder übertragen konnte. Darüber hinaus führte die Reichspost grobe Farbfernsehbilder von einem speziellen photographischen Film vor, wobei ein Projektor mit zwei Farbkomponenten verwendet wurde. Der Schirm der Bildröhre gab die Farben Rot und Blau wieder. Gezeigt wurden 180zeilige Bilder bei einer Halbbildfrequenz von 25 Bildern pro Sekunde. Da mit einer Filterscheibe zwei Farben abgetastet wurden, kam es bei der dadurch halbierten Bildfrequenz von 12,5 Bildern pro Sekunde zu schlimmen Flimmererscheinungen.[70]

D. W. Epstein von der RCA beantragte am 30. September 1938 ein Patent für ein Fernsehaufzeichnungsverfahren. Dabei handelte es sich um ein Gerät, das mit einer Filmbildfrequenz von 24 Bildern pro Sekunde Fernsehbilder einer Bildfrequenz von 30 Bildern pro Sekunde aufzeichnen konnte. Dies erfolgte mit einer speziellen Schrittschaltung, die Teilbild 1 und Teilbild 2 aufzeichnete und den ersten Teil von Teilbild 3 durch den Filmnachschub verlor. Danach zeichnete sie das gesamte Teilbild 4 und den ersten Teil von Teilbild 5 auf und verlor den letzten Teil von Teilbild 5, weil wieder der Verschluß für den Filmnachschub die Belichtung unterbrach. Danach wiederholte sich der Ablauf. Auf diese Weise war es möglich, Fernsehbilder mit einer Bildfrequenz von 30 Vollbildern (60 Halbbildern) pro Sekunde mit einem Mindestmaß an Informationsverlust auf Film mit einer Bildfrequenz von 24 Bildern pro Sekunde aufzuzeichnen. Von großer Bedeutung war dabei die Zeitsteuerung des Verschlusses, und eine der Hauptschwierigkeiten bestand in der Verbindung zweier unterschiedlicher Teilbilder, d. h. in der Verbindung der letzten Zeile von Teilbild 3 mit der ersten Zeile von Teilbild 5.[71]

Am 30. September 1938 berichtete der Londoner Fernsehdienst mit seiner Außenaufnahmeeinheit über die Rückkehr des britischen Premierministers Neville Chamberlain aus München. Die Botschaft, die Chamberlain von dort mitgebracht hatte, lautete »Frieden für unsere Zeit!« Die Außenaufnahmeeinheit der Marconi-EMI war mit drei Emitron-Kameras und den erforderlichen Mikrophonen anwesend und berichtete von der Ankunft und den darauffolgenden Zeremonien. Die Live-Sendung wurde über eine Funkbrücke nach London übertragen, wo sie vom Sender im Alexandra Palace ausgestrahlt wurde.

Dieser Bericht wurde in der *London Times* als »der beeindruckendste von allen bisherigen« bezeichnet, weiter hieß es, daß seine Machart eine »historische Qualität« erreicht habe, der bisher »keine andere Freilichtsendung gleichgekommen ist«. Die *Times* setzte fort: »Diese Ereignisse im Augenblick ihres Stattfindens zu sehen, ist seiner Art nach etwas völlig anderes als ein Wochenschaubericht nach dem Ereignis; etwas Packendes ist ihm eigen, und das allein macht den Besitz eines Empfangsgeräts lohnenswert.« Diese Sendung dürfte die allererste tatsächliche Fernsehübertragung eines zentralen und historischen Nachrichtenereignisses im Augenblick seines eigentlichen Geschehens gewesen sein. Sie war einer der Höhepunkte des Londoner Fernsehdienstes im Sendejahr 1938 und sollte viele Jahre lang nicht ihresgleichen finden.[72]

Die RCA gab am 6. November 1938 bekannt, daß sie mit Harry R. Lubcke, dem Fernsehdirektor des Don Lee Television System, ein Abkommen geschlossen hatte. Die RCA hatte bestimmte Patente und Methoden Lubckes zu Synchronisationsverfahren und -geräten erworben.[73]

Am 21. Dezember 1938 wurde berichtet, daß das U. S. Pat. Nr. 2.141.059, beantragt von Dr. V. K. Zworykin, nach rund 15jährigem Verfahren in der Patentbehörde endlich ausgestellt worden war. Diesem Beschluß war eine Entscheidung der Patentgerichte gegen Zworykin vorangegangen; ein Appellationsgericht des District of Columbia hatte ihr Urteil schließlich aufgehoben. Dieses Patent, erstbeantragt am 29. Dezember 1923, war zwischen dem ursprünglichen Antrag und seiner endgültigen Fassung Gegenstand von nicht weniger als 11 Streitverfahren. Es war zweimal Verfahrensgegenstand vor dem US-Appellationsgericht und insgesamt 12 Jahre lang strittig gewesen.[74]

Eigentlich hätte Dr. Zworykins Patentantrag U. S. Pat. Nr. 1.691.324 aus dem Jahr 1925 (ausgestellt 1928) ihm den gewünschten Vorrang gegeben, denn er war vielversprechender; er erwähnte sowohl die Verwendung getrennter Kügelchen als auch den Einsatz eines Maschengitters anstelle von Aluminiumfolie. Doch die Patentabteilungen sowohl von Westinghouse Electric als auch der RCA bestanden darauf, daß dem Antrag aus dem Jahr 1923 der früheste Vorrang zu geben sei.

Der Fall vor dem Appellationsgericht sollte aufgrund einer einzigen Streitfrage entschieden werden: aufgrund der Bauart der Photozelle. Wenn die Akte aus dem Jahr 1923 einen Antrag enthielt, der eine lichtelektrisch empfindliche Platte bestimmter Bauart zeigte, dann hatte Zworykin Anspruch auf die Zuerkennung des Vorrangs. So lautete das Argument der Anwälte Zworykins.

Die einzige strittige Frage dabei war, ob das Kalium auf dem lichtelektrisch empfindlichen Bauteil in der Form elementarer Flächen aufgebracht und ob ein so aufgebautes lichtelektrisches Element, wie es der Patentantrag von 1923 beschrieb, ein neues, noch nicht patentiertes Gerät war. Traf dies zu, so war Zworykin berechtigt, die Ansprüche seines Patents von 1923 zu erheben und als Ersterfinder aufzutreten. Am 2. November 1938 verfügte das Appellationsgericht, Zworykin das Patent zu gewähren. Es wurde der Westinghouse Electric and Manufacturing Company ausgestellt.[75]

Nachdem er diesen Fall gewonnen hatte, beantragte Dr. Zworykin am 26. November 1938 ein weiteres Patent, das im wesentlichen dem Antrag von 29. Dezember 1923 entsprach, doch darüber hinaus auch eine neue »Abb. 6« enthielt. Diese Abbildung zeigte ein typisches Ikonoskop mit einseitigem Bildwandlerelement. Der Antrag enthielt nur zwei Ansprüche; der erste bezog sich auf die Wirkungsweise eines elektrischen Kondensators, der mit einem zweiten isolierenden Spalt in Serie an einen Schaltkreis angeschlossen war; der zweite Anspruch betraf die besondere Eignung dieses Schaltkreises zur wirksamen Verwertung einer Entladung aus besagtem Kondensator. Auch dieses Patent wurde der Westinghouse Electric and Manufacturing Company aus East Pittsburgh ausgestellt.[76]

Darüber hinaus erneuerte Dr. Zworykin einen weiteren Patentantrag, der ursprünglich am 1. Mai 1930 eingebracht worden und noch nicht ausgestellt war. Auch darin fand sich eine neue Abbildung, die ein typisches Ikonoskop mit einseitigem Bildwandlerelement zeigte. Die Ansprüche betrafen in erster Linie einen Bildwandlerschirm, der aus einer Vielzahl von leitenden Elementen bestand. Sie wurden von einem Isolator getragen, und ihre Oberflächen waren elektrisch voneinander isoliert und empfindlich gegen Strahlungsenergie. Weiters enthielt der Antrag Vorrichtungen zur Ablenkung eines Elektronenstrahls, mit dem besagte leitende Elemente abgetastet wurden. Auch dieses Patent wurde Westinghouse ausgestellt. Diese Serie von Patenten verlieh Dr. Zworykin und Westinghouse die uneingeschränkte Kontrolle über das Ikonoskop.[77]

Am 30. Dezember 1938 beantragte die RCA ein Patent für ein optisches Projektionssystem mit einer elektronischen Bildwiedergaberöhre. Dabei kam Schmidt-Optik in der Form eines großen konvexen Kugelspiegels vor dem Schirm zum Einsatz. Dieser Spiegel wirkte konvergierend und verringerte die Öffnungs- und Asymmetriefehler des Bildes. Es wurde angegeben, daß damit ein optisches System mit einem Öffnungsverhältnis von f/0,6 oder höher zur Verfügung stand.[78]

Die Fernsehkommission der RMA fällte am 19. Jänner 1939 eine Entscheidung über die Fernsehnorm T-115, die die Einseitenbandübertragung betraf. Bei diesem Verfahren wurden beide Seitenbänder erzeugt, anschließend wurde eines davon durch Filter in der Antennenspeiseleitung entfernt. Die Einführung dieses Merkmals bildete einen sehr wichtigen Fortschritt, weil mit ihm ein Höchstmaß an Bilddetail bei sparsamem Umgang mit Übertragungsbandbreite gewährleistet war. Für die BBC in London war es für die Übernahme der Einseitenbandübertragung zu spät, denn ihre Normen waren bereits im Jahr 1936 festgelegt worden. So mußte sie ihren Sendebetrieb auch weiterhin im Zweiseitenbandverfahren fortsetzen.[79]

Die RCA berichtete im Februar 1939, daß sie von der BBC in London ausgestrahlte Fernsehbilder durch Abfilmen einer Bildwiedergaberöhre aufgezeichnet hatte. RCA-Techniker zeigten einen vierminütigen Film mit Bildern, die in Riverhead, New York, aufgefangen und mit ihrer Filmaufzeichnungsanlage aufgenommen worden waren. Die Bilder waren wackelig und unscharf, wenngleich gelegentlich deutlich genug, um die Ansagerin Jasmine Bligh wiederzuerkennen. Soweit bekannt ist, handelt es sich hierbei um die erste Aufzeichnung von Fernsehbildern durch Abfilmen einer Bildwiedergaberöhre in Amerika. Daneben stellte es mit Gewißheit auch einen Langstreckenrekord für aufgezeichnete Fernsehbilder auf.[80]

Am 14. April 1939 gab die RCA im Waldorf-Astoria-Hotel eine Vorführung ihres Fernsehgroßbildprojektors. Dabei wurden Bilder von rund 1,3 mal 2 Metern Größe gezeigt.[81]

Der Preisboxkampf Boon gegen Danaher wurde am 29. Februar 1939 zu zwei Londoner Kinos übertragen, was sich als Riesenerfolg herausstellte. Deshalb kündigte Gaumont-British (die Firma von Ostrer, die Baird Television besaß) an, daß sie rund 350 Kinos mit Kino-Fernsehanlagen ausstatten werde. Genau zu dieser Zeit wurde das Großbildfernsehsystem der Baird Television, Ltd., mit einem Bild von rund 3 mal 4 Metern auch in der Gaumont-British-Vertretung in New York City vorgeführt.[82]

Am 24. Mai 1939 gab EMI in ihrem Kino in Hayes, Middlesex, eine Vorführung ihres neuen Fernsehgroßbildprojektors. Das Bild, das auf einer Leinwand von rund 5 mal 4,2 Metern Größe betrachtet werden konnte, war »vergleichbar mit der Qualität normalen Films«. Den Anlaß für die Vorführung bildete das jährliche Pferde-Derby.[83]

*David Sarnoff spricht auf der Weltausstellung in New York am 20. April 1939 vor einer
Ikonoskop-Kamera von NBC. Sein Bild wurde zum Sender auf dem Empire State
Building übertragen und von dort ausgestrahlt.*

Am 7. März 1939 führte die Philco Radio and Television Corporation einer
Gruppe von Radiohändlern in New York City ihren neuen »tragbaren« Fernsehsender vor. Es war ein in sich abgeschlossenes Gerät mit einer auf einem Gehäuse
angebrachten Kamera, das rund 190 Kilogramm wog. Das Gehäuse enthielt einen
vollständigen Funksender, der auf RMA-Standards mit einer Leistung von weniger als einem Watt arbeitete, was eine Reichweite von knapp 53 Metern ergab. Das
Gerät war nicht für den Verkauf gedacht, sondern diente weiterer Forschung und
Untersuchungsarbeit.[84]

Ebenfalls im März 1939 gab General Electric Pläne zum Betrieb eines Fernseh-
umsetzers in den Helderberg Mountains rund um Schenectady, New York, bekannt. General Electric hatte sich seit der Trennung von der RCA im Jahr 1932
nicht sonderlich rege auf dem Gebiet des Fernsehens betätigt. Doch die unmittelbar bevorstehende Einführung eines kommerziellen Fernsehsystems in den Vereinigten Staaten hatte General Electric veranlaßt, ein Entwicklungsprogramm zu
beginnen. Das Unternehmen war nun dabei, einen Fernsehsender aufzubauen und
Fernsehempfänger sowie vor allem Fernsehkameras ihrer eigenen Bauart herzustellen. General Electric plante, Fernsehsignale nach Troy und Albany, New York,
auszustrahlen.[85]

Der Fernsehsender von RCA/NBC im Empire State Building wurde überholt,
um ihn in Übereinstimmung mit den neu übernommenen RMA-Normen zu brin-

gen; dazu wurde auch ein Einseitenbandfilter eingebaut. Der Sender wurde für die Eröffnung der Weltausstellung in New York City im Frühjahr 1939 bereitgemacht. Sechs amerikanische Hersteller kündigten Pläne an, bis zum 1. Mai 1939 Fernsehempfänger zum Verkauf anzubieten. Es waren die American Television Corporation, die Andrea Radio Corporation, die Allen B. DuMont Laboratories, General Electric, die Philco Radio and Television Corporation und die RCA Manufacturing Company in Camden, New Jersey. Farnsworth Television and Radio Corporation und die RCA gaben an, daß sie für die Produktion von Fernsehempfänger mehrere Millionen Dollar aufwenden würden. Die Andrea Radio Corporation behauptete, sie werde als erstes Unternehmen Empfangsgeräte mit dem neuen 441-Zeilen-Standard auf den Markt bringen.[86]

David Sarnoff trat am 20. April 1939 (vor der Eröffnung der Weltausstellung) vor einer Ikonoskop-Kamera der NBC auf und weihte feierlich den Ausstellungsbeitrag der RCA ein. Dies war Berichten zufolge das erste Mal, daß Bilder vom »TeleMobile« (dem Sendewagen der RCA) aus zum Sender am Empire State Building gesendet und von dort ausgestrahlt wurden. Zu den Ausstellungsstücken der RCA gehörten ein Großbildprojektor und eine große Empfängerröhre (Bildschirmgröße rund 46 mal 61 cm) mit Frontansicht und Helligkeitsspitzen von rund 400 lm/m². Daneben beinhaltete die Schau der RCA auch eine vollständige 16mm-Filmprojektionseinheit sowie Platz für das »TeleMobile«.[87]

Für David Sarnoff bedeutete diese Eröffnung die Verwirklichung von rund elf Jahren Planungsarbeit. Seine ursprüngliche Idee von Ende 1928, bis Ende 1932 ein Fernsehsystem in Betrieb gehen zu lassen, war lange hinausgezögert worden. Kaum jemand hatte im Jahr 1928 die Wirtschaftskrise absehen oder gar vorhersagen können, wie lange sie anhalten würde. Tatsächlich litt die Welt auch im Jahr 1939 noch an ihren Auswirkungen.

Das Fernsehen in den USA gab sein formelles Debut am 30. April 1939 mit der Ausstrahlung einer Ansprache des Präsidenten Franklin D. Roosevelt zur Eröffnung der Weltausstellung in New York City. Die Bilder wurden an Empfänger an strategisch wichtigen Orten übertragen. Berichten zufolgen waren sie deutlich und ruhig.[88]

Die Zeit schien nun reif für ein kommerzielles Fernsehsystem in den USA. Die Einführung des neuen Fernsehdienstes beeinträchtigte den Verkauf von Radioempfängern offenbar in keiner Weise. Der Verkauf von Fernsehempfängern dagegen lief nur schleppend an und war eine Enttäuschung. Dem Beispiel der BBC in London folgend, begann RCA/NBC eine lange Reihe von besonderen Sendeveranstaltungen, um das Interesse an dem neuen Medium zu beleben. So wurden am 17. Mai 1939 Außenaufnahmen vom Baseballspiel Columbia gegen Princeton und vom 16. bis 22 Mai 1939 vom Sechstage-Motorradrennen gesendet; am 1. Juni 1939 wurde der Preisboxkampf Baer gegen Nova und am 11. Juni 1939 die Ehrenparade für König George VI und Königin Elizabeth übertragen. Von allen diesen Ereignissen wurde mit einer einzelnen Kamera berichtet.[89]

Am 1. Juni 1939 wurde von der britischen General Electric Company ein mechanischer Filmabtaster mit besonders hoher Bildqualität beschrieben. Der Abtaster wies eine in Vakuum rotierende gelochte (Nipkow-) Scheibe auf. Der Film wurde kontinuierlich transportiert, wobei er zur Beseitigung von Flimmern durch ein geteiltes optisches System belichtet wurde. Ein Mechanismus glich die Schrumpfung des Films aus. Die Synchronsignale wurden ebenfalls durch Löcher in der Scheibe erzeugt. Dieses Gerät bildete eine weitere Lösung des Problems der schlechten Filmabtastung durch das Ikonoskop.[90]

Harley Iams und Albert Rose von der RCA Manufacturing Company gaben am 7. Juni 1939 der New Yorker Abteilung des IRE öffentlich Einzelheiten ihrer neuen Kameraröhre mit langsamem Abtaststrahl bekannt. Diese Aufnahmeröhre wurde Orthikon genannt, eine Abkürzung von Orthikonoskop. Der Name leitete sich aus der Tatsache ab, daß die Kennlinie zwischen der einfallenden Lichtmenge und dem Ausgangsstrom eine Gerade bildete. Bei dieser Kameraröhre, so Iams und Rose, traten keinerlei Störsignale durch verschobene Ladungsmuster auf.

Der Beschreibung zufolge hatte die Röhre eine Länge von rund 50 cm und einen Durchmesser von 10 cm. Das Bildwandlerelement maß rund 5 mal 6,3 cm, seine Auflösung soll 400 bis 700 Zeilen betragen haben. Die Empfindlichkeit der Röhre, so wurde angenommen, war zehn bis 20 Mal höher als die des Ikonoskops. Am 23. Juli 1939 wurde berichtet, daß sich das Orthikon im Schlußstadium seiner Entwicklung befand und mit dem ersten Tag des kommenden Jahres bereit zum Einsatz im Sendebetrieb sein sollte.[91]

Am 27. Juli 1939 gab John L. Baird die erste Vorführung eines Farbfernsehsystems mit elektronischer Bildwiedergabe. Die Bilder wurden vom Südturm des Crystal Palace über eine Entfernung von rund 3,2 km zu Bairds Labors und Wohnsitz in der Crescent Wood Road in Sydenham übertragen.

Das Abtastgerät bestand aus einer rotierenden Trommel mit 34 Spiegelflächen in Verbindung mit einer Farbfilterscheibe, die die dreifache Verschachtelung des Abtastlichtpunkts bewirkte, sodaß das vollständige Bild aus 102 Zeilen aufgebaut war. Dieser Abtastvorgang wurde 16,66 mal pro Sekunde wiederholt, wobei jede Lichtzeile auf eine Photozelle geworfen wurde, die die Lichtstrahlung in elektrische Impulse übersetzte. Ein Lichtpunktsystem warf sein Licht durch einen unbeweglichen Schlitz, hinter dem eine Abtastscheibe rotierte. Jeder Schlitz dieser Abtastscheibe war mit einem Farbfilter bedeckt, der erste Schlitz rot, der nächste blaugrün und so fort. Die Spiegeltrommel rotierte mit 6000 Umdrehungen pro Minute, die Abtastscheibe mit 500 Umdrehungen pro Minute.

Am Empfänger wurde eine Farbfilterscheibe vor einer Elektronenröhre so in Rotation versetzt, daß sich in Synchronisation mit der Senderscheibe stets der richtige blaugrüne oder rote Filter vor dem Bild befand, wodurch ein Bild in voller Farbe erzeugt wurde. Einem Bericht zufolge »kamen fleischfarbene Töne gut heraus, Blau und Rot waren am hellsten, doch Scharlachrot neigte zu einer orangen Tönung. Die Bildauflösung war nicht so gut wie bei Schwarzweißfernsehen«.[92]

Die sechzehnte (und letzte) Berliner Funkausstellung wurde am 28. Juli 1939 eröffnet. (Die nächste Ausstellung sollte 1940 in Köln stattfinden.) Das wichtigste Exponat dieser Ausstellung bildete ein »Fernseheinheitsempfänger«, der in einem Gemeinschaftsunternehmen von der Fernseh-AG, Telefunken, Lorenz, Loewe

Radio sowie von TeKaDe entwickelt worden war. Dabei handelte es sich um ein eher kleines Tischmodell mit einer Bildgröße von etwa 19,5 mal 22,5 cm, das zum Preis von rund 32 Pfund und 10 Shilling (137 Dollar) erhältlich sein sollte. Dieser Empfänger wies einen neuartigen viereckigen, flachen Bildschirm auf und besaß nur etwa 15 Elektronenröhren in der Schaltung.

Es sollten auch Großbildsysteme von Dr. Karolus und Telefunken vorgeführt werden. Doch der Projektor von Karolus entwickelte Probleme und wurde während der ganzen Dauer der Ausstellung nicht gezeigt. Der Projektor von Telefunken war nur zwei Tage lang in der Schau und wurde dann zurückgezogen.[93]

Im Juli 1939 veröffentlichte das *Journal of Applied Physics* eine ganz dem Fernsehen gewidmete Ausgabe. Sie beinhaltete Beiträge von David Sarnoff, Knox McIlwain, Pierre Mertz, Peter Goldmark und E. W. Engstrom. McIlwains Artikel, ein »Überblick über Fernsehaufnahmegeräte«, war überaus aufschlußreich. McIlwain wies in dem Beitrag darauf hin, daß die Empfindlichkeitsgrade der beiden konkurrierenden Kameraröhren, des Ikonoskops und der Bildzerlegerröhre, nicht so weit auseinanderlagen, wie stets angedeutet worden war. Das Ikonoskop benötigte mindestens 1000 lm/m² und konnte noch bei 100 bis 160 lm/m² brauchbare Bilder liefern. Die Bildzerlegerröhre benötigte als Mindestbeleuchtung 1600 bis 1800 lm/m² und konnte erkennbare Bilder noch bei 4 Candela übertragen. McIlwain räumte freilich ein, daß die Bildzerlegerröhre nur unter sehr günstigen Bedingungen zur Außenaufnahme taugte.[94]

Die jährliche Radio Olympia-Ausstellung in London wurde am 23. August 1939 mit einer Rede von Sir Stephen Tallents, dem Leiter der Öffentlichkeitsarbeit der BBC, eröffnet. Damit wurde erstmals eine Ausstellung per Fernsehübertragung eröffnet. Wieder lag ein großer Ausstellungsschwerpunkt beim Fernsehen, wobei Empfängermodelle von H.M.V., der Baird Television Company, der britischen General Electric, von Scophony und von Ferranti gezeigt wurden. Das führte immerhin dazu, daß in London rund 500 Fernsehempfänger pro Woche verkauft wurden, so ein Bericht.[95]

Doch dieser Erfolg sollte nur von kurzer Dauer sein, denn mit dem Ausbruch des Zweiten Weltkriegs in Europa wurde der BBC-Sender im Alexandra Palace am 1. September 1939 stillgelegt – eines der allerersten Opfer dieser Krieges. Die Anordnung zur Schließung des Senders an diesem Tag zur Mittagszeit war ohne Vorwarnung erfolgt. Etwa 23.000 Fernsehempfänger waren seit der Eröffnung der Station im November 1936 verkauft worden; mit der Einstellung des Sendebetriebs wurden sie für die Dauer des Krieges nutzlos gemacht. Gerüchten zufolge sollen freilich die hohen Betriebskosten des Londoner Fernsehdienstes der Hauptgrund für diese frühe Schließung von Alexandra Palace gewesen sein.[96]

Das Fernsehsystem in den USA hingegen machte weitere Fortschritte. Da einen großen Teil der technischen Forschung die RCA verrichtet hatte, war es für sie nun wichtig, zu einer Einigung mit ihren Konkurrenten zu kommen. Sie hatte bis dahin bereits die meisten der wichtigen Patente für Kamera- und Empfängerröhren aufgekauft. Darüber hinaus gab es aber auch bestimmte Schaltungen, die in einem

Fernsehsystem erforderlich waren. Auf viele davon hielt Philo Farnsworth die Rechte. Deshalb mußte die RCA auch mit ihm zu einem Abkommen finden.

Philo Farnsworth hatte bereits mit Philco (1931), mit Baird und der Fernseh-AG (1934) sowie mit der American Telephone & Telegraph Company (1937) Verträge geschlossen. Im September 1939 wurde auch eine Einigung zwischen Farnsworth und der RCA erzielt. Unterzeichnet wurde das Abkommen von Otto Schairer von der Radio Corporation of America und von E. A. Nicholas von der Farnsworth Television and Radio Corporation. Nicholas war früher Leiter der Lizenzabteilung der RCA gewesen. Erstmals ging die RCA dabei einen Vertrag ein, bei dem sie für den Gebrauch von Patenten laufende Lizenzgebühren zahlen mußte. Das Abkommen wurde am 2. Oktober 1939 bekanntgegeben. Diese Einigung bedeutete einen gewaltigen Triumph für Philo Farnsworth und die volle Anerkennung seiner wichtigen Beiträge zur Entwicklung des Fernsehens.[97]

In Los Angeles hatte die Don Lee-Fernsehstation W6XAO Fernsehbilder auf einem Standard von 300 Zeilen ohne Zeilensprung bei einer Bildfrequenz von 24 Bildern ausgestrahlt, die Sendefrequenzen betrugen dabei 45 MHz für das Bild- und 49,75 MHz für das Tonsignal. Im Sommer 1939 wurde der Sender geschlossen, damit er auf den neuen RMA-Standard von 441 Zeilen im Einseitenbandbetrieb umgerüstet werden konnte. Anfang November 1939 ging W6XAO wieder auf Sendung. Zu dieser Zeit brachten die RCA, General Electric, die Gilfillan Brothers und Stewart-Warner Fernsehempfänger im Gebiet von Los Angeles auf den Markt. Es wurde auch berichtet, daß Don Lee Television bei der RCA transportable Sendeausrüstung bestellt hatte; sie sollte bis Mitte Dezember ausgeliefert werden.[98]

Am 17. Oktober 1939 feierte die Radio Corporation den 20. Jahrestag ihrer Gründung. Ein besonderes Programm wurde vom Sender im Empire State Building an ein Flugzeug mit einem Empfänger an Bord gesendet. Der Schluß dieser Ausstrahlung zeigte, wie das Flugzeug am North Beach Airport auf den Boden aufsetzte, sodaß die Passagiere sich selbst bei der Landung beobachten konnten.[99]

Farnsworth Television war nicht auf der Weltausstellung in New York City vertreten, sondern mit einer Wanderausstellung unterwegs, die sich in der ersten Novemberwoche 1939 in Seattle, Washington, aufhielt. Zu dieser Einheit gehörte auch eine Live-Kamera Farnsworths, die bei Vorführungen eingesetzt wurde.[100]

Am 8. November 1939 beantragte die Gesellschaft zur Förderung der Forschung auf dem Gebiete der Technischen Physik an der Eidgenössischen Technischen Hochschule Zürich ein Patent für einen Fernsehgroßbildprojektor. Dieser wies einen lichtmodulierenden Schirm auf, der von einem Elektronenstrahl lokal verformt wurde. Dieser Mosaikschirm sollte aus einer Ölschicht oder aus einer Mischung aus Gummi und Öl oder aus Gummi, Gelatine, Kunstharz usw. bestehen.

Das Licht aus einer unabhängigen Lichtquelle sollte durch ein optisches System, einen Reflektor und eine weiteren Linse auf den modulierenden Schirm fallen. Das von der Rückseite nicht verformter Teile des Schirms reflektierte Licht wurde durch einen Reflektor abgeschnitten; doch Licht, das auf die verformten Teile des modulierenden Schirms fiel, wurde von dem Reflektor durchgelassen und durch ein optisches System auf eine Leinwand gelenkt, wo es ein Bild aufbaute. Dieses Gerät sollte Fernsehbilder mit ausreichend Leuchtkraft zur Ausfüllung einer großen Leinwand projizieren.[101]

Die FCC stimmte am 29. November 1939 neuen Bestimmungen zur Regelung des Fernsehsendebetriebs in den USA zu. Dabei wurden zwei Klassen von Sendestationen eingerichtet: Zu Klasse 1 gehörten Stationen, die auf versuchsweiser, nicht planmäßiger Grundlage sendeten, zu Klasse 2 jene Stationen, die ein planmäßiges Programm in eingeschränktem kommerziellen Betrieb anboten. Die FCC weigerte sich aber in der irrtümlichen Annahme, daß ohnehin jeder Hersteller jene Standards verwenden würde, die ihm am besten paßten, irgendwelche technischen Normen für die Ausstrahlung zu verfügen. Unter den kleineren Herstellern herrschte augenscheinlich viel Zwietracht; am 22. Dezember 1939 beschloß die FCC daher, Anfang 1940 eine Anhörung über Normen und weitere damit verbundene Fragen einzuberufen.[102]

Im Dezember 1939 beschrieb Scophony erstmals eine neue Kameraröhre namens Diavisor. Sie beruhte auf Prinzipien, die A. Rosenthal patentieren lassen hatte. Die Kameraröhre beinhaltete einen Bildwandlerschirm, der aus einem auf einer Signalplatte angebrachten Alkalihalogenidkristall bestand. Ein Elektronenstrahl tastete die Oberfläche des Kristalls ab. Die Leuchtenergie des optischen Bildes diente als Anregungsstrahlung, unter deren Wirkung der zuvor entsprechend behandelte Kristall Farbzentren erzeugte. Der Elektronenstrahl wirkte als Löschstrahlung.

Der Kristall speicherte eine Energiemenge, die der Intensität des eintreffenden Lichts entsprach. Diese Energie wurde durch die Wirkung des Abtaststrahls in dem Augenblick freigesetzt, in dem der Großteil der Löschstrahlung Elektronen aus dem Inneren des Kristalls losschlug. Diese Energie ging zu einem Widerstand, über den die Bildsignale entwickelt wurden. Eine Kameraröhre mit Einsatz eines Elektronenbildes wurde ebenso beschrieben wie die Verwendung eines mit mechanischen Mitteln abgelenkten Lichtstrahls.[103]

Bis zu dieser Zeit hatte sich das Fernsehen von einem rein experimentellen Medium zu einer vollentwickelten kommerziellen Unternehmung entwickelt. Der Londoner Fernsehdienst, der 1936 eröffnet worden war, hatte Qualitätsmaßstäbe gesetzt, die viele Jahre lang nirgendwo sonst erreicht wurden.

Die Fernsehsysteme wurden zuverlässiger und arbeiteten mit besseren (empfindlicheren) Kameras und mit Empfängern mit immer größeren und helleren Bildschirmen. Die Einführung eines kommerziellen Fernsehdienstes in den USA schien im Jahr 1939 unmittelbar bevorzustehen, sobald bestimmte Probleme gelöst waren. Unter den kleineren Herstellern herrschte gleichwohl viel Unzufriedenheit, und die FCC zeigte wenig Willen, Normen zu verfügen. Überall sonst auf der Welt wurde dem Fernsehen nur noch wenig Bedeutung beigemessen, da sich die Nationen auf den bevorstehenden Krieg vorbereiteten.

Kapitel 11

Das erste NTSC: 1940 – 1941

Am 1. Jänner 1940 übetrug die Don Lee-Fernsehstation in Los Angeles die Rose Bowl Parade aus Pasadena. Dies erfolgte mit den beiden neuen tragbaren Fernsehkameras, die kürzlich von der RCA erworben worden waren. Das Wetter war trüb, und es regnete stark. Die Fernsehsignale wurden über 14,4 km aus Pasadena an den Sender W6XAO übermittelt, der sie in das Gebiet von Los Angeles ausstrahlte.[1]

Die öffentlichen Anhörungen durch die FCC, die am 15. Jänner 1940 begannen, brachten Brüche in den Reihen der Fernsehindustrie bezüglich der Normen (oder besser: deren Fehlen) in den Vereinigten Staaten zutage. Sowohl die Philco Corporation als auch DuMont Television verlangten Veränderungen. Philco wünschte eine Steigerung der Bildauflösung auf 605 Zeilen bei 24 Bildern pro Sekunde. DuMont strebte ein flexibles System mit 625 Zeilen bei 15 Bildern pro Sekunde an. Die Zenith Radio Corporation behauptete, das Fernsehen sei noch nicht bereit für den öffentlichen Einsatz. Und darüber hinaus brachte Major Edwin Armstrong den Fall des FM-Sendesystems und damit den Vorwurf vor, daß die RCA versuche, die Weiterentwicklung seiner Erfindung mit allen zur Verfügung stehenden Mitteln zu verhindern. Der neue FCC-Vorsitzende James L. Fly war darüber empört; er verfügte, daß die Frage der dauerhaften Zuweisung von Sendefrequenzen solange auszusetzen war, bis den Voraussetzungen zur Einführung von FM entsprochen wurde.[2]

Mitglieder der FCC, angeführt vom Vorsitzenden Fly, besuchten die Fernsehstation von RCA/NBC in New York und die neue Station W2XB von General Electric in Schenectady, New York. Anschließend besuchten sie die Labors von Allen B. DuMont, wo ihnen Fernsehbilder sowohl mit dem Standard der RMA als auch dem eigenen von DuMont vorgeführt wurden.[3]

Am 5. Februar 1940 besuchten die FCC-Mitglieder die RCA-Produktionsanlage in Camden, New Jersey, wo ihnen mehrere neue Ikonoskop-Kameraröhren gezeigt wurden. Außerdem wurden sie Zeugen einer Vorführung von Großbildfernsehen sowie eines Vergleichs zwischen einer Bildfrequenz von 24 Bildern pro Sekunde und einer Rate von 30 Bildern pro Sekunde.

Auch »Farbfernsehen« wurde ihnen vorgeführt. Einer Quelle zufolge handelte es sich dabei um ein »simuliertes« Dreifarbensystem, bei dem drei getrennte Übertragungskanäle und ein Spiegelsystem zur Zusammensetzung des Gesamtbildes zum Einsatz kamen. Eine andere Quelle sprach davon, daß es ein Zweifarbensystem mit Lichtpunktabtastung war, bei dem das Bild mit optischen Mitteln auf einem einzelnen Schirm zusammengesetzt wurde. In jedem Fall aber bildete diese Vorführung den ersten Hinweis darauf, daß die RCA die Forschung zum Farbfernsehen aufgenommen hatte.[4]

Die Mitglieder der FCC besuchten schließlich die Philco Corporation in Philadelphia, wo ihnen das System mit 605 Zeilen bei 24 Bildern pro Sekunde gezeigt wurde. Philco gab an, daß die höhere Auflösung zu einer Verbesserung der Bildqualität um 35 Prozent führe.[5]

Am 28. Februar 1940 verlautbarte die FCC, daß ab bzw. nach dem 1. September 1940 ein reklamefinanzierter Programmdienst zugelassen werde. Wieder wurden zwei Klassen von Sendestationen eingerichtet. Dieses Mal war Klasse 1 dazu bestimmt, die technische Forschung voranzutreiben, deshalb sollte sie auch mehr als einen Kanal unterhalten dürfen. Klasse 2 sollte die Programmproduktion erproben und nur einen Kanal betreiben dürfen.

Die RCA kündigte daraufhin am 15. März 1940 einen großen Abverkauf von Fernsehempfängern zu gesenkten Preisen an und hoffte, damit noch vor Ablauf des Jahres 25.000 Stück absetzen zu können. Die FCC war über diese Ankündigung bestürzt, weil sie die RCA-Aktion als einen Versuch betrachtete, die Normen auf dem Stand einzufrieren, auf dem die RCA gegenwärtig arbeitete. Deshalb wurden für den 8. April 1940 weitere Anhörungen angesetzt, die klären sollten, ob die Erforschung, Erprobung und das Zustandekommen besserer Fernsehstandards von der RCA ungebührlich hinausgezögert wurden.[6]

Im Februar 1940 beschrieb Scophony, Ltd., eine neue Entwicklung: ein Verfahren der Fernsehgroßbildprojektion namens Skiatron. Es beruhte auf einer Röhre mit dem Prinzip der »Elektronenopazität«. Bestimmte Ionenkristalle wiesen einen lichtundurchlässigen Beschlag auf, der durch die richtige Kombination aus einem elektrischen Feld und einer geeigneten Temperatur, denen der Kristall ausgesetzt wurde, aufgelöst werden konnte.

Wenn der Beschlag zum positiven Pol hingezogen wurde, verschwand er und ließ den Kristall im wesentlichen lichtdurchlässig zurück. So erzeugte der modulierte Elektronenstrahl auf dem Kristall einen opaken Niederschlag, dessen Dichte der augenblicklichen Intensität des Strahls entsprach.

Ein aus bestimmten Kristallsubstanzen aufgebauter Schirm wies im Betrieb Speicherfähigkeit auf. Deshalb war vorgesehen, das Bild für die Dauer eines ganzen Vollbildes und nicht im Rhythmus der Einzelzeilenfrequenz auf dem Schirm anzuzeigen. Der Elektronenstrahl tastete ein Einzelbild nach dem anderen ab, sodaß Bewegungsbilder möglich waren, doch der Schirm sollte das Einzelbild im wesentlichen für einen Zeitraum anzeigen, der der Vollbildfrequenz entsprach. Dabei blieb er solange unverändert, bis der Elektronenstrahl zum nächsten Abtastdurchgang ansetzte; dann paßte sich der Schirm dem neuen Wert ohne Verzögerung an.

Der Einsatz dieses neuen Speicherprinzips, so gab Scophony an, verlieh dem System zahlreiche Vorteile. So war etwa das Zeilensprungverfahren (zur Verringerung von Flimmern) nicht erforderlich. Es konnten beträchtliche Einsparungen in der Bandbreite erzielt werden; umgekehrt war, wenn auf Bandbreitenreduktion verzichtet wurde, eine wesentlich höhere Bildauflösung möglich. Das System konnte auch sehr gut einem subtraktiven Dreifarbenverfahren angepaßt werden. Dabei kamen drei Skiatron-Röhren zum Einsatz, die jeweils einen Schirm aus bestimmten Alkalihalogenidkristallen besaßen. Die Kristalle wiesen dabei Beschläge in den geeigneten Farben auf, und zwar Blaugrün (minus Rot), Magenta (minus Grün) und Gelb (minus Blau) in richtiger Abstimmung aufeinander. Dieses Gerät war Scophonys erste nicht-mechanische Großbildanlage.[7]

Die Labors der EMI berichteten im März 1940, daß sie Versuche mit der photographischen Aufzeichnung von Fernsehbildern auf Film durch eine Kamera mit kontinuierlichem Filmtransport unternommen hatten. Dabei kam eine Spiegeltrommel zum Einsatz, die sich relativ zum photographischen Film bewegte, sodaß auf sie und auf den Film ein ruhendes Bild geworfen wurde. Dadurch wurden die Schwierigkeiten beseitigt, die ein mit dem Zeilensprungverfahren erzeugtes Fernsehbild bei der Aufzeichnung auf Film verursachte. Auf der Bildwiedergaberöhre konnte entweder ein positives oder ein negatives Bild angezeigt werden, sodaß je nach Bedarf entweder photographische Positive oder Negative entwickelt werden konnten.

Es wurde als »vorstellbar« bezeichnet, daß »die Filmstudios ihre Kameras eines Tages durch Emitron-Kameras ersetzen und ihre Filme durch das Abphotographieren von Bildwiedergaberöhren ähnlich wie in der hier beschriebenen Weise aufnehmen werden. Dabei wären natürlich höhere Bildauflösungen erforderlich, aber damit sind keine unüberwindlichen technischen Schwierigkeiten verbunden. Dieses Verfahren würde zu einer wesentlich größeren Vielfalt an Überblendungs- und Bildüberlagerungsmöglichkeiten führen, besonders im Hinblick auf Trickaufnahmen und teure Szenenaufbauten.«

Dies scheint nicht weniger als der erste Hinweis auf die Möglichkeit der Filmproduktion mit elektronischen Mitteln und damit auf ein absolut revolutionäres Konzept zu sein. EMI gab sich nicht damit zufrieden, dem Fernsehen einfach nur ein Speichermedium zu geben (durch das Filmaufnahmeverfahren), sondern beabsichtigte, die Kinofilmtechnik Nutzen aus den Methoden der Fernsehproduktion ziehen zu lassen. Da in England jede Fernsehausstrahlung aufgrund des Krieges untersagt war, lag hier eine Möglichkeit, die ungenutzten Emitron-Kameras wieder zum Einsatz zu bringen, wenn auch für einen ganz anderen Zweck als den, für welchen sie ursprünglich gedacht waren. Dieser Gedanke war prophetisch, er reichte weit über seine Zeit hinaus.[8]

Die Entwicklung, die damit angestoßen war, wurde noch verstärkt durch die Tatsache, daß EMI zur gleichen Zeit an der Herstellung eines elektronischen Bildsuchers für die Emitron-Kamera arbeitete. Der optische Bildsucher funktionierte zwar in den meisten Fällen ganz zufriedenstellend, dennoch wurde bei EMI überlegt, daß bestimmte Einsatzbedingungen einen elektronischen Sucher entweder an der Kamera selbst oder an entfernter Position nützlich erscheinen ließen.

Doch zu dieser Zeit wurde noch zu Bedenken gegeben, daß die Anbringung eines solchen Kontrollbildschirms an einer Kamera große Schwierigkeiten bereite.

Deshalb war geplant, soviele der elektrischen Anschlüsse der Emitron-Röhre wie möglich für den Sucher zu verwenden, um sowohl das Ausmaß der Verdrahtung als auch das mit einem Sucher verbundene zusätzliche Gewicht zu reduzieren. Zwar wurde in einem Artikel eine schematische Zeichnung des geplanten elektronischen Suchers gezeigt, doch es fand sich kein Wort darüber, ob ein solches Gerät tatsächlich gebaut worden war oder nicht.[9] (V. K. Zworykin hatte den Gedanken eines elektronischen Bildsuchers erstmals in seinen Laboraufzeichnungen vom 13. Juli 1931 vorgeschlagen, doch diese Tatsache wurde erst im Jahr 1981 bekannt.[10])

Der elektronische Bildsucher sollte sich als das wichtigste Element herausstellen, um das die Fernsehkamera je erweitert wurde. Er ermöglichte dem Fernsehkameramann, schon im eigentlichen Augenblick der Aufnahme zu sehen, was er tatsächlich erfaßte, im Gegensatz zum optischen Sucher, der bei der Filmproduktion verwendet wurde, und der dem Kameramann immer nur eine Annäherung von dem vermittelte, was tatsächlich auf dem Film aufgenommen wurde.

Trotz des Krieges in Europa setzte EMI die Forschung zu Kameraröhren fort. So beantragte W. S. Brown Patente für Kameraröhren mit senkrechter Elektronenstrahlabtastung und Oberflächen mit innerem Photoeffekt einschließlich einer Methode der Bildzerlegung. Auch J. D. McGee, H. Miller und G. S. P. Freeman beantragten Patente, und zwar für die Verwendung von Sperrelektroden zum Auffangen von Elektronen hoher Radialgeschwindigkeit; J. D. McGee und H. G. Lubszynski reichten ein Patent für eine Röhre mit Elektronenabbildung ein.[11]

Über ihre Arbeit an einer Kamera des Ikonoskop-Typs und an einem Fernsehgroßbildprojektor berichtete auch die British Thomson-Houston Company. Diese Fernsehkamera sollte die erste in England sein, die nicht von EMI oder von Baird Television gebaut wurde.[12]

Die RCA gab am 6. März 1940 die erste Vorführung einer Fernsehsendung aus einem Flugzeug in der Luft. Eine neue, leichte Fernsehanlage mit zwei Kameras, die knapp 320 kg wog, war in eine Boeing 247-D der United Airlines eingebaut worden. Die Bilder wurden an das RCA-Gebäude gesendet und von dort an das Empire State Building zur Ausstrahlung an Heimempfänger weitergeleitet. Die Bilder sollen »gelegentlich fehlerfrei« gewesen sein, die meisten Aufnahmen waren freilich undeutlich und verzerrt. Der Versuch wurde dennoch als großer Erfolg bejubelt.[13]

Am 23. März 1940 machte die FCC ihr Angebot über einen eingeschränkten Sendebetrieb für Stationen der Klasse 2 wieder rückgängig. Als Begründung gab sie an, daß die Erforschung und Erprobung anderer Standards durch den Werbefeldzug der RCA, mit dem eine Vielzahl an Empfangsgeräten unter die Leute gebracht werden sollte, behindert würden. Und in der Frage der flexiblen Normen (wie sie die DuMont Laboratories vorgeschlagen hatten) herrschte zwar Übereinstimmung darüber, daß sie ohne weiteres verfügt werden könnten, nicht aber darüber, daß eine solche Flexibilität ihre Kosten rechtfertigte. Aus diesen Gründen war eine Neubewertung der Lage unumgänglich.[14]

Im April 1940 erfolgte auch eine Anhörung durch das Senate Interstate Commerce Committee von Senator Ernest Lundeen zur Klärung der Frage, ob nicht die Durchleuchtung der FCC selbst wünschenswert wäre. Senator Burton K. Wheeler lud sowohl James L. Fly, den Vorsitzenden der FCC, als auch David Sarnoff, den Präsidenten der RCA, ein, ihre Standpunkte vorzutragen. Senator Wheeler legte ihnen nahe, ihre Streitigkeiten auf friedlichem Wege beizulegen. Und dazu kam es schließlich auch.

Interessanterweise war David Sarnoff bei dieser Sitzung besonders freigiebig mit Lob für seinen früheren Gegner Philo Farnsworth: »Ein amerikanischer Erfinder, der außer der RCA selbst mehr zum Fernsehen beigetragen hat als irgendjemand sonst in den Vereinigten Staaten [...] Ihm sind Erfindungen von größter Bedeutung gelungen!« Zu dieser Zeit war die RCA freilich bereits zu einer Einigung mit Farnsworth gekommen, und so konnte Sarnoff es sich leisten, verschwenderisch mit seinem Lob umzugehen.[15]

Bei den erneuten Anhörungen waren sich die Philco Corporation und die DuMont Laboratories ebenso wie U. A. Sanabria und Lee De Forest darin einig, daß die Vorgehensweise der RCA die Fernsehstandards tatsächlich auf ihrem bestehenden Niveau eingefroren und die weitere Forschung behindert hatte. Die FCC verlautbarte, daß sie Normen festlegen werde, sobald die technische Meinungsbildung innerhalb der Industrie soweit entwickelt sei, daß sie eines der konkurrierenden Sendesysteme als Standardsystem gutheißen konnte. Erst dann, so gab die FCC an, werde die Kommission »die Genehmigung zur vollen Kommerzialisierung des Fernsehens ins Auge fassen«.[16]

Am 28. April 1940 gab die RCA der American Radio Relay League bekannt, daß sie ein neuartiges Amateur-Ikonoskop (Modell 1847) einführen werde. Sein Mosaik war weniger als 5 cm breit. Es konnte ein 120zeiliges Bild bei einer Bildfrequenz von 30 Bildern pro Sekunde erzeugen und war nur rund 19 cm lang. Sein Mosaik stand senkrecht zur Röhrenachse.

Im Betrieb fiel das Licht von der Szene durch eine transparente leitende Signalelektrode. Auf der anderen (dem Strahl zugewandten) Seite der Röhre befand sich ein Mosaik aus einer großen Zahl von Partikeln, die auf der Rückseite der Signalelektrode aufgebracht waren. Auf dem Weg durch die lichtdurchlässige Elektrode ging ein großer Teil der Lichtenergie verloren, und über die Empfindlichkeit der Röhre wurden keine Angaben gemacht. Dies war die erste kommerzielle Kameraröhre dieser Bauart, die je hergestellt und in den allgemeinen Verkauf gebracht wurde. Sie sollte etwa 25 Dollar kosten. Diese neue Röhre wurde am 3. Juni 1940 der Presse präsentiert.[17]

Die RCA führte am 7. Mai 1940 in einem ihrer NBC-Studios ihren Aktionären ein neues Großbildfernsehsystem vor. Die Bilder, rund 1,4 mal 1,8 m groß, sollen in ihrer Qualität mit Bildern von Heimempfängern vergleichbar gewesen sein.

Das neue System der RCA beinhaltete eine Projektionsoptik mit besonders großer Objektivöffnung. Das Bild auf dem Schirm des Kineskops, das nur 6,1 mal 8,1 cm maß, war nicht der Leinwand zugewandt, sondern wurde auf einen Sammelspiegel von 41 cm Durchmesser geworfen. Dieser Spiegel sammelte das Licht und vergrößerte das Bild etwa um das 22fache; es wurde anschließend durch eine Glaslinse, die den Hals der Röhre umfaßte geworfen. So wurde das Bild auf eine

rund sechs Meter entfernte Leinwand projiziert. (Dies scheint die erste Anwendung von Schmidt-Optik im Großbildfernsehen gewesen zu sein.) In der Bildwiedergaberöhre herrschte eine Betriebsspannung von etwa 56.000 Volt.[18]
Zu dieser Zeit errang Major Edwin Armstrong, Sarnoffs alter Rivale, einen großartigen Erfolg. Am 22. Mai 1940 erließ die FCC die Verfügung Nr. 67, mit der 40 FM-Kanäle, jeder 200 kHz breit, im Frequenzband zwischen 42 und 50 MHz festgelegt wurden. Davon war auch der Fernsehkanal 1 (44 – 50 MHz) betroffen, der RCA/NBC im Gebiet von New York City, dem Don Lee-Sender in Los Angeles und dem neuen Zenith-Sender in Chicago gehörte. Durch diese Verfügung waren sie alle gezwungen, ihre Stationen zu schließen und ihre Sender auf einen neuen Kanal 1 (50 – 56 MHz) umzurüsten. Zu dieser Zeit war zwar auch die RCA bereits mit einem FM-System einverstanden, freilich plante sie im Gegensatz zu Major Armstrongs Breitband-FM-System ein Schmalbandsystem.[19]
In der Woche vom 25. bis 28. Juni 1940 berichtete NBC vom nationalen Parteikonvent der Republikaner in Philadelphia. Szenen aus dem Sitzungssaal wurden sowohl mit Ikonoskop- als auch mit Orthikon-Kameras aufgenommen und über Koaxialkabel 167 km weit nach New York City übertragen, wo sie vom Sender am Empire State Building ausgestrahlt wurden. Zu dieser Zeit sollen in New York etwa 4000 Empfänger in Gebrauch gewesen sein.
Das NBC-Signal aus New York wurde von dem Umsetzer der General Electric Company in den Helderberg Mountains aufgefangen und an den konzerneigenen Fernsehsender W2XB weitergegeben, der es in das Gebiet von Schenectady ausstrahlte.[20]
Auch die Philco Corporation war mit einer Fernseheinheit auf der Parteiversammlung der Republikaner vertreten und übertrug die Bilder über den Sender W3XE nach Philadelphia. Diese Sendungen waren ein Gemeinschaftsprojekt mit dem Mutual Broadcasting System. Im Gebiet von Philadelphia sollen zu dieser Zeit etwa 5000 Empfangsgeräte in Gebrauch gewesen sein.[21]
In den USA war offensichtlich geworden, daß das Problem der Fernsehnormen gelöst werden mußte, bevor sich ein kommerzielles Fernsehystem etablieren und durchsetzen konnte. Die Radio Manufacturers Association orientierte sich am Erfolg der Kommission von Lord Selsdon in den Jahren 1935/36 und beschloß, ebenfalls ein Komitee einzurichten. An diesem Gremium sollten Vertreter aller am Fernsehen interessierten Unternehmen und Organisationen teilnehmen, um allgemein akzeptable Normen zu formulieren. Die Entscheidung, ein solches Komitee ins Leben zu rufen, war offensichtlich bei einem Treffen zwischen Dr. W. R. G. Baker, dem technischen Direktor der RMA, und James L. Fly, dem Vorsitzenden der FCC, gefallen.
Es wurde beschlossen, die Beratungen für alle zu öffnen, die in der Branche tätig waren, gleich, ob sie Mitglieder der RMA waren oder nicht. Die RMA übernahm gemeinsam mit der FCC die Patenschaft für das neue Nationale Fernsehnormenkomitee (National Television Standards Committee, NTSC). Dabei wurde beschlossen, Expertenausschüsse zu gründen, und man einigte sich auf eine parlamentarische Vorgangsweise mit Beschlußfindung per Abstimmung. Die Be-

Dr. Peter Goldmark von CBS mit seinem Farbfilmabtaster im August 1940. Im September dieses Jahres gab Goldmark eine Vorführung mit Farbfilm und Diapositiven.

stellung von Dr. W. R. Baker zum Vorsitzenden des neuen NTSC wurde am 17. Juli 1940 bekanntgegeben. Die Mitglieder des Komitees formierten sich in Arbeitsgruppen, und am 31. Juli 1940 wurde die erste Sitzung abgehalten.

Folgende Unternehmen wurden eingeladen, jeweils einen Vertreter in das NTSC zu entsenden: Bell Telephone Laboratories, Columbia Broadcasting System, Don Lee Broadcasting System, DuMont Laboratories Inc., Farnsworth Television and Radio Corporation, General Electric Company, Hazeltine Service Corporation, John V. L. Hogan, Hughes Tool Company, das Institute of Radio Engineers, Philco Corporation, Radio Corporation of America, Stromberg-Carlson Telephone Mfg. Company, Television Productions und die Zenith Radio Corporation.

Neun Ausschüsse wurden gebildet: Systemanalyse, P. C. Goldmark vom CBS; subjektive Gesichtspunkte, A. N. Goldsmith vom IRE; Fernsehsendefrequenzen, J. E. Brown von Zenith; Senderleistung, E. W. Engstrom von der RCA; Sendereigenschaften, P. T. Farnsworth; Sender-Empfänger-Abstimmung, I. J. Kaar von General Electric; Bildauflösung, D. E. Harnett von Hazeltine; Synchronisation, T. T. Goldsmith von DuMont; Signalpolarisation, D. B. Smith von der Philco.[22]

Am 25. August 1940 wurde berichtet, daß der Don Lee-Sender in Los Angeles seine Bildauflösung von 441 Zeilen auf 525 Zeilen gesteigert hatte. Das Unternehmen gab an, daß es etwa 14,5 Stunden pro Woche auf Sendung war und daß im Sendegebiet Los Angeles etwa 500 Heimempfänger betrieben wurden.[23]

Das Columbia Broadcasting System gab am 29. August 1940 bekannt, daß es ein Farbfernsehsystem fertiggestellt hatte, das mit 1. Jänner 1941 einsatzbereit sei. Eine private Vorführung war tags zuvor, am 28. August 1940, dem FCC-Vorsitzenden James L. Fly gegeben worden, der meinte: »Wenn wir das Fernsehsystem in Farbe eröffnen können, wird es von der Öffentlichkeit mit noch offeneren Armen aufgenommen werden«. CBS gab an, daß das Farbsystem auf einem 6 MHz breiten Kanal ausgestrahlt werden könne und daß » an bestehenden Empfängern keine drastischen Veränderungen vorgenommen werden müßten, um sie vom Schwarzweißempfang auf das Dreifarbenverfahren aufzurüsten«.[24]

Danach, am 4. September 1940, gab Dr. Peter Goldmark vom CBS eine Vorführung nur mit Farbfilmen und -diapositiven. Zur Abtastung des Farbfilms wurden eine gewöhnliche Bildzerlegeröhre des Farnsworth-Typs und ein Projektor mit kontinuierlichem Filmtransport verwendet. Der 16mm-Film wurde mit einer Bildfrequenz von 60 Bildern pro Sekunde angetrieben; es war aber, so gab Goldmark an, mit mechanischen und optischen Veränderungen auch möglich, ihn mit 24 Bildern pro Sekunde zu transportieren. Eine Filterscheibe von 19 cm Durchmesser mit sechs Filtersegmenten (jeweils zwei Anordnungen aus Rot, Grün und Blau) war vor der Bildzerlegeröhre angebracht. Die Verwendung der nichtspeichernden Bildzerlegeröhre machte es möglich, den jeweils gerade abgetasteten Bildteil einfach zu filtern. Die Scheibe wurde mit 1200 Umdrehungen pro Minute angetrieben, was zwei Farbvorrückungen von jeweils 1/40-Sekunde Dauer ergab; dabei wurden mit Zeilensprungabtastung drei Teilbilder von jeweils 1/120-Sekunde erfaßt. Folglich wurden 60 vollständige Bilder pro Sekunde gesendet. Dies ergab eine deutliche Verbesserung der Wiedergabe von Bewegungen, und Bildflimmern wurde insgesamt verringert.

Am Empfänger kamen eine Scheibe von etwa 50 cm Durchmesser und eine 9-Zoll-Wiedergaberöhre zum Einsatz. Die Auflösung betrug 323 Zeilen, was eine Bandbreite von 4,25 MHz ergab. Die geringere Auflösung wurde durch die Wirklichkeitsnähe des farbigen Bildes mehr als wettgemacht. Berichten zufolge waren »die Ergebnisse beeindruckend«.

Goldmark gab bekannt, daß auch Versuche mit Signalspeicherröhren wie dem Ikonoskop und dem Orthikon unternommen worden waren. Zur Erzeugung von Live-Bildern waren dabei einige größere Veränderungen erforderlich, wie etwa der Einsatz eines optischen Zeilensprungverfahrens. Dabei kamen schräggestellte Planglasplatten zum Einsatz, die an der Filterscheibe nach jedem Filtersegment angebracht waren. Dieses optische Zeilensprungverfahren verhinderte die Speicherung von Ladungen zwischen aufeinanderfolgenden Teilbildern, während es zugleich die hohe Empfindlichkeit der Speicherröhre bewahrte.[25]

Am 7. September 1940 beantragte Dr. Goldmark mehrere Patente für sein Farbsystem. Am 12. November 1940 gab das CBS bekannt, daß in seinen Labors Live-

Aufnahmen in Farbe gelungen waren. Dabei war freilich klar, daß es sich nach wie vor um ein experimentelles Verfahren handelte.[26]

Die öffentliche Vorstellung eines Farbsystems durch das CBS zu dieser Zeit war von großer Bedeutung. Das CBS verfügte zwar bereits seit Ende des Jahres 1938 über einen Versuchsfernsehsender, war damit aber nie richtig auf Sendung gegangen. Das Unternehmen verspürte offensichtlich keine Eile, seinen Fernsehbetrieb aufzunehmen. Das CBS-Radiosystem gedieh prächtig, das Interesse des Unternehmens am Fernsehen war deshalb nicht so ausgeprägt wie das der RCA.[27]

Die Entscheidung des Unternehmens, mit einem funktionierenden Farbfernsehsystem an die Öffentlichkeit zu gehen, sollte weitreichende Konsequenzen für das CBS und die gesamte Fernsehindustrie nach sich ziehen. Möglicherweise hegte man beim CBS die Hoffnung, daß die Präsentation der Farboption zu diesem Zeitpunkt die Etablierung eines kommerziellen Fernsehsystems noch so lange hinauszögern könnte, bis das Farbsystem vollkommen ausgereift war. Jedenfalls sollten das CBS und RCA/NBC, die bisher schon große Rivalen bei der Programmgestaltung gewesen waren, nun auch auf technischem Gebiet zu Konkurrenten werden.

Die Erfindung der Orthikon-Kameraröhre durch Albert Rose und Harley Iams von der RCA im Jahr 1938 hatte bestätigt, daß eine Röhre mit Abtastung durch einen langsamen Elektronenstrahl tatsächlich gebaut und betrieben werden konnte. Damit war erwiesen, daß sich das wichtige Prinzip der rechtwinkligen Abtastung (des senkrechten Auftreffens des Strahls) bei Versenkung der Röhre in einem Magnetfeld entlang der Längsachse verwirklichen ließ.

Doch das Orthikon wies zahlreiche Mängel auf, wenn es im Freien oder im Studio verwendet wurde. Aufgrund seiner linearen Ausgangsleistung neigte es stets zur »Überladung«, wenn sein Bildwandler durch Szenen mit hohen Lichtstärken oder durch das Auftreten plötzlicher Lichtausbrüche etwa bei der Auslösung von Blitzlichtlampen überlastet wurde. In den lichtschwachen Bereichen hingegen trat aufgrund der linearen Ausgangsleistung ein Mangel an Detailtreue auf, und die Szenen wiesen einen geringeren Umfang an Zwischengrautönen auf. Das Orthikon funktionierte folglich unter Bedingungen hoher Spitzenhelligkeit und kontrastreicher Szenen überaus unbefriedigend.[28]

Die RCA hatte nach Möglichkeiten zur Verbesserung dieser Röhre gesucht. Eine Lösung bestand im Einsatz eines anders konstruierten zweiseitigen Bildwandlertyps. Am 20. September 1940 beantragte Albert Rose von den RCA Research Laboratories in Harrison, New Jersey, ein Patent für dieses wichtige Merkmal. Dabei handelte es sich um einen halbleitenden Bildwandler aus Glas. Damit war ein zweiseitiger Betrieb klarerweise möglich. (In den Vereinigten Staaten wurde dieser Patentantrag, Seriennr. 357.543, eingezogen, da er in die höchste Geheimhaltungsstufe eingeordnet wurde. Alle derartigen Patente wurden in den USA nach dem 7. Dezember 1940 aufgrund des Kriegszustandes konfisziert.)[29]

Die Suche nach einem funktionstüchtigen zweiseitigen Bildwandler hatte mit Harold McCreary im Jahr 1924 (vgl. S. 73f.) und Camille Sabbah im Jahr 1925 (vgl. S. 83f.) begonnen. Dr. Zworykin hatte seine erste wirklich erfolgreiche Kameraröhre im Juli 1929 mit einem einfachen zweiseitigen Bildwandlerelement gebaut

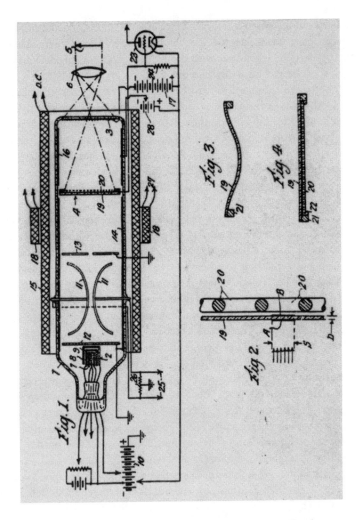

Strichzeichnung aus dem Patent für eine zweiseitige Bildwandlerplatte aus Glas von Albert Rose (beantragt 1940; es wurde kein Patent erteilt, weil der Patentinhalt in den Kriegsjahren in die höchste Geheimhaltungsstufe fiel).

(vgl. S. 152f.). Alle seine Bemühungen um die Herstellung einer funktionstüchtigen Kameraröhre in den Jahren 1930/31 waren an den Schwierigkeiten bei der Konstruktion zweiseitiger Bildwandlerelemente gescheitert, die frei von Oberflächenfehlern waren, eine einheitliche Oberfläche besaßen und leicht und billig herzustellen waren. Diese Schwierigkeiten veranlaßten Dr. Zworykin ab Juli 1931 bekanntlich zur Verwendung des einseitigen Bildwandlers in seinem erfolgreichen Ikonoskop.

Das Ikonoskop freilich war alles andere als vollkommen. Auch der Zusatz einer »Bildzerlegung«, die ihm höhere Empfindlichkeit verlieh, löste weder seine enormen Probleme mit Störsignalen durch verschobene Ladungsmuster, noch steigerte sie seinen geringen Wirkungsgrad. Die neue Röhre mit langsamem Abtaststrahl, das Orthikon, bildete gegenüber dem Ikonoskop zwar eine große Verbesserung, freilich ließ auch sie viel zu wünschen übrig.

Ein zweiseitiger Bildwandler war offenbar zur Verbesserung der Betriebsleistung des Orthikons geeignet. Ein solches Bildwandlerelement fand Dr. Albert Rose, als er entdeckte, daß eine dünne Glasmembran aus gewöhnlichem Fensterglas bzw. dem Glastyp, den die Corning Glass Company als »G-B« klassifizierte, genau die Eigenschaften aufwies, nach denen er gesucht hatte. Aus diesem Material ließ sich ein dünnes (weniger als 0,005 mm starkes), einheitliches Glasplättchen mit einem Widerstand von rund 5 mal 10^{10} Ohm/Zentimeter herstellen. Dicht an dieser Membran war ein Netzgitter befestigt.

Im Betrieb wurde das Bild auf einer Seite des Plättchens entweder durch Sekundäremission von einem Elektronenbild aus einer Photokathode oder durch direkte Photoemission aus einer gerasterten Cäsiumschicht auf dem Glasplättchen erzeugt. Die positive Ladung an einem Punkt »B« machte auch den auf der Rückseite des Plättchens liegenden Punkt »A« positiv, und wenn die Ladung auf Punkt »A« von dem langsamen Abtaststrahl neutralisiert wurde, wurde der gesamte betroffene Bereich auf Kathodenpotential reduziert und die Induktionsladung auf den anliegenden Teil des Netzgitters entlassen, woraus das Bildsignal entstand. Während der Abtastung des übrigen Teilbildes verbanden sich die Ladungen auf »A« und »B« durch Leitung zwischen den beiden Oberflächen.

Die spezifische Leitfähigkeit und die Dicke des Plättchens wurden so gewählt, daß sie vier Kriterien erfüllten: (1) die Dauer der Entladung zwischen den Oberflächen sollte kürzer sein als der Zeitraum eines Abtastdurchgangs; (2) die Kapazität zwischen »A« und »B« sollte ein Mehrfaches von jener zwischen »B« und dem Netzgitter betragen, damit sich eine zweckmäßige Teilung bei der Umwandlung der Ladung zum Signal ergab; (3) die Dicke des Plättchens und sein Abstand zum Netzgitter sollten geringer sein als der halbe Durchmesser eines Bildelements, um den elektrostatischen Einfluß von »B« auf das entsprechende Element auf der anderen Seite zu begrenzen und (4) die Zeitkonstante für die seitliche Zerstreuung der Ladung sollte gleich der oder größer als die Dauer eines Abtastdurchlaufs sein.

Der Patentantrag setzte mit der Beschreibung der Herstellung eines solchen Plättchens fort. Ein derart dünnes Glasplättchen konnte erzeugt werden, indem eine Blase auf einen Trägerring aus Metall geblasen und dann solange in einem Ofen erhitzt wurde, bis die Oberflächenspannung das Glas flachzog. Danach wurde innerhalb des Ringes mit einem Gleitring das Netzgitter im richtigen Abstand montiert. Dr. Rose gab an, daß er Röhren mit solchen Glasbildwandlern bereits am 10. Mai 1940 gebaut habe. Kameraröhren mit diesem neuen und verbesserten Bildwandler sollen zwischen 3 und 10 mal höhere Empfindlichkeiten als das Orthikon und 30 bis 500 mal höhere Empfindlichkeiten als das Ikonoskop ergeben haben.[30]

Im Oktober 1940 wurde berichtet, daß die Gaumont-British Picture Corporation den Namen Baird Television endgültig aus ihrer Firmenbezeichnung gestrichen hatte und sich nun Cinema Television nannte. Dies entsprach ihrer Geschäftsstrategie, Fernsehtechnik dem Einsatz als Großbildfernsehen in Kinos anzupassen.[31]

Dr. E. F. W. Alexanderson, Berater von General Electric, gab am 20. November 1940 in seinem Haus in Schenectady einigen Mitgliedern des NTSC eine Vorführung von Farbfernsehen. Es war ein Zweifarbensystem mit orange-roten und grünlich-blauen Filtern vor der Wiedergaberöhre. Diese Filter waren an einer Scheibe von rund 61 cm Durchmesser angebracht, die mit 1800 Umdrehungen pro Minute rotierte und in etwa 30 cm Abstand vor einem normalen Fernsehempfänger aufgestellt war. Berichten zufolge war eine ähnliche Scheibe vor der Fernsehkamera im Studio angebracht, ansonsten waren alle Anordnungen dieselben wie bei einer normalen Fernsehübertragung.[32]

Am 10. Dezember 1940 beantragte E. Crosby von der RCA ein Patent für ein Farbfernsehsystem, bei dem in einer einzelnen Kameraröhre spezielle Filter eingebaut waren; damit sollte ein Farbsignal übertragen werden. Im Inneren der Empfängerröhre sollte eine ähnliche Anordnung von Farbfiltern eingebaut sein und damit das Farbbild wiederaufgebaut werden.[33]

In der Woche des 21. Dezember 1940 beschrieb John L. Baird eine neue Version seines elektronischen Farbsystems. Dabei gab er an, daß er nun 600zeilige Bilder bei einer Frequenz von 25 Bildern pro Sekunde übertrage und empfange. Baird verwendete eine Zweifarbenscheibe mit blaugrünen und roten Filtern vor einer Bildwiedergaberöhre. Am Sender kam ein Lichtpunktabtastverfahren mit einer Elektronenröhre hinter einer mit Filtern versehenen rotierenden Scheibe zum Einsatz. Das Licht aus der Röhre wurde durch die Scheibe auf die Szene geworfen und von drei großen Photozellen aufgefangen. Die Signale aus den Zellen sollten drahtlos gesendet bzw. über Kabel übertragen werden, da der Krieg die Funkausstrahlung mittlerweile unmöglich machte.

Am Empfänger wurde das Bild auf einer Elektronenröhre, vor der eine ähnliche Filterscheibe wie am Sender angebracht war, reproduziert, wobei die beiden Scheiben durch ein spezielles Synchronsignal im Bildsignal im Gleichlauf gehalten wurden. Die Farbbilder wurden von einer Linse auf einen Schirm von rund 75 mal 60 cm Größe geworfen. Ein Artikel, in dem dieses Gerät beschrieben wurde, zeigte auch eine Farbphotographie von dem Bild auf dem Empfängerschirm. Dies scheint die erste veröffentlichte Photographie zu sein, die je von einem Farbfernsehbild aufgenommen wurde.[34]

Am 9. Jänner 1941 gab das CBS Mitgliedern des IRE in New York City die erste öffentliche Vorführung einer Live-Aufnahme in Farbe. Die direkt aufgenommenen Farbbilder wurden von den CBS Laboratories über Kabel an das neue, mehrere Häuserblocks entfernt gelegene CBS-Studiogebäude übertragen. Drei Empfänger kamen dort zum Einsatz, darunter ein Tischmodell.[35]

Die Bell Telephone Laboratories berichteten am 11. Jänner 1941 über ihre Forschung zu einem Filmabtaster. Als Aufnahmegerät war die Bildzerlegerröhre gewählt worden, weil sie frei von Störsignalen durch verschobene Ladungsmuster war und eine lineare Ausgangsleistung hatte. Zur Vorführung ihres Systems ver-

wendeten die Bell Telephone Laboratories spezielle 35 mm-Filmabzüge mit einer
Bildrate von 60 Bildern pro Sekunde. Damit war das Zeilensprungproblem gelöst.
Dieser Abtaster kam bei einem Treffen des IRE im Jänner 1941 in New York
zum Einsatz. Bei einer Vorführung wurden Filmbilder von den Bell Labors in
New York über Koaxialkabel nach Philadelphia und wieder zurück gesendet. Dies
entsprach einer Entfernung von 304 km. Berichten zufolge konnten die Zuschauer
keinen Unterschied zwischen örtlich übertragenen Bildern und den Langstrecken-
signalen ausmachen.[36]

John L. Baird beantragte am 13. Jänner 1941 ein Patent für seinen Farbfernseh-
sender. Darin wurde ein rotierendes Filterrad beschrieben, welches so gestaltet war,
daß jede Farbe auf dem Mosaik einer Aufnahmeröhre scharf begrenzt abgebildet
wurde. Der Filter sollte außerhalb der Röhre angebracht sein. Am 14. Jänner 1941
führte Baird sein »hochzeiliges« Farbsystem öffentlich vor. Baird hatte dieses System in dem Labor in seinem Wohnsitz in Sydenham, England, fertiggestellt.[37]

Scophony, Ltd. gab am 15. Jänner 1941 in seiner New Yorker Niederlassung
die erste Vorführung seines Großbildprojektors. Dabei wurden Fernsehbilder von
rund 4 mal 3 m Größe von einem Projektor, der sich hinter der Leinwand befand,
reproduziert. Berichten zufolge waren die Bilder von »guter allgemeiner Qualität«, nur die Bildhelligkeit habe zu wünschen übrig gelassen.[38]

Am 27. Jänner 1941 unterbreitete das National Television Standards Committee der Federal Communications Commission seinen Bericht. Das Komitee hatte
Protokolle und Berichte im Umfang von 600.000 Wörtern verfaßt, 4000 Arbeits-
stunden für Treffen und die gleiche Zeit für Reisen und für die Besichtigung von
technischen Vorführungen aufgewandt.

Das NTSC empfahl die folgenden Fernsehnormen: (1) Die Breite eines Fern-
sehkanals soll 6 Mhz betragen; die Bildträgerfrequenz soll 4,5 MHz unterhalb der
Tonträgerfrequenz liegen. (2) Die Zahl der Bildzeilen soll 441 betragen, die Vollbildfrequenz bei 30 Bildern pro Sekunde und die Halbbildfrequenz bei 60 Bildern
pro Sekunde liegen. (3) Das Bildseitenverhältnis soll 4 Einheiten horizontal und 3
Einheiten vertikal betragen. (4) Für das Bild- und das Synchronsignal soll Amplitudenmodulation verwendet werden. (5) Eine Verringerung der Lichtstärke soll
zu einer Steigerung der Sendeleistung führen. (6) Der Schwarzpegel (Gleichstromkomponente) soll durch ein festgelegtes Trägerniveau bei 75 Prozent der
Trägerspitzenamplitude repräsentiert sein. (7) Das Tonsignal soll frequenzmodu-
liert werden, wobei die Vorverzerrung bei 100 Mikrosekunden liegen und der maximale Frequenzhub plus oder minus 75 kHz betragen soll. (8) Das ausgestrahlte
Signal soll horizontal polarisiert sein. Ein genaues Verfahren der Erzeugung der
Zeilensprungsynchronsignale wurde ebenfalls festgelegt.[39]

Am 20. März 1941 wurden zwei größere Veränderungen an diesen Normen
vorgenommen. Erstens wurde empfohlen, wechselweise Frequenz- oder Amplitudenmodulation für die Synchronsignale zu verwenden; zweitens wurde eine
Bildauflösung von 525 Zeilen eingeführt. Die zweite Änderung ging auf eine Emp-
fehlung der Bell Telephone Laboratories zurück, die angaben, daß die damit verbundene Auswirkung auf die Bildqualität in der vertikalen und horizontalen

Dimension gering sei; die höhere Zeilenzahl führe aber zu einer einheitlicheren Ausleuchtung des wiedergegebenen Bildes.[40]

Der Fernsehsender am Alexandra Palace war mit der Kriegserklärung zwischen Deutschland und Großbritannien am 1. September 1939 abgeschaltet worden. 1941 ging er aber unter großer Geheimhaltung als Verteidigungswaffe gegen die deutsche Luftwaffe wieder in Betrieb.

Die Luftwaffe betrieb ein Funkleitsystem namens »Y-Gerät«, das das Gebiet von London anvisierte. Es strahlte zwei separate Signale aus, mit denen der Peilwinkel und die Entfernung des Flugzeuges zum Funkfeuer fixiert wurden. Ausgestrahlt wurden sie auf Frequenzen zwischen 42 und 48 MHz. Ein raffinierter Plan, den Dr. R. V. Jones, der Leiter des wissenschaftlichen Nachrichtendienstes des britischen Luftkommandos entwickelt hatte, sah vor, den Richtstrahl mit einem Empfänger bei Highgate aufzufangen und über Kabel an den Alexandra Palace zu senden, wo ihn der starke Sender auf der Frequenz der deutschen Bodenfunkstelle als »Echo« zurückstrahlte. Die Wirkung auf das »Y-Gerät« war katastrophal, das deutsche System der Abstandsregelung wurde damit völlig zerstört.

Dieses Verfahren von Jones erhielt den Kodenamen »Domino«. Der erste Störsender ging Mitte Februar 1941 auf Sendung, der zweite bei Beacon Hill wenige Wochen später. Zwischen diesen beiden Sendern wurde das »Y-Gerät« zerstört und nutzlos gemacht und Ende Mai 1941 einfach aufgegeben. Soweit bekannt ist, blieb der Sender Alexandra Palace danach für die restliche Dauer des Krieges abgeschaltet.[41]

NBC führte am 1. Mai 1941 sein neues Farbsystem der Presse vor. Es ähnelte stark dem System des CBS und hatte eine Bildfrequenz von 120 Teilbildern, was 20 verschachtelte Vollbilder pro Sekunde ergab. Sowohl am Sender als auch am Empfänger kamen Dreifarbenscheiben zum Einsatz. Die Vorführung erfolgte über Kabel, doch zuvor sollen auch schon Funkübertragungen über eine Entfernung von rund 64 km erfolgt sein. O. B. Hanson, der Chefingenieur bei NBC, räumte ein, daß es sich hierbei um die einfachste Form eines Farbfernsehsystems handle; die letzte Lösung müßte vollelektronisch sein, vergleichbar mit dem gegenwärtigen Schwarzweißsystem.[42]

Die FCC verlautbarte am 2. Mai 1941 die offizielle Annahme der NTSC-Normen und gab als Stichtag für den Beginn des kommerziellen Fernsehsystems den 1. Juli 1941 bekannt. Das NTSC ließ die Frage des Farbfernsehens offen. Es war erkannt worden, daß es noch nicht bereit zur Einführung auf kommerzieller Basis war und daß die Erschließung seiner künftigen Möglichkeiten weitere Entwicklungsarbeit erforderte. Vorerst konnte es neben dem Schwarweißfernsehen bestehen.[43]

Die RCA führte am 9. Mai 1941 ihr neues Großbildfernsehsystem vor. Diese Demonstration fand im Kino New Yorker Theater statt, gezeigt wurde der Preisboxkampf Soose gegen Overlin im Madison Square Garden. Schon am 24. Jänner und am 4. April 1941, waren auch der Presse und der FCC Vorführungen gegeben worden.[44]

Die RCA setzte ihren neuen Großbildprojektor mit Schmidt-Optik ein. Um die erforderliche Leuchtdichte (etwa 5 Millilambert) zu erreichen, wurde eine spezielle

Bildwiedergaberöhre mit einer Länge von rund 36 cm und einem Durchmesser von rund 18 cm eingesetzt. Der Bildschirm der Röhre wies von der Projektionsleinwand weg; das Ende ihres Halses durchstieß ein kleines Loch im Mittelpunkt der Schmidtschen Korrektionsplatte. Ein konkaver Umlenkspiegel von rund 76 cm Durchmesser war einige Zentimeter vor der Röhre angebracht. Das Bild wurde von dem Spiegel aufgefangen und durch die Korrekturlinse geworfen, was zu einer Vergrößerung um das 45fache führte. Rund 60 bis 70 Kilovolt wurden zum Betrieb der Röhre verwendet, die eine Lichtstärke von etwa 400 Candela abgab. Der Einsatz einer Leinwand mit eng begrenztem Abstrahlwinkel führte zu Maximallichtwerten von 5 Millilambert. Das optische System hatte einen Lichtstärkennennwert von f/0,7 und bildete eine Abwandlung der Schmidtschen astronomischen Kamera.[45]

Die Allen B. DuMont Laboratories in Passaic, New Jersey, waren bereits seit langem auf allen möglichen Gebieten der Fernsehforschung tätig. Zu ihren Aktivitäten gehörten die Entwicklung eines Fernsehaufnahmesystems mit veränderlichen Abtastfrequenzen und die Erzeugung von Oszilloskopen, Bildwiedergaberöhren und Fernsehempfängern. Am 23. Juni 1941 stellten die DuMont Laboratories eine neuartige Kameraröhre vor. Dabei wurde ein Ikonoskop, Modell 1850, (hergestellt von der RCA) verwendet, welches mit Wechselobjektiven mit Brennweiten von rund 16,5 cm und einem Öffnungsverhältnis von f/2,5 bis rund 41cm und einem Öffnungsverhältnis von f/3,5 ausgestattet war. Das wichtigste Merkmal dieser neuen Kamera bildete aber ein elektronischer Bildsucher, der an der linken Seite des Geräts angebracht war.

Wie wir gesehen haben, war diese Idee alles andere als neu. Doch niemand hatte bisher eine kommerzielle Fernsehkamera mit dieser wichtigen Funktion auch tatsächlich gebaut. Bis dahin war bei allen Fernsehkameras entweder eine Spiegelung des Bildes auf dem Kameraröhrenmosaik, ein Doppelobjektivsystem oder einfach eine Drahtschlaufe als Bildsucher verwendet worden. Der Gedanke, einen elektronischen Bildsucher anzubringen, bedeutete nichts anderes als einen Fernsehempfänger neben oder auf der Kamera zu befestigen.

Der elektronische Bildsucher von DuMont bestand aus einer besonders leuchtstarken 5-Zoll-Elektronenröhre des elektrostatischen Typs, deren Strahlablenkung von den gleichen Signalen angetrieben wurde wie die Kamera. Regler zur Einstellung der Helligkeit und des Kontrasts sowie zur elektrischen Scharfstellung waren vorhanden. Das Gerät wog rund 6,3 kg und besaß sieben Röhren. Der elektronische Bildsucher war von DuMont gewählt worden, damit der Kameramann in jedem Augenblick der Aufnahme das augenblicklich produzierte Bild vor sich hatte. Bis dahin arbeitete der Fernsehkameramann ebenso »blind« wie sein Kollege vom Film. Dieses Merkmal verlieh der Fernsehkamera einen Vorteil gegenüber der Filmkamera, der weitreichende Folgen nach sich ziehen sollte. Die übrigen elektrischen Bestandteile der Kamera wurden so verteilt, daß alle Elemente auf einem einfachen Kamerawagen untergebracht werden konnten, sodaß das Gerät in kurzer Zeit aufgebaut und in Betrieb genommen werden konnte.[46]

Die RCA stellte am 25. Juni 1941 ihre neue tragbare Orthikon-Fernsehkamera vor. Sie hatte den für die Orthikon-Röhre charakteristischen Vorteil, auch bei ungünstigen Lichtverhältnissen gut zu funktionieren. Die Kamera selbst bestand aus zwei Teilen. Der Unterteil, rund 24,3 kg schwer, enthielt die Kameraröhre und die dazugehörigen elektrischen Schaltungen. Der Oberteil beherbergte die Verstärker und den optischen Bildsucher. Dieser erforderte im Betrieb den Einsatz einer Doppeloptik mit einem Objektiv für die Aufnahmeröhre und einem für den Bedienungsmann.[47]

Am 25. Juni 1941 hielt Dr. Albert Rose von den Forschungslabors der RCA Manufacturing Company den ersten Vortrag, in dem versucht wurde, das menschliche Auge mit photographischem Film und dem Fernsehverfahren zu vergleichen. Das Ziel von Rose bestand darin, »einen Ausdruck für die oder eine Einschätzung der ›eigentlichen Empfindlichkeiten‹ dieser drei Bildverarbeitungssysteme zu finden«. Dr. Rose stellte fest, daß dem Film, dem menschlichen Auge und einigen Aufnahmeröhren einige formale Eigenschaften gemeinsam waren, die erklärt werden konnten, indem man zunächst ein theoretisches ideales Wiedergabegerät betrachtete. Rose kam zu den folgenden Schlüssen: (1) Das Auge übertrifft sowohl den Film als auch Aufnahmeröhren in der Wendigkeit und in der funktionellen Empfindlichkeit. (2) Film und Aufnahmeröhren können Szenen bei etwa den gleichen Helligkeitsniveaus aufnehmen. Film hat die Möglichkeit der Verbesserung der Betriebsempfindlichkeit um etwa das Hundertfache. (3) Aufnahmeröhren mit einer Auflösung von 441 Zeilen haben ein noch nicht verwirklichtes Potential zur Verbesserung ihrer Betriebsempfindlichkeit um mehr als das 100.000fache.[48]

Der 1. Juli 1941 sollte der Tag sein, an dem das kommerzielle Fernsehen in den USA endlich beginnen konnte. Es wurde erwartet, daß landesweit etwa 22 Stationen den Betrieb aufnehmen würden. Von allen Fernsehsendern strahlte nur die Station WNBT (NBC) in New York bezahlte Programme aus. Dazu gehörten eine Testbilduhr mit dem Markenzeichen von Bulova Watch, eine von Sun Oil bezahlte Nachrichtensendung, die Fernsehfassung einer Radiounterhaltungssendung für die Lever Brothers und eine Quizsendung für Proctor and Gamble. NBC übertrug (unbezahlt) auch ein Baseballspiel zwischen den Dodgers und den Phillies und abends ein Programm des amerikanischen Truppenbetreuungsdienstes United Services Overseas. Alles in allem ein hervorragender Start.

Das CBS (Sender WCBW) sendete eine Tanzunterrichtsstunde, eine Nachrichtensendung und abends Bilder von einer Kunstausstellung. DuMont (Sender W2XWV) strahlte in den Abendstunden sowohl Live- als auch Filmprogramme aus. Bei weniger als 4000 Empfangsgeräten im Gebiet von New York (die Zahl lag wahrscheinlich näher bei 2000) ließ sich bezahltes Fernsehen vorerst noch wenig praktisch gestalten. Das CBS kündigte an, erst im September 1941 in den kommerziellen Betrieb zu gehen.[49]

Am 11. Juli 1941 beantragte John L. Baird ein Patent für ein 3-D-Farbfernsehsystem. Das Gerät arbeitete mit einer Bildfrequenz von 150 Bildern pro Sekunde und einer Teilbildauflösung von 100 Zeilen, fünffach verschachtelt, woraus sich ein 500zeiliges Vollbild ergab. Die aufeinanderfolgenden 100zeiligen Teilbilder wurden zur Erzeugung eines Echtfarbeffekts nacheinander grün, rot und blau gefärbt. Eine Elektronenröhre, die als Lichtpunktabtaster diente, lieferte das Licht

für die Photozellen. Vor der Projektionslinse spaltete ein aus rechtwinklig zueinander angebrachten Spiegeln bestehendes Gerät das austretende Licht in zwei Bahnen, deren Distanz dem menschlichen Augenabstand entsprach. Mittels eines
Umlaufverschlusses wurde die Szene von den beiden Lichtstrahlen abwechselnd
abgetastet, sodaß Bilder, die dem linken und dem rechten Auge entsprachen, in rascher Abfolge übertragen wurden. Eine weitere Scheibe mit roten, grünen und
blauen Filtern zerlegte das Bild in seine Farbbestandteile.

Am Empfänger wurden die Farbbildpaare nacheinander reproduziert und auf
eine Bildfeldlinse geworfen. Dabei projizierten die beiden Hälften der Linse abwechselnd das Licht, sodaß dem linken und dem rechten Auge des Betrachters
abwechselnd Bilder aus der linken und der rechten Aufnahmeperspektive darge-
boten wurden. Der kombinierte Effekt entsprach einem Raumbild in voller Farbe.

Am 18. Dezember 1941 wurde der Presse eine Vorführung gegeben. Diese berichtete, daß »die Originalszene mit Tiefenwirkung wiedergegeben wird und einen
plastischen Anschein hat – so, als würde die Szene durch ein Fenster betrachtet«.
Nur eine Person auf einmal konnte das Bild betrachten, und jede Bewegung zur
Seite zerstörte die Raumillusion. Baird gab bekannt, daß er an Methoden arbeitete, mit denen das Bild auf eine große Leinwand geworfen werden konnte.[50]

Das CBS beschrieb am 2. September 1941 seine erste Live-Farbfernsehkamera.
Sie war rund um eine speziell abgeänderte Orthikonröhre mit geringerer elektrischer Kapazität der Mosaikelemente aufgebaut. Dadurch konnte sich die Spannung auf dem Mosaik bei einer gegebenen Beleuchtung zu höheren Werten
aufbauen. Diese Röhre war in Zusammenarbeit mit der Radiotron Division der
RCA entwickelt worden. Die Kamera soll bei einer Szenenbeleuchtung von 1600
Lux sehr annehmbare Farbbilder geliefert haben.

Sie bestand aus einer von einem Synchronmotor angetriebenen Filtertrommel,
die die auf die Orthikonröhre fallenden Bilder in ihre Farben zerlegte. Der
Schwarzpegel wurde in der Kamera durch die Anlegung von Löschimpulsen an
das Gitter der Orthikonröhre erzeugt. Die Farbkamera, die mit einem zweiäugi-
gen Wechselobjektiv ausgestattet war, befand sich in einem viereckigen Behälter,
wobei die elektronischen Bestandteile in einem zylinderförmigen Gehäuse untergebracht waren. Die Signale wurden durch ein einzelnes Mehrleiterkabel zugeführt, und die Kamera konnte auf einem gewöhnlichen Dreibeinstativ angebracht
werden. Dies scheint die erste Live-Farbfernsehkamera zu sein, die je gebaut und
betrieben wurde. Zur Filmabtastung wurde nach wie vor die Bildzerlegerröhre
verwendet. Das CBS gab an, daß es am 1. Juni 1941 mit seinem neuen Farbsystem
eine Feldversuchsphase eingeleitet habe.[51]

Im Oktober 1941 erschien ein Artikel mit einer Beschreibung des Großbildfernsehsystems von Scophony. Darin wurde auch die »Skiatron«-Methode des
Großbildfernsehens beschrieben. Beim »Skiatron« kam eine Elektronenröhre mit
einem kristallinen Bildschirm zum Einsatz, der einem Elektronenstrahl ausgesetzt
war und von diesem moduliert wurde. Der Schirm wies die Eigenschaft der Elektronenopazität auf, was bedeutete, daß er durch die Abtastung mit einem Elektronenstrahl lichtundurchlässig gemacht werden konnte. Durch die Abtastung mit

einem geeignetem Strahl bei richtiger Temperatur war es möglich, diesen Opazitätsgrad im wesentlichen für die gesamte Dauer eines Vollbildes gleichzuhalten; kehrte der Strahl zurück, um den Opazitätswert des folgenden Bildes herzustellen, so paßte sich der Schirm demselben verzögerungsfrei an. Der Artikel ging auch auf die Verbindung von Überschallichtsteuerung mit elektronischer Abtastung ein. Er zeigte eine Photographie und eine graphische Darstellung der neuartigen »Skiatron«-Röhre.[52]

Die amerikanische Fernsehindustrie hatte nach der Einführung der NTSC-Normen einen schwerfälligen Aufbruch gesetzt. Der Verkauf von Empfangsgeräten verlief schleppend, und nur wenige Stationen waren tatsächlich auf Sendung. Darüber hinaus war die junge Fernsehindustrie nun auch vom Verteidigungsprogramm der USA betroffen, das bestimmte strategisch wichtige Materialien abzog und verlangte, daß qualifiziertes Personal für die Forschung zur Elektronik abgestellt wurde. Am 27. Mai 1941 hatte Präsident Franklin D. Roosevelt den unbeschränkten nationalen Ausnahmezustand ausgerufen. Weder Rohstoffe noch Produktionskapazitäten konnten für das Fernsehen abgezweigt werden. Die Fertigungsstraße für Fernsehempfänger der RCA stand bereits über ein Jahr lang still, und auch andere Unternehmen waren gezwungen, ihre Arbeit zum Fernsehen zugunsten der Forschung für die militärische Verteidigung einzustellen.[53]

Die Programmproduktion war praktisch kaum entwickelt, und im Dezember 1941 strahlten nur noch sehr wenige Fernsehstationen tatsächlich Sendungen aus. Zu ihnen gehörten NBC, das CBS und DuMont in New York City, General Electric in Schenectady, Philco in Philadelphia, Don Lee in Los Angeles und der Sender WBKB in Chicago. Die Bombardierung von Pearl Harbour am 7. Dezember 1941 bereitete dem Großteil des Fernsehsendebetriebes in den Vereinigten Staaten schnell ein Ende.

Dem Fernsehen, das endlich das Ziel der technischen Perfektion erreicht hatte, wurde in den USA plötzlich nur noch die geringste Bedeutung beigemessen. Die einzige verbleibende Fernsehforschung und -produktion war die, die im Zusammenhang mit der Kriegsanstrengung unternommen wurde. Niemand wußte oder konnte auch nur abschätzen, wie lange der Krieg dauern würde. Der Feind war von gewaltiger Stärke, und die Vereinigten Staaten bemühten sich, ihre Verteidigungsindustrie auf Hochtouren zu bringen. Die junge Fernsehindustrie, die in der Vergangenheit zahlreiche Fehlstarts hinnehmen hatte müssen, wurde einmal mehr verhüllt und stillgelegt, um bis zu einer helleren Zukunft zu überdauern.

Nachwort
Zur Geschichte des Fernsehens
1942 bis 2000[1]

Herwig Walitsch

1) Das Fernsehen im Krieg: 1942 – 1945

Das Ende des 180zeiligen Programmdienstes vom Sender Berlin-Witzleben, der vom 22. März bis zum 19. August 1935 bestanden hatte, bedeutete natürlich nicht das Ende des Fernsehens in Deutschland. Schon ein Jahr später, 1936, näherten sich die Bildauflösungen mit 375 Zeilen dem späteren BBC-Standard von 405 Zeilen, der im selben Jahr zur britischen Norm erklärt wurde. 1937 wurde diese Auflösung (einschließlich des Zeilensprungverfahrens) auch zur deutschen Fernsehnorm.

Da die Nationalsozialisten sich definitiv gegen das Fernsehen und für das Radio als wichtigstes Massen- und Propagandamedium entschieden hatten, war die Zahl der vorhandenen Empfangsgeräte entsprechend gering: Nach der Einstellung der Produktion des Einheitsempfängers »E 1« 1940 waren in ganz Deutschland nicht mehr als 600 Geräte im Umlauf (weitere 1000 hatten die Hersteller im Lager).

Berlin-Witzleben war täglich sechs Stunden auf Sendung, 90 Minuten davon zeigten Live-Programme für Wehrmachtsoldaten im Lazarett. Erst 1943 wurde der Sender durch eine Bombe zerstört. Um trotz der geringen Zahl an Empfängern ein größeres Publikum zu erreichen, wurden in Berlin drei Fernsehkinos betrieben. Eines davon hatte 800 Sitze und wurde mit Geräten der Fernseh-AG aus dem Jahr 1938 betrieben. Die beiden anderen hatten jeweils 300 Sitze. Der Betrieb des Senders Witzleben mit voller Leistung wäre kriegstaktisch unsinnig gewesen – er hätte feindliches Feuer angezogen wie ein Magnet. Es wird deshalb angenommen, daß er mit gedrosselter Leistung betrieben wurde bzw. daß die Sendungen über Kabel an die Kinos übertragen wurden.

Neben den beiden Rezeptionsformen über Heimempfänger und Fernsehkino blieb in Deutschland auch die ursprünglichste Funktion des Fernsehens erhalten

---

[1] Die verwendeten Quellen sind am Ende der Auswahlbibliographie angeführt.

und im Einsatz: die des Bildtelephons (die Bildtelephonie war ja, wie wir bei Abramson gesehen haben, die früheste technische Phantasie, die zu den ersten Vorschlägen geführt hatte). 1935 waren in vier deutschen Städten öffentliche Bildtelephone eingerichtet. Über diese drei Formen des Fernsehens hinaus entwickelten die Nationalsozialisten aber noch eine vierte Anwendung dieses Mediums, die bezeichnender nicht sein könnte. Sie dachten an die flächendeckende Einrichtung von Überwachungskameras im öffentlichen Raum, wobei das jeweils nächstgelegene Wachzimmer oder Kommissariat an einen Empfänger angeschlossen sein sollte. Auf diese Weise erhoffte man sich die effizientere Aufklärung von Verbrechen oder von dem, was dafür gehalten wurde. Die Nationalsozialisten produzierten Propagandafilme für diese Idee, in denen fiktive Fälle und ihre rasche Aufklärung mittels Fernsehen dargestellt wurden. Kaum jemandem fällt auf, daß dieser Zustand – die flächendeckende Überwachung des öffentlichen Raums mittels Videokameras – in England und anderswo heutzutage längst zur Realität geworden ist.

Für die Zeit nach dem Krieg hatten die Nationalsozialisten freilich Größeres mit dem Fernsehen vor: Nach dem Juni 1941 beschlossen sie die Errichtung eines großen europäischen Netzwerks aus Fernsehsendern, das sich über Deutschland, Frankreich und Italien ausdehnen sollte. Betrieben werden sollte es mit der 405zeiligen deutschen Fernsehnorm.

Die Arbeit an der technischen Weiterentwicklung des Fernsehens stand nicht still. So begann noch während des Krieges in Deutschland Versuchsarbeit mit einem besonders hochauflösenden 1029zeiligen System. Diese Experimente wurden freilich wieder aufgegeben, da die militärische Notwendigkeit eines solchen hochzeiligen Systems nicht ersichtlich war. Generell überließ Nazi-Deutschland den Großteil der Entwicklungsarbeit zum Fernsehen dem besetzten Frankreich. Von seinen früheren Vertragspartnern in den USA (RCA und Telefunken, Farnsworth Television und die Fernseh-AG) und England (Baird Television und die Fernseh-AG) war Deutschland ja mittlerweile abgeschnitten. Die Nationalsozialisten verboten Frankreich zwar industriell bedeutsame Betätigung auf diesem Gebiet, erlaubten aber die Arbeit an der Verbesserung des französischen Fernsehsystems unter ihrer Führung. Mit dieser Arbeit wurde die Compagnie pour la Fabrication des Compteurs et Matériel d'Usines à Gaz in Montrouge unter der Leitung von René Barthélemy beauftragt. Barthélemy hatte sich deshalb nach dem Krieg gegen Kollaborationsvorwürfe zu wehren. Pierre Hemardinquer verteidigte ihn mit den Worten: »Er hatte bei seiner Entscheidung keine Wahl. Von jedem Franzosen wurde eine Leistung für das deutsche Besatzungsregime verlangt.« Barthélemy erblickte in diesem deutschen Auftrag jedenfalls eine Chance, seine Arbeit trotz der widrigen Umstände weiterzuführen. Und nicht wenige Nazis sahen in der Weiterführung dieses Projekts eine perfekte Gelegenheit, in Paris zu bleiben und gefährlicheren Dienstverpflichtungen im Osten zu entkommen.

Barthélemy unternahm viel Arbeit zur Verbesserung des Ikonoskops und führte einige wenig erfolgreiche Experimente mit dem Orthikon mit langsamem Abtaststrahl durch. Im Jahr 1941 begann die Compagnie pour la Fabrication des Compteurs in Montrouge mit der Arbeit an einem hochauflösenden 1015zeiligen System.

Diese Experimente mündeten in ein regelrechtes Wettrennen um die Entscheidung der Frage, ob ein über 1000zeiliges System funktionieren könne. Viel Versuchsarbeit wurde dabei mit einer Testbildröhre namens »Monoskop« verrichtet. Am Ende stand ein maximal 1015zeiliges System, das sowohl im Hinblick auf die Zeilenzahl als auch im Hinblick auf die Zeilensprungrate hochflexibel war. Es sollte später sein volles Potential unter Beweis stellen. Weniger erfolgreich dagegen verliefen freilich Barthélemys Versuche mit seiner französischen Variante des Orthikons namens »Isoscope«.

Die deutsche Besatzung erlaubte dem französischen Rundfunk im Juli 1940 die Wiederaufnahme von Fernsehversuchssendungen. Bei der Besetzung von Paris hatte die Wehrmacht die Sendestation am Eiffelturm samt Sendeanlagen beschlagnahmt. 1943 wurde von diesem Sender aus ein Fernsehdienst aufgenommen. Die Vichy-Regierung hatte für die Nazis die Einführung der deutschen Fernsehnorm von 441zeiliger Auflösung bei 2:1-Zeilensprung beschlossen; federführend hierbei war die Luftwaffe. In der Rue de l'Université Nr. 180 in Paris wurde ein Fernsehstudio eingerichtet, dessen Hauptzweck in der Unterhaltung von verwundeten Angehörigen der Luftwaffe bestand. Dieses Studio besaß Sitze für 250 Gäste und verfügte über einen großen Kontrollraum für bis zu sechs Live-Kameras. Die technischen Anlagen wurden sowohl von deutschen als auch von französischen Firmen geliefert. Kameras und Empfänger kamen von der Telefunken Allgemeine Elektrizitäts-Gesellschaft (AEG) und von der Fernseh-AG. Die Deutsche Reichspost war Vertragspartner der Compagnie pour la Fabrication des Compteurs unter der Leitung von René Barthélemy, und deutsche Fernsehingenieure standen im Rahmen dieses Projekts Seite an Seite mit französischen. Die Kameras waren von Telefunken für die Olympischen Spiele 1940 gebaut worden, die in Tokyo stattfinden hätten sollen. Sie wurden später nach Helsinki verbracht, wo die Nationalsozialisten sie trotz der Absage der Spiele verwenden wollten. Sie kamen nie zum Einsatz.

Der Betrieb dieses französischen Fernsehdienstes unter deutscher Ägide war nicht sonderlich erfolgreich. Berichte sprechen davon, daß die Bildqualität schlecht war und die Bilder unter mangelhafter Synchronisation litten. Vor allem hatte die französische Öffentlichkeit kein Interesse an Programmen, die vom Feind gestaltet wurden.

Im Dezember 1941 kam es zu einer persönlichen Tragödie. Fernand Holweck, der Gregory Ogloblinsky angestellt hatte, der Vladimir K. Zworykin zweimal, 1928 und 1939 persönlich getroffen hatte und ihn zur Erfindung der Kineskop-Bildröhre inspirierte, hatte sich dem Widerstand angeschlossen. Er wurde im Arrest erschossen. Die Nationalsozialisten gaben an, er habe Selbstmord begangen.

Das Studio in der Rue de l'Université blieb bis zum 16. August 1944 in Betrieb. An diesem Tag gaben die Nationalsozialisten Paris auf. Sie nahmen die gesamte Studiogerätschaft mit und ließen nur die Filmabtaster zurück. Am Sender im Eiffelturm entstand allgemeine Zerstörung, wobei empfindlichste Apparatur durch Projektile beschädigt wurde. Die Antenne und das zugehörige Speisegerät blieben ebenfalls beschädigt zurück. Der Abzug der Nationalsozialisten erfolgte freilich zu überstürzt, um das Zerstörungswerk zu vollenden.

Soweit zur »zivilen« Nutzung des Fernsehens in Deutschland während des Krieges. Die nationalsozialistische Führung war zwar am Fernsehen als Massen- und Propagandamedium nicht interessiert, sehr wohl aber an einem Instrument, das ihr bei ihren Forschungen zu Massenvernichtungswaffen nützlich sein konnte. So kam das Fernsehen im Dienst des deutschen Raketenentwicklungsprogramms in Peenemünde zum Einsatz. 1941 wurde dort ein lokales Kabelfernsehsystem eingebaut, wobei zwei Kameras verwendet wurden: eine an der Startplattform der Rakete, eine zweite auf dem Dach eines Gebäudes in zwei Kilometer Entfernung. Die Bilder wurden an einen Überwachungsraum gesendet. Beim Start einer Rakete lieferte die Kamera an der Abschußbasis Bilder bis zur Zündung. Dann wurde sie im Feuersturm des Triebwerks vernichtet. Die zweite Kamera verfolgte die Flugbahn des Geschosses. Auch die bei diesen Versuchen verwendete Fernsehgerätschaft hätte eigentlich bei den Olympischen Spielen 1940 in Tokyo zum Einsatz kommen sollen, die aber wegen des Kriegsausbruchs abgesagt worden waren.

Weiters wurde in Deutschland nach 1940 viel Forschungsarbeit zu fliegenden Bomben mit Fernsehausrüstung aufgewendet. Das Projekt »Tonne«, an dem die Fernseh-AG beteiligt war, sollte zur Entwicklung einer fernsehkameragesteuerten fliegenden Bombe führen. Freilich ist nichts darüber bekannt, ob diese Waffe je zum Einsatz kam. Darüber hinaus begannen 1940 Forschungen zu kameragesteuerten Raketen, Torpedos und unbemannten Überwachungs- und Aufklärungsflugzeugen sowie zu verwandten Technologien wie Radar und zu thermischen Zielsuchköpfen.

In den USA verlief die Umstellung vom zivilen Fernsehen zu einer Kriegstechnologie fast zeitgleich und mit ähnlichen Forschungszielen (Telefunken und die RCA hatten ja eng zusammengearbeitet), aber rascher und umfassender. Nach dem japanischen Angriff auf Pearl Harbor am 7. Dezember 1941 reduzierten zahlreiche Fernsehstationen ihre Ausstrahlungen drastisch auf etwa vier Stunden Sendezeit pro Tag, oder sie stellten den Betrieb überhaupt ein. Was noch gesendet wurde, waren meistens Programme mit Verteidigungsparolen für die Zivilbevölkerung, und auch sie wurden bloß gezeigt, um unter den wenigen Tausend Besitzern von Empfangsgeräten keinen Unmut zu erregen.

Die amerikanische Elektro- und Elektronikindustrie stellte auf die totale Kriegsproduktion um. Zu den wichtigsten Unternehmen, die sich daran beteiligten, gehörten Western Electric und die Bell Telephone Laboratories, General Electric, Westinghouse, Eastman Kodak, DuMont und klarerweise die Radio Corporation of America. David Sarnoff stellte seinen Konzern in einem Brief an den Präsidenten Franklin Roosevelt formell in den Dienst der Regierung.

Die RCA hatte bereits 1935 damit begonnen, sich mit Fernsehsendungen von Flugzeugen aus zu beschäftigen. Und bereits im April 1934 hatte V. K. Zworykin den Einsatz von Fernsehkameras für die Lenkung von Geschossen vorgeschlagen. Die entsprechende Entwicklungsarbeit bei RCA unter der Leitung von Ray Kell hatte ebenfalls bereits 1935 begonnen, nachdem Sarnoff die Führung des US-Militärs für Zworykins Konzept gewonnen hatte.

Nach zwei Jahren Forschungsarbeit wurde 1937 ein Aufklärungsflugzeug mit Fernsehkamera erfolgreich vorgeführt. Zum Einsatz kam dabei ein RCA-Ikonoskop Modell 1850. 1939 begann die Arbeit an einem System mit noch weniger Gewicht, und 1940 erhielt die RCA grünes Licht aus Washington für die Weiterentwicklung des Systems, zu dem mittlerweile auch Funkfernsteuerung gehörte. Anfang März 1940 wurde es erstmals der Öffentlichkeit vorgeführt.

Neben diesem Aufklärungssystem wurde in den USA auch an kameragesteuerten Bomben und Geschoßen gearbeitet. Hierfür wurden eigene Fernsehsysteme entwickelt, die die Namen BLOCK, RING und MIMO erhielten. Diese drei Systeme arbeiteten jeweils mit unterschiedlichen Bildauflösungen, Bildraten und Bandbreiten. Anders als in Deutschland wurden in den USA kameragesteuerte Bomben entwickelt und gebaut, die auch tatsächlich zum Einsatz kamen. Dazu gehörte etwa die Gleiterbombe GB-4, deren Entwicklung im Juli 1943 abgeschlossen war. Knapp ein Jahr später, im Juni 1944, wurden die ersten GB-4-Bomben auf Abschußbasen für die deutschen V1- und V2-Raketen in der Nähe von Calais geworfen. Außerdem kamen diese kameragesteuerten Geschosse bei Angriffen auf deutsche U-Boote zum Einsatz, die vor Le Havre und La Pallice lagen. Im Kampf gegen Japan setzten die USA den kameragesteuerten Torpedo TDR-1 ein. Darüber hinaus kamen im Krieg in Asien auch Aufklärungsflugzeuge und radargesteuerte Bomben zum Einsatz.

Weitere Fortschritte der Fernsehtechnik, die sich der Kriegsanstrengung verdanken, betreffen die Aufzeichnung von Fernsehbildern auf Film. Vor dem Krieg bestand noch wenig Interesse an der dauerhaften Aufzeichnung von Fernsehbildern, obwohl es bereits kommerzielles Fernsehen gab und die – zumindest kurzfristige – Speicherung von Fernsehbildern, etwa für die zeitversetzte Ausstrahlung, im Fernsehbetrieb unerläßlich ist. Mit der Entwicklung der Aufklärungssysteme BLOCK und RING wurde diese dauerhafte Aufzeichnung freilich notwendig (sonst wäre eine Auswertung der Bilder nach dem Flug nicht möglich), und damit wurde wichtige Entwicklungsarbeit für den späteren Quick-Kine- oder Hot-Kine-Prozeß der Speicherung von Fernsehbildern auf Film geleistet, der das wichtigste Verfahren der Fernsehsender unmittelbar nach dem Krieg bildete (die Magnetaufzeichnung lag noch in der Zukunft).

Ebenso ein Produkt der Fernsehforschung im Dienst des 2. Weltkriegs ist die Nachtsichttechnik. Zworykin, der schon im Februar 1936 einen Vortrag über Kameraröhren mit besonderer Empfindlichkeit auf Licht im Infrarotbereich gehalten hatte, entwickelte während des Kriegs Nachtsichtzielgeräte für Schußwaffen, die die Namen »Sniperscope« und »Snooperscope« erhielten.

Und nicht zuletzt die zerstörerischste Waffe, die die Menschheit je ersonnen hat, wurde mithilfe von Fernsehtechnik entwickelt. Schon 1942 war klar geworden, daß der Umgang mit gefährlichem radioaktiven Material Methoden des Sehens und Beobachtens auf Entfernung erfordern würde. Zunächst waren hierfür Spiegel und Periskope verwendet worden, doch dies erwies sich bald als völlig unzulänglich und zu primitiv.

Im November 1943 wurden drei Ingenieure der RCA in die Clinton Engineering Laboratories in Oak Ridge gebracht, wo sie Fernsehanlagen für das Manhattan Project installierten. Hierbei wurde Fernsehtechnik mit periskopischen Geräten kombiniert. Diese waren notwendig, weil auch die lichtempfindlichen Oberflächen der Kamerabildwandler unter der starken radioaktiven Strahlung des Urans litten und in zu großer Nähe zu der Substanz funktionsuntüchtig wurden.

Am Morgen des 6. August 1945 explodierte die Bombe, der man den Namen »Little Boy« gegeben hatte, über Hiroshima. Das Fernsehen hatte auch hierzu seinen Beitrag geleistet.

In England stand die Fernsehentwicklung während des Krieges praktisch still. Am 7. Juni 1942 führten Alan D. Blumlein, C. O. Browne und A. Blythen von EMI an Bord eines Halifax-Bombers Tests mit ihrem neuesten flugzeuggestützten Radarsystem durch. An der Maschine entstanden Motorprobleme und im folgenden Absturz kamen alle drei ums Leben. Die Nachricht von ihrem Tod wurde vor dem Kriegsende nicht veröffentlicht, um Demoralisierung zu vermeiden.

John Logie Baird, dessen Dienste für die Kriegsanstrengung als nicht notwendig erachtet worden waren, arbeitete in der Zwischenzeit weiter an der Verbesserung seines 3-D-Systems und seines Farbsystems. Im November 1942 demonstrierte er erstmals ein Farbsystem, das ohne die rotierenden Farbfilterscheiben auskam. Dabei handelte es sich um ein simultanes System mit Zerlegung des Bildes in seine Farbauszüge und deren Abtastung durch zwei oder drei Elektronenstrahlen. Am 16. August 1944 demonstrierte Baird dieses System namens Telechrome. Dabei handelte es sich um die allererste Farbbildröhre in der Geschichte des Fernsehens. Sie stellte Bairds größte Leistung dar.

Das Fernsehen hatte durch den Krieg enorme technische Weiterentwicklungen erfahren. Zu den wichtigsten, die nach dem Krieg auch im zivilen Fernsehen von großer Bedeutung sein sollten, gehörten die Entwicklung der Superorthikon-Kamera durch Albert Rose, Paul K. Weimer und Harold B. Law von der RCA (1940ff.), die Entwicklung von hochauflösenden, über 1000zeiligen Systemen (René Barthélemy 1941ff.), die Entwicklung größerer und flacherer Bildröhren und wichtige Erfahrungen mit der Aufzeichnung von Fernsehbildern auf Film.

Der Krieg entließ aus sich eine voll entwickelte Technologie der Übertragung von Laufbildern. Das Fernsehen wies bereits alle grundlegenden Normen und Merkmale auf, die wir noch heute kennen. Was noch fehlte, war ein standardisiertes Farbbild (die Technik existierte bereits) und eine praktikable Methode der Aufzeichnung von Fernsehbildern, die ohne den Umweg über photographische Techniken auskam.

2) Die ersten Nachkriegsjahre: 1946 – 1949

In den USA herrschte nach Kriegsende wirtschaftliche Aufbruchsstimmung. Schon 1946 gingen etwa 15 Fernsehstationen wieder auf Sendung, von denen die Mehrzahl auch während des Kriegs einen eingeschränkten Sendebetrieb aufrechterhalten hatte. Sie verwendeten die alten Orthikon-Röhren für Live-Aufnahmen und Ikonoskop-Röhren als Filmabtaster. Zu dieser Zeit waren in den USA nur wenige Tausend Fernsehempfänger in Betrieb. Dennoch war David Sarnoff entschlossen, den Fernsehdienst, den er am 1. Juli 1941 eröffnet hatte, weiter auszubauen. Mittlerweile verfügte die RCA über neue Kameraröhren (das Superorthikon), verbesserte Schaltungen und größere und hellere Bildröhren, alles technische Weiterentwicklungen aus der Zeit des Kriegs. Es gab kein technisches Problem mehr, das den Siegeszug des Fernsehens hätte aufhalten können. Das einzige Hindernis für diesen Siegeszug bestand in einer Öffentlichkeit, die erst noch davon überzeugt werden mußte, daß das Fernsehen Zukunft hatte. Der Krieg hatte in den USA die Erinnerung an den Sommer 1941 mit seiner Euphorie und Aufbruchsstimmung verblassen lassen.

Die Medienlandschaft, auf die das Fernsehen 1946 in den USA stieß, läßt sich kurz so skizzieren: Die Filmindustrie produzierte an den Grenzen ihrer Kapazitäten. Schon während des Kriegs hatte der durchschnittliche Amerikaner drei bis vier mal pro Woche ein Kino besucht. Die Radionetzwerke und lokalen Radiostationen arbeiteten hochprofitabel. CBS stellte dabei die beherrschende Kraft auf dem Gebiet der gesendeten Programme dar, während Philco Marktführer im Handel mit Radioempfängern war und Westinghouse und General Electric die Produktion von Radiosendeanlagen dominierten. Sarnoffs Fernsehpläne sollten diese Medienlandschaft, in der das Kino und das Radio alles zu beherrschen schienen, von Grund auf verändern.

Die neuen Fernsehempfänger, die die RCA auf den Markt brachte, waren ausgesprochen teuer. So kostete das Modell 630 TS, ein Tischapparat mit einem 10-Zoll-Bildschirm, 375 Dollar, was einem Wert von 2.566 Dollar im Jahr 2000 entsprach. Dennoch fanden ab September 1946 sofort 10.000 Geräte einen Käufer. Die Serienfertigung der neuen Superorthikon-Kameras begann bereits in der ersten Hälfte des Jahres 1946, und sie verkauften sich so schnell, daß RCA Victor kaum mit der Produktion nachkam – und das trotz des sehr hohen Stückpreises von 50.000 Dollar im Jahr 1946. Die ersten Superorthikon-Kameras wurden hauptsächlich an Fernsehstationen des NBC-Netzwerks verkauft, doch die RCA belieferte auch DuMont, General Electric und CBS mit der Superorthikon-Röhre.

Die Einführung der Superorthikon-Kamera führte zu einer neuen Ära in der Geschichte des Fernsehens. Sie bildete den wichtigsten Schritt zum modernen Live-Fernsehen, wie wir es heute kennen, der je gesetzt wurde. Die Superorthikon-Kamera war leicht und tragbar, sie konnte praktisch überall und unter allen Lichtbedingungen eingesetzt werden. Sie verfügte über einen elektronischen Bildsucher und ein Revolverobjektiv mit vier Photoobjektiven und war mit Lampen ausgestattet, die anzeigten, ob die Kamera gerade auf Sendung war oder nicht. In dieser Konstruktion wurde die Superorthikon-Kamera zum Vorbild aller späteren Fernsehkameras. Mit ihr begann das Fernsehen in seiner modernen Form.

Das Fernsehprogramm in dieser Frühzeit bestand hauptsächlich aus Live-Sendungen, ganz ähnlich wie das Radioprogramm. Gesendet wurden Sportereignisse (Ringen, Boxen, bald auch die amerikanischen Feldspiele Football und Baseball, die kameratechnisch schwieriger zu übertragen waren), Vorführungen und Diskussionssendungen sowie gelegentlich Nachrichten. Zwischen diesen Live-Programmen wurden zweitklassige Filme, gewöhnlich alte Westernstreifen, ausgestrahlt. Das frühe Fernsehprogramm war also alles andere als niveauvoll – doch es war die Neuheit der Erfahrung selbst, die das öffentliche Interesse am Fernsehen anregte. Und die amerikanische Öffentlichkeit war von dem neuen Medium höchst angetan. Vor einem Fernsehapparat in einer Geschäftsauslage versammelte sich bald ebenso eine Menge wie in einer Bar oder einem Restaurant, wo ein Fernsehgerät eine Sport-übertragung oder eine der neuen Varieté-Shows zeigte. Das neue Medium fand in den USA zweifellos bereitwillige Aufnahme.

Auch das Interesse an der Aufzeichnung von Fernsehbildern, die während des Kriegs eine Notwendigkeit der militärischen Nutzung des Fernsehens gewesen war (Aufzeichnung von Aufklärungsbildern für die spätere Auswertung), wurde in der unmittelbaren Nachkriegszeit weiter verfolgt. So führte die US Navy im März 1946 öffentliche Vorführungen ihrer Fernsehsysteme BLOCK und RING durch, bei denen Kampfflugzeuge über Baltimore und Annapolis kreisten und Aufklärungsbilder von einem fiktiven Schlachtfeld lieferten. Bei diesem Manöver wurden am 21. März 1946 die ersten Schwarzweiß-Filmaufnahmen von Fernsehbildern nach dem Krieg produziert.

Ebenfalls bereits im Frühjahr 1946 kam es zu einem Ereignis, das auf den ersten Blick wenig mit dem Fernsehen zu tun hatte, für die Entwicklung der Fernsehauf-zeichnung aber von überragender Bedeutung sein sollte. Am 16. Mai 1946 fand in den NBC-Studios in San Francisco das planmäßige Treffen des Institute of Radio Engineers (IRE) statt. Das Hauptereignis dieser Konferenz war der Auftritt von John T. Mullin, der einen Vortrag über ein neues Magnetbandgerät halten und die-sen Apparat auch vorführen sollte. Das Gerät war erst Ende 1945 aus Europa in die USA gebracht worden. Es handelte sich um ein deutsches Magnetophon.

Mullin hatte im Herbst 1945 einem US-Trupp angehört, der in Deutschland nach elektronischen Geräten und Bauteilen suchte, die von der geschlagenen deut-schen Armee aufgegeben und zurückgelassen worden waren. Eines Tages stieß er auf einen britischen Offizier, der in ähnlicher Mission unterwegs war. Dieser Of-fizier fragte Mullin, ob er schon Aufnahmen des Magnetbandrekorders gehört habe, der sich im Radiosender Frankfurt am Main befand. Mullin hatte zu diesem Zeitpunkt schon zahlreiche deutsche Magnetbandaufnahmen gehört, alle von Geräten, die von deutschen Truppen und Berichterstattern auf dem Rückzug im Feld zurückgelassen worden waren. Keine dieser Aufnahmen hatte ihn hinsicht-lich der Tonqualität sonderlich beeindruckt. Dennoch brach er nach Bad Nauheim auf, wo der American Armed Forces Radio Service den Radiosender Frankfurt betrieb. Das technische Personal des Senders bestand hauptsächlich aus Deut-schen. Als der diensthabende Offizier hörte, wonach Mullin suchte, ließ er einen Assistenten eine Bandrolle bringen und in das Gerät einlegen. In seinem Vortrag auf der IRE-Konferenz sagte Mullin: »In diesem Augenblick war ich wirklich sprachlos, denn so etwas hatte ich noch nie gehört. Soweit ich weiß, hat es eine Tonaufnahme in solcher Qualität niemals zuvor gegeben. Es war unmöglich zu unterscheiden, ob der Ton live war oder ob er vom Band kam. Die Aufnahme wies absolut kein Hintergrundrauschen auf. Ich war begeistert.«

Mullin war so begeistert von dem deutschen R 22-Magnetophon, daß er über die beiden Exemplare, die das Signal Corps verlangte und beschlagnahmte, hinaus auch noch zwei weitere Geräte für seine eigenen Zwecke auftrieb. Er photographierte alle zugehörigen Handbücher, Beschreibungen und Konstruktionszeichnungen und zerlegte dann die beiden Maschinen in ihre Einzelteile, um sie per Post an seine Mutter in den USA zu senden. Neben den beiden Geräten verbrachte er so auch rund 50 Bandrollen mit Aufnahmen nach Amerika. Der Wiederzusammenbau erfolgte unter der Mithilfe von William Palmer, einem Geschäftspartner Mullins, und nahm drei bis vier Monate in Anspruch. Dabei wurden die elektronischen Bauteile mit amerikanischem Material neu verdrahtet.

Eines der beiden Geräte führte Mullin auf dem IRE-Treffen in San Francisco vor. Das erstaunte Publikum hörte so die ersten Breitband-Audioaufnahmen; sie wurden über High-Fidelity-Lautsprecher abgespielt. Nie zuvor hatte man eine solche Tonqualität gehört – sie fand begeisterten Applaus.

Zu jenen, die sich an diesem Abend des 16. Mai 1946 in die NBC-Studios gedrängt hatten, gehörte auch Harold Lindsay, der schon bald in die Dienste einer kleinen Firma namens Ampex treten sollte. Ampex stand kurz für Alexander M. Poniatoff Excellence-Electric Co. Die Firma war während des Kriegs von Alexander Poniatoff gegründet worden und stellte zunächst Präzisionsmotoren und andere mechanische Geräte für die US Navy her. Mit dem Ende des Kriegs war dieses Geschäft entfallen, und Ampex suchte nach neuen Betätigungsfeldern. Lindsay erzählte Poniatoff, was er in San Francisco gesehen und gehört hatte. Er brachte die Spezifikationen von Mullins Magnetophon zu seiner neuen Firma mit, und schon bald waren die Ingenieure von Ampex mit der Konstruktion eines Magnetbandrekorders ihrer eigenen Bauart beschäftigt.

Am Ende der Vorführung auf dem IRE-Treffen bat Murdo MacKenzie, Technischer Direktor von Bing Crosby Enterprises, John Mullin, das Magnetophon zur Aufzeichnung und Nachbearbeitung der ersten Radio-Show von Bing Crosby in dieser Sendesaison zu verwenden, gewissermaßen als Testaufnahme der Show vor der Ausstrahlung. Zu dieser Zeit machte Bing Crosby zwar schon Voraufnahmen seiner Radiosendungen auf Platte, um Störgeräusche zu entfernen und die Sendezeit, die live oft überzogen wurde, programmgerecht zusammenzuschneiden. Doch mit Platten war dies ein aufwendiger und zeitraubender Vorgang, der häufig zu keinen sonderlich guten Ergebnissen führte. So begann Mullin, das Tonband für diesen Zweck zu verwenden. Es eignete sich so gut für die Voraufnahme und Nachbearbeitung von Radiosendungen, daß ABC, das Radionetzwerk, das die Bing Crosby Show ausstrahlte, Mullin mit der Bearbeitung sämtlicher Radiosendungen der restlichen Sendesaison beauftragte. Das deutsche Magnetophon Mullins blieb bis zur 27. Folge der Bing Crosby Show in Verwendung, dann erschienen der erste Magnetbandrekorder von Ampex (Modell 200, April 1948) und Tonbänder von 3M und lösten es ab. Das deutsche Magnetbandgerät hatte die Tonbandaufzeichnung in die Studiotechnik eingeführt und den amerikanischen Radiobetrieb revolutioniert.

Neben der Einführung der Superorthikon-Kamera und der Magnetbandaufzeichnung (zunächst nur für Tonaufnahmen) fand in den USA in den ersten Nachkriegsjahren noch eine dritte technische Entwicklung von größter Bedeutung für die weitere Entwicklung des Fernsehens statt: die Auseinandersetzung zwischen der RCA und dem Columbia Broadcasting System (CBS) um die künftige amerikanische Farbfernsehnorm.

Das Farbsystem von CBS beruhte auf den Patenten von Peter Goldmark aus dem Jahr 1940 und war, wie wir gesehen haben, ein sequentielles Verfahren, bei dem das Bild durch eine rotierende Farbfilterscheibe in seine Spektralauszüge zerlegt (Bildaufnahme) und wieder zusammengesetzt (Bildwiedergabe) wurde. Das CBS hatte 1941 versucht, die Verfügung einer amerikanischen Fernsehnorm durch das NTSC hinauszuzögern, um Zeit für die Perfektionierung dieses Farbsystems zu gewinnen. Im Dezember 1946 erneuerte CBS seine Initiative für ein Farbsystem und bat die Federal Communications Commission (FCC), sein System vorführen zu dürfen, von dem es angab, es sei wesentlich verbessert worden.

Die RCA hatte in der Zwischenzeit Experimente mit einem simultanen Farbsystem (ohne Filterscheiben) durchgeführt und auch ein sequentielles System ähnlich jenem von Peter Goldmark getestet, wobei die neue Superorthikon-Kamera zum Einsatz kam. Für Sarnoff und seine Ingenieure war freilich klar, daß das sequentielle System einem möglichen simultanen technisch weit unterlegen war. Dies betraf im wesentlichen die geringen möglichen Bildschirmabmessungen, mangelnde Farbtreue und vor allem die Einschränkungen, die bewegliche Teile der effektiven Kameraführung bei Live-Aufnahmen auferlegten. Mit rotierenden Scheiben hatte Sarnoff nichts am Hut. Hinzu kam, daß die RCA 1946 die Massenproduktion von Schwarzweißempfängern in ihren Fabrikanlagen in Camden und Lancaster vorbereitete. Diese wären ungeeignet für den Empfang von Farbbildern nach dem CBS-System gewesen.

Dies war Sarnoffs stärkstes Argument. In diesem Zusammenhang prägte der Chef der RCA ein Wort, das heute Teil unseres alltäglichen Sprachgebrauchs geworden ist: »Inkompatibilität«. Das sequentielle Farbsystem von CBS wäre »inkompatibel« mit der 1941 erlassenen NTSC-Schwarzweißnorm, da die rotierenden Scheiben andere technische Spezifikationen erfordern würden. Die Bildschirme der Schwarzweißempfänger, die ab September 1946 massenhaft Käufer fanden, würden dunkel bleiben, würde die amerikanische Fernsehnorm auf das CBS-Farbsystem umgestellt. Umgekehrt, so argumentierte Sarnoff, könnten simultane Farbbilder – so sie einmal technisch realisiert seien – sehr wohl auf den bestehenden Schwarzweißempfängern reproduziert werden, nur eben ohne Farbe. Ein solches simultanes, also elektronisches Farbsystem ohne bewegliche Teile aber lag noch in der Zukunft. Es benötigte weitere Entwicklungsarbeit von mindestens fünf Jahren, so schätzte Sarnoff. Deshalb war es für ihn logisch, daß es fürs erste beim Schwarzweißfernsehen nach der Norm des ersten NTSC bleiben müsse. Immerhin wurde dieses Monochromfernsehen vom amerikanischen Publikum soeben mit grenzenloser Begeisterung begrüßt. Sarnoff wurde nicht müde, in Reden, Pressekonferenzen und bei Auftritten auf Versammlungen der Industrie diese seine Argumente zusammen mit dem zugehörigen Vokabular über »Kompatibilität« und »Inkompatibilität« der amerikanischen Öffentlichkeit einzubleuen.

Er hatte gute Gründe für seine »Aufklärungskampagne«. Denn in der Presse und in Regierungskreisen begann sich ein gewisses Verständnis für den Standpunkt und die Situation des CBS abzuzeichnen. Dieses seinerseits erkannte die Verwundbarkeit seines Systems im Hinblick auf die von Sarnoff gebetsmühlenhaft wiederholten Kompatibilitätsprobleme mit dem NTSC-Schwarzweißsystem. Umso wichtiger war es für das CBS, so rasch wie möglich die Anerkennung der FCC für sein Farbsystem zu erhalten, damit die Hersteller auf die Produktion von Farbempfängern umstellen konnten – möglichst bevor der Markt mit Schwarzweißempfängern überschwemmt war. In diesem Wettlauf gegen die Zeit wurde die Unternehmensführung des CBS von seinem Chefingenieur Goldmark angetrieben und in ihrem Handeln von seinen Versicherungen bestärkt, daß das simultane Farbsystem der RCA niemals die technische Perfektion erreichen würde und daß sich sein eigenes sequentielles System (das UHF-Wellenlängen erforderte) gegen die VHF-Kanäle der Schwarzweißnorm durchsetzen würde.

Am Höhepunkt der Auseinandersetzung um ein Farbsystem kündigte die FCC an, daß sie am 30. Jänner 1947 zusammentreten werde, um über die Frage zu entscheiden, ob dem kommerziellen Fernsehen UHF-Kanäle zugewiesen und damit ein Farbsystem eingeführt werde oder nicht (und das konnte nur das sequentielle CBS-System sein, denn ein simultanes war technisch noch nicht ausgereift). Das CBS erwartete eine Entscheidung der FCC zu seinen Gunsten und bereitete dementsprechend Bewerbungen um UHF-Kanäle in einer Reihe von Städten vor, für die es bereits Radio-Lizenzen besaß. Um seinen festen Glauben an die Einführung von UHF-Farbe zu demonstrieren, zog das CBS noch vor der Entscheidung der FCC in vier Städten Bewerbungen um VHF- (Schwarzweiß-) Kanäle zurück und behielt nur die bereits bestehende Lizenz für New York City. Darüber hinaus wies es auch seine Tochtergesellschaften an, sich nicht um Schwarzweiß-Lizenzen zu bewerben. All dies diente nur dazu, der gesamten Branche den festen Glauben des CBS an sein Farbsystem zu demonstrieren – dieser ging soweit, daß es sogar die möglicherweise millionenschweren Monochrom-Lizenzen aufgab. Und dennoch wies die FCC am 18. März 1947 die Bewerbungen des CBS um UHF-Kanäle zurück.

Dieser Schritt, mit dem die Auseinandersetzung um die erste amerikanische Farbnorm entschieden war, kam das CBS teuer zu stehen. Es mußte vier VHF-Lizenzen neu beantragen, die ihm gemäß dem Zuweisungsplan der FCC zustanden. Der Erwerb von Fernsehstationen in vier Ballungszentren in den fünfziger Jahren kostete das CBS mehr als 30 Millionen Dollar. Dabei mußte es exorbitante Preise für Fernsehsender bezahlen, die es ursprünglich für sehr wenig Geld hätte haben können. Die Eigentümer rochen ein gutes Geschäft und trieben die Preise hoch. So bezahlte das CBS 1953 allein sechs Millionen Dollar für eine Station in Chicago, die sie noch in den vierziger Jahren um ein Trinkgeld bekommen hätte. Als das Fernsehgeschäft voll anlief, bot CBS-Präsident Frank Stanton sogar 28 Millionen Dollar für das ABC-Netzwerk, um an drei wichtige Fernsehsender heranzukommen. Erst 1958 hatte sich das CBS mit dem Kauf von Sendern in St. Louis und Los Angeles (alle um mehrere Millionen Dollar) seinen Platz in der amerikanischen Senderlandschaft zurückerobert, jenen Platz, den es in der Auseinandersetzung um ein Farbsystem beinahe verspielt hatte.

Daß sich das CBS in dieser Auseinandersetzung geschlagen gab, äußerte sich nicht zuletzt darin, daß es 1948 seine Schwarzweiß-Sendungen von 20 Stunden an fünf Tagen in der Woche auf 38 Stunden an sieben Tagen in der Woche ausdehnte. Dieser Schritt war bereits Teil der Anstrengungen des CBS, mit NBC Television wieder gleichzuziehen, das über 48 Fernsehstationen, verteilt über die gesamten USA, verfügte und neun der zehn beliebtesten TV-Programme ausstrahlte. Gleichzeitig reduzierte das CBS seine Aufwendungen für die Forschung zum Farbfernsehen drastisch, gab diese aber nicht gänzlich auf. Später war vom CBS zu hören, immerhin habe es mit seinem Kampf für sein Farbsystem die RCA in fieberhafte Anstrengungen um ihr eigenes (simultanes) Farbsystem getrieben, welches so wesentlich schneller zur Perfektion entwickelt worden und zum Konsumenten gelangt, sei als es ohne diese Auseinandersetzung der Fall gewesen wäre.

Eben dieses simultane Farbsystem der RCA war am 30. Oktober 1946 in den Princeton Research Laboratories der Radio Corporation erstmals in einer privaten Vorführung demonstriert worden. Dabei kam am Sender eine Form der Lichtpunktabtastung für Filme und Diapositive zum Einsatz (eine Live-Kamera war nicht vorhanden), mit der drei Farbauszüge gewonnen und am Empfänger simultan reproduziert wurden. Bei diesen frühen Experimenten wurde eine Kineskop-Bildröhre mit drei Elektronenkanonen in ein und demselben Röhrenhals verwendet; diese Bildröhre wurde Trinoskop genannt. Die drei Elektronenkanonen erzeugten drei versetzt liegende Bildraster, die zur Erzeugung der drei Grundfarben gefiltert wurden. Die Versuche mit dieser Bildröhre verliefen erfolglos, deshalb wurde sie durch einen Empfänger des Projektionstyps mit einer Bildgröße von rund 38 mal 51 cm ersetzt. Dabei warfen drei getrennte Bildröhren ihr Bild übereinander auf den Empfängerschirm. Am 29. Jänner 1947 wurde diese Anlage mit Bildern über Funk vorgeführt.

Im März 1947 wurde Vladimir Zworykin von David Sarnoff zu einem Vizepräsidenten der RCA und zum Technischen Berater der RCA-Labors befördert. Einer der ersten Schritte Zworykins nach diesem Karrieresprung bestand in der Durchführung der ersten öffentlichen Demonstration eines simultanen Farbfernsehens auf großer Leinwand unter seiner Leitung. Diese Vorführung fand am 30. April 1947 im Franklin Institute in Philadelphia statt; sie erfolgte auf einer Leinwand von rund 2,3 mal 3 Metern Größe. Anläßlich dieses Ereignisses hielt Zworykin auch einen Vortrag des Titels »Vollelektronisches Farbfernsehen«. Bei dieser Vorführung kam ein Empfänger des Projektionstyps zum Einsatz, der seinerseits aus drei Empfängerröhren mit Schirmbeschichtungen in den drei Grundfarben bestand. Die drei Bilder in den Grundfarben wurden auf der Leinwand übereinanderprojiziert. Der Empfänger reproduzierte Bilder von 16mm-Filmen und Diapositiven. Diese Vorführung im Franklin Institute bildete den Beginn der Bemühungen der RCA, ein Farbsystem zu entwickeln, das mit der Normbandbreite von 4 MHz auskam. Am Ende dieser Bemühungen mußte ein Farbsystem stehen, das auch Live-Aufnahmen ermöglichte und farbgetreu wiedergab. Dieser Farbtreue standen zur Zeit dieser Vorführung noch große Probleme mit der Beschichtung für die Farbe Rot entgegen. Zworykin erklärte in seinem Vortrag, daß man mit phosphoreszierenden Substanzen für die Farben Blau und Grün über größere Erfahrungen verfüge, da diese auch beim Schwarzweißfernsehen zum Einsatz kämen. Beschichtungen für Rot befänden sich noch im Entwicklungsstadium.

England war zwar als Sieger aus dem Krieg hervorgegangen, doch das Land war von der Kriegsanstrengung erschöpft und verarmt. Der Winter 1946/47 war außerordentlich hart, selbst gemessen an den zurückliegenden Kriegsverhältnissen. In Großbritannien kam es zu einer Öl- und Stromknappheit. Außerdem herrschte Mangel an Lebensmitteln wie Brot und Kartoffeln, die selbst während des Kriegs nicht rationiert worden waren.

Trotz dieser Schwierigkeiten wurden auch in England schon Anfang 1946 die Fernsehaktivitäten wiederaufgenommen. Im Februar 1946 wurde die Presse in den Alexandra Palace geladen, um die Vorbereitungen zur Wiederaufnahme des Fernsehbetriebs in Augenschein zu nehmen. Den Journalisten wurden die alten 405zeiligen Emitron-Kameras und andere Betriebsanlagen gezeigt. Zum Personal des Senders gehörten Maurice Gorham, Fernsehdirektor der BBC, und langjährige Mitarbeiter wie D. C. Birkenshaw, leitender Ingenieur, Cecil Madden, Programmdirektor, und Tony Bridgewater, Ingenieur vom Dienst.

Am 7. Juni 1946 nahm der Londoner Fernsehdienst seinen Betrieb wieder auf. Das Programm bestand aus leichter Unterhaltung wie etwa Musik von A.P. Mantovani. Eine der Sendungen, die an diesem Eröffnungstag ausgestrahlt wurden, war derselbe Mickey-Mouse-Zeichentrickfilm, der 1939 das letzte gesendete Programm vor der Schließung des Senders gebildet hatte. Das weitere Eröffnungsprogramm bestand aus Ansprachen des Chefs der Postbehörde und des Vorsitzenden der BBC-Leitung. Das Hauptsendeereignis bestand freilich in der Übertragung der Siegesparade in London am folgenden Tag. Dafür wurde eigens ein Kabel, das das Londoner West End mit dem Alexandra Palace verband und das seit 1939 außer Betrieb gestanden hatte, reaktiviert. Diese Sendung fand viel Beifall. Die Emitron-Kameras nahmen das Eintreffen der königlichen Familie auf und zeigten eine Nahaufnahme von Winston Churchill sowie einen Überflug von Maschinen der Royal Air Force. Die Übertragung wurde von einigen Tausend Zusehern zuhause oder in den örtlichen Pubs mitverfolgt. Mit diesen Bildern ging ein hervorragender, wenngleich in gewisser Weise schon ein wenig altmodischer Fernsehdienst wieder in Betrieb.

Nur wenige Tage später wurde bekannt, daß John Logie Baird am 14. Juni 1946 in Bexhill-on-Sea gestorben war. Baird war 58 Jahre alt geworden. Er war untauglich für den Kriegsdienst gewesen und wurde auch nicht für die geheime Forschungsarbeit im Dienst des Militärs herangezogen. Seit 1941 arbeitete er als technischer Berater für Cable & Wireless. Sein Vertrag stellte ihm frei, welchen Tätigkeiten er sich widmen wollte, und sicherte ihm bis 1944 ein Honorar von 1000 Pfund jährlich. Danach erhielt er bis zu seinem Tod 1946 500 Pfund pro Jahr. Baird hatte an den hochtechnologischen Entwicklungen des elektronischen Fernsehens keinen Anteil gehabt (sieht man von seiner wichtigen Farbbildröhre ab). Doch seine Rolle als Wegbereiter und Popularisierer des Fernsehens kann nicht hoch genug eingeschätzt werden.

Der harte Winter 1946/47 forderte auch vom eben erst wiedereröffneten Londoner Fernsehdienst seinen Tribut. Er wurde am 10. Februar 1947 geschlossen und am 11. März 1947 für wenige abendliche Sendestunden wieder aufgenommen. Erst am 18. April 1947 ging er in den Vollbetrieb.

Ende 1945 hatte die Compagnie pour la Fabrication des Compteurs unter der Leitung von René Barthélemy einige der Geräte vorgeführt, die während der deutschen Besatzung konstruiert und gebaut worden waren. Gezeigt wurden dabei ein Ikonoskop neuerer Bauart und eine Orthikon-Röhre, die Isoskop genannt wurde. Letztere war nicht funktionstüchtig. Bei dieser Vorführung wurde auch ein hochzeiliges System mit einer Auflösung von 1050 Zeilen demonstriert, dessen Bilder auf einer 15-Zoll-Bildröhre reproduziert wurden. Dieses System erforderte eine Bandbreite von 15 MHz und lieferte Berichten zufolge Bilder mit hervorragender Auflösung und scharfem Kontrast; ihre Qualität soll mit der von gewöhnlichen Filmbildern vergleichbar gewesen sein. In Frankreich gab es unmittelbar nach Kriegsende Pläne zur Wiedereröffnung eines Fernsehdienstes mit einer neuen französischen Norm von 450 Zeilen bei 50 Halbbildern mit Zeilensprung. Bereits am 1. Oktober 1945 wurde damit auch eine Testübertragung vom Sender am Eiffelturm durchgeführt. Doch erst im März 1949 nahm das französische Fernsehen seinen Vollbetrieb auf. Zu dieser Zeit gab es in Frankreich weniger als 5000 Empfänger.

Es erschienen auch Berichte über die Wiedereröffnung des Moskauer Fernsehstudios. Darin wurde auch über Pläne zur Produktion von Fernsehempfängern in Moskau und Leningrad gesprochen. Einzelheiten wurden freilich nicht angegeben.

Wir haben in diesem Abschnitt bisher drei Entwicklungen der unmittelbaren Nachkriegsjahre nachvollzogen: 1) die sofortige Wiederaufnahme des zivilen Fernsehens nach Kriegsende in den USA und Großbritannien, jenen Ländern, in denen die technologische Entwicklung schon vor 1939 am weitesten fortgeschritten war; 2) die Ursprünge der modernen magnetischen Signalaufzeichnung im Breitbandverfahren (der Gedanke der magnetischen Signalaufzeichnung ist freilich wesentlich älter und geht zurück auf V. Poulsens »Telegraphon«-Patent von 1898) und 3) die Entwicklungen, in denen sich das moderne Farbfernsehen abzeichnet.

Wir werden im nächsten Abschnitt auf die weiteren Ereignisse um die Magnetaufzeichnung von Fernsehsignalen und die endgültige Herausbildung des modernen, also vollelektronischen Farbfernsehens eingehen. Bevor wir aber zu diesem Sprung ansetzen können, müssen wir den Blick auf einige grundsätzliche Probleme der Fernsehaufzeichnung und ihrer Bedeutung für den Fernsehbetrieb modernen Zuschnitts richten.

Die Notwendigkeit, Fernsehbilder aufzuzeichnen, hatte sich dem zivilen Vorkriegsfernsehen praktisch nicht gestellt, und auch nach dem Kriegsende kamen die ersten Versuche der Aufzeichnung von Fernsehbildern auf 16mm-Film nicht aus dem zivilen Fernsehen, sondern aus dem Militär, wie wir gesehen haben. Nur bei der militärischen Aufklärung mit Fernsehkameras in Flugzeugen war es notwendig, die gewonnenen Bilder zu speichern, um sie mehrmals abspielen und möglichst ergiebig und zuverlässig auswerten zu können.

Der Gedanke der Aufzeichnung von Fernsehbildern war dem Prinzip Fernsehen zunächst sogar geradezu antithetisch gegenübergestellt. Das Fernsehen bildete im Verständnis der Zeitgenossen gewissermaßen das Gegenteil des Films: Von ihm unterschied es hauptsächlich seine Unmittelbarkeit, die zeitliche Nähe, ja Identität seiner Bilder mit den Ereignissen, die sie zeigten. Wir haben bereits gesehen, daß der Großteil der in den ersten Jahren ausgestrahlten Programme Live-Sendungen waren, deren Unmittelbarkeit gerade etwa in der Sportübertragung die Hauptattraktion bildete. Der Film zeigte Bilder, die »gemacht« waren. Das Fernsehen hingegen zeigte Bilder, die »passierten«, und genau darin lagen ihre Neuheit und ihr Reiz. Man muß es sich ganz deutlich machen: Die Erfahrung, die die Zeitgenossen hier machten, war *eine neue Form des Sehens*, die nie zuvor dagewesen war. So hatte man die Welt noch nie *gesehen und erlebt* – in Echtzeit an einem Ort, der hunderte Kilometer entfernt sein mochte.

Die Abtastung von Filmen zur Ausstrahlung ihrer Bilder im Fernsehen war zu dieser Zeit bereits 20 Jahre lang eine technische Realität. Aber bis zur Einführung des Superorthikons, der ersten echten Live-Kamera, die unter allen Bedingungen brauchbare Bilder liefern konnte, war Film als Bildträger im Fernsehen stets eine Art Krücke, die das eigentliche Potential des Mediums – eben seine Unmittelbarkeit – nicht einmal in Ansätzen zur Geltung bringen konnte. Dies galt im besonderen für das Zwischenfilmverfahren, dessen Hauptzweck ohnehin darin bestand, das Fehlen einer Live-Kamera, die empfindlich genug für Aufnahmen unter allen Lichtbedingungen war, wettzumachen. Film kam ansonsten im Fernsehen nur als Spielfilm (auch Zeichentrickfilm) zum Einsatz, doch die Filmstudios gaben den Fernsehsendern zunächst nur die Senderechte für ihre minderwertigeren Produktionen. So konnte auch der im Fernsehen ausgestrahlte Spielfilm nicht zur Hauptattraktion des Programms werden. Diese bestand allemal aus der Live-Sendung, gleichgültig, ob nun ein Sportereignis oder eine Varieté-Show übertragen wurde.

Dennoch entstanden recht bald drei Vektoren, aus denen sich die Notwendigkeit entwickelte, auch im zivilen Fernsehen Bilder aufzuzeichnen: 1) die Notwendigkeit der zeitversetzten Ausstrahlung ein und desselben Programms in den USA, wo die drei großen landesweiten Netzwerke NBC, DuMont und CBS mit dem Zeitunterschied von drei Stunden zwischen Ost- und Westküste konfrontiert waren; 2) die Voraufzeichnung und Nachbearbeitung von Programmen vor ihrer Ausstrahlung, ganz ähnlich wie beim Radio; und 3) der beginnende Fernsehjournalismus, der zunächst keine Magnetaufzeichnung und schon gar keine mobile Einheit aus Kamera und Rekorder vorfand, sondern nur die altbewährte 16mm-Filmkamera. (Es gibt schließlich 4) bereits seit 1941 die Bemühung, die Filmproduktion von den Möglichkeiten der elektronischen Bildgewinnung und -bearbeitung profitieren zu lassen, etwa von den Techniken der elektronischen Bildmischung und den damit möglichen Spezialeffekten. Auch dabei muß letztlich das elektronisch reproduzierte Bild wieder zurück aufs Zelluloid gebracht, also aufgezeichnet werden. Da es sich hier freilich nicht um Fernsehaufzeichnung im Dienst des Sendebetriebs, sondern im Dienst der Filmproduktion handelt, können wir nicht näher darauf eingehen, so wichtig diese Entwicklung für die modernen Filmproduktionstechniken auch ist.)

Aus diesen drei Gegebenheiten heraus entsteht auch für den zivilen Fernsehbetrieb die Notwendigkeit, elektronische Bilder in irgendeiner Form aufzuzeichnen, um sie zumindest für eine kurze Zeitspanne zu speichern. (Daß es aus historischen Gründen notwendig oder wünschenswert wäre, Fernsehbilder auch für längere Zeit zu speichern, daran denkt in einem Medium, das in seiner modernen Form eben erst das Licht der Welt erblickt hat, vorerst niemand.)

Nun gibt es drei grundlegende Verfahren zur Aufzeichnung von Fernsehbildern bzw. allgemein von Bildsignalen, und zu allen dreien werden bereits in den Jahren 1926 und 1927 entsprechende Vorschläge gemacht und Patente beantragt:

1) die photographische Aufzeichnung des Fernsehbildes: Am 14. September 1927 schlugen R. Hartley und H. E. Ives von Electrical Research Products eine neue Methode mit »zwischengeschaltetem« Film sowohl am Sender- als auch am Empfängerende vor. Als Begründung gaben sie folgendes an: »Die Erfassung der Hintergrunddetails wird verbessert, und durch die Aufnahme der zu übertragenden Szene auf photographischem Film wird eine stärkere Abtastbeleuchtung erzielt.« Deshalb schlugen Hartley und Ives ein Fernsehverfahren vor, bei dem die zu übertragende Szene zuerst mit herkömmlichen Mitteln gefilmt und der so entstehende Film für die Übertragung abgetastet werden sollte. Darüber hinaus gaben Hartley und Ives an, daß »ein photographischer Prozeß vorzugsweise auch bei der Fernsehempfangsstation zwischengeschaltet werden sollte«. Diese Vorschläge bildeten die Grundlage des »Zwischenfilmverfahrens«, von dessen Möglichkeit die Bell Telephone Laboratories schon 1925 sprachen.

2) die magnetische Aufzeichnung des Bildsignals: Am 4. Jänner 1927 beantragte Boris Rtcheoulow in England ein Patent für ein Verfahren der Aufzeichnung des Signals auf magnetischem Material. Das Patent beschreibt ein Gerät, das »[...] zur Herstellung einer magnetischen Aufzeichnung des Telegraphon-Typs von Poulsen geeignet ist«. (V. Poulsen war der dänische Physiker, der die Magnetaufzeichnung von Tonsignalen 1898 erfunden hatte.) Rtcheoulows Patent gab an, daß der zum Bild gehörige Ton auf der Rückseite des magnetischen Materials (Bands) aufgezeichnet werden sollte. Am Wiedergabeteil sollte die Aufzeichnung mehrere Fernseh- und Telegraphon-Empfänger speisen. Es gibt keinerlei Hinweise darauf, daß dieses Gerät je gebaut und betrieben wurde, doch Rtcheoulows Patent war das erste, das die magnetische Aufzeichnungsmethode für Bildsignale vorschlug.

3) die phonographische Aufzeichnung des Bildsignals: Die ersten Bemühungen um die Aufzeichnung von Bildsignalen (und eben nicht Bildern), die auch zu praktischen Ergebnissen führten, gehen auf die Arbeit von John L. Baird in England im Jahr 1927 zurück. Baird experimentierte mit einem Verfahren namens »Phonovision«, bei dem das Fernsehsignal auf Schallplatten aufgezeichnet wurde. Zu dieser Zeit übertrug Baird 30zeilige Bilder mit einer Bildfrequenz von 12,5 Bildern pro Sekunde. Folglich war das Signal sehr niederfrequent; sein Frequenzband war so schmal, daß es über eine normale Telephonverbindung übertragen und in eine Wachsplatte eingedrückt werden konnte. Das verstärkte Signal wurde

an einen gewöhnlichen Schneidstichel geleitet, der die Bildinformation in Vibrationen umwandelte. Zur Abspielung dieser Aufnahme war nichts weiter erforderlich als ein Plattenteller im Gleichlauf mit einer Abtastscheibe. Die Vibrationen wurden dann in elektrische Signale zurückverwandelt, die eine Neonlichtquelle speisten. Diese flackernde Lichtquelle beleuchtete ihrerseits die Öffnungen der Abtastscheibe.

Aus diesen drei grundlegenden Aufzeichnungsverfahren entwickelten sich 1) das Zwischenfilmverfahren und die filmische Speicherung von Fernsehbildern, die bis zur Magnetaufzeichnung die wichtigste Methode der Fernsehaufzeichnung blieb; 2) das Videoband (die Magnetaufzeichnung) und 3) die Bildplatte vom analogen System (Teldec 1970) bis herauf zu den digitalen Bildspeichermedien CD-ROM, CD-i und DVD.

Die praktikabelste dieser drei Aufzeichnungstechniken wäre klarerweise die Magnetaufzeichnung gewesen. Gegenüber der Filmaufzeichnung hat sie den Vorteil, daß das Fernsehsignal selbst, und nicht eine Reproduktion des empfangenen Bildes aufgenommen wird. Erstens büßt das Bild, das vom Fernsehbildschirm abgefilmt wird, durch die beschränkte Fernsehauflösung an Qualität ein, und zweitens haben Film und Fernsehen unterschiedliche Bildraten, ein Synchronisationsproblem, das noch durch den Umstand verschärft wird, daß das Fernsehbild aufgrund des Zeilensprungverfahrens verschachtelt ist, also aus zwei Teilbildern besteht, die jeweils die geraden und ungeraden Bildzeilen wiedergeben. Und gegenüber der Aufzeichnung auf Platte hat die magnetische Aufzeichnung auf Band den Vorteil einer praktisch unbegrenzten Aufnahmedauer.

Doch die Magnetaufzeichnung auf Band scheiterte noch an demselben Problem wie die phonographische Aufzeichnung auf Platte: an der hohen Bandbreite des Fernsehsignals. Eine Frequenzbandbreite von mehr als vier Megahertz war mit magnetischen Techniken nicht beherrschbar, noch viel weniger mit den elektromechanischen der phonographischen Tonaufzeichnung. Deshalb bot zunächst nur das filmische Verfahren eine Lösung für das neue Problem der Fernsehaufzeichnung, das sich den transkontinentalen amerikanischen Sendern mit dem zunehmenden Ausbau ihrer Netzwerke immer vehementer stellte.

Am 7. April 1947 gaben die Labors von Allen B. DuMont bekannt, daß sie ein Verfahren zur Aufzeichnung von Fernsehprogrammen durch Abfilmen eines Bildschirms entwickelt hatten. Die Notwendigkeit für ein solches Fernsehaufzeichnungssystem erblickten die DuMont-Labors ausdrücklich im Entstehen der transkontinentalen Sendernetzwerke und im damit verbundenen Erfordernis, für die Einhaltung eines einheitlichen Programmschemas die Zeitdifferenzen zu überbrücken. Bei diesem Verfahren wurden die Bilder auf 16mm-Film aufgenommen. Diese Wahl war deshalb getroffen worden, weil das Filmmaterial billiger und die Betriebskosten für 16mm-Filmkameras geringer waren als bei breiteren Formaten.

Die Idee war, wie wir gesehen haben, alles andere als neu. Die ersten Vorschläge zur Aufzeichnung von Fernsehbildern auf Film hatten Hartley und Ives schon 20 Jahre zuvor gemacht. Und knapp zehn Jahre früher, im Jahr 1938, hatte die RCA die ersten Versuche unternommen, Fernsehbilder von einem Bildschirm abzufilmen. Dabei waren gewöhnliche 16mm-Stummfilmkameras mit Federantrieb verwendet worden. Da die Bildrate der Kamera (16 Bilder pro Sekunde) nicht synchron mit der Fernsehbildrate (30 Bilder pro Sekunde in den USA) war, kam es zu Verunstaltungen des Bildes durch schwarze Balken, die von oben nach unten über das Bildfeld wanderten. Um diesen »shutter bar«-Effekt zu eliminieren, stellten die RCA-Techniker die Kamera auf eine Bildrate von 15 Bildern pro Sekunde um. Damit wurden zwar die schwarzen Balken beseitigt, dafür konnte die Filmkamera mit dieser Bildfrequenz nur jedes zweite Teilbild des verschachtelten Fernsehbildes aufnehmen. Außerdem war der Film mit dieser Bildfrequenz nicht mehr kompatibel mit der normalen Tonabspielgeschwindigkeit von 24 Bildern pro Sekunde.

Es war also klar, daß kommerzielle Filmaufnahmen von Fernsehbildern zum einen mit der Bildrate von 24 Bildern pro Sekunde für 16mm-Tonfilm aufgenommen werden und zum anderen mit der Fernsehbildrate von 30 Bildern pro Sekunde synchronisiert sein mußten, wenn sich die Aufnahme zur Vorführung in konventionellen Filmprojektoren oder auch zur Weiterverwendung, also Wiederausstrahlung im Fernsehen eignen sollte.

Die Lösung, die die DuMont-Labors fanden, bestand im wesentlichen in der Umkehrung des Prinzips der Abtastung von Filmen mit einer Frequenz von 24 Bildern pro Sekunde und ihrer Umwandlung in Fernsehbilder mit einer Frequenz von 30 Bildern pro Sekunde (das Patent von D. W. Epstein von der RCA, beantragt am 30. September 1938; dabei gehen zwar Teile des Filmeinzelbildes verloren, doch dieser Informationsverlust führt zu keinen inakzeptablen Einbußen bei der Bildqualität). Auf diese Weise konnte auch der Ton bei der normalen Transportgeschwindigkeit von 24 Bildern pro Sekunde mitaufgezeichnet werden. Der 16mm-Film mußte zwar mit den empfindlichsten Emulsionen beschichtet sein, die damals zur Verfügung standen, da die Helligkeit der abgefilmten Bildröhren nicht hoch genug für gewöhnliche Beschichtungen war. Doch alles in allem hatte das Fernsehen mit diesem umständlichen System sein erstes Speichermedium gefunden, das für den kommerziellen Sendebetrieb tauglich war; es ermöglichte die Entstehung der modernen Studiotechnik. Anfang der fünfziger Jahre sollte der 16mm-Film von 35mm-Film abgelöst werden, und damit begann die kurze Ära des »Hot Kine«-Prozesses. Dann wird das Fernsehen mit der Magnetaufzeichnung endlich sein »eigenes« Speichermedium finden.

In der Zeit zwischen 1945 und 1950 holte das Fernsehen praktisch alles nach, was es in den Jahren des Kriegs versäumt hatte. 1) Es eroberte seinen Platz als neues Medium der Unterhaltung in der zivilen Gesellschaft im Sturm (schon 1947 wurden in den USA 160.000 Fernsehempfänger verkauft). 2) Es reifte in Windeseile technisch aus – elektronische Farbe und magnetische Aufzeichnung existierten bereits, nur wenige Jahre trennten sie noch von der technischen Perfektion. 3) Die Programmentwicklung durchlief in rasender Geschwindigkeit den Prozeß der Umwandlung von Kategorien, die das Radio entwickelt hatte, in die Sprache und Grammatik des Laufbilds. Binnen weniger Jahre etablierte sich das Fernsehen als neue und eigene Möglichkeit der Apperzeption von Welt zwischen den beiden bis dahin alles beherrschenden Medien Hörfunk und Kino. Das Fernsehen entnahm dem Radio Prinzipien und Strukturen der Programmgestaltung und parasitierte in der ersten Zeit auf seiner technischen Sendeinfrastruktur. Und die Filmindustrie ging wirtschaftliche Kooperationen mit dem Fernsehen ein. Nachdem klar geworden war, daß sie es nicht einfach vom Markt der Unterhaltungswirtschaft verdrängen konnten, begannen die Filmstudios bald, für den neuen Konkurrenten zu arbeiten.

All dies galt für die Vereinigten Staaten. In den meisten europäischen Ländern war man in diesen Jahren damit beschäftigt, die Folgen des Kriegs zu beseitigen. Deutschland, das durch die alliierten Flächenbombardments nahezu gänzlich in Trümmern lag, hatte dabei die schwierigsten Aufgaben zu bewältigen. Die anderen europäischen Länder, die unter deutscher Besatzung gestanden hatten, mußten ihre zerstörten Wirtschaftsstrukturen wiederaufbauen. Darüber hinaus begann schon 1948 der Prozeß der politischen Integration Europas. Dem Fernsehen galt in dieser Situation keine oder nur sehr geringe Aufmerksamkeit, schon gar keine Priorität hatten Überlegungen und Pläne für eine einheitliche europäische Fernsehnorm.

3) Das zweite NTSC und die Ampex-Revolution: 1950 – 1960

Zwischen 1950 und 1955 begann in den meisten westeuropäischen Ländern, bis 1960 in den meisten Staaten Osteuropas die regelmäßige Ausstrahlung von Fernsehsendungen. Bis 1965 folgten zahlreiche Länder Südamerikas, des Nahen Ostens und Asiens. In Afrika begann die Fernsehentwicklung erst nach 1960. Japan nahm seinen Fernsehdienst 1952 auf und hatte nur 15 Jahre später nach den USA die zweitgrößte Fernsehdichte der Welt.

In der Bundesrepublik Deutschland beschloß der Verwaltungsrat des NWDR bereits am 13. August 1948, die Entwicklung des Fernsehens wiederaufzunehmen. Der neue Versuchsbetrieb begann in Deutschland am 27. November 1950, am 25. Dezember 1952 wurde im Sendegebiet des NWDR ein täglicher Programmbetrieb eröffnet. Die übrigen Sendeanstalten schufen nacheinander eigene Gemeinschaftsprogramme im Rahmen der ARD, deren Inhalt im Fernsehvertrag vom 27. März 1953 festgelegt wurde. Dieses ARD-Fernsehprogramm wurde am 1. November 1954 offiziell unter dem Namen »Deutsches Fernsehen« eingeführt. (Der Fernsehvertrag vom 27. März 1953 war ein Vertragswerk der neun Rundfunkanstalten der ARD über die einzelnen Anteile am Gemeinschaftsprogramm »Deutsches Fernsehen« bzw. Erstes Programm. Es wurde in den folgenden Jahren und Jahrzehnten mehrfach geändert, besonders im Hinblick auf die Programmanteile der einzelnen Rundfunkanstalten.) Neben dem Gemeinschaftsprogramm »Deutsches Fernsehen« der ARD entstanden Regionalprogramme (Bayerischer Rundfunk, seit 8. November 1954), Werbeprogramme (ebenfalls Bayerischer Rundfunk, seit 3. November 1956) und ein zeitweiliges »Zweites Programm« der ARD-Anstalten (vom 1. Juli 1961 bis 31. März 1963). Ein Fernsehstreit (1960 bis 1961) und die ihn begleitenden Auseinandersetzungen waren unmittelbare Anlässe für die mit einem Staatsvertrag der Bundesländer vom 6. Juli 1961 gegründete Fernsehanstalt »Zweites Deutsches Fernsehen« (ZDF, Mainz), die seit dem 1. April 1963 ein zweites, überregionales Programm anbot. Die Institutionengeschichte des Fernsehens in der Bundesrepublik Deutschland ist hinreichend bekannt, deshalb beschränken wir uns hier auf die Wiedergabe der Eckdaten.

Die Versuchssendungen in der Deutschen Demokratischen Republik begannen am 21. Dezember 1952, wenige Tage vor der Eröffnung des täglichen NWDR-Programms in der Bundesrepublik. Das regelmäßige Fernsehprogramm der DDR wurde am 21. Dezember 1955 eröffnet und am 3. Jänner 1956 als »Deutscher Fernsehfunk« offiziell eingeführt.

Die Verbreitung des Fernsehens in Deutschland erfolgte in genauso rasender Geschwindigkeit wie in allen anderen westlichen Industrieländern. In Zahlen ausgedrückt: Gab es in der Bundesrepublik Deutschland 1953 erst 1000 Fernsehteilnehmer, so waren es ein Jahr später bereits mehr als zehn mal so viele (11.658) und drei Jahre später beinahe 300 mal mehr (283.750). Fünf Jahre später, 1958, wurde die Millionengrenze überschritten: 1.211.935 deutsche Haushalte sahen fern. Und nur zwei Jahre danach, 1960, waren es schon fast 5 Millionen. Die Entwicklung in der DDR hinkte nicht wesentlich hinter jener in der BRD nach. 1960 waren im deutschen Osten über 800.000 Fernsehempfänger in Betrieb. Und noch eine Zahl zur Entwicklung des Fernsehens als Wirtschaftsfaktor: Zwischen 1956 und 1967 stiegen die in den bundesdeutschen Fernsehsendern erwirtschafteten Bruttowerbeumsätze von 200.000 DM auf 557,6 Millionen DM.

Während in den USA die Vorbereitungen für die endgültige Festlegung einer Farbfernsehnorm begannen, war man in Europa noch nicht in der Lage, sich auf eine einheitliche Schwarzweiß-Norm zu einigen. Während in Frankreich eine hohe Auflösung von 819 Zeilen eingeführt wurde, legte sich Deutschland auf 625 Zeilen fest, und England behielt immer noch seine Fernsehnorm von 1936 mit 405zeiliger Auflösung bei. Dieses Nebeneinander unterschiedlicher Standards zögerte einerseits die Einführung des Farbfernsehens in Europa hinaus, es machte andererseits die Entwicklung von Normwandlern notwendig. 1954 konstruierte die Fernseh GmbH eine Anlage zur Umsetzung der französischen in die deutsche Norm, 1956 gelang dann auch die Umwandlung des englischen Standards. Damit war der internationale Programmaustausch im Rahmen der seit dem 6. Juni 1954 laufenden »Eurovision« gewährleistet.

Die Wiederaufnahme der Fernsehaktivitäten in den europäischen Ländern nach dem Krieg machte auch die Abstimmung der internationalen Wellenplanung auf die Einrichtung von Fernsehkanälen erforderlich. Für die Weltfunkregion 1 (Europa, Rußland, Afrika) wurden auf der Funkverwaltungskonferenz von Atlantic City 1947 die Wellenbereiche I (41 bis 68 MHz), III (174 bis 230 MHz) und IV/V (470 bis 790 MHz) für die Ausstrahlung von Fernsehprogrammen festgelegt. Das freilich reichte nur für drei bis vier terrestrisch verbreitete Programme in den einzelnen Frequenzbereichen, wenn eine möglichst flächendeckende Versorgung angestrebt wird. Zusätzliche Kanäle konnten nur über Kabel (oder später über Satellit) verbreitet werden. In Deutschland begann ab 1952 die Periode der systematischen Erschließung und Versorgung aller Gebiete mit Sendern, Umsetzern und Füllsendern. Es stellte sich bald heraus, daß eine flächendeckende Versorgung mit den Sendefrequenzen I und III kaum zu erreichen war. Schon das einzige bis zu Beginn der sechziger Jahre ausgestrahlte Fernsehprogramm nahm zusätzliche Sendefrequenzen im Bereich IV/V (Dezimeterwellen) in Anspruch. Bei den Vorbereitungsarbeiten für die zweite Stockholmer Wellenkonferenz (1961) stellte sich heraus, daß mit dem Wellenbereich IV/V nicht nur eine flächendeckende Versorgung mit dem ersten Programm möglich war, sondern daß darüber hinaus auch ein zweites und drittes Programm annähernd flächendeckend ausgestrahlt werden könnte. Nicht zuletzt diese Erkenntnis führte zur Einführung des Zweiten Deutschen Fernsehens am 6. Juli 1961 und wenig später (ab 1963) der Dritten Fernsehprogramme. Erst 1980 freilich waren 98 Prozent der deutschen Bevölkerung mit allen drei Programmen versorgt.

Der Wettlauf zwischen der RCA und CBS um ein Farbfernsehsystem war zwar durch den FCC-Beschluß vom 18. März 1947 vorläufig gegen das CBS und sein mechanisch-sequentielles System entschieden worden – aber er war damit noch lange nicht zu Ende.

Am 21. Jänner 1950 wurden erstmals Pläne zur Bildung eines neuen National Television Systems Committee (NTSC) veröffentlicht. Es sollte sich mit dem Problem befassen, wie innerhalb der Fernsehbranche in den USA eine Einigung über ein Farbfernsehsystem und über seine technischen Spezifikationen hergestellt werden könne. W. G. R. Baker wurde zum Vorsitzenden des neuen NTSC ernannt, Donald Fink, der Herausgeber von *Electronics*, und David B. Smith von der Philco Corp. zu seinen Assistenten. Das zweite NTSC trat formell erstmals am 20. November 1950 zusammen.

Bereits am 8. Februar 1950 war eine gleichzeitige Vorführung der Farbsysteme von CBS, RCA und DuMont durchgeführt worden, bei der die Eigenschaften der drei Farbbilder, vor allem aber die Kompatibilität des RCA-Farbsignals mit der bestehenden Schwarzweißnorm demonstriert werden sollte. Dabei stellte sich das CBS-System hinsichtlich der Farbtreue als hoch überlegen heraus, wobei diese Farbtreue freilich auf Kosten der Auflösung (des Bilddetails) erzielt wurde. Die Auflösung war demgegenüber beim RCA-System wesentlich besser, dafür wies dieses eine sehr schwache Farbtreue auf. Immerhin war das RCA-Farbbild voll kompatibel mit der bestehenden NTSC-Norm, d. h. es konnte problemlos als Monochrombild auf herkömmlichen Schwarzweißempfängern reproduziert werden. Doch als Farbsystem, das machte diese Vorführung deutlich, benötigte es noch viel weitere Entwicklungsarbeit.

Mitten in dem Wettlauf mit dem CBS um das künftige amerikanische Farbfernsehsystem präsentierte die RCA einen weiteren Meilenstein in der Geschichte des Fernsehens. Auf einem Treffen des Institute of Radio Engineers am 7. März 1950 stellte sie eine neue Kameraröhre vor, die sich grundsätzlich von allen bisher konstruierten Bildaufnahmeröhren unterschied: das Vidikon. Diese neue Röhre, die nur 2,5 cm im Durchmesser und rund 15 cm in der Länge maß, war die erste Aufnahmeröhre mit *innerem* Photoeffekt. Alle bis dahin entwickelten Kameraröhren besaßen lichtelektrische Schichten mit *äußerem* Photoeffekt. Das Vidikon war nicht nur klein und leicht, es benötigte auch keine Vorrichtungen zur Vorabbildung und Bildzerlegung sowie keine Elektronenvervielfacher. Dennoch war es empfindlich genug, um bei gewöhnlichen Lichtbedingungen verwertbare Bilder zu liefern. Seine Auflösungsleistung lag bei maximal 500 Zeilen, die Abtastung erfolgte mit einem langsamen Elektronenstrahl, ähnlich wie beim Orthikon.

Die Vorteile des inneren Photoeffekts waren bereits während des Kriegs bei der Arbeit zu Infrarotsichtgeräten entdeckt worden. Sie lagen hauptsächlich in der wesentlich höheren Signalausbeute. Es war lange bekannt, daß die Lichtempfindlichkeit von Bildwandlern mit innerem Photoeffekt die von Bildwandlern mit äußerem Photoeffekt um ein Vielfaches überstieg. Lieferten erstere Signalstärken von rund 50 Mikroampere/Lumen, so lag die Signalausbeute von Zellen mit innerem Photoeffekt bei mehreren Zehntausend Mikroampere/Lumen. Die RCA hatte mit dieser Entwicklung im wesentlichen drei Ziele verfolgt: 1) sollte die Röhre auch bei niedrigen Beleuchtungswerten funktionieren, 2) sollten sowohl die Vorrichtungen zur Vorabbildung und Bildzerlegung als auch die Elektronenvervielfacher beseitigt werden, und 3) sollten die Abmessungen der Kameraröhre drastisch reduziert werden. Im Zuge der Entwicklungsarbeit war mit zahlreichen hoch lichtempfindlichen Substanzen experimentiert worden, die sich als Bildwandlerelement für die neue Röhre mit innerem Photoeffekt eigneten. Das Vidikon wurde in den folgenden Jahrzehnten zur meistverbreiteten Fernsehkameraröhre überhaupt. Vidikonröhren werden noch heute erzeugt.

Auch die Bemühungen der RCA um Fortschritte bei ihrem Farbsystem gingen weiter. Am 23. März 1950 wurde der FCC erstmals eine exklusive Vorführung der neuen Dreifarbenbildröhre der RCA gegeben (am 29. März 1950 wurde sie in Washington der Presse präsentiert). Diese Röhre war das Ergebnis jahrelanger Entwicklungsarbeit. Für ihr Farbsystem hatte die RCA zuvor riesig dimensionierte Empfangsgeräte verwendet, die drei separate Bildröhren enthielten. Deren Einzelbilder in roter, blauer und grüner Farbe wurden mittels dichroitischer Spiegel übereinanderprojiziert. Diese aufwendige Konstruktionsweise (mit all ihren inhärenten Problemen) wurde durch diese neue Dreifarbenbildröhre obsolet.

Der Bedarf nach einer solchen einfachen Bildröhre für massenproduktionstaugliche Farbfernsehempfänger war seit Jahren auf der Hand gelegen. Außer der RCA hatten mindestens drei weitere Fernsehlabors an diesem schwierigen Problem gearbeitet: Die Philco z. B. investierte jahrelange Forschungsarbeit in ihr Farbbildröhrenprojekt, das sie die »Apple«-Röhre nannte. Die RCA-Röhre war von den Labors in Lancaster und Princeton unter der Leitung von Elmer Engstrom entwickelt worden. Die RCA-Laborabteilung unter Ray Kell hatte jahrelang über einen Farbempfänger mit einzelner Röhre nachgedacht. Al Schroeder hatte bereits am 24. Februar 1947 ein Patent für dieses Prinzip beantragt.

Schroeders Ansatz beruhte auf dem Einsatz einer Schattenmaske. Diese Lösung konnte allerdings erst mit Harold Laws Erfindung des »Lighthouse«-Verfahrens realisiert werden, bei dem photographische und lithographische Prozesse miteinander kombiniert wurden, um die Farbtripel in ihrer korrekten Position hinter der Schattenmaske anzubringen. Damit wurden zwei Röhrentypen gebaut, einer mit

drei separaten Elektronenstrahlen (aber natürlich ohne die dichroitische Optik zur
Überlagerung dreier separater Einzelfarbbilder wie im früheren RCA-Farbbild-
empfänger) und einer mit einem einzelnen Elektronenstrahl, der mit den drei
Farbsignalen beschaltet wurde. In beiden Fällen war zwischen der Einzel- bzw.
Dreifachelektronenkanone eine Schatten- bzw. Lochmaske angebracht, die für
jede der drei Farben 117.000, also insgesamt 351.000 Lochungen aufwies. Die einzelnen Lochungen standen so mit den jeweils zugehörigen Farbtripeln in Beziehung, daß der Winkel, in dem sich der Strahl näherte, bestimmte, welcher der drei
Farbflecken eines Farbtripels vom Strahl getroffen wurde, und zwar auf jedem Teil
des gesamten Bildfeldes. Auf diese Weise erzeugten die drei Elektronenkanonen
drei Einzelbilder in den Primärfarben, die aber insgesamt als Farbbild erschienen,
weil die Farbflecken sehr eng nebeneinander lagen.

Am 6. und am 26. April 1950 wurde diese Dreifarbenbildröhre erneut der FCC
und der Presse vorgeführt. Dabei bestätigte sich erneut, daß das RCA-Farbsystem
voll kompatibel mit der bestehenden Schwarzweißnorm war. Die hunderttausen-
den bereits abgesetzten Schwarzweißempfänger konnten das RCA-Farbsignal
ohne weiteres als Monochrombild reproduzieren.

Diese Farbbildröhre war von den RCA-Labors in einer gewaltigen Anstrengung
innerhalb von nur sechs Monaten zur Funktionstüchtigkeit entwickelt worden. Sie
wurde eine wichtige Waffe in den Händen der RCA im Wettrennen um das amerikanische Farbsystem. David Sarnoff beschloß, die Anstrengungen nun noch zu
verstärken, und er erhielt dafür die Zustimmung des RCA-Verwaltungsrats. Die
RCA hatte bis dahin bereits mehr als 20 Millionen Dollar in die Entwicklung eines
Farbfernsehsystems investiert. Ein Engagement in dieser Größenordnung konnte
sie nun nicht mehr einfach abschreiben. Das wäre einem Eingeständnis massiver
geschäftlicher Fehlentscheidungen gleichgekommen und hätte leicht rechtliche
Schritte seitens der Aktionäre nach sich ziehen können.

Der erste Schritt zum Gegenangriff der RCA, den Sarnoff unternahm, bestand
darin, die Labors in Princeton auf die Weiterentwicklung des Farbsystems zu ver-
gattern, und zwar in einer gigantischen Anstrengung, in der sämtliche Kräfte auf
dieses eine Ziel gebündelt wurden. Die Arbeitsschichten wurden auf 16 Stunden
pro Tag verlängert, die Wochenendpausen wurden gestrichen. Es wurden keine
Kosten gescheut, weder für Personal noch für Gerätschaft. Alle Projekte, die nicht
in direktem Zusammenhang mit der Entwicklung des Farbsystems standen, wurden vorübergehend eingestellt. Den Mitarbeitern wurden für wichtige technologische Durchbrüche Prämienzahlungen in der Höhe von mehreren tausend Dollar
in Aussicht gestellt. Sarnoff war besessen von dem Plan, das Farbsystem zu perfektionieren, und er wußte, daß er dafür nicht mehr jahrelang Zeit haben würde.
Er kämpfte jetzt genauso gegen die Zeit wie das CBS. Sarnoff beauftragte Elmer
W. Engstrom, zu dieser Zeit Vizepräsident der RCA mit der Zuständigkeit für
Forschung und Entwicklung, mit der Durchführung des Programms. Engstrom
hatte die Fernseharbeit der RCA seit 1932 geleitet. Er war genau der richtige
Mann, der zwischen dem hartnäckigen Drängen Sarnoffs und den Empfindlich-
keiten des Forschungspersonals vermitteln konnte. Engstrom beschrieb die Zeit

dieses Crash-Programms der RCA zum Farbfernsehen später als die intensivste, aber auch erheiterndste Erfahrung seiner Karriere.

Um sein technisches Team zu Höchstleistungen anzustacheln, verbreitete Sarnoff Auszüge aus den Stellungnahmen, die Peter Goldmark von CBS vor der FCC abgegeben hatte. Goldmark sprach sich darin gegen weitere Feldversuche mit dem RCA-System aus: »Ich glaube nicht, daß solche Feldversuche dieses System weiter verbessern können.« Goldmark zufolge könne »nichts« unternommen werden, um daran etwas zu ändern. Von einem FCC-Mitglied gefragt, ob er es für sinnvoll halte, daß die RCA ihr System aufgebe, antwortete Goldmark: »Das denke ich allerdings.« Bessere Motivation für sein Team hätte Sarnoff nicht finden können.

Der Erfolg, den dieses Team schließlich erzielte, war das Ergebnis mehrerer Faktoren. Zu den wichtigsten zählte die noch nie dagewesene Zusammensetzung der beteiligten Disziplinen. Elektroingenieure, Mechaniker, Chemiker, Physiker, Mathematiker, Metallurgen und Angehörige einer ganzen Reihe weiterer Fächer arbeiteten gemeinsam an Zielen, die unerreichbar schienen. Ed Herold organisierte diese Zusammenarbeit, und er nahm dafür auch die Hilfe der RCA-Labors in Camden, Harrison und Lancaster in Anspruch. Außerdem wurden die Fähigkeiten und das Wissen zahlreicher spezialisierter Drittunternehmen herangezogen. Nicht weniger als diese massive Konzentration des Wissens vieler verschiedener Disziplinen trug der Umstand zum Erfolg bei, daß sie ohne geringste Rücksicht auf budgetäre Zwänge zusammenarbeiten konnten.

Doch der technische Erfolg des RCA-Farbsystems kam nicht ganz rechtzeitig. Eine Vorführung vor der FCC in Washington im September 1950 geriet zum Desaster. Immer noch litt das System an mangelnder Farbtreue. Berichte sprachen von »grünen Affen und blauen Bananen«, eine Obstschüssel enthielt »grüne Kirschen und blaue Bananen«. Alles in allem war die Vorführung kein technischer, sondern ein Lacherfolg. Die Zeitschrift *Daily Variety* titelte: »Die RCA legt ein gefärbtes Ei.« Demgegenüber wirkte das sequentielle System des CBS wie immer höchst farbtreu und dem RCA-System in dieser Hinsicht hoch überlegen – auch wenn es nicht kompatibel zur Schwarzweißnorm war.

Das Blatt wendete sich auch aus einem anderen Grund zugunsten des CBS. Mittlerweile war es möglich, das an sich nicht kompatible CBS-Farbsignal mit einem entsprechenden Konvertierer auf bestehenden Schwarzweißempfängern zu reproduzieren. Deshalb griff das Argument Platz, daß es nicht fair sei, 40 Millionen amerikanische Familien vom Farbfernsehen auszuschließen, nur weil sieben oder acht Millionen Besitzer von Schwarzweißempfängern ein wenig Geld für ein Zusatzgerät ausgeben müßten.

Folgerichtig verfügte die FCC am 18. Oktober 1950 die Erhebung des CBS-Farbsystems zur offiziellen amerikanischen Farbfernsehnorm. Sie fügte freilich hinzu, daß sie ein kompatibles System bevorzugt hätte. Die FCC ermächtigte das CBS mit der Aufnahme von Fernsehausstrahlungen in Farbe am 20. November 1950. Am 6. Dezember 1950 demonstrierte die RCA ihr verbessertes Farbsystem, doch diese Vorführung kam zu spät. Bereits am 17. Oktober 1950 legte die RCA bei einem Gericht in Chicago Berufung gegen die Entscheidung der FCC ein und verlor den Prozeß. Die RCA ging in die Instanzen und focht die Entscheidung beim US-Höchstgericht an. Doch auch dieses bestätigte am 28. Mai 1951 die Entscheidung der FCC. Damit erlangte dieser Beschluß Rechtskraft, und wenig später, am 25. Juni 1951, begannen die ersten regelmäßigen Farbfernsehausstrahlungen durch das CBS in New York City.

Die erste Farbsendung des CBS bestand in einer halbstündigen Show, in der viele der CBS-Radiostars auftraten. Geplant waren zwei Sendungen in Farbe pro Tag. Doch das CBS verfügte nicht über die erforderliche Studioausrüstung. Und schlimmer noch: Es war kein einziger Empfänger vorhanden, mit dem das Publikum die Farbsendungen hätte sehen können. Nicht einmal das Management des CBS und sein technischer Leiter Peter Goldmark konnten die ausgestrahlten Farbbilder empfangen. Die CBS-Sendungen in Farbe waren somit vollkommen nutzlos. Sie bedeuteten einen Pyrrhussieg für Peter Goldmark und eine mehr als peinliche Blamage für William Paley, den Chef des CBS.

Um sich aus dieser unangenehmen Affäre zu ziehen, demonstrierte das CBS am 3. März 1952 auf einem Treffen des IRE in New York erneut sein Farbsystem, wobei die Bilder diesmal auf einer vollelektronischen Dreifarbenbildröhre der RCA empfangen wurden. Das CBS führte diese Demonstration durch, um die Flexibilität seines Systems und die Tatsache unter Beweis zu stellen, daß es mit jeder Art von Farbbildröhre funktionierte. Doch das änderte nichts an der grundsätzlichen Inkompatibilität des CBS-Systems mit der Schwarzweißnorm.

Es war klar, daß die Entscheidung der FCC, die das sequentielle Farbsystem des CBS zur Norm erklärt hatte, nicht die endgültige Lösung des Farbfensehproblems bilden konnte. Nach langen Beratungen unter Beteiligung von mehr als 30 Industriefirmen kam das zweite NTSC im Herbst 1953 endlich zum Ergebnis, das simultane Farbfernsehprinzip, an dem die RCA seit 1949 gearbeitet hatte, zur definitiven amerikanischen Fernsehnorm zu empfehlen. Die erste Vorführung nach den neuen NTSC-Standards fand am 15. Oktober 1953 im Waldorf Astoria Hotel in New York statt. Die FCC nahm die Empfehlungen des NTSC an und erhob die darin enthaltenen technischen Spezifikationen am 17. Dezember 1953 zur offiziellen neuen Fernsehnorm. Am 3. Februar 1954 wurde das zweite NTSC formell aufgelöst.

Das NTSC hatte eine Unzahl von technischen Vorschlägen und Lösungen der unterschiedlichsten Firmen eingeholt, untersucht und begutachtet – doch die meisten Beiträge für das neue simultane Farbfernsehsystem waren von der RCA und von der Firma Hazeltine gekommen. So war etwa das Farbsynchronsignal eine Erfindung Alda V. Bedfords. Auch der Einsatz eines Farbhilfsträgers, auf dem der Farbton durch Phasenschwankungen festgelegt und die Farbsättigung in der Amplitude gemessen wurde, war ein Verfahren, das die RCA entwickelt hatte. Ein gutes Dutzend weiterer Verfahren und Spezifikationen der NTSC-Farbnorm ging auf Entwicklungen der RCA-Labors zurück. Ohne die Schattenmaskenbildröhre der RCA wäre diese NTSC-Norm überhaupt sinnlos gewesen. Die technische Grundstruktur des NTSC-Farbverfahrens sah folgendermaßen aus: Auf der Aufnahmeseite wurde das Licht mit dichroitischen Spiegeln in seine Rot-, Grün- und

Blauanteile aufgespalten und jeder dieser Spektralauszüge einem eigenen Bild-wandler zugeführt, wodurch drei farbspezifische Bildsignale entstanden. Diese wurden zum Chrominanz- (Farb-) und Luminanz- (Helligkeits-) Signal zusammen-gefaßt. Am Empfänger wurden die drei Signale wieder getrennt und modulierten drei Elektronenstrahlen, die am Schirm auf regelmäßige, in feiner Verteilung ange-ordnete rote, grüne und blaue Lumineszenzpunkte, sogenannte Farbtripel, trafen. Je nach der Stärke der Strahlströme leuchtete der Schirm mehr oder weniger in den be-treffenden Farben auf. Die wichtigsten Elemente dieses Grundschemas waren von der RCA entwickelt worden.

Andererseits hatte die FCC mit einer technischen Lösung »aus einer Hand« äußerst schlechte Erfahrungen gemacht. Mit ihrer vorschnellen Entscheidung für das inkompatible sequentielle System des CBS hatte sie sich ordentlich die Finger verbrannt. Schon deshalb war es notwendig, für die Ausformulierung einer Farb-fernsehnorm ein möglichst breites Spektrum von technischen Meinungen und Lö-sungen einzuholen und zu bewerten. Genau darin bestand die eigentliche Leistung des zweiten NTSC. Diese breite Bestandsaufnahme und die Einbeziehung von über 30 Unternehmen tat freilich der Tatsache keinen Abbruch, daß die meisten Lö-sungen in den Labors der RCA mit ihren praktisch unerschöpflichen Ressourcen entwickelt worden waren. In etwas mehr als 20 Jahren hatte die RCA über 50 Mil-lionen Dollar in die Entwicklung des Fernsehens investiert, mehr als 20 Millionen davon allein in das simultane Farbfernsehsystem. Dieses System wurde zur Grundlage aller anderen Farbfernsehsysteme, die in der übrigen Welt eingeführt wurden (wenn auch mit teilweise bedeutenden Änderungen und Abwandlungen). Es markierte den Beginn einer neuen Epoche in der Geschichte des Fernsehens.

Einer Schätzung im Jahr 1951 zufolge wurden allein in den USA bereits 170 Mil-lionen Filmmeter für Fernsehaufzeichnungen benötigt. NBC war mittlerweile 44 Stunden pro Woche auf Sendung, CBS etwa 42 Stunden. Alle Netzwerke produ-zierten jede Woche rund 1000 einzelne Filmkopien mit aufgezeichneten Program-men, die meisten davon wurden in New York in den Studios von NBC, CBS, ABC und DuMont angefertigt. Der überwiegende Teil davon war 16mm-Film, dennoch waren die anfallenden Kosten für die Filmentwicklung und für die erforderlichen Geräte enorm und das Verfahren an sich materialintensiv. Zwar konnte damit das Problem der zeitverzögerten Ausstrahlung von Programmen für eine Reihe von Zwecken gelöst werden. Doch das System der Aufzeichnung von Fernsehbildern auf Film war schwerfällig, zeitraubend und teuer. Der Bedarf nach einem effizien-teren und weniger kostspieligen Verfahren war mehr als offensichtlich.

Die Fertigstellung der transkontinentalen Senderinfrastruktur im September 1951, mit der die USA zwischen beiden Küsten flächendeckend mit Fernsehpro-grammen versorgt werden konnten, verminderte den Bedarf nach Aufzeichnung von Sendungen keineswegs, sondern steigerte ihn noch. Die Hauptursache dafür bildete der Umstand, daß sich die Vereinigten Staaten über vier Zeitzonen er-strecken. Alle drei großen Netzwerke wollten ihr Programm in allen Zeitzonen zur selben Tageszeit ausstrahlen. Mit der einstündigen Zeitdifferenz zwischen New York und Chicago konnten sie sich gerade noch abfinden, aber die drei Stunden Zeitunterschied zwischen Ost- und Westküste bildeten ein unüberwindliches Hindernis für die Einhaltung eines landesweit einheitlichen Programmschemas.

So begann 1952 die Ära des sogenannten »Hot Kine«- (auch »Quick Kine«-) Verfahrens. Die wesentlichste Änderung gegenüber dem bisherigen System der Fernsehaufzeichnung auf Film bestand in der Umstellung auf 35mm-Film zur Steigerung der Bildqualität. Der unmittelbare Effekt der Einführung dieses Systems bestand darin, daß nur noch die Ostküste alle wichtigen Live-Sendungen auch wirklich live sah. Das Publikum im Mittelwesten und vor allem an der Westküste bekam nur noch Aufzeichnungen minderer Qualität zu sehen. Das lag nicht allein an der grundsätzlichen Unzulänglichkeit der Aufzeichnung von Fernsehbildern auf Film, mit der immer ein gewisser Verlust an Bildinformation verbunden war, sondern auch an den Eigenschaften der zu dieser Zeit gebräuchlichen Superorthikon-Kameras, speziell an bestimmten Halo- (Lichthof-) Effekten, die sie produzierten und die durch den Filmaufzeichnungsprozeß noch verstärkt wurden.

Die Magnetaufzeichnung hatte zu dieser Zeit die Radioindustrie praktisch zur Gänze erobert. Fast alle Senderketten zeichneten ihre Programme im Voraus auf und sparten auf diese Weise Zeit und Geld. Dazu kam die Annehmlichkeit, daß einzelne Programmteile beim Auftreten von Fehlern einfach nochmals eingespielt werden konnten. Das problemlose Schneiden des Magnetbandes erlaubte es, das Programm beliebig neu zusammenzustellen oder (etwa bei Nachrichtensendungen) auf den neuesten Stand zu bringen. NBC, CBS und ABC hatten in den drei größten Städten, in denen sie Produktions- und Sendeanlagen unterhielten (New York, Chicago und Los Angeles) hochmoderne Tonbandstudios eingerichtet, in denen diese Form der Programmproduktion im Voraus entwickelt und praktiziert werden konnte. Die Zeiten des reinen Live-Programms im Radio waren jedenfalls weitgehend vorbei.

Zu den Unternehmen, die Magnettonbandrekorder erzeugten, gehörte auch die Ampex Electric Corporation in Redwood City, Kalifornien. Ampex hatte um 1950 ältere Firmen wie Studer, die RCA oder Fairchild überholt und beherrschte nun den Markt. Das relativ junge Unternehmen war führend in der Herstellung von Tonbandgeräten für die Radioindustrie. Seine Geräte waren zuverlässig, einfach zu warten und lieferten hervorragende Tonqualität.

Mittlerweile hatten zahlreiche Fernsehforscher ihre Aufmerksamkeit der Magnetaufzeichnung zugewandt. Die physikalischen Verhältnisse von Tonsignalen mit ihrem (vom menschlichen Gehör erfaßbaren) Frequenzband von etwa 15 kHz konnten zu dieser Zeit praktisch problemlos beherrscht werden. Die magnetische Erfassung von Signalen einer so geringen Bandbreite war möglich; jedes professionelle Tonbandgerät konnte solche Signale mit einem Minimum an Rauschen, Zischen und Verzerrung aufnehmen und abspielen.

Das Frequenzband von Fernsehsignalen aber war 200 bis 300 mal breiter. Das NTSC-Normsignal hatte eine Bandbreite von 4 MHz. Keine Technik der Magnetaufzeichnung in den frühen fünfziger Jahre konnte so hohe Frequenzen beherrschen. Nichtsdestoweniger lagen die Unzulänglichkeiten der filmischen

Fernsehaufzeichnung auf der Hand. In dieser Situation begannen zahlreiche Labors Forschungsprojekte zur Lösung des Problems der Magnetaufzeichnung von Fernsehsignalen.

Es existierten vier theoretische Ansätze zur Lösung des Problems: 1) die Längsspuraufzeichnung bei hoher Bandgeschwindigkeit (im Ein- oder Mehrspurverfahren), 2) das Längsspurmultiplexverfahren, bei dem das Signal auf eine Mehrzahl von Aufnahmeköpfen aufgeteilt wurde, 3) der Einsatz eines rotierenden Aufnahmekopfes, der entweder eine Längsspur oder eine bogenförmige oder eine Schrägspur erzeugte, und 4) ein elektronisches Verfahren, bei dem der Strahl einer Elektronenröhre das Signal direkt auf das transportierte Band übertrug.

Den ersten Anlauf zur Lösung des Problems unternahm John T. Mullin bei Bing Crosby Enterprises in Los Angeles. Mit einem umgebauten herkömmlichen Tonbandgerät (einem Ampex Modell 200) gab er am 11. November 1951 die erste Vorführung einer magnetischen Fernsehaufzeichnung. Diese Demonstration verlief praktisch erfolglos, doch sie zeitigte eine wichtige Konsequenz: Sie zog die Aufmerksamkeit von Ampex auf sich. Mullin verfügte über gute Kontakte zu Ampex, und Ampex beobachtete Mullins Arbeit bei Bing Crosby Enterprises sehr genau.

Mullin hatte versucht, die Bandgeschwindigkeit drastisch zu erhöhen, verwendete aber stationäre (unbewegliche) Köpfe. Ähnliche Versuche mit Hochgeschwindigkeitsband unternahmen in der Folge auch die RCA, Webster-Chicago, General Electric, BBC Research Laboratories, Magnecord, Freed Radio sowie eine Reihe von Firmen im Auftrag von US-Navy und US-Air Force. Nur das Allan Shoup Laboratory in Chicago experimentierte von Beginn an mit rotierenden Köpfen. Im Oktober 1951 genehmigte auch Alexander M. Poniatoff, der Chef von Ampex, seiner Forschungsabteilung ein eingeschränktes Budget für Experimente mit rotierenden Schreib- und Leseköpfen. Dazu hatte ihm Marvin Camras, der bekannte Tonbandpionier von der Armour Research Foundation des Illinois Institute of Technology geraten (Ampex war Lizenznehmer der Armour Research Foundation).

Bald arbeitete der gesamte Ingenieursstab von Ampex an dem Projekt. Walter Selsted, Chefingenieur bei Ampex, hatte Camras in Chicago besucht und seine Versuchsanordnung mit rotierenden Köpfen begutachtet. Selsted überzeugte Poniatoff und Myron Stolaroff von der grundsätzlichen Richtigkeit des Ansatzes. Stolaroff empfahl die Anwerbung eines jungen Ingenieurs namens Charles Ginsburg, den er für eine wertvolle Verstärkung des Ingenieursteams von Ampex hielt. Im November 1951 erhielt das Projekt schließlich die offizielle Genehmigung der Geschäftsführung. Im Dezember 1951 wurde Ginsburg angestellt. Er erhielt ein kleines Budget von 14.500 Dollar und begann die Arbeit an einem System mit drei rotierenden Köpfen und bogenförmiger Abtastung des Bandes.

Dem Projekt wurde bei Ampex zunächst freilich keine besondere Wichtigkeit zuerkannt, und schon im Mai 1952 wurde Ginsburg für ein anderes Vorhaben abgestellt. Dabei schloß er Bekanntschaft mit einem jungen Mann namens Ray Milton Dolby, der mit Poniatioff befreundet war. Dolby verfügte über keinerlei technische Ausbildung. Er besuchte sogar noch das College, als er Ginsburg kennenlernte. Er hatte im Sommer 1949 als technische Hilfskraft (auf Halbtagsbasis) für Ampex zu arbeiten begonnen. Im Sommer 1951 hatte er die High School abgeschlossen und war im April 1952 gerade dabei, sein erstes Jahr am San Jose State College zu beenden, als er Ginsburg kennenlernte. Im August desselben Jahres wurde er offiziell in das Video-Projektteam bei Ampex aufgenommen. Dolby sollte bald eine Schlüsselfigur in der Entwicklung der Magnetaufzeichnung werden.

Ginsburg und Dolby kamen glänzend miteinander aus. Sie bauten ein erstes Gerät und demonstrierten es firmenintern am 19. November 1952. Eine weiterentwickelte Konstruktion mit vier Köpfen, einem AM-Signalsystem und einer optischen Kontrollspur führten sie schließlich im März 1953 vor. Doch diese Demonstration zeigte noch keine sonderlich guten Ergebnisse.

Noch im selben Monat wurde Dolby zum Militär einberufen und verließ Ampex, sehr zur Enttäuschung von Ginsburg und anderen Mitarbeitern wie Shelby Henderson, George Long, Fred Pfost, Gene West, Fred Streib und Walt Selsted. Drei Monate später, im Juni 1953, wurde das Video-Projekt von Ampex vorübergehend eingestellt. Ginsburg wurde anderen Vorhaben zugeteilt, denen die Geschäftsführung mehr Bedeutung beimaß. Einige Mitglieder des Managements hegten starke Zweifel an den Perspektiven des Video-Projekts und sprachen sich für die Verfolgung von Audio-Projekten aus, die einträglicher schienen.

Damit lag das Video-Projekt von Ampex auf Eis. Es wurde erst im August 1954 wiederaufgenommen. Immerhin beantragte Ampex am 3. Mai 1953 sein erstes Patent für die gemeinsame Arbeit von Ginsburg und Dolby. Einer der Gründe für die vorübergehende Einstellung des Video-Projekts bei Ampex war persönlicher Natur. Das Management von Ampex hatte nach einem Ingenieur gesucht, der über Erfahrung mit rotierenden Magnetköpfen verfügte. Dabei bemühte man sich ausdrücklich um einen deutschen Techniker, da man von den Deutschen annahm, daß sie über den größten Vorsprung bei der Magnetaufzeichnung verfügten (natürlich wegen des deutschen Tonbandgeräts, das Mullin in den USA eingeführt hatte). Die Wahl war auf Eduard Schüller aus Hamburg gefallen, einen Techniker, der tatsächlich über Erfahrung mit der Magnetaufzeichnung verfügte und auch einschlägige Patente hielt.

Doch zwischen Schüller und Ginsburg gab es von Beginn an fachliche und persönliche Differenzen. Nur sechs Wochen nach der Anstellung von Schüller, im Juni 1953, verließ Ginsburg das Video-Projekt. Schüller, der auch für die Entwicklungsarbeit am Sechskanal-Magnettonverfahren des Todd-AO-Breitbildsystems angestellt worden war, überzeugte seine Arbeitgeber weder bei diesem Vorhaben noch beim Video-Projekt, das mit dem Abgang von Ginsburg seinen wichtigsten Mitarbeiter verloren hatte. Nach wenigen Monaten wurde Schüller wieder entlassen. Immerhin hatte sein Gastspiel bei Ampex dafür gesorgt, daß das Video-Projekt für über 14 Monate eingestellt wurde.

In den Jahren 1951 und 1952 begannen auch andere Firmen und Labors mit der Entwicklung von Magnetaufzeichnungstechniken für Breitbandsignale. Im Jänner 1953 beantragte Marvin Camras ein Patent für ein Verfahren mit drei Magnetköpfen, ähnlich dem Prototypen, den Ginsburg und Dolby bei Ampex entwickelt hatten. Ab Juni 1953 konstruierte und baute das Allan Shoup Laboratory in Chicago ein Magnetaufzeichnungsgerät mit raumfüllenden Abmessungen. General Electric begann im Juni 1951 ein Projekt zur Breitbandmagnetaufzeichnung für die US Air Force. Die Arbeit John T. Mullins bei Bing Crosby Enterprises haben wir bereits erwähnt. Und am 27. September 1951 nahm auch die RCA Forschungsarbeiten zur magnetischen Aufzeichnung von Fernsehsignalen auf. Im gleichen Monat feierte David Sarnoff sein 45jähriges Berufsjubiläum in der Funktechnik. Aus diesem Anlaß wurden die Forschungslabors der RCA in Princeton in »David Sarnoff Research Center« umbenannt.

Das Video-Projekt der RCA stand unter der Leitung von Harry F. Olson, dem Direktor des Akustik-Labors der RCA. Er holte sich die besten verfügbaren Tontechniker für dieses Projekt (alle wichtigen Fernsehingenieure waren im Farbfernsehprojekt der RCA zusammengezogen). Der Ansatz, den Olson von Beginn an verfolgte, war auch genau der des Toningenieurs: Die Videoaufzeichnung stellte er sich einfach als eine beschleunigte Tonaufzeichnung vor – mit der relativ simplen Längsspuraufzeichnung, wie sie auch beim Tonband verwendet wurde, nur mit wesentlich höheren Bandgeschwindigkeiten, um das breitere Frequenzband des Videosignals erfassen zu können.

Zwar hatte der RCA-Mitarbeiter Earl Masterson schon im November 1950 ein Patent für einen anderen und vielversprechenderen Lösungsansatz, nämlich für die Schrägspuraufzeichnung mit rotierenden Köpfen, beantragt. Doch dieses Patent wurde vor der offiziellen Einrichtung des Video-Projekts der RCA formuliert und eingereicht, und es wurde vom Team um Olson völlig ignoriert.

Dieses Team verfolgte konsequent nur den von Olson vorgegebenen Ansatz einer beschleunigten Längsspuraufzeichnung – und war aus genau diesem Grund zum Scheitern verurteilt. Olson war ein ausgezeichneter Elektro- und Tontechniker, aber er war nicht in der Lage, neue Wege zu gehen. Die RCA, die von der magnetischen Fernsehaufzeichnung am meisten zu gewinnen hatte, stieß mit diesem Projekt an die Grenzen ihrer personellen Ressourcen. Alle wichtigen Fernsehingenieure, die Olson die entscheidenden Anstöße hätten geben können, waren für das RCA-Farbprojekt abgestellt. Die Magnetaufzeichnung von Fernsehsignalen gehörte nicht zu jenen Techniken, bei denen die RCA Pionierarbeit leistete.

Im Februar 1954 starb der französische Fernsehpionier René Barthélemy im Alter von 65 Jahren. Barthélemy war Physiker, der zahlreiche Beiträge zur Entwicklung des Fernsehens in Frankreich geleistet hatte. Er war zeitlebens bei der Compagnie pour la Fabrication des Compteurs in Montrouge angestellt gewesen. Seine erste Fernsehvorführung hatte er am 14. April 1931 durchgeführt. Er wendete viel Arbeit zur Verbesserung des Ikonoskops auf und führte einige, allerdings wenig erfolgreiche Experimente mit dem Orthikon durch. Einer seiner wichtigsten Beiträge war das hochauflösende System mit 1015 Zeilen. Barthélemy war Mitglied der französischen Akademie der Wissenschaften im Rang eines Commandeur de la Légion d'Honneur.

Am 1. Dezember 1953 führte die RCA einen Prototypen ihres Videorekorders vor, freilich mit mäßigem Erfolg. Und im Juni 1954 demonstrierte John T. Mullin sein Gerät, das er bei Bing Crosby Enterprises entwickelt hatte. Über beide Vorführungen war in der Presse berichtet worden, und ein Effekt dieser Nachrichten bestand darin, daß Ampex nach 14 Monaten Pause im August 1954 sein Video-Projekt wieder aufnahm. Ginsburg forderte bei der Firmenleitung Ressourcen an, um den Ampex-Prototypen, der als Mark 1 bezeichnet wurde, zu überarbeiten und vorzuführen.

Ginsburg, der nun mit dem neuen Ampex-Angestellten Charles Anderson zusammenarbeitete, nahm im wesentlichen vier technische Veränderungen an dem Gerät vor: 1) Die Bandabtastung erfolgte nicht mehr in einer bogenförmigen Spur, stattdessen bauten Ginsburg und Anderson ein System mit Querspurabtastung mit vier Magnetköpfen. 2) Sie hatten ein System der selbsttätigen Verstärkungsregelung entwickelt, mit dem sowohl die kontinuierlichen Amplitudenverläufe als auch jene, die einer Sprungfunktion entsprachen, (beide traten bei der Methode mit rotierenden Magnetköpfen auf) ausgeglichen werden sollten. 3) Die Bandgeschwindigkeit wurde von rd. 76 cm/Sekunde auf rd. 45 cm/Sekunde reduziert, und 4) die Rotationsgeschwindigkeit der Kopftrommel wurde von 300 Umdrehungen/Minute auf 240 Umdrehungen/Minute verlangsamt.

Im August 1954 führten Ginsburg und Anderson dieses überarbeitete und weiterentwickelte System einigen Mitgliedern des Managements von Ampex vor. Die Demonstration gelang, und am 1. September 1954 nahm Ampex sein Video-Programm mit voller Kraft wieder auf.

Noch im September 1954 stieß Fred Pfost zum Video-Projekt von Ampex, ab Oktober 1954 verstärkte Alex Maxey das Team. Maxey baute im November 1954 einen experimentellen Rekorder mit nur einem Magnetkopf. Das vier Zoll breite Band sollte um die rotierende Magnetkopftrommel geschlungen und danach wieder auf die Bandrolle gewickelt werden. Mit diesem vereinfachten Entwurf sollte die Zahl der erforderlichen elektronischen Bauteile (Magnetköpfe, Aufnahme- und Wiedergabevorverstärker und Verstärker) drastisch gesenkt werden. Der Vorschlag stieß freilich nicht auf allzugroße Begeisterung. Doch er war ein erster Schritt in die Richtung der späteren Schrägspuraufzeichnung.

Nach zahlreichen kleineren und größeren Verbesserungen gelang dem Team um Ginsburg im Dezember 1954 mit der neuen Kopfkonstruktion mit Querspuraufzeichnung erstmals die Aufnahme und Wiedergabe von akzeptablen Bildern. Das System der selbsttätigen Verstärkungsregelung zum Ausgleich der kontinuierlichen und sprunghaften Amplitudenverläufe (AGC, automatic gain control) war freilich nicht einsatzbereit. Es war klargeworden, daß die Probleme, mit denen dieses System konfrontiert war, äußerst schwierig zu lösen sein würden.

Anderson fand keine Lösung für diese Probleme und brachte das AGC-System nicht zum Funktionieren. Er beschloß deshalb Ende Dezember 1954, Untersuchungen zu einem Modulationsverfahren zu beginnen, mit dem das Problem der unterschiedlichen Amplitudenverlaufscharakteristiken von vornherein umgangen werden konnte: mit Frequenzmodulation im Restseitenbandverfahren. Der Gedanke, das Bildsignal, das den Fernsehnormen entsprechend von jeher amplitudenmoduliert ausgestrahlt wurde, bei der Magnetaufzeichnung mit einem FM-Verfahren zu behandeln, bildete einen gewaltigen Fortschritt. Genau dieser Gedanke sollte der Magnetaufzeichnung von Fernsehsignalen zum Durchbruch verhelfen.

Ampex verfügte zu dieser Zeit bereits über eine Menge Erfahrung mit Multivibratoren für die Frequenzmodulation. Bisherige Modulatoren dieses Typs arbeiteten bei Spitzenfrequenzen von rund 75 kHz mit einem Frequenzhub von ± 40 Prozent. Die Aufgabe bestand nun darin, einen Multivibrator zu konstruieren, der auch im Megahertzbereich arbeitete.

Anderson begann am 2. Jänner 1955 mit der Arbeit an diesem neuen System, und bereits Anfang Februar 1955 gelang ihm die Vorführung der ersten frequenzmodulierten Bilder vom Band. Er hatte ein FM-System entwickelt, das auf konventionellen Reaktanzröhren beruhte und die Seitenbänder mit Überlagerungsschaltungen aus dem Bereich von 50 MHz in Frequenzbereiche verschob, die sich für die Aufzeichnung und Wiedergabe auf Band eigneten. Umgekehrt wurde die Bildinformation bei der Wiederausstrahlung einer Aufnahme mit Hochfrequenzverstärkern und Begrenzerschaltungen wieder in den 50 MHz-Bereich zurückverschoben.

Ray Dolby wurde am 1. Jänner 1955 aus dem Militärdienst entlassen und schloß sich unmittelbar danach wieder dem Video-Projekt bei Ampex an. Dolby zweifelte nicht an der grundsätzlichen Richtigkeit des FM-Ansatzes von Anderson, doch er hatte eine einfachere und billigere Lösung vor Augen, die auf Pulstechniken beruhte. Davon ausgehend entwarf und baute er einen Multivibrator, der durch die Anlegung des zusammengesetzten Signals direkt an das Steuergitter moduliert werden konnte. Mitte Jänner 1955 begann Dolby die Versuche mit dem Gerät, und am 25. Februar 1955 gelangen damit Aufzeichnungen, deren Qualität noch höher war als die der Aufnahmen mit dem Reaktanz-System Andersons, die Anfang Februar vorgeführt worden waren. In der ersten Märzwoche 1955 wurde dann auch das Tonsignal mitaufgezeichnet, und zwar auf der Rückseite des Bandes.

Am 5. März 1955 gab das Team um Ginsburg, Anderson und Dolby dem Verwaltungsrat von Ampex eine überzeugende Vorführung. Ihr Erfolg veranlaßte das Management dazu, dem Projekt ein unbeschränktes Budget und einen geschlossenen Laborbereich mit fünfmal mehr Platz als bisher zuzuweisen.

Im weiteren Verlauf des Jahres 1955 arbeiteten Ginsburg, Dolby und ihre Kollegen hart an der Verbesserung ihres Systems. Dazu gehörten der schichtweise Aufbau der Kopftrommel, die Erweiterung der Trägerfrequenz des Systems auf sechs Megahertz, die mechanische Stabilisierung des Trommelumlaufs und nicht zuletzt das Design des Ampex Mark IV mit seinen beiden langgestreckten Bedienpulten, das von Anderson stammte. Im Februar 1956 kam es zu einer firmeninternen Vorführung, die geradezu sensationell verlief. Sie führte zur Entscheidung, das System bei einer Überraschungsvorführung auf dem Treffen der National Association of Radio and Television Broadcasters (NARTB) in Chicago im April 1956 der Öffentlichkeit bekanntzumachen.

Diese Vorführung fand am 14. April 1956 um 10.30 Uhr Vormittag statt. Der Eröffnungssprecher auf dem NARTB-Treffen in Chicago hielt seine Rede, die vom Ampex Mark IV-Rekorder vom Publikum unbemerkt in einem Nebenraum aufgezeichnet wurde. Unmittelbar nach der Rede wurde die Aufnahme auf einem Fernsehempfänger abgespielt. Das erstaunte Publikum sah dasselbe, was gerade in dem Saal passiert war, nochmals, und zwar in einer Bild- und Tonqualität, die sich in nichts von einer Live-Übertragung unterschied. Nach einem Augenblick der Überraschung brach tosender Applaus aus – der gewünschte Knalleffekt war eingetreten.

Ampex wurde nach dieser Vorführung mit Bestellungen überschwemmt. Innerhalb von zwei Wochen gingen Order für 82 Einheiten ein, der sehr hohe Preis von 45.000 bis 75.000 Dollar schien keine Rolle zu spielen. Einen anderen Anbieter eines funktionstüchtigen Magnetaufzeichnungsgeräts gab es auch nicht. Vor allem die RCA war gezwungen, zähneknirschend einen Ampex-Rekorder zu bestellen. In den RCA-Labors wurde das Gerät zerlegt und studiert. Der RCA ging es dabei darum, gleich zum nächsten Schritt anzusetzen: zur Magnetaufzeichnung von Farbfernsehbildern.

Am Freitag, dem 30. November 1956 wurde die erste Videoaufnahme von CBS-Hollywood an das Pacific Coast Network ausgestrahlt, die allererste Sendung eines Programms, das zuvor auf Magnetband aufgezeichnet worden war. Dabei handelte es sich um eine 15minütige Nachrichtensendung. Das CBS traute der neuen Technik noch nicht ganz und zeichnete das Programm sicherheitshalber auch auf 35- und 16mm-Film auf. Doch die Ampex-Revolution war nicht mehr aufzuhalten. Die filmische Aufzeichnung von Fernsehbildern, die nie mehr als eine Krücke für die elektronische Bildtechnik gewesen war, wurde endgültig obsolet. Das Fernsehen hatte sein ihm am nächsten verwandtes Speichermedium gefunden, und es ermöglichte die Entstehung der modernen Studiotechnik ebenso wie den Aufstieg des Fernsehens zu einem ähnlich »schnellen« Medium, wie es bisher das Radio gewesen war.

Die wichtigsten Stationen in der weiteren Entwicklung der Magnetaufzeichnung waren die Einführung von Farbvideorekordern (RCA 1957), die Einführung tragbarer Geräte (Westel Co. 1966; der WRC-150 war die erste tragbare Kamera-Rekorderkombination; die Kamera mit einer Vidikon-Röhre wog drei Kilogramm, der durch Kabel angeschlossene Rekorder einschließlich Batterien 10,4 Kilogramm; dieses Gerät revolutionierte den TV-Produktionsprozeß), die Einführung des Heimvideorekorders und der Videokassette (CBS 1967, Arvin Industries 1968, Farbvideorekorder von Sony 1969 u. a.), die Einführung der Heimvideokamera (Avco CTV Cartrivision 1970, Ampex Instavision 1970) sowie die Einführung einer abgeschlossenen Kombination von Videokamera und –rekorder für den Hausgebrauch (Camcorder, Sony, Prototyp 1980, Markteinführung 1985).

Von 1956 an wurde in Europa die Einführung eines Farbsystems vorbereitet. Im Frühjahr 1956 brach eine europäische Expertengruppe zu einer fünf Monate langen Erkundungsreise auf, bei der die Farbsysteme, die in aller Welt entwickelt worden waren, untersucht werden sollten. Das erste Ziel dieser Studienreise war New York, wo den europäischen Fachleuten am 20. März 1956 auf dem jährlichen Treffen des Institute of Radio Engineers die Entwicklung der amerikanischen Farbfernsehnorm erläutert wurde. Besonderes Augenmerk wurde dabei auf das Erfordernis der Kompatibilität mit bestehenden Schwarzweißnormen gelegt, das die Entwicklungen in den USA so stark beeinflußt hatte.

Ebenfalls im März 1956 traf die Gruppe aus Europa im Gebäude der Vereinten Nationen in New York mit Vertretern der amerikanischen Fernsehindustrie zusammen. Diese Konferenz, bei der fast 100 Fachleute aus 21 europäischen Ländern, darunter auch Polen und die Tschechoslowakei, anwesend waren, fand unter der Ägide des Comité Consultatif International des Radiocommunications (CCIR) der International Telecommunications Union, einer UNO-Organisation, statt. Die Europäer waren mit dem Auftrag gekommen, das Farbsystem zu bestimmen, das schließlich für ganz Europa eingeführt werden sollte. Offizielle Gastgeber waren das NTSC unter dem Vorsitz von W. R. G. Baker und das US-Außenministerium.

Im Anschluß an die Besprechungen besichtigte die Gruppe zahlreiche Farbfernsehapparate, darunter Geräte von Admiral, Capehart, DuMont, Emerson und Magnavox (beide mit Schattenmaskenröhre), Philco (mit der »Apple«-Röhre), General Electric (mit einer Nachbeschleunigungsröhre) und einen Farbempfänger des Projektionstyps von Hazeltine. Die RCA nahm nicht an diesen Vorführungen teil, sie hielt später eigene Treffen mit der CCIR-Gruppe ab.

Nach dem Abschluß der USA-Reise begab sich die Gruppe weiter nach England, Frankreich und Holland, wo sie weitere Farbfernsehsysteme besichtigten. Die endgültigen europäischen Farbfernsehnormen sollten plangemäß auf dem CCIR-Treffen in Warschau im August 1956 festgelegt werden. Dort mußte folglich auch die Entscheidung getroffen werden, ob das europäische Farbfernsehen kompatibel mit bestehenden Schwarzweißsystemen sein, oder ob es im UHF-Bereich arbeiten und damit inkompatibel sein würde. Doch zu dieser frühen Festlegung auf eine einheitliche, gesamteuropäische Farbfernsehnorm kam es nicht.

Stattdessen kam es in Europa zur Konkurrenz zwischen drei verschiedenen Systemen. Großbritannien favorisierte das amerikanische NTSC-System. Im September 1957 führte Henri de France von der Société Nouvelle RBV – La Radio Industrie ein neues Farbsystem vor, das er SECAM (für Séquentielle Couleur Avec Mémoire) nannte. Die Demonstration verlief erfolgreich, das System lieferte Farbbilder hervorragender Qualität. Und Walter Bruch von Telefunken entwickelte in Deutschland ein drittes System, PAL (für Phase Alternation by Line). Es wurde im Juli 1963 erstmals vorgeführt.

Auf dem CCIR-Treffen in Oslo, das am 22. Juli 1966 endete, konnte kein Beschluß über eine gemeinsame europäische Fernsehnorm gefaßt werden. Das CCIR überließ es jedem Land, selbst über das System zu entscheiden, das es einführen wollte. So wählten zehn Länder das NTSC-System, 17 entschieden sich für PAL und 35 für den SECAM-Standard. Das bemerkenswerteste Ergebnis der CCIR-Konferenz in Oslo bestand in der Ankündigung Großbritanniens, mit 1967 das PAL-System übernehmen zu wollen – ausgerechnet Großbritannien, das zu den vehementesten Fürsprechern der Einführung von NTSC in ganz Europa gehört hatte. Die Bundesrepublik Deutschland kündigte die Einführung des PAL-Systems ebenfalls mit 1967 an. Frankreich und Rußland legten sich nicht auf einen Einführungszeitpunkt fest, machten aber deutlich, daß sie sich für SECAM entschieden hatten. Die klare Entscheidung gegen die einheitliche Einführung von NTSC in Europa hatte ausschließlich politische und keine technischen Gründe.

Die RCA hatte in den Jahren zuvor aufwendige Werbeauftritte für das NTSC-System in ganz Europa absolviert, das Interesse der USA, seine Farbfernsehnorm weltweit durchzusetzen, war evident. Doch die Schlacht in Europa war verloren.

1960 gab es weltweit bereits an die 110 Millionen Fernsehempfänger, über 50 Millionen davon allein in den USA, über 10 Millionen in Großbritannien, je rund fünf Millionen in Deutschland und Japan, vier Millionen in der Sowjetunion. Zwischen 1950 und 1960 wurden jährlich mehr als 10 Millionen Fernsehempfänger produziert und abgesetzt. Binnen eines Jahrzehnts war das Fernsehen in die westlichen und östlichen, nördlichen und südlichen Gesellschaften förmlich »hineinexplodiert«. Alle diese Gesellschaften hatten zuvor eigene Systeme und Kulturen des sich Unterhaltens und des sich Informierens entwickelt, und diese Systeme hatten auf den Techniken der Massenpresse (einschließlich der Photographie), des Hörfunks und des Films beruht. In keinem einzigen Land ließ das Fernsehen in der jeweils gegebenen Informations- und Unterhaltungskultur auch nur einen Stein auf dem anderen. Es übernahm weitgehend beide Funktionen und zwang die anderen Medien, sich neue Bereiche zu suchen, in denen sie weiterexistieren konnten. Oft genug waren das nur noch Nischen, und auch sie schlossen sich bald. Nach 1970 verschwand etwa sehr schnell der klassische Photojournalismus.

Doch das Fernsehen löste nicht nur Umstürze in den bestehenden Mediensystemen aus. Es veränderte die Formen der Wahrnehmung, die sich an und mit diesen früheren Mediensystemen entwickelt hatten, ein- für allemal. Die Art und Weise, Klang und Bewegungsbild simultan wahrzunehmen, die das Fernsehen ermöglichte, hatte es nie zuvor gegeben. Sie unterschied sich, wie wir gesehen haben, fundamental von jener Wahrnehmungsform, die der Film möglich gemacht hatte. Sie war neu, und was noch wichtiger ist: Sie war in allen Ländern und Kulturen *gleich*. Hatte der Film in den unterschiedlichen Kulturen zu unterschiedlichen Bildsprachen und –ausdrucksformen gefunden, die in einer noch erkennbaren Beziehung mit den jeweils herrschenden Traditionen des Bildes und des Sehens von Bildern standen, so fand das Fernsehen eine solche Symbiose mit den Traditionen der einzelnen Kulturen nicht mehr. Nicht das Fernsehen paßte sich den Kulturen an – sie hatten sich ihm anzupassen. Und sie taten es weitgehend. Einige Jahrzehnte vor der Globalisierung der Bildinhalte, deren Zeugen wir heute sind, kam es zur Globalisierung und Vereinheitlichung der Wahrnehmungsformen. Das ist der eigentliche Ursprung der Kulturrevolution, die das Fernsehen auslöste. 1960 waren alle technischen Voraussetzungen dafür, die qualitativen ebenso wie die quantitativen, schon da.

4) Bildsensor und Satellit – Digitalisierung und Globalisierung: 1960 – 1980

Im September 1963 stellte die North American Philips Co. eine neue Kameraröhre vor, mit der sie den Markt für Fernsehkameras betrat: das Plumbikon. Diese Röhre mit einer Bildwandlerschicht aus Bleioxid war von Philips in Holland entwickelt worden. Sie war eine Abwandlung des Vidikons. In Zusammenarbeit mit

den CBS Engineering Labs entwickelte Philips diese neue Röhre zu einer Farb-
fernsehkamera weiter, deren Größe die einer normalen Schwarzweißkamera nicht
überstieg. Philips gab an, daß der geringe Rauschpegel das Plumbikon besonders
geeignet für Videoaufnahmen machte. Es sollte 1964 auf den Markt kommen.
    Im Juli 1965 wurde bekannt, daß die Aerospace Division der Westinghouse El-
ectric Corp. im Auftrag der NASA einen Halbleiterbildsensor entwickelt hatte.
Dieses Gerät bestand aus einem Mosaik aus 2500 Phototransistoren, die in 50
Zeilen zu je 50 Einzelelementen angeordnet waren. Jeder dieser Phototransistoren bestand aus drei Schichten und regulierte den Stromfluß, der durch ihn hin-
durchging. Dieser Stromfluß wiederum wurde vom Licht moduliert, das auf das
Mosaik einfiel. Das Ausgangssignal aus den Elementen wurde vor der Übertragung von einem Videoverstärker hinaufgesetzt. Der gesamte Schaltungsaufbau bestand aus Mikrominiaturschaltungen auf Halbleiterchips, die Eingangsleistung lag
unter vier Watt. Anstelle eines Elektronenstrahls tasteten digitale logische Schaltungen den Chip ab, und zwar mit einer Frequenz von 60 Bildern pro Sekunde.
Zum erstenmal erschien damit ein Halbleiterbildsensor, der ohne die traditionelle
Elektronenstrahlabtastung auskam.
    Vorschläge dazu hatte es schon früher gegeben. So soll die RCA bereits 1964
Halbleitersensoren mit Dünnschichttransistoren vorgeführt haben. J. Morrison
von Honeywell soll das Prinzip sogar schon 1963 vorgeschlagen haben. Und 1964
legten Ingenieure der IBM einen entsprechenden Entwurf vor. 1967 wurde über
einen Halbleiterbildsensor der RCA berichtet, der auf Dünnschichttechnologie
beruhte und eine Auflösung von 256 mal 256 Pixel hatte. 1969 und 1970 erschienen zwei wichtige Technologien, die eine völlig neue Form der röhrenlosen elektronischen Kamera ermöglichen sollten: die integrierte Eimerkettenschaltung bzw.
das BBD-Element (bucket brigade device) von Philips und die ladungsgekoppelte
Halbleitervorrichtung bzw. das CCD-Element (charge coupled device) von den
Bell Laboratories.
    Im November 1966 erschien die erste röhrenlose Kamera der RCA. Sie beruhte
auf der Dünnschichttechnik, die die RCA entwickelt hatte. Auf vier Glasplättchen
waren 132.000 Dünnschichtelemente angebracht, von denen 32.400 als Licht-
Strom-Wandler agierten. Ein Objektiv projizierte das Bild auf diesen Sensorraster;
er wurde sequentiell von einem Strom abgetastet, der an die Matrix angelegt
wurde. Die daraus entstehenden Stromimpulse wurden zu einem konventionellen
Videosignal zusammengefaßt und über Mikrowellen übertragen. Dies war die
zweite je gebaute röhrenlose Kamera nach dem Gerät von Westinghouse aus 1965.
    Im Februar 1969 erschienen erneut Berichte über Fortschritte, die die RCA und
Westinghouse bei der Entwicklung von Halbleiterbildsensoren erzielt hatten.
Westinghouse verwendete jetzt weniger komplizierte Halbleiterbildwandler aus
Silizium, die mosaikförmig angeordnet waren. Die Westinghouse-Labors hatten
für die NASA bereits ein Sensormosaik aus 220 mal 256 Elementen gebaut und
rechneten für November 1969 mit der Fertigstellung eines Rasters mit 400 mal 512
Elementen. Beim Westinghouse-Verfahren kam Aluminium als Schaltverbindung
im Mosaik zum Einsatz. Techniker der RCA gaben an, daß die größten Schwie-

rigkeiten bei dieser neuen Technik in der Herstellung gleichförmiger Rasterzeilen, in der geringen Empfindlichkeit und den enormen Kosten bestünden.

Im Mai 1972 erschien eine röhrenlose Miniaturkamera, die von den RCA-Labors gebaut worden war. Es war freilich kein kommerzielles Gerät, sondern diente Forschungszwecken. Es maß 5 mal 5,7 mal 8,3 cm und besaß einen Halbleitersensor, der aus einem Metalloxidhalbleiter (MOS) mit 1408 lichtelektrisch empfindlichen Elementen bestand. Die Abtastung bzw. Entladung erfolgte auf der nach dem Prinzip der Eimerkettenschaltung (BBD).

Im März 1975 kündigte die RCA eine experimentelle Halbleiterfarbkamera an. Dabei kamen drei briefmarkengroße CCD-Elemente zum Einsatz, von denen jedes eine Grundfarbe erfaßte. Die CCD-Bildsensoren aus Silizium maßen 7,3 mal 9,75 Millimeter und lieferten eine Auflösung von 512 mal 320 Bildelementen oder mehr als 163.000 Pixel, die mit einer Frequenz von 525 Zeilen ausgelesen werden konnten. Die weitere Entwicklungsarbeit an dem Gerät dauerte fünf Jahre; im April 1980 führte die RCA diese Halbleiterfarbkamera erstmals vor.

Im Juni 1979 führte Bosch den digitalen Filmabtaster FDL 60 ein. Dabei handelte es sich um ein röhrenloses Halbleitergerät mit CCD-Elementen, die eine hohe Auflösung und gute Farbwiedergabe lieferten. Es verfügte über einen digitalen Bildspeicher und kontinuierlichen Filmtransport; dies ermöglichte Zeitlupenwiedergabe, schnellen Vorlauf, Einzelbildwiedergabe und Bildsuchlauf in beiden Richtungen. Die Farbinformation wurde über ein Prismensystem gewonnen, die Abtastung erfolgte zeilenweise durch CCD-Sensoren, die die Bildinformation in den digitalen Bildspeicher schrieben. Aus diesem Speicher wurde das Fernsehbild im richtigen Takt ausgelesen. Damit war auch beim Fernsehen die Röhrentechnik durch Halbleitertechnik abgelöst. Die Vorteile von CCD-Elementen waren vielfältig: Sie waren langlebig, sie konnten sich im Gegensatz zu Röhren keine Einbrennschäden zuziehen, sie wiesen keine Nachleuchterscheinungen auf und sie waren frei von Einzelbildverzögerungen. Das Gerät von Bosch verfügte über automatische Korrektur von Bild- und Farbfehlern.

Ende der siebziger Jahre war der Übergang des Fernsehens von einer analogen zu einer digitalen Technik bereits abgeschlossen. Der überwiegende Teil der aufgenommenen, gesendeten und empfangenen Bilder im Alltagsbetrieb wurde zwar nach wie vor mit den traditionellen analogen Techniken verarbeitet. Aber die digitale Bildverarbeitung war 1979 eine technische Realität. Digitale Bildsensoren wurden mit der allgemeinen Weiterentwicklung und vor allem Verbilligung von Halbleiterbauteilen in den neunziger Jahren zum Massenartikel. Sie sind heute in jeder digitalen Photo- und Videokamera enthalten. Maßgebend für das Auflösungsvermögen der Kamera ist die Anzahl der Pixel auf einem CCD-Chip. CCD-Chips für Camcorder hatten 1994 mindestens 320.000 und maximal 570.000 Pixel. Im kommerziellen Fernsehbetrieb wurde der neue Halbleiterbildwandler zunächst nur für die Filmabtastung verwendet. Im Lauf der achtziger und neunziger Jahre setzte er sich aber als Standardelement für die Signalerzeugung in Videokameras (Camcordern) und besonders auch in Digitalkameras für Einzel- und Laufbilder durch.

Der CCD-Bildwandler machte die Fernsehkamera klein, leicht und vor allem billig wie nie zuvor. Im kommerziellen Sendebtrieb führte die Flexibilität der CCD-Kamerachips zu einer der signifikantesten Tendenzen in den neunziger Jahren: zur neuen Praxis, an allen möglichen Stellen (an einem Rennauto, einem Skiläufer, an einem Tennisnetz etc.) Kameras anzubringen, von denen man sich spektakuläre Bilder versprach. Genausogut konnte man die neuen billigen Miniaturkameras aber auch an Lenkwaffen anbringen, deren Weg ins Ziel auf diese Weise im Abendprogramm gezeigt werden konnte. Ohne den CCD-Chip hätte es den 2. Golfkrieg von 1991 als »Krieg im Wohnzimmer« nicht gegeben.

Am 11. März 1971 starb der amerikanische Fernsehpionier Philo Taylor Farnsworth nach langjähriger Krankheit im Alter von 63 Jahren. Farnsworth kämpfte bis zuletzt mit finanziellen und familiären Problemen. Er hatte schon lange zuvor alle Beziehungen zur amerikanischen Fernsehindustrie, die er mitbegründet hatte, abgebrochen. 1949 war die Farnsworth Television and Radio Corporation von der International Telephone & Telegraph Co. (ITT) übernommen worden, und Farnsworth selbst hatte sich aus allen Aktivitäten zum Fernsehen zurückgezogen. In der Presse erschien kein Wort über sein Ableben. Seine Frau Elma und seine Familie taten ihr Möglichstes, um seinem Namen und seinem Ruf zu der Würdigung zu verhelfen, die sie verdienten. 1984 erhielt Farnsworth einen Platz in der National Inventors Hall of Fame, und am 2. Mai 1990 wurde ihm eine Statue in Washington gewidmet.

Am 10. Juli 1962 fand ein Ereignis statt, das eine Epochengrenze in der Geschichte des Fernsehens markiert. Zum erstenmal wurden Live-Fernsehbilder über den Atlantik mittels eines Satelliten übertragen. Die Bilder wurden von Andover im US-Staat Maryland über den AT&T-Versuchssatelliten Telstar nach Pleumer Bodou in Frankreich und Goonhilly in England gesendet. Zum ersten Mal hatte die Übertragung von Bildern die terrestrischen Wege verlassen. Damit war die Grundlage geschaffen für ein weltweites Kommunikationssystem, das heute den gesamten Globus umspannt.

Am 2. April 1964 kündigte David Sarnoff auf der Weltausstellung in New York an, daß es schon in naher Zukunft weltweite Fernsehausstrahlungen geben werde. Dabei, so Sarnoff, würden die beiden Kommunikationssatelliten Telstar und Relay eine große Rolle spielen.

Im Juli 1964 fanden die Olympischen Sommerspiele in Japan statt. Erstmals in der Geschichte wurden von einem solchen Ereignis Fernsehbilder über Satellit in die ganze Welt übertragen. Als Relaisstation für die Signale aus Japan fungierte der Satellit Syncom III, der sich in 36.000 km Höhe geostationär über dem Pazifik befand. Die Fernsehsignale wurden von der Bodenstation in Kashima (Japan) an den Satelliten gesendet und in Point Magu in der Nähe von Los Angeles aufgefangen. Von dort aus wurden die Bilder über ganz Nordamerika und nach Kanada ausgestrahlt. In Montreal wurden sie auf Magnetband aufgezeichnet. Linienjets brachten die Bänder nach Hamburg für die Weiterausstrahlung in Europa.

Am 31. Juli 1964 sendete die Mondsonde Ranger VII kurz vor ihrem Absturz auf den Erdtrabanten die ersten Fernsehbilder von der Mondoberfläche zur Erde. Dabei kamen Kameras zum Einsatz, die die RCA eigens für die US-Weltraumbehörde NASA entwickelt hatte. Ebenfalls im Juli 1964 wurden die beiden Wettersatelliten Nimbus A und Tiros in 920 km Höhe stationiert. Nimbus A und Tiros verfügten über je drei spezielle Vidikon-Kameras, einen besonders kleinen Videorekorder und einen Funksender, dessen Antenne auf die Erdstation ausgerichtet war. Die Kameras dieser ersten Wettersatelliten waren von der RCA entwickelt worden. Damit begann die Ära des Satellitenbildes von der Wetterlage auf der Erde – ein neues Zeitalter in der Meteorologie ebenso wie im Fernsehen.

Nicht ganz ein Jahr später begann die regelmäßige Nutzung des Satellitenfernsehens. Am 6. April 1965 startete der erste kommerzielle geostationäre Satellit Intelsat I (»Early Bird«). Von Solarzellen gespeist, diente er als Relaisstation mit einer Leistung von nur wenigen Watt für den Telephonverkehr und die Übertragung eines Fernsehprogramms zwischen den USA und Europa. Mit der zweiten, in der Leistung verstärkten Satellitengeneration Intelsat II wurde nur zwei Jahre später, 1967, ein weltweites Verbindungssystem geschaffen, das aus drei über dem Atlantik, dem Pazifik und dem Indischen Ozean plazierten Satelliten bestand. 1968 wurde bereits die dritte, abermals in der Leistung verstärkte Satellitengeneration Intelsat III gestartet. Im Lauf der siebziger Jahre wurden die Leistungen der Satellitensender bis in die Größenordnung von Kilowatt gesteigert. Damit eröffnete sich die Möglichkeit, flächendeckend Fernsehprogramme über Satellitensender direkt an Heimempfänger mit angeschlossenem Sat-Receiver auszustrahlen, wie es heute allgemein gebräuchlich ist.

Von 1971 bis 1978 fanden weltweite Konferenzen der Union Internationale des Télécommunications zur Koordinierung des künftigen Satellitenfernsehens, zur Zuweisung von Frequenzbereichen an den Rundfunkdienst und zur Zuteilung von Sendekanälen an die einzelnen Länder statt. Nach den Beschlüssen dieser Konferenzen mußte die Abstrahlung eines Satellitensenders für den Direktempfang auf das Territorium des Landes beschränkt werden, das den Sender betrieb. Mit Hilfe von Richtantennen war demnach die Abstrahlung vom Satelliten aus auf einen engen Winkelbereich zu konzentrieren. Auf der Erdoberfläche ergaben sich daraus elliptisch geformte Versorgungsbereiche, die das Territorium des jeweiligen Landes eng umfaßten. Jedem europäischen Land wurden fünf Frequenzkanäle im Bereich von 12 Gigahertz und ein bestimmter Stellitenstandort im Orbit zugeteilt.

Auf der Grundlage dieser Beschlüsse begann auch in Deutschland das Satellitenfernsehen. Der erste deutsche TV-Satellit war eine Gemeinschaftsproduktion mit Frankreich. Die deutsche Ausgabe hieß TV-SAT und wurde Anfang 1984 in den Orbit geschossen. Sechs Monate später folgte das französische Pendant TDF-1. Beide Satelliten übertrugen bei einer Sendeausgangsleistung von 260 Watt je drei Fernsehkanäle. Beim Empfang wurden »Umsetzer« verwendet, die die vom Satelliten benutzten Frequenzen im Gigahertzbereich in den Meter- und Dezimeterwellenbereich transponierten, sodaß die Satellitenprogramme mit den üblichen Heimgeräten empfangen werden konnten.

1986/87 gewann mit der Betriebsaufnahme der Eutelsat- und Intelsat-Satelliten in Deutschland das Satellitenfernsehen erstmals größere Bedeutung. 1989 wurde der zweite deutsche Fernsehsatellit TV-SAT 2 gestartet, der bis zum 31. Dezember 1994 in Betrieb blieb. 1985 wurde die Societé Européenne des Satellites gegeründet. Zwischen 1989 und 1993 baute die SES das Astra-Satelliten-System auf (Astra 1A, Sendebetrieb seit Anfang 1989, Astra 1B, seit März 1991, Astra 1C, seit März 1993, Astra 1D, seit Jänner 1995, Astra 1E und 1F, im Orbit seit 1996/96). Das Astra-System gilt heute als erfolgreichstes Verteilersystem europäischer Fernsehprogramme, wobei das Konzept der Kopositionierung der Einzelsatelliten im Orbit die Zahl der Kanäle in derselben Ausleuchtzone sprunghaft hat steigen lassen: 1A und 1B verfügen über je 16, 1C verfügt über 18 und 1D über 14 Transponder. Jeder Transponder verfügt über vier zusätzliche Tonunterträger, die entweder für mehrere Sprachvarianten eines Programms, für die Übertragung in Stereoqualität oder für Hörfunkprogramme genutzt werden können. Astra 1E und 1F waren die ersten europäischen Satelliten, über die digitale Fernsehsignale ausgestrahlt wurden.

1977 wurde die Europäische Telekommunikations-Satelliten-Organisation (Eutelsat) gegründet. Eutelsat betreibt heute ebenfalls mehrere, allerdings nicht kopositionierte Fernsehsatelliten, von denen in Deutschland Eutelsat II-F1, II-F2 und II-F3 empfangen werden können. Die Eutelsat-Satelliten sind besonders leistungsstark (zum Empfang genügt eine Flachantenne) und haben – im Gegensatz zu den Astra-Satelliten – verschiedene Ausleuchtzonen. Eutelsat II-F4-M verfügt über den »Moskau-Beam«, der Gesamteuropa bis hin zum Ural, die Türkei, Teile des Nahen Ostens und Nordafrika abdeckt. Mitte der neunziger Jahre beschloß Eutelsat, durch eine Reihe von Satelliten-Kopositionierungen ein ähnliches System aufzubauen wie es die SES mit den Astra-Satelliten getan hatte. Den Anfang dazu machte 1995 Hot Bird 1, dem bis zur Jahrtausendwende Hot Bird 2 und 3 folgten. Weitere in Europa empfangbare Fernsehsatelliten sind Intelsat-Satelliten, Kopernikus, Tele-X und andere.

Neben der Entwicklung des Halbleiterbildsensors und der Entstehung des Satellitenfernsehens fallen noch zwei weitere Entwicklungen in den Zeitraum 1960 bis 1980: Die Transformation der Magnetaufzeichnung zum Konsumartikel der Unterhaltungselektronik und der Aufstieg des Fernsehjournalismus. Diese vier Entwicklungen hängen miteinander zusammen.

Die ersten Magnetaufzeichnungsgeräte waren Apparate von raumfüllenden Dimensionen. Sie waren weit davon entfernt, tragbar zu sein oder unabhängig vom Netzstrom arbeiten zu können. Erst 1966 erschien mit dem bereits erwähnten WRC-150 von Westel die erste mobile Kamera-Rekorder-Kombination. Diese Einheit wurde zur zentralen Grundlage für die Entstehung des Fernsehjournalismus. Die Kamera (mit Vidikon-Röhre) war empfindlich genug, um unter allen Lichtbedingungen brauchbare Bilder zu liefern. Der Rekorder war einschließlich der Batterien leicht genug, um von einer Person getragen werden zu können. Der Fernsehberichterstatter konnte nun unabhängig von einer Funkverbindung zum Studio seine Bilder und Kommentare aufnehmen, er hatte de facto ein mobiles Fernsehstudio. Er war damit weiters unabhängig von einem Filmentwicklungslabor, denn er zeichnete direkt auf Band auf. Damit wurde das Fernsehen zu einem ähnlich schnellen Nachrichtenmedium wie zuvor das Radio. Die Programmkate-

gorie der »Tagesschau« wurde schon nach 1955 schnell zu einem ernsten Konkurrenten der traditionellen Kino-Wochenschau. Nach 1970 verdrängte das Fernsehen sehr bald die früheren Medien des Bildjournalismus, die Photographie und den
Film. 1972 stellte die Zeitschrift *Life*, die jahrzehntelang die weltweite Publika-
tionsplattform des Photojournalismus gewesen war, ihr Erscheinen für immer ein.
Und der Film fristete noch bis Ende der sechziger Jahre ein Nischendasein als
Hilfsmedium für den Fernsehjournalismus. Nach 1970 wurden die mobilen Kamera-Rekorder-Einheiten (nicht zuletzt durch verstärkten Einsatz von Halbleiterbauteilen) so billig, daß sie die (zwar noch billigere, aber wesentlich langsamere
und schwerfälligere) Filmaufnahme aus dem Bildjournalismus verdrängten.

Die Verkleinerung und Verbilligung des Videorekorders machte ihn schließlich
auch erschwinglich für die Masse der Konsumenten, die mit ihm entweder gesendete Fernsehprogramme aufzeichnen oder voraufgezeichnete Programme abspielen konnten. Daraus entstand noch in den siebziger Jahren ein völlig neues
Vertriebssystem für elektronische Bilder, das es in dieser Form noch nie gegeben
hatte. Das Potenzial dieses Marktes wurde auch von der Industrie erkannt. In den
frühen achtziger Jahren kam es deshalb zu einem erbittert geführten Kampf um
das allgemein anerkannte Videoformat, in dem sich schließlich das System VHS
(JVC 1976) gegen das technisch überlegene System Video 2000 (Philips, Grundig
1980) durchsetzte.

Wie die Einführung kleiner und mobiler Videorekorder wirkte auch die Verbreitung von Fernsehbildern über Satelliten proliferierend sowohl auf den Fernsehjournalismus als auch auf die Festigung der Stellung des Fernsehens am
Heimelektronikmarkt. Die blitzschnelle weltweite Verbreitung von Fernsehnachrichten über Satellitennetze verlieh dem elektronischen Bildjournalismus eine Wirkung, die man wohl nur mit der Globalität des Stummfilms vergleichen kann. Die
Toninformation im Fernsehsignal war technisch genauso einfach und problemlos
austauschbar wie die Untertitel im Stummfilm. Die ganze Welt erlernte die Bildsprache des elektronischen Bildjournalismus, so wie sie 60 Jahre zuvor die univer-
sale Bildsprache des stummen Spielfilms erlernt hatte. Nur war das, was der ganzen
Welt nun in Bildern vermittelt wurde, nicht mehr die Fiktion eines Hollywood-
Schinkens. Es war die Realität des vietnamesischen Mädchens, das halbverbrannt
vor Napalm-Flammen flüchtet, es war die Realität des ersten Menschen, der den
Mond betrat, es war die Realität der neuen Massengräber und Konzentrationslager
auf dem Balkan, des millionenfachen Völkermords in Zentralafrika, die Realität
von Linienflugzeugen, die zur Angriffswaffe umfunktioniert und gegen Wolken-
kratzer gesteuert wurden. Bilder wie diese gingen über Satelliten wie Lauffeuer um
die ganze Welt.

Für die Masse der Konsumenten hatte die Einführung des Satellitenfernsehens
vor allem eine sprunghafte Steigerung des Angebots an Kanälen zur Folge. Es
waren Anfang der achtziger Jahre so viele, daß das Konzept des Fernsehsenders als
Universalanbieter, der alle Interessen abdeckt, unwirtschaftlich wurde. Es lag kein
Reiz mehr in der Möglichkeit, alle Programmkategorien, von den Morgennach-
richten bis zur Wettervorschau, auf 20 oder mehr Kanälen sehen zu können. So ent-

standen Spartenkanäle. Spezialisierte Sender, die sich auf eine Programmkategorie konzentrieren – Musik, Sport, Nachrichten, Wirtschaftsinformationen usw. – waren eine direkte Folge des erhöhten Angebots an Kanälen der Satellitennetze. Die Einführung des Halbleiterbildsensors führte zu einem gigantischen Anstieg der Zahl der elektronischen Bilder. Billige Kleinkameras, überall dort angebracht, wo man sich spektakuläre Bilder erwartete, lieferten noch nie gesehene Bilder von Ereignissen, bei denen man zuvor keine Fernsehkamera einsetzen konnte. Sie erbrachten zuerst den visuellen Beweis, ob ein Ball die Torlinie überquert oder ein Tennisnetz gestreift hatte und zeigten das rasende Vorbeifliegen verschneiter Landschaften an einem Skiläufer. Dann dokumentierten sie als Camcorder in den Händen der Konsumenten private Familienfeiern mit allen dabei vorgesehenen und nicht vorgesehenen Details. Und schließlich zeigten sie, wie sich ein Geschoß dem Ziel nähert. Private Filmaufnahmen und Bilder von den Wirkungen, die militärische Hochtechnologie auslöst, waren zu keiner Zeit in den »traditionellen« Programmkategorien verortet. Sie fanden dennoch ihren Weg in das Fernsehprogramm, das dafür den Titel »Reality-TV« entwickelte. Die Allgegenwart elektronischer Bilder verdankt sich auf der Verbreitungsseite so sehr dem Satelliten wie auf der Aufnahmeseite dem Halbleiterbildsensor.

Das Fernsehen eroberte zwischen 1950 und 1960 die Welt. Zwischen 1960 und 1980 veränderte es sie. Als 1980 Ronald Reagan sich anschickte, zum »Großen Kommunikator« zu werden, war das Fernsehen längst zum »Leitmedium« geworden. Es hatte in den Industriestaaten einen Durchdringungsgrad von 100 Prozent erreicht. Wichtiger aber: Es hatte bewirkt, daß gesellschaftliche und politische Botschaften in einer Form präsentiert werden mußten, die mit den Gesetzen seiner Bildsprache kompatibel waren. Als Medium der öffentlichen Kommunikation hatte das Fernsehen Inhalte zugunsten der »Telegenität« der Form zurückgedrängt, in der sie präsentiert wurden, und sie so mehr oder weniger austauschbar gemacht. Das vielbeschworene »Ende der Ideologien« ist auch ein Werk des Fernsehens. Im Licht dieses Zusammenhangs besehen ist es kein Zufall, das der Postmodernismus mit seiner Beliebigkeit und das Fernsehen in den siebziger Jahren gemeinsam groß wurden.

Die deutsche Welt wurde vom Fernsehen auf eine besondere Weise verändert. Als die DDR im Ostberliner Sender Adlershof ihren »Deutschen Fernsehfunk« begann, war sie von Beginn an bedacht darauf, in einem Format zu senden, das auf westdeutschen Fernsehgeräten empfangbar war. Der Zweck war offensichtlich: Die Kommunisten planten, sich des Fernsehens als Propagandamediums zu bedienen, und sie taten es auch. In immer neuen Variationen wurde vom »Deutschen Fernsehfunk« das Thema »Nazis in führenden Stellungen der Bundesrepublik« vorgespielt. Das Thema war geradezu generalstabsmäßig ins Programmschema der Wochenplanung eingebaut. Nach innen sollten die Zuschauer im kommunistischen Machtbereich glauben gemacht werden, auf der anderen Seite (im »Adenauer-Deutschland«) hätten dieselben finsteren Mächte wiederum das Ruder in der Hand, die Deutschland schon einmal in den Abgrund geführt hatten. Zwangsläufig müsse das in einem neuen Krieg enden, und jeder, der in Deutschland Krieg und Untergang der Nation vermeiden wolle, stehe damit zwangsläufig auf der Seite des »sozialistischen Lagers«. Und nach außen sollten die Zuschauer in der Bundesrepublik glauben, die Bonner Demokratie sei ein einziger Schwindel. Tatsächliche Mißstände im westlichen deutschen Teilstaat seien nicht unvermeidliche Schwächen in einer Übergangsperiode wie in der DDR, sondern Zeichen der von Grund auf verderbten gesellschaftlichen, politischen und ökonomischen Verhältnisse. Vor der Weltöffentlichkeit sollten die täglichen Angriffe gegen »Bonn« dokumentieren, daß die Verbündeten Westdeutschlands durch die deutschen Militaristen und Revanchisten in ein neues weltpolitisches Verhängnis gezogen würden.

Das Propagandafenster Fernsehen kann in seiner Bedeutung für die Beziehungen zwischen den beiden deutschen Staaten nicht überschätzt werden. Es war den Machthabern in der DDR so wichtig, daß sie sich 1966 als einzige Regierung der Ostblockstaaten gegen die Einführung des SECAM-Farbsystems und für die Einführung des PAL-Systems entschieden. Nur so blieb die Bevölkerung der Bundesrepublik für die propagandistischen Bildbotschaften aus dem Osten Deutschlands erreichbar.

Was die DDR-Führung dabei eventuell zu wenig bedacht hatte, war freilich der Umstand, daß mit diesem Schritt auch das Fernsehen der BRD im Osten empfangbar blieb, und mit ihm die Bilder einer immer reicheren und vielfältigeren Konsumwelt. Die Bundesrepublik brauchte keine plumpen und vordergründigen Propagandasendungen gegen den Kommunismus in den Osten strahlen. Es reichte die subtile Wirkung des Werbefernsehens, um die Fähigkeit des kommunistischen Systems, seinen Bürgern ein zufriedenstellendes Leben zu ermöglichen, nachhaltig und auf Dauer zu diskreditieren. Die Unzufriedenheit, die sich ab Juli 1989 unaufhaltsam Bahn zu brechen begann, war, das weiß man, wesentlich durch den Umstand mitbegründet, daß das Fernsehen aus Westdeutschland fast 30 Jahre lang Bilder einer anderen, einer Gegenwelt in den Osten geliefert hatte. Was im Sommer 1989 mit der Flucht einiger hundert DDR-Bürger über Ungarn nach Österreich begann, erfaßte im Herbst den gesamten Ostblock. So besehen schrieb das Fernsehen auch politische Weltgeschichte.

5) Fernsehkameras für jedermann und neue Bildqualität – Camcorder und HDTV: 1980 – 2000

Am 29. Juli 1982 starb Vladimir Kosma Zworykin im Krankenhaus von Princeton. Er wäre am nächsten Tag 93 Jahre alt geworden. Zworykin war oft als »Vater des Fernsehens« tituliert worden, da es seine beiden Erfindungen des Kineskops (der Bildröhre) und des Ikonoskops (der Kameraröhre) waren, die das Zeitalter des elektronischen Fernsehens eingeleitet hatten. Doch Zworykin hatte diese Bezeichnung ebenso oft zurückgewiesen. Er bestand darauf, daß das Fernsehen viele »Väter« hatte. Es waren die Erfindungen und Entwicklungen zahlreicher Erfinder, die zum modernen Fernsehen geführt hatten. Kein einziger von ihnen, das war Zworykins Überzeugung, konnte für sich in Anspruch nehmen, er allein habe das Fernsehen erfunden.

Am 1. Juli 1980 stellte Sony die erste Fernsehkamera für den Heimgebrauch vor, die mit einem Videorekorder im selben Gehäuse kombiniert war. Diese Einheit aus Kamera und Rekorder (Camcorder) wog nur rund zwei Kilo und maß ca. 20 mal 17 mal 6 cm. Der Bildwandler in der Kamera war ein CCD-Bildsensor auf einem Chip mit 570 horizontalen und 490 vertikalen Elementen. Der Rekorder besaß zwei Magnetköpfe, wies ein Signal-Rausch-Verhältnis von 45 Dezibel auf, arbeitete mit Frequenzmodulation und konnte 20 Minuten Video aufzeichnen. Diese Kombination aus elektronischer Kamera und Videorekorder sollte die Fernsehtechnik nun auch auf der Aufnahmeseite in die Hände der Konsumenten bringen. Die Amateurfilmer, die bisher ihre Bilder auf 8mm-Film aufgezeichnet hatten, erhielten damit ein Instrument, das alle Beschwerlichkeiten des photographischen Verfahrens ausräumte. Doch es sollte noch bis Mitte der achtziger Jahre dauern, bis der Camcorder ausgereift genug war, um den Massenmarkt zu erobern. Akio Morita, Präsident von Sony, sagte anläßlich der Präsentation des Prototyps, daß er die breite Vermarktung des Geräts nicht vor 1985 erwarte.

Auch andere Hersteller arbeiteten am Konzept des Camcorders. Im Oktober 1980 stellte Hitachi einen Prototypen vor, der MagCam genannt wurde. Seine Vermarktung wurde schon für 1982 erwartet. Die RCA stellte ebenfalls 1980 ihr Gerät »Hawkeye« (»Falkenauge«) vor. Im Gegensatz zum Camcorder von Sony verfügte dieses Gerät noch über eine Röhrenkamera (eine Satikon-Röhre), dafür war es bereits zur Serienreife entwickelt und kam gleich auf den Markt. Die Aufzeichnung erfolgte in einem neuen Format, aber auf herkömmlichen VHS-Kassetten. 1981 stellten auch Panasonic und Ikegami abgeschlossene Kamera-Rekorder-Einheiten vor; wie das »Hawkeye« von RCA handelte es sich dabei aber um professionelle Geräte für den Fernsehbetrieb und nicht für den Heimgebrauch. Das gilt auch für das Micro Video System, das Matsushita im April 1981 vorstellte. Dabei kam in der Kamera eine Cosvicon-Röhre zum Einsatz, mit 12,5 mm Durchmesser zu ihrer Zeit die kleinste Bildaufnahmeröhre der Welt. Sony stellte im April 1982 das System Betacam vor, ebenfalls eine Kamera-Rekorder-Kombination für professionelle Zwecke.

Die Arbeit an der Verkleinerung (und Verbilligung) von abgeschlossenen Kamera-Rekorder-Einheiten war Mitte der achtziger Jahre so weit gediehen, daß die Geräte reif waren für den Übergang vom professionellen zum Massenmarkt. In der zweiten Hälfte des Jahrzehnts wurde das Aufnehmen von privaten Videos zur Massenbeschäftigung. Der digitale Camcorder (Panasonic 1989) und die in den neunziger Jahren entwickelten digitalen Kompressionsformate für Videoinformation, z. B. MPEG (1992) in Verbindung mit dem in der Zwischenzeit ebenfalls zum Massenartikel gewordenen Personalcomputer führten dazu, daß die einst millionenteure elektronische Verarbeitung von Laufbildern mit Geräten zu erschwinglichen Preisen von praktisch jedem Amateur praktiziert werden konnte. Einer der wichtigsten Effekte dieser Entwicklung lag darin, daß private Videokameras bald allgegenwärtig wurden. Damit verlor sich rasch die Grenze zwischen der aus journalistischen Gründen gemachten Videoaufnahme und der aus privaten Gründen aufgenommenen Bildsequenz. Die Bilder von den Angriffen auf das

World Trade Center am 11. September 2001, die binnen Stunden rund um die Welt gingen, stammten allesamt aus privaten Camcordern. Kein Journalist wäre in der Lage gewesen, das Ereignis so präzise vorherzusehen, daß er zur richtigen Zeit mit einem Kamerateam am richtigen Ort hätte sein können. Wir dürfen streng genommen ab 1990 nicht mehr von »Fernsehtechnik« sprechen und damit eine rein journalistisch geprägte Anwendungsform der Aufnahme elektronischer Bilder meinen. Wir müssen allgemein von »Videotechnik« sprechen und hinzufügen, daß es eben zwei Anwendungen dieser Technik gibt: die journalistisch intendierte und die privat intendierte. Eine klare Grenze zwischen diesen beiden Anwendungsgebieten gibt es nicht. Das ist der Haupteffekt des Camcorders.

Die nach dem Krieg standardisierten Bildauflösungen (525 Zeilen bei 60 Bildern pro Sekunde in den USA und 625 Zeilen bei 50 Bildern pro Sekunde in Europa) waren technisch schon zum Zeitpunkt ihrer Einführung überholt. R. Barthélemys Arbeit in Paris 1941/42 hatte, wie wir gesehen haben, zu einem funktionstüchtigen hochauflösenden System mit 1015 Zeilen geführt. Die Tatsache, daß 1953 in den USA und 1966/67 in Europa mit der Einführung der Farbnormen nur 525- bzw. 625zeilige Auflösungen zum Standard erklärt wurden, geht im wesentlichen auf das Problem der Bandbreitenökonomie zurück. Höher auflösende Systeme sind wesentlich breitbandiger, was auf Kosten der Zahl der möglichen Übertragungskanäle geht. Die für die Farbnormen gewählten Auflösungen waren der Kompromiß, der zwischen den beiden Argumenten der Bildqualität und der Begrenztheit der Signalbandbreite gefunden werden mußte.

Nach der Standardisierung der Farbsysteme war die Frage nach höheren Auflösungen im Fernsehbetrieb fürs erste vom Tisch. Nicht so in jenem Übergangsbereich zwischen Fernseh- und Filmtechnik, in dem nach Möglichkeiten gesucht wurde, die Filmproduktion von der elektronischen Bildverarbeitung profitieren zu lassen. Dieser Forschungszweig entstand 1941 in den EMI-Labors in England. Es ging darum, die elektronischen Bildverarbeitungstechniken – zunächst im wesentlichen die elektronische Bildmischung und Überblendungseffekte – in die Filmproduktion einzuführen, die davon durch Reduktion der Drehzeiten und durch Einsparungen bei Kulissen- und Szenenaufbauten profitieren konnte. Die Nutzung elektronischer Verfahren für die Kinofilmproduktion wurde in den sechziger und siebziger Jahren zu einem der wichtigsten Forschungszweige. Die ersten Versuche, Spielfilme mit elektronischen Mitteln zu produzieren, wurden Mitte der fünfziger Jahre unternommen. In London wurde 1955 das Unternehmen High Definition Film gegründet und im gleichen Jahr das Electronic-Cam-Verfahren zur Filmproduktion mit elektronischen Hilfen entwickelt (DuMont, USA und Arnold & Richter, BRD). Der Name des Unternehmens High Definition Film spricht das ganze Problem aus: Elektronisch produzierte Bilder müssen am Ende des Produktionsprozesses wieder auf Zelluloid gebracht werden. Und Zelluloid hat ein wesentlich höheres Auflösungsvermögen als die 525 bzw. 625 Zeilen des normierten Fernsehbildes. Deshalb war es notwendig, elektronisch produzierte Bilder mit höherzeiligen Systemen zu gewinnen, wenn sie letztlich bei der Projektion im Kino dieselbe Qualität aufweisen sollten wie auf herkömmliche Weise photographierte Filmbilder.

Erst der Technivision-Prozeß (Technicolor Corp. 1969), bei dem 2000zeilige Videobilder mit einem Dreifarbenlaser auf 35- oder 70mm-Film übertragen wurden, führte zur großangelegten Übernahme elektronischer Methoden in die Spielfilmproduktion. Die mit der Produktion hochscharfer Filmbilder mit elektronischen Mitteln (mit hochzeiligen Videosystemen) gegebenen Möglichkeiten erstreckten sich von Verbesserungen des Bildaufnahmeprozesses über die Technik des elektronischen Schnitts mit allen damit verbundenen Möglichkeiten der Bildmanipulation (Tricktechnik) bis hin zur radikalen Verbilligung und Beschleunigung der Produktion. Die Elektronisierung der Filmproduktion bildete eine Epochengrenze in der Filmgeschichte wie die Einführung des Tons in den Film 40 Jahre zuvor. Die jüngsten Entwicklungen in der Spielfilmproduktion, die sich der digitalen Bildverarbeitung bedienen, sind nur denkbar auf der Grundlage der Konvertierung optischer Information in elektrische Signale, die ihrerseits digitalisiert werden. Die Digitalisierung erlaubt bei der elektronischen Bildverarbeitung praktisch uneingeschränkte Korrektur- und darüber hinausgehende Manipulationsmöglichkeiten. Einen Höhepunkt erreichte diese Entwicklung 1996 mit dem Streifen »Toy Story«, dem ersten »100%-all-digital«-Spielfilm der Filmgeschichte. Alle diese hochtechnisierten elektronischen Bildverarbeitungsverfahren haben freilich einen Knackpunkt im Produktionsprozeß zu bestehen: Sie müssen wieder in photographischer Bildqualität zurück aufs Zelluloid – und das funktioniert nur mit hochzeiligen Videosystemen, deren Auflösungsvermögen weit über jenes des normierten Fernsehsignals hinausgeht.

Die Erhöhung der Auflösung elektronischer Bilder bzw. die Steigerung der Zeilenzahl war für ca. 25 Jahre eine Entwicklung, die nicht im regulären Fernsehbetrieb stattfand, sondern im Grenzbereich zwischen elektronischer und photographischer Bildverarbeitung, in der Übergangszone zwischen Fernsehen und Film. Der Schauplatz dieser Entwicklung konnte und sollte auch nicht der reguläre Fernsehbetrieb sein. Dort wirkte die Einführung von Normen, auch bezüglich der Zeilenzahl, stabilisierend, endlich, wie man sagen muß, denn das Fernsehen hatte überall sehr lange darunter gelitten, daß praktisch jedes Labor, jeder Hersteller und jeder Sender eigene technische Spezifikationen verwendete. Die Einführung von Normen hatte die Dynamik der Entwicklung in jenen Nachbarbereich verdrängt, in dem sich Fernsehtechnik und Filmproduktion überschnitten.

Anfang der achtziger Jahre kehrte die Frage nach der Bildqualität des normierten Fernsehsignals wieder. In der Filmproduktion waren längst höhere Auflösungen zur Routine geworden, und das Problem der Bandbreitenökonomie stellte sich nicht mehr in der Schärfe wie noch in den fünfziger und sechziger Jahren. Es entstand die Diskussion um eine grundlegende Reform des Normsignals mit deutlich höherer Bildauflösung im regulären Fernsehbetrieb.

Der erste Vorstoß kam Anfang 1983 von der Sony Corporation, die ein 1125zeiliges hochauflösendes System präsentierte. In Europa gab es zwei Reaktionen darauf: Die BBC stellte ihr erweitertes PAL-System vor, das an analogen Techniken festhielt und abwärtskompatibel für bestehende PAL-Empfänger war. Der zweite Vorschlag war das MAC-System der IBA, das auf digitalen Techniken beruhte und am Empfänger einen speziellen Decoder erforderte. Es war auch kompatibel mit dem SECAM-System. Die IBA drängte die European Broadcasting Union (EBU), das MAC-System als Standard für DBS- (Direct Broadcast Satellite) Signale anzuerkennen. Doch dazu kam es nicht. Auch in den USA, wo 1985 das System S-MAC (Studio Multiplexed Analog Components) vorgestellt wurde, kam es zu keinen klaren Entwicklungen oder Beschlüssen über die Digitalisierung des terrestrischen Fernsehsignals und die damit verbundenen Möglichkeiten höherer Auflösungen.

Im Mai 1986 setzte das CCIR der aufgeflammten Diskussion über ein hochzeiliges System ein vorläufiges Ende. Bis in die frühen neunziger Jahre war das Thema damit wieder vom Tisch. Sony hatte ein HDTV- (high definition television) System entwickelt, das auf 1125zeiliger Auflösung mit einer Bildrate von 60 Bildern pro Sekunde beruhte. Die USA, Kanada und Japan, die alle einen Standard mit 60 Bildern pro Sekunde verwendeten, hatten das CCIR bestärkt, dieses System anzuerkennen. Doch die westeuropäischen Länder hatten heftigen Widerstand dagegen geleistet. Schließlich waren nicht nur in Westeuropa, sondern in mehr als der Hälfte aller Staaten der Welt Systeme mit 50 Bildern pro Sekunde in Verwendung. Die Einführung eines Systems mit 60 Bildern pro Sekunde als Standard hätte für diese Länder gravierende Nachteile nach sich gezogen. Das CCIR setzte die Entscheidung über eine hochauflösende TV-Norm bis 1990 aus.

Am 23. Juli 1990 starb der japanische Fernsehpionier Kenjiro Takayanagi 91jährig in einem Krankenhaus in Yokosuka. Takayanagi gilt als Begründer der japanischen Elektronikindustrie.

In den Jahren 1992 und 1993 nahmen die Initiativen zur Einführung des HDTV-Systems mit 1125zeiliger Auflösung bei 60 Bildern pro Sekunde noch einmal einen Anlauf – und sie scheiterten erneut an dem weltweiten Schisma zwischen Ländern mit Bildraten von 50 Bildern pro Sekunde und jenen mit 60 Bildern pro Sekunde. Sony aus Japan und zahlreiche amerikanische Hersteller hatten das System, das mit der Bildfrequenz in ihren Heimatländern ohne weiteres kompatibel war, weiterentwickelt, doch die Länder mit einer Bildfrequenz von 50 Bildern pro Sekunde – allen voran Westeuropa – leisteten hinhaltenden Widerstand. Dazu kam, daß HDTV-Produktionen um ca. 25 Prozent teurer waren als konventionelle. 1993 kündigte Philips an, keine HDTV-Fernseher mehr herzustellen, weil die entsprechenden TV-Produktionen fehlten. Stattdessen wurde 1992 bei den Olympischen Spielen in Barcelona der hochauflösende Fernsehstandard HD-MAC und Ende 1993 das PAL-Plus-Breitbildformat mit einem Bildseitenverhältnis von 16:9 gegenüber 4:3 beim normalen PAL-Bild vorgestellt. Damit wurden eine vollständige Bildaustastung (ohne schwarze Balken ober- und unterhalb des Bildes) und eine größere Bildbreite erzielt, ohne daß die Bandbreite des PAL-Plus-Signals erheblich stieg.

Die Verbreitung des PAL-Plus-Formats verlief freilich schleppend. Im Herbst 1994 kam mit dem 7296-PALplus von Nokia der erste Fernseher mit 16:9-Bild auf den Markt. Die ersten Sendungen im PAL-Plus-Format in Deutschland wurden ab Jänner 1994 von Premiere und ARD, ab Juni 1994 auch vom ZDF ausgestrahlt. Privatsender wie Pro 7, RTL und Sat 1 lehnten PAL-Plus aufgrund technischer

Probleme, die sich aus dem ständigen Formatwechsel zwischen 16:9-Filmen und 4:3-Werbeblöcken ergaben, in der Startphase des neuen Übertragungssystems ab. Bis 2000 wurden nicht weniger als 18 unterschiedliche hochauflösende Systeme entwickelt. Weder die Federal Communications Commission in den USA noch eine europäische Rundfunkbehörde konnte sich bisher dazu durchringen, eines davon zur verbindlichen Norm zu erklären. Die beharrenden Kräfte – Regierungen, die keine grundlegenden Änderungen an den Fernsehnormen in ihren Ländern wünschen, und vor allem die Trägheit eines gesättigten Markts, der sowohl auf Produktions- als auch auf Rezeptionsseite sehr gut mit dem seit den fünfziger Jahren bestehenden status quo leben kann – verhindern bis heute, daß sich die technisch seit Jahrzehnten mögliche hohe Bildauflösung als Standard im regulären Fernsehbetrieb durchsetzt.

6) Fernsehen 1880 bis 2000: Rückblick und Ausblick

Lassen wir die wichtigsten Stationen der Entwicklung des Fernsehens noch einmal Revue passieren:

1873: Der Kabelingenieur Willoughby Smith entdeckt die lichtelektrischen Eigenschaften von Selen. Nur drei Jahre später wird das Telephon zur Realität. Smiths Entdeckung führt sofort zu Vorschlägen, nicht nur Töne, sondern auch Bilder elektrisch zu übertragen.

1884: Paul Nipkow beantragt ein Patent für die Lochscheibe. Eine Lochspirale am Rand einer Scheibe löst ein Bild in aufeinanderfolgende Punkte und Zeilen auf. Dies ist das grundlegende Prinzip des Fernsehens. Nipkows Lochscheibe begründet in den zwanziger Jahren die mechanische Fernsehepoche (daneben werden auch noch andere mechanische Abtastinstrumente entwickelt, wie Spiegeltrommel, Spiegelschraube u. a.).

1897: Ferdinand Braun erfindet die Elektronenröhre. Im wesentlichen funktioniert sie folgendermaßen: Eine Kathode gibt in einer Glasröhre unter starker Spannung Elektronen ab. Sie werden von einer Anode absorbiert, aber nicht zur Gänze. Ein Teil von ihnen wird durch ein Loch in der Anode weiter ins Röhreninnere geschleudert und bildet einen Elektronenstrahl. Diesen Elektronenstrahl kann man mit elektrischen oder magnetischen Mitteln bündeln. Trifft er am Ende der Röhre auf einen fluoreszierenden Schirm, so produziert der Strahl einen Lichtpunkt. Man kann den Strahl mit elektrischen Mitteln auch in seiner Bahn ablenken, dann macht er auf dem Schirm elektrische Wellenformen sichtbar. Dies ist das Oszilloskop, die erste Anwendung der Braunschen Röhre. Die Elektronenstrahlröhre wird später im Fernsehen sowohl bei der Bildaufnahme (Kamera) als auch bei der Bildwiedergabe (Bildschirm) zum Einsatz kommen.

1908: Alan Archibald Campbell Swinton schlägt zum erstenmal den Einsatz von Elektronenröhren am Sender (Kamera) als auch am Empfänger (Bildschirm) vor. Lichtelektrische Elemente am Sender, als Mosaik angebracht, sollen Licht in Stromsignale umwandeln. Der Elektronenstrahl am Sender entlädt diese Elemente und produziert so ein Bildsignal. Dieses Bildsignal moduliert den Elektronenstrahl am Empfänger, so werden die Stromschwankungen in helle und dunkle Lichtwerte zurückverwandelt. Dies ist das grundlegende Prinzip des elektronischen Fernsehens. In genau dieser Form wird es zwischen 1929 und 1932 realisiert. Campbell Swintons Vorschlag wirkt richtungsweisend für alle weiteren Bemühungen.

1923: Vladimir Kosma Zworykin beantragt das Patent für die Ikonoskop-Kamera. Das Ikonoskop ist die elektronische Kamera, die Campbell Swinton vorgeschlagen hat. Dabei wird die Ladung, die das Licht auf dem Bildwandlermosaik erzeugt, solange gespeichert, bis der Abtaststrahl einen Durchlauf vollendet hat. Erst 1932 wird Zworykin das Ikonoskop zur Funktionstüchtigkeit entwickeln.

1925: John Logie Baird gelingt erstmals die Übertragung von Bildern mit einer Nipkowschen Lochscheibe. Damit beginnt die ca. 10 Jahre dauernde mechanische Fernsehära. Baird und die Bell Telephone Laboratories entwickeln unabhängig voneinander das sogenannte »Lichtpunktverfahren«. Dabei wird Licht aus einer starken Quelle durch die Abtastlöcher auf die Szene geworfen. Dadurch ergibt sich eine wesentlich höhere Signalausbeute an der Photozelle als bei direkter Beleuchtung der Szene. Erstmals können Halbtonbilder (also mehr als bloße Konturen) übertragen werden, allerdings mit sehr geringen Auflösungen von höchstens 60 bis 70 Zeilen.

1928: Philo T. Farnsworth konstruiert eine elektronische Kamera, die eine Antithese zum Vorschlag von Campbell Swinton und zum Ikonoskop von Zworykin bildet: Sie verfügt nicht über ein mosaikförmiges, sondern ein durchgängiges Bildwandlerelement, und sie beruht nicht auf dem Prinzip der Ladungsspeicherung, sondern ist ein instantanes oder »augenblickliches« Gerät (wie übrigens auch alle mechanischen Systeme). Dies ist die Bildzerlegerröhre. Als nichtspeicherndes Gerät ist sie wesentlich weniger empfindlich als Speicherröhren wie das Ikonoskop, dafür verfügt sie gegenüber diesen über eine Reihe von Vorteilen. Das Prinzip, ein durchgehendes (nicht mosaikförmiges) Ladungsbild zu erzeugen, kommt in einer Weiterentwicklung des Ikonoskops, dem Superikonoskop, zum Einsatz. Bildzerlegerröhren werden bis in die fünfziger Jahre gebaut.

1929: V. K. Zworykin entwickelt die erste funktionstüchtige Bildwiedergaberöhre, das Kineskop. In einer Bildwiedergaberöhre müssen drei Funktionen erfüllt werden: 1) die Fokussierung des Elektronenstrahls, 2) die Ablenkung des Strahls im richtigen Takt und in Synchronisation mit dem Abtaststrahl in der Kamera, und 3) die Modulation des Strahls durch das Bildsignal zur Erzeugung hellerer und dunklerer Bildpunkte am Bildschirm. Ausschlaggebend für den Erfolg des Kineskops ist die Einführung der Strahlbündelung mit elektrostatischen Mitteln. Auf dem Kineskop können auch Bilder wiedergegeben werden, die mit mechanischer Abtastung gewonnen werden. Nach 1929 folgt eine Phase, in der solche Mischsysteme – mechanische Abtastung, elektronische Wiedergabe – entstehen.

1932: V. K. Zworykin entwickelt das Ikonoskop zur Funktionstüchtigkeit. Damit beginnt endgültig das Zeitalter des vollelektronischen Fernsehens im modernen Sinn, d. h. mit einer elektronischen Kamera des Speichertyps und einer Bildröhre, die ihrer spezifischen Konstruktion nach in der Lage ist, ausreichend helle Bilder zu erzeugen. Was nun noch folgt, ist im wesentlichen Verbesserungsarbeit an beiden Elementen. Wenngleich dabei bei der Kamera z. T. paradigmatische Veränderungen vorgenommen werden (Übergang vom ein- zum zweiseitigen Bildwandler und Einführung der Abtastung mit langsamem Elektronenstrahl beim Orthikon u. a.), bleiben die angewandten Grundprinzipien doch dieselben wie die von Zworykin bis 1932 realisierten.

1936: Die BBC eröffnet in London den ersten modernen Fernsehdienst. Modern heißt: Alle eingesetzten Geräte – Kameras, Synchrongeneratoren und Empfänger – sind vollelektronisch, und die technischen Merkmale des Signals sind vergleichbar mit heutigen: 405zeilige Auflösung bei einer Bildrate von 50 Bildern pro Sekunde mit 2:1-Zeilensprungverfahren. Diese Spezifikationen unterscheiden sich nicht wesentlich von den heute verwendeten, sieht man natürlich vom Fehlen der Farbe ab. Die Normen dieses Fernsehsignals werden fast 50 Jahre lang in Kraft bleiben. Regelmäßige Fernsehausstrahlungen gab es zuvor auch in anderen Ländern (USA seit 1928, Deutschland seit 1935), doch nur das BBC-Fernsehen kann sich in der technischen Reife und der damit möglichen Bildqualität mit heutigen Maßstäben vergleichen lassen. Mit dem Ausbruch des Zweiten Weltkriegs 1939 wird der Londoner Fernsehdienst eingestellt.

1941: In den USA wird das Fernsehsignal vom National Television Standards Committee (NTSC) normiert. Die damit mögliche Einführung eines kommerziellen Fernsehbetriebs ähnlich jenem in London wird aber durch den Kriegseintritt der USA 1941 verhindert. Bis Kriegsende erfolgt die weitere Entwicklung des Fernsehens überall auf der Welt nur noch in militärischen Zusammenhängen. Die dabei erzielten Fortschritte kommen nach Kriegsende auch dem zivilen Fernsehen zugute.

1945: In den USA eröffnen die Fernsehsender sofort nach Kriegsende wieder den Betrieb, die europäischen Länder folgen bis Mitte der fünfziger Jahre.

1953: Ein neues National Television Standards Committee lizenziert in den USA ein simultanes Farbfernsehsystem. Vorschläge und Versuche zu einem sequentiellen Farbsystem hat es bereits seit den späten dreißiger Jahren gegeben. Sequentiell bedeutet, daß das Bild *nacheinander* durch rotierende Filter in seine Farbauszüge zerlegt wird. Damit aber gibt es in dem sequentiellen System bewegliche mechanische Teile sowohl am Sender als auch am Empfänger. Das entspricht nicht den Ansprüchen eines vollelektronischen Systems. Beim simultanen System kommen am Sender und am Empfänger jeweils drei Abtaststrahlen zum Einsatz, wodurch die Farbinformation *gleichzeitig*, also simultan gewonnen wird. Dieses Prinzip wird zum weltweiten Vorbild für elektronische Farbfernsehsysteme.

1956: Ampex entwickelt die magnetische Aufzeichnung von Fernsehsignalen zur Funktionstüchtigkeit. Fernsehbilder mußten zuvor auf photographischem Film aufgezeichnet werden. Dieses Verfahren war umständlich (wegen der unterschiedlichen Bildraten von Film und Fernsehen) und zog immer Einbußen bei der Bildqualität nach sich. Außerdem war es schwerfällig, langsam und teuer. Mit der Magnetaufzeichnung findet das Fernsehen jenes Speicherverfahren, das seiner technischen Logik entspricht. Die magnetische Aufzeichnung ermöglicht den Studiobetrieb im modernen Sinn mit allen seinen spezifischen Möglichkeiten: seiner Schnelligkeit, seinen Techniken der elektronischen Bildbearbeitung und Bildmischung und des elektronischen Schnitts. Das Fernsehbild bekommt damit endgültig sein heutiges »Aussehen«.

bis 1960: Binnen 15 Jahren ist das Fernsehen weltweit zum Massenmedium geworden. Was technisch schon Mitte der dreißiger Jahre möglich gewesen wäre, findet erst nach 1945 die notwendigen wirtschaftlichen und sozialen Voraussetzungen vor. Der Aufstieg des Fernsehens zum führenden Medium der Unterhaltung und Information zieht soziale, politische, ökonomische und kulturelle Veränderungen nach sich, die bis heute nicht hinreichend erforscht sind.

1962: Es beginnen die ersten Satellitenübertragungen von Fernsehbildern. Bis zu den siebziger und achtziger Jahren werden weltumspannende Satellitensysteme aufgebaut, die die gleichzeitige globale Ausstrahlung von Fernsehbildern ermöglichen.

1965: Westinghouse entwickelt den Halbleiterbildsensor CCD (charge coupled device). Dabei kommt ein Bildwandlermosaik zum Einsatz, dessen Elemente nicht wie bei einer Röhrenkamera durch einen wandernden Elektronenstrahl, sondern durch logische digitale Schaltungen entladen werden (BBD: bucket brigade device, Eimerkettenschaltung). Der Halbleiterbildsensor wird in den achtziger und neunziger Jahren die traditionelle Röhrentechnik bei Kameras ablösen. Er verkleinert und verbilligt die Fernsehkamera radikal und ist die zentrale Grundlage für völlig neue Techniken der Bildgewinnung sowie für die massenhafte Verbreitung von Videokameras als Unterhaltungsgerät.

1966/67: In den europäischen Ländern wird das Farbfernsehen eingeführt. Im Gegensatz zu den USA erhält Europa kein einheitliches Farbsystem, sondern zwei unterschiedliche: PAL und SECAM.

1967: Der Videorekorder für zuhause (mit Kassetten) wird eingeführt.

1971 bis 1978: Weltweit wird der Aufbau des Satellitenfernsehens vorbereitet.

1972: In Großbritannien wird Teletext eingeführt (System Ceefax, BBC). Dabei wird die Textbildinformation in der sogenannten Austastlücke, also in jener Dunkeltastperiode, in der der Abtaststrahl zum Bildanfang zurückkehrt, eingefügt. 1980 wird Teletext auch in der BRD eingeführt.

1979: In Deutschland wird Fernsehen mit Stereoton eingeführt, regelmäßige Stereoausstrahlungen gibt es ab 1981.

1980: Sony präsentiert den Prototypen eines Camcorders, einer abgeschlossenen Kombination aus Kamera und Rekorder, für den Hausgebrauch. Ab Mitte der achtziger Jahre wird der Camcorder breit vermarktet.

1983: Sony entwickelt das hochauflösende Fernsehsystem High Definition Television (HDTV) mit einer Bildauflösung von 1125 Zeilen. Es folgen zahlreiche weitere hochauflösende Systeme aus anderen Labors. Doch bis heute kann sich kein einziges davon als offizielle Norm etablieren. Die Gründe dafür sind technischer Art (die Welt ist geteilt in eine Hemisphäre mit einer Bildrate von 60 Bildern pro Sekunde und eine mit einer Rate von 50 Bildern pro Sekunde) und ökonomischer Art: HDTV ist nicht abwärtskompatibel, nur neue HDTV-Empfänger können das Signal reproduzieren. Für die Milliarden von bestehenden herkömmlichen

Empfängern ist das HDTV-Bild nutzlos. Außerdem sind HDTV-Produktionen erheblich teurer als herkömmliche.

1984: In Europa beginnt systematisch das Satellitenfernsehen. Der erste deutsche Fernsehsatellit TV-SAT geht in Betrieb.

1989 bis 1993: Das Astra-Satellitensystem wird aufgebaut. Es verändert die bisherige Fernsehsendersituation in Europa insbesondere durch die drastische Steigerung der Zahl der Kanäle. Dies führt vor allem zu einer Entnationalisierung der Programmbelegung der Satelliten. Jedes Privatunternehmen kann einen Satellitenkanal auf einem der europäischen Fernsehsatelliten (Astra oder Eutelsat) mieten und darauf ein Programm in beliebiger Sprache betreiben.

1992: Das Kompressionsformat MPEG für digitale Videoinformation wird entwickelt. Es beruht im wesentlichen darauf, daß nicht mehr jedes Teilbild einer Videosequenz zur Gänze abgespeichert wird, sondern nur jene Information, die sich von Teilbild zu Teilbild ändert. Damit läßt sich der Speicherplatz, den digitale Videoinformation benötigt, auf handhabbare Dimensionen reduzieren. MPEG und die in der zweiten Hälfte der neunziger Jahre entwickelten weiteren Videokompressionsformate wie z. B. Sorenson, MJPEG, DV u. a. sind eine wesentliche Voraussetzung für die rasche Verbreitung von Videos über Computernetze wie das Internet. Fernsehsender können damit Teile ihres Programms ebenso über das Internet verbreiten wie private Nutzer problemlos Videos austauschen können.

1993: In Europa wird das Breitbildformat PAL-Plus mit einem Bildseitenverhältnis von 16:9 eingeführt. Seine Verbreitung stößt auf ähnliche Schwierigkeiten wie das hochauflösende System HDTV zehn Jahre zuvor.

1995: In Europa beginnt die Übetragung digitaler Fernsehsignale auf dem Standard Digital Video Broadcasting (DVB). Damit verändern sich die quantitativen Verhältnisse (Steigerung der Kanalzahl pro Transponder um das Fünffache aufgrund der Möglichkeit der Kompression digitaler Signale) ebenso wie die qualitativen (zahlreiche Möglichkeiten neuer Dienste, die beim digitalen Radio zum Teil bereits verwirklicht sind). Der erste in Deutschland erhältliche DVB-Receiver ist die »D-Box« des Kirch-Konzerns, die 1996 auf den Markt kommt.

1999/2000: In Europa werden die Lizenzen für den neuen Mobiltelephoniestandard UMTS (universal mobile telecommunications system) vergeben. Dieses Datenübertragungssystem über Funk ist extrem schnell (um ein Vielfaches schneller als bestehende Festnetztechniken), womit auch die Übertragung von (sehr datenintensiven) Laufbildern über Mobiltelephon möglich wird. Die europäischen Telekom-Anbieter bezahlen Unsummen für die Lizenzen (allein in Deutschland fast 50 Millionen Euro). Die Einführung der ersten UMTS-Dienste wird für 2003/2004 erwartet.

Soweit ein Rückblick auf die wichtigsten Stationen von 120 Jahren Fernsehen.

Natürlich erwartet man von einer solchen summarischen Darstellung auch Überlegungen, wie die Konturen zukünftiger Entwicklungen aussehen könnten. Die Dynamik, die seit einigen Jahren das Gebiet der elektronischen Laufbildverarbeitung (so allgemein müssen wir mittlerweile jenes Gebiet der Technik umschreiben,

das früher einfach mit »Fernsehtechnik« bezeichnet werden konnte) erfaßt hat,
macht es freilich schwierig, »Prognosen« zu stellen, die auch nur einigermaßen von
der reinen Spekulation unterscheidbar wären. Ich beschränke mich daher auf die
unsystematische Formulierung einiger Thesen, die aus dem bisherigen Gang der
Entwicklung mit einer gewissen Sicherheit abgeleitet werden können.

1) Jedes Medium, das sich einmal in einer bestimmten Konfiguration seiner technischen Merkmale und in einer bestimmten quantitativen Verbreitung etabliert
hat, ist ein extrem stabiles Gebilde. Einige Beispiele: In ca. 30 Jahren hat sich der
Film als ein stummes Medium entwickelt und als eben dieses stumme Medium so
sehr in den Köpfen der Menschen – der Produzenten *und* der Konsumenten –
festgesetzt, daß 1928 buchstäblich niemand die Einführung des Tons in den Film
wollte. Die Produzenten und Regisseure, die Kinobetreiber, vor allem aber die
Schauspieler lehnten ihn genauso vehement ab wie das Publikum. Alle hatten andere Gründe: Die Produzenten hatten wie die Kinobetreiber höhere Kosten, die
Schauspieler mußten plötzlich eine gute Stimme haben und sprechen können, die
Regisseure waren Meister der Bildsprache und -grammatik des stummen Films
und brauchten eigentlich keinen Ton – und das Publikum erwartete ihn einfach
nicht. Es verstand die stummen Geschichten des Films bis 1928 sehr gut. Der Film
hatte sich drei Jahrzehnte lang als stummes Medium etabliert, und nun erwartete
kein Mensch, daß plötzlich im Kino die Figuren redeten (das Sprechen wurde dem
Radio zugeordnet). Der Tonfilm wurde in einem millionenteuren Kraftakt dann
doch durchgesetzt, weil die Elektrokonzerne, die ihn entwickelt hatten, endlich
Geld damit verdienen wollten. Doch die Widerstände, die dem entgegengesetzt
wurden, waren gewaltig.

Ein weiteres Beispiel ist die Einführung von FM- oder UKW-Radio. Dieses
zeichnet sich gegenüber der ursprünglichen AM-Technik durch absolute Rausch-
freiheit aus. Es verarbeitet einen Frequenzgang von 15 kHz, also praktisch das gesamte Spektrum, das das menschliche Gehör wahrnehmen kann, im Gegensatz zu
AM-Radio, das nur einen Ausschnitt von fünf kHz aus diesem Spektrum wiedergibt. Und dennoch: Gerade diese perfekte Klangwiedergabe stieß beim Publikum
zunächst auf Ablehnung. Ein weniger bekanntes Beispiel zur Verbesserung der Tonqualität ist die Einführung elektrischer Methoden bei der Schallplattenaufzeichnung
durch Western Electric 1925. Solcherart produzierte Plattenaufnahmen hatten eine
deutlich bessere Qualität als Aufnahmen, die mit den herkömmlichen mechanischen
Mitteln gemacht wurden. Doch das Publikum beklagte sich bitterlich über den
»scharfen« und »harten« Klang der neuen elektrischen Aufzeichnungen. (Ähnliche
Äußerungen gab es ja auch bei der Einführung der CD 1980/81, und manche Affi-
cionados halten bis heute ihre heimelig knacksenden Vinyl-Platten in Ehren.)

Solche Beobachtungen sollten all jene bedenken, die an der Einführung neuer
und besserer technischer Merkmale im Fernsehen arbeiten. Um es sich ganz klar zu
machen: Die technischen Normen des Londoner Fernsehdienstes, der 1936 eröffnet wurde, blieben ein halbes Jahrhundert lang in Kraft. Erst am 1. Februar 1985
wurden die englischen Schwarzweißsendungen mit 405zeiliger Auflösung endgül-

tig eingestellt. Die bestehenden Fernsehstandards scheinen nicht nur absolut zufriedenstellend für das Publikum zu sein. Sie sind auch getragen von einer Masse aus Milliarden von bestehenden Empfängern, die ihre Besitzer in den meisten Fällen mehr gekostet haben als ein Trinkgeld, weshalb niemand es verstehen würde, warum sie durch die Einführung einer neuen Fernsehnorm plötzlich nutzlos gemacht würden – und bringe diese neue Norm auch ein hundertmal besseres Bild ins Haus. Und nicht zuletzt würde niemand in der Branche, die Fernsehbilder produziert (sei es das gewöhnliche Fernsehstudio, sei es die Filmfirma, die fürs Fernsehen arbeitet, sei es die Werbeagentur, die Spots dreht usw.), verstehen, warum er plötzlich zu Kosten arbeiten soll, die um ein gutes Viertel über den bisherigen liegen. Die Beharrungskraft oder Trägheit des bestehenden Fernsehsystems als einer bestimmten Konfiguration technischer Merkmale ist so gut wie unbezwingbar.

2) Bei allen Laufbildmedien nimmt der Benutzer eine extrem passive Rolle ein. Das fängt bei der traditionellen theaterähnlichen Rezeptionsform des Kinofilms an und setzt sich fort in der passiven Rezeption des Fernsehens im privaten Heim. Der Fernsehkonsument wünscht sich keine andere Rolle. Als in den siebziger Jahren in Deutschland der Ausbau der Breitbandkabelnetze durchgeführt wurde, wurden mancherorts Kanäle für »Rückmeldungen« der Fernsehteilnehmer an die Sender freigehalten. Diese Kanäle blieben alle ungenutzt. Ebenso waren alle Experimente mit »interaktivem Kino«, bei dem der Zuschauer per Knopfdruck über den weiteren Verlauf einer Filmhandlung mitentscheiden konnte, folgenlos. Um es ganz pointiert zu sagen: Laufbildmedien sind prinzipiell nicht interaktiv. Wo es um Fiktion geht, will ich mich nicht selbst um die Spannung bringen, indem ich die weitere Handlung beeinflusse. Und wo es um Dokumentation oder Nachricht geht, habe ich grundsätzlich die Möglichkeit, wegzuschalten, wenn mich das Thema nicht mehr interessiert.

An der passiven Rolle des Konsumenten bei Laufbildmedien änderte paradoxerweise auch die Einführung des Camcorders kaum etwas. Der Camcorder wird in den meisten Fällen nur als eine Art erweiterter Photoapparat verwendet. Die privaten Camcorder-Bilder von den Attacken auf das World Trade Center wirken dementsprechend wie zeitlich gestreckte Schnappschüsse. Nur wenige schlüpfen mit dem privaten Camcorder in der Hand in die Rolle eines »Produzenten«, der sich an ein größeres und anonymes Publikum wendet. Die überwiegende Mehrheit will dort, wo Laufbilder zu sehen sind, sei es auf einer Kinoleinwand, sei es auf einem Fernseh- oder Computerbildschirm, buchstäblich einfach nur sehen, was gezeigt wird – und wenn es nach einiger Einschätzungsdauer nicht gefällt, wegschalten (oder -surfen). Das Zappen ist das Maximum an Aktivität, das entwickelt wird.

Diese Tatsachen sollten all jene bedenken, die – wieder einmal, wie man sagen muß – an der Einführung eines Bildtelephonsystems arbeiten. Bei der Bildtelephonie bin ich nicht bloß Rezipient, sondern auch Emittent von Bildern, und zwar von Bildern meines eigenen Gesichts. Und genau das scheint nicht in der »Natur« des Umgangs mit Laufbildmedien (und ein solches ist natürlich auch das Bildtelephon) zu liegen. Empfangen? – Ja. Senden? – Nein. Alle bisherigen Versuche,

Bildtelephonsysteme einzuführen – z. B. Deutschland 1935, AT&T, USA 1964, Picturephone, Großbritannien 1970, auf ISDN-Basis 1993ff. – scheiterten an der mangelnden Akzeptanz des Publikums. Und das scheint mir nicht allein an der schlechten Bildqualität zu liegen (z. B. nur 7 Bilder pro Sekunde beim Marconi Video Telephony Standard, MVTS, 1995), die sich mit der Einführung von UMTS ja deutlich verbessern soll. Vielmehr kommen bei der Bildtelephonie zwei Faktoren zusammen, die sich beide strukturell nicht mit der Nutzung des Telephons und jener von Laufbildmedien vertragen: 1) ist das Telephon an sich jenes Medium, das am tiefsten und radikalsten in die Intimsphäre des Nutzers eingreift: Er ist praktisch zu jeder Tages- und Nachtzeit für andere greifbar. Das scheint solange kein Problem zu sein, solange er nur gehört wird, wenn er den Anruf entgegennimmt. Dabei auch noch gesehen werden – das will er nicht. Und 2) liegt es eben nicht in der Struktur der Nutzung von Laufbildmedien, daß der Konsument dabei eine aktive Rolle spielt. Vor Displays jeglicher Art sind wir Konsumenten, keine Akteure. M. E. wird die Übertragung von Laufbildern über UMTS sich auf das Versenden von kurzen Videosequenzen in Form des bereits angebotenen Multimedia Messaging Service (MMS als Nachfolger von SMS) beschränken. Ein systematisches Bildtelephon wird UMTS nicht hervorbringen.

3) Das Fernsehen und das Internet werden nicht miteinander verschmelzen. Der Sitz des Fernsehens in der Lebenswelt wird im Bereich des Wohnzimmers bleiben, und der Sitz des Internet in der Lebenswelt dort, wo der PC steht, und das wird auch in Zukunft das Arbeitszimmer sein. Es mag zu Ausfransungen und Überlappungen der Grenzen zwischen diesen beiden Sphären kommen. Wir können uns das Arbeitszimmer mit Laptop und Handheld ins Wohnzimmer – das hier stellvertretend für Strand, Wald und Wiese steht – holen. Aber viel mehr Menschen besitzen eine mobile Sat-Anlage fürs Camping als ein Laptop mit drahtlosem Internet-Zugang. Und noch weniger besitzen im Arbeitszimmer einen PC mit TV-Tuner-Karte. Alle bisher vorgeschlagenen Konzepte, PC und Internet mit dem Fernsehen zu vereinen, sind nicht aufgegangen. Dazu müßte man zuerst das Internet vom PC trennen, um es dann ins Fernsehen einzupflanzen. Aber wenn ich das Internet vom PC trenne, muß ich mir vor jeder Sitzung erst einmal ein Betriebssystem aus dem Netz laden (da mein »Internet-Fernseher« ja ein Dummy ohne eigenes System ist) und begebe mich schon dadurch in sklavische Abhängigkeit von einem Anbieter eines solchen Betriebssystems. Solche Konzepte (vorgeschlagen 1996) sind allzuleicht durchschaubare Profitphantasien von Software-Monopolisten.

Zweifellos wird es zu einem verstärkten Austausch privater Videos im digitalen Format über das Internet kommen. Und ebenso werden TV-Stationen ihre Web-Services weiter ausbauen. Aber im wesentlichen sind das Überschneidungen auf technischer Ebene, die nichts grundlegendes an den unterschiedlichen Verortungen der beiden Medien im Alltag der Menschen ändern. Auch hierfür gibt es Präzedenzen: Das Fernsehen hat seit 1960 viele seiner spezifischen Techniken an die Filmproduktion weitergegeben, ja spätestens seit den achtziger Jahren ist eigentlich keine Spielfilmproduktion ohne den Einsatz elektronischer Techniken mehr denkbar. Und umgekehrt hat der Film dem Fernsehen geholfen, eine eigene Bildsprache zu entwickeln und sogar einen nicht geringen Teil seiner Sendeinhalte geliefert. Und dennoch ist ein Kinobesuch auch heute noch etwas strukturell anderes als ein Fernsehabend – sogar dann, wenn wir dabei ein und denselben Film sehen.

4) »personal television« und Pay-TV heutigen Zuschnitts werden auf lange Sicht keine weitere Verbreitung finden. Die Euphorie, mit der diese Konzepte 1995/96 nach dem Beginn digitalen Satellitenfernsehens (das ja ihre technische Basis ist) ausgerufen und verfolgt wurden, ist weitgehend verflogen. Spätestens seit der Pleite des Kirch-Konzerns, der mit »Premiere« einer der Hauptträger eines Pay-TV-Dienstes in Europa ist, weht der frische Wind der Realität durch die Medienunternehmen. Abonnementfernsehen macht nur dort wirtschaftlich Sinn, wo ich dem Konsumenten etwas bieten kann, das 1) einzigartig ist und 2) auch gewünscht wird. Kino-Premieren gegen Gebühr im Fernsehen sind nichts einzigartiges. Genausogut kann ich um mein Geld ins Kino gehen und habe dabei auch noch den Vorteil der großen Leinwand und das Erlebnis eines Kinoabends. Alle Fußballspiele jeder europäischen Unterliga, darunter auch das Match meines lokalen Lieblingsklubs sehen zu können oder bei einem Formel 1-Rennen aus hunderten Kameraeinstellungen wählen zu können, ist nicht genügend erwünscht. Genausogut kann ich selbst zum Match meiner Lieblingsmannschaft gehen. Und es ist mir lieber, wenn ein Profi für mich die Bildregie beim Grand Prix führt.

Das Fehlschlagen solcher Konzepte verweist aber auf eine allgemeinere Tendenz im digitalen Zeitalter. Die Digitalisierung hat beim Fernsehen vor allem ein Überangebot an Kanälen gezeitigt, die natürlich alle irgendwie genutzt und befüllt werden mußten. Das hat schnurstracks in die völlige Unübersichtlichkeit des Programmangebots geführt. Man befriedigt eben kein reales Bedürfnis des Konsumenten, wenn man ihn jedes Wochenende vor die Auswahl aus hunderten Sportveranstaltungen stellt. Sondern man verwirrt ihn.

Viel notwendiger als der weitere Ausbau der Kanalinfrastruktur scheint mir zu sein, daß Strukturen in das bestehende Meer an Programmangeboten gebracht werden. Viel größer als das Bedürfnis nach noch mehr und neuen Sendekanälen scheint mir das Bedürfnis nach Übersicht und Orientierung zu sein. Betreiber von Suchmaschinen im Internet haben diese Wende schon erkannt. Hier geht es längst nicht mehr darum, den Benutzer auf eine Anfrage hin mit möglichst vielen und möglichst irrelevanten Treffern zuzumüllen. Hier geht es längst schon darum, daß das System die individuellen Bedürfnisse des Users erkennt und aus der unüberschaubaren Masse an Treffern selbständig eine sinnvolle und intelligente Selektion trifft. Ähnliche Dienste gibt es auch in anderen Bereichen, in denen ein Einzelner mit einer unüberschaubaren Masse an Informationen konfrontiert ist (etwa ein Anleger mit Unternehmensdaten). Das Radio-Daten-System (RDS) strukturiert Radiosender nach Programmkategorien, und das schon seit Jahrzehnten. Ähnliches wird sich auch beim Fernsehen abzeichnen. Das Konzept des »personal television«, das ganz auf die Bedürfnisse des einzelnen und seine individuellen Ansprüche zugeschnitten ist, kann in dieser Form vielleicht doch überleben: begleitet von einem intelligenten Info-Scouting. Das könnte so aussehen: Kurz vor Büroschluß gebe ich übers Internet meine Wünsche für den heutigen Fernsehabend ein: Um 20 Uhr Weltnachrichten, danach einen Film von Ingmar Bergmann, anschließend eine Folge von Monty Pythons Flying Circus und am Ende noch eine Spätnacht-Talkshow. Bis ich nach Hause gekommen bin und zu Abend gegessen habe, hat der Dienst alle Kanäle ausfindig gemacht, die das von mir Gewünschte senden, und meinen Receiver auch bereits entsprechend programmiert, sodaß mir das Suchen der Kanäle erspart bleibt. Falls notwendig, bucht der Dienst für mich beim Sender eine zeitversetzte Ausstrahlung (die seit 1997 möglich ist), die Kosten dafür wird er bei mir rückverrechnen. Für einen solchen intelligenten Dienst wird man dann auch bezahlen – aber sicher nicht für die schiere Anhäufung von Programmangebot auf Hunderten und Aberhunderten Kanälen, sicher nicht für die unintelligente und wahllose Akkumulation von im Grunde austauschbarem Inhalt. Anbieter von Programmen werden dann genauso darauf bedacht sein, für den Info-Scout in der Masse erkennbar und identifizierbar zu sein wie heute schon Betreiber von Homepages, die an Publikumsfrequenz interessiert sind, für Suchmaschinen. Wie schon heute wird es für sie dabei um den Preis gehen, um den sie ihre Sendezeit an Werbekunden verkaufen können. Denn Pay-TV als reines Abonnementfernsehen wie im gescheiterten Konzept von »Premiere« wird es dann aller Wahrscheinlichkeit nach nicht mehr geben.

Alle hier beschriebenen Möglichkeiten und Tendenzen haben eines gemeinsam: Sie haben Ursprünge oder Vorläufer, die in der Geschichte des Mediums liegen. Manche reichen in die jüngere Vergangenheit zurück, manche bis an die Ursprünge des Fernsehens. Es ist wohl schon viel erreicht, wenn das Bild von der »Geschichtslosigkeit« des Fernsehens korrigiert wird. Die historischen Wissenschaften, etwa die Literaturwissenschaften oder die Kunstgeschichte, werden das Medium dann systematisch in ihre Fragestellungen integrieren können. Die synchron-aktualistischen Wissenschaften wie die quantitative Medienanalyse, die Inhaltsanalyse, die Medienwirkungsforschung, aber auch Mediensoziologie und -psychologie werden ihren Blick erweitern können um Erkenntnisse und Einsichten in grundsätzliche Prinzipien und Strukturen, die in der historischen Entwicklung des Fernsehens entstanden sind, sich verändert oder auch verfestigt haben.

Die Geschichte des Fernsehens ist zugleich Sozial- und Kulturgeschichte. Sie ist aber vor allem auch eine Geschichte des Sehens, das sich mit dem Fernsehen von 1880 bis 2000 grundlegend und radikal transformiert hat.

Das Fernsehen in seiner weltverändernden Kraft zu verstehen, heißt, es aus all diesen Perspektiven als ein factum historicum anzuerkennen. Das ist nach wie vor keine Selbstverständlichkeit. Aber die ersten Schritte sind gesetzt.

Anmerkungen

Anmerkungen zu Kapitel 1

1 C. W. Ceram, Archaeology of the Cinema. New York: Harcourt, Brace & World 1965.
2 Henry D. Hubbard: The Motion Picture of Tomorrow. In: Transactions of the Society of Motion Picture Engineers 12 (1921), S. 159-167.
3 Linda Grant: »Sony Unveils New 4.4 Pound Videotape Home Movie Camera«. In: Los Angeles Times v. 2. Juli 1980, S. 2.
4 Albert Abramson: Electronic Motion Pictures. Berkeley: University of California Press 1955.
5 Dies wurde in rund einem Dutzend Fachmagazinen zur Photographie angedeutet, vgl. z. B.: E. G. Glazer: »Forecast 1984«. In: Technical Photography 16 (Feb. 1984), S. 11-13. Kodak hat seinen Einstieg in die Videotechnik am 5. Jänner 1984 angekündigt. Angeboten werden sollte »Kodavision«, ein 8mm-Videobandsystem, das in Japan durch Matsushita Electronic Ind. Co. (Erzeuger der Panasonic-TV-Anlagen) perfektioniert werden sollte. Im April 1984 kündigte Kodak an, eine vollständige Videoband-Produktlinie auf den Markt zu bringen. Diese sollte zunächst in Japan hergestellt werden, bis Kodak eigene Produktionsstätten errichtet hat.
6 Diese Informationen entstammen drei verläßlichen Quellen: Josef Maria Eder: History of Photography. New York, Dover 1932 (revid. Aufl.); Martin Quigley, Jr.: Magic Shadows. The Story of the Origin of the Motion Pictures. New York: Harcourt, Brace & World 1965 sowie Ceram, a. a. O.
7 John C. Patterson: America's Greatest Inventors. New York: Thomas Y. Crowell 1943.
8 Alexander Bain, Brit. Pat. Nr. 9745 (1843), beantragt am 27 Mai 1843, ausgestellt am 27. Nov. 1843.
9 Alexander Bain, Brit. Pat. Nr. 11.480 (1846), beantragt am 12. Dez. 1846, ausgestellt am 12. Juni 1847.
10 Frederick C. Bakewell, Brit. Pat. Nr. 12.352 (1848), beantragt am 2. Dez. 1848, ausgestellt am 2. Juni 1849.
11 Giovanni Caselli, Brit. Pat. Nr. 2532 (1855), beantragt am 10. Mai 1855, ausgestellt am 10. Nov. 1855.
12 Giovanni Caselli, Brit. Pat. Nr. 2395 (1861), beantragt am 25. Sept. 1861, ausgestellt am 19. Nov. 1861.
13 L. d'Arlincourt, Brit. Pat. Nr. 1920 (1869), beantragt am 23. Juni 1869, ausgestellt am 10. Dez. 1869.
14 Alexander Graham Bell, U. S. Pat. Nr. 174.465, beantragt am 14. Feb. 1876, ausgestellt am 7. März 1876. Elisha Gray brachte am 14. Februar 1876 ebenfalls einen Antrag für ein Telephonsystem ein, dabei handelte es sich aber nicht um ein Patentbegehren.
15 Jons J. Berzelius: Über Selenkristalle und die Gewinnung von Selen. In: Annalen der Physik 7 (1826), Leipzig, S. 242-243.
16 H. Schulze-Manitius: Chronik der Nachrichtentechnik, 1858. In: Radio und Fernsehen 1 (1955), S. 3.
17 Edmond Becquerel: Studien über den Effekt der aktinischen Strahlung des Sonnenlichts mittels elektrischer Ströme. In: Compte Rendus des Séances de l'Academie 9 (1939), S. 145-149.
18 Michael Faraday: Rotation of plane of polarization. Tagebucheintragung v. 13. Sept. 1845. [Philosophical Translations 1846]

19 Willoughby Smith, Journal of the Society of Telegraph Engineers 5 (1873), S. 183-184.
20 John Kerr, Philosophical Magazine 5 (1875), S. 337.
21 John Kerr, Philosophical Magazine 5 (1877), S. 321.
22 Julius Plücker, Annalen der Physik 107 (1859), Leipzig, S. 77; H. Schulze-Manitius: Chronik der Nachrichtentechnik, 1858. In: Radio und Fernsehen 6 (1955), S. 152.
23 Wilhelm Hittorf, Annalen der Physik 136 (1869), Leipzig, S. 8.
24 E. Goldstein, Berl. Monat, 1876, S. 284.
25 William Crooks, Philosophical Translations, Royal Society 170 (1879), S. 135.
26 L. Figuier: Le téléctroscope, ou appareil pour transmettre à distance les images. In: L'Année Scientifique et Industrielle 21/6 (1877), S. 80-81.
27 Thomas A. Edison, U. S. Pat. Nr. 200.521, beantragt am. 24. Dez. 1877, ausgestellt am 19. Feb. 1878; angekündigt in »Scientific American« 37 (17. November 1877), S. 304; eine Diagramm-skizze des Apparats wurde abgedruckt in Scientific American 37 (22. Dezember 1877), S. 384.
28 Wordsworth Donisthorpe: Talking Photographs. In: Nature 18 (24. Jänner 1878), S. 242.
29 Adriano de Paiva: A telephonia, a telegraphia, e a telescopia. In: O Instituto 25 (20. Februar 1878), S. 414-421.
30 The Telectroscope. In: English Mechanic 28 (31. Jänner 1879), S. 509.
31 »Punch's Almanac for 1879«. Punch 75 (9. Dezember 1878), S. 11.
32 Denis D. Redmond: An Electric Telectroscope. In: English Mechanic 28 (7. Februar 1879), S. 540.
33 C. M. Perosino: Su d'un telegrafo ad un solo filo. In: Atti della R. Acad. delle Scienze di Torino 14 (März 1879), S. 4a.
34 »The Telectroscope«. In: Scientific American 40 (17. Mai 1879), S. 309.
35 A. de Paiva: O telescopio. In: O commercio do Porto 241 (10. Juli 1879). Die Information über diesen Entwurf stammt aus zwei verläßlichen Quellen: G. Goebel: Über die Geschichte des Fernsehens – Die ersten fünfzig Jahre. In: Bosch Technische Berichte 6, H. 5/6 (25. Mai 1979), S. 4 sowie G. Shiers: Historical Notes on Television before 1900. In: Journal of the Society of Motion Picture and Television Engineers 86 (März 1977), S. 131. Es war mir nicht möglich, Einsicht in den Originalartikel zu nehmen.
36 Gordon Hendricks: Eadweard Muybridge. The Father of the Motion Picture. New York: Grossman/Viking Press 1975, S. 114-115.

Anmerkungen zu Kapitel 2

1 Catherine Mackenzie: Alexander Graham Bell: The Man Who Conquered Space. Boston, New York: Houghton Mifflin 1928, S. 227.
2 W. E. Ayrton, J. J. Perry: Seeing by Electricity. In: Nature 21 (21. April 1980), S. 589.
3 Seeing by Telegraph. In: English Mechanic 31 (30. April 1880), S. 177-178.
4 Seeing by Electricity. In: Scientific American 42 (5. Juni 1880), S. 355. Carey behauptete später, diese Ideen schon 1875 entwickelt zu haben; da diese Angabe nicht zu erhärten ist, halten wir uns lieber an die durch die Quelle beweisbare Datierung auf 1880, was immer noch sehr früh ist.
5 William E. Sawyer: Seeing by Electricity. In: Scientific American (12. Juni 1880), S. 373.
6 Alexander Graham Bell: Production of Sound by Radiant Energy. In: American Journal of Science 20 (1880), S. 305; Alexander Graham Bell: Selenium and the Photophone. In: Nature 22 (23. Sept. 1880), S. 500-503.
7 Maurice LeBlanc: Etude sur la transmission électrique des impressions lumineuses. In: La Lumière Electrique 2 (1880), S. 477-481.
8 A. de Paiva: La Téléscopie Electrique, Basée sur L'Emploi du Selenium. Porto: A. J. da Silva 1880. (Diese Information stammt aus G. Goebel: Über die Geschichte des Fernsehens – Die ersten fünfzig Jahre. In: Bosch Technische Berichte 6, H. 5/6 (25. Mai 1979), S. 4.)
9 C. Senlecq: The Telectroscope. In: English Mechanic 32 (11. Feb. 1881), S. 534-535.
10 Tele-Photography. In: Telegraph Journal 10 (1. März 1881), S. 82-84. Es soll dieser Quelle zufolge tatsächlich zu einer Vorführung vor der Physical Society gekommen sein, aber alles, was

ich finden konnte, ist die Schrift, die der Physical Society vorgetragen wurde. Die Presse berichtete häufig von einer »Vorführung«, wenn in der Tat nur ein Vortrag gehalten wurde. Jedenfalls soll sich ein Exemplar einer leicht modifizierten Version der hier beschriebenen Anlage noch im Science Museum in London befinden.

11 William Lucas: The Telectroscope, or Seeing by Electricity. In: English Mechanic 35 (21. April 1882), S. 151-152. Shiers zufolge schreckte Lucas vor dem erforderlichen Aufwand zurück und hat diesen Apparat nie gebaut; vgl. Shiers, a. a. O., S. 32.

12 Paul Nipkow, DRP Nr. 30.105, beantragt am 6. Jan. 1884, ausgestellt am 15. Jan. 1885.

13 P. I. Bakmetjew: Der Neue Telephotograph. In: Elektrichestro 1 (1885), S. 1-7.

14 S. Bidwell in: La Lumière Electrique 18 (1885) (Aus: J. Blondin: Le téléphote. In: La Lumière Electrique (1893), S. 261.)

15 Sumner Tainter, U. S. Pat. Nr. 341.287, beantragt am 29. Aug. 1885, ausgestellt am 4. Mai 1886.

16 Oberlin Smith: Some Possible Forms of Phonograph. In: Electrical World 12 (Sept. 1888), S. 116-117.

17 Verfaßt v. einem H. W.: Sur la vision à distance par l'électricité par. L. Weiller. In: La Lumière Electrique 34 (16. Nov. 1889), S. 334-336. (Aus: Le Génie Civil. Revue Générale des Techniques 15 (1889), S. 570.)

18 Verfaßt v. einem E. R.: Les problèmes de la téléphonie d'après M. Henri Sutton. In: La Lumière Electrique 38 (1890), S. 538-541; H. Sutton: Telephotography. In: Telegraph Journal and Electrical Review 37 (6. Nov. 1890), S. 549-551; H. Sutton: TelePhotography. A System of Transmitting Optical Images Electrically. In: Scientific American Supplement 70 (3. Sept. 1910), S. 151.

19 Quigley, Jr., a. a. O., S. 122-123.

20 Eder, a. a. O., S. 512-513.

21 Anschütz's Motion Pictures and the Stroboscopic Disc. In: The Philadelphia Photographer v. 19. Nov. 1887, S. 328-330.

22 Hannibal Goodwin, U. S. Pat. Nr. 610.861, beantragt am 2, Mai 1887, ausgestellt am 13. Sept. 1898.

23 Quigley, Jr., a. a. O., S. 126

24 Ibid., S. 128.

25 Gordon Hendricks: The Edison Motion Picture. Berkeley, Los Angeles: University of California Press 1961, S. 191. Dies ist die genaueste und objektivste Darstellung dieser faszinierenden Ära. Eine weitere stammt von Terry Ramsaye: A Million and One Nights. A History of the Motion Picture. New York: Simon and Schuster 1926. Ramsayae datiert diese ersten Bemühungen der Edison-Labors auf 1886 (S. 44). Vgl dazu auch Julius Pfragner: Eye of History. Chicago, New York, San Francisco: Rand, McNally 1964, S. 122; David Robinson: The History of World Cinema. New York: Stein and Day 1973, S. 15, sowie Kenneth McGowan: Behind the Screen. New York: Delacorte 1965, S. 69.

26 Der Autor wünscht nicht, in die diesbezügliche Kontroverse zwischen Edison und Dickson hineingezogen zu werden; der Leser wird deshalb auf Hendricks, a. a. O. und Ramsaye, a. a. O. verwiesen. Es hat freilich den Anschein, als begegne Ramsaye Edison mit einer gewissen Ehrfurcht; er dürfte deshalb gelegentlich als Informant nicht sehr zuverlässig sein.

27 Thomas A. Edison, U. S. Pat. Nr. 589.168, beantragt am 24. Aug. 1891, ausgestellt am 31. Aug. 1897. Thomas A. Edison, U. S. Pat. Nr. 493.426, beantragt am 24. Aug. 1891, ausgestellt am 14. März 1893.

28 Ducos du Hauron, Fr. Pat. Nr. 61.976, beantragt am 5. Juli 1864, ausgestellt am 1. März 1866; Wordsworth Donisthorpe, Brit. Pat. Nr. 43.44/1876 v. 9. Nov. 1876, nur provisorischer Patentschutz; Augustin Le Prince, U. S. Pat. Nr. 376.247, beantragt am 2. Nov. 1886, ausgestellt am 10. Jan. 1888.

29 William Friese-Greene, Brit. Pat. Nr. 10.131, beantragt am 1. Juni 1889, ausgestellt am 10. Jan 1888.

30 Ramsaye, a. a. O., S. 88, 166.

31 Thomas A. Edison, U. S. Pat. Nr. 307.031, beantragt am 15. Nov. 1883, ausgestellt am 21. Okt. 1884.

32 Heinrich Hertz: Ultraviolettes Licht und elektrische Entladung. In: Annalen der Physik (Leipzig) 31 (1887), S. 983-1000.

33 W. Hallwachs: Über die Wirkung des Lichts auf elektrostatisch geladene Körper. In: Annalen der Physik (Leipzig) 33 (1888), S. 301-312.

34 Julius Elster, Hans Geitel: Der Gebrauch von Natriumamalgam bei photoelektrischen Experimenten. In: Annalen der Physik (Leipzig) 41 (1890), S. 161-165.

35 A. Stoletow: Über photoelektrische Ströme in verdünnter Luft. In: Zeitschrift für Physik (Rußland) 9 (1890), S. 468-473.

36 J. J. Fahie: A History of Wireless Telegraphy. Edinburgh, London: Blackwood and Sons 1901, S. 292-304.

37 Noah S. Amstutz, Brit. Pat. Nr. 4715/AD 1891, beantragt am 17. März 1891, ausgestellt am 2. Mai 1891; C. Francis Jenkins: Vision by Radio. Washington 1925, S. 73.

38 A. Blondel, La Lumière Electrique 41 (1891), S. 407, 507; W. Duddell, Electrician 39 (1897), S. 636. Letzterer Nachweis stammt aus: J. T. MacGregor Morris, R. Mines: Measurements in Electrical Engineering by Means of Cathode Rays. In: Journal of the Institute of Electrical Engineers (London) 63 (Nov. 1925), S. 1056-1107.

39 M. Brillouin: La photographie des objets à tres grande distance. In: Révue Générale des Sciences 2 (30. Jan. 1891), S. 33-38.

40 Leon Le Pontois: The Telectroscope. In: Scientific American Supplement 35 (10. Juni 1893), S. 14.546-14.547.

41 Q. Majorana, Electricista 3 (1894), S. 3. Aus: J. C. Wilson: Television Engineering. London: Sir Isaac Pitman & Sons 1937, S. 460; desgl. bei Shiers, a. a. O., S. 134.

42 C. Francis Jenkins: Transmitting Pictures by Electricity. In: Electrical Engineer 18 (25. Juli 1894), S. 62-63. Vgl. dazu auch C. F. Jenkins: Animated Pictures. Washington, D. C.: H. L. M. McQueen 1898. Jenkins hatte seinen Anteil sowohl am Ursprung des Films als auch an jenem des Fernsehens rd. 28 Jahre später.

43 Carl Nystrom, DRP Nr. 94.306, beantragt am 11. Jan. 1895, ausgestellt am 11. Okt. 1897.

44 Guglielmo Marconi, Brit. Pat. Nr. 12.039, beantragt am 2. Juni 1896, ausgestellt am 2. Juli 1897. Dazu auch W. P. Jolly: Marconi. New York: Stein and Day 1972, S. 35. Der Konsequenz halber wollen wir Alan Archibald Campbell Swinton im vorliegenden Band mit dem Kurztitel »Campbell Swinton« bezeichnen, wenngleich er in zahlreichen früheren Arbeiten inkorrekterweise als »A. A. C. Swinton« tituliert wurde.

45 J. T. MacGregor Morris: Ambrose Fleming. His Life and Early Researches. In: Journal of the Television Society 4 (1945), S. 266-273; Sir William Crooks, Philosophical Transactions of the Royal Society 170 (1897), S. 135; J. J. Thomson: On the Masses of the Ions in Gases at Low Pressures. Phil. Mag. 48 (1899), S. 547-567.

46 Ferdinand Braun: Über ein Verfahren zur Demonstration und zum Studium des zeitlichen Verlaufes variabler Ströme. In: Annalen der Physik (Leipzig) 60 (1897), S. 552-559; H. Ebert: Das Verhalten der Kathodenstrahlen in elektrischen Wechselfeldern. In: Annalen der Physik und Chemie 64 (1897), S. 240-261.

47 Jan Szczepanik, Ludwig Kleinberg, Brit. Pat. Nr. 5031, beantragt am 24. Feb. 1897, ausgestellt am 24. Feb. 1898; ebenso Dän. Pat. Nr. 2231, beantragt am 13. Jan 1898, ausgestellt am 3. Mai 1899.

48 J. Armengaud: The Dussaud Teleoscope. In: Scientific American Supplement 46/Nr. 1174 (2. Juli 1898), S. 18.793.

49 M. Wolfke, Russ. Pat. Nr. 4498, beantragt am 24. Nov. 1898, ausgestellt am 30. Nov. 1900.

50 A. A. Polumordvinow, Russ. Pat. Nr. 10.738, beantragt am 23. Dez. 1899. Diese Information entstammt Shiers, a. a. O., S. 135.

51 Valdemar Poulsen, Dän. Pat. Nr. 2653, beantragt am 1. Dez. 1898, ausgestellt am 31. Okt. 1899; ebenso U. S. Pat. Nr. 66.1619, beantragt am 8. Juli 1899, ausgestellt am 13. Nov. 1900. Darüber hinaus existiert auch ein Brit. Pat. Nr. 8961 (AD 1899).

Anmerkungen zu Kapitel 3

1 The International Electricity Congress, Constantin Persky: Television. In: Electrician 45 (2. Sept. 1900), S. 820-822.

2 V. Poulsen: Das Telegraphon. In: Annalen der Physik (Leipzig) 3 (1900), S. 754-760; V. Poulsen: The Telegraphone. In: Electrician 46 (30. Nov. 1900), S. 208-210; V. Poulsen: The Telegraphone – A Magnetic Speech Recorder. In: Scientific American Supplement 51/Nr. 1307 (19. Jänner 1901), S. 20.944-20.945.

3 E. Ruhmer: The Photographone. In: Scientific American Supplement 52/Nr. 1336 (10. Aug. 1901), S. 21.420.

4 Otto von Bronk, DRP Nr. 155.528, beantragt am 12. Juni 1902, ausgestellt am 22. Okt. 1904.

5 J. H. Coblyn: La vision à distance par l'électricité. In: Comptes Rendus des Séances de l'Académie 135 (27. Okt. 1902), S. 684-685.

6 Edouard und Marcel Belin, Fr. Pat. Nr. 339.212, beantragt am 8. Dez. 1903, ausgestellt am 10. Jan. 1905. Es gab drei Zusätze zu diesem Patent, die alle in das Originalpatent aufgenommen wurden (eine Besonderheit des französischen Patentsystems): Nr. 4248 v. 8. Juni 1904, Nr. 4044 v. 8. Juni 1904 und Nr. 4403 v. 30. Jan 1905.

7 H. J. Ryan: The Cathode Ray Alternating Current Wave Indicator. In: American Institute of Electrical Engineers 22 (2. Juli 1903), S. 539-552.

8 La vision à distance par l'électricité. In: Electro 11 (Okt. 1903), S. 153-154.

9 Werner von Jaworski und A. Frankenstein, DRP Nr. 172.376, beantragt am 20. Aug. 1904, ausgestellt am 21. Juni 1906.

10 Paul Ribbe, Brit. Pat. Nr. 29.428, beantragt am 31. Dez. 1904, ausgestellt am 2. Feb. 1905. Paul Ribbe, Brit. Pat. Nr. 29.429, beantragt am 31. Dez. 1904, ausgestellt am 23. Feb. 1905. Paul Ribbe, DRP Nr. 160.813, beantragt am 19. Mai 1904, ausgestellt am 19. Mai 1905.

11 A. Wehnelt: Phys. Zeit. 6/Nr. 22 (1905), S. 732-733; A. Wehnelt, DRP Nr. 157.945, beantragt am 15. Jänner 1904, ausgestellt am 13. Jänner 1905.

12 J. A. Fleming, Brit. Pat. Nr. 24.850, beantragt am 16. Nov. 1904, ausgestellt am 21. Sept. 1905.

13 Lee De Forest, U. S. Pat. Nr. 836.070, beantragt am 18. Jan. 1906, erneut beantragt am 19. Mai 1906, ausgestellt am 13. Nov. 1906. Lee De Forest, U. S. Pat. Nr. 841.387, beantragt am 25. Okt. 1906, ausgestellt am 15. Jan. 1907. Lee De Forest, U. S. Pat. Nr. 879.532, beantragt am 29. Jan 1907, ausgestellt am 18. Feb. 1908.

14 Robert von Lieben, DRP Nr. 179.807, beantragt am 4. März 1906, ausgestellt am 19. Nov. 1906.

15 Georges P. E. Rignoux, Fr. Pat. Nr. 364.189, beantragt am 10. Feb. 1906, ausgestellt am 16. Aug. 1906. Vgl. dazu auch G. P. E. Rignoux, Fr. Pat. Nr. 382.535, beantragt am 10. Dez. 1906, ausgestellt am 10. Feb. 1908.

16 Max Dieckmann und Gustav Glage, DRP Nr. 190.102, beantragt am 12. Sept. 1906, ausgestellt am 9. Sept. 1907. Max Dieckmann und Gustav Glage, DRP Nr. 184.710, beantragt am 10. Okt. 1906, ausgestellt am 2. April 1907.

17 Friedrich Lux, Bayerisches Industrie- und Gewerbeblatt, Bl. 38 13. Diese Beschreibung entstammt Arthur Korn, Bruno Glatzel: Handbuch der Phototelegraphie und Teleautographie. Leipzig: Otto Nemnich 1911, S. 474-476. Es bestehen einige Zweifel darüber, ob das dort beschriebene Gerät mit dem ebendort abgebildeten identisch ist. Der Originalartikel ist heute nicht mehr greifbar.

18 R. T. Haines, J. St. Vincent Pletts und E. A. Lauste, Brit. Pat. Nr. 18.057/1906, beantragt am 11. Aug. 1906, ausgestellt am 10. Aug. 1907. Lauste soll einige Zeit mit E. Ruhmer zusammengearbeitet haben. Er besuchte im Jahr 1911 Amerika und gab die erste tatsächliche Tonfilmvorführung, die in den Vereinigten Staaten durchgeführt wurde. Er zeichnete den Ton bei kontinuierlichem Filmtransport vor dem Bild auf, sodaß dieses problemlos bei intermittierendem Filmtransport aufgenommen werden konnte. Berichte sprachen davon, daß Lauste Ton und Bild in vollkommener Synchronisation aufgezeichnet habe. Sein Gerät, »Photokinematophon« genannt, wurde mehrmals in London vorgeführt.

19 Boris Rosing, Russ. Pat. Nr. 18.076, beantragt am 25. Juli 1907, ausgestellt am 30. Okt. 1910. Vgl. dazu auch Boris Rosing, DRP Nr. 209.320, beantragt am 26. Nov. 1907, ausgestellt am 24. April 1909. Vgl. auch Boris Rosing, Brit. Pat. Nr. 27.570/1907, beantragt am 13. Dez. 1907,

ausgestellt am 25. Juni 1908. Interessant ist die Feststellung, daß der Antrag für das britische Patent zuletzt gestellt, zugleich aber als erster genehmigt wurde.

20 S. Bidwell: Practical Telephotography. In: Nature 76/Nr 1974 (29. Aug. 1907), S. 444-445.

21 S. Bidwell: Telegraphic Photography and Electric Vision. In: Nature 78/Nr. 2014 (4. Juni 1908), S. 105-106.

22 C. F. Jenkins, U. S. Pat. Nr. 909.421, beantragt am 7. Feb. 1908, ausgestellt am 12. Jan. 1909.

23 J. Adamian, Brit. Pat. Nr. 7219/AD 1908, beantragt am 1. April 1908, ausgestellt am 28. Mai 1908. Dazu existiert auch ein früheres russisches Patent Nr. 17.912, beantragt am 5. März 1908, ausgestellt am 20. Sept. 1910.

24 G. P. E. Rignoux, Fr. Pat. Nr. 390.435, beantragt am 20. Mai 1908, ausgestellt am 5. Okt. 1908.

25 S. Bidwell, Telegraphic Photography and Electric Vision, a. a. O., S. 105.

26 A. A. Campbell Swinton: Distant Electric Vision. In: Nature 78/Nr. 2016 (18. Juni 1908), S. 151.

27 Gilbert Sellers, U. S. Pat. Nr. 939.338, beantragt am 18. Juli 1908, ausgestellt am 9. Nov. 1909.

28 A. C. Anderson und L. S. Anderson, Brit. Pat. Nr. 30.188, beantragt am 24. Dez. 1908, ausgestellt am 22. Sept. 1910.

29 Max Dieckmann: Fernübertragungseinrichtungen hoher Mannigfaltigkeit. In: Prometheus 20/Nr. 1010 (3. März 1909), S. 337-341. Vgl. auch Max Dieckmann: The Problem of TeleVision – A Partial Solution. In: Scientific American Supplement 68/Nr. 1751 (24. Juli 1909), S. 61-62; sowie B. von Czudrochowski: Das Problem des Fernsehens. In: Zeitschrift für Physik und Chemie 4 (Juli 1909), S. 261-265.

30 Das elektrische Fernsehen. In: Zeitschrift für Schwachstromtechnik 15 (1909), S. 393-395. Vgl. auch A. Gradenwitz: Un appareil de télévision. In: La Nature 38 (29. Jan. 1910), S. 142-143.

31 H. D. Varigny: La vision à distance. In: L'Illustration 3485 (11. Dez. 1909), S. 451.

32 A. Ekström, Schwed. Pat. Nr. 32.220, beantragt am 24. Jänner 1910, ausgestellt am 3. Feb. 1912.

33 Michel Schmierer, DRP Nr. 234.583, beantragt am 10. April 1910, ausgestellt am 15. Mai 1911. Vgl. auch Michel Schmierer, DRP Nr. 229.916, beantragt am 30. April 1910, ausgestellt am 4. Jan. 1911; sowie Michel Schmierer, DRP Nr. 264.275 (übernommen v. 229.916), beantragt am 3. Nov. 1912, ausgestellt am 24. Sept. 1913, Rechtskraft jedoch verzögert bis 29. April 1925.

34 Gustav H. Hoglund, U. S. Pat. Nr. 1.030.240, beantragt am 18. April 1910, ausgestellt am 18. Juni 1912.

35 Alf Sinding-Larsen, Brit. Pat. Nr. 14.503/AD 1911, beantragt am 20. Juni 1910, ausgestellt am 21. März 1912. Alf Sinding-Larsen, DRP Nr. 260.901, beantragt am 14. Juni 1911, ausgestellt am 13. Juni 1913.

36 J. Elster, H. Geitel: Über gefärbte Hydride der Alkalimetalle und ihre photoelektrische Empfindlichkeit. In: Physikalische Zeitschrift 11 (1. April 1910), S. 257-263.

37 Boris Rosing, DRP Nr. 255.746, beantragt am 2. März 1911, ausgestellt am 19. März 1912. Boris Rosing, Brit. Pat. Nr. 5259/AD 1911, beantragt am 2. März 1911, ausgestellt am 30. Nov. 1911. Boris Rosing, Brit. Pat. Nr. 5486/AD 1911, beantragt am 4. März 1911, ausgestellt am 29. Feb. 1912. Boris Rosing, U. S. Pat. Nr. 1.161.734, beantragt am 5. April 1911, ausgestellt am 23. Nov. 1915. Boris Rosing, U. S. Pat. Nr. 1.135.624, beantragt am 5. April 1911, ausgestellt am 13. April 1915.

38 P. K. Gorochow: Boris L'vovitsch Rozing. Moskau 1964, S. 54. Auf ebd., S. 55 sind Bilder dieses Apparats abgedruckt.

39 E. Ruhmer: Rosings System der Telephotie [!]. In: Zeitschrift für Schwachstromtechnik 5 (April 1911), S. 172-173. Vgl. auch E. Ruhmer: Der Rosingsche Fernseher. In: Die Umschau (1911), S. 508-510. Dieser Artikel zeigt die ersten gezeichneten Abbildungen des Senders und des Empfängers von Rosings Fernsehapparat. Vgl. auch Robert Grimshaw: The Telegraphic Eye. In: Scientific American 104 (1. April 1911), S. 335-336. Dieser Artikel zeigt auf S. 335 tatsächliche Bilder sowohl des Empfängers als auch des Senders. Er beinhaltet auch eine schematische Darstellung des Systems, ähnlich jener im Patentantrag. Vgl. auch Prof. Rosings Beiträge ›Electric Eye‹ – A New Apparatus for Television. In: Scientific American Supplement 71/Nr. 1850 (17. Juni 1911), S. 384; sowie An Important Step in the Problem of Television. In: Scientific American 105 (23. Dez. 1911), S. 574. Zu beachten ist, daß im Index der Großen Sowjetischen Enzyklopädie (New York: Macmillan 1973, 1978, 1983) unter dem Stichwort »Fernsehen« kein Wort über Boris Rosing zu finden ist. Erwähnt werden Adamian, Katajew, Konstantinow, Shmakow und Zworykin. Rosing firmiert lediglich unter dem Stichwort »Funktechnik«, und

zwar als »erster, der Elektronenröhren zum Fernsehempfang von Bildsignalen verwendete, und folglich das Fernsehen begründete« (Bd. 10, S. 572). In der Ausgabe von 1983 änderte sich dies ganz entschieden. Hier ist unter dem Stichwort »Rosing, Boris L'vovitsch« vermerkt, daß er 1907 einen Plan für den Einsatz von Elektronenröhren zur Erzeugung von Fernsehbildern vorgeschlagen und daß er 1911 die Übertragung und den Empfang von Bildern einfacher geometrischer Figuren vorgeführt habe. Weiters wird festgehalten, daß er 1933 in Archangelsk, wo er sich seit 1931 aufgehalten habe, gestorben sei. Es gibt keinerlei Hinweis auf die Gründe dafür, daß Rosings großartige Leistungen durch das Sowjetregime dermaßen heruntergespielt wurden.

Anmerkungen zu Kapitel 4

1 Distant Electric Vision. In: London Times v. 15. Nov. 1911, S. 24b.
2 A. A. Campbell Swinton: Presidential Address. In: Journal of the Röntgen Society 8/Nr. 30 (Jan. 1912), S. 1-13.
3 Korn, Glatzel, a. a. O. Der Verfasser konnte im Oktober 1986 in der British Library endlich ein Exemplar von R. Ed. Liesegang: Beiträge zum Problem des Electrischen Fernsehens. Düsseldorf: R. Ed. Liesegang 1891 ausfindig machen. Ein Abschnitt dieses Werks (S. 89-120) widmet sich ebenfalls diesem Thema. Somit geht diese Arbeit jener von Korn und Glatzel um ganze 20 Jahre voraus.
4 Irving Langmuir, U. S. Pat. Nr. 1.558.436, beantragt am 16. Oktober 1913, ausgestellt am 25. Oktober 1925. Vgl. auch Irving Langmuir, U. S. Pat. Nr. 1.219.961, beantragt am 20. Juli 1914, ausgestellt am 20. März 1917; dieses Patent bezog sich auf eine Hochvakuumkathodenstrahlröhre. Vgl. auch Irving Langmuir: The Effect of Space Charge and Residual Gases on the Thermionic Current in High Vakuum. In: Physical Review, 2. Reihe 2 (Nov. 1913), S. 402-403, 450-486.
5 W. D. Coolidge: A Powerful Röntgen Ray Tube with a Pure Electron Discharge. In: Physical Review, 2. Reihe 2 (Dez. 1913), S. 409-430; sowie General Electric Review 17 (1914), S. 104.
6 Samuel Lavington Hart, Brit. Pat. Nr. 15.270/AD 1914, beantragt am 25. Juni 1914, ausgestellt am 25. Juni 1915.
7 M. Lippmann: Dispositif pour la vision à distance de M. Georges Rignoux. In: Comptes Rendus des Séances de l'Academie 159 (27. Juli 1914), S. 301-304; vorgelegt am 13. Juli 1914. R. Arapu: The Telephotographic Apparatus of Georges Rignoux. In: Scientific American Supplement 79 (22. Mai 1915), S. 331.
8 André Voulgre, Fr. Pat. Nr. 478.361, beantragt am 1. April 1915, ausgestellt am 8. Dez. 1915.
9 Marcus J. Martin: When Shall We See as Well as Hear by Wireless? In: Wireless World 3 (Juni 1915), S. 193; Marcus J. Martin: The Wireless Transmission of Photographs. In: Wireless World 3: Artikel 1, S. 57-60 (April 1915), Artikel 2, S. 102-107 (Mai 1915), Artikel 3, S. 162-165 (Juni 1915), Artikel 4, S. 228-232 (Juli 1915). Vgl. auch Marcus J. Martin: Wireless Transmission of Photographs. London WC2: Wireless Press 1916.
10 H. Winfield Secor: Television, or the Projection of Pictures over a Wire. In: Electrical Experimenter 3/Nr. 4 (Aug. 1915), S. 131-132, 172-174.
11 Alexandre Dauvillier, Fr. Pat. Nr. 521.746, beantragt am 20. Aug. 1915, ausgestellt am 19. Juli 1921.
12 D. McFarlan Moore, U. S. Pat. Nr. 1.316.967, beantragt am 30. Nov. 1917, ausgestellt am 23. Sept. 1919.
13 Alexander M. Nicolson, U. S. Pat. Nr. 1.470.696, beantragt am 7. Dez. 1917, ausgestellt am 16. Okt. 1923. Später wurde diese Erfindung auch durch zwei britische Patente geschützt: Brit. Pat. Nr. 228.961 und Brit. Pat. Nr. 230.401, beide beantragt am 7. Sept. 1923.
14 Jakob Kunz, U. S. Pat. Nr. 1.381.474, beantragt am 24. Aug. 1918, ausgestellt am 14. Juni 1921.
15 Diese Informationen entstammen einer Reihe von Quellen; die zuverlässigsten sind G. L. Archer: History of Radio to 1926. New York: American Historical 1938; und G. L. Archer: Big Business and Radio. New York: American Historical 1939. Vgl. weiters auch E. Lyons: David Sarnoff. New York: Harper & Row 1966; E. Barnouw: A Tower in Babel. New York: Oxford University Press 1966; G. F. J. Tyne: Saga of the Vacuum Tube. Indianapolis: Howard W. Sams 1977.

16 Dionys von Mihály, Fr. Pat. Nr. 546.714, beantragt am 18. Feb. 1919, ausgestellt am 22. Nov. 1922; ebenso Brit. Pat. Nr. 174.606, ausgestellt am 25. Mai 1923. Dionys von Mihály, Brit. Pat. Nr. 174.607, beantragt am 9. Dez. 1920, ausgestellt am 25. April 1923. DRP Nr. 348.295, ausgestellt am 6. Feb. 1922. 1920 wurde behauptet, von Mihály habe ein System gebaut, welches Buchstaben übertragen und auf einem Mosaikschirm angezeigt habe, ähnlich jenem von Rignoux und Fournier von 1909. Es besaß ein Mosaik aus Selenzellen, die alle an Zylinderspulen angeschlossen waren. Unter Spannung gesetzt, induzierten diese Zylinderspulen ein Potential in einer weiteren Spule, die hinter dem Mosaik in schneller Rotation die Zylinderspulengruppe abtastete. Eine ähnliche Anordnung am Empfänger speiste über Relais eine Reihe von Lampen. Die beiden Abtastvorrichtungen wurden durch eine von einem Schneckenrad angetriebene Pendelbewegung synchronisiert. Diese Information stammt aus Dionys von Mihály: Das elektrische Fernsehen und das Telehor. Berlin: M. Krayn 1923. Dies ist das erste ganz dem Fernsehen gewidmete Buch. Laut Gerhart Goebel hat dieses Gerät aber nie funktioniert, und allfällige Bilder von ihm könnten Fälschungen sein (Brief von G. Goebel v. 10. Juni 1982).

17 Piezoelectricity and Its Applications. In: Engineering (London) 107 (25. April 1919), S. 543-544. Vgl. auch D. Keys: A Piezoelectric Method of Measuring Explosion Pressures. In: Philosophical Magazine 42 (Okt. 1921), S. 473-484.

18 H. K. Sandell, U. S. Pat. Nr. 1.423.737, beantragt am 10. Sept. 1919, ausgestellt am 25. Juli 1922; ebenso geschützt durch Brit. Pat. Nr. 200.643, beantragt am 16. Mai 1922, ausgestellt am 5. Sept. 1923 für Mills Novelty Co.

19 C. F. Jenkins, U. S. Pat. Nr. 1.385.325, beantragt am 23. Okt. 1919, ausgestellt am 19. Juli 1921. Hochgeschwindigkeitsfilmprojektor: C. F. Jenkins, U. S. Pat. Nr. 1.681.009, beantragt am 5. Feb. 1921, ausgestellt am 15. Feb. 1927. Vgl. auch C. F. Jenkins: Continuous motion picture machines. In: Transactions of the Society of Motion Picture Engineers 10 (1920), S. 97-102.

20 Franz Skaupy, DRP Nr. 349.838, beantragt am 28. Nov. 1919, ausgestellt am 10. März 1922. Skaupy ist gelegentlich Anerkennung dafür zuteil geworden, die erste Heizkathodenröhre-Fernsehröhre gebaut zu haben, weil sein Patent früher als jenes von Nicolson (Anm. 13 in diesem Kapitel) ausgestellt wurde. Doch das Antragsdatum hat in der vorliegenden Darstellung Priorität vor dem Ausstellungsdatum. Wann ein Patent beantragt wurde, ist von größerer Bedeutung als der Zeitpunkt seiner Ausstellung, da die Dauer des Patentverfahrens in den Patentämtern von einer Kombination rechtlicher und technischer Faktoren abhängt. Der Vorzug wird also jenem Erfinder gegeben, der seine Idee als erster äußerer Prüfung aussetzt, wenn der Zeitpunkt, zu dem er dies tut, durch ausreichende Beweise belegt ist.

21 H. J. van der Bijl, U. S. Pat. Nr. 1.565.873, beantragt am 10. Aug. 1920, ausgestellt am 15. Dez. 1925. J. B. Johnson, U. S. Pat. Nr. 1.565.855, beantragt am 26. Nov. 1920, ausgestellt am 15. Dez. 1925. Vgl. auch J. B. Johnson: A Low Voltage Cathode Ray Oscillograph. In: Physical Review 17 (1921), S. 420-421; sowie J. B. Johnson: A Low Voltage Cathode Ray Oscillograph. In: Bell System Technical Journal 1 (Juli 1922), S. 142-151.

22 S. N. Kakurin, Russ. Pat. Nr. 144, beantragt am 18. Aug. 1920, ausgestellt am 31. März 1925.

23 H. C. Egerton, U. S. Pat. Nr. 1.605.930, beantragt am 24. Aug. 1920, ausgestellt am 9. Nov. 1926.

24 E. F. Seiler: Color-Sensitiveness of Photoelectric Cells. In: Astrophysics Journal 52 (1920), S. 129-153.

25 T. W. Case: Thalofide Cell – A New Photo-Electric Substance. In: Physical Review 15/Nr. 4 (1920), S. 289-292; T. W. Case: A Photoelectric Effect in Audion Bulbs of the Oxide-Coated Filament Type. In: Transactions of the Electrochemical Society 39 (1921), S. 423-428.

26 Als frühen Beitrag über diese Situation vgl. John B. Brady: The Radio Patent Situation. In: Radio News 4 (Nov. 1922), S. 850, 882-903. Vgl. dazu auch Lawrence Lessing: Man of High Fidelity. New York: Bantam 1969, S. 103-104; sowie Archer, History of Radio, a. a. O., S. 191-204.

27 Archer, History of Radio, a. a. O., S. 207-211. Dazu auch Archer, Big Business and Radio, a. a. O., S. 19.

28 Archer, History of Radio, a. a. O., S. 112-113, 189.

Anmerkungen zu Kapitel 5

1 Archer, Big Business and Radio, a. a. O., S. 8.

2 E. L. James: Radio Reproduces Note Across Ocean. In: New York Times v. 5. Aug 1921, S. 1. Eine ausführlichere Beschreibung liefert Jacques Bover: La transmission électrique des images. In: La Nature 50/Nr. 2501 (11. März 1922), S. 151-157; sowie E. Belin: Telegraphic Transmission of Photographs. In: Comptes Rendus des Séances de l'Academie 174 (6. März 1922), S. 678-680. Zwei Engländer, H. G. Bartholmew und M. L. D. McFarlane sollen bereits im Jahr 1920 über die Kabel der Western Union zwischen London und New York Photographien übertragen haben. Sie verwendeten eine komplizierte Methode der Perforation eines Lochstreifens zur Sendung und zum Empfang ihrer Bilder. Diese Information stammt aus C. R. Jones: Facsimile. New York: Murray Hill 1949, S. 19-20.

3 Edvard-Gustav Schoultz, Fr. Pat. Nr. 539.613, beantragt am 23. Aug. 1921, ausgestellt am 28. Juni 1922.

4 Marcus J. Martin: The Electrical Transmission of Photographs. London: Sir Isaac Pitman 1921.

5 C. F. Jenkins: Prismatic Rings. In: Transactions of the Society of Motion Picture Engineers 14 (Mai 1922), S. 65-71. Vgl. dazu auch C. H. Claudy: Motion Pictures by Radio. In: Scientific American 127 (Nov. 1922), S. 320. C. F. Jenkins, U. S. Pat. Nr. 1.544.156, beantragt am 13. März 1922, ausgestellt am 30. Juni 1925. Jenkins beantragte 1922 insgesamt 11 Fernsehpatente.

6 Boris Rtcheoulow, Russ. Pat. Nr. 3803, beantragt am 27. Juni 1922, ausgestellt am 31. Okt. 1927.

7 Nicholas Langer: A Development in the Problem of Television. In: Wireless World and Radio Review 11 (11. Nov. 1922), S. 197-201.

8 Belin Shows Tele-Vision. In: New York Times v. 2. Dez. 1922, S. 1. Tele-Vision. In: London Times v. 9. Dez. 1922, S. 9f. Une réalisation experimentale de la television. In: Annales des Postes Télégraphes et Téléphones 12 (April 1923), S. 517. Robert E. Lacault: The Belin Radio-Television Scheme. In: Science and Invention 10/Nr. 12 (April 1923), S. 1166-1217.

9 Alfred Gradenwitz: Radio Telegraphy. In: Radio News 4 (Aug. 1922), S. 226-227.

10 Arthur Benington: Transmission of Photographs by Radio. In: Radio News 4 (Aug. 1922), S. 230, 369-372.

11 Edouard Belin, Fr. Pat. Nr. 571.785, beantragt am 27. Dez. 1922, ausgestellt am 23. Mai 1924. Vgl. auch Brit. Pat. Nr. 209.049, beantragt am 27. Dez. 1922, ausgestellt am 16. Feb. 1925.

12 Georges Valensi, Fr. Pat. Nr. 577.762, beantragt am 29. Dezember 1922, ausgestellt am 10. Sept. 1924. Vgl. auch U. S. Pat. Nr. 1.664.798, beantragt am 7. Sept. 1923, ausgestellt am 3.. April 1928. Dieses Patent ist eine Kombination der Patente von 1922/23 mit der Ausnahme, daß Valensi nicht erlaubt wurde, eine Elektronenröhre mit moduliertem und abgelenkten Strahl in das Patent aufzunehmen (möglicherweise aufgrund des Patents von Nicolson?), weshalb er eine Elektronenröhre vorstellte, die eigentlich ein reines Lichtventil bildete; sie variierte zwar die Helligkeit des Lichtpunkts, sah aber keine Strahlablenkung vor. Fr. Pat. Nr. 572.716, beantragt am 3. Jan. 1923, ausgestellt am 12. Juni 1924 mit dem Zusatz Nr. 28.926, beantragt am 9. April 1923, ausgestellt am 9. Mai 1925.

13 Dionys von Mihály, DRP Nr. 422.995, beantragt am 23. Jan. 1923, ausgestellt am 21. Dez. 1925. Ebenso Brit. Pat. Nr. 209.406, beantragt am 18. Dez. 1923, ausgestellt am 27. Nov. 1927. Von Mihály: Das Electrische Fernsehen und das Telehor, a. a. O. Nicolas Langer: Radio Television, The Mihály Telehor Machine. In: Radio News 5 (Mai 1924), S. 1570-1571, 1686-1690. Von Mihálys Apparat scheint das erste nach dem Krieg gebaute Fernsehgerät zu sein.

14 De Forest Demonstration of Phonofilm. In: New York Times v. 13. März 1923, S. 12:2. Lee De Forest: The Motion Picture Speaks. In: Popular Radio 3 (März 1923), S. 159-169. Lee De Forest: The Phonofilm. In: Transactions of the Society of Motion Picture Engineers 16 (Mai 1923), S. 61-75.

15 W. S. Stephenson, G. W. Walton, Brit. Pat. Nr. 218.766, beantragt am 18. April 1923, ausgestellt am 17. Juli 1924.

16 S. R. Winters: The Transmission of Photographs by Radio. In: Radio News 4 (April 1923), S. 1772-1773. W. Davis: Seeing by Radio. In: Popular Radio 3 (April 1923), S. 266, 275.

17 C. F. Jenkins: Recent Progress in the Transmission of Motion Pictures by Radio. In: Transactions of the Society of Motion Picture Engineers 17 (Okt. 1923), S. 81-85. O. Wilson: Wireless

Transmission of Photographs. In: Wireless Age 10 (Juli 1923), S. 67-68. C. Francis Jenkins: Vision by Radio, Radio Photographs, Radio Photograms. (Washington, D. C.: Jenkins Laboratories, 1925), S. 119. Es kann sich bei der Bildvorlage entweder um ein Diapositiv oder um eine Photographie gehandelt haben, nicht notwendigerweise um eine lebende Person.

18 J. L. Baird: Television. In: Journal of Scientific Instruments 4 (Feb. 1927), S. 138-143. Seeing by Wireless. In: London Times v. 27. Juni 1923, S. 1c. J. L. Baird, Wilfried E. L. Day, Brit. Pat. Nr. 222.604, beantragt am 26. Juli 1923, ausgestellt am 9. Okt. 1924.

19 John H. Hammond, Jr., U. S. Pat. Nr. 1.725.710, beantragt am 15. Aug. 1923, ausgestellt am 20. Aug. 1929.

20 J. E. Gardner, H. D. Hinline, Brit. Pat. Nr. 225.553, beantragt am 28. Nov. 1923, ausgestellt am 28. Mai 1925. Ein Antragsdatum legt nahe, daß auch in den Vereinigten Staaten ein Patent beantragt worden ist; ich habe indes nie eines gefunden. J. E. Gardner war einer der Zeugen für das U. S. Pat. Nr. 2.141.059, das V. K. Zworykin, ebenfalls von Westinghouse, am 29. Dez. 1923 beantragte.

21 Alexandre Dauvillier, Fr. Pat. Nr. 592.162, beantragt am 29. Nov. 1923, ausgestellt am 28. Juli 1925. Vgl. auch Brit. Pat. Nr. 225.516, beantragt am 10. Sept. 1924, ausgestellt am 10. Dez. 1925. U. S. Pat. Nr. 1.661.603, beantragt am 22. Aug. 1924, ausgestellt am 6. März 1928. DRP Nr. 515.397, beantragt am 31. Aug. 1924, ausgestellt am 5. Jan. 1931.

22 Louis de Broglie: A Tentative Theorie of Light Quanta. In: Philosophical Magazine 47 (Feb. 1924), S. 446-458; vorgelegt am 1. Okt. 1923.

23 W. Rogowski, W. Grosser, DRP Nr. 431.220, beantragt am 21. Dez. 1923, ausgestellt am 4. Feb. 1927. Vgl. auch W. Rogowski, W. Grosser, U. S. Pat. Nr. 1.605.781, beantragt am 7. Nov. 1925, ausgestellt am 2. Nov. 1926.

24 V. K. Zworykin, U. S. Pat. Nr. 2.141.059, beantragt am 29. Dez. 1923, ausgestellt am 20. Dez. 1938. Die zahlreichen Gründe, weshalb dieses Patent für seinen Weg durch die US-Patentbehörde rund 15 Jahre benötigte, werden erklärt werden, wenn wir historisch auf sie stoßen. Der originale Patentantrag ist zugänglich und schon deshalb höchst interessant, weil er zeigt, wie dieses Patent schließlich seine endgültige Form angenommen hat.

25 A. G. Jensen: The Evolution of Modern Television. In: Journal of the Society of Motion Picture and Television Engineers 63 (Nov. 1954), S. 181. Die Betriebsweise der Röhre war Gegenstand zahlreicher Auseinandersetzungen; vgl. z. B. Streitverfahren Nr. 64.207 (gegen Farnsworth), mit dem wir uns später befassen werden.

26 V. K. Zworykin: The Early Days. Some Recollections. In: Television Quarterly 1, Nr. 4 (Nov. 1962), S. 69-72.

27 H. Gernsback: Radio Vision. In: Radio News 5 (Dez. 1923), S. 681, 824. Gernsback war der angesehene Herausgeber von Radio News, und es ist höchst unwahrscheinlich, daß er auf einen Reklameschwindel hereingefallen wäre. Er gibt an, daß er einer tatsächlichen Vorführung des Apparats beigewohnt habe; sein Beitrag, den wir zitieren, enthält auch Abbildungen des Senders und des Empfängers. Über die Vorführung von Jenkins berichtete auch W. Davis: The New Radio Movies. In: Popular Radio 4 (Dez. 1923), S. 436-443. Ich bin aufgrund der mir vorliegenden Beweise zu der Gewißheit gelangt, daß Jenkins seit dem Frühjahr 1923 über eine funktionierende Fernsehmaschine verfügte, und daß er der erste Erfinder war, der tatsächlich Fernsehbilder (d. h. Bewegungsbilder) drahtlos gesendet und empfangen hat.

28 Edouard Belin, Fr. Pat. Nr. 571.785, Zusatz Nr. 29.259, beantragt am 5. Jänner 1924, ausgestellt am 10. Juli 1925. Television Promised by French Inventor. In: New York Times v. 13. Jänner 1924, S. 1. Lucien Fournier: Television by the Belin System. In: Practical Electrics 3 (März 1924), S. 244-246.

29 Edmund E. F. d'Albe, Brit. Pat. Nr. 233.746, beantragt am 15 Jänner 1924, ausgestellt am 15. Mai 1925.

30 A. A. Tschernischow, Russ. Pat. Nr. 769, beantragt am 26. Jänner 1924, ausgestellt am 31. Oktober 1925.

31 Laurent Seguin, Augustin Seguin, Fr. Pat. Nr. 577.530, beantragt am 8. Februar 1924, ausgestellt am 6. Sept 1924.

32 George Blake, Henry J. Spooner, Brit. Pat. Nr. 234.882, beantragt am 28. Februar 1924, ausgestellt am 28. Februar 1925.

33 V. K. Zworykin, U. S. Pat. Nr. 2.017.883, beantragt am 17. März 1924 (erneuert am 27 Juni 1931), ausgestellt am 22. Okt. 1935; die Ausstellung erlaubte Zworykin, bestimmte Änderungen in diesem Patent vorzunehmen, damit es mit seinem *berichtigten* Antrag vom 29. Dez. 1923 übereinstimmte. Sofern es heute bestimmt werden kann, erwähnte Zworykin nirgendwo Kügelchen – bis zum 2. Okt. 1925, als er versuchte seinen Patentantrag vom 29. Dez. 1923 zu berichtigen; vgl. S. 87 im Haupttext.

34 V. K. Zworykin, U. S. Pat. Nr. 1.709.647, beantragt am 17. März 1924, ausgestellt am 16. April 1929.

35 N. Langer: Television. An Account of the Work of D. Mihály. In: Wireless World and Radio Review 13 (19. März 1924), S. 760-764, (26. März 1924), S. 794-796.

36 Apollinar Zeitlin, Wladislavus Zeitlin, DRP Nr. 503.899, beantragt am 18. März 1924, ausgestellt am 31. März 1932.

37 H. J. McCreary, U. S. Pat. Nr. 2.013.162, beantragt am 10. April 1924, ausgestellt am 3. Sept. 1935.

38 Charles F. Jenkins, U. S. Pat. Nr. 1.530.463, beantragt am 23. April 1924, ausgestellt am 17. März 1925.

39 A. A. Campbell Swinton: The Possibilities of Television with Wire and Wireless. In: Wireless World and Radio Review 14 (9. April 1924), S. 51-56; (16. April), S. 82-84; (23. April), S. 114-118. Vorgetragen am 26. März 1924.

40 J. L. Baird: An Account on Some Experiments in Television. In: Wireless World and Radio Review 14 (7. Mai 1924), S. 153-155.

41 D. E. Howes, U. S. Pat. Nr. 1.810.018, beantragt am 28. Mai 1924, ausgestellt am 16. Juni 1931.

42 August Karolus, DRP Nr. 471.720, beantragt am 21. Juni 1924, ausgestellt am 18. Feb. 1929. Vgl. auch U. S. Pat. Nr. 1.885.604, beantragt am 2. Juni 1925, ausgestellt am 1. Nov. 1932. Karolus war schließlich derjenige, der die für den Einsatz im Fernsehen am besten geeignete Kerr-Zelle herstellte.

43 J. Strachan: The Early History of Television. In: Wireless World and Radio Review 14 (11. Juni 1924), S. 305-307.

44 Karl C. Randall, U. S. Pat. Nr. 1.660.886, beantragt am 11. Juli 1924, ausgestellt am 28. Feb. 1928.

45 Diese Informationen entstammen den persönlichen Aufzeichnungen Dr. Ernst Alexandersons. Sie werden in der Schaffer Library am Union College, Schenectady, New York, aufbewahrt. Diese Sammlung von Alexandersons Schriften, Korrespondenzen, Labornotizen, Zeichnungen usw. ist äußerst umfangreich. Als Chefingenieur von General Electric und RCA war Alexanderson für viele Leistungen dieser beiden Unternehmen verantwortlich. Ich habe mich natürlich auf seine Bemühungen von 1924 bis 1931, ein funktionierendes Fernsehsystem herzustellen, konzentriert. Diese Unterlagen werden hier mit der freundlichen Genehmigung der Bibliothek des Union College (der für ihre hervorragende Pflege des Materials und für ihre Geduld bei meiner Suche nach relevanten Unterlagen gedankt werden muß) verwendet. Sie werden in der Folge als Alexanderson/G. E.-Akte zitiert. Die Information über Hoxie stammt aus Archer, Big Business and Radio, a. a. O., S. 323-324.

46 Max Dieckmann, DRP Nr. 420.567, beantragt am 29. Aug. 1924, ausgestellt am 26. Okt. 1925.

47 Diese Informationen stammen von einem persönlichen Gespräch mit Kenjiro Takayanagi in der Zentrale von JVC in Tokyo, Japan, am 9. Nov. 1981. Ich führte mit Hilfe eines Dolmetsch ein mündliches Interview mit Takayanagi und erhielt mehrere Übersichten über seine Leistungen. Diese Quelle wird in der Folge als Takayanagi-Akte zitiert.

48 Charles A. Hoxie, Brit. Pat. Nr. 240.463, beantragt am 23. Sept. 1925 (Originalantrag v. 23. Sept. 1924), ausgestellt am 25. Nov. 1926.

49 L. T. Jones, H. G. Tasker: A Thermionic Braun Tube with Elektrostatic Focusing. In: Journal of the Optical Society of America 9 (Okt. 1924), S. 471-478.

50 Pictures by Radio Sent from London Here in 20 Minutes. In: New York Times v. 1. Dez. 1924, S. 1.

51 Picture of Message is Sent by Wireless Using a New Process. In: New York Times v. 4. Dez. 1924, S. 1. New Radio Picture Blurred by Static. In: New York Times v. 5. Dez. 1924, S. 6.

Anmerkungen zu Kapitel 6

1 J. L. Baird: Television. A Description of the Baird System by Its Inventor. In: Wireless World and Radio Review 15 (21. Jan. 1925), S. 533-535. J. L. Baird: Television or Seeing by Wireless. In: Discovery 6 (April 1925), S. 142-143.

2 Herbert E. Ives: Television: 20th Anniversary. In: Bell Laboratory Record 25 (May 1947), S. 190-193. Diese Information entstammt den Archiven der Bell Laboratories in Short Hills, New Jersey. Die betreffende Akte wird dort als Angelegenheit 33.089 bezüglich eines »Systems des Fernsehens« geführt. Zu ihr gehört der hier zitierte Bericht von H. E. Ives an H. D. Arnold, datiert auf den 23. Jänner 1925. Diese Akte wird in der Folge als Bell Labs, 33.089 zitiert. Vgl. auch Bell Labs, 33.089, Memorandum von J. G. Roberts, datiert auf den 14. März 1925.

3 A. Dauvillier, Fr. Pat. Nr. 592.162, zweiter Zusatz Nr. 30.642, beantragt am 11. Feb. 1925, ausgestellt am 20. Juli 1926.

4 Max Dieckmann, Rudolf Hell, DRP Nr. 450.187, beantragt am 5. April 1925, ausgestellt am 3. Okt. 1927.

5 Rudolph Hell machte diese Behauptung in einem Interview mit Gerhart Goebel am 1. Aug. 1951. Vgl. Gerhart Goebel: Das Fernsehen in Deutschland bis zum Jahr 1945. In: Archiv Post- und Fernmeldewesen 21, Nr. 230 (Aug. 1953), S. 279. Dieser Beitrag diente mir als unschätzbare Quelle von Informationen wie auch Goebel selbst, den ich für den maßgeblichsten deutschen Fernsehhistoriker halte.

6 Nature 115 (4. April 1925), S. 505-506.

7 D'Albe Demonstration. In: London Times v. 18. April 1925, S. 12c. Vgl. auch Nature 115 (25. April 1925), S. 613.

8 Camille A. Sabbah, U. S. Pat. Nr. 1.694.982, beantragt am 27. Mai 1925, ausgestellt am 11. Dezember 1928. U. S. Pat. Nr. 1.706.185, ausgestellt am 19. März 1929. U. S. Pat. Nr. 1.747.988, ausgestellt am 18. Feb. 1930. Diese drei Patente wurden zusammengefaßt im Brit. Pat. Nr. 252.696, ausgestellt am 28. April 1927. Sabbah verlor die Patentstreitverfahren Nr. 54.922, 54.923 und 55.448 gegen Zworykin von Westinghouse. Obwohl General Electric und Westinghouse gemeinsam Eigentümer der RCA waren, trennte sie eine tiefe und oftmals hart ausgetragene Rivalität. Dies traf besonders dann zu, wenn es um ein elektrotechnisches Patent, welcher Art auch immer, ging.

9 Jenkins Shows Far Off Objects in Motion. In: New York Times v. 14. Juni 1925, S. 1:4. Jenkins Test of ›Talking Movie‹ Radio Set. In: New York Times v. 12. Aug. 1925, S. 3:2. Movies over the Air. In: New York Times v. 13. Sept. 1925, S. 3:6. Vgl. auch C. F. Jenkins: Radiomovies, Radiovision, Television. (Washington, D. C., Jenkins Laboratories 1929). C. A. Herndon: »Motion Pictures« by Ether Waves. In: Popular Radio 8 (8. Aug. 1925), S. 107-113. W. B. Arvin: See With Your Radio. In: Radio News 7 (Sept. 1925), S. 278, 384-387. C. F. Jenkins: Radio Movies. In: Journal of the Society of Motion Picture Engineers 21 (18.- 21 Mai 1925), S. 7-11.

10 Diese Information entstammt einer Eintragung im Labornotizbuch Frank Grays v. 15. Juni 1925. Dieses Notizbuch befindet sich in den Archiven der Bell Laboratories in Short Hills, New Jersey. Es ist das Buch Nr. 1413 und wird in der Folge als Notizbuch F. Gray zitiert. Vgl. auch Bell Labs, 33.089, Brief von Gray an Ives v. 26. Juni 1925.

11 Boris L. Rosing, Russ. Pat. Nr. 3425, beantragt am 25. Juni 1925, Ausstellungsdatum unbekannt. Die weiteren Angaben stammen aus Boris L. Rosing: La participation des savants russes au développement de la télévision électrique. In: Revue Générale de L'Electricité (6. April 1932), S. 507-515. Dies ist die französische Übersetzung des Originalartikels in Elektrichestro, Sondernummer (Mai 1930). S. 47-57.

12 Bell Labs, 33.089, Memorandum von Ives, datiert auf den 10. Juli 1925; Bericht über Fortschritte von Gray, datiert auf den 28. Juli 1925.

13 V. K. Zworykin, U. S. Pat. Nr. 1.691.324, beantragt am 13. Juli 1925, ausgestellt am 13. Nov. 1928. Brit. Pat. Nr. 255.057, ausgestellt am 31. März 1927. Campbell Swinton war von diesem Patent so angetan, daß er darüber am 20. April 1927 einen Brief an Dr. Alexanderson von General Electric schrieb. Ich besitze eine Kopie dieses Briefes aus den Aufzeichnungen Alexandersons.

14 Diese Angaben entstammen dem originalen Patentantrag Nr. 683.337, den Zworykin am 29. Dez. 1923 eingereicht hatte. Dieses Dokument gibt den Marsch des Patents durch die US-Pa-

tentbehörde getreu wieder. Es enthält alle Ablehnungen, Einsprüche, Korrespondenzen usw. bis zur endgültigen Genehmigung des Patents am 10. Nov. 1938. Diese Unterlagen werden in der Folge als Zworykin-Akte zitiert. Vgl. hier Zworykin-Akte, S. B 1625, datiert auf den 25. Okt. 1925. Der Form nach handelt es sich dabei um einen Zusatz- bzw. Verbesserungsantrag. Vgl. auch Zworykin-Akte, S. 100R, datiert auf den 18. Juni 1936.

15 Diese Information entstammt der Zworykin-Akte, S. 34, datiert auf den 2. Okt. 1925. Der Patentantrag v. 13. Juli 1925 enthält Hinweise, denen zufolge tatsächlich einige Arbeit zur Herstellung einer funktionierenden photoelektrischen Platte verrichtet worden war. Mit Gewißheit hatte Zworykin zu dieser Zeit bereits herausgefunden, daß eine durchgängige Beschichtung wenig oder gar keinen Erfolg erbrachte. Der Wechsel zu einer durchlässigen Oberfläche und zu photoelektrischen Kügelchen hingegen hätte zahlreiche ernste Probleme, die mit einer solchen durchgängigen Schicht einhergingen, beseitigt. Zworykin deutete auch Garratt und Mumford (vgl. Kapitel 8, Fußnote 90) gegenüber an, daß er im Jahr 1925 die Arbeit an einem elektronischen Fernsehsystem aufgenommen habe. Allerdings bin ich nicht an deren Aufzeichnungen herangekommen, die dies bestätigen könnten. Daß er zu dieser Zeit tatsächlich am Bau von Röhren gearbeitet habe, gibt Zworykin auch in Institution of Electrical Engineers (London) 73 (Okt. 1933), S. 438, und in L'Onde Electrique 12 (Nov. 1933), S. 507.

16 Diese Angaben entstammen den Archiven der Westinghouse Laboratories in East Pittsburgh. Das Dokument, aus dem sie hervorgehen, ist ein formaler Westinghouse-Forschungsbericht Nr. R429A (mit dem Vermerk »Vertraulich«), datiert auf den 25. Juni 1926, verfaßt von V. K. Zworykin. Diesem Bericht zufolge war offensichtlich ein Forschungsprogramm finanziert und abgewickelt worden. Sowohl Kamera- als auch Empfängerröhre, so der Bericht, waren tatsächlich gebaut worden. Die Schwierigkeiten bei der Herstellung der Kameraröhre waren ausdrücklich vermerkt. Das Forschungsprogramm sollte vorübergehend zugunsten der Arbeit an einer mechanischen Methode unterbrochen werden, die sich noch in Entwicklung befand. Es war geplant, die Arbeit aufgrund der neuen Anordnungen 6-4520 und 6-4522 (die ich nicht ausfindig machen konnte) fortzusetzen. Dies stimmt mit der Entscheidung der Unternehmensführung überein, Zworykin an etwas nützlicherem arbeiten zu lassen. In diesem Zusammenhang ist festzuhalten, daß Zworykin an keinem der späteren Fernsehprojekte von Westinghouse teilgenommen hat (vgl. die Fernsehdemonstration von Westinghouse v. August 1928, S. 134). Diese wurden sämtlich von Dr. Frank Conrad geleitet.

17 Zworykin hat mehrfach geäußert, daß er schon im Jahr 1923 ein Fernsehsystem gebaut und betrieben habe. In einem Brief vom 14. Februar 1952 behauptete er dies auch mir gegenüber. Da er hierfür aber keinen faktischen Beweis vorgelegt hat, muß ich diese Behauptung zurückweisen. In anderen Patentanträgen war die Rede davon, daß eine oder mehrere Röhren zwischen Jänner 1924 und dem 2. Juni 1924 gebaut worden seien. An anderem Ort wird behauptet, daß eine Röhre vor dem 2. Oktober 1925 »gebaut und getestet« worden sei. Diese Angabe entstammt der Zworykin-Akte, S. 34, datiert auf Oktober 1925. Ausgehend vom Wissen, wie lange es dauert, bis ein so kompliziertes Gerät konstruiert und zusammengebaut werden kann, würde ich sagen, daß eine oder mehrere Röhren zwischen der Jahresmitte 1924 und Ende 1925 tatsächlich gebaut und betrieben wurden.

18 Westinghouse-Forschungsbericht R429A, a. a. O.

19 Was die Kameraröhre selbst betrifft, so wurde sie mehrfach von Zeugen beschrieben, die sie vermutlich im Betrieb gesehen hatten. Der Widerwillen Zworykins und der Westinghouse Co., die Kamera öffentlich zu präsentieren und als Beweismittel in den Patentverfahren und –streitigkeiten zu verwenden, ist leicht zu verstehen, wenn man bedenkt, daß sie (a) zu dieser Zeit vielleicht gar nicht funktionierte und (b) ihre Konstruktion und Betriebsweise möglicherweise in manchen Punkten von dem abwichen, was im Patentantrag beansprucht und behauptet wurde. Doch die Röhre existiert; den angefertigten Abbildungen zufolge gibt es sogar mindestens zwei verschiedene Exemplare. Im Jahr 1931 baute Harley Iams vier Röhren, um zu beweisen, daß der Urantrag aus dem Jahr 1923 tatsächlich funktionierte. Ich fragte ihn ob die abgebildete Röhre eine von denen sei, die er 1931 hergestellt habe, und er antwortete mit einem nachdrücklichen »Nein!« Tatsächlich schrieb mir Iams später, Zworykin habe versucht einer Röhre aus dem Jahr 1926 den Namen »Ikonoskop« zu geben! Auch Les Flory, der 1930 zu RCA gestoßen war, bestätigte, eine Röhre dieser Art in Zworykins Büro gesehen zu haben. Auf der Grundlage all die-

ser Beweise komme ich zu dem Schluß, daß Zworykin zwischen der Jahresmitte 1924 und Ende des Jahres 1925 wirklich die ersten Kameraröhren der Welt gebaut und betrieben hat.

20 Diese Angaben entstammen zwei Quellen. Abbildungen der Anlage und eine Beschreibung werden gezeigt bei Dr. Gustav Eichhorn: Wetterfunk, Bildfunk, Television. Leipzig: B. G. Teubner 1926, S. 75-82. Eine kurze Beschreibung findet sich auch bei G. Goebel, a. a. O., S. 279. Er zitiert die Münchener Neuesten Nachrichten 21, Nr. 230 (Aug. 1925), S. 5, 21. Diese Quelle gibt zwar darauf an, daß sich die Anlage in der Ausstellung befunden hat, doch es gibt keine Berichte darüber, daß sie tatsächlich betrieben worden ist.

21 T. W. Case, U. S. Pat. Nr. 1.790.898, beantragt am 25. Aug. 1925, ausgestellt am 3. Feb. 1931.

22 Alexanderson/G. E.-Akte, Memoranda, datiert auf 23. Okt. 1925 und 31. Okt. 1925.

23 Notizbuch F. Gray, 2. Nov. 1925. Dieser Zusatz der Gleichstromkomponente ist ein Schritt, den Baird niemals gesetzt hat!

24 Bell Labs 33.089, Memorandum von Gray an Ives, datiert auf den 30. Nov. 1925. Ives, a. a. O., S. 191.

25 Grabovski, Popow, Piskunow, Russ. Pat. Nr. 5592, beantragt am 9. Nov. 1925, ausgestellt am 30. Juni 1928. A. A. Tschernischow, Russ. Pat. Nr. 3511, beantragt am 28. Nov. 1925, ausgestellt am 31. Aug 1927. Er erhielt auch das Russ. Pat. Nr. 3510 für eine Kameraröhre. Keines dieser Patente kann von der Washingtoner oder Londoner Patentbehörde zugänglich gemacht werden.

26 W. Rogowski, W. Grosser: Kathodenstrahloszillograph. In: Archiv für Elektrotechnik 15 (5. Dezember 1925), S. 377-384.

27 Reports ›Television‹ an Accomplished Fact. In: New York Times v. 19. Dez. 1925. L. Fournier: The Latest Advance Toward Television. In: Radio News 8 (Juli 1926), S. 36-37, 84.

28 J. L. Baird, Brit. Pat. Nr. 269.658, beantragt am 20. Jan. 1926, ausgestellt am 20. April 1927.

29 Es wurde behauptet, daß Baird der Durchbruch am 2. Okt. 1925 in Form einer »exotischen Schaltung« (etwa durch die Einführung eines Transformators) gelungen sei, die auf magische Weise ein wirkliches Abbild mit Details und Abstufungen zwischen Licht und Schatten wiedergeben könne. Vgl. R. W. Burns: The First Demonstration of Television. In: Electronics & Power 21 (Okt. 1975), S. 955. Ein Brief an Dr. Burns, der nach Einzelheiten dieser kostbaren Schaltung fragte, wurde nie beantwortet. Zwar hatte Baird am 21. Okt. 1925 ein Patent für eine Schaltung beantragt (Brit. Pat. Nr. 270.222), die angeblich die Trägheit von Selenzellen minderte. Doch eine Analyse dieses Patents zeigt, daß die Schaltung in der Anwendung nicht funktioniert haben kann; andernfalls wäre dies eines der wichtigsten Patente der Fernsehgeschichte gewesen! Den Beweis, daß diese Schaltung nicht funktioniert hat, erbringt die Tatsache, daß man nie wieder von ihr gehört hat. Die Geschichte rund um diese »exotische Schaltung« wird auch dargestellt bei M. Baird: Television Baird. Cape Town: Haum 1972. Auch der Artikel von Wadell, Smith u. Sanderson: J. Baird and the Falkirk Transmitter. In: Wireless World 82 (Jan. 1976), S. 43-46, legt nahe, daß Baird die Einzelheiten seiner Arbeit verzerrt und verdreht wiedergab, um Fortschritte vor seinen Konkurrenten zu verbergen. Deshalb bin ich zu der Schlußfolgerung gezwungen, daß es tatsächlich die Entdeckung des »Lichtpunkt«-Abtasters war, die den eigentlichen Durchbruch bedeutete. Warum dies bis heute abgestritten wird, ist mir ein Rätsel. Auch von den biographischen Büchern über Baird wie etwa F. Tiltman: Baird of Television. London: Seeley Service 1933; oder Sydney Moseley: John Baird: The Romance and Tragedy of the Pioneer of Television. Long Acre: Odhams Press 1952; oder John Rowland: The Television Man. New York: Roy 1966; bringt keines mehr Licht in diese Angelegenheit.

30 Television Perfected Asserts London Paper. In: New York Times v. 23. Jan. 1926, S. 10:5. Vgl. auch The »Televisor«. In: London Times v. 28. Jan. 1926, S. 9c.

31 Vgl. Maurice Exwood: John Logie Baird: 50 Years of Television. In: IERE History of Technology Monograph. London: Institution of Electrical and Radio Engineers Jan. 1976, S. 14. Die Geschichte mit dem »Sehpurpur« wird berichtet in J. L. Baird: Television. In: Experimental Wireless 4 (Dez. 1926), S. 736. Die Behauptung einer geheimen Photozelle »des Kolloidtyps, d. h. bestehend aus extrem fein verteiltem Selen, das von einer Aufhängung in einer Flüssigkeit gehalten wird« stammt von A. Dinsdale: And Now, We See By Radio! In: Radio Broadcast 10, Nr. 2 (Dez. 1926), S. 141. Über die vollständige Verkleidung des Bairdschen Apparats berichtet W. C. Fox in George Shiers: Television 50 Years Ago. In: Journal of Broadcasting 19, Nr. 4 (Herbst 1975), S. 394. Sie wird auch in einem erst kürzlich entdeckten Bericht von F. G. Stewart aus April

1926 erwähnt, der beauftragt war, über den Apparat Bairds zu berichten. Er hält fest, daß »die Instrumente vollständig umschlossen« waren, »ausgenommen die Aufnahmelinse und der Bildschirm. Der Erfinder weigerte sich, mir das Innere des Apparats zu zeigen, da er bestimmt beschlossen hatte, jedermann nur ein Minimum an Information über die Einzelheiten von Konstruktion und Betrieb preiszugeben.« Vgl. F. G. Stewart: Television. Unveröffentlichtes Manuskript, April 1926 (mir von T. Bridgewater freundlich überlassen).

32 R. W. Burns: Early Admiralty and Air Ministry Interest in Television. Unveröffentlichte Monographie, 1984.

33 Reginald S. Clay, Brit. Pat. Nr. 273.227, beantragt am 9. Feb. 1926, ausgestellt am 9. Juni 1927. U. S. Pat. Nr. 1.719.756, beantragt am 3. Feb. 1927, ausgestellt am 2. Juli 1929.

34 Notizbuch, F. Gray, 10. Feb. 1926. Der entsprechende Antrag wurde am 26. Mai 1926 bei der Patentbehörde eingereicht und mit der Seriennummer 111.731 versehen. Das Patent wurde nie ausgestellt. Ich kann nur annehmen, daß zu dieser Zeit ein Patent über die grundlegende Funktion des Lichtpunktabtasters einfach nicht gewährt werden konnte.

35 Bell Labs, 33.089, Brief von Gray an Ives, datiert auf den 2. März 1926.

36 Marius Latour, Brit. Pat. Nr. 267.513, beantragt am 9. März 1926, ausgestellt am 24. November 1927.

37 Bell Labs, 33.089, Memorandum von R. C. Mathes, datiert auf den 8. Mai 1926.

38 Henry J. Round, Brit. Pat. Nr. 276.084, beantragt am 21. Mai 1926, ausgestellt am 22. Aug. 1927. Vgl. auch U. S. Pat. Nr. 1.759.594, beantragt am 11. Mai 1927, ausgestellt am 20. Mai 1930. Den diesbezüglichen Patentstreit Nr. 62.721 zwischen Round und Zworykin entschied Round für sich. Es scheint, daß nicht die Bezüge dieses Patents zu einem tatsächlich funktionierenden Fernsehsystem, die hier praktisch fehlten, sondern der Wortlaut den Ausschlag für die Entscheidung der US-Patentbehörde gab. Das Urteil zugunsten Rounds wurde schließlich aufgehoben, als die RCA diesen Fall vor ein Appellationsgericht brachte und Zworykin endlich sein im Jahr 1923 beantragtes Patent zugesprochen bekam.

39 C. F. Jenkins, U. S. Pat. Nr. 1.683.137, beantragt am 2. Juni 1926, ausgestellt am 4. Sept. 1928. Jenkins baute dieses Gerät tatsächlich; es erschien erstmals im Mai 1928. Vgl. Kapitel 7, S. 123f.

40 Bell Labs, 33.089, Bericht von Frank Gray, datiert auf den 21. Juni 1926.

41 The Baird Televisor System. In: The Electrician 96 (25. Juni 1926), S. 672. Vgl. auch H. de A. Donisthorpe: With Description and Illustration of First Crude Results Secured by Means of the Baird Televisor. In: Radio 8 (Aug. 1926), S. 9-10, 52. A. Dinsdale: Television, An Accomplished Fact. In: Radio News 8 (Sept. 1926), S. 206-207, 280-282. A. Dinsdale: And Now We See by Radio! A. a. O. (Kapitel 6, Fußnote 31), S. 139-143. J. L. Baird: Television. A. a. O. (Kapitel 6, Fußnote 31), S. 730-739. Über diese Photographie hat es manche Debatte gegeben. So ist behauptet worden, sie sei eine Fälschung oder eine Photomontage. Ich jedenfalls komme nach der Ansicht späterer Bilder, die von einer Lochscheibe aufgenommen wurden, zu dem Urteil, daß diese Photographie echt ist und in der Tat das wiedergibt, was Bairds System zu dieser Zeit zu übertragen in der Lage war.

42 Archer, Big Business and Radio, a. a. O., S. 250-276. Vgl. dazu auch Frank Waldrop, Joseph Borken: Television: A Struggle for Power. New York: Morrow 1938, S. 177.

43 Notizbuch, F. Gray, 16. Juli 1926.

44 Notizbuch, F. Gray, 24. Juli 1926.

45 Moving Images Sent by Wire or Wireless by Professor Belin before Paris Experts. In: New York Times v. 29. Juli 1926, S. 1:4. P. C. [Pierre Chevallier?]: La télévision par le procédé Edouard Belin. In: Le Génie Civil. Revue Générale des Techniques 89, Nr. 25 (18. Dez. 1926), S. 549-552. L. Fournier: New Television Apparatus. In Radio News 8 (Dez. 1926), S. 626-627, 739. L. Lumière: Comptes Rendus des Séances de l'Academie, 28. Feb. 1927. Bernard Auffray: Edouard Belin: Le père de la télévision. Paris: Les du Monde 1981, S. 98-102.

46 A. Dauvillier: Sur le téléphote, appareil de télévision par tubes à vide. Resultats experimentaux préliminaires. In: Comptes Rendus des Séances de l'Academie 183 (2. Aug. 1926), S. 352-354; vorgetragen von L. de Broglie. Weshalb die Strahlbeschleunigung nach der Ablenkung bei Dauvillier nicht funktionierte, kann nur erraten werden. Nur zwei Jahre später setzte Zworykin dieses Prinzip in die Tat um; es wurde zur Grundlage seiner Elektronenröhren, weil es die Ablenkung des Strahls bei geringer Geschwindigkeit und seine anschließende Beschleunigung für hohe Bildhelligkeit ermöglichte.

47 A. Dinsdale: Television, An Accomplished Fact, a. a. O. (Kapitel 6, Fußnote 41), S. 206-207, 280-282.
48 Alexanderson/G. E.-Akte, Brief von Alexanderson an Howland, datiert auf den 18. Sept. 1926.
49 A. A. Campbell Swinton: Electric Television. In: Nature 118 (23. Okt. 1926), S. 590.
50 J. L. Baird, Brit. Pat. Nr. 289.104, beantragt am 15. Okt. 1926, ausgestellt am 16. April 1928.
51 Hans Busch: Berechnung der Bahn eines Elektronenstrahls in einem axialen symmetrischen elektromagnetischen Feld. In: Annalen der Physik 81 (1926), S. 974-993; vorgelegt am 18. Oktober 1926.
52 Ernst F. W. Alexanderson, U. S. Pat. Nr. 1.694.301, beantragt am 19. Okt. 1926, ausgestellt am 4. Dez. 1928.
53 K. Takayanagi: Research and Development of All Electronic Television System. Werbeverlautbarung, 1981. Takayanagi-Akte, S. 6.
54 Bell Labs, 33.089, Brief von Gray an Ives, datiert auf den 10. Nov. 1926; Bell Labs, 33.089, Brief von Gray an Ives, datiert auf den 16. Nov. 1926; Bell Labs, 33.089, Brief von Ives an Arnold, datiert auf den 27. Nov. 1926.
55 Frederick W. Reynolds, U. S. Pat. Nr. 1.780.364, beantragt am 4. Dez. 1926, ausgestellt am 4. Nov. 1930. Eine etwas veränderte Version dieses Antrags, U. S. Pat. Nr. 2.055.593, wurde ausgegliedert und am 29. Sept. 1936 ausgestellt. Dies war das einzige Patent für eine elektrische Kameraröhre, das die Bell Telephone Laboratories beantragten; viele Jahre lang kamen diesbezüglich keine Anträge mehr von ihnen. Erst 1929/1930 wandte Gray seine Aufmerksamkeit wieder diesem Gebiet zu; vgl. Kapitel 8, S. 169.
56 J. L. Baird: Television, a. a. O., S. 736. A. Dinsdale: And Now We See by Radio, a. a. O., S. 141.
57 E. F. W. Alexanderson: Radio Photography and Television. In: General Electric Review 30 (Feb. 1927), S. 78-84. W. Kaempfert: Science Now Promises Us Radio Sight Across Seas. In: New York Times v. 26. Dez. 1926, S. 8:4. Alexanderson/G. E.-Akte, Brief von Alexanderson an C. O. Howland, datiert auf den 24. Dezember 1926.
58 Boris Rtcheoulow, Brit. Pat. Nr. 287.643, beantragt am 24. Dezember 1926, ausgestellt am 16. Mai 1928. Boris Rtcheoulow, Brit. Pat. Nr. 288.680, beantragt am 4. Jan. 1927, ausgestellt am 7. Juni 1928. Vgl. auch U. S. Pat. Nr. 1.771.820, beantragt am 9. März 1927, ausgestellt am 29. Juli 1930.
59 Philo Farnsworth, U. S. Pat. Nr. 1.773.980, beantragt am 7. Jan. 1927, ausgestellt am 26. Aug. 1930. Ausgliederung am 7. Nov. 1927 wird zum U. S. Pat. Nr. 1.806.935, ausgestellt am 26. Mai 1931. Die meisten biographischen Angaben entstammen George Everson: The Story of Television, The Life of Philo T. Farnsworth. New York: W. W. Norton 1949.
60 Radio Movie in Home Forecast by Expert to Engineers Here. In: New York Times v. 11. Jan. 1927, S. 1:1. Vgl. auch Moving Pictures by Wireless. In: London Times v. 12. Jan. 1927, S. 12g.
61 Bell Labs, 33.089, Memorandum von Ives, datiert auf den 17. Jan. 1927.
62 J. L. Baird, U. S. Pat. Nr. 1.945.626, beantragt am 6. Jan. 1928 (Originalantrag v. 26. Jan. 1927), ausgestellt am 6. Feb. 1934.
63 Leon Thurm, U. S. Pat. Nr. 1.771.360, beantragt am 23. Jan. 1928 (Originalantrag v. 5. Feb. 1927), ausgestellt am 22. Juli 1930.
64 Etablissements Edouard Belin, Fr. Pat. Nr. 638.661. Erster Zusatz Nr. 33.669, beantragt am 4. März 1927, ausgestellt am 29. Nov. 1928. Bislang konnte ich nicht ermitteln, wer der eigentliche Erfinder war. Anzunehmen ist, daß es entweder Fernand Holweck oder, wahrscheinlicher noch, Pierre E. L. Chevallier war, der jetzt mit Belin zusammenarbeitete.
65 L. Fournier: Television by New French System. In: Science and Invention 14 (März 1927), S. 988, 1066.
66 Hans Busch: Die Wirkung der Konzentrationsspule in der Braunschen Röhre. In: Archiv für Elektrotechnik 18 (21. Sept. 1927), S. 583-594. Vorgelegt im März 1927.
67 Far Off Speakers Seen as Well as Heard Here in a Test of Television. In: New York Times v. 8. April 1927, S. 1:1. Vgl. auch Television: Its Development and Accomplishment. In: Bell Lab Record 4 (Mai 1927), S. 297-325. A. Dinsdale: Television Demonstration in America. In: Wireless World 21 (1. Juni 1927), S. 680-686. Winfield Secor: Television Perfected at Last. In: Science and Invention 15 (Juni 1927), S. 108-109. H. Winfield Secor: Radio Vision Demonstrated in America. In: Radio News 8 (Juni 1927), S. 1424-1426. Technische Details können folgenden

Beiträgen im Bell System Technical Journal 6 (Okt. 1927) entnommen werden: Herbert E. Ives: Television, S. 551-559; F. Gray, J. W. Horton, R. C. Mathes: The Production and Utilization of Television Signals, S. 560-603; H. M. Stoller, E. R. Morton: Synchronization of Television, S. 604-615; D. K. Gannett, E. I. Green: Wireless Transmission System for Television, S. 616-632; Edward L. Nelson: Radio Transmission System for Television, S. 633-652.

68 K. Takayanagi: Experiments on Television. In: Journal of the Institute of Electrical Engineers (Japan) 482 (Sept. 1928), S. 932-942. Zworykin, der auch über die Arbeit der Franzosen an Elektronenröhrenempfängern unterrichtet war, dürfte wahrscheinlich aus diesem Artikel erstmals von der Arbeit Takayanagis erfahren haben.

69 Alexanderson/G. E.-Akte, Brief von A. A. Campbell Swinton an Dr. Alexanderson, datiert auf den 20. April 1927.

70 Bell Labs, 33.089, Memorandum von F. Gray: Use of Cathode Ray Tube-Television Reception, datiert auf den 1. Mai 1927.

71 Ray Kell, der in der Prüfabteilung von General Electric beschäftigt war, hatte irgendwann im April 1927 eine Vorrichtung zur Aufrechterhaltung der Bildsynchronisierung durch eine Handregelung konstruiert. Er erwies sich rasch als überaus wertvoller Assistent für Dr. Alexanderson und arbeitete bald ganztägig am Fernsehprojekt mit. Vgl. Alexanderson/G. E.-Akte, 26. April 1927, 11. Mai 1927, 21. Mai 1927.

72 E. Taylor Jones: Television. In: Nature 20 (18. Juni 1927), S. 896.

73 A. Dinsdale: Television Sees in Darkness and Records its Impressions. In: Radio News 8 (Juni 1927), S. 1422-1423, 1490-1492.

74 L. Fournier: New European Television Scheme. In: Science and Invention 15 (Juli 1927), S. 204-205. Vgl. auch G. Valensi: L'Etat actuel du problème de la télévision. In: Annales des Postes Télégraphes et Téléphones 6 (Nov. 1927), S. 1047-1067.

75 Television Developments of Edouard Belin. In: Science and Invention 15 (Sept. 1927), S. 410. Vgl. auch The New Belin Televisor. In: Popular Radio 12 (Nov. 1927), S. 347.

76 Television at the British Association. In: Wireless World 21 (21. Sept. 1927), S. 361-362. Bairds Patent 288.882 beschrieb eine Form der Punktlichtabtastung unter Einsatz von Infrarotstrahlung. Vgl. J. L. Baird, Brit. Pat. Nr. 288.882, beantragt am 15. Okt. 1926 (Ausgliederung aus Nr. 289.104), ausgestellt am 16. April 1928. Dr. Ives beantragte ein Patent für die Lichtpunktabtastung mit Infrarotstrahlen im März 1927. Vgl. H. E. Ives, U. S. Pat. Nr. 2.082.339, beantragt am 2. März 1927, ausgestellt am 1. Juni 1937.

77 Vieles von diesen Informationen entstammt den Notizbüchern von Philo T. Farnsworth, die mir am 5. Nov. 1977 von Farnsworth' Gattin gezeigt wurden. Bestätigung finden sie auch durch die Farnsworth-Biographie von Everson (Kapitel 6, Fußnote 59). Die Familie von Farnsworth ist nach wie vor überzeugt, daß Philo die ersten Kameraröhren der Welt gebaut und betrieben hat. Sie konnte nie anerkennen, daß Zworykin tatsächlich schon früher eine Kameraröhre gebaut und betrieben hat (vgl. S. 87ff.). Ihre Zweifel berufen sich auf den Umstand, daß diese frühere Röhre in keinem der zahlreichen Patentstreitverfahren zum Vorschein gebracht worden war. Nur Zeugen gaben Auskunft über sie, und, worauf besonders hingewiesen wurde, niemand konnte sicher angeben, wann sie hergestellt und wie und mit welchem Erfolg sie betrieben wurde.

Für mich bestand darin solange ein Problem, bis ich das Memorandum von Westinghouse (vgl. Kapitel 6, Fußnote 16), datiert auf den 25. Juni 1926, entdeckt hatte. Mit diesem Dokument war tatsächlich bewiesen, daß bei Westinghouse sowohl Sender- als auch Empfängerröhren gebaut und betrieben worden waren. (Ich für mein Teil hätte mir natürlich gewünscht, daß dieses Memorandum ein wenig mehr ins Detail gehen würde.) Dazu kommt, daß es viele Hinweise auf die Existenz der Zworykinschen Kameraröhre durch zuverlässige Zeugen gibt, die niemals in Zweifel gezogen wurden. Und schließlich existiert diese Röhre noch heute, sodaß ich die Debatte über die Priorität Zworykins als abgeschlossen erachten werde, bis konkrete Gegenbeweise auftauchen.

Tatsache ist, daß Farnsworth die einzigen betriebsfähigen Kameraröhren der Welt genau im Zeitraum von September 1927 bis Juli 1929 besaß; dann baute Zworykin seine zweite Röhre. Über die Arbeit Dr. Zworykins und Ogloblinskys an Bildzerlegerröhren, also Kameras des Farnsworth-Typs, zwischen 1930 und Mitte 1931 wird auf S. 167 und S. 171 des vorliegenden Buchs im einzelnen

gesprochen. Ferner dauerte es bis Ende 1931, bis Zworykin die Konstruktion einer Bildspei-
cherröhre gelang, die ebenso gut funktionierte wie die Bildzerlegerröhre; vgl. Kapitel 8, S. 191. Und
schließlich griff Farnsworth niemals auf Abtastscheiben oder –trommeln zurück; auch verwendete
er immer die Elektronenröhre als Empfänger. Er betrieb ein vollelektronisches System, d. h. eine
elektronische Kameraröhre, einen elektrischen Sägezahngenerator und eine Bildwiedergaberöhre
mit magnetischer Strahlbündelung, und all dies bereits seit Juli 1929 – technische Großtaten allerersten Ranges. Doch seine Kameraröhre *war nicht* die erste je gebaute und betriebene.

78 Ralph V. L. Hartley, H. E. Ives, Brit. Pat. Nr. 297.078, beantragt am 19. März 1928 (Originalantrag v. 14. Sept. 1927), ausgestellt am 19. Juni 1929.

79 Robert C. Mathes, U. S. Pat. Nr. 2.058.898, beantragt am 12. Nov. 1927, ausgestellt am 27. Okt.
1936.

80 C. F. Jenkins: Radio Vision. In: Proceedings of the Institute of Radio Engineers 15 (Nov. 1927),
S. 958-964. Vorgelegt am 24. Juni 1927.

81 August Karolus, U. S. Pat. Nr. 1.889.990, beantragt am 30. November 1928 (Originalantrag v.
21. Dez. 1927), ausgestellt am 6. Dez. 1932.

Anmerkungen zu Kapitel 7

1 Alexandre Dauvillier: La Télévision électrique. In: Revue Générale de l'Electricité 23. Erster Teil
(7. Jan. 1928): Etude des divers procédés projetés ou réalisés, S. 5-23; Zweiter Teil (14. Jan. 1928):
Téléphote et radiophote, S. 61-73; Dritter Teil, Fortsetzung und Schluß (21. Jan. 1928): Téléphote et radiophote, S. 117-128.

2 Philo T. Farnsworth, U. S. Pat. Nr. 1.970.036, beantragt am 9. Jan. 1928, ausgestellt am 14. Aug.
1934.

3 Radio Television To Home Receivers. In: New York Times v. 14. Jan. 1928, S. 1:6. Alexander-
son/G. E.-Akte, Memorandum von Alexanderson an Lunt, datiert auf den 28. Okt. 1927. Darin
wird angegeben, daß der erste Test bereits an diesem Tag mit einem in Alexandersons Haus auf-
gestellten »Heimempfänger« durchgeführt worden war. Alexanderson zollt in dem Dokument
Ray Kell und Paul Kober, die den Empfänger betrieben hatten, seine Anerkennung.

4 P. Selenyi: Use of Negative Charges of Kathode Rays as Means of Marking in the Kathode-Ray
Oscillograph. In: Zeitschrift für Physik 47 (1928), S. 895-897. Vorgelegt am 20. Jänner 1928. P.
Selenyi: Electrical Charging of Glass by Kathode Rays and its Practical Application. In: Zeitschrift für Technische Physik 9 (1928), S. 451-454. Vorgelegt am 28. Sept. 1928. Dieser Artikel
beschreibt eine Hochspannungsanode, die den Strahl beschleunigt und zugleich die positiven
Ionen entfernt. Dies bildete eindeutig einen Schritt hin zu einer leuchtstarken Fernsehbildwiedergaberöhre; P. Selenyi, U. S. Pat. Nr. 1.818.760, beantragt am 18. Jänner 1929 (Originalantrag
v. 1. Feb. 1928), ausgestellt am 11. Aug. 1931. Vgl. auch Brit. Pat. Nr. 305.168, beantragt am
24. Jänner 1929 (Original v. 1. Feb. 1928), ausgestellt am 24. Okt. 1929.

5 Device for Seeing by Radio is Easily Attached to Sets. In: New York Times v. 22. Jan. 1928, S. 14:1.
Capt. Hutchinson berichtete über die Bilder: Persons in Britain Seen Here by Television As They
Pose Before Baird's Electric »Eye«. In: New York Times v. 9. Feb. 1928, S. 1:3. A. Dinsdale: Seeing
Across the Atlantic Ocean. In: Radio News 9 (Mai 1928), S. 1232-1233.

6 Television Brings Fiancée's Living Image to Berengaria Radio Man 1000 Miles at Sea. In: New
York Times v. 8. März 1928, S. 4:4. Vgl. auch A. Dinsdale: Seeing Across the Atlantic Ocean, a.
a. O., S. 1233.

7 Baird Puts Apparatus on Sale in London. New York Times v. 21. Feb. 1928, S. 27:2. TV Sets for
Sale. In: London Times v. 21. Feb. 1928, S. 13c. A Television Challenge. In: Electrician 100
(23. März 1928), S. 322. Television Waves Pass Unnoticed. In: New York Times v. 20. Mai 1928,
Abtlg. IX, S. 21:1. England Goes in for Television. In: Radio News 9 (Juni 1928), S. 1328, 1389.
Popular Wireless (10. März 1928), S. 47. S. G. Sturmey: The Economic Development of Radio.
London: Gerald Duckworth 1958, S. 192-193.

8 New Device Shows Television Strides. In: New York Times v. 26. Feb. 1928, S. 1:26. New Devices in Television. In: Bell Laboratory Record 6 (Mai 1928), S. 215.

9 V. K. Zworykin, U. S. Pat. Nr. 1.837.746, beantragt am 3. März 1928, ausgestellt am 22. Dez. 1931. V. K. Zworykin, E. D. Wilson: The Caesium-Magnesium Photocell. In: Journal of the Optical Society of America 19 (Aug. 1929), S. 81-89. Vorgelegt am 24. Juli 1929.

10 Alexanderson/G. E.-Akte, Memorandum von Alexanderson an Dunham, datiert auf den 17. März 1928.

11 R. D. Kell, Brit. Pat. Nr. 308.277, beantragt am 20. März 1929 (Originalantrag v. 20. März 1928), ausgestellt am 21. Nov. 1929.

12 Zworykin-Akte.

13 P. T. Farnsworth, U. S. Pat. Nr. 1.986.330, beantragt am 17. April 1928, ausgestellt am 1. Jan. 1935. Das hier beschriebene Eintauchen einer Elektronenröhre in ein Magnetfeld bildete die Grundlage der frühen Bildwiedergaberöhren mit langsamem Strahl, die die RCA in den späten dreißiger Jahren baute. Farnsworth gelang damit eine weitere bedeutsame Pioniertat.

14 P. T. Farnsworth, U. S. Pat. Nr. 1.844.949, beantragt am 25. April 1928, ausgestellt am 16. Feb. 1932. Vgl. hierzu Patentstreitverfahren Nr. 73.103 (Iams gegen Ballard gegen Farnsworth), das Farnsworth für sich entschied.

15 Ricardo Bruni, Brit. Pat. Nr. 310.424, beantragt am 25. April 1929 (Originalantrag v. 25. April 1928), ausgestellt am 3. April 1930. Fr. Pat. Nr. 672.202, beantragt am 21. März 1929 (Originalantrag v. 25. April 1928), ausgestellt am 24. Dez. 1929. R. Bruni: System and Apparatus for Thermionic Television. In: Revue de Télégraphie et TSF 8 (März 1930), S. 218-225.

16 Arthur F. Van Dyck: The Early Days of Television. In: Radio Age 15 (April 1956), S. 10-12. Vgl. auch R. C. Bitting Jr.: Creating an Industry. In: Journal of the Society of Motion Picture and Television Engineers 74 (Nov. 1965), S. 1015-1023. Alexanderson/ G. E.-Akte, Briefe, datiert auf den 9. Mai 1928.

17 Broadcasts Pictures. In: New York Times v. 6. Mai 1928, S. 3:2. RadioMovies and Television for the Home. In: Radio News 10 (Aug. 1928), S. 116-118, 173. The Jenkins »Radio-Movie« Reception Method. In: Radio News 10 (Nov. 1928), S. 420, 492-493. C. Francis Jenkins: The Drum Scanner in Radiomovies Receivers. In: Proceedings of the Institute of Radio Engineers 17 (Sept. 1929), S. 1576-1583. Das als Empfänger verwendete Gerät geht auf Jenkins' Patentantrag U. S. Pat. Nr. 1.683.137 v. 2. Juni 1926 zurück. Ausgestellt wurde das Patent am 4. Sept. 1928.

18 K. Takayanagi: Research and Development of All Electronic Television System. Reklameveröffentlichung, 1981. Takayanagi-Akte, S. 7-8. Vgl. auswahlsweise auch K. Takayanagi: How to Make Television Equipment. In: Radio of Japan, Reihe 8 (1. Jan. 1929), S. 17.

19 G. Goebel, a. a. O., S. 281-282. Vgl. auch 50 Jahre Fernsehen. 1929 – 1979. In: Bosch Technische Berichte 6 (25. Mai 1979), S. 17-18.

20 Bell Labs, 33.089, Memorandum von Ives an H. D. Arnold, datiert auf den 11. Mai 1928; weiters Memorandum von H. D. Arnold an E. E. Craft, datiert auf den 29. Mai 1928. Darin wird auch erwähnt, daß im Labor soeben an einem Apparat mit 72 Zeilen gebaut werde.

21 Ronald F. Tiltman: Television in Natural Colors Demonstrated. In: Radio News 9 (Okt. 1928), S. 320, 374. Vgl. auch A. Dinsdale: Television. London: Television Press 1928, S. 161-162. Doch es findet sich absolut keine Meldung über diese »Vorführung« in der New York Times, der London Times oder in Nature, Jahrgang 1928. Dafür erschienen nach Juli 1928 drei Artikel in der englischen Zeitschrift »Television«, in denen eine Tageslichtvorführung noch vor den Bell Laboratories behauptet wird. Diese Zeitschrift war als inoffizielles Organ der Baird Co. bekannt. Vgl. J. R. Fleming: Daylight Television – A Remarkable Advance. In: Television (London) 1 (Juli 1928), S. 5-7. C. Tierney: My Impression of Daylight and Color Television. In: Television (London) 1 (Aug. 1928), S. 7-8. A. Church: Do We Encourage Genius? In: Television (London) 1 (Aug. 1928), S. 5-6, 26. Es kann als sicher gelten, daß Bairds Tageslichtvorführung durch die Rotation der Abtastscheibe bei etwa halber Geschwindigkeit, d. h. bei rund 5 Umdrehungen pro Sekunde, ermöglicht wurde. Dadurch wurde die Ausgangsleistung der Photozelle gesteigert.

22 Alexanderson/G. E.-Akte, Brief von A. G. Davis an J. A. Cranston, datiert auf den 31. Mai 1928. Die Behauptung einer Privatvorführung stammt von Stephen F. Hofer: Philo Farnsworth: The Quiet Contributor to Television. Unveröff. Dissertation. Bowling Green University, Juni 1977, S. 62. Vgl. auch S. Hofer: Philo Farnsworth: Television's Pioneer. In: Journal of Broad. 23 (Frühling 1979), S. 153-165. Hofer zitiert aus »Philo T. Farnsworth, ›Daily Notes‹«, San Francisco 1928. Mir wurde der Zugang zu diesen Aufzeichnungen verwehrt, weil ich den Angehörigen von Farns-

worth nicht darin zustimmen konnte, daß Philo Farnsworth der Vorrang vor V. K. Zworykin zu geben sei. Ich erklärte ihnen damals, daß ich neutral bleiben und die Tatsachen so wiedergeben müsse, wie ich sie vorgefunden habe. Im Nov. 1977 durfte ich schließlich einen ersten flüchtigen Einblick in die Farnsworthschen Notizbücher nehmen, habe aber seither keine weiteren Informationen darüber mehr erhalten. Deshalb haben alle meine Belege über Farnsworth nur untergeordnete Beweiskraft. Hofer seinerseits war fest entschlossen, zu beweisen, daß Farnsworth »der erste« gewesen sei; sein gesamtes Material ist in diesem Punkt tendenziös. (Hofers Dissertation steckt voller grober Fehler und Irrtümer und muß mit Vorsicht behandelt werden.)

23 A. A. Campbell Swinton: Television by Cathode Rays. In: Modern Wireless 9 (Juni 1928), S. 595-598. A. A. Campbell Swinton: Television: Past and Future. In: Discovery 9 (Nov. 1928), S. 337-339.

24 J. L. Baird, Brit. Pat. Nr. 321.389, beantragt am 5. Juni 1928, ausgestellt am 5. Nov. 1929.

25 Lewis R. Koller: The Photoelectric Cell – Radio's »Eye«. In: Radio News 10 (Okt. 1928), S. 305-307, 372-373. Vgl. auch L. R. Koller: The Photoelectric Cell. In: General Electric Review 31 (Sept. 1928), S. 373-375. L. R. Koller: Characteristics of Photo-Electric Cells. In: Transactions of the Society of Motion Picture Engineers 12 (1928), S. 921-939.

26 Kolomon Tihany, Brit. Pat. Nr. 313.456, beantragt am 11. Juni 1929 (Originalantrag v. 11. Juni 1928), zurückgewiesen und nie ausgestellt. Fr. Pat. Nr. 676.546, beantragt am 11. Juni 1929 (Originalantrag v. 11. Juni 1928), ausgestellt am 24. Feb. 1930. Brit. Pat. Nr. 315.362, beantragt am 12. Juli 1928, zurückgewiesen und nie ausgestellt. U. S. Pat. Nr. 2.158.259, beantragt am 10. Juni 1929 (Originalantrag v. 11. Juni 1928), geteilt am 8. März 1935, ausgestellt am 16. Mai 1939. Die Informationen über Tihany entstammen einem persönlichen Interview mit Tihanys Tochter Katrina Glass, die in Los Angeles lebt. Sie ist überzeugt davon, daß ihr Vater das Ikonoskop »erfand«, dafür aber nie die entsprechende Anerkennung erhalten habe. Tatsache ist, daß die RCA sein amerikanisches Patent aufkaufen mußte, weil es einige Ansprüche enthielt, die sich auf die Konstruktion und den Betriebsmodus einer Ladungsspeicherröhre bezogen, wie sie Zworykin baute und betrieb. Wieder war ich mit der Tatsache konfrontiert, daß viele Erfinder die zum Bau einer funktionierenden Kamera erforderlichen »Ideen« fanden, doch nur ein Mann, Zworykin, baute und betrieb Röhren dieses Typs tatsächlich – zu einer Zeit, als fast alle der »Experten« behaupteten, eine solche Röhre könne niemals funktionieren (vgl. die Bemerkungen Schröters, zitiert auf S. 207 des vorliegenden Buches). Zworykins Stärke bestand darin, daß er, im Gegensatz zu anderen, an seine Fähigkeit glaubte, ein funktionstüchtiges vollelektronisches Fernsehsystem zu entwickeln. Zusammen mit einem hervorragenden Mitarbeiterstab ging er zielstrebig seinen Weg und brachte das System zum Funktionieren.

27 Television Method Shown in Chicago. In: New York Times v. 13. Juni 1928, S. 32:2.

28 Coryton E. C. Roberts, Brit. Pat. Nr. 318.331, beantragt am 22. Juni 1928, ausgestellt am 5. Sept. 1929.

29 R. F. Tiltman: Television in Natural Colors Demonstrated. In: Radio News 10 (Okt. 1928), S. 320, 374.

30 Television Shows Panoramic Scene Carried by Sunlight. In: New York Times v. 13. Juli 1928, S. 4:1. Progress of Television. In: London Times v. 14. Juli 1928, S. 13b. Radio »Eye« Made Sensitive; Television Works Outdoors. In: New York Times v. 22. Juli 1928, Abtlg. VIII, S. 12:1. Frank Gray, Herbert E. Ives: Optical Conditions for Direct Scanning in Television. In: Journal of the Optical Society of America 17 (Dez. 1928), S. 428-434. Vorgelegt am 12. Juli 1928.

31 C. F. Jenkins, U. S. Pat. Nr. 1.756.291, beantragt am 16. Juli 1928, ausgestellt am 29. April 1930.

32 Alexanderson/G. E.-Akte, Brief von Alexanderson an Dunham, datiert auf den 2. August 1928.

33 Radio Movies Demonstrated. In: Science and Invention 16 (Nov. 1928), S. 622-623, 666. Radio »Movies« from KDKA. In: Radio News 11 (Nov. 1928), S. 416-417.

34 Eines der Ausstellungsstücke im Conservatoire Nationale des Arts et Métiers am Musée National des Techniques in Paris ist eine Elektronenröhre. Daneben findet sich eine Aufschrift, derzufolge »eine ähnliche Röhre wie die hier gezeigte« im Jahr 1928 von Belin, Chevallier und Holweck für den Empfang von Fernsehbildern verwendet worden sei. Es ist eine zerlegbare zweiteilige Glasröhre mit zwei Anoden. Sie ist augenscheinlich leergepumpt und weist nur einen Satz von Ablenkplatten auf. Der Phosphor ist nahzu vollständig verschwunden; es besteht keine elektrische Verbindung zwischen dem Schirm und der Elektronenkanone.

Ich besuchte das Museum am 27. Juli 1984 auf der Suche nach dokumentarischen Nachweisen. Dabei wurde mir ein Blatt Papier gezeigt, aus dem lediglich hervorging, daß die Röhre 1966 ins Museum gelangt war – keinerlei Hinweise darüber, wer die Röhre gespendet hatte oder warum. Alle meine Bemühungen, von dem zuständigen Kustos weitergehende Informationen zu erhalten, fruchteten nichts!

All mein übriges Beweismaterial in dieser Sache weist indes darauf hin, daß es im Jahr 1928 in den Labors Belins irgendeine Art von Röhre gegeben haben muß, und daß sie Dr. Zworykin mit Gewißheit gezeigt wurde. Doch die ausgestellte Röhre ist technisch noch nicht jene, die heute im elektronischen Fernsehen verwendet wird. Es blieb Dr. Zworykin vorbehalten, im April des Jahres 1929 die erste funktionstüchtige Bildwiedergaberöhre zu schaffen.

Merkwürdigerweise bin ich niemals auf eine französische Fernsehgeschichte gestoßen, die diese Röhre oder auch nur Chevallier erwähnt. Es gibt nur einen Artikel von Marc Chauvierre »Qui a inventé la télévision« in La Liaison (ein Magazin für die frühe Elektronik) Nr. 127 u. 128 (Datum unbekannt; der letzte Jahrgang ist 1939), der mir von T. Bridgewater (dem englischen Fernsehhistoriker) zur Verfügung gestellt wurde. Dieser Artikel gibt an, daß »die Arbeit, die Holweck gemeinsam mit Chevallier verrichtete, im Jahr 1928 zu einem 36zeiligen Bild von bemerkenswerter Qualität« geführt habe.

35 Die erste Erwähnung über die Arbeit von George findet sich in R. H. George: An Improved Form of Cathode Ray Oscillograph. In: Physical Review 31 (Feb. 1928), S. 303. Diese Übersicht erbringt indes wenig Aufschluß über die Konstruktion der Röhre.

36 Diese Angaben machte Harley Iams in einem persönlichen Interview am 16. Jänner 1977. Iams war im Jahr 1927 zu Westinghouse gestoßen und wurde als erstes bei Dr. Zworykin in dessen Bildtelegraphieprojekt angestellt. Später arbeitete er mit Zworykin an der Entwicklung des Kineskops, des ersten vollelektronischen Fernsehempfängers. Er erkrankte im Jahr 1929 und mußte nach Kalifornien zurückkehren. Nach seiner Genesung kam er im April 1931 zurück, um mit Dr. Zworykin bei RCA Victor in Camden zu arbeiten. Dort war er an der frühen Entwicklung des Ikonoskops beteiligt und mit dessen Produktion in Harrison, New Jersey, beauftragt. Später arbeitete er mit Dr. Albert Rose an der Entwicklung der Röhren mit langsamem Abtaststrahl zusammen, eine Arbeit, aus der die Orthikon- und die Superorthikonkamera hervorgingen. Seine Informationen werden in der Folge als Iams-Akte zitiert; vgl. auch Patentstreitverfahren Nr. 73.203 (Iams gegen Ballard gegen Farnsworth).

Der Eintritt Gregory Ogloblinskys in den Mitarbeiterstab Zworykins im Juli 1929 hatte allergrößte Auswirkungen. Ogloblinsky (oder »Oglo«, wie er liebevoll genannt wurde) war ausgebildeter Physiker und genoß die höchste Anerkennung aller, die mit ihm zusammenarbeiteten. Manche Hinweise sprechen sogar dafür, daß er für den größten Teil des Erfolges des Kineskops und später des Ikonoskops verantwortlich zeichnete.

37 Die Geschichte mit dem Dewar-Weinholdschen Gefäß wurde mir in einem persönlichen Interview mit Arthur Vance am 22. Dezember 1976 beschrieben. Vance war Ende 1928 zu Westinghouse gestoßen und wurde im Mai 1929 der Gruppe Zworykins zugewiesen. Er entwarf dort die meisten der Ablenk- und Hochspannungsschaltungen für den ersten elektronischen Fernsehempfänger. Vance folgte Zworykin im April 1930 zur RCA und arbeitete mit ihm an den frühen Kameraröhren mit zweiseitiger Bildwandlerplatte zusammen. Er nahm an der Entwicklung des Ikonoskops teil und arbeitete zu Beginn der vierziger Jahre gemeinsam mit Zworykin und Hillier am Elektronenmikroskop. Seine Informationen werden in der Folge als Vance-Akte zitiert.

38 Eugene Lyons, David Sarnoff. New York: Harper & Row 1966, S. 209. Diese Geschichte ist dutzendfach in anderen Quellen wiederholt worden. Lyons sprach von einem »elektrischen Auge« als dem angeblich »betriebsfähigen« Gerät. Wir wissen aber, daß nur ein unfertiges Bildwiedergabegerät existierte. Sarnoff bewies jedenfalls großen Mut mit seiner Zustimmung zu einer radikalen Idee, die bisher nicht weiter als bis zum Laborexperiment gediehen war.

Die Urquelle all dieser Behauptungen dürfte das Buch »Television and David Sarnoff« sein, eine Geschichte der Bemühungen der RCA um ein Fernsehsystem von ihrem offiziellen Firmenhistoriker E. E. Bucher. Das Buch befindet sich in den Archiven der David Sarnoff Library in Princeton. Auf das Fernsehen wird darin in Teil 12, »Schwarzweiß-Fernsehen«, Kapitel 1-14, eingegangen. Diese Geschichte des Fernsehens weicht gelegentlich von dem ab, was mir die verschiedenen dort beschäftigten Pioniere erzählten, auch von dem, was die Patentanträge und die Zeitungsberichte aussagen. Die Arbeit Buchers ist tatsächlich eine reichlich verklärende Darstellung der Geschichte des Fernsehens. Buchers Quellen nachzuprüfen war ausgeschlossen, da mir die Privatunterlagen Sarnoffs nicht zugänglich waren. Nur seine Reden sind bei Bucher verzeichnet. (Mit anderen Gesichtspunkten der Geschichte von Bucher habe ich mich nicht auseinandergesetzt, da ich ausschließlich an den Beiträgen der RCA zur Geschichte des Fernsehens interessiert war.) Diese Quelle wird in der Folge als Bucher/RCA zitiert.

39 Henroteaus Patentantrag v. 29. Mai 1929. (Vgl. Kapitel 7, Fußnote 77.) Vgl. U. S. Patentstreitverfahren Nr. 69.135 (Henroteau gegen Zworykin gegen Farnsworth), beeidigte Erklärung, datiert auf den 21. Sept 1936.

40 R. F. Tiltman: How »Stereoscopic« Television is Shown. In: Radio News 10 (Nov. 1928), S. 418-419. Stereoscopic Television. In: Science and Invention 16 (Nov. 1928), S. 621.

41 Smith Rehearses for Camera Men. In: New York Times v. 22. Aug. 1928, S. 3:4. Illustration in New York Times v. 26. Aug. 1928, Abtlg. V, S. 5:13. Die übrigen in diesem Absatz wiedergegebenen Angaben entstammem einem persönlichen Interview mit Ray D. Kell am 23. März 1977. Kell begann im April 1927, für General Electric zu arbeiten und schloß sich bald der Fernsehforschungsgruppe um Dr. Alexanderson an. Es dauerte nicht lange, bis Kell die Leitung des Projekts übernahm. Er schloß sich Ende 1930 dem Forschungsstab der RCA zum Fernsehen an. Dort nahm er an allen Abschnitten der Entwicklung des Fernsehsystems der RCA teil. Diese Quelle wird in der Folge als Kell-Akte zitiert.

42 Devendra N. Sharma, Brit. Pat. Nr. 320.993, beantragt am 24. Aug. 1928, ausgestellt am 31. Okt. 1929.

43 Bell Labs, 33.089, Brief von P. T. Farnsworth an Dr. E. B. Craft, datiert auf den 25. Juli 1928, Brief von Fleager an E. B. Craft, datiert auf den 4. Sept. 1928.

44 S. F. Man's Invention to Revolutionize Television. In: San Francisco Chronicle v. 3. Sept. 1928, zweite Titelseite. New Television System. In: New York Times v. 4. Sept. 1928, S. 20:1.

45 Shown at Berlin Radio Exhibition. In: New York Times v. 1. Sept. 1928, S. 6:8. Dr. A. Neuberger: The Karolus System of Television. In: Television (London) 1 (Okt. 1928), S. 35-37.

46 Play is Broadcast by Voice and Acting in Radio-Television. In: New York Times v. 12. Sept. 1928, S. 1:3. R. Hertzberg: Television Makes the Radio Drama Possible. In: Radio News 10, S. 524-527, 587-590. Drama via Television. In: Science and Invention 16 (Dez. 1928), S. 694, 762.

47 Television Devices to Be Shown Here. In: New York Times v. 6. Sept. 1928, S. 2:2. Television Thrills Radio Crowd Show. In: New York Times v. 21. Sept. 1928, S. 24:1. S. Moseley: Television in 1930. In: Television 3 (Feb. 1931), S. 479-480.

48 Alexanderson/G. E.-Akte, Bericht von M. A. Trainer, datiert auf den 8. Okt. 1928.

49 Gillis Holst, DRP Nr. 535.208, beantragt am 24. Sept. 1929 (Originalantrag v. 4. Okt. 1928), ausgestellt am 10. Okt. 1931. Brit. Pat. Nr. 326.200, beantragt am 5. Nov. 1928, ausgestellt am 5. März 1930.

50 To Stop Television in Broadcast Band. In: New York Times v. 23. Dez. 1928, S. 15:3.

51 J. L. Baird, Brit. Pat. Nr. 324.049, beantragt am 10. Okt. 1928, ausgestellt am 10. Jan. 1930.

52 George W. Walton, Brit. Pat. Nr. 328.286, beantragt am 25. Okt. 1928, ausgestellt am 25. April 1930.

53 Bell Labs, 33.089, Brief v. E. B. Craft an F. B. Jewett, datiert auf den 18. Sept. 1928. Memorandum v. F. Gray, datiert auf den 31. Okt. 1928. Memorandum v. H. D. Arnold an F. B. Jewett, datiert auf den 23. Nov. 1928.

54 P. T. Farnsworth, U. S. Pat. Nr. 2.037.711, beantragt am 26. Nov. 1928, erneuert am 21. Sept. 1931, ausgestellt am 21. April 1936.

55 J. H. Hammond Jr., U. S. Pat. Nr. 1.867.542, beantragt am 6. Dez. 1928, ausgestellt am 12. Juli 1932.

56 Max Knoll, Ludwig Schiff, Carl Stoerk, U. S. Pat. Nr. 2.036.532, beantragt am 18. Nov. 1929 (Originalantrag v. 12. Dez. 1928), ausgestellt am 7. April 1936.

57 Alexanderson/G. E.-Akte, Memorandum v. R. Kell an J. Huff, datiert auf den 14. Dez. 1928.

58 Fritz Schröter, DRP Nr. 495.718, beantragt am 23. Dez. 1928, ausgestellt am 10. April 1930.

59 Radio News 11 (Jan. 1929), S. 637. Disc-less Television. In: Science and Invention 16 (Jan. 1929), S. 840. Invents New System Minus Disks. In: Popular Science Monthly 14 (Jan. 1929), S. 61. Patentstreitverfahren Nr. 73.203 (Iams gegen Ballard gegen Farnsworth), S. 9, Beweisaussage Lubckes.

60 Lyons, a. a. O., S. 145-147. Vgl. auch Archer, Big Business and Radio, a. a. O., S. 339, 341.
61 RCA Stockholders Annual Report – 1929.
62 Lyons, a. a. O., S. 209.
63 V. K. Zworykin, U. S. Pat. Nr. 19.314 (erneut ausgestellt), Original beantragt am 26. März 1929; Antrag auf Neuausstellung v. 23. Dez. 1932, ausgestellt am 11. Sept. 1934.
64 Der erste Teil dieses Materials entstammt einem Forschungsmemorandum 6-6705-1, datiert auf den 18. Jänner 1930, von V. Zworykin an W. A. Tolson von General Electric. Dieses Dokument wird in der Folge als Westinghouse Forschungsmemorandum 6-6705-1 zitiert. Die übrigen Angaben wurden in einem Bericht 6705-A, »Cathode Ray Television Receivers« des Westinghouse Electric and Manufacturing Company Research Department (Verfasser V. K. Zworykin) wiederholt. Dieser Abschlußbericht ist auf den 28. Mai 1930 datiert. Er wird in der Folge als Westinghouse Bericht 6705-A zitiert.
65 F. Gray, J. R. Hofele, U. S. Pat. Nr. 1.769.918, beantragt am 2. Februar 1929, ausgestellt am 8. Juli 1930. F. Gray, J. R. Hofele, U. S. Pat. Nr. 1.769.919, beantragt am 30. April 1929, ausgestellt am 8. Juli 1930.
66 California Sees and Hears Griffith on Radio. In: New York Times v. 4. Feb. 1929, S. 1:3.
67 Bell Labs, 33.089, Memorandum »Recording Television Images on Movie Film at Television Speeds« v. Frank Gray, datiert auf den 11. Feb. 1929.
68 Leon Nemirovsky, U. S. Pat. Nr. 1.941.618, beantragt am 7. Feb. 1930 (Originalantrag v. 11. Feb. 1929), ausgestellt am 2. Jan. 1934.
69 Jean Thibaud: Effet magnetique longitudinal sur les faisceaux d'électrons lents. In: Journal de Physique (Paris) 10, Nr. 4 (1929), S. 161-176.
70 Television Exhibition. In: Electrician 102 (15. März 1929), S. 331. Vgl. auch The The Television Society. In: Television (London) 2 (April 1929), S. 83-90.
71 The Postmaster-General's Decision. In: Television (London) 2 (Mai 1929), S. 124. Vgl. auch Television – The Postmaster-General's Statement. In: Wireless World 24 (10. April 1929), S. 380.
72 Sydney A. Moseley: Writes from Berlin. In: Television (London) 2 (Juli 1929), S. 244-246.
73 Television Placed on Daily Schedule. In: New York Times v. 22. März 1929, S. 20:2. J. Weinberger, T. A. Smith, G. Rodwin: The Selection of Standards for Commercial Radio Television. In: Proceedings of the Institute of Radio Engineers 17 (Sept. 1929), S. 1584-1594. Am 25. März 1929 beantragten Goldsmith und Weinberger ein Patent für ein Fernsehsignal, das Bild-, Ton- und Synchronsignal auf einem Frequenzband von 100 kHz Breite zusammmnfaßtc. Vgl. A. N. Goldsmith, J. Weinberger, U. S. Pat. Nr. 1.770.205, beantragt am 25. März 1929, ausgestellt am 8. Juli 1930.
74 Images Dance in Space, Heralding New Radio Era. In: New York Times v. 14. April 1929, Abtlg. XI, S. 1:17. Alexanderson/G. E.-Akte, Brief von J. G. Harbord an A. N. Goldsmith, datiert auf den 17. April 1929.
75 R. Thun, Brit. Pat. Nr. 355.319, beantragt am 15. Mai 1930 (Originalantrag v. 18. Mai 1929), ausgestellt am 12. Aug. 1931.
76 J. W. Horton, Brit. Pat. Nr. 353.471, beantragt am 24. April 1930 (Originalantrag v. 25. Mai 1929), ausgestellt am 24. Juli 1931.
77 Francis C. P. Henroteau, U. S. Pat. Nr. 1.903.112, beantragt am 29. Mai 1929, erneuert am 13. Aug. 1931, ausgestellt am 28. März 1933. F. C. P. Henroteau, U. S. Pat. Nr. 1.903.113, beantragt am 29. Mai 1929, geteilt am 8. Sept. 1930, ausgestellt am 28. März 1933. F. C. P. Henroteau, Brit. Pat. Nr. 335.958, beantragt am 4. Juni 1929, ausgestellt am 6. Okt. 1930. Die RCA kaufte die Patente Henroteaus später auf.
78 The Television Society, a. a. O. (Kapitel 7, Fußnote 70), S. 355-356.
79 Television in Color Shown First Time. In: New York Times v. 28. Juni 1929, S. 25:1. H. E. Ives: Television in Color. In: Bell Laboratory Record 7 (Juli 1929), S. 439-444. H. E. Ives: Television in Color. In: Radio Engineering 9 (Aug. 1929), S. 34-36. H. E. Ives, A. L. Johnsrud: Television in Colors by a Beam Scanning Method. In: Journal of the Optical Society of America 20 (Jan. 1930), S. 11-22. Vorgelegt am 20. Juli 1929. H. E. Ives: Television in Color. In: Science and Invention 17 (Sept. 1929), S. 400-401, 474.
80 Large Television Images Broadcast by R.C.A. In: Radio News 10 (Juni 1929), S. 1121. Television Emerging from the Laboratory. In: Radio News 11 (Juli 1929), S. 10-11.
81 Lyons, a. a. O., S. 155-158.

82 T. A. Smith, Brit. Pat. Nr. 349.773, beantragt am 27. Mai 1930 (Originalantrag v. 27. Juni 1929), ausgestellt am 4. Juni 1931.

83 V. K. Zworykin, U. S. Pat. Nr. 2.361.255, beantragt am 5. Juli 1929, ausgestellt am 24. Okt. 1944.

84 Westinghouse Forschungsmemorandum 6-6705-1 (Kapitel 7, Fußnote 64).

85 T. A. Smith, Brit. Pat. Nr. 356.880, beantragt am 21. Juli 1930 (Originalantrag v. 19. Juli 1929), ausgestellt, am 17. Sept. 1931.

86 Westinghouse Bericht 6705-A: »Cathode-Ray Television Transmitters«, V. K. Zworykin, 28. Mai 1940. Weitere Informationen entstammen einem Brief von W. D. Wright v. 17. Nov. 1978 an mich. Wright arbeitete gemeinsam mit Zworykin an dieser ersten Röhre. Interviews mit Arthur Vance und Harley Iams bestätigten, wer damals mit Zworykin zusammenarbeitete.

87 R. H. George: A New Type of Hot Cathode Oscillograph. In: Transactions of the American Institute of Electrical Engineers 48 (Juli 1929), S. 884-890. R. H. George, U. S. Pat. Nr. 2.086.546, beantragt am 14. Sept. 1929, ausgestellt am 13. Juli 1937. (Die RCA übernahm am 7. Sept. 1934 die Bearbeitung dieses Patents.)

88 Television at the Berlin Radio Exhibition. In: Television (London) 2 (Okt. 1929), S. 379-383.

89 Television Transmits British Talking Film. In: New York Times v. 20. Aug. 1929, S. 5:2. Talking Films by Television. In: Television (London) 2 (Sept. 1929), S. 353. Voice and Image Go Together Over Wire. In: New York Times v. 3. Sept. 1929, S. 29:8. Baird's Newest Televisor. In: Science and Invention 17 (Dez. 1929), S. 691, 732, 734.

90 Television, First Experimental Broadcast. In: London Times v. 1. Okt. 1929, S. 26a.

91 Pierre E. L. Chevallier, Fr. Pat. Nr. 699.478, beantragt am 25. Okt. 1929, ausgestellt am 16. Feb. 1931. P. E. L. Chevallier, U. S. Pat. Nr. 2.021.252, beantragt am 20. Okt. 1930 (Originalantrag v. 25. Okt. 1929), ausgestellt am 19. Nov. 1935. P. E. L. Chevallier, U. S. Pat. Nr. 2.021.253, beantragt am 25. Okt. 1929, geteilt am 25. Aug. 1932, ausgestellt am 19. Nov. 1935. P. E. L. Chevallier, Brit. Pat. Nr. 360.654, beantragt am 30. Okt. 1930, ausgestellt am 12. Nov. 1931. Eine Prüfung des amerikanischen Patentakts Chevalliers ergab, daß Chevallier der RCA am 16. Juni 1931 die Einsichtnahme in seinen Akt gewährte. Am 8. Juli 1931 wurde Grover von der RCA zum Anwalt Chevalliers bestellt. Am 29. Juli 1931 wurde der Titel des Patents auf »Kineskop« umgeändert. Die RCA unternahm in weiterer Folge große Anstrengungen, zu beweisen, daß Chevallier der erste gewesen war, der die elektrostatische Strahlbündelung verwendete. Damit sollte offensichtlich das Interesse der RCA an der äußerst wichtigen Bildwiedergaberöhre geschützt werden, die Zworykin entwickelt hatte.

92 Manfred von Ardenne: A Braun Tube for Direct Photographic Recording. In: Experimental Wireless 7 (Feb. 1930), S. 66-70. (Manuskript, vorgelegt im Okt. 1929) Hans von Hartel: Eine neue Braun'sche Röhre. In: Zeitschrift für Hochfrequenztechnik 34 (Dez. 1929), S. 227-228. Der Verkaufspreis dieser Röhre betrug 200 Mark. Vgl. auch R. A. Watson Watt: Applications of the Cathode Ray Oscillograph in Radio Research. London: Her Majesty's Stationary Office 1933/1943.

93 V. K. Zworykin, U. S. Pat. Nr. 2.109.245, beantragt am 16. Nov. 1929, ausgestellt am 22. Feb. 1938. Westinghouse Electric & Manufacturing Company, Fr. Pat. Nr. 705.523, beantragt am 10. Nov. 1930 (Originalantrag v. 16. Nov. 1929), ausgestellt am 9. Juni 1931. Es ist nie völlig klar geworden, weshalb Westinghouse bis November 1929 damit wartete, diesen Antrag einzureichen. Ich wußte, daß Zworykin im September 1928 aus Europa in die Vereinigten Staaten zurückgekehrt war; wenn ich nun die üblichen fünf bis sechs Monate für die Vorbereitung eines Patentantrags einräume, so wird mir nicht klar, warum dieser Antrag nicht schon mindestens bis März oder April 1929 fertig war. Dies hätte Zworykin ein früheres Antragsdatum ermöglicht. Es ist möglich, daß zwischen Westinghouse und Belin ein Geschäft ausgehandelt wurde, das vielleicht ins Wasser gefallen war, und so zu dieser Verzögerung führte. Aber das ist reine Mutmaßung. Chevalliers Patentvorrang wurde jedenfalls festgesetzt. Nun bedurfte es nur noch der Herstellung einer funktionstüchtigen Röhre der patentierten Bauart, und dies gelang natürlich Zworykin zuerst. Die genauen Gründe für diesen späten Patentantrag werden wir nie erfahren.

94 Wahrscheinlich stammt diese Fehlinformation aus dem New York Times-Index, Okt. – Dez. 1929. Auf S. 438 heißt es dort: »V. Zworykin demonstriert nicht-mechanischen Empfänger, spezielle Elektronenröhre namens ›Kineskop‹. 19. November, S. 32:3«. Dies ist nicht nur im Datum inkorrekt; eine genaue Durchsuchung der Ausgabe v. 19. November zeigt, daß sie über-

haupt keinen Bericht enthält, also weder über das Treffen, noch über die sogenannte »Demonstration«. (Ich habe seither festgestellt, daß einige Berichte nur in der Morgenausgabe gedruckt wurden und in späteren nicht mehr. Das mag hier der Fall sein.) Vgl. Institute Meeting. Proceedings of the Institute of Radio Engineers 18 (Jan. 1930), S. 4. V. Zworykin hielt einen Vortrag: »Television with Cathode Ray Tube for Receiver«. In dem Bericht darüber findet sich keine Erwähnung einer Vorführung. Das Treffen wurde im Sagamore Horel in Rochester, New York, abgehalten. Zworykins Vortrag wurde in Proceedings of the Institute of Radio Engineers nie abgedruckt. Er erschien in Radio Engineering; vgl. V. K. Zworykin: Television with Cathode-Ray Tube for Receiver. In: Radio Engineering 9 (Dez. 1929), S. 38-41.

95 Westinghouse Forschungsmemorandum 6-6705-1 (Kapitel 7, Fußnote 64).

96 Vgl. auswahlsweise zur Berichterstattung über Dr. Zworykins neuen Empfänger The Cathode Ray Again. In: Television (London) 2 (Jan. 1930), S. 528. Im Hinblick auf diese »utopische Idee« wird darin nur angemerkt, daß »wir nicht voreingenommen gesinnt sind« und »jeden Aufbruch weg von den derzeitigen Verfahren begrüßen würden«.
H. E. Ives erachtete Zworykins Arbeit zum Fernsehen als »hauptsächlich Gerede« und als »kaum vielversprechend«. Er schloß, daß die Aussichten dieser Arbeit, Fernsehbilder für ein größeres Publikum sichtbar zu machen, »völlig haarsträubend« seien. Dies entsprach natürlich ganz der Einstellung der meisten Fernsehpioniere, die mit Elektronenröhren experimentiert hatten und ohne Hoffnung waren, daß sie je funktionstüchtige Fernsehinstrumente abgeben würden; vgl. Bell Labs, 33.089, Memorandum v. H. E. Ives an H. P. Charlesworth, datiert auf den 16. Dez. 1929.

97 W. J. Hitchcock, Brit. Pat. Nr. 363.103, beantragt am 26. Nov. 1929, ausgestellt am 17. Dez. 1931.

98 Walker Televised at Demonstration. In: New York Times v. 21. Dez. 1929, S. 22:2.

99 Philo T. Farnsworth, Harry R. Lubcke: Transmission of Television Images. In: Radio 11 (Dez. 1929), S. 36, 85-86. K. Takayanagi hatte zwar schon im Sept. 1928 Photographien veröffentlicht, die von seiner Bildwiedergaberöhre aufgenommen worden waren (vgl. Kapitel 6, Fußnote 68). Doch diese Bilder kamen aus einem mechanischen Lichtpunktabtaster; die Bilder vom System Farnsworth' hingegen stammten aus einer elektronischen Kameraröhre.

100 W. J. Baker: A History of the Marconi Co. London: Methuen 1970, S. 200.

101 R. Barthélemys wichtigstes Patent war, U. S. Pat. Nr. 2.023.505, beantragt am 20. Dez. 1929 (Originalantrag v. 27. Dez. 1928), ausgestellt am 10. Dez. 1935.

Anmerkungen zu Kapitel 8

1 Lyons, a. a. O., S. 158.

2 Brief von Albert F. Murray an mich, datiert auf den 14. Juni 1978.

3 Television Broadcast with Sound. In: London Times v. 1. April 1930, S. 28c. Sight-Sound Program Broadcast in Britain. In: New York Times v. 1. April 1930, S. 17:3.

4 D. E. Replogle: Where Television Is Today. In: Radio News 11 (Jan. 1930), S. 629-631, 677. C. F. Jenkins, U. S. Pat. Nr. 1.844.508, beantragt am 14. Jan. 1930, ausgestellt am 9. Feb. 1932. Vgl. auch U. S. Pat. Nr. 1.984.682, beantragt am 1. Feb. 1930, ausgestellt am 18. Dez. 1934.

5 Alexanderson/G. E.-Akte, Memorandum v. Alexanderson an H. E. Dunham, datiert auf den 19. Feb. 1930. Schenectady Flashes Picture to Australia: Gets It Back in One-Eighth of a Second. In: New York Times v. 19. Feb. 1930, S. 1:6.

6 Nachruf Mr. A. A. Campbell Swinton, F. R. S. In: Nature 125 (8. März 1930), S. 356, 385.

7 P. T. Farnsworth, U. S. Pat. Nr. 1.969.399, beantragt am 3. März 1930, ausgestellt am 7. Aug. 1934.

8 Hans Hatzinger, Brit. Pat. Nr. 358.411, beantragt am 16. März 1931 (Originalantrag v. 25. März 1930), ausgestellt am 8. Okt. 1931.

9 The Cathode-Ray Television Receiver. In: Radio Craft 1 (Feb. 1930), S. 384-385. V. Zworykin: Television Through a Crystal Globe. In: Radio News 11 (April 1930), S. 905, 949. W. G. W. Mitchell: The Cathode-Ray in Practical Television (Part 3). In: Television (London) 2 (Feb. 1930), S. 590-593. A. Neuberger: Das »Kineskop«, ein neuer Fernseher. In: Fernsehen 4 (1930), S. 175-179.

10 Bell Labs, 33.089, Memorandum v. F. Gray, datiert auf den 26. März 1930.
11 K. Takayanagi, Jap. Pat. Nr. 93.456, beantragt am 27. Dez. 1930, ausgestellt am 4. Nov. 1931. Vgl. auch Jap. Pat. Nr. 100.037, beantragt am 13. Juni 1932, ausgestellt am 9. März 1933.
12 US-Patentstreit Nr. 73.203 (H. Iams gegen R. C. Ballard gegen P. T. Farnsworth).
13 Diese Informationen erhielt ich bei einem Besuch der EMI-Archive in Hayes, Middlesex, England, am 18. September 1978. Ich war der erste Fernsehhistoriker, der Einblick in diese Aufzeichnungen nehmen durfte. Diese Quelle wird in der Folge als EMI-Akte zitiert.
14 Dietrich Prinz, U. S. Pat. Nr. 1.854.274, beantragt am 4. April 1931 (Originalantrag v. 3. April 1930), ausgestellt am 19. April 1932.
15 Second Annual Exhibition. In: Proceedings of the Television Society Nr. 15 (1930), S. 12-14.
16 »Visual« Conversations, Successful Demonstration in New York. In: London Times v. 11. April 1930, S. 13b. H. E. Ives: Two-Way Television. Bell Labs Record 8 (May 1930), S. 398-404.
17 Die meisten dieser Angaben entstammen dem Patentstreitverfahren Nr. 64.027, Zworykin gegen Farnsworth. Sie finden sich auch in Everson, a. a. O., S. 125-127.
18 Alexanderson/G. E.-Akte, Memorandum v. Alexanderson an H. E. Dunham, datiert auf den 4. Juni 1930. Über Alexandersons Abneigung gegen das elektronische Fernsehen sprach Ray Kell in einem Interview, das ich 1977 mit ihm führte.
19 V. K. Zworykin, U. S. Pat. Nr. 2.246.283, beantragt am 1. Mai 1930, ausgestellt am 17. Juni 1941. Vgl. auch Fr. Pat. Nr. 715.912, beantragt am 23. April 1931 (Originalantrag v. 1. Mai 1930), ausgestellt am 11. Dez. 1931. Nach dem 23. November 1938 wurden mehrere neue Ansprüche in dieses Patent aufgenommen. Es ist das Patent mit der berühmten Seriennummer 448.834 (1930), das den Gegenstand zahlreicher Streitverfahren bildete (vgl. dazu S. 193f. des vorliegenden Buches). Schließlich wurde dieses Patent für ein »photoelektrisches Mosaik« Westinghouse ausgestellt, nachdem es rund elf Jahre bei der Patentbehörde anhängig gewesen war.
Zu den Schwierigkeiten beim Bau zweiseitiger Bildwandlerplatten vgl. V. K. Zworykin, G. A. Morton: Television – The Electronics of Image Transmission. New York: Wiley 1940, S. 304.
20 Iams-Akte, Brief v. Dr. Zworykin an Harley Iams, datiert auf den 20. Juni 1930. (Iams hat mir mehrere an ihn gerichtete Briefe Zworykins aus dieser Zeit überlassen.) Die Angaben Zworykins in diesem Brief wurden in meinen Interviews mit Arthur Vance und Les Flory bestätigt. Sie waren sich im Klaren darüber, was Farnsworth mit seiner Bildzerlegerröhre geleistet hatte und wie gut sie für ihre Experimente zu dieser Zeit verwendbar war.
21 Philo T. Farnsworth, Harry Lubcke, U. S. Pat. Nr. 2.059.219, beantragt am 5. Mai 1930, ausgestellt am 3. Nov. 1936. U. S. Pat. Nr. 2.246.625, beantragt am 5. Mai 1930, ausgestellt am 24. Juni 1941. Lubcke gab an, daß die Tilgung aller Rücklaufzeilen bereits am 2. Juli 1929 gelungen sei. Diese Information entstammt dem Patentstreitverfahren Nr. 73.203, S. 9. Vgl. auch Patentstreitverfahren Nr. 68.936 (Farnsworth gegen Vance), 10. Juli 1935, den Farnsworth für sich entschied.
22 Bell Labs, 33.089, Memorandum für ein Dokument des Titels »Proposed Television Transmitters« (MM-10.020) v. Frank Gray, datiert auf den 20. Mai 1930. Vgl. auch Frank Grays Labornotizbuch, Eintragung v. 29. April 1929, wo sich Einzelheiten seiner Vorstellungen über Kameraröhren finden.
23 Television on the Stage. In: London Times v. 23. Mai 1930, S. 14b. Television in the Theater. In: Electronics 1 (Juni 1930), S. 112-113. Television in the Theater. In: Radio News 12 (Aug. 1930), S. 100. Edgar H. Felix: Television Advances from Peephole to Screen. Radio News 12 (Sept. 1930), S. 228-230, 268-269. Es gab mehrere Hinweise auf eine angebliche Großbildvorführung im Radio Keith Orpheum-Kino in der 58. Straße durch die RCA am 16. Jänner 1930. Diese Hinweise sollten aber mit Vorsicht behandelt werden. Für eine solche Demonstration der RCA finden sich nämlich weder bei Bucher/RCA noch in der Alexanderson/G. E.-Akte Anhaltspunkte. Selbstverständlich hätte sie den Vorrang vor der General Electric-Vorführung eingenommen. Vgl. Barton Kreuser: Progress Report-Theater Television. In: Journal of the Society of Motion Picture Engineers 53 (Aug. 1949), S. 128-136; Hinweise darauf auch bei A. F. Van Dyck: The Early Days of Television. In: Radio Age 15 (April 1956), S. 10-12.
24 Trust Suit Filed on Radio Compacts. In: New York Times v. 14. Mai 1930, S. 1:4. Lyons, a. a. O., S. 162-167. Archer, Big Business and Radio, a. a. O., S. 349-351.
25 P. T. Farnsworth, U. S. Pat. Nr. 2.099.846, beantragt am 14. Juni 1930, ausgestellt am 23. November 1937.

26 Philo T. Farnsworth, U. S. Pat. Nr. 2.085.742, beantragt am 14. Juni 1930, ausgestellt am 6. Juli 1937.
27 Bell Labs, 33.089, Brief v. Herbert Hoover Jr. an Harry E. Young von der Western Electric Co., datiert auf den 22. Sept. 1930. Darüber ist auch die Rede bei Everson, a. a. O., S. 120-121.
28 40 Years Later. In: Broadcast-Telecast 70 (9. Mai 1966), S. 80.
29 Bucher/RCA, a. a. O., S. 47-48.
30 The First Play by Television. In: London Times v. 15. Juli 1930, S. 12b. Television Play Is Broadcast in Britain. In: New York Times v. 15. Juli 1930, S. 1:2. Sydney A. Moseley, H. J. Barton Chapple: Television, To-day and To-morrow. London: Pitman 1934, S. 16-17, 154-158.
31 V. K. Zworykin, U. S. Pat. Nr. 2.157.048, beantragt am 17. Juli 1930 (erneuert am 30. Jan. 1937), ausgestellt am 2. Mai 1939. Brit. Pat. Nr. 369.832, beantragt am 17. Juli 1931 (Originalpatent v. 17. Juli 1930), ausgestellt am 31. März 1932. Dies scheint das erste Patent Zworykins zu sein, das für die Marconi's Wireless Telegraph Co. ausgestellt wurde. Nach Auskunft von Arthur Vance und Les Flory wurden mehrere Exemplare dieser Röhre gebaut und betrieben.
32 Edwin H. Armstrong, U. S. Pat. Nr. 1.941.066, beantragt am 30. Juli 1930, ausgestellt am 26. Dez. 1933. Auch U. S. Pat. Nrn. 1.941.067, 1.941.068. Vgl. Broadcasting 18 (1. April 1940), S. 9.
33 Telehor AG, Brit. Pat. Nr. 364.003, beantragt am 21. Aug. 1930 (Originalantrag v. 5. Aug. 1930), ausgestellt am 21. Dez. 1931.
34 V. K. Zworykin, U. S. Pat. Nr. 2.025.143, beantragt am 15. Aug. 1930, ausgestellt am 24. Dez. 1935. Die darin dargestellte Empfängerröhre zeigte einen Glaskolben, der bereits die Form der noch nicht erfundenen späteren Zworykinschen Kameraröhre mit einseitigem Bildwandler aufwies.
35 Alfred Gradenwitz: Television in Germany Today. In: Science and Invention 3 (Jan. 1931), S. 807, 857. The German Radio Exhibition in Berlin. In: Television (London) 3 (Sept. 1930), S. 309. The Exhibit of Fernseh A. G. as shown at the Berlin Radio Exhibition. In: Television (London) 3 (Okt. 1930), S. 338-340.
36 Alda V. Bedford, U. S. Pat. Nr. 1.849.818, beantragt am 19. Sept. 1930, ausgestellt am 15. März 1932. Dem Vernehmen nach hatten diese Mitarbeiter um ihre Versetzung zur RCA gebeten, wodurch Dr. Alexanderson mit einer stark verkleinerten Mannschaft zurückblieb. General Electric setzte die Arbeit an Alexandersons System noch etwa ein Jahr lang fort. Iams-Akte, Brief v. Zworykin an Iams, datiert auf den 12. Sept. 1930.
37 H. E. Ives, Brit. Pat. Nr. 390.158, beantragt am 28. Sept. 1931 (Originalantrag v. 4. Okt. 1930), ausgestellt am 28. März 1933.
38 H. E. Ives: Television in Color from Motion Picture Film. In: Journal of the Optical Society of America 21 (Jan. 1931), S. 2-7.
39 George W. Walton, Brit. Pat. Nr. 369.644, beantragt am 20. Okt. 1930, ausgestellt am 21. März 1932.
40 E. Hudec, Brit. Pat. Nr. 395.373, beantragt am 10. Nov. 1931 (Originalantrag v. 11. Nov. 1930), ausgestellt am 10. Juli 1933.
41 Philo T. Farnsworth: An Electrical Scanning System for Television. In: Radio Industries 5 (Nov. 1930), S. 386-389, 401-403. Ebenso in Radio-Craft 2 (Dez. 1930), S. 346-349. Farnsworth gab in dem Originalartikel »50 kHz« als Bandbreite an. Doch meistens sprach er im Zusammenhang mit diesem Verfahren von »15 kHz« für Bild und Ton!
42 L. R. Koller: Photoelectric Emission from Thin Films of Caesium. In: Physical Review 36 (Dez. 1930), S. 1639-1647. Eingelangt am 22. Okt. 1930.
43 Vgl. A Radio Idea from the West. In: New York Times v. 14. Dez. 1930, Abtlg. X, S. 14:6. Berichtet wurde darüber auch von A. Dinsdale: Television by Cathode Ray. In: Wireless World 28 (18. März 1930), S. 286-288; sowie von Everson, a. a. O., S. 124-125. Vgl. auch Bell Labs, 33.089, Memorandum v. H. E. Ives an O. M. Glunt, datiert auf den 19. Dez. 1930. Dort heißt es: »Wenn Mr. Farnsworth tut, was er angibt zu tun, dann wissen wir nicht, wie er es tut.« Und weiter: »Das eigentlich verblüffende im Hinblick auf die Ankündigung von Mr. Farnsworth besteht darin, daß wir ihn doch als *klugen und ernsthaften* Forscher kennen.« Trotz aller Leistungen Farnsworths konnte diese Beschädigung seines Ansehens nie mehr ganz wiedergutgemacht werden.
44 P. T. Farnsworth, U. S. Pat. Nr. 2.026.379, beantragt am 4. Dez. 1930, ausgestellt am 31. Dez. 1935.
45 K. Takayanagi, Jap. Pat. Nr. 93.465, beantragt am 27. Dez. 1930, ausgestellt am 4. Nov. 1931. Takayanagi beantragte auch ein Patent für einen Elektronenstrahlabtaster; vgl. Jap. Pat. Nr. 100.037, beantragt am 13. Juni 1932, ausgestellt am 9. März 1933.
46 A. Konstantinov, Russ. Pat. Nr. 39.380, beantragt am 28. Dez. 1930, ausgestellt am 30. Nov. 1934.

47 EMI-Akte.
48 Report Television Gains. In: New York Times v. 7. Jan. 1931, S. 12:2. A New Television System. In: Wireless World 28 (14. Jan. 1931), S. 38-39. W. G. W. Mitchell: London Looks in at New Television Departure. In: Science and Invention 19 (Mai 1931), S. 21, 78-79. C. O. Browne: Multi-Channel Television Apparatus. In: Journal of the Institute of Electrical Engineers (London) 70 (März 1932), S. 340-353.
49 H. E. Ives: A Multi-Channel Television Apparatus. In: Bell System Technical Journal 10 (Jan. 1931), S. 33-45.
50 Schenectady-to-Leipzig Television a Success; Movie Also Made of Images Sent by Radio. In New York Times v. 18. Feb. 1931, S. 15:3. Zwei Einzelbilder der Filmaufnahme von den Fernsehbildern wurden in der New York Times v. 15. Feb. 1931, Abtlg. VIII, S. 16:6, gezeigt.
51 Bucher/RCA, a. a. O., S. 62-64. Vgl. zu der Angabe über Engstrom Broadcasting (4. Dez. 1961), S. 5-33. Vgl. auch Dr. E. W. Engstrom Elected President of RCA. In: Broadcast News 12 (Dez. 1961), S. 4-5.
52 Dies sind folgende Patente der RCA: A. W. Vance, U. S. Pat. Nr. 2.137.039, beantragt am 17. Juni 1931, ausgestellt am 15. November 1938. W. A. Tolson, Brit. Pat. Nr. 387.915, beantragt am 27. Juni 1932 (Originalantrag v. 25. Juni 1931), ausgestellt am 16. Feb. 1933. V. K. Zworykin, J. C. Batchelor, U. S. Pat. Nr. 1.988.469, beantragt am 30. Juni 1931, ausgestellt am 22. Jan. 1935. R. C. Ballard, U. S. Pat. Nr. 2.215.285, beantragt am 15. Aug. 1931, ausgestellt am 17. Sept. 1940. R. D. Kell, Brit. Pat. Nr. 407.409, beantragt am 22. Sept. 1932 (Originalantrag v. 30. Sept. 1931), ausgestellt am 22. März 1934.
53 »C. J. Spencer besucht RCA.« Dieser Vermerk findet sich in den Akten zum Patentantrag Nr. 468.610, eingereicht am 17. Juli 1931 S. 3, Brief v. Goldsborough an die Patentbehörde.
54 Horst Hewel: Einzelheiten Amerikanischer Kathodenstrahl-Fernsehsysteme. In: Fernsehen 2 (April 1931), S. 123-128. A. Dinsdale: Television by Cathode Ray, a. a. O., S. 286-288. A. Dinsdale: Television Takes the Next Step. In: Science and Invention 19 (Mai 1931), S. 46-47, 72-73. W. G. W. Mitchell: Developments in Television. In: Journal of the Royal Society of the Arts 79 (29. Mai 1931), S. 616-642. Visual Broadcasting Still an Experiment. In: Radio News 12 (Feb. 1931), S. 761. P. T. Farnsworth: Scanning with an Electric Pencil. In: Television News 1 (März/April 1931), S. 48-51, 74. Arthur H. Halloran: »Scanning« Without a Disc. In: Radio News 12 (Mai 1931), S. 998-999, 1015.
55 M. von Ardenne, Brit. Pat. Nr. 387.536, beantragt am 29. März 1932 (Originalantrag v. 27. März 1931), ausgestellt am 9. Feb. 1933. M. von Ardenne: Evolution of the Cathode Ray Tube. In: Wireless World 66 (Jan. 1960), S. 28-32.
56 Manfred von Ardenne: Neue Fernsehsender und -empfänger mit Kathodenstrahlröhren. In: Fernsehen 2 (April 1931), S. 65-80.
57 Diese Angaben machte Manfred von Ardenne mir gegenüber in einem Interview in Dresden am 3. Aug. 1984.
58 EMI-Akte, Aktionärsbericht, datiert auf den 27. Nov. 1931. Aktionärsbericht der RCA, datiert auf den 14. März 1932, S. 4.
59 Brief v. W. D. Wright an mich, datiert auf den 18. Dez. 1978. Vgl. auch C. O. Browne: Technical Problems in Connection with Television. In: Journal of the Institute of Electrical Engineers (London) 69 (Okt. 1931), S. 1232-1238.
60 The Annual Exhibition. In: Journal of the Television Society 1 (1931/34), S. 55-60. Television Society Exhibition. In: London Times v. 16. April 1931, S. 12b.
61 Lee De Forest, U. S. Pat. Nr. 2.026.872, beantragt am 24. April 1931, ausgestellt am 7. Jan. 1936. Weiters U. S. Pat. Nr. 2.003.680, beantragt am 22. Sept. 1931, ausgestellt am 4. Juni 1935. Lee De Forest: Early Beginnings of Large Screen Television. In: Journal of the Television Society 4 (1944-1946), S. 147.
62 Daylight Demonstration. In: London Times v. 9. Mai 1931, S. 14g. Broadcast Derby Stakes. In: London Times v. 4. Juni 1931, S. 16b. H. J. Barton Chapple: Televising a Horse Race. In: Radio News 13 (März 1932), S. 757, 812. A Magic »Gypsy« Caravan. In: New York Times v. 13. Sept. 1931, Abtlg. X, S. 14:1.
63 Diese Informationen entstammen zwei wichtigen Quellen. In einem Interview am 2. Aug. 1981 bestätigte Harley Iams mir gegenüber, daß die ersten »direkt« aufgenommenen Bilder von einer

von Wilson nachgebauten Bildzerlegerröhre stammten, und eben nicht von einer Ikonoskop-Röhre. Dies bestätigte auch Leslie Flory, der darüber hinaus die Freundlichkeit hatte, mir das Photo einer RCA-Bildzerlegerröhre, die sich auf dem Dach des RCA-Gebäudes in Camden befindet, zur Verfügung zu stellen. Angesprochen wurde diese Röhre auch in einem Brief von Zworykin an Iams, datiert auf den 20. Juni 1930; Iams-Akte (vgl. Kapitel 8, Fußnote 20).

64 Zworykin-Akte, Notizbuch Zworykins, Eintragung v. 12. Juni 1931.

65 Harley Iams, Interview mit mir am 2. Aug. 1981. Weitere Einzelheiten entstammen dem am 24. Feb. 1932 beantragten Patent Essigs (vgl. Kapitel 8, Fußnoten 106 u. 107).

66 Everson, a. a. O., S. 132-135. Zu Details über den Besuch von Sarnoff vgl. S. 199. Weitere Einzelheiten liefern P. Schatzkin und B. Kiger in dem zweiteiligen Artikel Philo Farnsworth: Inventor of Electronic Television. In: Television 5 (1977), S. 6-8; Teil II in Bd. 5 (1977), S. 17-20. Leider verdirbt die begeisterte Voreingenommenheit Schatzkins für Farnsworth alle seine Schriften. Er ist rücksichtslos gegenüber den Tatsachen, und sein verbissener und aufreibender Stil hat dem Bild Farnsworths mehr geschadet als genützt. Schatzkin weigert sich, zur Kenntnis zu nehmen, daß Zworykin schon vor Farnsworth eine Kameraröhre gebaut und betrieben hat. Durch diese Zurückweisung des Prioritätsanspruchs Zworykins verliert Schatzkin seine Glaubwürdigkeit und setzt damit Farnsworths Verdienst herab, der erste gewesen zu sein, der ein wirklich vollelektronisches Fernsehsystem betrieben hat, was wir ihm hier so hoch angerechnet haben. Ich hoffe, diese Angelegenheit damit endgültig geklärt zu haben.

67 Philadelphia to Look-In. In: New York Times v. 20. Dez. 1931, Abtlg. IX, S. 10:8.

68 Siemens-Schuckertwerke Akt.-Ges., Brit. Pat. Nr. 402.781, beantragt am 30. Mai 1932 (Originalantrag v. 30. Mai 1931), ausgestellt am 30. Nov. 1933.

69 W. O. Osbon: A New Cathode Ray Oscilloscope. In: Electrical Journal 28 (Mai 1931), S. 322-324. L. Sutherlin, A. J. Harcher: Cathode-Ray Tubes. In: Electrical Journal 29 (Aug. 1932), S. 388-389. Cathode-Ray Oscillograph Tubes. In: General Electric Review 36 (Jan. 1933), S. 64. Vgl. auch V. K. Zworykin: Improvements in Cathode-Ray Tube Design. In: Electronics 3 (Nov. 1931), S. 188-190.

70 G. B. Banks, Brit. Pat. Nr. 380.109, beantragt am 2. Juni 1931, ausgestellt am 2. Sept. 1932.

71 Philo T. Farnsworth, U. S. Pat. Nr. 2.051.372, beantragt am 14. Juli 1931, ausgestellt am 18. Aug. 1936.

72 Philo T. Farnsworth, U. S. Pat. Nr. 2.140.284, beantragt am 14. Juli 1931, ausgestellt am 13. Dez. 1938.

73 Fifth Television Transmitter Planned for New York Area. In: New York Times v. 19. April 1931, Abtlg. IX, S. 10:1. Samuel Kaufman: Television Progress, New York Forges Ahead. In: Radio News 13 (Nov. 1931), S. 375-376, 436.

74 S. S. Leviathan Makes First Successful Demonstration of Shore-to-Ship Reception. In: New York Times v. 24. Juli 1931, S. 20:4. Violet Hodgson: Television Goes to Sea. In: Radio News 13 (Nov. 1931), S. 386-387, 439-440.

75 Abbildung des in Berlin gezeigten elektronischen Fernsehbildgebers in: New York Times v. 16. Aug. 1931, Abtlg. IX, S. 8: 4. E. H. Traub: Television at the 1931 Berlin Radio Exhibition. In: Journal of the Television Society 1 (1931/34), S. 100-103. M. v. Ardenne: The Cathode Ray Tube Method of Television. In: Journal of the Television Society 1 (1931/34), S. 71-74. Manfred von Ardenne: Cathode-Ray Tubes. London: Sir Isaac Pitman 1939, S. 482-484.

76 Berlin Radio Show. In: Wireless World 29 (9. Sept. 1931), S. 256-257. Spiral Mirrors in New System Minimizing the Flickering of Images. In: New York Times v. 13. Sept. 1931, Abtlg. IX, S. 16:4. C. Kette: Die Fernsehschau auf der Berliner Funkausstellung. In: Fernsehen 2 (Okt. 1931), S. 225-238.

77 Cathode Ray Oscillograph. In: Radio Engineering 11 (Aug. 1931), S. 48.

78 R. H. George, H. J. Heim, U. S. Pat. Nr. 2.100.279, beantragt am 2. Sept. 1931, ausgestellt am 23. Nov. 1937.

79 C. F. Harding, R. H. George, H. J. Heim: The Purdue University Experimental Television System. In: Purdue Engineering Bulletin, Research Series Nr. 65. 23/Nr. 2 (März 1939), S. 5-50.

80 M. Knoll, E. Ruska: Beitrag zur geometrischen Elektronenoptik. In: Annalen der Physik 12 (Feb. 1932), S. 606-640, 641-661.

81 Frank Gray, Brit. Pat. Nr. 406.672, beantragt am 31. Aug. 1932 (Originalantrag v. 16. Sept. 1931), ausgestellt am 28 Feb. 1934.

82 C. N. Kataiew, Russ. Pat. Nr. 29.865, beantragt am 24. Sept. 1931, ausgestellt am 30. April 1933.

83 P. Shmakow: Television in the U. S. S. R. In: Journal of the Television Society 1 (1931/34), S. 126-130. Im Oktober 1965 behaupteten die Russen, daß I. Beljansky und Boris Grabowsky am 26. Juni 1928 tatsächlich »die ersten elektronischen Fernsehsender und -empfänger«vorgeführt hätten; vgl. New York Times v. 25. Okt. 1965, S. 3:2. In Boris Rosings Überblick über die Entwicklung des Fernsehens in Rußland aus dem Jahr 1930 (vgl. Kapitel 6, Fußnote 11) findet sich indes keine Erwähnung dieses welterschütternden Ereignisses. Im Jahr 1928 verfügte nur Philo Farnsworth über ein betriebsfähiges vollelektronisches Fernsehsystem.

84 The Baird Television Arc. In: Television (London) 3 (Feb. 1931), S. 511. New Modulated Arc. In: London Times v. 25. Sept. 1931, S. 10a.

85 EMI-Akte, S. 142. Die Anstellung Capt. Wests bei EMI war bis heute ein Geheimnis. Sie wurde in früheren geschichtlichen Darstellungen nicht einmal angedeutet.

86 Jonathan Chambers: Architects of Television – 1: The Story of Marconi. In: International Television Technical Review 3 (Juni 1962), S. 310-317.

87 Manfred von Ardenne, Brit. Pat. Nr. 397.688, beantragt am 5. Okt. 1932 (Originalantrag v. 6. Okt. 1931), ausgestellt am 31. Aug. 1933. Cathode Ray Television. In: Journal of the Television Society 1 (1931/34), S. 69-70.

88 R. A. Watson Watt, a. a. O., S. 6.

89 Patentantrag Zworykins, Seriennr. 683.337, beantragt am 29. Dez. 1923, S. 75, Eintrag datiert auf den 8. Okt. 1931.

90 G. R. M. Garratt, A. H. Mumford: The History of Television. In: Proceedings of the Institute of Electrical Engineers (London), 99/Tl. IIIA (1952), S. 35. Vgl. Zworykin-Akte, Zworykins Labornotizen, Eintragung v. 23. Okt. 1931. Harley Iams, Interview mit mir am 2. Aug. 1981.

91 V. K. Zworykin, U. S. Pat. Nr. 2.021.907, beantragt am 13. Nov. 1931, ausgestellt am 26. Nov. 1935. Vgl. die originale Patentakte zu den Ansprüchen, die Tihany zuerkannt wurden. Tihanys Patent wurde als U. S. Pat. Nr. 2.158.259, ursprünglich beantragt am 10. Juni 1929, eingetragen. Es gab die Behauptung, wonach der neue einseitige Bildwandler auf die gleiche Weise funktioniert haben soll wie der ältere zweiseitige Bildwandler. Doch das trift nicht zu: Ein zweiseitiger Bildwandler trennt den Primärstrahl von der Photoemission; dadurch sind Sekundärelektronen,
die aus dem Aufschlagpunkt auf der Anode herausgeschlagen werden, von den Elektronen, die aus der photoelektrischen Oberfläche austreten, getrennt. Der physikalische Aufbau ist ebenfalls unterschiedlich, wobei der zweiseitige Bildwandler eine höhere Kapazität hat. Und schließlich funktioniert der einseitige Bildwandler auf der Basis unvollständiger Sättigung, der zweiseitige Bildwandler dagegen auf der Basis vollständiger Sättigung.

92 Die Behauptung, derzufolge Tihany das Ikonoskop erfunden habe, wurde von einem ungarischen Historiker, Pál Vajda, in dem Artikel »Neue Angaben über ungarische Pioniere der Telekommunikation« In: Technikatörténeti Szemle, Juli 1973, aufgestellt. Er gab an, daß »das Ikonoskop, die erste Bildsensorröhre, die sich das Prinzip der Ladungsspeicherung zunutze macht, von Kolomon Tihany erfunden wurde. Andererseits räumen wir ein, daß die Verwirklichung des Ikonoskops im Labor der RCA auf V. K. Zworykin zurückgeht [...]« Die gleiche Behauptung erhob auch Katrina Glass (Tihanyis Tochter) in einem Interview, das ich Anfang 1977 mit ihr führte. Die Aussage Vajdas, Tihany habe das Ikonoskop erfunden, bildete natürlich nur eine Wiederholung der gleichlautenden Äußerungen von F. Schröter: Fernsehen. Berlin: Julius Springer 1937. (Rezensiert v. A. Murray, Book Reviews. In: Proceedings of the Institute of Radio Engineers 26 (Dez. 1938), S. 1565.

93 U. S. Patentstreitverfahren Nr. 64.721.

94 Harley Iams, Sachverhaltsdarstellung zugunsten des Berufungsklägers Vladimir K. Zworykin, Blatt Nr. 94, 11. Okt. 1934.

95 Television Draws 1.700 to Theatre. In: New York Times v. 23. Okt. 1931, S. 26:1. Robert Hertzberg: Television Hits Broadway. In: Radio News 13 (Feb. 1932), S. 654-655, 712-713.

96 Baird Discusses His Magic. In: New York Times v. 25. Okt. 1931, Abtlg. IX, S. 10:1.

97 Television in Japan. In: Wireless World 30 (11. Mai 1932), S. 491. The Editor-to You. In: Radio News 13 (Juni 1932), S. 979. Am 10. Nov. 1931 beantragten T. Nakajima und K. Takayanagi das U. S. Pat. Nr. 1.933.219, ausgestellt am 31. Oktober 1933. Es bezog sich auf einen Abtastgenerator mit Zeilenlöschimpuls.

98 T. Thorne Baker, Brit. Pat. Nr. 391.781, beantragt am 2. Nov. 1931, ausgestellt am 2. Mai 1933.

99 G. Schubert: Der Fernseh-Zwischenfilmsender der Fernseh-Akt.-Ges. In: Fernsehen und Tonfilm 3 (Juli 1932), S. 129-143. Fernseh-AG, Brit. Pat. Nr. 409.400, beantragt am 3. Nov. 1932 (Originalantrag v. 5. Nov. 1931), ausgestellt am 5. Mai 1934.

100 Robert Harding Jr., U. S. Pat. Nr. 2.112.527, beantragt am 7. Nov. 1931, ausgestellt am 29. März 1938.

101 Electrical & Musical Industries, Brit. Pat. Nr. 391.887, beantragt am 19. Nov. 1931, ausgestellt am 11. Mai 1933.

102 Diese Angaben entstammen einem unveröffentlichten Artikel von J. D. McGee: »The Early Development of the Television Camera«. Dieser Artikel wird in der Folge als McGee-Akte zitiert.

103 Keith Geddes: Broadcasting in Britain. 1922-1972. A Science Museum Booklet. London: Her Majesty's Stationary Office 1972, S. 22-24.

104 Sydney Moseley: This Month's Causerie. In: Television (London) 5 (März 1932), S. 3-4. G. Parr: The Story of Baird and Television. In: Discovery 10 (Aug. 1952), S. 1-3. Asa Briggs: The Golden Age of Wireless. Bd. II. London: Oxford University Press 1965, S. 558.

105 R. C. Ballard, U. S. Pat. Nr. 2.093.395, beantragt am 6. Jan. 1932, ausgestellt am 14. Sept. 1937. Vgl. auch Brit. Pat. Nr. 394.597, ausgestellt am 29. Juni 1933.

106 Sanford E. Essig, U. S. Pat. Nr. 2.065.570, beantragt am 24. Feb. 1932, ausgestellt am 29. Dez. 1936. Dieser Patentantrag wurde eigentlich bereits am 24. Dez. 1931 eingereicht, von der Patentbehörde wegen des Fehlens einer graphischen Darstellung aber zurückgewiesen. Die RCA ersuchte um den 5. Jan. 1932 als Antragsdatum, was verweigert wurde. Vgl. auch. Brit. Pat. Nr. 407.521, ausgestellt am 22. März 1934.

107 Sanford Essig, U. S. Pat. Nr. 2.093.395, beantragt am 6. Jan. 1932, ausgestellt am 14. Sept. 1937. Vgl. auch Brit. Pat. Nr. 394.597, ausgestellt am 29. Juni 1933.

108 V. K. Zworykin, G. N. Ogloblinsky, U. S. Pat. Nr. 2.178.093, beantragt am 10. März 1932, ausgestellt am 31. Okt. 1939. Informationen aus den Patentstreitverfahren Nr. 69.636 und 73.812.

109 Aus dem Patentstreitverfahren Nr. 64.027.

110 Test Television Progress. In: New York Times v. 18. Mai 1932, S. 23:3. Television Images Are Leaping From a Skyscraper Pinnacle. In: New York Times v. 22. Mai 1932, Abtlg. VIII, S. 10:1. News from Abroad. In: Television (London) 5 (Juli 1932), S. 174. Zu Einzelheiten der verwendeten Geräte vgl. E. W. Engstrom: An Experimental Television System; V. K. Zworykin: Description of an Experimental Television System and Kinescope; R. D. Kell: Description of Experimental Transmitting Apparatus; G. L. Beers: Description of Experimental Television Receivers; alle genannten Beiträge in: Proceedings of the Institute of Radio Engineers 21 (Dez. 1933), S. 1652-1706.

111 Harry Lubcke in einem Interview mit Ed Reitan von ITT am 20. November 1978.

112 Harry R. Lubcke: Television Image Reception in an Airplane. In: Proceedings of the Institute of Radio Engineers 20 (Nov. 1932), S. 1732-1740. (Manuskript eingelangt am 23. Juni 1932.) Harry R. Lubcke: Receiving Television in an Airplane. In: Radio Engineering 12 (Okt. 1932), S. 12-13, 24.

113 New Television System. In: Wireless World 30 (25. Mai 1932), S. 539.

114 G. F. Metcalf: A New Cathode-Ray Oscillograph Tube. In: Electronics 4 (Mai 1932), S. 158-159.

115 Allen B. DuMont: An Investigation of Various Electrode Structures of Cathode Ray Tubes Suitable for Television Reception. In: Proceedings of the Institute of Radio Engineers 20 (Dez. 1932), S. 1863-1877. (Manuskript eingelangt am 4. Mai 1932.)

116 Derby Televised in London Cinema. In: London Times v. 2. Juni 1932, S. 3c. Vgl. auch Moseley, Chapple, a. a. O., S. 166-171.

117 K. Takayanagi, Jap. Pat. Nr. 100.037, beantragt am 13. Juni 1932, ausgestellt am 9. März 1933.

118 J. C. Wilson, Brit. Pat. Nr. 404.281, beantragt am 7. Juli 1932, ausgestellt am 8. Jan. 1934.

119 Randall C. Ballard, U. S. Pat. Nr. 2.152.234, beantragt am 19. Juli 1932, ausgestellt am 28. März 1939. Das Brit. Pat. Nr. 420.391 wurde am 30. Nov. 1934 ausgestellt. Es gab zwei frühere Patente zum Zeilensprungverfahren: (1) F. Schröter, DRP Nr. 574.085, beantragt am 27. Sept. 1930, ausgestellt am 23. März 1933. Schröter verband die Zeilensprungabtastung mit der Verwendung von Leuchtstoffen mit langer Nachleuchtdauer, um Bildflimmern auf ein Mindestmaß zu reduzieren. (2) M. von Ardenne, Brit. Pat. Nr. 387.087, beantragt am 22. Dez. 1930, ausgestellt am 21. Dez. 1930. Dieses Patent sah bloß Mittel zur Versetzung der beiden Teilbilder vor.

120 W. D. Wright: Picture Quality – The Continuing Challenge Towards Visual Perfection. In: Journal of the Royal Television Society 16 (Jan.-Feb. 1977), S. 6-10.

121 Schubert, a. a. O. (Kapitel 8, Fußnote 99), S. 129-134. New Film Devised to Aid Television. In: New York Times v. 19. Aug. 1932, S. 20:8. A. T. Stoyanowsky: A New Process of Television Out of Doors. In: Journal of the Society of Motion Picture Engineers 20 (Jan. 1933), S. 437-443.

122 Sound and Vision Broadcasting. In: Radio Engineering 12 (Okt. 1932), S. 22. Samuel Kaufman: Television and Sound on One Wave! In: Radio News 14 (Nov. 1932), S. 270-271, 314-315.

123 V. K. Zworykin, U. S. Pat. Nr. 2.107.464, beantragt am 5. Aug. 1932, ausgestellt am 8. Feb. 1938.

124 News by Television, a New Marconi System. In: Wireless World 31 (5. Aug. 1932), S. 102.

125 Fritz Schröter: Handbuch der Bildtelegraphie und des Fernsehens. Berlin: Julius Springer 1932, S. 61-62.

126 William F. Tedham, Joseph D. McGee, Brit. Pat. Nr. 406.353, beantragt am 25. August 1932, ausgestellt am 26. Feb. 1934. Vgl. auch U. S. Pat. Nr. 2.077.442, beantragt am 9. Aug. 1933, ausgestellt am 20. April 1937.

127 RCA Annual Stockholder Report 1933. McGee-Akte, S. 27-30.

128 EMI-Akte. Vgl. auch A. G. D. West. In: Journal of the Society of Motion Picture Engineers 53 (Nov. 1949), S. 604.

129 Brief, datiert auf den 20. Sept. 1932, von Zworykin an Mitchell. In: Journal of the Royal Television Society »50th Anniversary Issue« (Nov./Dez. 1977), S. 93.

130 A. Dinsdale: Television in America Today. In: Journal of the Television Society 1 (1931/1934), S. 137-148.

131 W. Wenstrom: The March of Television. In: Radio News 13 (April 1932), S. 852-853, 876-878.

132 C. Kette: Die Fernsehschau auf der Berliner Funkausstellung 1932. In: Fernsehen 2 (Okt. 1932), S. 225-238. E. H. Traub: Television at the 1932 Berlin Radio Exhibition. In: Journal of the Television Society 1 (1931/34), S. 155-166.

133 Marconi Demonstration. In: London Times v. 2. Sept. 1932, S. 10e. Television Apparatus. In: Electrician 109 (9. Sept. 1932), S. 311-312.

134 The Marconi Co. and Television Research. In: The Marconi Review Nr. 38 (Sept.-Okt. 1932), S. 1-7. W. J. Baker, a. a. O., S. 260-266.

135 Bell Labs, 33.089, Memorandum, datiert auf den 30. Sept. 1932.

136 M. Knoll, E. Ruska: Elektronenmikroskop. In: Zeitschrift für Physik 78 (4. Okt. 1932), S. 5-6, 318-339.

137 W. D. Wright, Brit. Pat. Nr. 399.654, beantragt am 12. Okt. 1932, ausgestellt am 12. Okt. 1933. Vgl. auch A. W. Vance, U. S. Pat. Nr. 2.006.063, beantragt am 15. Okt. 1932, ausgestellt am 25. Juni 1935. A. V. Bedford, U. S. Pat. Nr. 2.004.099, beantragt am 15. Okt. 1932, ausgestellt am 11. Juni 1935. R. W. Campbell, U. S. Pat. Nr. 1.995.376, beantragt am 29. Okt. 1932, ausgestellt am 26. März 1935.

138 Fernseh-AG, Brit. Pat. Nr. 428.227, beantragt am 9. Nov. 1933 (Originalantrag v. 15. Nov. 1932), ausgestellt am 9. Mai 1935.

139 Briggs, a. a. O., S. 569-571. EMI-Akte, S. 165.

140 Termination of Alleged Radio Combine Suit. In: Radio Engineering 12 (Dez. 1932), S. 16-17.

141 F. J. Bingley: A Half Century of Television Reception. In: Proceedings of the Institute of Radio Engineers 50 (Mai 1962), S. 799-805. Vgl. auch Television as Good as Home Movies. In: Radio News 17 (Nov. 1936), S. 308. Everson, a. a. O., S. 133-136.

Anmerkungen zu Kapitel 9

1 E. W. Engstrom: An Experimental Television System, Part I – Introduction; R. D. Kell, A. V. Bedford, M. A. Trainer: Part II – The Transmitter; R. S. Holmes, W. L. Carlson, W. A. Tolson: Part III – The Receivers; C. S. Young: Part IV – The Radio Relay Link for Television Signals. Alle Beiträge in: Proceedings of the Institute of Radio Engineers 22 (Nov. 1934), S. 1241-1294.

2 Gregory N. Ogloblinsky, U. S. Pat. Nr. 2.084.700, beantragt am 3. Jan. 1933, ausgestellt am 22. Juni 1937. Ray D. Kell, Brit. Pat. Nr. 431.207, beantragt am 3. Jan. 1934 (Originalantrag v. 3. Jan. 1933), ausgestellt am 3. Juli 1935. Alda V. Bedford, U. S. Pat. Nr. 2.082.093, beantragt am 28. Jan. 1933, ausgestellt am 1. Juni 1937. Richard M. Campbell, U. S. Pat. Nr. 2.092.975, beantragt am 28. Jan. 1933 (erneuert am 28. Jan. 1936), ausgestellt am 14. Sept. 1937.

3 V. K. Zworykin: On Electron Optics. In: Journal of the Franklin Institute 215 (Mai 1933), S. 535-555.

4 New »Electrical Lens« an Aid to Television. In: New York Times v. 5. März 1933, Abtlg. IX, S. 10:3.

5 O. E. Dunlap: Faces That Lurk in Space. In: New York Times v. 5. März 1933, Abtlg. IX, S. 10:1. Merle S. Cummings: Television Advances. In: Radio News 15 (Okt. 1933), S. 214-215, 245-247.

6 Harley A. Iams, U. S. Pat. Nr. 2.099.980, beantragt am 30 März 1933, ausgestellt am 23. Nov. 1937. Harley A. Iams, Brit. Pat. Nr. 422.158, beantragt am 3. April 1934 (Originalantrag v. 30. März 1933), ausgestellt am 7. Jan. 1935.

7 P. T. Farnsworth, U. S. Pat. Nr. 2.059.683, beantragt am 3. April 1933, ausgestellt am 3. Nov. 1936.

8 V. K. Zworykin, Brit. Pat. Nr. 434.890, beantragt am 6. April 1934 (Originalantrag v. 8. April 1933), ausgestellt am 11. Sept. 1935. Vgl. Patentstreitverfahren Nr. 64.026 und 64.035, datiert auf den 19. Mai 1934.

9 Briggs, a. a. O., S. 574-576. Ich besuchte die Archive des British Post Office im Sept. 1979, um ihre Aufzeichnungen aus dieser Zeit zu untersuchen. Sehr zu meiner Enttäuschung fand ich die Akten in großer Unordnung vor. Einzelne Seiten und gelegentlich ganze Abschnitte fehlten, Photographien und graphische Darstellungen waren verschwunden und ähnliches mehr. Deshalb bin ich hier auf die Erkenntnisse von Briggs angewiesen, der vor mir Zugang zu diesen Aufzeichnungen hatte.

10 1933 Television Exhibition. In: Journal of the Television Society 1 (1931/34), S. 209-216.

11 P. W. Willans, Brit. Pat. Nr. 422.906, beantragt am 13. April 1933, ausgestellt am 14. Jan. 1935. J. D. McGee, Brit. Pat. Nr. 419.452, beantragt am 5. Mai 1933, ausgestellt am 5. Nov. 1934. (Vgl. auch U. S. Pat. Nr. 2.100.259, ausgestellt am 23. Nov. 1937.) A. D. Blumlein, Brit. Pat. Nr. 421.546, beantragt am 16. Juni 1933, ausgestellt am 17. Dez. 1934. C. O. Browne, J. Hardwick, A. D. Blumlein, Brit. Pat. Nr. 422.914, beantragt am 11. Juli 1933, ausgestellt am 11. Jan 1935.

12 Briggs, a. a. O., S. 576.

13 Albert F. Murray, Interview mit mir am 18. April 1933. Diese Informationen gehen auch aus einem Brief hervor, den Murray am 14. Juni 1978 an mich richtete.

14 P. T. Farnsworth, U. S. Pat. Nr. 2.087.683, beantragt am 26. April 1933, ausgestellt am 20. Juli 1937. Auch Brit. Pat. Nr. 489.199, beantragt am 11. Mai 1937, ausgestellt am 21. Juli 1938.

15 Everson, a. a. O., S. 135-136. Schatzkin und Kiger, a. a. O., S. 20.

16 R. K. Kilbon: Pioneering in Electronics. Princeton, N. Jersey 1960. (Unveröffentlichtes Manuskript, 2 Bde.), Bd. 1, S. 55. Kilbon gibt an, daß die Arbeit an dem Zwischensender 1932 begonnen habe; 1933 sei er in Versuchsbetrieb gegangen. Aus mehr oder weniger unklaren Gründen war Kilbons Manuskript anderen Forschern viele Jahre lang nicht zugänglich. Es gelang mir schließlich, die Erlaubnis zur Einsichtnahme zu bekommen. Kilbons Arbeit erwies sich als reichlich unkritisch und wartete keine überraschenden Entdeckungen auf. Die zitierten Angaben werden auch von Engstrom, a. a. O., S. 1243-1245, bestätigt. Der erste Bericht über diese Ausstrahlung vom Empire State Building ist indes der Artikel Television Sent 90 Miles in Test. In: New York Times v. 30. Mai 1933, S. 15:6.

17 Dies war der Originaltitel des Vortrags, wie er in Institute News and Radio Notes registriert wurde. In: Proceedings of the Institute of Radio Engineers 21 (Juni 1933), S. 745. Vgl. auch O. E. Dunlap Jr.: Novel Radio Optic »Sees«. In: New York Times v. 25. Juni 1933, Abtlg. IX, S. 7:1.

W. L. Laurence: Human-Like Eye Made by Engineers to Televise Images. In: New York Times v. 27. Juni 1933, S. 1:1. O. E. Dunlap Jr.: Outlook for Radio-Sight. In: New York Times v. 2. Juli 1933, Abtlg. IX, S. 6:1. V. K. Zworykin: The Iconoscope – A Modern Version of the Electric Eye. In: Broadcast News Nr. 8 (Aug. 1933), S. 6-13. V. K. Zworykin: The Iconoscope – A Modern Version of the Electric Eye. In: Proceedings of the Institute of Radio Engineers 22 (Jan. 1934), S. 16-32. (Manuskript eingelangt am 14. Juni 1933.) V. K. Zworykin: Television with Cathode-Ray Tubes. In: Journal of the Institute of Electrical Engineers (London) 73 (Okt. 1933), S. 437-451. (Manuskript eingelangt am 17. Juli 1933.) V. K. Zworykin: Système de télévision par tubes à rayons cathodiques. In: L'Onde Electrique 12 (Nov. 1933), S. 501-539. (Manuskript eingelangt am 26. Juli 1933.) V. K. Zworykin: Fernsehen mit Kathodenstrahlröhren. In: Hochfrequenztechnik und Elektroakustik 43 (April 1934), S. 109-121. (Manuskript eingelangt am 4. Sept. 1933.) V. K. Zworykin: Television. In: Journal of the Franklin Institute 217 (Jan. 1934), S. 1-37. (Vortrag gehalten am 18. Okt. 1933.)

18 Dr. Joseph McGee, der immer darauf bestanden hatte, daß die bei EMI geleistete Arbeit unabhängig von der Forschung Zworykins durchgeführt wurde, räumte ein, daß der Vortrag Zworykins die Entwicklung um einen gewaltigen Schritt vorantrieb (vgl. McGee-Akte, S. 31). Dieser Vortrag veranlaßte mit Bestimmtheit mehrere Labors, Forschungsarbeiten zu einer Kameraröhre des Speichertyps aufzunehmen. Er zeitigte mithin die gleiche Wirkung wie die Artikel Campbell Swintons in *Wireless World* im April 1924 (vgl. Kapitel 5, S. 74f.).

19 Bell Labs, 33.089, Bericht von Frank Gray: Note on Zworykin's Iconoscope, datiert auf den 6. Juli 1933; Memorandum an H. D. Arnold von O. E. Buckley und H. E. Ives, datiert auf den 6. Juli 1933.

20 Bell Labs, 33.089, Memorandum von H. E. Ives an O. E. Buckley, datiert auf den 20. Juli 1933. Frank Gray: Suggested Outline for Development Work on a Cathode-Ray Transmitter, datiert auf den 31. Juli 1933.

21 Es ist mir nie gelungen, das offizielle Datum herauszufinden, an dem Elmer Engstrom die Leitung des Fernsehprojekts der RCA übernommen hat. Dies dürfte aber erfolgt sein, als das Fernsehprojekt auf dem Empire State Building zu Ende des Jahres 1932 vorübergehend eingestellt wurde.

22 McGee-Akte, S. 33. J. D. McGee: The Life and Work of Sir Isaac Shoenberg, 1880-1963. In: Journal of the Royal Television Society 13 (Mai/Juni 1971), S. 210. 1934 RCA-Stockholder Report (darin wurde berichtet, daß EMI sich »mit der Entwicklung von Fernsehsende- und Empfangsgerät befaßt«). A. D. Blumlein: The Marconi-E. M. I. Television System, Part I.A: The Transmitted Wave-Form. In: Proceedings of the Institute of Electrical Engineers (London) 83 (Dez. 1938), S. 758-766. (Der Standard von 180 Zeilen wurde bis Ende 1934 verwendet.)

23 The »Eye« Gains Prestige. In: New York Times v. 16. Juli 1933, Abtlg. IX, S. 7:5. Cummings, a. a. O., S. 215, 245-246.

24 W. S. Percival, C. O. Browne, E. C. L. White, Brit. Pat. Nr. 425.220, beantragt am 8. Aug. 1933, ausgestellt am 8. März 1935. Es ist mir nie gelungen, herauszufinden, weshalb EMI es aufgegeben hat, jene Fernsehpatente, die sie in Großbritannien beantragt hat, auf ihren Firmennamen ausstellen zu lassen. In den USA dagegen wurden sie nach wie vor ausdrücklich auf den Namen der Firma EMI ausgestellt.

25 »Dumbest« 5000 Investment Brings Television. In: San Francisco Chronicle v. 9. Aug. 1933. Outdoor Test of Television Proves Merit. In: San Francisco Chronicle v. 14. September 1933. Television Declared Ready to Broadcast Starting Sectionally, with Relays Later. In: New York Times v. 11. Aug. 1933, S. 18:2.

26 J. C. Wilson, Brit. Pat. Nr. 424.199, beantragt am 12. Aug. 1933, ausgestellt am 12 Feb. 1935.

27 E. H. Traub: Television at the 1933 Berlin Radio Exhibition. In: Journal of the Television Society 1 (1931/34), S. 273-285. Television in Germany; New Types of Transmitter and Receiver. In: London Times v. 13. Okt. 1933, S. 12c.

28 L. H. Bedford, O. S. Puckle, Brit. Pat. Nr. 427.625, beantragt am 4. Sept. 1933, ausgestellt am 29. April 1935.

29 Development of Television. Proposed Experiments at Crystal Palace. In: London Times v. 13. Sept. 1933, S. 5d. Progress in Television. In: London Times v. 14. Sept. 1933, S. 12a.

30 V. K. Zworykin, Brit. Pat. Nr. 413.894, beantragt am 13. Sept. 1933, ausgestellt am 26. Juli 1934.

31 Moseley, Barton Chapple, a. a. O., S. 24.
32 High Definition Television. B. B. C. Experiments. In: London Times v. 13. Okt. 1933, S. 12c.
33 Gain in Television Amazes Marconi. In: New York Times v. 13. Okt. 1933, S. 25:5.
34 Iams-Akte.
35 W. D. Wright: Picture Quality – The Continuing Challenge Towards Visual Perfection, a. a. O. (Kapitel 8, Fußnote 120), S. 7.
36 Compagnie pour la Fabrication des Compteurs et Matériel d'Usines à Gaz, Brit. Pat. Nr. 431.827, Antragsdaten 14., 17., 30. Nov. 1933, ausgestellt am 16. Juli 1935.
37 EMI-Akte.
38 W. F. Tedham, Brit. Pat. Nr. 426.505, beantragt am 6. Dez. 1933, ausgestellt am 4. April 1935. Auch U. S. Pat. Nr. 2.153.163, ausgestellt am 4. April 1939. Dieses Patent war Gegenstand des Patentstreitverfahrens Nr. 77.619 mit Iams von der RCA, das Tedham von EMI für sich entschied.
39 Telefunken, Ges. f. Drahtlose Telegraphie, Brit. Pat. Nr. 431.904, beantragt am 12. Dez. 1934 (Originalantrag v. 12. Dez. 1933), ausgestellt am 17. Juli 1935.
40 Vgl. Kapitel 8, Fußnote 32. Vgl. auch Lessing, a. a. O., S. 179. Ebenso bei Lyons, a. a. O., S. 251.
41 Compagnie pour la Fabrication des Compteurs et Matériel d'Usines à Gaz, Brit. Pat. Nr. 428.926, beantragt am 30. Jan. 1935 (Originalantrag v. 31. Jänner 1934), ausgestellt am 21. Mai 1935.
42 Briggs, a. a. O., S. 579. McGee-Akte, S. 35.
43 EMI-Akte. McGee-Akte, S. 35. Blumlein, a. a. O., S. 448-449.
44 Super-Microscope Uses Television to Open Vast Ranges for Science. In: New York Times v. 25. Feb. 1934, S. 1:2. Eine Abbildung und eine Beschreibung des Geräts finden sich bei V. K. Zworykin, L. E. Flory: Television in Medicine and Biology. In: Electrical Engineer 71 (Jan. 1952), S. 40-45.
45 L. H. Bedford, O. S. Puckle: A Velocity Modulational Television System. In: Journal of the Institute of Electrical Engineers (London) 175 (Juli 1934), S. 63-85.
46 Scophony, J. H. Jeffree, Brit. Pat. Nr. 439.236, beantragt am 3. März 1934, ausgestellt am 3. Dez. 1935.
47 Diese Informationen wurden mir am 15. Juni 1984 freundlicherweise von Solomon Sagall, dem Gründer von Scophony, Ltd., zur Verfügung gestellt. Sie entstammen einer Biographie des Titels »Scophony Limited«. Diese wird in der Folge als Scophony-Akte zitiert.
48 Lessing, a. a. O., S. 179-181.
49 Briggs, a. a. O., S. 577. Meeting Addressed by Television. In: London Times v. 21. März 1934, S. 14e. Television Demonstration to M. P. s. In: London Times v. 29. März 1934, S. 12c.
50 H. G. Lubszynski, S. Rodda, Brit. Pat. Nr. 442.666, beantragt am 12. Mai 1934, ausgestellt am 12. Feb. 1936. U. S. Pat. Nr. 2.244.466, beantragt am 4. Mai 1935, ausgestellt am 3. Juni 1941.
51 Briggs, a. a. O., S. 578-582.
52 Marconi Co. in Merger to Promote Television. In: New York Times v. 23. Mai 1934, S. 10:4.
53 Briggs, a. a. O., S. 578.
54 A. W. Vance, H. Branson, U. S. Pat. Nr. 2.147.760, beantragt am 24. Mai 1934, ausgestellt am 21. Feb. 1939.
55 Television Nears Technical Solution. In: Electronics 7 (Juni 1934), S. 172-174.
56 Bericht der Selsdon-Kommission.
57 EMI-Akte.
58 Bell Labs, 33.089, Television Transmission System Using Cathode Ray Tubes. Memorandum für die Akten, verfaßt von John R. Hofele, datiert auf den 31. Juli 1934. Goebel, a. a. O., S. 290-291. P. Shmakow: The Development of Television in the U. S. S. R. In: Journal of the Television Society 2 (1935/38), S. 97-105. (Manuskript eingelangt am 17. Jänner 1936.)
59 P. Mertz, F. Gray: A Theory of Scanning and Its Relationship to the Characteristics of the Transmitted Signal in Telephotography and Television. In: Bell System Technical Journal 13 (Juli 1934), S. 464-516.
60 Everson, a. a. O., S. 147. Das Abkommen wurde 1935 öffentlich bekanntgegeben. Vgl. dazu British Get Television. In: New York Times v. 20. Juni 1935, S. 21:1. Company Meeting Baird Television Limited. In: London Times v. 21. Juni 1935, S. 25a.

61 S. Sagall: Television in 1934. In: Television (London) 7 (Jan. 1934), S. 4-6. G. W. Walton: The Stixograph Process. In: Television (London) 7 (März 1934), S. 93-96, 134. Scophony Projected Picture. In: Television (London) 7 (Aug. 1934), S. 332.

62 Alan D. Blumlein, Joseph D. McGee, Brit. Pat. Nr. 446.661, beantragt am 3. Aug. 1934, ausgestellt am 4. Mai 1936. Vgl. auch U. S. Pat. Nr. 2.182.578, beantragt am 2. Aug. 1935, ausgestellt am 5. Dez. 1939.

63 Tennis Stars Act in New Television. In: New York Times v. 25. Aug. 1934, S. 14:4. Everson, a. a. O., S. 142-145.

64 A. H. Brolly: Television by Electronic Methods. In: Institute of Electrical Engineers 53 (Aug. 1934), S. 1153-1160. (Manuskript vorgelegt am 24. April 1934.)

65 E. H. Traub: Television at the Berlin Radio Exhibition. In: Journal of the Television Society 2 (1931/34), S. 341-351. E. H. Traub: How Far Has Germany Progressed? In: Television (London) 7 (Okt. 1934), S. 453-456.

66 K. Takayanagi: Recent Development of Television Technic in Europe and America. In: Journal of the Institute of Electrical Engineers (Japan) 55 (3) Nr. 560 (März 1935), S. 172-180.

67 L. H. Bedford, R. D. Kell, U. S. Pat. Nr. 2.108.097, beantragt am 31. August 1934, ausgestellt am 15. Feb. 1938.

68 E. C. Cork, M. Bowman Manifold, C. O. Browne, Brit. Pat. Nr. 448.031, beantragt am 31. Aug. 1934, ausgestellt am 2. Juni 1936. C. O. Browne, F. Blythen, A. D. Blumlein, Brit. Pat. Nr. 449.242, beantragt am 18. Sept. 1934, ausgestellt am 18. Juni 1936. J. D. McGee, Brit. Pat. Nr. 447.819, beantragt am 20. Sept. 1934 (Ausgliederung aus 446.664), ausgestellt am 20. Mai 1936.

69 L. H. Bedford, U. S. Pat. Nr. 2.258.728, beantragt am 29. Sept. 1934, ausgestellt am 14. Okt. 1941.

70 Patentstreitverfahren Nr. 74.655. Es wurde am 24. August 1924 zu Bedfords Gunsten entschieden. Das Zwischenbildikonoskop war folglich in der Hand der RCA und nicht in jener der EMI!

71 L. H. Bedford, U. S. Pat. Nr. 2.166.712, beantragt am 26. Oktober 1934, ausgestellt am 18. Juli 1939.

72 Philo T. Farnsworth: Television by Electron Image Scanning. In: Journal of the Franklin Institute 218 (Okt. 1934), S. 411-444. P. T. Farnsworth, U. S. Pat. Nr. 2.280.572, beantragt am 5. Nov. 1934, ausgestellt am 21. April 1942. Vgl. dazu Patentstreitverfahren Nr. 76.571 (Farnsworth gegen Bell und Bedford), das Farnsworth für sich entschied.

73 Television: A Survey of Present-Day Systems. In: Electronics 7 (Okt. 1934), S. 301-305.

74 England on the Television Brink, Wonders Whether to Jump First. In: New York Times v. 18. Nov. 1934, Abtlg. IX, S. 13:1.

75 Bericht der Selsdon-Kommission.

76 The Television Committee in Germany. In: Television (London) 7 (Dez. 1934), S. 538.

77 Bericht der Selsdon-Kommission. Everson, a. a. O., S. 146-148. T. H. Bridgewater, Brief an mich, datiert auf den 1. April 1980. Bridgewater bleibt bei der Aussage, daß die Gerätschaft von Farnsworth der Selsdon-Kommission niemals vorgeführt wurde.

78 D. M. Johnstone, Brit. Pat. Nr. 446.585, beantragt am 6. November 1934, ausgestellt am 4. Mai 1935. Goebel, a. a. O., S. 291.

79 C. O. Browne, J. Hardwick, F. Blythen, E. L. C. White, Brit. Pat. Nr. 450.675, beantragt am 19. Nov. 1934, ausgestellt am 20. Juli 1936. W. D. Tedham, U. S. Pat. Nr. 2.153.163, beantragt am 23. Nov. 1934, ausgestellt am 4. April 1939.

80 Film Records of Signals. In: London Times v. 29. Nov. 1934, S. 19c.

81 Rolf Möller, U. S. Pat. Nr. 2.160.888, beantragt am 10. Dez. 1935 (Originalantrag v. 12. Dez. 1934), ausgestellt am 6. Juni 1939.

82 W. Hickok, U. S. Pat. Nr. 2.047.369, beantragt am 21. Dezember 1934, ausgestellt am 14. Juli 1936.

83 The Television Committee's Report. In: Televison & Short-Wave Supplement 8 (Feb. 1935), S. i-iv. Abdruck des Berichts der Selsdon-Kommission. In: Electronics 8 (März 1935), S. 76-77. London Television Station. In: London Times v. 7. Juni 1935, S. 13d. The Advisory Committee Makes Its First Statement. In: Television & Short-Wave World 8 (Juli 1935), S. 393.

84 Moseley, Barton Chapple, a. a. O., S. 26. A High-Definition Service Ready in London. In: Television & Short-Wave World 8 (März 1935), S. 117-121. Die großen Hoffnungen, die Baird Television, Ltd., in die »Elektronenbildkamera« von Farnsworth setzte, gehen aus zwei Artikeln hervor, die sich mit diesem Gerät befassen; vgl. J. C. Wilson: The Electron-Image Camera.

In: Television & Short-Wave World 8 (April 1935), S. 195-197; sowie Producing Electron Images. In: Television & Short-Wave World 8 (Aug. 1935), S. 467-470. Eine Photographie des Filmabtasters von Farnsworth erschien in Radio News 17 (Sept. 1935), S. 139.

85 Eine Photographie des elektronischen Geräts findet sich in A High-Definition Service Ready in London, a. a. O., S. 117. Television in the Cinema. In: Television & Short-Wave World 8 (Nov. 1935), S. 647-648. Die Ankündigung entstammt einem kurz zuvor gehaltenen Vortrag von Capt. West, dem technischen Direktor von Baird Television, Ltd. Darin versprach er, daß »gute Fernsehbilder in der einen oder anderen Form noch vor Ablauf des Jahres in Londoner Kinos gezeigt werden«.

86 H. G. Lubszynski, J. D. McGee, Brit. Pat. Nr. 455.123, beantragt am 9. Februar 1935 (Ausgliederung aus 455.085), ausgestellt am 9. Okt. 1936. H. G. Lubszynski, J. D. McGee, U. S. Pat. Nr. 2.150.980, beantragt am 17. April 1936, ausgestellt am 21. März 1939.

87 A. D. Blumlein, Brit. Pat. Nr. 458.585, beantragt am 20. März 1935, ausgestellt am 21. Dez. 1936. Leonard Klatzow, Brit. Pat. Nr. 458.586, beantragt am 20. März 1935, ausgestellt am 21. Dez. 1936.

88 I. Kaar: The Road Ahead in Television. In: Journal of the Society of Motion Picture Engineers 32 (Jan. 1939), S. 25.

89 Emi-Akte, S. 310. J. D. McGee: The Life and Work of Sir Isaac Shoenberg, 1880-1963. In: Journal of the Television Society 13 (Mai/Juni 1971), S. 213. Blumlein, a. a. O., S. 506. EMI-Akte, S. 325. D. Birkenshaw: Faith in Electronic Television. In: Journal of the Television Society 18 (Sept./Okt. 1981), S. 56-57.

90 Berlin Television Begins. In: London Times v. 23. März 1935, S. 11d.

91 W. E. Schrage: German Television. In: Radio News 17 (Juli 1935), S. 9, 60. Rezension von Manfred von Ardenne: Fernsehempfang. Berlin: Weidmannsche Buchhandlung 1935, in: Wireless Engineer 12 (Juni 1935), S. 325. M. v. Ardenne: An Experimental Television Receiver Using a Cathode-Ray Tube. In: Proceedings of the Institute of Radio Engineers 23 (März 1936), S. 409-424. (Manuskript eingelangt am 30. November 1935.) H. Gibas: Television in Germany. In: Proceedings of the Institute of Radio Engineers 24 (May 1936), S. 741-750. (Manuskript eingelangt am 1. November 1935.)

92 Alexandra Palace picked as British Television Site. In: New York Times v. 4. April 1935, S. 1:2. London Television Station. In: London Times v. 7. Juni 1935, S. 13c.

93 High Definition Television Service in England. In: Journal of the Television Society 2 (1934/35), S. 34-43. M. v. Ardenne: Interlacing and Definition. In: Television & Short-Wave World 8 (Dez. 1935), S. 719, 721.

94 The French 60-Line Transmission. In: Television & Short-Wave World 8 (Juni 1935), S. 359. S. Kaufman: Using Cathode Rays for High-Definition Television. In: Radio News 17 (Aug. 1935), S. 76-77.

95 P. Hemardinquer: Le progrès de la radiovision en France et les systèmes cathodiques. In: La Nature Nr. 2954 (1. Juni 1935), S. 486-496. R. Barthélemy: L'état actuel de la télévision. In: L'Onde Electrique 14 (Juni 1935), S. 391-405; (Juli 1935), S. 455-469. R. Barthélemy: La télévision à l' exposition universelle de Bruxelles (1935). In: Revue Générale de l'Electricité Nr. 38 (21. Sept. 1935), S. 405-410.

96 First Field Tests in Television, Costing 1.000.000, to Begin Here. In: New York Times v. 8. Mai 1935, S. 1:2. Television in the USA. In: London Times v. 9. Mai 1935, S. 18e. O. E. Dunlap Jr.: Sky to Be the Laboratory. In: New York Times v. 12. Mai 1935, Abtlg. X, S. 11:1. Television Progress in U. S. A., America to Follow Britain's Lead. In: Television & Short-Wave World 8 (Aug. 1935), S. 436-439.

97 Gregory N. Ogloblinsky, U. S. Pat. Nr. 2.156.769, beantragt am 28. Feb. 1935, ausgestellt am 2. Mai 1939. J. P. Smith, U. S. Pat. Nr. 2.132.655, beantragt am 28. Feb. 1935, ausgestellt am 11. Okt. 1938. Ray D. Kell, Alda V. Bedford, U. S. Pat. Nr. 2.293.147, beantragt am 26. März 1935, ausgestellt am 18. Aug. 1942.

98 Lyons, a. a. O., S. 252. Lessing, a. a. O., S. 183.

99 W. Zeitlin, V. Kliatchko, Brit. Pat. Nr. 478.121, beantragt am 9. Mai 1935 (Ausgliederung aus Brit. Pat. Nr. 476.865), ausgestellt am 11. Jan. 1938. Vgl. auch Brit. Pat. Nrn. 478.641, 475.547, 477.326 und 478.499, alle beantragt am 18. Mai 1935.

100 Television from Wax Records: A Demonstration of »Gramovision«. In: London Times v. 16. Mai 1935, S. 9c. Im Juni 1935 erschien eine Beschreibung eines ähnlichen Verfahrens von der Major Television Company in London. Dabei wurde angegeben, daß nur Standbilder aufgezeichnet worden seien, um eine ausreichende Auflösung zu erzielen; vgl. »Television« from Disc Records. In: Television & Short-Wave World 8 (Juni 1935), S. 308.

101 P. T. Farnsworth, U. S. Pat. Nr. 2.140.695, beantragt am 6. Juli 1935, ausgestellt am 20. Dez. 1938. P. T. Farnsworth, U. S. Pat. Nr. 2.141.836, beantragt am 6. Juli 1935 (fortgesetzt am 7. Sept. 1937), ausgestellt am 27. Dez. 1938. P. T. Farnsworth, U. S. Pat. Nr. 2.216.264, beantragt am 6. Juli 1935, ausgestellt am 1. Okt. 1940.

102 Bell Labs, 33.089, Memorandum des Titels »Photo-conducting Television Transmitter« von Foster C. Nix, datiert auf den 6. Aug. 1935.

103 Gain in Television is Demonstrated. In: New York Times v. 31. Juli 1935, S. 15:4. Television Transmitters Planned. In: Electronics 8 (Sept. 1935), S. 294-295. S. Kaufman: Demonstrates High-Definition Television. In: Radio News 17 (Nov. 1935), S. 265, 308. A Demonstration of the Farnsworth System. In: Television & Short-Wave World 8 (Nov. 1935), S. 628. S. Kaufman: Farnsworth Television. In: Radio News 17 (Dez. 1935), S. 330-331, 375.

104 E. H. Traub: Television at the Berlin Radio Exhibition. In: Journal of the Television Society 2 (1935-1938), S. 53-61. Television Progress in Germany. In: Television & Short-Wave World 8 (Okt. 1935), S. 564-567.

105 The Wireless Exhibition and Television. In: Television & Short-Wave World 8 (Juni 1935), S. 330.

106 R. D. Washburne, W. E. Schrage: World-Wide Television. In: Radio-Craft 7 (Aug. 1935, S. 76-79, 80. Ein Großteil dieser Informationen entstammt einem im Jahr 1935 in Japan erschienenen Buch des Titels »Unternehmungsbericht der Fernsehingenieure Japans für 1935«. Es war in Japanisch verfaßt und bildete einen höchst umfassenden Bericht über die in Japan unternommenen Forschungsarbeiten. Er wurde im Jahr 1936 um einen weiteren Band ergänzt. Diese beiden Bände wurden mir von Harley Iams freundlich überlassen.

107 Fritz Schröter, U. S. Pat. Nr. 2.210.987, beantragt am 5. Aug. 1936 (Originalantrag v. 5. Aug. 1935), ausgestellt am 13. Aug. 1940.

108 P. T. Farnsworth, U. S. Pat. Nr. 2.100.841, beantragt am 7. Sept. 1935, ausgestellt am 30. Nov. 1937.

109 B. B. C. Television Service. In: London Times v. 22. Aug. 1935, S. 10c.

110 H. Miller, Brit. Pat. Nr. 462.550, beantragt am 10. Sept. 1935, ausgestellt am 10. März 1937. H. Miller, Brit. Pat. Nr. 463.297, beantragt am 24. Sept. 1935, ausgestellt am 24. März 1937. H. Miller, Brit. Pat. Nr. 465.060, beantragt am 29. Okt. 1935, ausgestellt am 29. April 1937

111 H. G. Lubszynski, Brit. Pat. Nr. 464.919, beantragt am 24. Sept. 1935, ausgestellt am 26. April 1937.

112 Sarnoff Off to Europe. In: New York Times v. 27. Juli 1935, S. 16:5. Sarnoff Denies Change in E. M. I. Set-Up. In: Wall Street Journal v. 2. Okt. 1935, S. 84. RCA-Aktionärsbericht 1936.

113 Television Transmissions: Details of the Baird and Marconi-EMI Systems. In: Wireless World 37 (4. Okt. 1935), S. 371-373. High-Definition Television from the Alexandra Palace. In: Television & Short-Wave World 8 (Nov. 1935), S. 631-634.

114 »Die Einseitenbandübertragung wurde in Erwägung gezogen, doch es konnte dafür keine funktionstüchtige Methode gefunden werden.« T. C. MacNamara, D. C. Birkenshaw: The London Television Service. In: Journal of the Institute of Electrical Engineers (London) 83 (Dez. 1938), S. 759.

115 Briggs, a. a. O., S. 601.

116 High Definition Television: Demonstration at Press Club Dinner. In: London Times v. 9. Nov. 1935, S. 14e.

117 Scannings and Reflections: At the Dominion Theatre. In: Television & Short-Wave World 8 (Dez. 1935), S. 707.

118 Eric. L. C. White, Brit. Pat. Nr. 471.731, beantragt am 4. Dez. 1935, ausgestellt am 6. Sept. 1937.

119 P. T. Farnsworth, U. S. Pat. Nr. 2.153.918, beantragt am 31. Dez. 1935, ausgestellt am 11. April 1939.

Anmerkungen zu Kapitel 10

1 H. G. Lubszynski, Brit. Pat. Nr. 468.965, beantragt am 15. Jan. 1936, ausgestellt am 15. Juli 1937.
2 The Telepantoscope, A New Cathode Ray Scanner. In: Television & Short-Wave World 7 (Jan. 1936), S. 14. La télévision cathode. In: La Nature Nr. 2970 (1. Feb. 1936), S. 105-113. Television Progress in Italy. In: Radio-Craft 8 (Aug. 1936), S. 86. A. Castellani: Telecameras Compared. In: Television & Short-Wave World 12 (Aug. 1939), S. 470-472.
3 Zworykin Shows New Electron Tube. In: Radio-Craft 7 (Jan. 1936), S. 391. Dr. Zworykin on the Electron Multiplier. In: Television & Short-Wave World 7 (März 1936), S. 153-154, 191. The Electron Image Tube. In: Radio Craft 8 (April 1936), S. 594, 622. V. K. Zworykin: L'optique électronique et ses applications. In: L'Onde Electrique 15 (Mai 1936), S. 293-296. V. K. Zworykin: Electron-Optical Systems and Their Applications. In: Journal of the Institute of Electrical Engineers (London) 79 (Juli 1936), S. 1-10.
4 Briggs, a. a. O., S. 595-596. D. C. Birkenshaw: The Birth of Modern Television. In: Journal of the Royal Television Society, »50th Anniversary Issue« (Nov.-Dez. 1977), S. 35-36.
5 Baird Television Up-To-Date. In: Television & Short-Wave World 9 (Aug. 1936), S. 436-439. Technical Details of the Television Equipment Supplied by Baird Television Ltd. to the British Broadcasting Corporation at Alexandra Palace. In: Journal of the Television Society 2 (Jan. 1935/Dez. 1938), S. 161-168. MacNamara, Birkenshaw, The London Television Service, a. a. O., S. 729-757.
6 First Complete Details of the Marconi-E. M. I. Television System. In: Television & Short-Wave World 9 (Mai 1936), S. 132-136. Marconi-E. M. I. Television. In: Journal of the Television Society 2 (Jan. 1935/Dez. 1938), S. 75-77. Marconi-E. M. I. Television Equipment at the Alexandra Palace. In: Journal of the Television Society 2 (Jan. 1935/Dez. 1938), S. 169-176. The London Television Station Alexandra Palace. In: Journal of the Television Society 2 (Jan. 1935/Dez. 1938), S. 156-160. MacNamara, Birkenshaw, a. a. O., S. 742-745. Noel Ashbridge: Television in Great Britain. In: Proceedings of the Institute of Radio Engineers 25 (Juni 1937), S. 697-707.
7 J. L. Baird, Brit. Pat. Nr. 473.323, beantragt am 9. April 1936 (Ausgliederung aus 473.303), ausgestellt am 11. Okt. 1937.
8 Vgl. z. B. V. Jones, Brit. Pat. Nr. 473.028, beantragt am 8. April 1936, ausgestellt am 5. Okt. 1937. Ebenso V. Jones, Brit. Pat. Nr. 475.047, beantragt am 11. Mai 1936, ausgestellt am 11. Nov. 1937. V. A. Jones: The Baird Electron Camera. In: Television & Short-Wave World 9 (Sept. 1936), S. 487-490. V. A. Jones: The Baird Electron Multiplier. In: Television & Short-Wave World 9 (Okt. 1936), S. 568, 605.
9 Outdoor Scene is Broadcast in Successful Television Test. In: New York Times v. 25. April 1936, S. 1:4. Test of Television Started in Secret. In: New York Times v. 29. Juni 1936, S. 17:3.
10 Inauguration of Daily Television Broadcast Schedule. In: Radio Engineering 16 (Juni 1936), S. 24. Don Lee: Television on the West Coast. In: Radio-Craft 8 (Aug. 1936), S. 76, 110.
11 Report of the RMA Television Committee. In: Radio Engineering 16 (Juli 1936), S. 19-20. Radio Progress During 1936. In: Proceedings of the Institute of Radio Engineers 25 (Feb. 1936), S. 203.
12 Ring Fight Shown in Television Test. In: New York Times v. 12. Aug. 1936, S. 21:8. Philco Television. In: Radio Engineering 16 (Sept. 1936), S. 9-10. A. F. Murray: The Philco System of Television. In: Radio-Craft 8 (Nov. 1936), S. 270, 315.
13 First Details of the Farnsworth Television Camera. In: Television & Short-Wave World 9 (Juli 1936), S. 395-396. P. T. Farnsworth: An Improved Television Camera. In: Radio-Craft 8 (Aug. 1936), S. 92-113. Radio Progress During 1936, a. a. O. (Kapitel 10, Fußnote 11), S. 205-206. Television at Hand. (Dies ist nur eine Photographie einer Farnsworthschen Kamera im Betrieb.) In: Electronics 9 (Dez. 1936), S. 14.
14 L. Klatzow, Brit. Pat. Nr. 480.946, beantragt am 25. Juni 1936, ausgestellt am 25. Feb. 1938.
15 Dr. C. B. Joliffe: Television. In: RCA Institutes Technical Press 1936, S. 25-26. (Aus einem am 15. Juni 1936 gehaltenen Vortrag.)
16 Radio Receiver Off Tune Aids Clearer Television. In: New York Times v. 29. November 1936, Abtlg. XII, S. 10:5. W. J. Poch, D. W. Epstein: Partial Suppression of One Side Band in Television Reception. In: Proceedings of the Institute of Radio Engineers 25 (Jan. 1937), S. 15-31.

17 We See Scophony Television. In: Television & Short-Wave World 9 (Juli 1936), S. 391-393. Vgl. auch Scophony Television. In: Electronics 9 (März 1936), S. 30-33. L. M. Myers: The Scophony System. In: Television & Short-Wave World 9 (April 1936), S. 201-205. J. H. Jeffree: The Scophony Light Control. In: Television & Short-Wave World 9 (Mai 1936), S. 260-264, 310. Optical Methods of Television. In: London Times v. 11. Juli 1936, S. 19c.

18 Television of Olympic Games. In: London Times v. 24. Aug. 1936, S. 14a. Television of the Games, Disappointing Results. In: London Times v. 26. Aug. 1936, S. 12a. Television Shows Relay. In: New York Times v. 10. Aug. 1936, S. 12:6. Fernsehen bei den Olympischen Spielen 1936. In: Fernsehen und Tonfilm 7 (Aug. 1936), S. 57-59. W. Federmann: Fernsehen während der Olympischen Spiele. In: Telefunken 75 (1937), S. 18-22. La télévision aux jeux Olympiques et à l'éxposition de T. S. F. de Berlin. In: L'Onde Électrique 15 (Nov. 1936), S. 729-739.

19 Television This Week. In: London Times v. 24. Aug. 1936, S. 10e. A Newcomer at Olympia. In: London Times v. 26. Aug. 1936, S. 13c. First Television Broadcast, Demonstration at Radio Show. In: London Times v. 26. Aug. 1936, S. 12g. The Wireless Exhibition, Television Exhibits Prominent. In: London Times v. 26. Aug. 1936, S. 10b. The Wireless Exhibition, Experiments in Television. In: London Times v. 27. Aug. 1936, S. 10b. London Views First Telecast. In: New York Times v. 6. Sept. 1936, Abtlg. IX, S. 10:6. Images Over London. In: New York Times v. 23. Aug. 1936, S. 10:7. Television Programmes, Regular Service in October. In: London Times v. 8. Sept. 1936, S. 10c.

20 E. H. Traub: Television at the Berlin Radio Exhibition, 1936. In: Journal of the Television Society 2 (Jan. 1935/Dez. 1938), S. 181-187. M. K. Taylor: A Summary of Impressions of the Berlin Television Exhibition, 1936. In: Journal of the Television Society 2 (Jan. 1935/Dez. 1938), S. 188-191.

21 Japan Conducts Television Tests. In: Radio-Craft 8 (Aug. 1936), S. 70. Research in Television Planned in Japan. In: New York Times v. 25. Okt. 1936, Abtlg. X, S. 10:4.

22 B. B. C. and Television, Trial Programs for a Month. In: London Times v. 15. Sept. 1936, S. 16e. Broadcasting, Inauguration of Television. In: London Times v. 2. Nov. 1936, S. 216. Television in London, Opening of Regular Service. In: London Times v. 3. Nov. 1936, S. 9a. B. B. C. Television Programme. In: London Times v. 3. Nov. 1936, S. 9c. Birkenshaw, a. a. O., S. 35-36. L. M. Gander: The First of Many. In: Journal of the Royal Television Society, »50th Anniversary Issue« (Nov./Dez. 1977), S. 42-43. Die Angaben über die Betriebsleistung der Bildzerlegerröhre entstammen einem Brief von T. H. Bridgewater an mich, datiert auf den 16. Juni 1984.

23 Baird Laboratories Destroyed in Crystal Palace Fire. In: Television & Short-Wave World 10 (Jan. 1937), S. 14.

24 A. V. Bedford, K. J. Magnussen, U. S. Pat. Nr. 2.162.908, beantragt am 5. Nov. 1936, ausgestellt am 20. Juni 1939.

25 J. Van Der Mark: Television. In: Philips Technical Review 1/Nr. 11 (Nov. 1936), S. 321-325.

26 New Television Screen. In: London Times v. 7. Dez. 1936, S. 12c. Baird Big Screen Television. In: Television & Short-Wave World 10 (Jan. 1937), S. 26-28.

27 London Television Service, E. M. I. Transmissions in Future. In: London Times v. 5. Feb. 1937, S. 14c. British Television Bars Baird System. In: New York Times v. 5. Feb. 1937, S. 8:6. Television, Single Standard Welcomed. In: London Times v. 6. Feb. 1937, S. 10c. Statement by Baird Company. In: London Times v. 6. Feb. 1937, S. 10c. Noel Ashbridge: The British Television Service. In: Joint Engineering Conference, 1937.

28 More Television Planned for Philadelphia Area. In: New York Times v. 10. Jan 1937, Abtlg. X, S. 12:2. Tests of Televisions 441 Line Begun. In: New York Times v. 24. Jan. 1937, Abtlg. X, S. 12:8. Dionnes Seen on Tele-Screen. In: New York Times v. 18. April 1937, Abtlg. XI, S. 12:3. Die RCA gab an, daß sie im Jänner 1937 von 343 auf 441 Zeilen umgestellt hatte, doch sie fügte hinzu, daß das Verfahren mit dieser höheren Auflösung erst im Juni 1937 perfektioniert wurde. Jedenfalls handelte es sich dabei nach wie vor um Zweiseitenband-Übertragung mit Frequenzbändern von 2,5 MHz Breite auf beiden Seiten der Trägerwelle. Vgl. »Empire State« Television shows Marked Advance. In: Radio News 18 (Juli 1937), S. 7-8, 60. Television Shows Big Gain in Clarity. In: New York Times v. 12. Feb. 1937, S. 24:8. 441-Line Television. In: Radio Engineering 17 (Feb. 1937), S. 5. Philco Shows 441-Line Television. In: Electronics 10 (März 1937), S. 9.

29 Standard Television & Cables, Brit. Pat. Nr. 498.721, beantragt am 31. März 1937, ausgestellt am 12. Jan. 1939.
30 Farnsworth Television. In: Radio News 18 (Mai 1937), S. 654-655, 679, 688.
31 Moscow Television Center to Use American Devices. In: New York Times v. 2. Mai 1937, Abtlg. XI, S. 12:2.
32 New Tele-Lens Aids Big Screen. In: New York Times v. 9. Mai 1937, Abtlg. XI, S. 12:7. New Lens Projector Flashes Television on a Screen. In: New York Times v. 16. Mai 1937, Abtlg. X, S. 12:1. The Projection Kinescope Makes Its Debut. In: Radio-Craft 9 (Aug. 1937), S. 83, 110. Big-Screen Television Pictures. In: Radio News 19 (Sept. 1937), S. 143, 173. V. K. Zworykin, W. H. Painter: Development of the Projection Kinescope. In: Proceedings of the Institute of Radio Engineers 25 (Aug. 1937), S. 937-953. R. R. Law: High Current Electron Gun for Projection Kinescopes. In: Proceedings of the Institute of Radio Engineers 25 (Aug. 1937), S. 954-976.
33 V. K. Zworykin, G. A. Morton, L. E. Flory: Theory and Performance of the Iconoscope. In: Proceedings of the Institute of Radio Engineers 25 (Aug. 1937), S. 1071-1092. (Manuskript eingelangt am 30. April 1937.)
34 A Tele-Van for London. In: New York Times v. 17. Jan. 1937, Abtlg. X, S. 10:7. Television Will Be Used at Coronation Procession. In: New York Times v. 27. Feb. 1937, S. 7:3. World Listens in on Crowning Today. In: New York Times v. 12. Mai 1937, S. 17:4. Seen 30 Miles From London. In: New York Times v. 30. Mai 1937, Abtlg. X, S. 10:3. Wireless World 40 (19. Juni 1937), S. 577.
35 Television Exhibition, Science Museum, London, June – September 1937. In: Journal of the Television Society 2 (Juni 1937), S. 265-273. Alle meine Bemühungen, an nähere Auskünfte über diese »funktionstüchtige Campbell Swinton-Kamera« zu heranzukommen, waren vergeblich. Ein Brief an Wireless World wurde negativ beantwortet. Selbst Dr. J. McGee und Dr. H. Miller von EMI verfügen über kein Wissen über dieses Ausstellungsstück.
36 H. Miller, J. W. Strange: The Electrical Reproduction of Images by the Photoconductive Effect. In: Journal of the Physical Society 50 (2. Mai 1938), S. 374-384. (Manuskript eingelangt am 10. Nov. 1937.) M. Knoll, F. Schröter: Die Übersetzung von Elektronenbildern und -zeichnungen mit Isolier- und Halbleiterschichten. In: Physikalische Zeitschrift (Leipzig) 38 (1. Mai 1937), S. 330-333. Harley Iams, Albert Rose: Television Pickup Tubes with Cathode-Ray Beam Scanning. In: Proceedings of the Institute of Radio Engineers 25 (Aug. 1937), S. 1048-1070.
37 Tennis Games Telecast. In: New York Times v. 14. Juli 1937, Abtlg. X, S. 8:5. Televising Wimbledon. In: Journal of the Television Society 2 (Juni 1937), S. 278-279.
38 Television Deal Signed. In: New York Times v. 26. Juli 1937, S. 8:4. Everson, a. a. O., S. 155-159.
39 Iams, Rose, a. a. O., S. 1061-1066.
40 E. H. Traub: Television at the Berlin Radio Exhibition, 1937. In: Journal of the Television Society 2 (Jan. 1935/Dez. 1938), S. 289-296.
41 Radio Show Features Television. In: New York Times v. 5. Sept. 1937, Abtlg. X, S. 10:8. Radiolympia, 1937. In: Journal of the Television Society 2 (Juni 1937), S. 280-284.
42 Television in England Moves Forward – Sale of Video Sets Increase. In: New York Times v. 8. Aug. 1937, Abtlg. X, S. 10:5. M. P. Wilder: Television in Europe. In: Electronics 10 (Sept. 1937), S. 13-15. H. M. Lewis, A. V. Laughren: Television in Great Britain. In: Electronics 10 (Okt. 1937), S. 32-35, 60-62. A. B. DuMont: Is Television in America Asleep? In: Radio-Craft 9 (Nov. 1937), S. 268, 306.
43 Grand Central Is Site of Television Studio. In: New York Times v. 22. Aug. 1937, Abtlg. X, S. 10:6. How Soon Television? In: Radio News 19 (Dez. 1937), S. 327-328. Reviewing the Video Art, »CBS Prepares«. In: Electronics 11 (Jan. 1938), S. 10.
44 New Camera is Promised. In: New York Times v. 5. Sept. 1937, S. 10:8.
45 Super Emitron Camera. In: Wireless World 41 (18. Nov. 1937), S. 497-498. The Cenotaph Service. In: London Times v. 11. Nov. 1937, S. 19d. Cenotaph Ceremony. In: London Times v. 12. Nov. 1937, S. 11d. A New Emitron Camera. In: Television & Short-Wave World 11 (Jan. 1938), S. 11-12. The Latest Emitron Camera In: Television & Short-Wave World 11 (Juli. 1938), S. 397. J. D. McGee, H. G. Lubszynski: E. M. I. Cathode-Ray Television Transmission Tubes. In: Proceedings of the Institute of Electrical Engineers (London) 84 (April 1939), S. 468-475. (Vorgelegt am 20. Juli 1938, überarbeitet im Okt. 1938.)

46 Transmit Movies by Coaxial Cable. In: New York Times v. 10. Nov. 1937, Abtlg. XI, S. 6:3. Electrified Movies. In: New York Times v. 28. November 1937, S. 12:1. Bell Labs Test Coaxial Cable. In: Electronics 10 (Dez. 1937), S. 18-19.

47 RCA Describes Television System. In: Electronics 10 (Jan. 1937), S. 8-11, 48. E. W. Engstrom, G. L. Beers, A. V. Bedford: Applications of Motion Picture Film to Television. In: RCA Review 4 (Juli 1939), S. 48-61.

48 Rochester, 1937: »Resonant Line« Television Modulation System Described by Parker. In: Electronics 10 (Dez. 1937), S. 14c.

49 Television on a Large Screen. In: London Times v. 10. Dez. 1937, S. 14c.

50 Television on a Large Screen. In: London Times v. 8. Dez. 1937, Abtlg. X, S. 16f. Movies Accept a Challenge. In: New York Times v. 26. Dez. 1937, S. 12:3. Scophony Demonstration on B. B. C. Television. In: Television & Short-Wave World 11 (Jan. 1938), S. 23-25.

51 Television Van Comes to Town. In: New York Times v. 12. Dez. 1937, Abtlg. XI, S. 14:1.

52 Allen DuMont, U. S. Pat. Nr. 2.157.749, beantragt am 11. Jan. 1938, ausgestellt am 9. Mai 1939.

53 Georges Valensi, Brit. Pat. Nr. 524.443, beantragt am 17. Jänner (sowie am 30. April und am 1. Juni) 1938, ausgestellt am 7. Aug. 1940.

54 G. Krawinkel, W. Kronjäger, H. Salow: Über ein speicherndes Aufnahmegerät mit halbleitendem Dielektrikum. In: Zeitschrift für Technische Physik 19 (März 1938), S. 63-73. (Manuskript eingelangt am 10. Jan. 1938.)

55 G. V. Braude, Russ. Pat. Nr. 55.712, beantragt am 3. Feb. 1938, ausgestellt am 30. Sept. 1939. A New Type of the Mosaic for the Television Pick Up Tubes. In: Journal of Physics (UdSSR) 1945, S. 348-350.

56 First Colour Television. In: London Times v. 5. Feb. 1938, S. 12f. Color Is Transmitted in Television Program. In: New York Times v. 5. Feb. 1938, S. 2:5. Baird Colour Television. In: Television & Short-Wave World 11 (März 1938), S. 151-152.

57 A. DuMont Demonstrates New System. In: New York Times v. 6. Feb. 1938, S. 7:5. Lifting Radio's Blindfold. In: New York Times v. 13. Feb. 1938, Abtlg. X, S. 12:1. Television Without Sync Signals. In: Electronics 11 (März 1938), S. 33-34, 48.

58 Tests Projector to Televise Film. In: New York Times v. 30. März 1938, S. 18:1. H. S. Bamford: A New Television Film Projector. In: Electronics 11 (Juli 1938), S. 25. Latest Continuous-Film Television. In: Radio-Craft 10 (Aug. 1938), S. 95-112. Continuous Film Method. In: Television & Short-Wave World 11 (Aug. 1938), S. 452.

59 High Definition. In: Electronics 11 (April 1938), S. 32. 10 x 12 Foot, 441 Line Scan-Disc Television! In: Radio-Craft 10 (Dez. 1938), S. 39.

60 Peter C. Goldmark, U. S. Pat. Nr. 2.287.033, beantragt am 28. Mai 1938, ausgestellt am 23. Juni 1942.

61 A New Farnsworth »Pick-Up« Tube, Amplification Before Scanning. In: Television & Short-Wave World 11 (Mai 1938), S. 260. P. T. Farnsworth, B. C. Gardner: Image Amplifier Pickup Tubes. Vortrag, gehalten am 14. November 1938 auf dem Herbsttreffen des IRE in Rochester, New York. New Vacuum Tube Clears Television. In: New York Times v. 15. Nov. 1938, S. 19:3. Rochester 1938: Farnsworth's New Tube. In: Electronics 11 (Dez. 1938), S. 8-9.

62 A. F. Murray: RMA Completes Television Standards. In: Electronics 11 (Juli 1938), S. 28-29, 55.

63 Trooping the Colour. In: London Times v. 19. Juli 1938, S. 14d. The Baird Big-Screen Theatre Receiver. In: Television & Short-Wave World 11 (Aug. 1938), S. 459-460. The Radio Month in Review, Theatre Television. In: Radio-Craft 10 (Dez. 1938), S. 327.

64 How the Derby Will Be Televised, Coming O. B.'s. In: Television & Short-Wave World 11 (Mai 1938), S. 291. Television's Greatest Thrill. In: Television & Short-Wave World 11 (Juli 1938), S. 389.

65 Wireless Exhibition at Olympia. In: London Times v. 28. Juli 1938, S. 12d. Cheaper Television. In: London Times v. 6. Aug. 1938, S. 6g. On the Television Front. In: New York Times v. 7. Aug. 1938, Abtlg. IX, S. 8:6. British Try to Spur Television. In: New York Times v. 21. Aug. 1938, Abtlg. IX, S. 8:6. Simplifying the Wireless Set. In: London Times v. 24. Aug. 1938, S. 7a. Television Demand at Olympia. In: London Times v. 30. Aug. 1938, S. 7f. Questions on Television. In: New York Times v. 4. Sept. 1938, Abtlg. X, S. 10:6.

66 H. Iams, G. Morton, V. K. Zworykin: The Image Ikonoscope. In: Proceedings of the Institute of Radio Engineers 27 (Sept. 1939), S. 541-547. Zur Arbeit von EMI am Zwischenbildikonoskop vgl. McGee, Lubszynski, a. a. O., S. 468-482.

67 Harley Iams, U. S. Pat. Nr. 2.213.548, beantragt am 31. Mai 1938, ausgestellt am 3. Sept. 1940. Albert Rose, U. S. Pat. Nr. 2.213.174, beantragt am 30. Juli 1938, ausgestellt am 27. Aug. 1940.

68 Albert Rose, Harley Iams: Television Pick-up Tubes Using Low Velocity Electron Beam Scanning. In: Proceedings of the Institute of Radio Engineers 27 (Sept. 1939), S. 547-555. (Manuskript eingelangt am 12. Sept. 1938.)

69 Werner Flechsig, DRP Nr. 736.575, beantragt am 12. Juli 1938, ausgestellt am 13. Mai 1943.

70 E. H. Traub: English and Continental Television. In: Journal of the Television Society 11 (Jan. 1935/Dez. 1938), S. 457-464. E. H. Traub: Television at the Berlin Radio Exhibition, 1938. In: Television & Short-Wave World 11 (Sept. 1938), S. 542-544; (Okt. 1938) Teil II, S. 606-607. Flickerless Film-Television. In: Radio-Craft 10 (Jan. 1938), S. 395.

71 David W. Epstein, U. S. Pat. Nr. 2.251.786, beantragt am 30. Sept. 1938, ausgestellt am 5. Aug. 1941.

72 Enthusiastic Welcome for Mr. Chamberlain (Photographie). In: London Times v. 1. Okt. 1938, S. 7e. News by Television. In: Television & Short-Wave World 11 (Nov. 1938), S. 664. Two Years of Television. In: London Times v. 23. Dez. 1938, S. 11f. Gordon Ross: Television Jubilee: The Story of 25 Years of BBC Television. London: W. H. Allen 1961, Photographie nach S. 168, betitelt »Peace in Our Time!«, zeigt die Superemitron-Kamera bei der Aufnahme des Ereignisses.

73 Television Here and Abroad. In: New York Times v. 6. Nov. 1938, Abtlg. IX, S. 10:5.

74 Wins Basic Patent in Television Field. In: New York Times v. 22. Dez. 1938, S. 38:6. Notes on Television. In: New York Times v. 25. Dez. 1938, Abtlg. IX, S. 12:7. Basic Television Patent Issued. In: Broadcasting 16 (1939), S. 71.

75 Zworykin-Akte. Diese Information entstammt dem ursprünglichen Patentantrag Nr. 683.337, den Zworykin am 29. Dez. 1923 eingebracht hatte. Die Akte zeigt den ganzen Weg des Patents durch die US-Patentbehörde. Sie beinhaltet alle Ablehnungen, Streitverfahren, Korrespondenzen usw. bis zur endgültigen Ausstellung des Patents am 10. November 1938.

76 V. K. Zworykin, U. S. Pat. Nr. 2.280.877, beantragt am 26. Nov. 1938, ausgestellt am 28. April 1942.

77 V. K. Zworykin, U. S. Pat. Nr. 2.285.551, beantragt am 20. Dez. 1938, ausgestellt am 9. Juni 1942.

78 Marconi's Wireless Telegraph Co., Brit. Pat. Nr. 537.738, beantragt am 30. Dez. 1938 (1. Jan. 1940), ausgestellt am 4. Juli 1941.

79 Television Transmitters. In: Electronics 12 (März 1939), S. 26-29, 47.

80 London Television Faces are Seen on Long Island in Freak Reception. In: New York Times v. 5. Feb. 1939, Abtlg. IX, S. 12:4. London Faces Filmed Here. In: New York Times v. 19. Feb. 1939, Abtlg. IX, S. 12:3. First Photographs of Transatlantic High-Definition Television. In: Television & Short-Wave World 12 (April 1939), S. 224. Telegossip, Transatlantic Results. In: Television & Short-Wave World 12 (April 1939), S. 225.

81 Television Images of Life-Size Shown. In: New York Times v. 15. Feb. 1939, S. 14:4.

82 Fight Telecast to Theatres. In: New York Times v. 26. Feb. 1939, S. 10:6. Television Here and Abroad. In: New York Times v. 5. März 1939, S. 10:8. Notes on Television. In: New York Times v. 12. März 1939, Abtlg. XI, S. 10:7. Television Shows in Movies Planned. In: New York Times v. 5. April 1939, S. 27:6. Gaumont-British Plans Theatre Installation of Television in New York. In: Broadcasting 16 (15. April 1939), S. 73.

83 Notes on Television. In: New York Times v. 12. März 1939, Abtlg. XI, S. 10:7. The Race Televised. In: London Times v. 25. Mai 1939, S. 10f. Television Shows Derby to London. In: New York Times v. 25. Mai 1939, S. 27:5. Relay Television Service. In: London Times v. 17. April 1939, S. 17e. Images Viewed on Big Screen. In: New York Times v. 2. Juli 1939, Abtlg. IX, S. 10:7. The EMI Cinema Projector. In: Television & Short-Wave World 12 (Juli 1939), S. 389-390.

84 Portable Apparatus for Television Seen. In: New York Times v. 8. März 1939, S. 23:6. Philco's Portable Video Transmitter Shown to Dealers at New York Session. In: Broadcasting 16 (15. März 1939), S. 26.

85 General Electric (U. S. A.) Television. In: Television & Short-Wave World 12 (März 1939), S. 133.

86 Television Receivers in Production. In: Electronics 12 (März 1939), S. 23-25. Plans Completed for RCA's Video Exhibition at Fair. In: Broadcasting 16 (1. April 1939), S. 31, 45. Farnsworth Plans to Raise New Capital. In: New York Times v. 10. Feb. 1939, S. 36:5.

87 Dedication of RCA Seen on Television. In: New York Times v. 21. April 1939, S. 16:1. New York Display Dedicated by RCA. In: Broadcasting 16 (1. Mai 1939), S. 21. America Makes a Start. In: Television & Short-Wave World 12 (Juni 1939), S. 330. D. H. Castle: A Television-Demonstration System for the New York World's Fair. In: RCA Review 4 (Juli 1939), S. 6-13.

88 Telecast of President to Start Regular Service. In: New York Times v. 6. April 1939, S. 22:3. Telecasts. In: New York Times v. 23. April 1939, Abtlg. X, S. 10:6. Today's Eye-Opener. In: New York Times v. 30. April 1939, Abtlg. XI, S. 12:1. Ceremony Is Carried by Television as Industry Makes Its Formal Bow. In: New York Times v. 1. Mai 1939, S. 8:3. Television Motif Makes New York Fair. In: Broadcasting 16 (1. Mai 1939), S. 20-21. Act I Reviewed. In: New York Times v. 7. Mai 1939, Abtlg. X, S. 12:1.

89 O. E. Dunlap: Watching a Battle. In: New York Times v. 1. Juni 1939, Abtlg. XI, S. 10:1. T. H. Hutchinson: Programming the Television Mobile Unit. In: RCA Review 4 (Okt. 1939), S. 154-161.

90 D. C. Espley, D. O. Walter: Television Film Transmitters Using Apertured Discs. In: Journal of the Institute of Electrical Engineers (London) 88 (Juni 1941), S. 145-169.

91 Notes on Television. In: New York Times v. 11. Juni 1939, Abtlg. IX, S. 8:5. New Faces and New Ways. In: New York Times v. 23. Juli 1939, Abtlg. IX, S. 10:5. The Orthicon. In: Electronics 12 (Juli 1939), S. 11-14, 58-59. Albert Rose, Harley Iams: The Orthicon. A Television Pick-up Tube. In: RCA Review 4 (Okt. 1939), S. 186-199.

92 Television in Colour. In: London Times v. 28. Juli 1939, S. 12e. On the Television Front. In: New York Times v. 13. Aug. 1939, Abtlg. IX, S. 9:3. F. W. Marchant: A New Baird Colour-Television System. In: Television & Short-Wave World 12 (Sept. 1939), S. 541-542.

93 A. A. Gulliland: Television in Germany 1939, by Our Berlin Correspondent. In: Television & Short-Wave World 12 (Sept. 1939), S. 538-539.

94 Vgl. folgende Beiträge in Journal of Applied Physics 10 (Juli 1939): David Sarnoff: Probable Influences of Television on Society, S. 426-431; Knox McIlwain: Survey of Television Pick-Up Devices, S. 432-442; Pierre Mertz: High Definition Television, S. 443-446; Peter C. Goldmark: Problems of Television Transmission, S. 447-454; E. W. Engstrom: Television Receiving and Reproducing Systems, S. 455-464.

95 Radio Exhibition: Opening To-day to Be Televised. In: London Times v. 23. Aug. 1939, S. 8f. Britain's World Lead in Television. In: London Times v. 24. Aug. 1939, S. 8a. New Industry Booms. In: New York Times v. 19. März 1939, Abtlg. XI, S. 5:3. Aspects of Television: Discussed at the Television Convention – Olympia 1939. In: Electronics and Television & Short-Wave World 12 (Okt. 1939), S. 588.

96 Televiews of Pictures. In: New York Times v. 17. Sept. 1939, Abtlg. X, S. 8:8. London »Eyes« America. In: New York Times v. 14. Mai 1939, Abtlg. XI, S. 8:3.

97 RCA-Farnsworth Pact. In: Broadcasting 17 (15. Okt. 1939), S. 75. Everson, a. a. O., S. 242-247.

98 Tele-Notes. In: New York Times v. 18. Juni 1939, Abtlg. IX, S. 8:7. Don Lee Schedules. In: Broadcasting 17 (15. Nov. 1939), S. 86.

99 B. Robertson: Reception of Television in Airplane over Capital Marks RCA Anniversary. In: Broadcasting 17 (1. Nov. 1939), S. 36.

100 Television Notes: Farnsworth Exhibit. In: Broadcasting 17 (1. Nov. 1939), S. 65. Dort ist auch eine Photographie der Fernsehkamera Farnsworths zu sehen.

101 Technische Hochschule Zürich, Brit. Pat. Nr. 543.485, beantragt am 8. Nov. 1939, ausgestellt am 27. Feb. 1942.

102 Limited Commercial Television May Be Recommended to FCC. In: Broadcasting 17 (1. Nov. 1939), S. 34. Relax Video Rules, FCC Group Urges. In: Broadcasting 17 (15. Nov. 1939), S. 17, 81. Television Rules Given FCC Study. In: Broadcasting 17 (1. Dez. 1939), S. 25. FCC Studies Commission Report. In: New York Times v. 3. Dez. 1939, Abtlg. IX, S. 16:7. J. L. Fly, Outlook. In: New York Times v. 10. Dez. 1939, Abtlg. X, S. 12:7. Hearing Ordered on Proposed New Television Rules. In: Broadcasting 17 (1. Jan. 1940), S. 19, 58.

103 The Diavisor: A New Type of Transmitting Tube. In: Electronics and Television & Short-Wave World 12 (Dez. 1939), S. 686-689.

Anmerkungen zu Kapitel 11

1 Photo (ohne Überschrift) von der Übertragung der Rose Bowl Parade. In: Broadcasting 18 (Feb. 1940), S. 62.

2 Lessing, a. a. O., S. 199-200. Notes on Television. In: New York Times v. 28. Jan. 1940, Abtlg. IX, S. 10:4. Future of Television in Lap of the FCC. In: Broadcasting 18. (1. Feb. 1940), S. 24-27, 52. FM Gets Its »Day in Court«. In: Electronics 13 (Okt. 1940), S. 14-16, 74-78.

3 FCC Members Tour Television Stations. In: New York Times v. 3. Feb. 1940, S. 8:3.

4 See Television in Color. In: New York Times v. 6. Feb. 1940, S. 18:5. FCC Studies Television, Defers Action. In: Broadcasting 18 (15. Feb. 1940), S. 36. R. K. Kilbon: Pioneering in Electronics, a. a. O., S. 221.

5 Notes on Television. In: New York Times v. 11. Feb. 1940, Abtlg. IX, S. 12:4. Faces in a Blizzard. In: New York Times v. 18. Feb. 1940, Abtlg. IX, S. 12:4.

6 FCC Moves to Widen Use of Television. In: New York Times v. 1. März 1940, S. 13:1. Hails Television Report. In: New York Times v. 2. März 1940, S. 25:7. FCC Television Report to Release Ad Drive. In: New York Times v. 3. März 1940, S. 6:7. Drive to Promote Video Set Sales Started by RCA. In: Broadcasting 18 (15. März 1940), S. 86. Lengthy Video Announcement Is Required at Station Breaks. In: Broadcasting 18 (15. März 1940), S. 37-68. Text of New FCC Rules Governing Television. In: Broadcasting 18 (15. März 1940), S. 37-55. FCC Reopens Television Hearings April 8. In: Broadcasting 18 (1. April 1940), S. 22-50. Television Hearing Re-Opened. In: Radio-Craft 12 (Juni 1940), S. 714.

7 A. H. Rosenthal: The Skiatron – A New Scophony Development Towards Large-Screen Television Projection. In: Electronics and Television & Short-Wave World 13 (Feb. 1940), S. 522-555; (März 1940) Teil II, S. 117-119. A. H. Rosenthal: A System of Large-Screen Television Reception Based on Certain Electron Phenomena in Crystals. In: Proceedings of the Institute of Radio Engineers 28 (Mai 1940), S. 211-212.

8 Photographing Television Programmes. In: Electronics and Television & Short-Wave World 13 (März 1940), S. 124.

9 Cathode-Ray View Finder for the Emitron. In: Electronics and Television & Short-Wave World 13 (März 1940), S. 108.

10 V. K. Zworykin, Laborbuch, Eintragung v. 13. Juli 1931. Erstmals veröffentlich in meinem Artikel Albert Abramson: Pioneers of Television – Vladimir K. Zworykin. In: Journal of the Society of Motion Picture and Television Engineers 90 (Juli 1981), S. 586.

11 W. S. Brown, Brit. Pat. Nr. 539.419, beantragt am 5. Feb. 1940, ausgestellt am 10. Sept. 1941. W. S. Brown, Brit. Pat. Nr. 541.860, beantragt am 5. Feb. 1940, ausgestellt am 15. Dez. 1941. J. D. McGee, G. S. P. Freeman, Brit. Pat. Nr. 542.488, beantragt am 2. Mai 1940, ausgestellt am 12. Jan. 1942. J. D. McGee, H. Miller, G. S. P. Freeman, Brit. Pat. Nr. 542.496, beantragt am 2. Mai 1940, ausgestellt am 12. Jan. 1942. J. D. McGee, H. Miller, G. S. P. Freeman, Brit. Pat. Nr. 542.497, beantragt am 2. Mai 1940, ausgestellt am 12. Jan. 1942. J. D. McGee, H. G. Lubszynski, Brit. Pat. Nr. 542.245, beantragt am 27. Juni 1940, ausgestellt am 1. Jan. 1942.

12 Recent Developments in Electron Engineering. Photographie mit der Überschrift: »B. T. H. Ikonoskop-Abtastanlage im Fernsehlabor«. In: Electronics and Television & Short-Wave World 13 (April 1940), S. 157.

13 B. Robertson: First Telecast from Plane Successful as RCA Demonstrates New Equipment. In: Broadcasting 18 (15. März 1940), S. 24.

14 FCC Stays Start in Television, Rebukes R. C. A. for Sales Drive. In: New York Times v. 24. März 1940, S. 1:6. FCC Reopens Television Hearings April 8. In: Broadcasting 18 (1. April 1940), S. 22-50. Freezing of Television Feared by FCC, Says Chairman Fly. In: Broadcasting 18 (1. April 1940), S. 22.

15 S. Taishoff: Flexible Television Is Urged by President. In: Broadcasting 18 (15. April 1940), S. 18d. U. S. Senate, Committee on Interstate Commerce. In: Development of Television, Hearings Committee, 10 and 11. April 1940. Washington, D. C.: Gov. Printing Office 1940, S. 38.

16 L. V. Gilpin: Running Account of FCC Hearings on Television. In: Broadcasting 18 (15. April 1940), S. 74-A-D, 84-85. Television Back on Experimental Shelf. In: Broadcasting 18 (1. Juni 1940), S. 17, 88-89.

17 Notes on Television. In: New York Times v. 28. April 1940, Abtlg. IX, S. 10:7. A New Tube Simplifies Television for Amateurs. In: New York Times v. 9. Juni 1940, Abtlg. IX, S. 8:4. RCA Demonstrates Ham Video Tube. In: Broadcasting 18 (15. Juni 1940), S. 73. J. J. Lamb: A New Iconoscope for Amateur Television Cameras. In: QST 24 (Juni 1940), S. 13-14. An Experimental Miniature Iconoscope. In: Electronics and Television & Short-Wave World 13 (Juli 1940), S. 292, 296.

18 Projection »Gun« Shoots Televiews: The Aim Is to Hit a Theatre Screen. In: New York Times v. 12. Mai 1940, Abtlg. IX, S. 10:5. RCA Large-Screen Television with Clear Images Is Exhibited. In: Broadcasting 18 (15. Mai 1940), S. 32.

19 S. Taishoff, L. V. Gilpin: Birth of Commercial FM This Year Seen. In: Broadcasting 18 (1. April 1940), S. 18-20, 80-83. Summary of the Case for FM Broadcasting. In: Broadcasting 18 (1. Mai 1940), S. 37, 70. RCA Asks to Retain Present Television Bands. In: Broadcasting 18 (1. Mai 1940), S. 37, 71. Hints of Commercial Television Noted in FCC License Grants. In: Broadcasting 18 (1. Juli 1940), S. 28. Lessing, a. a. O., S. 198-201. Lyons, a. a. O., S. 257-258. Dream Comes True. In: Broadcasting 18 (1. Juni 1940), S. 86.

20 Coverage of GOP Convention to Include Television Pickups. In: Broadcasting 18 (15. Juni 1940), S. 22. O. B. Hanson, RCA-NBC Television Presents a Political Convention as First Long Distance Pick Up. In: RCA Review 5 (Jan. 1941), S. 267-282.

21 Television Audiences, Etc. (Darin findet sich auch eine Photographie einer Philco-Fernsehkamera.) In: Broadcasting 18 (1. Juli 1940), S. 16. S. Kaufman: The Video Reporter. In: Radio News 24 (Sept. 1940), S.29-58.

22 FCC Pledges Help in Television Field. In: New York Times v. 1. Aug. 1940, S. 23:5. Ten Video Stations Granted by FCC as Interest Slackens. In: Broadcasting 18 (1. Aug. 1940), S. 101. Standards Group Sets Course for Television Set-Up. In: Broadcasting 18 (15. Aug. 1940), S. 50. New York Television Stations Adapting Plants to New Bands. In: Broadcasting 18 (1. Sept. 1940), S. 44. S. Kaufman: The Video Reporter. In: Radio News 24 (Okt. 1940), S. 31. News and Notes of the Advertising Field. In: New York Times v. 14. Okt. 1940, S. 80:2. Industry Accord Over Television Standards Seen. In: Broadcasting 18 (15. Okt. 1940), S. 102. Video Standards Sought by Jan. 1. In: Broadcasting 18 (1. Nov. 1940), S. 80. Video Panels to Report Their Progress Jan. 27. In: Broadcasting 18 (15. Nov. 1940), S. 76. D. G. Fink: Television Standards and Practice. New York, London: McGraw-Hill 1943. Dies ist das klassische Werk über die Gründung, die Tätigkeit und die Ergebnisse der ersten NTSC-Kommission. Ihre eigentlichen Aufzeichnungen vgl. bei Proceedings of the National Television Systems Committee. Datiert auf den 27. Jan. 1941 (4 Bde., 1940/1941).

23 Television in Los Angeles. In: New York Times v. 25. Aug. 1940, Abtlg. IX, S. 10:4. Vgl. auch Broadcasting 18 (1. Sept. 1940), S. 40.

24 Color Television Success in Test. In: New York Times v. 30. Aug. 1940, S. 21:3. Color Television Achieves Realism. In: New York Times v. 5. Sept. 1940, S. 18:6. Painting Telepictures. In: New York Times v. 8. Sept. 1940, Abtlg. IX, S. 10:7. New Color Television System Developed Secretly by CBS. In: Broadcasting 18 (1. Sept. 1940), S. 92. Color Television by 1941 Is Forecast. In: Broadcasting 18 (15. Sept. 1940), S. 38, 42. Color Television Exhibited to FCC. In: Broadcasting 18 (1. Okt. 1940), S. 89. Televiews on the Air. In: New York Times v. 13. Okt. 1940, S. 12:1.

25 Color Television Demonstrated by CBS Engineers. In: Electronics 13 (Okt. 1940), S. 32-34, 73-74. Columbia Colour Television. In: Electronics and Television & Short-Wave World 13 (Nov. 1940), S. 488-490.

26 P. C. Goldmark, U. S. Pat. Nr. 2.304.081, beantragt am 7. Sept. 1940, ausgestellt am 8. Dez. 1942. P. C. Goldmark, U. S. Pat. Nr. 2.480.571, beantragt am 7. Sept. 1940, ausgestellt am 30. Aug. 1949. P. C. Goldmark, Brit. Pat. Nr. 647.714, beantragt am 11. Okt. 1946 (Originalantrag v. 7. Sept. 1940), ausgestellt am 20. Dez. 1950. P. C. Goldmark, Brit. Pat. Nr. 647.715, beantragt am 11. Okt. 1946 (Originalantrag v. 7. Sept. 1940), ausgestellt am 20. Dez. 1950. Goldmark Claims Pickups in Color. In: Broadcasting 18 (15. Nov. 1940), S. 87. Rochester ... 1940. In: Electronics 13 (Dez. 1940), S. 25-27.

27 Answer of CBS Denies Television Charge of Sarnoff. In: Broadcasting 18 (15. Mai 1940), S. 80. S. Kaufman: The Video Reporter. In: Radio News 24 (Juli 1940), S. 29-43.

28 R. B. Janes, R. E. Johnson, R. S. Moore: Development and Performance of Television Camera Tubes. In: RCA Review 10 (Juni 1949), S. 191-223.

29 A. Rose, U. S. Pat. Seriennr. 357.543, beantragt am 20. Sept. 1940, kein Patent ausgestellt.

30 Vgl. A. Rose, U. S. Pat. Nr. 2.506.741, beantragt am 20. Sept. 1940, beantragt am 28. Nov. 1945, ausgestellt am 8. Mai 1950. Das Datum 10. Mai 1940 (für die Konstruktion der ersten Kameraröhren mit einem solchen Glasbildwandler) entstammt diesem Patentakt. A. Rose, Brit. Pat. Nr. 613.003, beantragt am 19. Sept. 1941 (Originalantrag v. 20. Sept. 1940), ausgestellt am 22. Nov. 1948.

31 S. Kaufman, The Video Reporter, a. a. O. (Kapitel 11, Fußnote 21), S. 58.

32 Color Television Tested. In: New York Times v. 22. Nov. 1940, S. 39:6. Video Committee Busy in Experiments; GE Demonstrates Colored Television. In: Broadcasting 18 (1. Dez. 1940), S. 30.

33 E. Crosby, U. S. Pat. Nr. 2.296.908, beantragt am 10. Dez. 1940, ausgestellt am 29. Sept. 1942.

34 Progress in Colour Television. In: London Times v. 21. Dez. 1940, S. 7f.

35 Industry Drafting Television Report. In: Broadcasting 19 (20. Jan. 1941), S. 54. Television Progress Speeded Up. In: New York Times v. 19. Jänner 1941, Abtlg. IX, S. 10:8.

36 A. G. Jensen: Film Scanner for Use in Television Transmission Tests. In: Proceedings of the Institute of Radio Engineers 29 (Mai 1941), S. 243-249. (Vortrag gehalten am 11. Jan. 1941.) Television Progress Speeded Up, a. a. O. (Kapitel 11, Fußnote 35). Distance Record for Video Signals. In: Broadcasting 19 (20. Jan. 1941), S. 48.

37 Baird High Definition Colour Television. In: Journal of the Television Society 3 (1939-1943), S. 171-174. Dieser Beitrag beinhaltete das Farbbild aus Television in Colour. In: Electronics and Television & Short-Wave World 14 (April 1941), Beilage zwischen S. 152 u. 153. A Brief History of Colour Television. In: Electronics and Television & Short-Wave World 14 (Mai 1941), S. 228.

38 Scophony Exhibits Video on Screen. In: Broadcasting 19 (20. Jan. 1941), S. 45. Television Progress Speeded Up, a. a. O.

39 FCC Orders Hearing on Video Report. In: Broadcasting 19 (3. Feb. 1941), S. 18, 36A. L. V. Gilpin: FCC Paves Way to Commercial Television. In: Broadcasting 19 (3. März 1941), S. 14, 56. NTSC Television Standards. In: Communications 21 (Feb. 1941), S. 12-13. Fink, Television Standards and Practice, a. a. O. (Kapitel 11, Fußnote 22), S. 18-24.

40 Proposals to Change Television Standards. In: New York Times v. 21. März 1941, S. 22:3. L. V. Gilpin: RCA Seeks Television Unity to Avoid More False Starts. In: Broadcasting 19 (24. März 1941), S. 16, 48-49. Television Ready to Go, FCC Is Told. In: New York Times v. 25. März 1941, S. 25:2.

41 R. V. Jones: The Wizard War. New York: Coward, McCann & Geoghegan 1978, S. 174-178. A. Price: Instruments of Darkness. New York: Charles Scribner's Sons 1979, S. 47-51. B. Johnson: The Secret War. New York, Toronto, London, Sydney: Methuen 1978, S. 57-60.

42 Color Television Given First Exhibition by NBC. In: Broadcasting 19 (5. Mai 1941), S. 41.

43 Television Authorized by FCC on a Full Commercial Basis. In: Broadcasting 20 (5. Mai 1941), S. 12.

44 Television Show Given in Theatre. In: New York Times v. 10. Mai 1941, S. 17:6. Latest Television Is Shown During FCC Tour. In: Broadcasting 19 (27. Jan. 1941), S. 47-49. Some Recent Television Developments. In: Communications 21 (Feb. 1941), S. 10-11, 23-25. Engineers Send Theatre-Size Images. In: New York Times v. 6. April 1941, Abtlg. IX, S. 12:1.

45 I. G. Maloff, W. A. Tolson: A Resume of the Technical Aspects of the RCA Theatre Television. In: RCA Review 6 (Juli 1941), S. 5-11.

46 Electronic Viewfinder for Television Camera. In: Electronics 14 (Juli 1941), S. 58-59. Electronic Viewfinder. In: Review of Scientific Instruments 12 (Sept. 1941), S. 451. R. L. Campbell, R. E. Kessler, R. E. Rutherford, K. U. Landsberg: Mobile Television Equipment. In: Proceedings of the Institute of Radio Engineers 30 (Jan. 1942), S. 1-7. (Vortrag gehalten am 23. Juni 1941.)

47 M. A. Trainer: Orthicon Portable Television Equipment. In: Proceedings of the Institute of Radio Engineers 30 (Jan. 1942), S. 15-19. (Vortrag gehalten am 25. Juni 1941.)

48 A. Rose: The Relative Sensitivities of Television Pickup Tubes, Photographic Film and the Human Eye. In: Proceedings of the Institute of Radio Engineers 30 (Juni 1942), S. 293-300. (Vortrag gehalten am 25. Juni 1941.)

49 Tests of Television Setups Are Made: Plans for July 1 Operations Uncertain. In: Broadcasting 19 (9. Juni 1941), S. 38. Video Rate Card Prepared by NBC for July 1 Start. In: Broadcasting 19 (23. Juni 1941), S. 54. Television Starts Today. In: New York Times v. 1. Juli 1941, S. 15:4. Regular

Television On. In: New York Times v. 2. Juli 1941, S. 17:8. Imagery for Profit. In: New York Times v. 6. Juli, Abtlg. IX, S. 10:7. Novel Commercials in Video Debut. In: Broadcasting 19 (7. Juli 1941), S. 10.

50 J. L. Baird, Brit. Pat. Nr. 552.582, beantragt am 11. Juli 1941, ausgestellt am 15. April 1943. New Progress in Television. In: London Times v. 19. Dez. 1941, S. 2d. Television in Colour and Stereoscopic Effect. In: Journal of the Television Society 3 (1939-1943), S. 225-226. Three dimensional color television (Übersicht). In: Electronics 15 (Mai 1942), S. 76. Colour and stereoscopic television. In: Electrical Engineer 15 (Aug. 1942), S. 96-97. A. A. Gulliland: John Logie Baird and Stereoscopic Television. In: Radio News 30 (Radionics Section) (Juli 1943), S. 8-24.

51 P. C. Goldmark, J. N. Dryer, E. R. Piore, J. M. Hollywood: Color Television – Part I. In: Proceedings of the Institute of Radio Engineers 30 (April 1942), S. 162-182. (Vortrag teilweise gehalten am 3. Okt. 1940, Manuskript eingelangt am 2. Sept. 1941.) P. C. Goldmark, E. R. Piore, J. M. Hollywood, T. H. Chambers, J. J. Reeves: Color Television – Part II. In: Proceedings of the Institute of Radio Engineers 30 (Sept. 1943), S. 465-478. CBS Field Tests for Color Video. In: Broadcasting 19 (21. April 1941), S. 49.

52 A. H. Rosenthal: Storage in Television Reception. In: Electronics 14 (Okt. 1941), S. 46-49, 115-116.

53 RCA Sees Commercial Television Retarded by Defense Program. In: New York Times v. 7. Mai 1941, S. 27:3. RCA Studies Future of Video But Sees Rather Dim Future. In: Broadcasting 19 (12. Mai 1941), S. 92. Lyons (1966), a. a. O., S. 259-260.

Ausgewählte Bibliographie

Abramson, A.: Electronic Motion Pictures. Berkeley: University of California Press 1955.
Aisberg, E., Aschen, R.: Théorie et Pratique de la Télévision. Paris: Chiron 1932.
Archer, Gleason L.: History of Radio to 1926. New York: American Historical 1938.
Ders.: Big Business and Radio. New York: American Historical 1939.
Ardenne, Manfred von: Funk-Empfangs-Technik. Berlin: Rothgiesser & Diesing AG 1934.
Ders.: Television Reception. New York: D. Van Nostrand, Inc. 1936.
Ders.: Cathode-Ray Tubes. London: Sir Isaac Pitman & Sons, Ltd. 1939.

Baird, M.: Television Baird. Cape Town: Haum 1973.
Baker, T. Thorne: Wireless Pictures and Television. London: Constable 1926.
Baker, W. J.: A History of the Marconi Co. London: Methuen 1970.
Barnouw, Eric: A Tower in Babel. New York: Oxford University Press 1966.
Ders.: The Golden Web. New York: Oxford University Press 1968.
Benson, Thomas W.: Fundamentals of Television. New York: Mancall 1930.
Blake, G. G.: History of Radio Telegraphy and Telephony. London: Chapman and Hall 1928.
Briggs, Asa: The Golden Age of Wireless. Bd. II. London: Oxford University Press 1965.
Bruch, Walter: Die Fernseh-Story. Stuttgart: Franckhsche Verlagsbuchhandlung 1969.
Burns, R. W.: British Television, the Formative Years. Großbritannien: Peter Peregrinus, Ltd. 1986.

Cameron, James R.: Radio and Television. Woodmont: Cameron 1933.
Ders.: Television for Beginners. Coral Gables, Florida: Cameron 1947.
Camm, F. J.: Newnes Television and Short-Wave Handbook. London: Georges Newnes 1934.
Ders.: Newnes Television Manual. London: Georges Newnes 1942.
Ceram, C. W.: Archeology of the Cinema. New York: Harcourt, Brace & World 1965.
Chapple, H. J. Barton: Television for the Amateur Constructor. London: Sir Isaac Pitman 1933.
Ders.: Popular Television. London: Sir Isaac Pitman 1935.
Cocking, W. T.: Television Receiving Equipment. London: Iliffe 1940.
Collins, A. Frederick: Experimental Television. Boston: Lothrop, Lee and Shepard 1932.
Crawley, C.: From Telegraphy to Television. London: Warne 1931.

De Forest, Lee: Television: Today and Tomorrow. New York: The Dial Press 1942.
Dinsdale, A: Television. London: Sir Isaac Pitman 1926
Ders.: Television. London: Television Press 1928.
Ders.: First Principles of Television. London: Chapman and Hall 1932.
Dunlap, Orrin E.: The Outlook for Television. New York, London: Harper & Brothers 1932.
Ders.: Radio's 100 Men of Science. New York, London: Harper & Brothers 1944.
Ders.: The Future of Television. New York: Harper & Brothers 1947.
Ders.: Radio & Television Almanac. New York: Harper & Brothers 1951.
Dupuy, Judy: Television Show Business. Schenectady: General Electric 1945.
Dowding, G. V.: Book of Practical Television. London: Amalgamated 1935.

Eckhardt, George: Electronic Television. Chicago: Goodheart-Wilcox 1936.
Eder, Josef M.: History of Photography. Revised edition. New York: Dover 1932.

Eddy, William C.: Television – The Eyes of Tomorrow. New York: Prentice-Hall 1945.
Eichhorn, Gustav: Wetterfunk Bildfunk Television. Leipzig: B. G. Teubner 1926.
Everson, George: The Story of Television, the Life of Philo T. Farnsworth. New York: W. W. Norton 1949.

Fahie, J. J.: A History of Wireless Telegraphy. Edinburgh, London: Blackwood 1901.
Felix, Edgar: Television, Its Methods and Uses. New York: McGraw-Hill 1931.
Fink, Donald G.: Principles of Television Engineering. New York: McGraw-Hill 1940.
Ders.: Television Standards and Practice. New York, London: McGraw-Hill 1943.
Friedel, W.: Elektrisches Fernsehen: Fernkinematographie und Bildfernübertragung. Berlin: Hermann Meusser 1926.
Fuchs, Gerhard: Die Bildtelegraphie. Berlin: Georg Siemens 1926.

Garratt, G. R. M., **Parr,** G.: Television. A Science Museum Booklet. London: His Majesty's Stationery Office 1937.
Geddes, Keith: Broadcasting in Britain: 1922 – 1972. A Science Museum Booklet. London: Her Majesty's Stationery Office 1972.
Gorokhow, P. K.: Boris L'vovich Rosing. Moskau: Hayka 1964.

Halloran, Arthur H.: Television with Cathode Rays. San Francisco: Pacific Radio 1936.
Hathaway, Kenneth: Television: A Practical Treatise. Chicago: American Technical Society 1933.
Hatschek, Paul: Electron-Optics. Boston: American Photographic 1944.
Hemardinquer, Pierre: La Télévision et ses Progrès. Paris: Dunod 1937.
Ders.: Technique et Pratique de la Télévision. Paris: Dunod 1948.
Hendricks, Gordon: The Edison Motion Picture Myth. Berkeley, Los Angeles: University of California Press 1961.
Ders.: Eadweard Muybridge, the Father of the Motion Pictures. New York: Grossman/Viking 1975.
Hubbell, Richard W.: 4000 Years of Television. New York: G. P. Putnam's Sons 1942.
Hutchinson, Robert W.: Easy Lessons in Television. London: University Tutorial Press 1930.
Ders.: Television Up to Date. London: University Tutorial Press 1930.
Ders.: Here Is Television: Your Window to the World. New York: Hastings House 1946.
Hylander, Clarence John, **Harding,** Robert Jr.: An Introduction to Television. New York: Macmillan 1941.

Irwin, J. T.: Oscillographs. London: Sir Isaac Pitman 1925.

Jenkins, Charles Francis: Animated Pictures. Washington, D. C.: H. L. M. McQueen 1898.
Ders.: Vision by Radio, Radio Photographs, Radio Photograms. Washington, D. C.: Jenkins Laboratories 1925.
Ders.: Radiomovies, Radiovision, Television. Washington, D. C.: Jenkins Laboratories 1929.
Jewkes, John, **Sawers,** David, **Stillerman,** Richard: The Sources of Invention. London: Macmillan 1958.
Johnson, B.: The Secret War. New York, Toronto, London, Sidney: Methuen 1978.
Jolly, W. P.: Marconi. New York: Stein and Day 1972.
Jones, C. R.: Facsimile. New York: Murray Hill 1949.
Jones, R. V.: The Wizard War. New York: Coward, McCann & Geoghegan 1978.

Kempner, Stanley: Television Encyclopedia. New York: Fairchild 1948.
Korn, Arthur, **Glatzel,** Bruno: Handbuch der Phototelegraphie und Teleautographie. Leipzig: Otto Nemnich 1911.
Dies., **Nesper,** E: Bildrundfunk. 1930.
Kilbon, R. K.: Pioneering in Electronics. 2 Bde. Princeton, New Jersey, 1960. (Unveröffentlichtes Manuskript)

Larner, E. T.: Practical Television. New York: D. Van Nostrand 1929.

Lee, Robert E.: Television: The Revolution. New York: Essential 1944.
Lessing, Lawrence: Man of High Fidelity. New York: Bantam 1969.
Liesegang, R. E.: Beiträge zum Problem des Elektrischen Fernsehens. Düsseldorf: R. E. Liesegang 1891.
Lohr, Lenox R.: Television Broadcasting. New York: McGraw-Hill 1940.
Lyons, Eugene: David Sarnoff. New York: Harper & Row 1966.

McGowan, Kenneth: Behind the Screen. New York: Delacorte 1965.
Mackenzie, Catherine: Alexander Graham Bell, the Man Who Conquered Space. Boston, New York: Houghton Mifflin 1928.
MacLaurin, W. R.: Invention and Innovation in the Radio Industry. New York: Macmillan 1949.
Maloff, I. G., **Epstein**, D. W.: Electron Optics in Television. New York: McGraw-Hill 1938.
Martin, Marcus J.: Wireless Transmission of Photographs. London: Wireless 1916.
Ders.: The Electrical Transmission of Photographs. London: Sir Isaac Pitman 1921.
Mesny, René: Télévision et Transmission des Images. Paris: Librairie Armand Golin 1933.
Mihály, Dionys von: Das elektrische Fernsehen und das Telehor. Berlin: M. Krayn 1923.
Moseley, Sydney: John Baird: The Romance and Tragedy of the Pioneer of Television. Long Acre, London: Odhams 1952.
Ders., **Chapple**, H. J. Barton: Television, To-day and To-morrow. London: Sir Isaac Pitman 1930.
Ders., **McKay**, Herbert: Television: A Guide for the Amateur. London: Oxford University Press 1936.
Moyer, J. A.: Practical Radio, Including Television. New York: McGraw-Hill 1931.
Myers, L. M.: Television Optics. London: Sir Isaac Pitman 1936.

Parr, G.: The Cathode Ray Tube and Its Applications. London: Chapman & Hall 1941.
Patterson, John C.: America's Greatest Inventors. New York: Thomas Y. Crowell 1943.
Pfragner, Julius: Eye of History. Chicago, New York, San Francisco 1964.
Pohl Robert: Die Elektrische Fernübertragung von Bildern. Braunschweig 1938.
Porterfield, John, **Reynolds**, Kay: We Present Television. New York: W. W. Norton 1940.
Price, A.: Instruments of Darkness. New York: Charles Scribner's Sons 1979.
Proceedings of the National Television Systems Committee. 4 Bde. 1940/1941.
Puckle, O. S.: Time Bases (Scanning Generators). New York: John Wiley 1946.

Quigley, Martin Jr.: Magic Shadows. New York: Harcourt Brace & World 1965.

Reyner, J. H.: Television: Theorie and Practice. London: Chapman and Hall 1934 (2. Aufl. 1937).
Ders.: Cathode Ray Oscillographs. London: Sir Isaac Pitman 1939.
Richards, Vyvyan: From Crystal to Television. London: A & C Black 1928.
Rider, John F.: The Cathode-Ray Tube at Work. New York: John F. Rider 1935.
Robinson, David: The History of World Cinema. New York: Stein and Day 1973.
Robinson, Ernest H.: Televiewing. London: Selwyn & Blount 1937.
Ross, Gordon: Television Jubilee: The Story of 25 Years of BBC Television. London: W. H. Allen 1961.
Rowland, John: The Television Man. New York: Roy 1966.
Secor, H. Winfield, **Kraus**, Joseph H.: Television Including Experiments. New York 1927.

Sheldon, H. Norton, **Grisewood**, Edgar Norman: Television: Present Methods of Picture Transmission. New York: D. Van Nostrand 1929.
Shiers, George (Hrsg.): Technical Development of Television. New York: Arno 1977.
Sleeper, M. B.: The Television Handbook: Look and Listen. New York: Norman W. Henley 1939.
Sturmey, S. G.: The Economic Development of Radio. London: Gerald Duckworth 1958.
Schröter, Fritz: Handbuch der Bildtelegraphie und des Fernsehens. Berlin: Julius Springer 1932.
Ders.: Fernsehen. Berlin: Julius Springer 1937.

Television, Bd. I. New York: RCA Institutes Tech. Press 1936.

Television, Bd. II New York: RCA Institutes Tech. Press 1937.
Television, Bd. III. Princeton: RCA Review 1946.
Tiltman, Ronald F.: Television for the Home. London: Hutchinson 1927.
Ders.: Baird of Television. London: Seeley Service 1933.
Transactions of the Television Engineers of Japan, 2 Bde., 1935, 1936.
Tyne, Gerald F. J.: Saga of the Vacuum Tube. Indianapolis: Howard W. Sams 1977.

Waldrop, Frank, **Borken,** Joseph: Television: A Struggle for Power. New York: William Morrow 1938.
Watson Watt, R. A.: Applications of the Cathode Ray Oscillograph in Radio Research. London: Her Majesty's Stationery Office 1933/1943.
West, A. G. D. et al.: Television Today: Practice and Principles Explained. 2 Bde. London: George Newnes 1935.
Wilson, John C.: Television Engineering. London: Sir Isaac Pitman 1937.

Yates, Raymond F.: ABC of Television. New York: Norman W. Henley 1929.
Yearbook of the Television Scientific Society (Japan) 1934.

Zworykin, V. K., **Wilson,** E. D.: Photocells and Their Application. New York: John Wiley 1930.
Dies., **Morton,** George A.: Television – the Electronics of Image Transmission. New York: John Wiley, Inc. 1940.

Bibliographie zum Nachwort

Abramson, Albert: Electronic Motion Pictures. Berkeley: University of California Press 1955.
Ders.: A Short History of Television Recording. In: Journal of the SMPTE (Feb. 1955), S. 72-76.
Ders.: A Short History of Television Recording, Part II. In: Journal of the SMPTE (März 1973), S. 188-189.
Ders.: The History of Television, 1942 to 2000. Jefferson, N. C.: McFarland 2002.
Bloomfield, Larry: Networks announce HDTV plans. In: Broadcast Engineering (Mai 1998), S. 14-16.
Bugailiskis, John: Changing channels: the dawn of WebTV. In: Broadcaster (Juni 1998), S. 16-21.
Fink, Donald G: The Forces at Work Behind the NTSC Standards. In: Journal of the SMPTE (Juni 1981), S. 498-502.
Hiebel, Hans H., **Hiebler,** H., **Kogler,** K., **Walitsch,** H.: Die Medien. Logik, Leistung, Geschichte. München: Fink 1998. (= UTB. 2029.)
Dies.: Große Medienchronik. München: Fink 1999.
Penhune, James: Digital TV: where's the consumer? In: Broadcast Engineering (Dezember 1998), S. 76-82.
Pritchard, D. H., **Gibson,** J. J.: World Color Television Standards – Similarities and Differences. In: Journal of the SMPTE (Feb. 1980), S. 111-120.
Rindfleisch, Hans: Technik im Rundfunk. Hamburg: Mensing 1985.
Sugaya, Hiroshi: The Videotape Recorder: Its Evolution and the Present State of the Art of VTR Technology. In: Journal of the SMPTE (März 1986), S. 301-309.

Erklärung der Fachbegriffe

Abtastöffnung Eine Öffnung in einer Abtastscheibe, durch die der Abtaststrahl fällt. In einem elektronischen System wird die Größe des Elektronenstrahls durch die Elektronenkanone bestimmt.

Abtastscheibe Eine Lochscheibe, deren Löcher gewöhnlich in gleichen Winkelabständen angebracht sind. Eine Abtastscheibe kann mehr als eine Lochreihe haben; dabei können die Löcher in Zickzack- oder Spiralform angeordnet und auch mit Linsen bestückt sein.

Abtastung Der Vorgang, bei dem eine Gesamtbildfläche nach einer vorbestimmten Methode nacheinander in Bildelemente zerlegt wird und die Lichtwerte dieser Elemente abgenommen werden.

Amplitudenmodulation Ein Verfahren, bei dem die Amplitude einer Trägerfrequenz in Entsprechung mit einem Eingangssignal über und unter ihren normalen Wert verschoben wird.

Anode Die positive Elektrode einer Glühkathodenröhre (oder eines Festkörperbauelements), die die Mehrzahl der von der Kathode abgegebenen Elektronen anzieht.

Auflösungsvermögen Die Detailmenge in einem Bild. Bestimmt die Bildschärfe und ist abhängig von der Zahl der Bildelemente und vom Kontrast zwischen den Elementen.

Austasten Auch Dunkeltasten; der Vorgang der Unterdrückung des Strahls auf seinem horizontalen und vertikalen Rücklauf durch die geeignete Einfügung eines speziellen Signals.

Bandbreite Das Frequenzband zwischen zwei festgelegten Grenzen, gemessen in Hertz.

Bildauflösung Die Bildschärfe oder das Ausmaß der Detailwiedergabe einer Szene nach ihrer Übertragung durch ein elektronisches oder optisches (mechanisches) Fernsehsystem.

Bildaufzeichnung Umfaßt alle Verfahren der Speicherung von elektrifizierter Bildinformation auf einem geeigneten Medium, das entweder phonographischer, photographischer oder magnetischer Art sein kann.

Bildaustastsynchronsignal Auch BAS-Signal; das vollständige Fernsehsignal bestehend aus Videosignal, Austastsignal und den horizontalen und vertikalen Synchronsignalen.

Bildelemente Die Bezeichnung für die winzigen Flächen, in die ein Bild mit welchen Mitteln immer zergliedert wird. Alle sind gleich groß, unterscheiden sich aber in der Helligkeit. Sie werden auch Pixel genannt.

Bildfeld Der Flächenbereich, der bei der Bildaufnahme und -wiedergabe vom Abtaststrahl belegt wird. Bei **Zeilensprungabtastung** besteht dieser Bereich aus mehreren Teilbildern, die aus jeweils unterschiedlichen Bildzeilen zusammengesetzt sind (z. B. aus zwei Teilbildern bei 2:1-Zeilensprung)

Bildschirm Der fluoreszierende Schirm einer Elektronenröhre.

Bildsignal Das Videoausgangssignal einer elektronischen Kamera.

Bildtelegraphie vgl. **Faksimile-Übertragung**

Bildwandler, Target Die lichtelektrisch empfindliche Platte in einer Kameraröhre, auf der das Bildsignal gebildet wird. Zur Gewinnung der Bildinformation wird sie gewöhnlich von einem Elektronenstrahl abgetastet. Ihre Oberfläche kann durchgehend (nicht gerastert) oder mosaikförmig (gerastert) sein. Auch kann der Bildwandler einseitig oder zweiseitig sein.

Bildwiedergaberöhre Die bilderzeugende Elektronenröhre eines Fernsehempfängers. Eine Vakuumröhre, in der ein Elektronenstrahl auf einen fluoreszierenden Schirm gelenkt wird; dieser glimmt auf, wenn er von dem Strahl getroffen wird. Position (Laufrichtung) und Intensität des Strahls können verändert werden. (Vgl. auch **Kineskop**.)

Bildzerlegerröhre, Dissektorröhre Eine Kameraröhre mit einer durchgängigen (nicht gerasterten) Photokathode, auf der ein lichtelektrisches Emissionsmuster gebildet wird, dieses Ladungsbild wird als Ganzes durch eine Abtastöffnung (Lochblende) geführt und dabei abgetastet. Der Name wurde von Philo Farnsworth geschaffen.

Diode Ein elektrisches Gerät (Vakuumröhre, auch Zweipolröhre, oder Festkörperbauelement) mit zwei Elektroden, einer Kathode und einer Anode.

Direktabtastung Die Form der Bildabtastung (mechanisch oder elektronisch), bei der das von der Szene einfallende Licht direkt auf einen Umwandler fällt, der das Licht in elektrische Impulse konvertiert.

elektrische Wellenformen Die sichtbare Darstellung elektrischer Signale in Bezug auf eine Zeitachse.

Elektronenkanone Der Aufbau aus metallischen Zylindern im Hals einer Elektronenröhre, der aus einer elektronenemittierenden Kathode und aus weiteren Kathoden besteht, die den emittierten Elektronenstrom konzentrieren, steuern und zu einem Elektronenstrahl bündeln, der etwa auf einem fluoreszierenden Schirm einen Punkt erzeugt.

Elektronenoptik Der Zweig der Elektronik, der sich mit dem Verhalten eines Elektronenstrahls unter dem Einfluß elektrostatischer und elektromagnetischer Kräfte befaßt.

Elektronenstrahl Ein konzentrierter Elektronenstrom, der durch Gasionisierung, durch elektrostatische oder durch magnetische Felder zur Form eines Strahls gebündelt wird. Besteht aus negativ geladenen Elementarteilchen.

Elektronenvervielfacher Ein Gerät zur Verstärkung einer Elektronenemission durch Beschießen von Targets mit einer Primäremission, wobei aus jedem Target eine größere Zahl an Sekundärelektronen freigesetzt wird als die der Primärelektronen, die auf ihm auftreffen (auch Sekundärelektronenvervielfacher).

Elektronenvervielfachung Elektrisches Phänomen auf der Grundlage des Prinzips der Freisetzung von Elektronen aus einer Oberfläche beim Auftreffen anderer Elektronen auf derselben.

elektronische Kamera Die Fernsehkamera im allgemeinen. Ursprünglich war dies der Markenname (»Elektronenkamera«) für jede Fernsehkamera des Bildzerlegertyps. Bezeichnet heute jedes Gerät mit einem Licht-Strom-Wandler, der Lichtwerte in entsprechende elektrische Signale konvertiert.

elektronischer Bildsucher Der an einer elektronischen Kamera angebrachte Kontrollbildschirm, der das augenblickliche Ausgangssignal dieser Kamera wiedergibt.

elektronischer Film Ein Laufbildverfahren, bei dem die primäre Bildaufnahme mittels elektronischer Kameras erfolgt. Deren Ausgangssignal kann entweder auf photographischem oder magnetischem Wege aufgezeichnet werden.

Emitron Vgl. **Ikonoskop.**

Faksimile-Übertragung Die Übertragung von Einzelbildern über Kabel- oder Funkverbindungen. Auch bekannt als **Bildtelegraphie.**

Faraday-Effekt Auch Faraday-Drehung; die Drehung der Polarisationsebene eines linear polarisierten Lichtstrahls durch ein transparentes Medium unter dem Einfluß eines Magnetfeldes.

Farbfernsehen Ein Fernsehsystem, das Bilder in ihren ursprünglichen Farben wiedergibt.

Fernsehen Die elektrische Übertragung und der Empfang von Laufbildern. (Die übliche Definition schließt die systematische Abtastung der Bilder, Mittel zur Synchronisation von Kamera und Empfänger sowie die Nutzung der Netzhautträgheit bei der Wiederherstellung des Bildes mit ein.)

Fernsehkamera vgl. **elektronische Kamera**

Festkörperbauelement Ein stromführendes Halbleiterelement, das zur Steuerung, zur Verstärkung oder auch zur Transformation elektrischer Signale verwendet werden kann.

Filmabtastung Der Vorgang der Umwandlung von Filmbildern in entsprechende elektrische Signale, die von einem Fernsehsystem übertragen werden können.

Filmkamera Ein Aufnahmegerät zur Herstellung einer Reihe von photographischen Bildern mit Belichtung in Schrittschaltung (einzelbildweise unterbrochenem Transport des Films) auf einem Filmstreifen mit lichtempfindlicher Beschichtung. (Vgl. auch **Kinematograph**.)

Fluoreszenz Die physikalische Eigenschaft bestimmter Substanzen, sichtbares Licht, das sich von ihrem Eigenlicht unterscheidet, abzugeben, wenn sie einer anregenden Strahlungsquelle wie etwa Elektronen-, UV-Licht- oder Röntgenstrahlen ausgesetzt sind. Phosphoreszenz liegt vor, wenn diese Lichtabgabe nach dem Abschalten der anregenden Strahlung noch weiter anhält.

Frequenzmodulation Die Modulation einer Sinusträgerwelle, wobei sich ihre augenblickliche Frequenz von der Trägerfrequenz um den Betrag unterscheidet, der dem richtigen Verhältnis zur augenblicklichen Amplitude der modulierenden Frequenz entspricht.

Funkbrückenübertragung Die Übertragung von Fernsehsignalen von Zwischenstation zu Zwischenstation (Umsetzer) auf Frequenzen im UHF-Bereich.

Geschwindigkeitsmodulation Das Verfahren der Modulation des Elektronenstrahls durch Verändern seiner Geschwindigkeit bei der Abtastung des Schirms. Geringe Geschwindigkeit führt zu einem hellen Bildschirm und hohe Geschwindigkeit zu einem dunklen Schirm. Die Intensität des Strahls bleibt dabei unverändert.

Gitterelektrode Eine Steuerelektrode in einer Hochvakuumröhre oder in einem Festkörperbauelement.

Gleichstromkomponente Ein festgelegter Bezugspegel im Bildsignal, der die durchschnittliche Beleuchtung der Gesamtszene repräsentiert. (Vgl. auch **Schwarzpegel**)

Grammophon Der Phonograph mit Platten statt Walzen als Tonträger.

Hallwachs-Effekt Die Fähigkeit ultravioletter Strahlung, einen negativ geladenen Körper in einem Vakuum zu entladen.

Hochvakuumröhre Elektronenröhre ohne Restgas.

Ikonoskop Eine Kameraröhre, in der ein Hochgeschwindigkeitselektronenstrahl ein lichtelektrisch aktives Mosaik (auch Target genannt) abtastet, das elektrische Ladungen speichern kann. Der Name wurde von der RCA geschaffen. In England wurde das Ikonoskop Emitron genannt.

Impuls Ein periodischer oder regelmäßiger Energieschub.

Intensitätsmodulation, Helligkeitsmodulation Das Verfahren der Modulation des Elektronenstrahls durch Veränderung seiner Intensität, während er den fluoreszierenden Schirm bestreicht.

Kabelübertragung Die nicht über Funk ausgestrahlte, sondern über Kabel übertragene Fernsehsendung. Wichtiger als ihr Einsatz beim eigentlichen Kabelfernsehen ist ihre Verwendung im Studio, wo Bilder nach der Aufnahme über Kabel an diverse Überwachungs-, Regie- und Schnittvorrichtungen, besonders aber an Aufzeichnungsgeräte gesendet werden, die Bilder für den späteren Gebrauch abspeichern.

Kaltkathodenröhre Eine Vakuumröhre, in der die Elektronenemission durch die Anziehung von Elektronen durch elektromagnetische oder elektrostatische Kräfte bewirkt wird.

Kameraröhre Eine Elektronenröhre, die helle und dunkle Teile einer Szene in entsprechende elektrische Signale umwandelt.

Kathode Die negative Elektrode, die unter bestimmten Bedingungen einen Elektronenstrom abgibt.

Kerr-Effekt Die Drehung der Polarisationsebene eines linear polarisierten Lichtstrahls mittels eines eisernen Polstücks unter einem starken Magnetfeld.

Kinematograph Filmkamera oder -projektor.

Kineskop Eine Fernsehbildwiedergaberöhre. Der Name wurde von der RCA geschaffen.

Koaxialkabel Eine Übertragungsleitung mit einem Draht im Zentrum, der von einer isolierenden Schicht umgeben ist; eignet sich zur Übertragung hochfrequenter Breitbandsignale.

Kontrast Das Amplitudenverhältnis zwischen Licht und Schatten in einem Bild.

Ladungsspeicherung Die Speicherung elektrischer Energie in einem Kondensator, einer Batterie oder auf einer isolierten Platte.

Lichtpunktabtastung Eine Form der Abtastung (entweder mechanisch oder elektronisch), bei der Licht durch eine Abtastöffnung auf das Subjekt gelenkt wird, von dem es auf einen Licht-Strom-Wandler reflektiert wird. Wird auch als **umgekehrte Abtastanordnung** bezeichnet.

Lichtventil (Lichtmodulator) Ein Gerät zur Steuerung (Veränderung) der Intensität einer Lichtquelle in Entsprechung mit einem Eingangssignal.

Linsenscheibe Eine mechanische Fernsehabtastscheibe mit optischen Linsen in den Abtastlöchern.

Lumen Eine Einheit des Lichtstroms. Vier mal π Lumen entsprechen einer Candela.

Lux Eine metrische Einheit der Beleuchtung; 1 Lux entspricht der Beleuchtungsstärke, die eine Normalkerze auf der Oberfläche eines einen Meter entfernten und im rechten Winkel zur Lichtstrahlung stehenden Objekts erzeugt.

manometrisches Gerät Ein Gerät, bei dem Gas (gewöhnlich Azetylen) zum Einsatz kommt, wobei der Gasdruck dazu verwendet wird, die Intensität der Flamme zu verändern. (Vgl. auch »**sprechender Lichtbogen**«)

mechanische Abtastung Jedes Verfahren der Zerlegung eines Bildes, die mittels mechanischer Instrumente erfolgt; zu diesen gehören Lochscheiben, Spiegeltrommeln, Lochbänder, Spiegelschrauben, schwingende Spiegel und dergleichen.

modulieren Die Amplitude oder die Frequenz einer Schwingung auf eine bestimmte charakteristische Weise verändern.

monochrom Übertragung von Fernsehsignalen in nur einer Farbe. Das resultierende Bild besteht aus Schattierungen zwischen Schwarz und Weiß.

Mosaik Die lichtelektrisch empfindliche Platte in einem Ikonoskop oder Orthikon, auf die das optische Bild geworfen wird und welche dann von einem Elektronenstrahl abgetastet wird. Das Mosaik besteht aus einer Vielzahl von Einzelelementen. (Vgl. auch **Bildwandler**)

Nicolsches Prisma Eine lichtdurchlässige Form von Kalziumkarbonat, das aus Island eingeführt wird. Es besitzt die Eigenschaft, Licht, das durch das Prisma geht, zu polarisieren.

Orthikon Eine Kameraröhre, bei der ein Elektronenstrahl geringer Geschwindigkeit ein lichtelektrisch aktives Mosaik mit elektrischer Speicherfähigkeit rechtwinklig abtastet. (Kurz für Orthikonoskop; der Name wurde von der RCA geschaffen.)

Photoeffekt, äußerer Die Abgabe von Elektronen aus einer Substanz unter der Einwirkung von Strahlungsenergie im sichtbaren Bereich (zwischen Infrarot- und Ultraviolettlicht). Für jedes abgegebene Elektron wird dabei die Energie eines Photons absorbiert.

Photoeffekt, innerer Die Fähigkeit einer Photozelle, ihren Widerstand unter dem Einfluß von Strahlungsenergie zu ändern.

Photoeffekt, Sperrschichtphotoeffekt Die Erzeugung einer elektrischen Spannung durch die Bestrahlung einer Sperrschicht, d. h. des Übergangs zwischen zwei artfremden Metallen, mit Strahlungsenergie.

Photokathode Eine Kathode, die unter dem Einfluß von Strahlungsenergie wie etwa Licht Elektronen abgibt.

Photozelle Die Bezeichnung für jede Zelle, deren elektrische Eigenschaften durch Beleuchtung beeinflußt werden; ein Gerät, das Lichtschwankungen in entsprechende Spannungs- oder Stromschwankungen umsetzt.

Pixel vgl. **Bildelemente**

polarisiertes Licht Licht, das durch das Durchlaufen bestimmter Substanzen polarisiert wird, sodaß die transversalen Lichtwellen nur noch in einer Ebene anstelle mehrerer verlaufen.

Polarität Bezogen auf Fernsehbilder weist positive Polarität die richtigen Tönungen auf, d. h., Schwarz wird als Schwarz wiedergegeben usw.; negative Polarität hingegen gibt Schwarztöne als Weiß wieder und umgekehrt Weiß als Schwarz.

Rauschpegel Absoluter Pegel für das Rauschen. (Vgl. auch **Schwarzpegel**)

Regler Bezeichnung für jedes Gerät, das eine erwünschte Größe bei einem vorbestimmten Wert hält oder diesen nach einem vorbestimmten Plan verändert.

Röhrenphotozelle Eine Hochvakuumröhre, in der die elektrische Emission direkt durch Strahlung, die auf die Kathode fällt, erzeugt wird.

Schattenkompensation Das Verfahren des Ausgleichens der Störsignale, die während des Abtastintervalls entstehen.

Schattensignale Stör- oder Fehlsignale aus einer Kameraröhre, die durch die Ausbreitung von Sekundärelektronen über die Signalplatte verursacht werden.

Schwarzpegel Amplitudenniveau im Bildsignal, das dem dunkelsten Teil des Bildes (dem schwarzen Bildschirm) entspricht. (Vgl. auch **Gleichstromkomponente**)

Sekundäremission Die Freisetzung von (**sekundären**) Elektronen aus einer Elektrode, wenn sie von anderen (**primären**) Elektronen getroffen oder bestrahlt wird.

Signalplatte Bezeichnung für die Bildwandlerplatte in der Ikonoskop-Röhre. Auf der Platte ist ein Mosaik aus winzigen lichtelektrisch empfindlichen Zellen aufgebracht, auf welches die zu übertragende Szene fokussiert und so in elektrische Signale umgewandelt wird.

Signal-Rausch-Verhältnis Das Verhältnis der Intensität des Nutzsignals zur Intensität der begleitenden Rauschsignale.

Spiegelgalvanometer Ein elektrisches Gerät mit einem Spiegel und einer Spule, die in einem Magnetfeld aufgehängt sind. Schwankungen in dem Magnetfeld verursachen eine Bewegung des Spiegels, sodaß Licht über den Spiegel durch einen schmalen Schlitz geworfen und so moduliert wird.

Spiegeltrommel Ein zylinderförmiges mechanisches Abtastgerät, an dessen Oberfläche eine Reihe von Spiegeln angebracht ist. Jeder Spiegel ist in einem etwas anderen Winkel gesetzt als der vorhergehende.

»Sprechender Lichtbogen« Ein Gerät, bei dem ein elektrischer Lichtbogen in einer speziellen Schaltung hörbare Töne erzeugt, wenn er in Schwingungen versetzt wird. Ein ähnlicher Effekt kann mit einem Gerät auf der Grundlage einer Gasflamme erzeugt werden, deren Intensität mittels Gasdrucksteuerung verändert werden kann.

Strahlauslenkung Die Bewegung des Elektronenstrahls quer über die Bildwandlerplatte einer Kamera oder den Schirm einer Bildwiedergaberöhre.

Strahlbündelung durch Gasionisierung, Gasfokus Eine Methode der Bündelung des Strahls einer Elektronenröhre durch die Wirkung einer kleinen Menge Restgas im Röhrenkolben. Das Gas wird durch Kollision mit den Elektronen ionisiert und bildet so einen Kern aus positiven Ionen entlang des Strahlmittelpunkts; dieser Ionenkern sorgt für das erforderliche fokussierende Feld.

Strahlbündelung, elektromagnetische Die Bündelung eines Elektronenstrahls durch ein elektromagnetisches Feld.

Strahlbündelung, elektrostatische Die Bündelung eines Elektronenstrahls durch ein elektrostatisches Feld zwischen zwei oder mehr flachen Elektroden (Platten).

Superemitron vgl. **Zwischenbildikonoskop**

Synchrongenerator Ein elektrisches Gerät, das spezielle Impulse erzeugt; diese halten den Elektronenstrahl im Empfänger im Gleichlauf mit jenem in der Kamera.

Teilbild Eine von mehreren Gruppen von Abtastzeilen, die zusammen das Fernsehvollbild bilden. Bei einem Zeilensprungsystem mit 2:1-Verschachtelung bilden zwei Teilbilder ein Vollbild.

Triode Eine Hochvakuumröhre (oder ein Festkörperbauelement) mit drei Elektroden: einer Kathode, einer Anode und einem Steuergitter.

Ultraschwarzpegel Der Frequenzbereich unterhalb der Bildinformation, wo die Synchronsignale untergebracht werden.

umgekehrte Abtastanordnung vgl. **Lichtpunktabtastung**

Umschnitt Das augenblickliche bzw. harte Umschalten von einer Kamera zur anderen (im Gegensatz zum langsamen Überblenden).

Verstärker Ein elektrisches Gerät, üblicherweise aus einer Anordnung von Glühkathodenröhren (oder Festkörperbauelementen bestehend, das die Energie eines Signals erhöht, ohne dabei seine Qualität zu verändern.

Videoplatte Eine phonographische Platte, auf der Bildinformation gespeichert werden kann.

Vorverstärker Ein Verstärker, der nahe an der Quelle eines Signals angeschlossen ist und dieses ausreichend für die Übertragung über Kabel an Hauptverstärker, die sich in einiger Entfernung befinden können, verstärkt.

Weißspitze Der höchste Amplitudenwert des Bildsignals in Richtung Weiß.

Zeile Eine einzelne horizontale Abtasteinheit, die quer über das Gesamtbild verläuft und Bildpunkte mit hellen Stellen, Halbtönen und Schattendetails enthält.

Zeilenfolgeabtastung, sequentielle Abtastung Eine einfache Form der Fernsehbildabtastung, bei der das Bild Zeile für Zeile nur einmal während eines Vollbildzyklus (also ohne Zeilensprung) abgetastet wird.

Zeilenpaarung Zeilenverschachtelungsfehler, der dazu führt, daß sich Zeilen überlagern oder überlappen, wodurch zwischen aufeinanderfolgenden Zeilen eine Dunkelzeile entsteht.

Zeilensprungabtastung, verschachtelte (verkämmte) Abtastung Eine Form der Abtastung, bei der bei einer Abwärtsbewegung des Abtaststrahls jede zweite Zeile des Bildes abgetastet wird; bei der nächsten Abwärtsbewegung wird jede zweite darauffolgende Zeile abgetastet.

Zerhackerscheibe Ein Gerät zur Unterbrechung eines Lichtstrahls.

Zwischenbildikonoskop Eine Kameraröhre, bei der die Szene optisch auf eine durchgängige (nicht gerasterte) Photokathode projiziert wird. Diese Photokathode gibt Elektronen ab, die auf ein sekundäres Mosaik gebündelt werden; dieses wird danach von einem Hochgeschwindigkeitselektronenstrahl abgetastet. Der Name wurde von EMI geschaffen. In England wurde das Zwischenbildikonoskop **Superemitron** genannt.

Zwischenfilmverfahren Beim Aufnahmeprozeß wird die Szene zuerst mit einer gewöhnlichen Filmkamera gefilmt und der Film rasch entwickelt; mit einem Filmabtaster werden die Bilder in ein Bildsignal umgewandelt. Beim Empfangsprozeß wird das Bild auf einer Bildwiedergaberöhre (oder mechanisch mit einer Scheibe) sichtbar gemacht und mit einer Filmkamera photographiert. Der Film wird rasch entwickelt und danach mit einem herkömmlichen Filmprojektor auf eine Leinwand projiziert.

Index